燕赵大成

名窑璀璨

燕赵大地　名窑璀璨

——耿宝昌

初论

井陉窑

——纪念井陉窑发现卅周年

孟繁峰 编著

人民出版社

责任编辑：翟金明
封面设计：周方亚
版式设计：庞亚如

图书在版编目（CIP）数据

初论井陉窑：纪念井陉窑发现卅周年 / 孟繁峰 编著 . —北京：人民出版社，2020.5
ISBN 978－7－01－021158－9

I. ①初…　II. ①孟…　III. ①瓷窑遗址－井陉窑－纪念文集　IV. ① K878.5-53

中国版本图书馆 CIP 数据核字（2019）第 170808 号

初论井陉窑

CHULUN JINGXINGYAO

——纪念井陉窑发现卅周年

孟繁峰　编著

人民出版社 出版发行

（100706　北京市东城区隆福寺街 99 号）

中煤（北京）印务有限公司印刷　新华书店经销

2020 年 5 月第 1 版　2020 年 5 月北京第 1 次印刷
开本：787 毫米 × 1092 毫米 1/16　印张：41.25
字数：730 千字

ISBN 978－7－01－021158－9　定价：199.00 元

邮购地址 100706　北京市东城区隆福寺街 99 号
人民东方图书销售中心　电话（010）65250042　65289539

序

挚友孟君大作即将面世，此前嘱余为之序，余不能辞，概而允之。书名《初论井陉窑——纪念井陉窑发现卅周年》，识者即可断定乃一部研究井陉窑发现之专著，洋洋洒洒六十余万言，概而论之学术含量之重，洵巨著也。

遵孟君倾力之托，汗颜命笔，战战兢兢而草就词曰：

千年井陉窑，再现燕赵大地；

秉笔写春秋，瓷史又谱新篇。

欧人以"China"名之中国瓷器，是瓷器乃中国之符号。千余年来谈窑论瓷，代表者柴、汝、官、哥、定五大名窑也。于河北则邢、定、磁州三窑并称，以河北三大窑称之。

三十年前文物补查中，孟君带队于井陉城关及绵蔓河两岸之草莽发现瓷片累累，乃湮没千年窑址，其分布遍及井陉境内城关及绵蔓河两岸之天长、秀林、南陉三乡镇，天护—冯家沟、河东坡。在160余平方公里的范围内有十余个村都发现瓷窑址，时代含隋唐、五代、宋、金、元及以后。省文物研究所、井陉文物保管所组成考古发掘队，孟君领队从1990年后进行多次发掘，获得瓷器、瓷片标本数以万计，历经艰难困苦，近30载的研究，终于把井陉窑窑口公布。虽岁月漫长，却收获丰硕，将井陉窑近一千四百年的来龙去脉搞清楚了。

从发掘发现瓷片、货币、碑刻可以确定井陉窑大约始于隋，经唐五代而盛于宋、金。金初设官窑业达到高峰期，而衰于元，和邢、定、磁州三窑可谓并驾齐驱而相互媲美。

井陉窑产品以白瓷为主，酱釉、黑褐釉、黑釉，偶见天目釉、绿釉、黄釉、三彩釉。细白瓷则釉中闪青，粗白瓷则豆青，宋初和定白瓷相比稍逊。特别是定窑中的玻璃釉晶莹透澈者极少见。产品中点彩、剔花、刻花、印花多见。器形种类繁多，碗、盘、钵、盂、瓶、壶、尊、罐、盆、坛、炉、灯、枕等日用器皿无

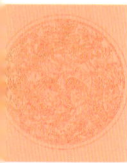

不有。瓷器画面则见奔鹿、人物、侍女图形。由于较早期层中出现"官"款瓷片，特别是印花盘中刻有"大定廿九年（1189）五月日赵（押）"题刻，《金史·地理志》河北西路威州"天会七年（1129）以井陉县升置陉山郡军，后为刺郡"，"正定府产瓷器"的记载，可能于世宗完颜雍期间即于此设置官窑厂，生产大宗产品，以应民间需用。井陉窑发现的意义是：

井陉窑本身就是瓷器史上一项重要发现，过去多不为人所知，发现该窑产品误以为出自定窑，从地缘关系上、时空上确定宋、金为高峰期。余于20世纪70年代编辑《河北出土文物选集》，把石家庄赵陵铺、平山岗南村出土的白瓷高座罐，井陉出土的双鱼背壶，石市赵陵铺出土的褐釉瓜棱罐、黑釉紫斑瓷碗皆断定为定器，实误。井陉窑的再现，拨开千年迷雾，已能厘定定、井二窑的区别，其相同和相异，为以后鉴定提供了一个很好的标尺。其意义重大，不言而喻。

井陉窑史号称千年，时空上和定窑相表里，但技艺上二者的关系区分明确。定窑兴盛于唐末五代，宋初为盛期，它的高端产品如定州北宋塔基出现的莲瓣纹净瓶，莲瓣刻花罐，大型玻璃釉涂朱贴金箔绘龙纹盘、瓶（见于卫国王肖沙姑墓），花式口包金"官"款碗，包金口长颈瓶等宫廷御用式高端产品，在井陉窑中不见，没有朝廷大力支持生产不出来。赵宋高端瓷器和南方诸官窑，其生产高峰在澶渊之盟（1004）以后的百余年间，其间定窑得到了极大的发展。到了公元1127年女真族崛起，建立了大金国，控制了中国北部大片河山，定窑也随着北宋的南迁而衰败。金世宗时期定窑的技艺工匠、一部分先进制瓷技艺向井陉窑继续转移，雕刻技艺高超，四季花卉盘、鱼鹤水草盘、富贵牡丹盘、龟鹤竹石盘、缠枝牡丹四凤盘、鸳鸯戏水盘、垂钓盘，釉色间有很大变化，出现了紫斑（兔毫斑）薄胎碗、深釉三彩罐、各式各样的瓷枕，都达到了很高的水平，同时也生产缸、坛、胆瓶等大件。可以看出，其以生产民用瓷器为主，也有极高端的精细白瓷、彩瓷、窑变等高端产品。从其销路看可达中国北部并西欧等地。由于宋、金连年战乱，窑业处于停顿状态，发展迟缓。井陉窑受到磁州窑影响，主要在釉色方面白底黑花瓷品种增多。两窑金初皆为盛期。磁州窑由于产品种类多，釉色美，特别富有诗情画意，瓷枕白底黑描的孩儿垂钓、蹴球，历史人物故事，蜻蜓戏水，题诗枕、绿釉莲花枕，琳琅满目、不胜枚举，广泛得到人们的喜爱。而井陉瓷枕所见精品较少，画面出现奔、立、卧鹿、人物、仙女等，但似缺乏灵气。总的看两窑产品，可谓各有千秋。

井陉窑研究本应与发掘报告同时问世，以便研究者相互参照。然因人手困难，经费无着，缺乏场地等，使报告拖后，期盼有恒心者，定有恒力，但愿早日

整理出来，以飨读者。

《初论井陉窑——纪念井陉窑发现卅周年》是孟君当前三部大作之一。吾亲见其为此嚼得草根，数十年坚持不懈，读书积五十年之努力，虽清贫一世而不悔，为人性情率真耿直，不畏权势，公而忘私，敢于担当，尊法守礼，行不逾矩。至今，他的又一部大作终于问世，令人敬佩，愿其百尺竿头，更进一步！

己亥四月末，滦阳郑绍宗识，时年八十八岁

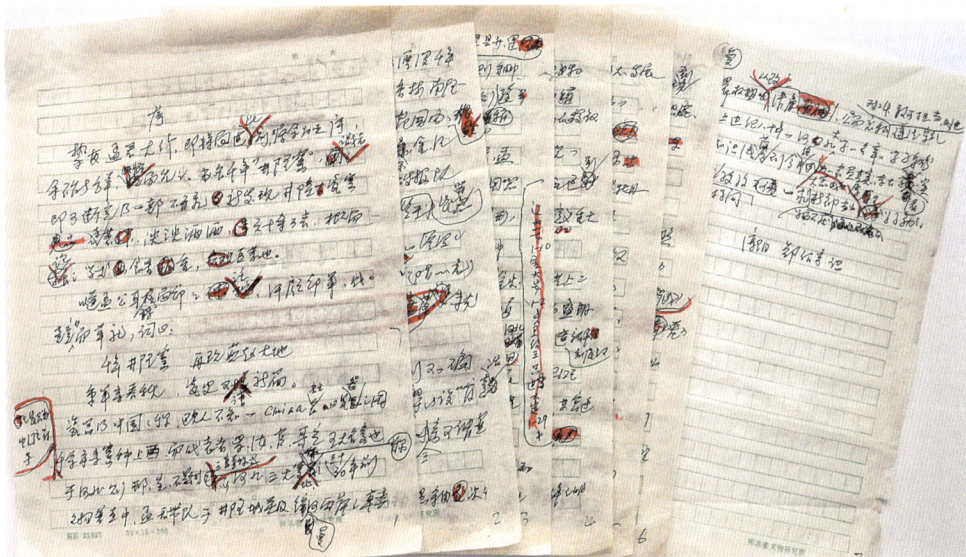

目录

叁　考古简报、报告

肆　通讯和报导

壹　综述

井陉窑的调查、勘探与发掘

引 言

井陉窑是我国北方古代的一大窑口。它的存在先后同邢窑、定窑有着密切的关联。唐代，掩于邢窑之后，至晚唐、五代前期才一度以成德军官窑的身份露出峥嵘。宋代，定窑独擅北方瓷场。入金，它很快以超越之势，以"真定红瓷"和"龙泉青秘"分据北南胜场[1]。以致《金史·地理志》上的金国统治区域，仅记有"真定产瓷器"。在这两个阶段，井陉窑场均达到了八个之多，特别是金代，多个规模都达到了十几万、二十几万平方米之盛（须知这里是山地）。元代，由于多个方面的原因，窑场数量和规模急剧萎缩，已不复当年之势。明清仅保留二三个生产粗瓷的窑场，薪火不灭，产品仅供当地使用。虽有瓶、坛、缸、罐进贡北京之说，和晚清民国改良技术，生产青花瓷器、电料耐火砖之举，但已不能与金代和金代以前的井陉窑相提并论。并且那时的窑址废弃已久，湮没无闻，致使世家、嫡传也仅是闻之"陉里宋时产瓷器"[2]，而不知道在眼前自己的家乡南横口宋、金时代细瓷产品是怎样的出色，更不知中心窑址天长镇城关和对岸河东坡大规模出产过高等级的产品。

自1989年以来，经过三十个春秋，多次调查，两次大规模的勘探，八次发掘，可简单用"幸运"更多的是"不幸"两个字来概括，汗水伴着泪水齐流。正如国家文物局专家组三位先生专程来到河东鑫源公司，看到发掘现场，不禁"震撼"二字脱口而出，在仔细考察后一致表示"建议建立窑址博物馆"并再三嘱咐，在建馆之前，"先仔细回填好，保护好，在不少地方，上据地表不过二三十公分，上面不能再建其他任何无关的东西。回填后，上面也不能再放置其他东西"[3]。

3

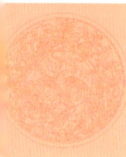

某领导当场大声表示"坚决按照专家的意见办！"过后却似无其事，一如既往。有人，一转身就一而再、再而三地抓紧破坏，甚至不留蛛丝马迹。终于引起当地的义愤，检举到公检法部门，在检察院、法院等制止之下，不得不停手。但是多年过去了，极为罕见的珍稀遗迹，处在风雨飘摇中……

一、最崎岖处却直通

井陉窑分布于井陉县、井陉矿区的中部和北部。全域皆山，恰处在域内中间地带的天长盆地，向北隔凤凰岭的天护盆地，再向北隔赵庄岭、五凤岭的陉里盆地。自南向北各个盆地的中间地带，分别有城关、河东坡、东窑岭、天护—冯家沟、北陉、南陉六处窑址（图1—1）。再向东约六七公里，仅一山之隔，分别有绵曼河、甘陶河、冶河等贯通一气。先是绵曼河，自西转南向东，再转北过城关窑址、河东坡窑址，再转东过东窑岭窑址，东流至横口。甘陶河自南向北过左岸的梅庄窑址，右岸的南秀林窑址，向北流向横口，两河在两横口的村东交汇，分距两河口台地上的南北横口窑址各得两河之利。两河交汇后又称冶河继续北流。

注：
1号：城关窑址　2号：河东坡窑址　3号：北陉窑址
4号：南陉窑址　5号：北防口窑址　6号：南防口窑址
7号：南秀林窑址　8号：东窑岭窑址　9号：天户、冯家沟窑址
10号：梅庄窑址　11号：北横口窑址　12号：南横口窑址

图1—1　井陉窑址卫星全图

源自矿区的自东北青石岭和西北西王舍的两条小河，分别流过冯家沟村南和天护村北，在天护村东北交汇，转南流，称白沙河先是形成包绕天户城的护城河，城废后，在天护城东北部和冯家沟的村南部及东护城河一带形成了一大窑场，即遗留到今的天护—冯家沟窑址。白沙河自北向南流过，转东南约经 4 公里汇入流经长岗村东的冶河。冶河又北约 20 公里左侧过虎头湾形成的南防口窑址。再北流不过 200 米接纳由西南流入的小作河，接着又接纳由西北流经北防口村南的寺沟河。先是寺沟哮河流经陉里盆地之北侧，与桥沟、寨沟等当地西山之水。分别夹绕南、北陉两坡缓的台地，提供了两台地窑场所需之水——南陉、北陉窑址生产用水，于北陉东南汇合为一，总称为寺沟河，别称作东哮河，继续向东南流去。不到 4 公里流过北防口村南，就近提供了北防口窑址陶冶用水，再向东汇入宽阔的冶河。

冶河继续北去不足 5 公里，右过平山县城，不足 3 公里即汇入滹沱河。转东约 40 公里即达井陉窑的第一大集散地恒州——真定府古城。

我们再看窑址分布的卫星图。所在的区域恰好与井陉煤炭分布区域相吻合。城关窑址一带，是正丰煤矿所在地。天护——冯家沟是井陉煤矿的心脏地区。陉里窑址所在地，"有名煤窑七十二，无名煤窑如毛雨"[4]。不要说地下一二百米深处，就是我们所见一二十米，三五米，甚至"坩子坡""坩子山"地表附近，瓷土多有出露。调查发现十二处窑址都直接选建在坩子丰富的地带，釉子土、黄土釉随处都能找到，长石、石英、氧化铜等诸元素，我们在城关河东坡等地发现。它所在的窑址冶炼物普遍存在。至于草木，这片坩子地海拔多在一二百米，高的地方也不过三四百米。古代可想而知生长的更为茂密了。且古代并无人为的阻隔，作为原料和生产生活的材料，简直就是随地而取，较其他窑址生产成本更为低廉。

我们曾经推断，它是古代闻名的三大白瓷窑址之一。隋代窑址的发现，北朝瓷片在隋代灰坑中的出露，由于发掘面积仅 44 平方米，未获相关窑具。我们没有贸然认定，但周边相应北朝陶瓷器的出土，将来的发掘相应选位，一定规模的揭开，推测它很可能是中国北方同邢窑一起创烧于北朝的中国三大白瓷窑址之一。[5]

前述，水路已串联起了十二处窑址到达真定府，即使钢铁桥梁已筑起的清末境内河流渡船仍未停止使用。而晚唐、五代、宋、金陶瓷盛时，船成为主要的运输工具。不仅运到真定府，还运往南北各地，甚至在海丰镇发现了运往高丽与日本的井陉窑陶瓷[6]。所以我们说崎岖难行指的是井陉古道的陆路，而一旦航运走水路，由于绵曼、冶水的温泉效益，就是冬季也不冰封，照样可以直达真定，所以至今井陉西北护国寺遗址中仍留有晚唐的经幢，记载那时的真定成德军节度使派驻天长镇遏使兼冶驿务事而长驻天长镇的军政官员，将彼时的瓷窑业直接纳入节度官营之下。而金人的占领并未影响这里的窑冶，与"龙泉青秘"齐辉南北的"真定红瓷"已经使井陉的瓷窑业名声轰动于天下，取得了和龙泉青瓷齐名的盛誉。这实有充贡"出于井陉"的真实基础。水有丰盈枯淡之别，就是在最枯水的季节，它处在绵、甘、冶水旁的城关、河东、南横口、北横口、南防口、北防口等窑冶也在烧造。这已经为发掘实际所证实，隆冬的烧造也完全可以，使我们推想它的运输也不会完全停止。

二、井陉窑的考古调查和勘探

井陉窑不同于其他三大窑址，其存在形式是山地与建筑物双层覆盖，出露点很少，所以难以被发现。加之人们对明、清、民国阶段窑址的认识有一个过程，因此对井陉窑的认识经历一个漫长的阶段。发现的过程就目前来说已达二十六年（至2015年）之久，发现的人员也经历了几乎一代考古工作者，总的来说有三个阶段：1. 1989年10月—1990年4月，遗迹出露在文物补查中幸运的发现有6处；2. 1996年5月—2005年4月，专题调查发现5处；3. 2015年8月千年古村落调查员发现1处。在这12处窑址之外，今后还会有发现吗？根据笔者掌握的线索，可能还会有个别的新发现，或另外地点的新发现，这有待于将来的机遇。因此，我们鼓励大家积极努力来从事井陉窑的保护和研究，努力发现更多的线索和新的窑址。下面分别介绍十二处窑址发现、勘探情况。

（一）城关窑址（图1—2）

1989年10月22日，我们到达了井陉县，和刘成文处长商定好了这次文物补查的路线、方法，决定双方紧密配合，在井陉摘掉没有地下文物的"帽子"（图1—3）。23日这是补查的第一个清晨，我早起到外面熟悉环境。就在我们住的天长影院放映大楼的散水处发现一些细碎的匣钵、垫圈和瓷片，当时即认为是宋、金时代的遗物，拿回室内叫起同伴：大名县文保所业务骨干李伦、青龙县文保所付奇、井陉县文保所杜鲜明。我们识别东西再到发现处再次采集，并约影院放映组长高方清于当晚见面。这个30来岁憨厚热情的男子，他见证了1987年10月

6

图1—2　城关窑址地貌图

影院大楼始建的全过程。在放映厅的后楼部分挖出了瓷片层，在前楼正西部挖出了圆形的窑炉，门向西开，有炉膛、窑床，窑外四角还各有一个口上扣着碗装满白色粉末的瓷罐，每只罐里还都各有 3 枚铜钱。在窑炉的东部约十来米，同样的深度还发现一只陶香炉，里面盛满了香灰，看样子是开窑为祭祀而专设的祭窑之处。这些东西原都放置在库房里，无人重视，事过两年搬到库房，因"无用"都

图1—3　补查前刘成文与孟繁峰的合影

7

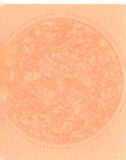

图1—4 高方清捐献东关窑址出土柱形盘座灯盏

砸了扔掉了。经翻倒他找来一只打碎的瓷罐，半个瓷碗，两枚铜钱，其一为开元通宝，另一据说最晚的为宣和通宝，小平钱（见本书第三部分·1）。

同时我们又调查了其西邻同样的一座大楼，医药公司散水处亦有个别窑具和碎瓷片，其他的地方暂无收获。

经反复研究，我请李伦按高方清的回忆画出了草图，我填写表格和调查记录，大胆确定这是"东关窑址"。控制面积2万平方米，这是井陉窑发现的第一处窑址，高方清为第一个文物保护员。在以后的保护工作中，我们成了很好的朋友，他积极为保护文物而宣传，并出谋划策，把在影院挖地基得到没有卖给文物贩子的筒形金代瓷灯（图1—4）拿了出来，捐给了国家。

1993年4月，我们到石太沿线河东坡外围钻探，除在官道沟发现坩子坑外别无收获。此时高方清报告东关影院建"豪门饭店"、城内东街建邮电工作楼，都有发现。我们随之展开调查，调查人员除我之外还有我所张春长及井陉文保所康金喜、刘和平、杜鲜明等人。调查在城内邮局工作楼基座100平方米、东西两排8个柱洞内发现窑址遗物，这些柱洞大部已挖成，有6米多深，直径1米，翻上来的土中有不少瓷片和垫圈、匣钵，特别是有半只蘑菇状窑柱[7]引起了大家注意。豪门饭店紧靠放映大厅，钻探艰难，但是发现与1989年同样的瓷片层。因面积有限，经比较，我们决定和县邮局谈判，停工转做城内邮局的考古勘探工作，这次钻探终于让我们下决心发掘。从此取得了城内窑址点的重要发现。

2001年6月25日，国务院公布井陉窑为第五批全国重点文物保护单位。

2001—2002年的调查工作：

2001年至2002年，井陉窑城关窑址城内、东关、北关、东巷农网改造、修建高压线杆，每50米左右挖约2平方米，深5—6米的高压线杆坑一个。这是一个千载难逢的机会，借此不正是观察窑址分布范围的大好时机？我们抓住这一时机，告诉杜鲜明、康金喜等井陉文保所同志，观察好线杆洞地下窑址的情况，我也亲自到现场；经察看我们发现城内自东门口一直到上寺垴路口约600米长，在4—5米的地层都是窑址文化层。城外、自城东门向东一直到大石桥西，长约550米，南北自北关第一道街至北关北部"1号台C5730042、1路3号线杆"唐家坊北为止，南北（北关）约500米的范围内都见窑址文化层，这个发现着实让我

震惊，难道元代之前，城关镇都是窑址吗？这和县志、文献记载"熙宁八年，县城迁至城关镇"有什么关系呢？县志料仅记载唐后期的天长镇、宋代的天威军都在旧县城，那么宋、金的县城在什么地方呢？我百思莫解。但事实毕竟是事实。我们将保护范围如实的公布在保护标志碑上（2005 年竖立标志），并在关键的部位钉制混凝土标志桩。

在确定了中心窑址后，我考虑的主要是如何划定城关窑址保护范围上，如何发掘到它的早期窑址，即创烧时间问题，在 2002—2004 年初，对城关窑址采取了多测点、多角度的探查。

2003—2004 年调查、钻探：

在确定了城关窑址的基本范围，明确了它的中心窑址地位后，经过多地点的调查、勘探，最后确定：

1. 城内联中（即皆山书院西邻、学校体育场东侧）为发掘地点。这里距南城墙 130 米，距东城墙 40 米，是晚清民国以来县高小。据记载，以前做过义仓，明代的驿馆，元代的察院，以及据载金代、宋代的县衙部分。其西民国四年开辟为操场，在其西北部掘出土屋，"瓷片和天威州军官瓶"，记载确凿，当和窑址有关 [8]。

2. 北关修造站。处在北关大街中部路西 33 米处的一个较空旷的院子，修造站已荒废多年。据调查，修建修造站，这里曾挖出了不少瓷片，东临绵河 160 米。

3. 抢救唐家垴墓群。唐家垴与天长岭一沟之隔，位于天长镇北西，最近相距约 400 米，是一个相距最近的黄土台地。1998 年我们在配合修建河东坡 307 国道工程中，一座仿木结构壁画墓被盗，盗墓者是本地人，他是因在浇地漏水才发现并扰盗该墓，经我们积极工作，交出了部分随葬品。我们又对该墓做了清理，除共出 47 件随葬品外，还有墓门、画棺、壁画。因此决定抢救发掘。我们把墓地做了组合，分成左、中、右三部分，钻探结果，西墓地和中部墓地还各保存六座古墓（修公路破坏及最近破坏不算）有待发掘。

城墙就在窑址上。根据我们的考察，窑址早于城墙，而志书也记载，城墙建于明洪武二年（1369），如此，城墙下面应是窑址了。经观察，城的北、西、南三面与城墙无关，它没有瓷片，而东城墙南半部分应压在瓷片层和元代层上。观察的结果恰恰与记载相吻合，东城墙自豁口以下中上部多多少少都有瓷片，尤以南段瓷片为多，这为后来河北省文物研究所张晓峥同志领队清理东城门楼基、东南角楼基所证实。

城中心出土石碾轮。2004 年初春，笔者在南大街与东大街交叉的东南角的街边发现了竖在墙边的石碾轮，直径 1.01 米，厚约 0.20—0.25 米，经打听是院内出土。我们待主人回来后进一步当面问清情况，并做好征集的准备工作，不承

想过了两天再去，找人不见面，东西也不见了。据说这是个来开饭店的城外人。石碾轮作为石头制品没有用途，扔在街边无人过问，一旦有人问到、奇货可居，不知要价多少。石碾轮的出土，当时在南陉有一件外，这还是我们知道的第二件。如今我们已掌握四件。看来石碾轮是普遍流行的一种工具，结实耐磨，除非故意毁坏，真可以流传千古。碾轮的出土已处在县衙的右下方，再次证实这里的窑址之花开放在元代至新中国成立之初的县城的中心地带！

经过了2003年的定点和找边，我们终于完成了城关窑址保护范围的勘定工作，于2005年将划定的保护范围镌刻在保护标志上，立于城内的南大街北端和东关大街南侧（北关东关一体）的永久位置上。

2016年4—6月河北省文物研究所以黄信为领队，与雷金纪、马春普、原璐璐、胡强受井陉县文物局李笑梅局长邀请，来井陉作井陉窑的调查钻探工作，参加工作的有井陉县文保所李笑梅、杜鲜明、胡秋明、高润成同志，在原有工作的基础上又不受束缚，大胆工作，采取调查和钻探相结合的方式，得出了与2005年公布范围基本相符的结果。

这次复查，我们觉得有以下几个方面应斟酌：

城墙在金代与金代之前是没有的，那时的窑址均未有此界限。

城内部分西面、南面，特别是西面过小。

北关部分到修造站一线是否还有一倍的幅度没有延伸出去？

城内西街到上寺垴（二中西院墙），我们已向西延伸160米至西城门附近，呈菱形状？

城关历查并无元代窑址。

草场垴以北、以西原有一个很大的水坑，供窑场使用[9]。

2015—2018年，我与康金喜、胡秋明又对12处窑址进行了复查，这次复查，每处窑址都走到了。看这20年的变化，检查标志碑界桩的安全可靠性，核对15年来保护范围划定的情况。总的来看，在长时间工作的努力下，成绩是可以肯定的，也有些问题需要调整和更正过来，如在城关窑址，2016年7月19日大雨过后，明伦堂西面到西操场边线（原范围边界）发生几十米塌陷，深度达八九米，向西延伸至上寺垴。学校恢复过程中挖出很多瓷片、窑具。李怀林同志抓住机会捡到很多瓷片。当时卫生院王院长反映，好几年前把霍鹏故居拆旧改建时第一套院全拆了，地下挖出许多碎瓷片，云云。这次我们认真核对，直接把保护范围向西扩展160米，即瓷片层的边界，已到西门里。

再次查看了北关唐家坊电线杆及沿河一线。

25 年前抢救发掘的北关外黑瓷厂，金代琉璃窑、瓦窑出土地点周边仍有未发掘的窑炉和作坊，距北关窑址不足一华里，具有相当的历史艺术科学价值。当时配合该栋房屋的地基修建并未做周边的工作。据发掘证实，还有较大的三彩窑及瓦窑未做发掘。显圣寺建于隋代，而此时已经有了城关窑址。以后唐五代宋金窑冶一直兴旺，这里有调查的必要，面积 5000 平方米。因此需一并列入，以待以后处理，如必要一并划入保护范围。

城关窑址坐标：城内以保护标志为基点，东经 114°00′56.5″，北纬 37°59′57.3″，海拔高程 256 米。城外以东关保护标志碑为基点，东经 114°01′10.8″，北纬 37°59′42.13″，海拔高程同城内。

如此，城关窑址保护范围：东起大石桥西侧牌楼，西至西门一线，南起城内大南门内 50 米皮鞋厂和第一道街，北到文庙北一道街，城外小南门北第一道街到北关、由北关再北至唐家坊 550 米。面积 236532 平方米[10]（图 1—5）。

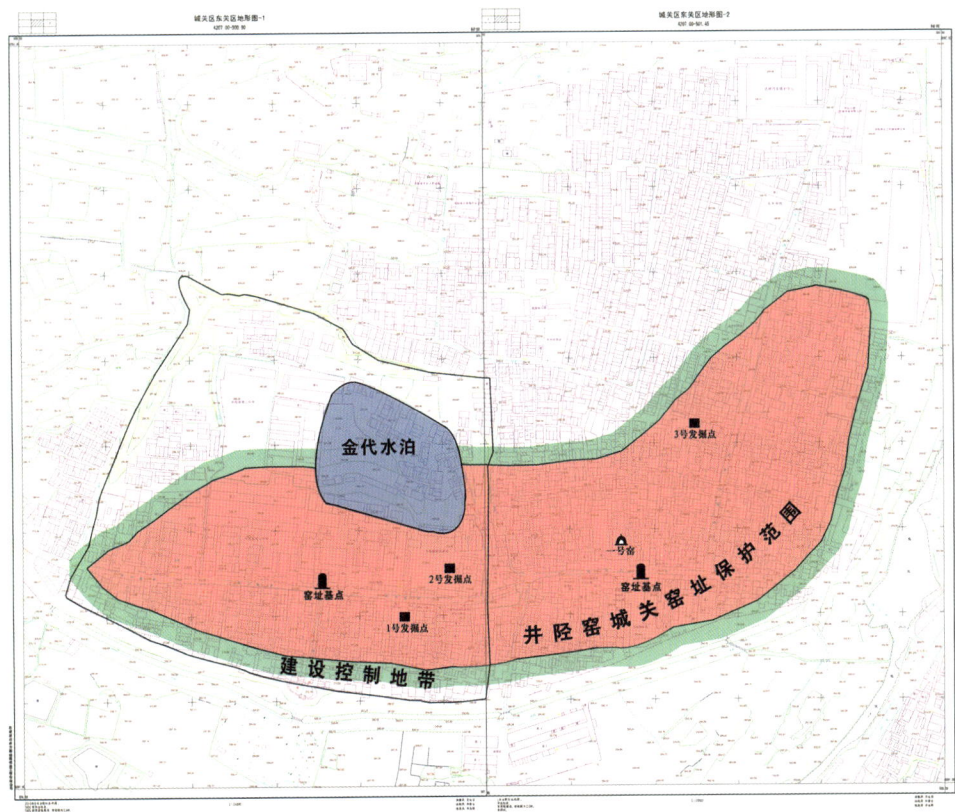

图 1—5　城关窑址保护范围图

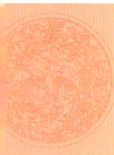

（二）河东坡窑址

河东坡窑址（图1—6）隔绵河与城关窑址相望，是目前已发现的两个隋代窑址之一。顾名思义，它居城关左侧的台地与沟谷之间，由于东高西低，与城关窑相呼应。窑址废弃后这里延续为村落，现为城关镇河东坡村。1989年4月25日我们在该村发现了古窑址的3个出露地点。

图1—6　河东坡窑址外景图之一

1. 1号作坊在杜千贵房后（见本书第三部分·1）。杜千贵有正义感，是非分明，讲话诚实热心，办事靠谱，遂将其定为2号义务保护员。他对文保工作诚心实意，积极配合我们的工作。尤为令人感动不已的是，自从我们告诉他的房后暂不能动，这下十年没有动一下土。由于渗水，每到夏天屋墙都是湿漉漉的，房内长满了绿毛，盖上塑料布亦不能解决问题，他没有怨言更没有提出过任何要求。别的家房后的匣钵砖铺地面坩子土等早就挖干净了，而他有五个儿子竟没有一人动房后一锹土。平时指定他们巡视看护。发现文物捐给国家，如那12件印花模子。有4件他先拿到手无偿交给了县文保所副所长杜桃洛拿回了文保所，才有了之后的征集。平时收集瓷片模具等物他都留给考古队，教育子女爱护国家文物，积极配合考古队工作，对破坏文物自觉制止。终其一生，无愧于"文物保护员"的称号。

2. 2号作坊位于大石桥东侧200米的断崖坡边（见本书第三部分·1）。在2号瓷片堆当中我们采集到了金代小口双耳瓷扁瓶。发现了窑炉和矸子井。

3. 3号作坊（第二搬运公司即以后的鑫源公司窑址）。在2号地点沿公路北80米，已出河东坡村，为井陉县第二搬运公司。该公司占地南北140米东西约

70—80 米，北部有长 60 米、宽 20 米的一层台（与公路平），并在其东部有一排长 60 米的平整 2 层台，再向东皆为自然坡台地。其中心有一大礼堂，中部有一栋南北二层小楼，把该院分为南北两部分，其东皆为修理车间和停车场。调查时正在院东北部放炮炸土盖房。在东北角地带坡面上，我们见碗、盘、罐及窑具落了一地，马上制止了施工，和经理等人座谈，告诉他们这里是重要的井陉窑址之一。我们一一指给了对方。看到地面上的瓷片，完整的瓷器，带有瓷片和院中作坊遗迹的剖面以及带有原来流动的注浆泥池遗迹。我们告诉对方，这里的文物将来国家要开发。比他们的单位重要得多，他们的第一任务就是保护好古窑址遗迹和遗物，将来献给国家。面对满院的珍贵遗迹对方非常开通，当即表示不再动工了，一切保留原样。二运公司实现了诺言，直到 2002 年公司破产，他们也未曾毁坏这些重要的遗迹。这些地方有的遗物高悬于壁上不好采集，有的塌落地下，我们就边采集边介绍情况。如印花刻花特别是一件可以复原的绘花大盘已经碎了，后来修补多半部分，为其他窑所少见。

河东坡窑的出土预示了这一窑址的丰富又独特的内涵，此后我们多次到此复查，对它的埋藏情况进行了解。

笔者还认识了引导我们去 2 号作坊，住在城内的山北中学退休教师李发祥先生，他热爱乡土，和我们一起踏查文物点，热心积极地提供地上地下文物线索。河东 2 号地点是他到学校山北中学必经路过的地方，而东窑岭窑址就在学校附近的地方。他对窑址原存情况作了热心的介绍。我们发展他为第三个文物保护员。从 1992 年至 2002 年间对窑址作了多次调查，其中 1996 年对官道沟、河东沟调查，1998 年对沿河公路调查钻探，1999 年对官道沟西一街的调查，2000 年 9 月 2 日对河东学校北排平房基址的调查，对河东学校北一排平房基址的抢救发掘，2002 年对河东塔坡三队的调查，对河东沟杜栓庭琉璃厂至官道沟存在窑炉的调查，对沿河金华旅馆蔡三旦家二运公司北至李艳华家调查等得出：保护范围沿河北起收费站基址，向南经大石桥保护标志碑 440 米，向南至河东坡三队巷口址长 267 米，合计长 707 米，东北线北起收费站基址向东南过 307 国道东南坡台到二运公司东北角，沿围墙到官道沟，向东到于家岭北关村于三英家最后一排。由于家岭转向西南，经琉璃厂南沿线过河东小学南坡断崖一线转向龙王庙垴、塔坡、石渣坡西，南下至河东三队街门址。大体以河东沟为中心向两侧延伸扩散，700 米的河沿为底线，总面积 170568 平方米（图 1—7）。

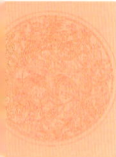

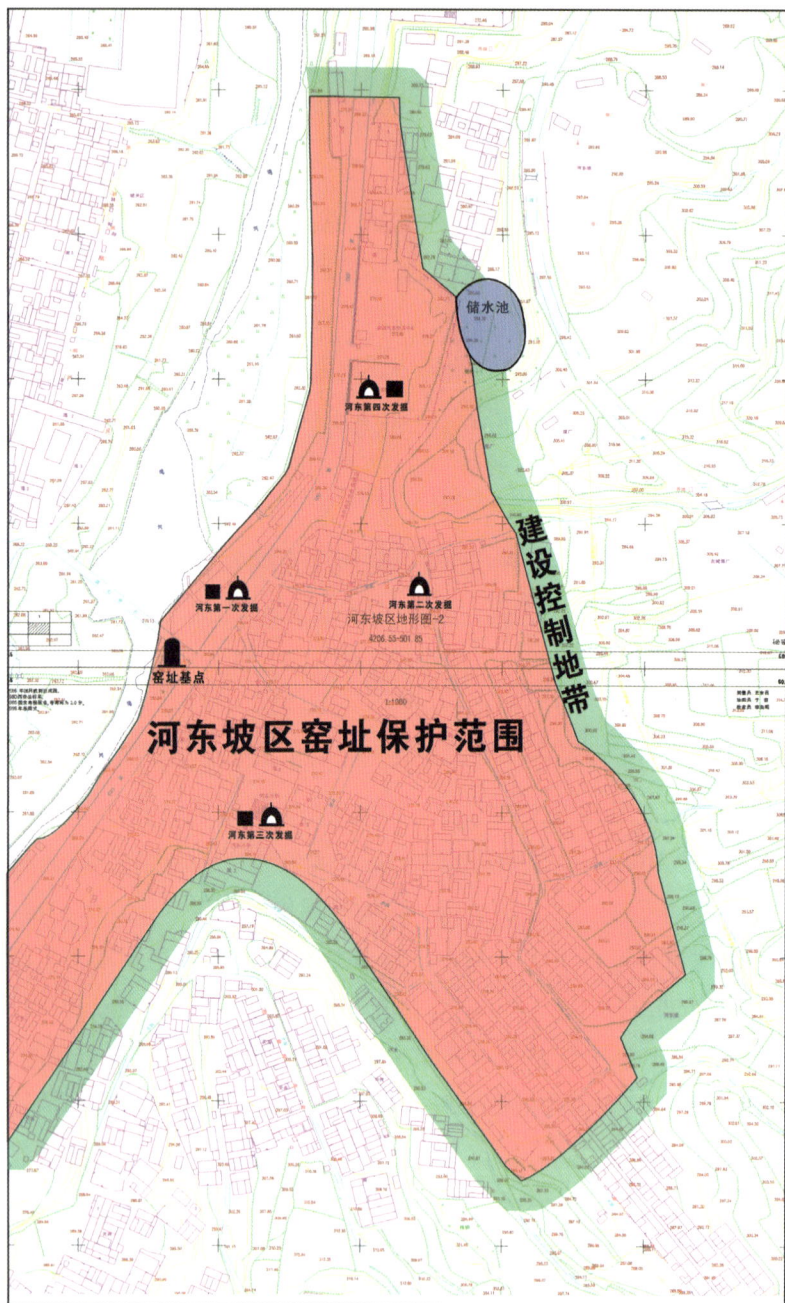

图1—7 河东坡窑址保护范围图

（三）北陉窑址（图1—8）

1990年补查后，六处窑址的发现，常使我思考难道就这六处吗？有没有遗漏的？我在民国《井陉县志料·古迹》《杂物》一节看到："槽碾，在县北五十里

图 1—8　北陉窑
址外貌图

北陉乡正中，碾用石十四块切成、周十余丈，未知为何代遗物，亦未知其有何用
途。"这不正是已在定窑发现的石碾槽吗？如是将之遗漏，罪莫大焉。找了一个
合适的机会，1996 年 5 月，我带上杜鲜明、康金喜骑车来到北陉正中。这是一
处风景不错的低小土丘，河水环抱风景宜人的村子。房子还在，现在做了大队部
和合作社。原广场还在，老头、老太太还在纳凉。只是槽碾不存在了，空空如
也。仔细打听才得知 1958 年时已拆毁，炼了石灰（图 1—9、图 1—10）。失望之
余，村民们热情地指引，我们在村子中的两侧特别是刘知府的住宅区前后左右再
仔细地勘察地沟、房根，废旧的宅基地、旧狗圈、猪栏，终于寻找到细碎的细白
瓷片，可辨器型有杯、碗、盏、壶、钵，也找到个别的较大的粗瓷片。粗瓷发现
不多，细小白瓷片不少，精细并且还有釉。于是我们进一步挨着村庄每条街道寻

图 1—9　北陉窑
址中心图

图 1—10　北陉窑
址碾矸子土示意图

找，北边直到村边，南边到沟边走遍了整个村庄多多少少都有发现，填表记录，忙得不亦乐乎。望着放在车后备架上的麻袋，我们驱车离开村庄，真是喜出望外。我们建立好联系人已经快一点钟了，也忘记了吃饭（图 1—11）。

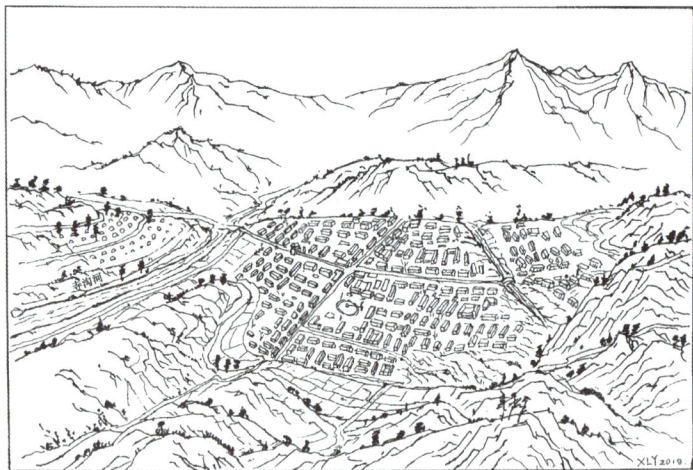

图 1—11　北陉窑
址范围示意图

　　初次的印象是难忘的，以后我们又多次来到此地。特别是 2002 年初秋我委托我所樊书海带领一个小队进驻村庄进行钻探。在微微隆起、起伏不太大的村子几乎都探到了文化层，只是由于建筑过于密集，发掘选取地不易。保护标志碑就选择竖立在村委会（供销社）大门外边，北面街道临近小广场，坐标东经 114°03′50″。北纬 38°0′26″。海拔高度 215—230 米。重点保护范围，以保护标志碑为基点，向东 160 米至人民渠，向西 121 米至刘五城东墙一线，向南 240 米至南沟小道，向北 300 米至寺沟南岸，总面积约为 148500 平方米（图 1—12）。

16

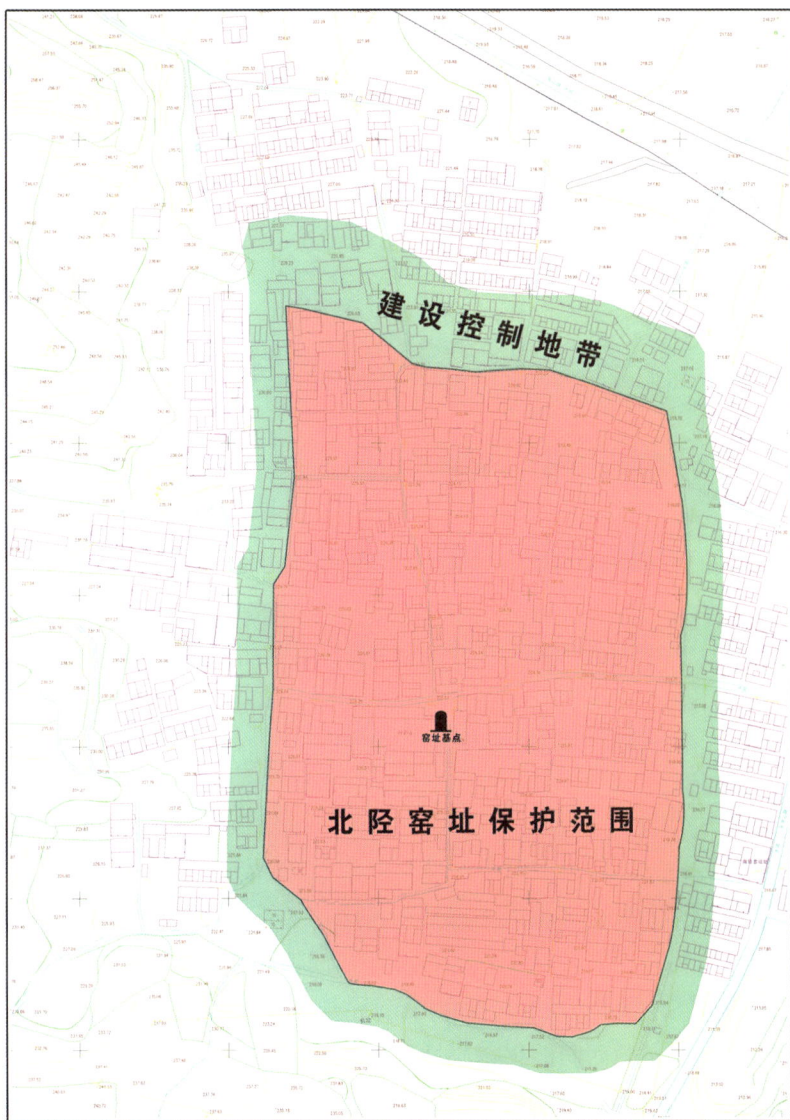

图 1—12　北阹窑址保护范围图

（四）南阹窑址（图 1—13）

在北阹村采集标本后，我们返回的途中碰到一个赶牛车的男子，在搭话中他问："你们是做什么的？"这时我趁机拿出了一块匣钵片，告诉他就在村里找这东西，他说："哎呀，龙盆瓦啊。我们村也有。"这时我告诉他，我们是国家文物部门的，找窑址等。他立即说："我这就带你们去。""太好了，哪个村？""就前面 2 里地，南阹村的。"

17

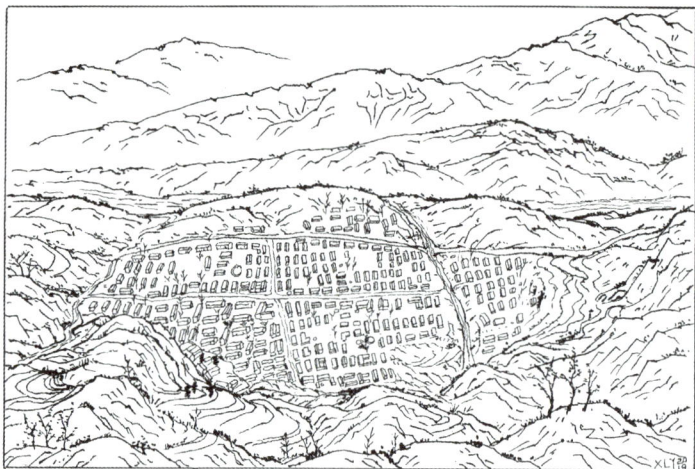

图 1—13　南陉窑
址示意图

　　只过了一道低矮的土梁，在平涉路西，第三排房子。他说你们找吧，这里就有。他毫不在乎地说完就走了。仔细一看，这排房子原来也是道，30 来米长，后有深 2.5 米的护墙沟，沟的剖面上裸露出来不少匣钵，单个的、两三件粘结在一起的，多有半块，也有极少量完整的，以漏斗形为多，也有筒形的。个别匣钵里粘存白瓷碗片。我们随机挑了一些标本。这里出来再向上走到村中央，我们来到了村民王发兵家新盖的西配房，就在这间房中，南、西壁发现大片的瓷片堆积层，厚达两米。转到他家院落的右侧，这是一片废旧的宅基地，夹杂着猪圈厕所。而在靠近王发兵家的院墙处发现瓷片堆积层，在这里采集到碗、钵、盘、瓶、罐等。其中细白瓷占有相当的部分，粗瓷则较少，也有少量的黑釉、褐釉制品。与北陉相同，在宅基地屋宇墙边或新近动土的地方等可见零星的碎片。直到采集完成不得不离去，我们也没有吃饭，但满载而归的兴奋心情可想而知。

　　此后，1997—2002 年多次到南陉，又有新的发现，在西向北街路南侧发现石碾轮，直径 1 米，当中有孔，孔呈八角形，直径 0.22 米，内径 0.16 米，完好，弃于街边（图 1—14），2015 年征集到县文保所。在新建老母阁的地基边沿发现碾槽一段（做基石），长 0.90 米，宽 0.69 米，面中间有凹槽（图 1—15）。与发现的石碾槽正好是一对。王发兵还有一旁的赵先生都提供了瓷片。到 2002 年 4 月—2003 年陆续将井陉窑保护规划完成。南陉窑址，基点选在学校门口西侧，向北 150 米至桥沟南岸，向南 150 米至寨沟北边，向西 450 米至寨沟东边，向东 150 米至平涉公路西边，总面积 125800 平方米。地理坐标东经 114°03′19″，北纬 38°10′65″，海拔高度 222—239 米，时代为晚唐五代（图 1—16）。

图1—14 石碾轮

图1—15 石碾轮一段

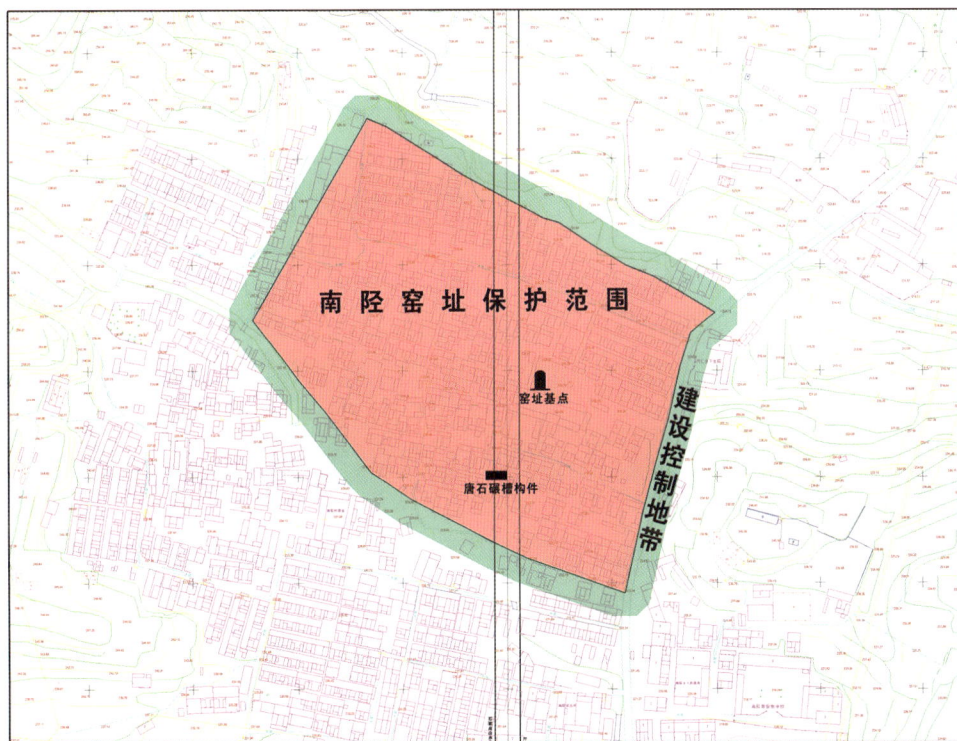

图1—16 南陉窑址保护范围图

（五）北防口窑址

北防口窑址（图1—17）位于北防口旧村覆压之下，东、西、南三面有寨门（俗称阁），其外套在新村的环绕之中。1997—2002年我曾三次前往调查，向村民了解都是否定的回答。经现场观察，村东冶河用水实际并不方便，南面小作河季节流淌，虽有宽阔的河床，但相距太远。因而无论从北防口到村东冶河还是到

图1—17　北防口窑址处

村南小作河，都无法使用两河之水。但这么好的地势终至放弃，心实不甘。

2015年8月3日，村民在南阁街道里侧更换水管，开挖15米长的地沟，不到1米深度掘上来不少瓷片和窑具。8月7日，此事引起了该村"千年古村落"普查员王平宇，薛桂林两位老师的注意。他们将这些瓷片、窑具一件不少的装在两个纸箱中。经本村书记王占国及村会计等人陪同，来到县文物局。献出他们村出土的井陉窑文物，这引起了井陉县文物局文保所的高度重视，在局长李笑梅的安排下，杜鲜明、胡秋明等业务骨干先期到达现场，他们也认定是井陉窑址之一。其后，又打电话告诉已回到单位的我及康金喜二人。我们马上赶到现场。此时，现场早已回填无物。但在旧村有了重大发现，在东大街路北，弃置一完整石碾轮（图1—18）。旧东大街及南北各小街道有些极其细碎的瓷片、窑具。我当即认定为井陉窑址之一，赶到局里，细看出土

图1—18　北防口石碾轮

瓷片，并进一步释出一件白瓷碗上刻字为"闫"字。告诉他们把瓷片分类、型、式进行整理，写出报告。并批准康金喜同志留在井陉，和胡秋明一起整理报告。（见本书第三部分·一附文）

为什么当初拿着南防口出土的瓷片、匣钵去访问调查没有发现这处窑址，而一二十年后，特别是我退休8年后才发现？我又一次亲自找到王平宇、薛桂林访

问，以解悬疑。

三十多年前的村（距发现窑址已有62年）已向外扩大了50—80米的范围，在扩出的"外围"按照以往常规的调查方式，当然不会有发现。

1956年农业合作化，农业生产由个体变为集体方式。在该村发生了翻天覆地的变化，原来流经北陉窑的寺沟河（也即东哮河）并未和西南小作河一起流经南防口东流入冶河，而是单独在北边，擦着北防口村，流入冶河。这里的河流，原是小作河在南，寺沟河在北，分别入冶河。这使得北防口村长年近得河水。1956年大搞农田建设，村里集中力量在上游三华里的土岸村东侧改水造田，即将寺沟水向南引入小作河，使北防口村南之河一下子变成了五百亩的良田。在20世纪80年代出版的五万分之一的地图上，仍能看到寺沟河改道、复垦的痕迹。客观上这一变化似富了北防口，实则造田逐渐变成了造宅基地。天长日久，原三个寨门已在外看不出来了。村子扩大了一大圈，学校、大队、商店、集市的发展，都集中在了外扩区，老村当初原状保留了，却越来越不引人注意，以致地下曾经掘出过什么东西，早就无人注意了。这就是为什么三次到访都无果。而看到我们拿着的匣钵瓷片都主动说这东西南防口有，主动介绍我们到那里去找。经验主义害死人。

当年在村的外圈，我们反复查找的确没有，就是没有想到会到村子内圈做调查。如果我们当年在村内大街去一下，不可能不发现唐代的石碾轮、细小的瓷片，也就不可能不发现蛛丝马迹了，一般村子外围没有就不会去村内找了。如细致调查也不可能不发现，村内窑炉子改造成的房舍，就在这里存在了（图1—19）。因没有走到，还多亏了千年古村落的调查员，发现晚了10年。

图1—19 北防口发现的窑炉拆毁后用窑砖改建的民房

21

民间的文化人也不可小觑，我问王平宇，你们认识李笑梅吗？怎么想到报县局呢？原来论辈分，李是他们村的女儿，他们想把这个发现报到李处，以便李支持他们申报"千年古村落"，仅此而已。而无论如何毕竟民间的这一发现，补上井陉窑的一大漏洞，使原来井陉窑的三个唐后期窑址变为四个（下见康金喜调查简报）（图1—20）。

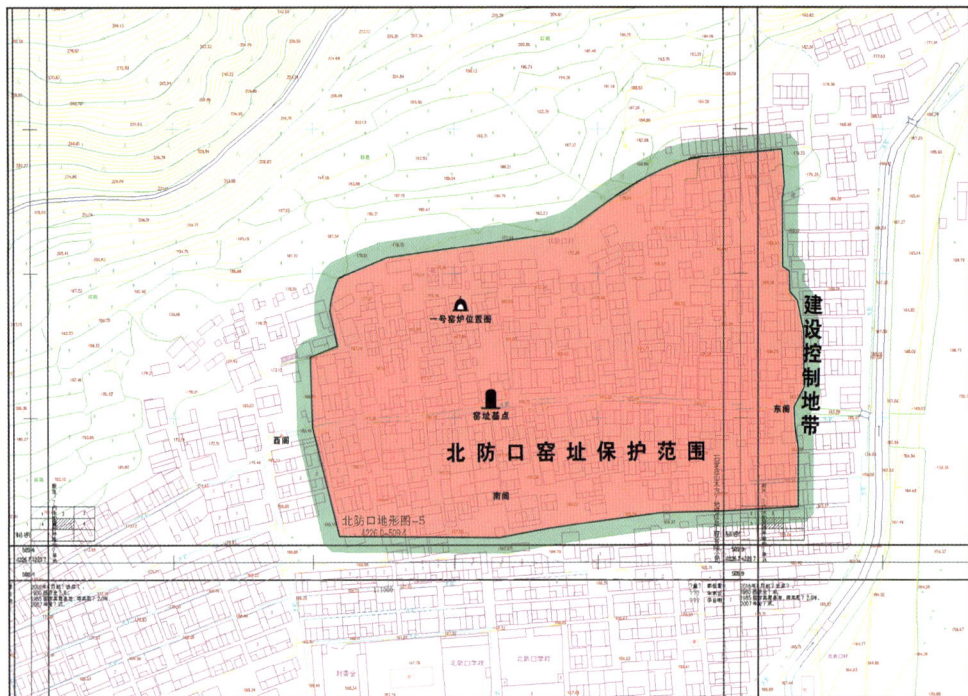

图1—20　北防口窑址保护范围图

（六）南防口窑址

南防口窑址（图1—21）位于孙庄乡西北、冶河西岸边的南防口村，距县城微水镇16公里。其北约200米即是小作河口，北距北防口村1公里。在地形的选择上虽近小作河却没有利用小作河，南防口村直接使用了冶河之水，但也深受冶河之害。截至20世纪80年代中期，这一千年古村户不满百，耕地也才311亩。

我是如何发现了南防口窑址的呢？早在1984年我住在苍岩山，写《井陉县志》"苍岩山篇""文物篇"时，发现了说法危台下厕所内放置一筐淋满碱泥的陶瓷器，多数完整，很是新奇，接着又在南阳公主祠内，发现了李氏墓志，墓志中说李氏之夫周承遂，之子周神旺都在盘龙冶任职炉前押官。盘龙冶是什么冶？在什么地方？周家购买了冶北十里陉里村李行同地以充李氏墓地，那么李氏墓又在

图1—21 南防口村内唯一存在的窑址地层所在

"陉里"什么地方？"盘龙冶"和"陉里村"这两个地名如今都已成了死地名。但是墓地在"冶北"十里井陉境内，那么它墓南十里即冶里，必在井陉境内了。刘成文所长介绍李氏墓和盘龙冶，是南陉乡北陉村送到县文化馆由馆里转到苍岩山来的。破除千古之谜，成了我心中设定的一个小小目标。1989年的文物复查，机会终于来了，于是我在北陉村东南三里一个无人居住的尹家湾找到了李氏墓地，但是事已过10年都是小麦农田，准确地方难以说清了。既然当村众人都指出"字板石"（墓志）、泥瓷器都出在这个方圆一里之地，肯定应该差不了大格。补查结束之后，我即开始按照南10里冷静计算盘龙冶的方位了，一个是虎头山下冶河之旁，一个是南10里的猫头寨下东高家庄。我们到过小作河流过的东高家庄，因季节性河流冬春无水，这里没有窑址，那么必定是当年南防口了。1997年7月，我和康金喜来到南防口，果然找到了窑址。在村东北口一个小土坡上，终于发现了它的文化层。土灰色的文化层在斜坡地面下部0.3—0.5米以下斜向露出约1.5米的厚度，因裸露于地表和石块、瓦片、瓷片等混杂在一起，又紧邻公路尘土覆盖，如不仔细寻找，当年这一出露就漏了过去。再者地表是猪圈、厕所，杂草树木等杂物堆满了，仔细寻找竟获得了一件完整的三角支钉，其中两头染满了翠绿色的釉子，显然是用过之物。我如获至宝（图1—22）。在采集到的遗物中有白瓷片，分精细、细、一般、粗4档。有精细白瓷

图1—22 粘有绿釉的三角支钉

图1—23　细白瓷茶釜炉和釜

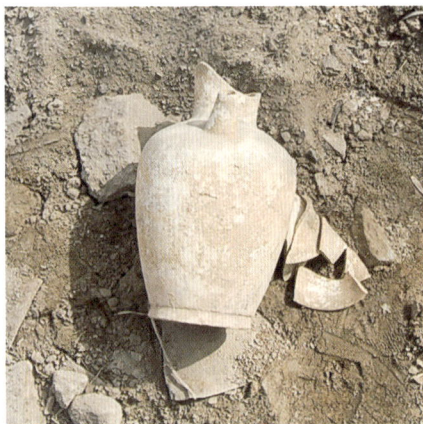

图1—24　细白瓷注壶

碗、杯，可惜只是片子太小，只能欣赏，胎体与釉色几乎融为一体。细瓷有碗、钵、盆、盘，一般者有碗、罐、注壶，粗瓷有化妆白瓷片，土灰色的罐盆片。

我们将整个村子转遍，这样的粘有翠绿釉的支钉仅此一片而已。在大体划出了它的范围后离去。

当年8月我和单位同行王会民再次来看这一发现地，在这次访问中于石某某家征集到几件细白瓷器：碗、杯、盂、釜炉，圆唇敞口、弧腹圈足。盂，圆唇敞口、颈部内收、下腹微弧、圈足。茶釜炉、筒状炉，唇口、腹下有凸弦纹一周、其下圈足部有三个花式镂孔、口部烧结一瓷釜，折沿弧腹，环底沿上出两扣环粘住一提梁（图1—23）。几件东西制作精巧。据主人讲，盖房子时出自院子的西部。

在村北口石大嫂家，拿出了她家孩子的玩具，绿釉蹲式青蛙，约有10厘米大小，只是长时间玩耍，已经无釉，露出表面黑乎乎的胎体。无论怎么做工作，对方均不出手，只得作罢。

其后几次到该村访问，一次有一个村民捐献一只残破的注壶（图1—24），给予表扬和奖励。我们并于山顶上发现一片柳斗杯残片。总之、还是有一定的收获。即2002年经反复调查划定了保护范围，2005年在村头石老虎家断崖边立上了保护标志。

井陉窑南防口窑址，在河对岸孙庄村西近河的广场庙里我们还发现一件石碾轮，和一段石碾槽，来源大约就是附近之处，显然是和碾槽拆毁搬运到这里或就在附近挪到这里的。它们无疑引起了我们高度的注意，整个村子特别是附近的河边、各个角落反复寻找皆无它果，只好吩咐文物保护员高付锁保护关注。

据常年访查窑址的线索，我们分析，对于面积较狭小的南防口亦可能常年选择此地粉碎瓷土，故此两件器物依存在当地。这两种情况都有可能。

石碾轮，直径1米，厚0.14米，中间外六角孔道内圆形，外镶铁箍。边到边

图1—25　石碾轮

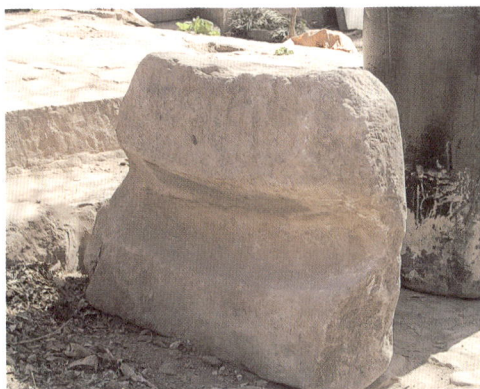

图1—26　石碾槽

0.17米，角到角0.22米，深0.03米，内圆孔径0.16米，孔径外有一周变形莲叶纹，雕刻淋漓流畅，大气美观（图1—25）。

石碾槽，一节略带弯度，长0.9米，宽0.69米，厚0.23米，一面并不平整略带凹凸的自然状态，正面加工平整，中间有宽0.26米、深0.03米凹槽，估计上面还加砌碾槽的上壁，放入当村庙内，由文保员看护（图1—26）。

南防口村长期遭洪水冲刷，至今保留不多的西北残余一角，其四至范围，仍以立在村北部石老虎房子侧面的保护标志碑为基点，河边断崖一线，北120米至村北第二个电线杆处，南至村中第二个路口一线100米，西至村西山崖一线，面积18000平方米。其主体部分应在村北第一个路口处湾出的河边近河滩地，今以虚线与绿色划出大概范围，以推测出原来的大致形态。

其地理坐标，东经114°00′20″，北纬38°09′56″，海拔高度为168—183米，面积18000平方米。烧造时间为唐后期，下至五代。是晚唐成德军节度使特设的四座窑址之一（图1—27）。

（七）南秀林窑址

南秀林窑址（图1—28），坐落于县城微水南10公里南秀林村东500米的甘陶河对岸，一个无人居住的篦笆沟口两侧台地及沟内两侧台地上。是目前发现唯一一个处于甘陶河东岸的窑址，也是未被建筑覆盖的两个窑址之一。1989年12月1日，井陉复查队岳庆森分队长、队员张家口白午、井陉县文保所高二顺发现。

窑址在临河的第二层台地上有瓷片层和瓷渣堆积，在断崖上有被烧成红色的

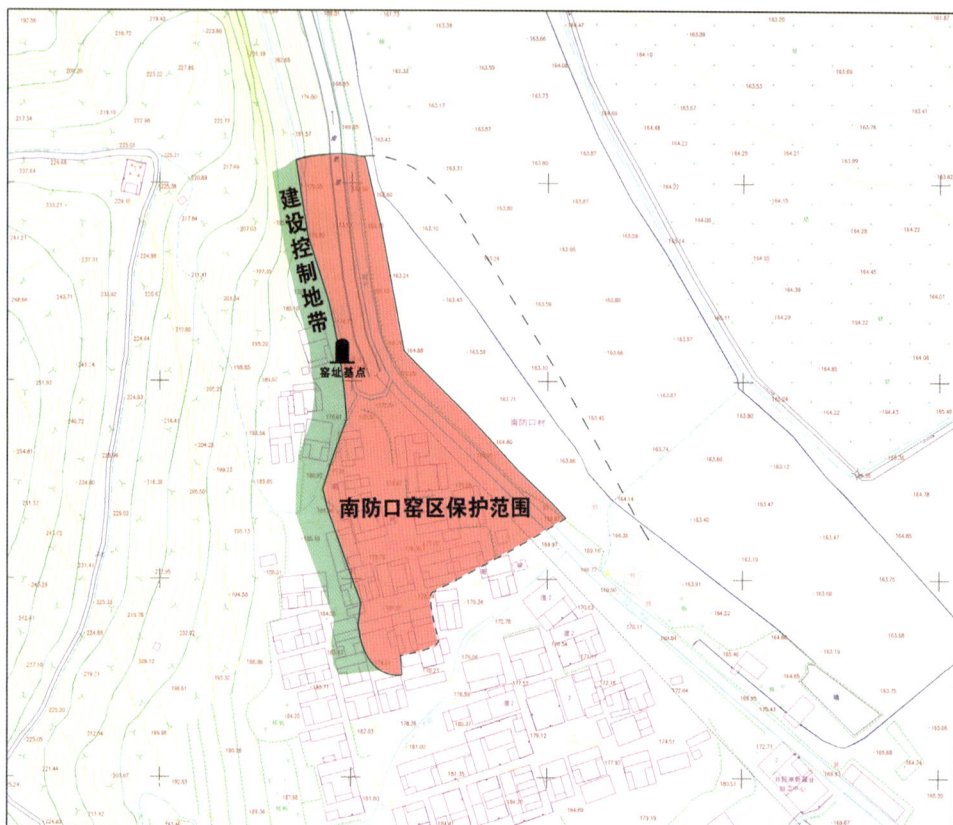

图1—27 南防口窑址保护范围图

图1—28 南秀林窑址外景图

窑炉残迹，经查有五座被破坏的窑炉，从形状可看出火膛、窑床两部分的残底，体积大约有 2.5 米长，1.70 米宽，从灰迹看是烧柴的窑炉（图1—29）。

26

　　沟里有一条小路通向篱笆沟内的农田，约二三十米的沟两侧有三座窑炉，只是最里面的一座还掩埋在土内，由耐火砖砌成。其余两座靠近沟口，亦成残剩窑底（图1—30）。在2009年春夏为了泄水，小路人为的被挖成深2米，宽0.7—0.8米的水沟，在沟里挖出一窑炉，结构和前两座不同，而是耐火砖砌成，从沟内挖出的土可知沟内亦有窑址。我和省文物局贾金标同志看后吩咐叫人查清挖掘者，保护好窑址，不能随意破坏，埋好处理之。

　　2013年开始，有华惠公司来篱笆沟内开发坩子土矿，设点建厂，平涉路引过河道路直通篱笆沟，把原来的小路扩修成了过河进山的宽20米大路，因正从窑址的中央区穿过，那座新发现的窑炉被彻底破坏，二三米厚的瓷片层也被破除，一部分地段被彻底毁掉。到2016年暴雨冲刷和堆积垃圾等自然和人为破坏，今河边的窑炉只有新修公路南边、北边各有一座残余的窑体，新建公路北部临河窑炉或

图1—29　南秀林残破的唐五代窑炉图

图1—30　南秀林残存的窑炉群

27

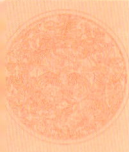

被破除或被大量的垃圾掩埋（北侧至少有一座掩埋），或有人为的破毁。只有沟里原出露的一座和河岸边新修路南临河的残窑，目前的出露有两窑尚在，损失巨大，但保护标志尚完好，在原地未动。李怀林同志因家在附近，时常来巡查，并没有破坏干净，每次暴雨后，仍有瓷片冲出。加之以上尽是调查的情况，真正实际不可能就这七座窑炉，是否在我们指定的范围内还存在，没有发掘，仍待于将来的发现。希望人们能提高觉悟，主动自觉保护全民族的遗产，不要再破坏窑址。

遗　物

首次发现时采集到白瓷敞口、弧腹矮圈足碗较多，给人印象较深。也有盘、花口钵、罐等。大部分为白瓷，少量的黑瓷，和褐釉瓷。窑具，漏斗形和筒形匣钵、垫片、泥条等。据带回的标本，最初我将之定为宋代，后来去了几次东西丰富了，将之更正为晚唐五代。2012年后，我同附近陶瓷爱好者李怀林约定：一是不让其买卖，二是爱护禁止破坏，三是有重要发现及时报告。他表示能够做到这三条。我开始辅导他收集瓷片，准备将来成立瓷片博物馆为目标。现已有了突飞猛进的成绩。由于他的收集、报告我对篱笆沟窑址晚唐时期出现实物进行研究，那时可见点彩遗物，并不规范亦不规整，且有的其实底部不带圆点，器型则晚唐的碗罐都有。可见初创的形态，那时定窑还未见有此作品，而磁州窑亦不早于此窑。提供了晚唐五代时期井陉窑折腰盘形态的原始状态，证明了是自己的创造而非学习他窑而来。从他收集的瓷片中至少可见到宋代之黄褐釉的碗件。这一点和磁州窑相似。后来的发现有异曲同工之妙，但井陉窑有自己的特点，二者也不完全相同。当然井陉窑这一发现，定窑是不存在的。能在他的收获中提出这三点发现，已证明井陉窑不同于定窑、邢窑，与磁州窑异同可见，晚唐五代时已有自己的特点。2016年6月省文物研究所、井陉县文保所，黄信率队来调查勘探，又发现金代瓷片。

2015年、2018年、2019年我同胡秋明、康金喜、李怀林等来窑址巡视，最后重查窑址的保护范围。窑址的地理坐标，东经144°06′23″，北纬37°58′57″，以篱笆沟内保护标志碑为基点，向北150米至甘陶河断崖，采石场南侧线杆，向南60米至甘陶河断崖下废弃的石砌围墙，向东110米至篱笆沟内沟汊，向西30米至甘陶河东岸，面积37200平方米，烧制时代晚唐五代、宋金。这里属于未经发掘但毁坏严重，应加强保护。在采集到的一些标本中由所举例证来看，它与井陉窑的发展史有着重要关系，是一处研究价值较高的重要窑址，今后一定要选定保护责任人，切实加强保护（图1—31）。

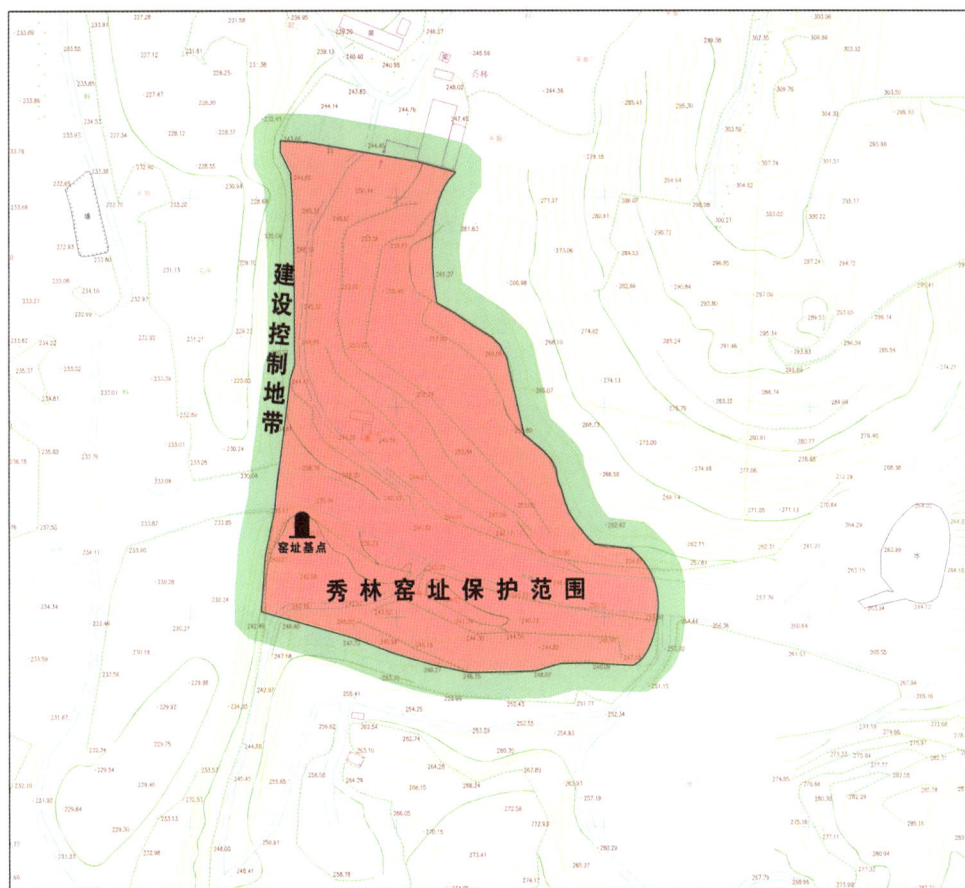

图 1—31　南秀林窑址保护范围图

（八）东窑岭窑址

东窑岭窑址（图 1—32），位于天长镇东面三公里的东窑岭东北瓦子坡，山北中学至三家店村西部，早年由于整治农田平整操场和近期改建教学楼而夷平，窑炉达 20 多座，破毁坩子矿井和灰坑 49 个（仅清理部分），采集和出土了较多量的瓷片、作坊具、窑具。再次证实了井陉窑窑址建在坩子矿上的论断，基本上搞清了前一道工序采矿的生产情况，并将出土瓷片加以整理，完成了对这一窑场宋金以来特殊的以黑瓷为主的产品序列。

在井陉窑发现的开始阶段调查中，我们遇到了十分热心的退休教师李发祥，他给我们介绍了不少城关的地上地下情况，其中就有他的原单位山北中学，并自告奋勇陪同我们去东窑岭调查（图 1—33）。1989 年 10 月 26 日，在他的陪同下，我们来到东窑岭，他带我们看了山北中学的南操场。据他亲眼所见，20 世纪 70

图 1—32　东窑岭
外景图

年代这里平操场，平掉了十几座窑炉子。在学校前面（东）20 米的麦田里，其后亦平掉了十几座窑炉。经我们共同调查，麦田的边缘部分还有窑壁，其中有瓷片匣钵，在麦田以东三家店村西第三排民房盖房过程中还挖出过窑炉子，加以地势连接关系，我们基本上搞清了窑炉子和瓷片散布的范围。2015 年 8 月，锦云建筑公司承建山北学校改建教学楼工程，在拆毁原教学平房后，在 900 余平方米的建楼基槽内，挖出了 40 多座坩子井和灰坑。后经井陉县文保所做了清理工作。2015 年至 2019 年我们又对其地进行了复查，虽然没有正式发掘，基本上弄清了它的面积与内涵（图 1—34）。以保护标志碑为基点，向北 120 米至山北学校北水渠边，向南 250 米至坩子坡坡边小路，向东 256 米至三家店第三排房子东边，向西 200 米至泥浸沟小道，面积 47700 平方米。海拔高度 294.327 米，坐标

图 1—33　东窑岭调查的同志们左一李伦、左二付奇、左四李发祥、左六杜鲜明

点，东经 114°03′10″，北纬 38°00′03″，时代五代至金代，以宋金时期为重要的、有特色的窑场（图1—35）。

图1—34　调查东窑岭窑址

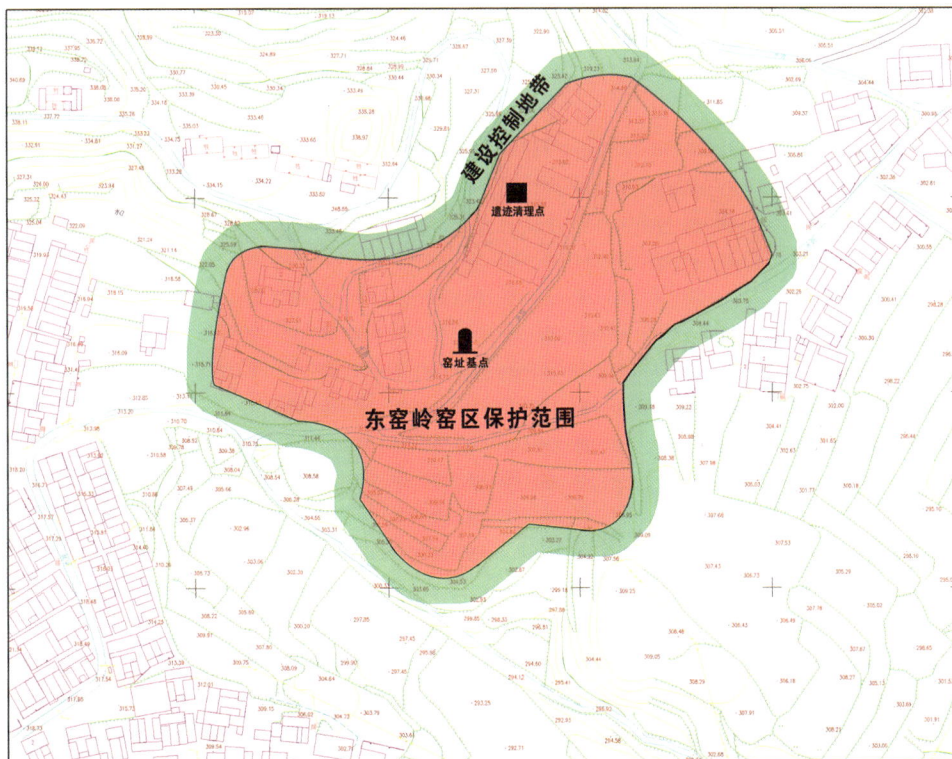

图1—35　东窑岭窑址保护范围图

31

（九）天护—冯家沟窑址（图1—36）

最早发现的瓷窑址之一，位于矿区横涧乡天护村东北冯家沟村南，发现面积15万平方米。2016年黄信考古队调查勘探又有重要发现，扩大到天户村整个中街以东部分，分布面积天护区扩大，冯家沟区缩小，共17.4万平方米。2018—2019年，孟繁峰、康金喜、胡秋明等又来巡查，除承认黄队的外扩到天户村中街之外，又恢复1990年调查时的部分，加之石家庄市园林陶瓷厂拆毁工厂区发现了丰富的窑址情况，扩大至天户东区，遂往西扩大至清源公司西侧烟囱，西至天户村中央南北向水泥路一线，北至冯家沟村南一线，南至废弃工厂北侧至202省道东侧，东至冯家沟村东北赵村铺湖，再向西一直延伸到天护村东。地理坐标东经114°04′03″，北纬38°01′55″，海拔高度为270—273米。烧造时代上至唐下至民国。烧造时间较长，物品种类丰富，特别是明代转烧缸坛大件，以黑釉缸坛精品为贡品进贡北京，同时按一定时限上交北京琉璃厂瓷土（坩子）和釉料。雍正四年重修的窑神阁碑记，反映了它的历史状况（见前补查材料窑神阁碑记）。

最近的巡查又有了新的发现，不仅重新证实金、元、明、清的烧造情况，还

图1—36 天护—
冯家沟窑址

在天护村东北宋、金垫圈堆积层（图1—37）不远处发现了一件完整的绿釉单彩实足小碗，虽是孤品，但同1989年发现于距此东北约4华里远的北寨村唐后期墓所出物品完全相同[11]（见本书第三部分·5），也与白彪村唐墓所出绿釉器毫无二致（见本书第三部分·6），也可以说为此找到了来源。因此它的烧造时间问题，考虑井陉北部的晚唐四窑址，南部的隋唐二窑址，其中部的天护—冯家沟窑址至少应提前至唐后期。地理环境与生成条件等不次于另两个盆地。

近年，由于管理不善，2003年在窑址的中心地带的天护村东北选建矿区看守所，在看守所的对面建起了加油站，都严重破坏了窑炉群和作坊，这是各级政府

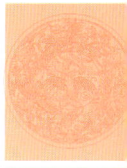

图1—37 天护村东北角发现的垫圈堆积层

及管理部门应汲取的教训。保护范围以保护标志碑为基点（矿区看守所西加油站北侧涵洞为基点），东至赵村铺水池西（湖），西至冯家沟牌楼西17号高压线杆，北至冯家沟村南，南至双虹桥北侧，面积187100平方米（图1—38）。（又：本书正在最后校稿期间，冯家沟村村志小组冯谦正等来搜集资料，提供该村村中、村北也有窑址，不包括在上述之中。特注于此，待后调查、勘探补充之。）

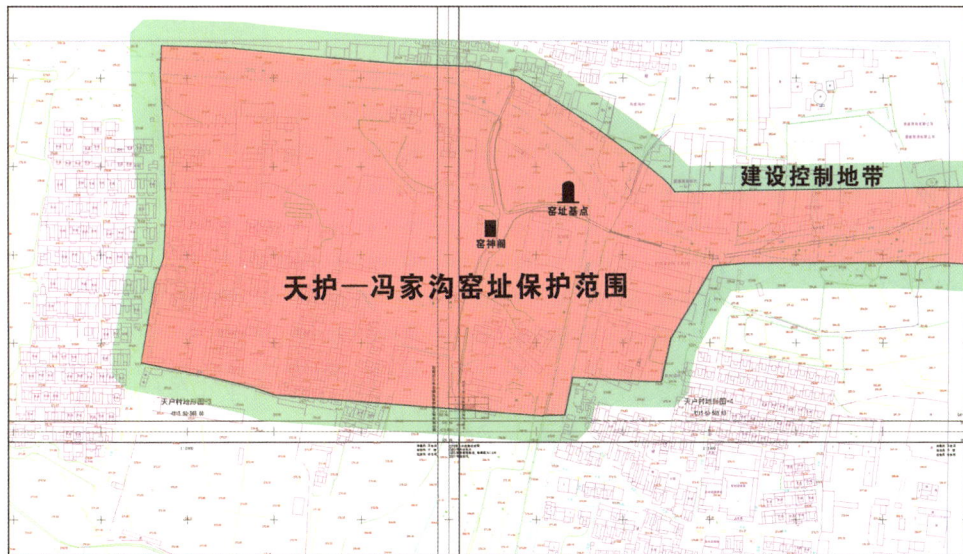

图1—38 天护—冯家沟窑址保护范围图

（十）梅庄窑址

梅庄窑址是1989年11月28日发现的井陉窑6窑址之一。坐落在甘陶河梅

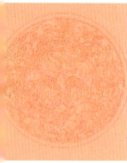

图1—39　梅庄窑
址东碗窑

庄大桥西端南200米公路西侧和其南350米的公路断崖上。隔河与东岸的梅庄村相望。当地俗称为"东碗窑""西碗窑"。东碗窑址暴露于路西台地上，西碗窑在路西断崖间，原是两个没有被房屋建筑覆盖的窑址。

东碗窑窑址（图1—39）原Y1，两个距离很近的火烧土土壁残高0.8米，直径1.3米。1996—1997年，"苍岩山水泥厂"选择窑址建厂，省文研所和县文保所展开了护窑斗争，发现Y1实际是两个大窑的烟囱。此窑东向地表光剩这两个烟囱，内皮抹有2厘米厚的护胎泥，已烧结为深红色，其余烟道、窑床、火膛、灰沟等均压在公路下（或已拆毁不剩）。从烟囱和窑体的结合部保持有同样犹如刀切一般整齐，正在公路沟边，其方向向东，知其正是同窑所构筑，其形状、大小、样式和河东坡发掘出者基本相同，因此不仅判断其为一窑的两个烟囱，而且它们还早于Y2、Y3。这一点，"厂长"何志光在Y1、Y2南侧约40米挖掘厂门的基槽破坏文化层时，这里曾出土过金代的白瓷盘碗碎片，也可相证实。1989年命名的Y1、Y2编号合并为Y1，1989年的Y4改为Y2，[12]遂将原来的Y1、Y2合并为Y1，为粘土所筑。Y2距离Y1很近，与Y1方向相反，尚掩埋在土中，暴露部分过小，因为不能清理，故结构不明。2000年由当地农民偷取耐火砖，磨制粉末，被发现后制止，但里面露出了耐火沙窑床，出现了不少耐火砖层面。

西碗窑窑址（图1—40）Y3在距Y1、Y2南300米的路边悬崖的半壁上被劈掉一半。量得烟囱部分残高1.60米，窑顶部已经不存，内径残存的部分为1.53米和火膛口0.90米，惜未完整存在，但是这个窑门向西南方向，由保留有烟囱窑床部位来看，仍有相当的价值。如条件具备，按照要求发掘可以搞清它的烟囱结构和Y1有什么不同，即两烟囱在结构上有什么变化，为陶瓷史提供很有价值的材料。目前，所在部位如公路没有什么大的工程，只要看护好不毁坏，就可以待将来条件具备时发掘。

图1—40 梅庄窑址残挂在西壁间西碗窑

遗 物

此窑在两处窑炉之间和路的东西直到河岸处原有相当面积的瓷片层，不见其他窑址中那繁多的品种和技法。东碗窑、西碗窑产品的特征一致，黑釉和酱釉成了大宗，但釉色已变的生硬呆板，碗形也较元代之前有了变化，敞口斜直壁，底部折平，出现了器底草书题字的做法，简单装饰多为"花""福"之类的吉语（见简报1）。总之，已失去名窑应有的水平，有了档次和时代的差别。明显反映井陉窑已从广阔的市场中退了出来，成为仅供当地使用，生产一般日用品的普通民窑。

而这一变化，反映在窑具的变化亦然，顶钵胎虽细白，但变化为厚重。顶部也没有"眼"，支圈和支钉、垫饼都还是原来的形状，但亦厚重呆笨，显然已不可同日而语，总之已发生了质变，已和金代之前有了时代的不同。

年 代

由采集到的遗物总的看，它们是井陉窑的传统遗续，而继续了井陉窑的生产。但是产品的品种明显减少，器物造型变的呆笨，装饰已不见哪些可以和其他名窑对比的精细产品，灵活多变而独具特色，缺少锐气和创新，生产规模缩小，产品变得普通民用，因此，它的这种变化，并非是个别小窑场的规模和档次问题，而是整个区域的衰变及褪色。井陉窑的褪色质变现状反映了时代的变化，它是以元代中后期为主要特点。上限延伸至元初时期，井陉窑大部分的窑场已经熄火，不仅县北部的四个官窑早已停烧，即中心区的城关、河东、东窑岭、南秀林也已经停烧，维持生产的仅有天护—冯家沟，且已开始转产缸、坛，南北横口此阶段，是否保持生产尚不明显，总之井陉窑已处于奄奄一息的状态。梅庄窑正是此一阶段的产物，这个阶段幸有这样一座窑址的存在，展示了这种变化。因此，虽有两次破坏，特别是1996年的破坏，几乎夷为平地，但是笔者抓住了中国官员的通病，唯上是从，特意利用1997年中国古陶瓷年会之机，于1997年9月邀请国务院原秘书长、原省委书记金明到梅庄窑址参观，这样石家庄市委、井陉县委一帮人都前呼后拥来到窑址"参观"，实际聆听他老人家的重要讲话，借此机会，笔者照下了珍贵的合影，以示市、县领导重视被破坏的窑址，是有立此为证。具有讽刺意味的是拿着，商业部"批示"的何志光这时已经跑路，"水泥厂"不要了。窑址上留下了没建成的办公楼和工厂大门，还有200亩被推平了的土地和一帮不知去找谁讨损失的农民。

由于激烈的对抗，东碗窑终于保护了下来，今天在各种企业的夹缝中孤立等待着保护；西碗窑由于所处位置是公路护坡区，而顶上又成为梅庄农户的养鸡场，暂时未被波及，也保护下来。同时县文保部门，加强了对这片遗址的看护，在经济大潮中终未被吞没，以待今后的研究和利用。

梅庄窑虽然规模已经很小，且破坏严重，但最关键的部位得到了保留，虽然简陋，但是它是井陉窑极兴旺的时期转向衰落期的一个重要转折点，值得保护，亟待加强研究。现仅存东、西碗窑。东碗窑以保护标志碑为基点，向西至土岸，向东至甘陶河西岸，向南至原水泥厂办公大楼北边，向北至现加油站南边，面

图1—41 梅庄窑址保护范围图

积 5400 平方米。地理坐标东经 114°05′048″、北纬 37°58′27.8″。西碗窑以现存土岸窑址为基点向东至甘陶河西岸，向西至养场房东边，南北各 50 米，面积 2700 平方米。共计 8100 平方米（图 1—41）。

（十一）北横口窑址

北横口窑址（图 1—42），位于井陉县绵曼河与甘陶河交汇口的西北部台地北横口村，其南隔绵河与南横口窑址相望。

图 1—42　北横口窑区全景

2005 年 4 月，我来北横口调查被盗鳌盖垴墓地，该村党支部书记李怀林同志反映，"你们找窑址，我们村就有，我带你去看"，在他的带领下，我与胡秋明、郗有望二人前往村东冶河台地的最北端一个叫龙口垴的地方，在一块向外伸的巨石的底部空隙处终于看到了黑釉、白釉碗、盆、罐片及匣钵垫片，细细辨认多数为明清器物，既有瓷片又有窑具，而且已经细碎，但作为遗物类，已经齐全，应考虑这是窑址了，但是未见窑炉作坊，所有只在不足 1 平方米的地下半地窑式存在。我们在看到这一点后又提出还需要找更多的线索，这年 7 月我们正式转战到北横口，这期间李怀林同志又带我和胡秋明同志去龙口西南李海明家，在门外右侧台地断崖处看到有火烧土，土岸顶部有明清瓷片。李家东北面相连的许秋来家院落南壁有文化层出露，所采集的尽是明清瓷片（图 1—43）。此外，在北横口台地东南处我们围绕台地展开了调查，最终在台地东南角右后方对应南横口 2 号窑的位置找到四处已经成为一般居民屋舍的窑洞式房屋，系有作坊的痕迹，院子已改造成一个个体的住家户式。围绕这几家相关住户，嘱咐胡秋明、康金喜在最可能有的台地上下细心查访划出保护范围。

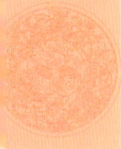

图1—43　北横口许秋来家出露的明清瓷片层

另2005年8月我带考古队，来鳌盖垴发掘遭到破坏的墓葬，在村西北M2清理中很稀罕地出土了青灰色的塔式罐胎制品，未入窑烧成成品。这是入葬较少见现象。提醒我们这种中型墓葬，以此陪葬恐怕难以单纯的贫富来解释，应该反映的是墓地旁有窑址才有的现象。那么推断最近的窑址应该就是北横口了。

最终未经发掘不能确定窑炉子的范围，这里并非南横口坚持和保留了一批馒头窑址。只得确认了公路以东疑似地点，设定了保护范围（见调查记）。

2015年，我和康金喜、李怀林在公路以西200米与南横口大西窑相对的位置发现了一处窑址（图1—44），顶部已不存，外形与室内不同于大西窑，调查得知1952年恢复陶瓷生产时期，建有两座，后被拆毁一座，如今仅剩这一座，其前面口外两侧有作坊窑洞各一座，依然存在至今未毁。作为北横口有旧式陶瓷窑址的纪念。

保护标志碑基点：横口大桥北端平涉路排水沟东侧。地理坐标东经114°05′56.3″，北纬38°00′14.9″，海拔高度228米。保护范围自保护标志碑向北沿平涉公路165米至张月英西屋后墙南一线；

图1—44　北横口窑址保留下来旧式窑炉

向南沿平涉路至进村路南边转向东至观音阁后墙一线，全长155米。观音阁后墙转北沿冶河西岸280米至张玉生北屋后墙一线；北线，张玉生北屋后墙向西与平涉路北线相连，全长280米。面积40000平方米，加上村西1号遗址900平方米，共40900平方米（图1—45）。

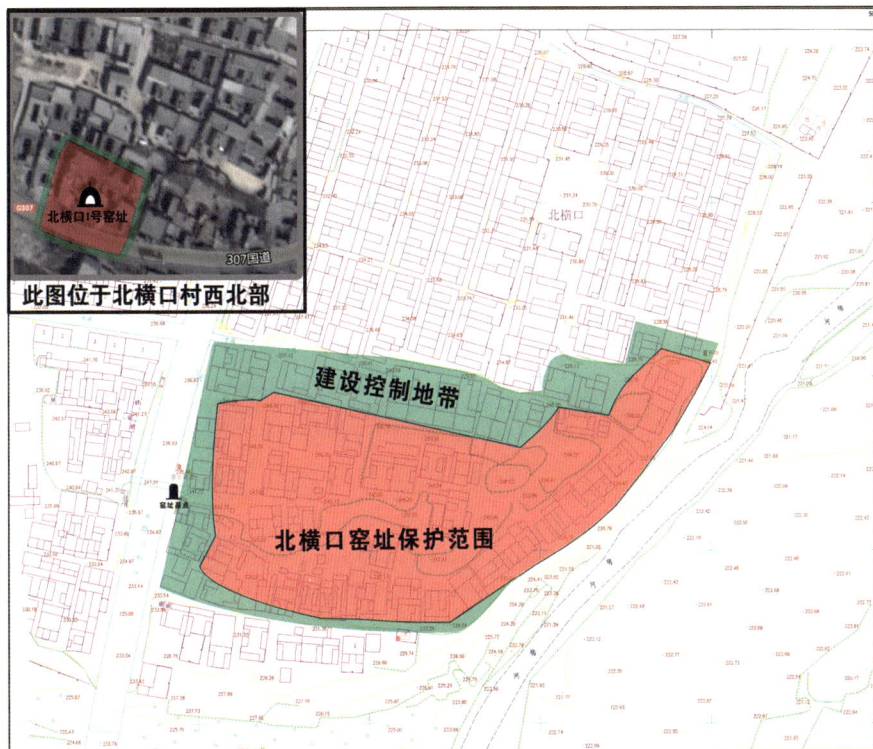

图1—45 北横口窑址保护范围图

（十二）南横口窑址

南横口窑址（图1—46），位于绵河与甘陶河交汇口的西南部台地的南横口村。

1999年12月末，孟繁峰、杜鲜明调查发现，此前我们已知南横口烧制陶管，并未把它列入井陉窑的范围，此次借发掘间隙，亲自来查究竟什么时候开启了陶瓷生产。经过实地查看，我们在村东临甘陶河的100余米的大断面上发现了四层文化层其下尚不到底。（1）层现代层，0.20米以上陶瓷生产层，地表堆积着成品，作坊内在生产，窑炉在点火烧造。（2）层厚0.3—0.6米清后期民国层，于边缘见有青花褐彩双果纹碗、盘片，黑釉碗片，一件带灰色白瓷碗片等。（3）层0.6—1.2米见双色釉碗片，化妆白瓷碗片，白釉、黑釉宽圈足片等，质量高于清代的

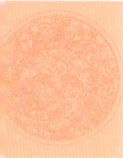

图1—46 南横口
百米大断层

元明时代。（4）层白釉点彩碗片、唇口，罐片等金、元时代层。（5）层以下并不到底，故暂将时代定位金、元、明、清、民国阶段，因此，南横口并非人们想象的清代开始建造那么简单。我们认定为1处金、元、明、清的窑址。

2015年春，我与康金喜再次复查南横口窑址，在3号、4号窑南部，新发现窑址文化层，见有宋代白釉大碗，敞口斜腹高足，酱釉三条筋瓜楞罐，深直腹碗，白瓷点彩大碗，以及金代瓜棱瓷罐等宋、金代瓷片。

这进一步的发现，南横口窑址既然有宋代、金代文化层，可以推断它的烧造时代应当是宋、金了，这和河边的断面观察情况是相符的。

由文献方面来看，无论志书乾隆《正定府志》、雍正《井陉县志》，还是清初顾炎武的《窑火出林烟》诗词，叶麟趾的《中国古今中外陶瓷大全》都反映了南横口陶瓷清代烧造的情况，但是按之实地，南横口马家陶瓷的后人马忙喜回忆[13]（见本书马忙喜"马家陶瓷发展史"），清咸丰年间邯郸的大地震毁了磁州窑，以致在这二三十年的陶瓷缺荒期，马家趁势而起主动联合彭城的瓷艺把式谢家、段家迁到南横口发展。以致到光绪年间，马趋庭、马清华、马清彦、马清佑、马清源父子以陶瓷起家，参加直隶实业厅陈列观摩会，获奖章奖牌，将产品由本县乡间挑运驮载发展到京、津、正、保、德等地。广设陶瓷字号的商家，在他们主导下对陶瓷加以改革，窑炉结构有了全倒焰式马蹄窑（小窑）使旧式馒头窑达到了极致。兄弟四人联窑生产，拐角楼从地上到地下，从村中村北窑连着窑。有明窑有暗窑，各种工序生产，窑工日常生活，连睡觉都在地道战式的结构中（图1—47、图1—48）。

南横口另一马家代表人物为马铨文，民国《井陉县志料》说他"……文章知名，

40

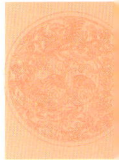

图1—47　马家3号、4号窑炉

图1—48　马家拐角楼

家中开设碗窑业，经数世至先生，颇能精究其理。尝言：'凡烧碗者，泥欲其细，画欲其新，火候欲其熟，泥不细则器粗，画不新则器腐，火候不熟则器苦窳。苟不禅作苦，而精益求精，虽江西瓷不足尚也。'又曰：'凡色之取诸草木者经火必变，虽纯金亦然。惟烧器之坩泥，虽经火千百度而不化。'即其言质之化学家及老瓷业家，皆以为'颠扑不破'云。"其说从实践中来的确如此（图1—49）。

马家陶瓷在清末民初阶段掀起了改革之风，他们不仅将利用旧窑改造成全倒焰的小窑，而且产品上不同于传统的黑釉粗制碗、盘，生产多样化，除学习彭城匠人，改造成自己的青花加褐彩的如鸟兽碗、盘、罐、瓶等的产品，还生产出雕塑的摆设、人物玩具等多种类型。产品多样化紧跟时代，如"陉山火柴缸"，为"洋火"实行不久，即生产出的划火柴的烟灰缸。马清华弟兄为苍岩山寺庙最后

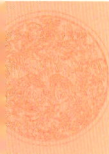

图1—49 马铨文家窑炉——马家1号窑炉作坊

一次大修 1936 年烧造了琉璃构件，有的至今仍镶嵌在建筑上和因未使用存放在构件中，为井陉矿烧造了质量一流的耐火砖制品。总之，石太铁路的修成加快井陉窑产品走向城市的舞台。

马家陶瓷后来又有马济林主持生产。经历新中国成立之初的恢复到生产合作社，再到公私合营，到"文化大革命"全部国营。直到"文革"期间烧制毛主席像章，毛主席像。以及二三米高的全身塑像，大部都集中在马清华当年的窑炉中完成，直到"文革"结束那最后一窑熄火而没有出炉，这也标志着旧式窑手拉坯历史使命的结束。

以保护标志碑为基点，东经 114°05′59.8″，北纬 38°00′05″海拔高度 224米，面积 71400 平方米（图1—50）。

三、七次发掘

到目前为止，井陉窑共有 8 次考古发掘。2016 年河北省文物研究所黄信带队，做了一次新发现的窑址北防口窑址主动发掘，发掘面积 42 平方米。我带队在 1993 年 5 月—2008 年 8 月进行了 7 次发掘，只有 2004 年 3 月—2005 年 8 月是经国家文物局批准的主动性发掘，其余 6 次都是经由省文物局批准的配合基建和在挖掘机下的应急抢救。现将简要情况按先后次序记述如下。

（一）配合天长邮电支局工作楼建筑工程考古发掘

时间：1993 年 5 月 6 日—8 月 7 日。

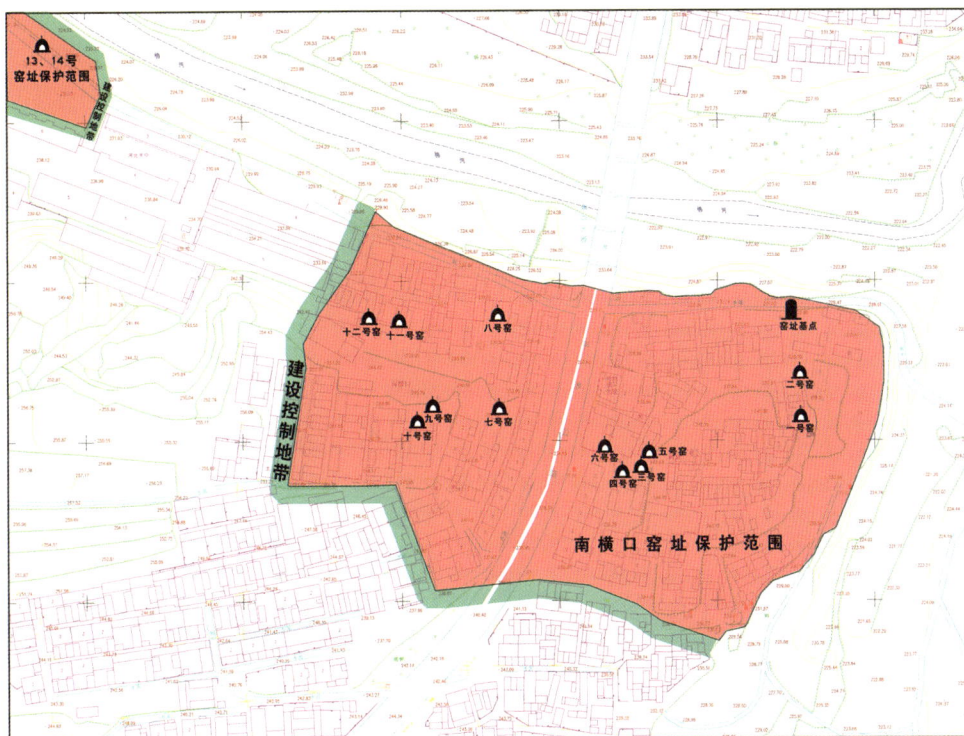

图 1—50   南横口窑址保护范围图

地点：天长城内东街路南，距天长电机厂（旧县衙）东南 40 米。

参加人员：领队孟繁峰，队员：王会民、张春长、郝建文、刘和平、康金喜、杜鲜明、李向红等。

是年 4 月，孟繁峰带队进行石太高速公路天长引路的钻探调查，在接近完成任务时得知，城内邮局和东关天长影院都在搞基建。天长影院在其左侧建"豪门饭店"，而邮局为在建工作楼进行施工。我们来到现场查看，前者正在拆迁清场，后者已在百平方米范围楼盘内四周打下了 12 个柱筒。每个柱筒半径 0.5 米，大部深到 6 米以下到底，上来的土堆积在外侧，原计划因基础不好准备做地下网状基础。故外围打了柱筒，计划下网状管筒。双方谈判协议，经省文物局批准，邮局负责考古发掘经费和民工的提供，考古队负责发掘（图 1—51）。

5 月 6 日正式开工，县李副局长积极主动配合，原建筑队转为考古队，工作十分认真努力，加以环境处在一个单位院内，几乎没有干扰，故进行的平顺。虽然发掘面积不大，才 90 平方米，但由于深度达到 6.70 米，超过 1.5 米深上下都要用梯子。上下探方出去不太方便，故开两个探方，我和春长各负责一个，后

43

图 1—51　天长邮电支局基建楼工地

图 1—52　窑炉壁残块

来王会民增援，接过我的探方，由我负责总记录。两个探方同时照应，发掘前在现场出土了蘑菇状盘柱。发掘中出土三叉支钉、支柱、垫圈、匣钵等一应承烧支具，也见有粗炉条，甚至见到了炉壁烧结层存在（图1—52）。我有点乐观地推测，这些东西都预示着窑炉子的存在。可能要挖到窑炉子。发掘到3.80—4.10米后进入金代层也就是（4）层的时候没有窑炉子出现，一直做到底也没有窑炉子的影子（图1—53）。我对着上述东西非常郁闷，认为自己发掘非常失败，其实对于发掘者来说这很正常，一个有限面积的发掘，窑炉子怎么能必须存在呢？尤其炉条、窑壁、窑汗的掉落层这些窑炉子的部件完全可以拆除到这个没有窑炉的地方，也就是说窑炉不可能在这90平方米的探方内出现。就在附近某个地方存在，90平方米限制住了，发掘不可能任意选择地方。很快，我即平稳了思路，最后召开了有井陉县、省文物局、省文物研究所和当地民间代表参加的会议。展现了井陉窑第一次发掘的成果（图1—54），并将这次发掘总结如下：①将东关窑址分布区延伸进入城内，因之东关窑址改称城关窑址。②所获地层叠压关系发现，窑址堆积叠压在旧城城址期的文化层下，即是说该地点金代层、宋代层、五代晚唐层、中唐层、隋代层并非城关地层而是窑址层，序列清楚。③其北隔东街仅40米就是旧县衙，而文献记载宋熙宁八年县城迁到此地，大家顿生疑问。出土的系列窑具和各种瓷片、瓷器将井

图 1—53　工作楼考古发掘底层

陉窑的烧造时间一直由隋代延续至金代，在城关约有 600 年的历史，这不是简单的一个发掘地点孤立的事情。④获得了一批重要瓷片标本，其中有隋代的白瓷实足底斜深腹碗片，唐代实足底、玉壁底精细白瓷碗片，晚唐五代"官"字款精细白瓷盒片，宋代"天威军官瓶"片，以及金代独具特色的戳印宫女枕图、戳印划花鹿纹图等瓷枕片，深化了井陉窑的内涵，特别是初识井陉窑独具特色的戳印装饰技法和"官"字款精细白瓷盒片的发现。后者在当时虽是"孤品"，但预示着井陉窑绝非是一般民窑，极大地提高了井陉窑的档次，成为甩掉我头脑中井陉窑是"土定窑"帽子的重要依据。经此次发掘和日后继续的调查发掘城关窑址又由东关城内扩延到北关面积达 23 万平方米以上，确定这一窑址是井陉窑的核心烧制区。[14]

图 1—54　第一次发掘城关邮局总结汇报会

45

（二）配合县黑瓷厂宿舍楼建筑工程考古发掘

时间：1994 年 7—8 月。

地点：井陉北关外 0.5 公里的显圣寺旧址，大殿南侧 44 米。井陉八景之一的"临河倒影"花塔西北 50 米。

参加人员：领队孟繁峰，队员：张守中、张贵文、郝建文、冯林、李辉、杜桃洛、康金喜、杜鲜明、高金锁、张保卫、杜震华、胡秋明、郭俊平。

1994 年 7 月，井陉县文物局张贵文副局长与北关外的黑瓷厂（显圣寺南部，北关大街一直向北约 1 公里）谈判，配合其基建家属楼工作，参加发掘的有杜桃洛、李辉、康金喜、杜鲜明等十来个同志，同时还邀请我及我所张守中、冯林、郝建文分别做技术方面的工作。这次发掘前在整个楼基做了钻探工作，发现了宋、金时代的窑址文化层，在楼基础内发掘了金代的瓦窑、琉璃窑三座，取得了重要收获。

1994 年 7 月，井陉县黑瓷厂宿舍楼基槽工程施工挖出清碑 6 通，县文物局通知停工钻探，省文物局批示省文物研究所组队进行发掘，结果在基坑内金代层下，发掘出瓦窑 HWY1、HWY3，两座。琉璃釉烧窑 HWY2，1 座。这三座窑没有打破关系，形制样式、外观方向颜色、结构组合、烧成物品等各有不同，是难得的教材。

HWY1，马蹄形带鼓风对轑，琉璃瓦对接送风管，左中右三个火膛，五个通风道一个烟室，烟囱灰黑色，窑炉燃料为煤（见原简报图）。

HWY3，正圆形有炉灰门，火膛半月形，置有十四根粗大的草伴泥陶制炉条，以砖砌厚壁，下壁有八个高 20 厘米、宽 16—20 厘米的烟道。烟道与烟室通向共同的一个烟囱。窑炉表面层颜色同 Y1，燃料亦为煤。

HWY2，方形，由窑门前保存宽 0.6—0.7 米，纵长 2 米的灰道，窑室为长方形，残存有高 1.10 米的直壁，窑床面平整纵长 1.2 米，宽 1.95—2.04 米，火膛纵 0.80 米，火膛宽依窑室两壁，前壁保存贴有卵石土坯混砌护层。上与窑床平，表面抹厚 1 厘米的草伴泥皮。火膛内已无炉灰或炉渣，清去填土，底部为塌落的窑壁以及待烧的琉璃半成品残件。Y2 没有烟室而是在后壁两面和正中开挖宽 30—40 厘米，进深 40—50 厘米，上通地表的立槽和塞以坯块以成烟囱。这样它没有烟室，而是直接做成了烟囱，排除烟气，不必浇水转色，窑壁为鲜红色，窑床表为宽约 10.8 厘米，间隔 10 厘米，鲜红和橙茶色直道各九道，后者间或融化有翠绿的釉渣，证实 Y2 是专门烧制琉璃件的釉烧窑，壁面（床面）光滑烧成温度较高，表面经水洗后颜色鲜艳异常。

出土遗物

分为三类，一是制品。

古灰色瓦制品，出自 Y1、Y3，在 Y1 近火膛处有烧结在一起青色板瓦，二三件粘贴在一起烧结状，显然火温较高。也有和垫块烧结的，也有带着烧结的压印痕迹的。

白色的瓦件，有凤鸟纹滴水，已素烧。有琉璃贴面残件，装饰以流动的蘅草、也经素烧。

窑具，数量较多。垫饼已烧成陶质，呈赭色，上有产品压印的痕迹。一为垫条，工式夹在各烧件间，防止烧结。垫瓦和灰陶垫饼烧结在一起。

二是陶瓷用品，多为窑工用品，很有时代特色（见原简报）。1.白瓷弧腹大碗(Y3④B:1)。2.两色釉点彩大碗(Y3④B:2)。3.印花白瓷枕片(Y2④B:2.3)。4.白瓷印花碗片（Y2④B:1）。5.陶砚（Y3④B:4）。现场发现的这些陶瓷制品，经过对比皆为井陉窑所产，现又证明井陉窑窑工所用，也反映了陶瓷不分家，同工同源的境界。

三是 1994 年发掘时琉璃件和琉璃窑的出土，笔者就预料到井陉窑本身既能生产三彩器，并一定会有井陉三彩窑炉的进一步发现。如今这已都成为现实。不仅在宋、金时代，上述唐、五代亦是如此，二者的艺术特色独自成体系，今终于得到了一定印证。

总之，三窑的发现，证实了敕令大修和新建（如花塔之类的琉璃件都来自于自己烧造）这种高等级的建筑自产构件非常方便，反映出这次扩建非同一般。查民国《井陉县志料》里面收集有《敕赐庆成院额牒石刻并敕赐庆成院记》，刻于大中祥符七年（1014）。这证实是皇帝的御批两道碑石，"敕建"也就是皇帝特批的建筑活动。罗哲文先生的专著《中国的古塔》也将井陉显圣寺花塔列入其中。说明为宋塔。这种材料为这次发掘，提供了一致的指向，故琉璃窑就在本寺大殿前开烧，史实正相吻合，故显圣寺琉璃窑，并非是轻而易举的一般修补之需。至于 Y1、Y3 二者之间未有打破关系，但有先后关系。从它们坐落的状况看，Y3 废弃后才有了 Y1 的烧造。Y3 除顶部塌陷其他部分未受到扰乱，而后又有了 Y1，且形制结构又有一定的进步，琉璃瓦件通风设备的引用等很可能与宋代敕牒相关。如是在宋代改名庆成院的修建是经宋仁宗的批准而重修。经历皇帝的特批，故三座瓦窑琉璃窑的出土，揭开了这次修造的事实举措，这是非常难得的发现，这一发现从一个侧面也反映宋、金阶段井陉寺院烧制琉璃窑的盛举，旁证了窑场当时的制瓷能力。

参见《河北井陉显圣寺瓦窑、琉璃窑清理简报》、河北省文物研究所井陉县文物保管所《文物季刊》1997 年 5 月（见本书第三部分·4）。

（三）配合 307 国道河东坡窑址段拓宽工程考古发掘

时间：1998 年 7—9 月。

地点：河东坡村西绵河东岸，307 国道 700 米路段保护区。

参加人员：领队孟繁峰，队员：郭济桥、齐瑞普、郝建文、康金喜、杜鲜明、杜桃洛、郭俊平、张保卫。

这一路段是河东坡窑址的最丰富区，但是公路早年修成，并非可绕之地。省文物局得到县里报告，首先通知停工，同时指定省文物研究所牵头市、县文物部门配合进行钻探和发掘，路段全已破拆，并且在有的地方已经整好路基。我们来到工地首先选择重点展开钻探，先钻探 5000 平方米，确定了四个发掘区，对筑好路基的区域放弃钻探发掘，对于基本筑好路基的工区 Ⅲ 选择性地发掘和清理，对（K360+625—K360+850）工区与尚未筑路基的 Ⅱ 区展开重点发掘。

①作坊 98JHZF1、98JHZF2

K360+450—K360+625 在待定的河边选作 3H1 和 ZF1。金代灰坑 H1 出土了青釉剔花牡丹纹枕，胎质细腻，釉如玉色，是枕中精品，经修复已复原（图 1—55）。ZF1 处于河岸剖面，其上因已做好路基，无法发掘，只能清理剖面。结果是两个连接在一起匣钵石块筑壁，碎砖铺砌地面。一为口部 2.1 米、底部 1.95 米、深 1.1 米。一为口部 2.5 米、深 1.35 米、底部 2.15 米的方形池子，上部应有沟相连。废弃后上部填入灰土。下部北池有 0.2 米，南池有 0.5 米的青灰色坩子泥（已干涸）。池子的一边口上还平铺有长 9.7 米的青砖，上面有 0.05—0.1 米厚的坩子泥。分析这里是窑场澄泥与练泥的场所。

②作坊 98JHZF2

位于 ZF1 之南，清理出两件房子。南北并列，室 1（5×2.6 米）方砖铺地。北部有一东西向匣钵垒成的隔墙。隔墙两端有一带釉直口弧腹缸（已破），隔墙北间放置坯料，

图 1—55　青釉剔花牡丹纹枕

隔墙南间西侧放置一同样形式的小缸（图1—55、98JHZF2、2号作坊内的完好小缸）。之南被破坏，限于条件室二仅做出西部一小部分。靠墙处堆放有褐茶色釉土。由釉料匣钵等物分析，此处为窑场成型上釉场所。有所处窑具和使用缸的形制，推测此处为金代遗存（见本书第四部分·图4—4—1）。

③窑炉

发掘的窑炉均在Ⅱ区，其形制和保存状况各不相同，现将2座基本完整的介绍如下：

Y3处在F2中部，遗存有窑床、灰室两部分，东西向，窑床之窑壁用匣钵片石块垒成，仅残高0.2米左右，外围圆形，内近八边形，直径1.5米。灰室略大于窑室，为正圆形，口小、平底略大，存深1.3米，做法是直接在窑室东侧挖土而成，二者相连处开有窑门。其一，在形制上明显与其他窑炉的不同之处在于，此窑没有单独的火膛，在窑床上仍存在草木灰与煤粉混合的炉灰层，与灰室填入的灰青色炉灰完全相同，可证灰室的灰渣是直接由窑床通过窑门扒置的。此即表明了此窑室窑床与火膛合二为一，即烧窑时混合燃料直接放置在窑床上燃烧。其二，由窑室后端及周侧全无烟囱的痕迹分析，此窑的烟囱，在窑室上方，它是一座直烟窑。在灰室内除灰渣外包含了大量的瓷片匣钵，还出土90余件完整的瓷器，在灰室的底部清理出不少砂质坩埚，判定应是烧毕后最早弃入的。根据此窑形制特征与所出遗物，推断Y3是为熔釉的炼釉窑，那一只只炮弹形坩埚即为熔釉工具，其时代为金（图见本书第四部分·图4—4—3）。

Y7处于F1内，遗存有火膛、窑床、烟囱三部分。火膛与窑床保存及烟囱的周壁留存有0.6—1.4米的高度，在已发掘的6座窑炉中最为完整，其形制及体量与Y2类似。与常规的制瓷窑炉结构一致。此窑炉最有价值的发现在于它的窑床后端及烟道里侧，仍遗留有与窑壁烧结在一起的成摞筒状匣钵，只是在出窑时不能拿走而被迫打破取走了里面烧成的瓷器。Y7火膛内以及火膛前的坡面上仍存留有炭灰，表明此窑的燃料亦为木柴，依据Y7所在地层层位伴出器物，以及本身构造特点使用燃料等大量证据，判明其时代为晚唐（图见本书第四部分·图4—4—2）。

遗物

这次收获完整和基本完整的瓷器，即达300余件。器类比较丰富，形制多样，装饰技法具有突出的地方特色。与此前调查试掘相比有不少新的发现和突破，其时代包含了晚唐五代、宋、金三个阶段。因未能整理，现今就部分遗迹单位出土物略做介绍。

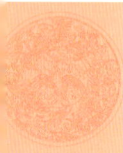

瓷器、瓷片

98JHT7H12：13出土宋花口高足碗。

98JHT7H12出土各式白瓷碗（图1—56、图1—57）。

图1—56　宋代葵花式碗

图1—57　盖缸与侈口碗

98JHT2Y2出土唐代黑釉双系葫芦瓶（图1—58）。

98JHT5H9与支圈烧结在一起的白瓷出筋碗。

98JHIH1出土之白瓷剔划花莲荷纹枕片。

98JHT2Y3出土黑釉剔划花罐片。

98JHT4出土平折沿仙人盘片。

98JHT5H9白釉各式人物小瓷塑。

98JHT2Y3黑釉五鋬瓷釜（图1—59）。

98JHT2Y3宋代直口平底钵（图1—60）。

图1—58　黑釉双系葫芦瓶

图1—59　黑釉五鋬瓷釜

图1—60　宋代直口平底钵

98JHzF2：1平折沿束颈弧腹平底缸。灰室出土之琉璃瓦中为白釉瓦片。

98JHT2Y3灰室出各式支圈（图1—61）。

98JHT7出土各式匣钵（图1—62）。

河东坡窑址的这次发掘，有以下几点认识。

图 1—61　各式支圈与垫饼

图 1—62　各式匣钵与烧结的碗

　　它是河东坡窑址第一次进行的考古发掘，地点是在公路、路基旧房基下，再次翻修发掘出土的遗迹、遗物，因此是十分难能可贵。所有出土地点，都是临近河岸边的遗址最丰富区，因此也是十分难得的机遇。但是应该指出，这次发掘并非有完整的大面积出土，如Ⅰ区 H1 的灰坑完全是枕片，其中青釉刻划莲花细瓷瓷枕可以复原，是井陉窑河东窑址的所有产品之一。但是它在哪个作坊成型、烧造不得而知。又如 ZF1 和 ZF2 相距不远，但如何连续连接生产，其下 ZF1 澄浆池全貌实不得而知。又比如 Y7 窑墙的清理，已经用匣钵片耐火砖垒砌围壁，抹有耐火泥 1—3 厘米，火膛与窑床已经分开等等。从形体上结构方面有它的坚固和先进性，但火膛并无灰门、灰道。火膛较窑床底只有 0.70 米左右的高差，特别是窑床与烟囱间并无任何阻隔，匣钵柱从窑床一直码到了烟囱内。这都是井陉窑这一阶段的窑室内控制相当高的技术，也反映了这时的火膛、窑床、烟室仍有一定原始性。

　　Y3 之所以推测为熔釉窑，这是依据坩埚留有灰白色的粘结物，经融化后倒

51

出了熔物，留下渣体的反映。这种熔罐的大量出土（瓷窑也多带此物，但它不是烧制瓷器的窑炉），因对之做科学化验，以进一步解决它存在的历史价值（图1—63）。还应指出除这些发现之外，这一丰富地区大部分区域已经回填垫实完成，不见遗迹、遗物的出露。因相连的公路全部窑址是没有中断的，而有些地点岸边还是有的。在未封闭的地方仍可看出有下层遗迹的存在，只是不能发掘和清理。如澄浆池的发现等。特别是应有的隋代层发掘的深度在个别最深的地点3.4米处，说明它没有出现，很深不多见，这是非常遗憾的事情。总之这一区域今后还应高度重视待有机会还应把握住。

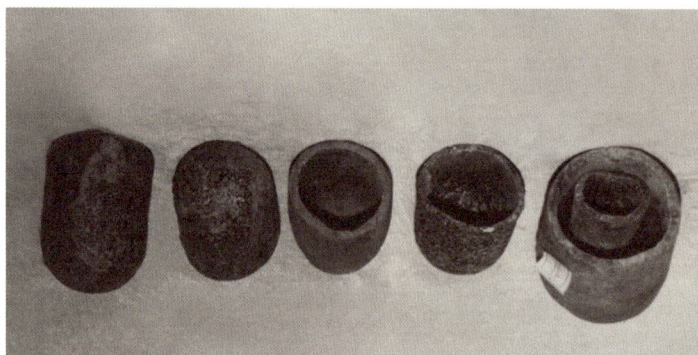

图1—63　熔釉窑坩埚

唐家垴一号墓的清理。发掘后期有消息传来，有人在唐家垴挖了一座墓，出土了不少东西，我们找到这个人，他说在自己承包的地里漏了水，塌出一个砖室墓来，遂进去看到画了美女、动物，还出了一些瓷器。在我们反复讲明政策和利害关系的情况下，他交出了21件器物，主要是一些碗、罐、盘之类。其中精品有一件耀州窑的青白釉葫芦瓶，非常精美，只是没有盖了，经过研究我们决定重新清理并叫此人参加。墓在河西东关的北部，于唐家垴中区的台地半坡之上，南距井陉城关窑区仅一华里。墓在三天前已回填，等于重新按照考古的规范要求，正式发掘之。我派郭济桥负责，杜桃洛参加。待清理填土后发现，墓由墓道、墓门、甬道、墓室四部分组成为雕绘结合的方形仿木结构砖室墓。全长11.6米，墓门楼及墓室内檐上假门仿木砖雕三跳六铺作、二跳五铺作、一跳四铺作斗拱（也作斗栱），全依宋制。斗拱及拱眼壁彩绘几何形图案及花卉、舞蝶，线条流畅。在穹窿顶绘制星象图，墓室四壁分别雕出门楼、灯架、车轿并各配以彩绘、侍女、男仆、牛马、骆驼、鸡狗、屏风和饮食器皿。墓主人端坐在墓室北壁正中门楼下，门楼两侧各有一执幡导引的女神，表现了墓主人生前的富足和死后的安容。此外墓室四角还绘有镇墓四神，木棺两侧分幅彩绘

二十四孝图。此墓发掘前曾被扰乱。清理出土器物27件，加取回器物21件，除原有执壶、砂锅、砖砚、漆器、铁门锁等共有瓷器38件，绝大多数为井陉窑制品，为断代提供了相应的直接证据。如井陉窑白釉金花平折腰盘二次出土，金光闪耀，不幸被清理人员抹泥清污、大部泡失，井陉窑褐彩菱花黑釉仿建盏，釉上内外布满褐色的菱花，至今仍是独一无二的发现（图见本书1998年考古重要发现仿建窑梅花盏）。特别是"西"字的月白釉耀州窑亚腰葫芦瓶，瓶身首先出土，瓶盖被细致清理发现，二者合二为一，恰好完璧。就是现在在耀州窑也是极为稀见的珍品（图1—64）。

细金边小盏，这显示了与定窑金扣银扣的不同，其芒口处理以细巧的金边，金光闪耀、玲珑秀美（图1—65），相比之下定器的包镶终有笨拙之憾。另见本墓出土的金花盘（图1—66），也是一件难得一见的井陉窑标本。

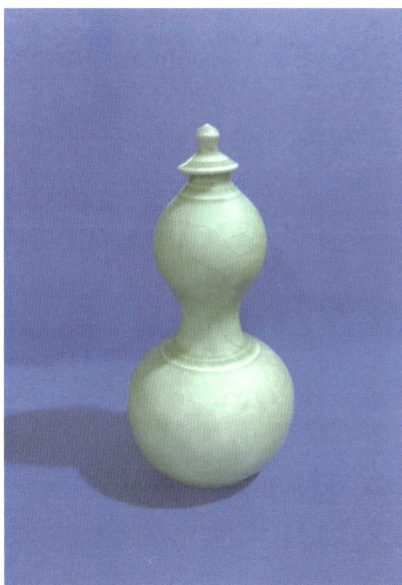

图1—65　金边细白瓷小盏

图1—64　月白釉耀州窑亚腰葫芦瓶

图1—66　金花细白釉折边盘

1998年11月18日《中国文物报》以头版头条大篇幅的《井陉窑发掘获重大成果》给予介绍。在原未做上报的情况下入选十大考古新发现备选名单。2000年又以《1998年中国重要考古发现》入选全国二十二种重要发现。

（四）1999 年河东坡五号窑的抢救发掘

发掘简况：

窑址位于河东坡村杜千贵房后，于北关（河东坡村有一个小组居民隶属于北关村）于二小房北侧的坡道空隙。西南距保护标志（绵河大石桥东南侧）约 300 米。1989 年曾发现此地有重要遗迹和作坊出露，这时作坊遗迹早已被有关房主去除，只有杜千贵遵照文物部门的要求保持其原状。长期以来新房因夏秋的渗水房内的墙壁上长出了绿苔，阴暗潮湿，影响到居住者的健康，而杜千贵表现的是无怨无悔，一个铁路退休职工，为国而牺牲个人利益的高尚品质令我感动不已，决心为之处理这一隐患。夏天在发掘 307 国道遗址时对其房后砖砌墙加以清理，发现这是一处大型窑炉的灰道部分，恰好杜千贵保留了它的出灰道、灰门和火膛部分，其后的相关部分因是北关部分民居的道路和菜地，没有动土。这就是说由于杜千贵的自觉保护，这一大型窑炉得到了完整的保存，编号为 JHY5，保存情况上报到省文物局，批准同意抢救发掘，经费使用去年剩余的一万元支付。

时间：1999 年 11—12 月。

地点：井陉河东窑址保护基点东北 300 米，河东村杜千贵房后坡。

发掘人员：领队孟繁峰，队员：郭济桥、杜鲜明、康金喜、郄有望、李瑞林。

限于房舍障碍，这次发掘仅开探方一个，面积 62 平方米，完整地揭露出了 Y5 的炉体，是目前发现的最大的井陉窑窑炉。纵长 8.6 米、宽 6.6 米平面呈马蹄形，除窑床、烟囱等常规构造外，在火膛南端下部还完整地保存着高 1.07 米、宽 0.9 米的方整石砌灰门及门外长 1.6 米、宽 0.7 米、深 1.7 米的灰道。灰门以上相隔 0.6 米砌火门仅残存下部。火门与灰门之间周壁内出沿以搭置炉条。火膛内完整遗存有支撑炉栅的耐火砖砌与匣钵叠置的并体双柱三组，之间横搭置直梁式炉条三根，两侧再搭置拱形炉条组成的炉栅，尚存 28 根。这些由耐火土烧制的粗大炉条组成的炉栅，曾多次连续使用，未经拆动，每次清灰只需由灰沟通过灰门进行，简化了操作工序。窑床内部横宽 5.5 米、纵长 2.5 米，前段与火膛相接处用耐火砖砌筑的挡火墙留有部分残余，后端对置的直径 1.5 米的烟囱两个。窑床上平铺一层厚 0.2 米的米黄色耐火砂，表面烧结有匣钵留下的圆形痕迹，纵横成行，清楚地显示出当时匣钵的摆放形式。弃置在火膛灰道内的残次瓷器、瓷片有些还与匣钵、支圈、烧结在一起。可以判定都是该窑最后的产品。它们作为垃圾，和炉渣一起弃置，出窑后未再清理。可见出窑最后的仓促情形（图 1—67）。经清理，五号窑址出土完整和基本完整的瓷器 55 件。可复原的典型标本 144 件。一般瓷片 1160 件，其中以白瓷占大多数，瓷器的装饰品类主要为印花。其次是

点彩、刻花、划花、镂雕、捏塑等。印花者大多为高档产品，品种丰富（图1—68），既有与定窑印花相似的莲花、牡丹为主的花卉纹，以及花卉衬托禽鸟、游鱼、婴戏等寓意富贵的图案，也有定窑所不见的开光湖石园景和池上仙人图（图1—69）等反映士大夫情趣、有着浓厚写实意味的新见稀有品种。初步统计这一窑的印花图案，已逾20种以上，且无一与前次发现的12件印花模子图案完全相同。这不仅丰富了井陉窑印花装饰的花色品种，也为研究当时作坊间的行规行情提供了珍贵的信息。

根据窑炉结构，对所获遗物等方面的分析，以及相关墓葬出土瓷器的对比，可明确断定五号窑址的时代为金代后期，直接断烧于金代末期，如此所收获的标本就成为井陉窑分期断代的标型器。从这座大型窑炉的上述结构、特点来看，也

图1—67　河东坡Y5部分火膛出土情况

图1—68　印花四季花果盘

图1—69　印花白瓷池上仙人图

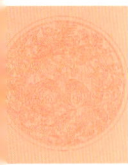

直接赢得了我国古代北方瓷窑炉构造，到金代已发展到相当高的水平。在烧成技法方面也有所收获，通过对标本的初步观察，比如碗类，发现支圈覆烧、足圈叠烧的同一窑，还同时存在着支珠叠烧的做法。且根据圈足的大小不同，发现数量也有三粒、五粒之别，从而修正了以支钉多少区别窑口的认识。在火膛与灰道内还出土了一批炮弹形坩埚，多有使用痕迹。1998年同一窑址的熔釉窑，曾发现装烧此类器物。当时，看到这些坩埚用于烧练矿釉原料，由5号窑炉这一发现看烧制瓷器的大窑当时也代烧坩埚熔物，更增加了我们推断的准确性。实属如何，还要看化验所做结论。

总之，这一发掘面积不大、收获确实不小的发现，深化了对井陉窑的具体认识。金代印花的高超产品，出现在金代后期。看井陉窑并不是说宋甚至唐、隋井陉窑就没有印花产品，而是同内模印制的产品不同，正是当时竞争激烈争相出新的产物。由这一产品同一窑址反映出井陉窑当时生产状况，对于窑址的研究提供了又一珍贵的标本。

在这次发掘结束前，我带杜鲜明来到东面8公里的南横口村，发现了东面甘陶河岸100余米的窑址大断面，发现了金元时期这一窑址文化层，同时其上有明清层、民国现代层，因此定这一窑址为井陉窑的第十处窑址。由于此前将元代的没落期定位为井陉窑的下限，现以馒头窑手工拉坯煤火烧制手工制作仍在继续，故将窑址下限延续到实际这种生产方式结束的"文革"后期。不过这时窑炉又有进一步改进，产品又进行了一次改革。增至清末、民国的生产基本产品的延续和发展。同时在继续开展的调查征集的工作中，征集到流落民间的唐代双色釉碗、宋代水波纹枕、金代戳印立鹿蝶花纹叶型枕、元代的小高足碗等，弥补了井陉窑的欠缺，丰富了它的印花品种，初步展示了它一千三百年的制作历史。

（五）抢救河东小学北地窑址与"苗"窑的毁灭

时间：2000年9月—2001年3月。

地点：河东沟南坡西南，距基点200米。

参加人员：领队孟繁峰，队员：郭济桥、郝建文、李建宅、兰保东、杜鲜明、康金喜、郄联海。

1998年在307国道考古发掘中，我们即得知河东村委办公地因被破拆，将要搬迁到村西阁台地一带，恰巧两处都处于窑址保护区，特别是后者为窑址核心保护区。我们临撤点前专门找到村主任许某某，与他共同看了拆迁地点的文化层，向其详细交代了国家的政策，嘱咐他一定要在动土以前，向省文物局报请批

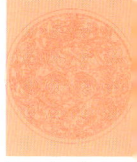

准再动工，许某某信誓旦旦的答应。1998年底—1999年4月，许先后两次拆迁了1000多平方米（图1—70），许多窑炉作坊被拆毁，一批批的瓷片被当作垃圾运出，期间出土的两瓮元代窖藏瓷器被哄抢（图1—71）。第三次拆迁到了河东小学北地。他又不与文物部门见面，清除场地。派他的建筑队，开始了村委会的建造。2000年9月2日当他第四次将手伸入到小学内部拆迁平房教室时，被专门赶到此地的孟繁峰当场堵获。面对机械拆毁的窑炉作坊，许某某默默无言（图1—72）。只得随孟繁峰到省文物局"认罪""道歉"，鉴于他"老实、诚恳"，文物局在给予严厉批评后，责成他与文研所签署发掘协议。许负责考古队住宿和民工的投入，考古队负责自身的伙食和发掘的一切支出。一周后考古队进点，被安排在了村舞台的后"楼"上两间房子。民工第一天来了三个人，不到十天就一个也不见了。对于如此的"真诚"，考古队面对这种情况还干不干？怎么干？结果"破瓦寒窑"，动摇不了考古队队员的决心。挖土工无人，难不倒考古队的队员们。我与队员们团结一心，在距离基点150米处一手执手铲，一手执铁锹。我

1998年冬—1999年4月许XX破坏窑址之1000平方米

2000年初的拆迁地

图1—70 河东坡村委会第1次拆迁

图1—71 河东坡村委会第3次拆迁，拆出2瓮元代完整瓷器，被哄抢

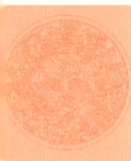

图 1—72　拆毁学校平房教室苗窑之窑炉作坊已不完整

们自己向着 180 平方米的最后的高地发出了不屈不挠的掘进。一二米深清理出作坊，三四米深挖出炉体，清理灰烬。两个 10 米 ×4 米、一个 8 米 ×5 米、一个 5 米 ×4 米的探方硬是按照考古的规范发掘完毕，结果发现：

左右各有窑炉隔作坊相向。右边（东）是 Y8、Y10。Y8 去年还剩一半，由当时露出的灰门灰沟观察，知其西向，如今仅剩东南部长 1 米的窑床、窑壁和长 3 米的护墙。Y10 窑炉位于 Y8 的南侧，部分为其叠压，此次绝大部分被机械毁掉。仅剩 3 米长的窑床南侧残边，同样是西向。Y9 窑炉位于作坊西侧东向，紧临 ZF5。此次仅发掘它的灰门、灰沟及部分火膛，揭露部分纵长 3.8 米、最宽处 4.8 米，窑床的后半部分以及烟道烟囱，在学校隔墙以西。未发掘火膛底部，深距地表 4.9 米，Y9 燃料用煤。

依据层位和伴出遗物判明，三窑的年代为金代。Y8 叠压 Y10，说明二者还存在早晚之别。联系所属作坊，从前后两个阶段使用期来看，这里的叠压现象明显是 Y10 塌毁后直接在其上重建 Y8，仍然西向。这次揭露虽然三窑有两窑被毁。一窑尚有一半被压在校外地下，不能发掘。但它们之间与作坊相向对应的位置关系，仍具有重要的意义。迹象表明它的体量与去年发掘的 Y5 相似，结构也属于马蹄形的馒头窑（图 1—73）。

作坊区北部已遭基建破除。但其南部保存下来，堆料、拉坯、上釉、晾坯、烘坯、储存窑具等丰富内容，十分难得。

ZF3 作坊与 ZF4 同为窑洞式且东西并列（图 1—74），门均北向。二者原有过洞相连。ZF3 位于 ZF4 以东，底面南北长 8.7 米，宽 3.6 米，最大残高 1.5 米。ZF4 底面长 7.7 米，宽 3.1 米，最大残高 1.9 米（图 1—75）。二者东西壁原均有

图1—73　馒头窑址

相对的壁柱支固顶部。ZF3为5对，ZF4有4对。后期可能因为塌顶，紧贴ZF3西壁加砌出一道匣钵墙，取代了土壁和壁柱，并将连通3、4号作坊过洞口各用匣钵墙封死，将二者分开独立使用。ZF5（图1—76）位于ZF4北为平地起砌匣钵墙建成的长方形房屋，其北半部为基建挖除。仅存有南北长3.7米、宽3.2米的南半部，其南墙中部开有0.8米的门道与ZF4前后相通。在ZF3内西北角前部及中部西壁前面地面上留有未上釉的青灰色坯料残件，西北角长0.8米，宽0.4米，清理出成摞的重唇敞口小盏坯件，时代特征鲜明。ZF3后部连接西壁保留有

图1—74、1—75、1—76　作坊遗址

59

长 2.5 米、宽 2 米、高 0.6 米的匣钵片砌起的圈子。圈内依西壁堆有高 0.5—0.7 米的白色长石。石英粉和粘土混合的釉料料堆，在匣钵圈的东侧靠东壁由北向南，依次遗留有灰陶大盆、黑釉大瓷盆（图 1—77）、方形耐火土质工作台面、铁质刮刀（图 1—78）、耐火土质圆形大垫盘（图 1—79），垫盘的圈足内以刀刻有"苗一"楷书大字，表明使用者或者更可能是一个作坊的所有者的刻款。黑釉盛釉浆装于近一米高的大瓮并排两件，均因作坊塌落而压破在原地（图 1—80）。瓮内壁均有釉浆残迹，瓮底存有成摞的坯件残片。这些遗留坯件的器具和坯件说明，ZF3 拉坯上釉的功能。瓮盆在窑洞最后废弃时被压坏。推测当时尚在生产，并没有搬迁的迹象，是突然进行了地震或兵乱等突发灾害所至，这些破碎器材能够一片不少的保存在原地并能够复原。

在 ZF4 作坊前部中部东侧，分三堆，堆积了大量各式支圈和小匣钵。4 号作坊中后部地面，距西壁约 1.5 米南北间隔 1.4—1.6 米处，清出了各直径 0.25 米、深 0.5 米的柱洞，其中北洞西北 1.7 米，距西壁 0.2 米处又有一个直径相似深 0.2 米的柱洞，与四柱洞相对的西壁，壁面上又各清出一排上下间距相等的三个横式柱洞，将二者联系在一起，正是原搭架栏立柱和横栏留下的遗迹。依洞数可知，架栏三层，层隔 0.4 米，且都为抹角式。总长 5.2 米，宽约 1.5 米，高约 1.6 米。

图 1—77　黑釉大瓷盆

图 1—78　铁质刮刀

图 1—79　内刻"苗一"的大垫盘

图 1—80　压毁的釉浆瓮（两只）现场

在架栏两侧的地面上遗留有大面积上过釉的坯件残片，表明架栏原是入窑前晾坯件所用，可知 ZF4 是晾坯和存放窑具的场所。

在 ZF5 内的西部，保留残长 2.5 米、宽 1.6 米的匣钵砌沟台状建筑。沟宽约 0.3 米，深 0.4 米，隔台有两条，台宽约 0.4 米，间沟有三道，沟上原搭置有青灰条砖。沟内填有煤粉灰，沟壁沟底有斑驳的火烧土层。煤粉上散落有坯件残块，沟台状建筑的南头还有作为燃料的煤粉堆。后在 2001 年 3 月我们对此专门做了解剖，终于在青灰地面下发现炕灶两座，一个居左长 0.4 米，深 0.4 米，一个居右长 0.5 米，深 0.45 米。围在炕的南头，煤堆的一侧，分析至少是两次使用所做。分析沟台是在冬季需要时使用的烘坯炕，所见沟台与坯片混杂在一起，炕是烘坯设置。由此证实 ZF5 是全季节使用的烘（晾）坯房。

作坊内保存下来的器具和半成品的特征，与窑炉伴出器物的可证特征完全吻合，因此可以确认作坊的时代为金代，还为二者的同期同属留下了可靠的依据。

还需要提及的是这次发掘，出土瓷片 15319 片，选取标本 600 余件，其中完整的和基本完整的珍贵品 189 件，此次发掘不仅进一步丰富了井陉窑金代产品的花式品种，更为可喜的是戳印点彩戳模的首次出土（图 1—81），为井陉窑特有的戳印装饰技法——"戳印点彩"的存在获取了典型的实物佐证。出自元代地层和元以后灰坑中的印花、刻花、绘花及各种题款的元代井陉窑瓷片首次发现，也充分展示了井陉窑衰落期的面貌。充分反映出器型的直接延续，同一窑口的金代样式且装饰手法也与之一脉相承。此次出土的元代印花盘、刻花盘是以往所未见的珍品。此外元代的褐彩绘花朴拙与磁州窑同样作品风格迥异。题款内容已有丰富的发现，如："×××元年"行书大字年款，"××先生""张""陈""苏""郑"等姓氏款。"元××馆""官"等名号款等均极大丰富了元代井陉窑瓷冶的内容，也是对我国北方制瓷史的补充（图 1—82）。

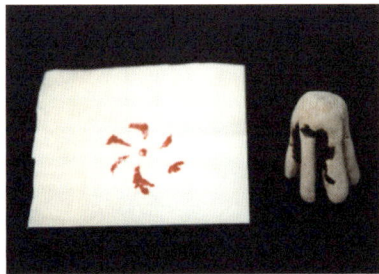

图 1—81　戳印点彩戳模

图 1—82　元代带字款瓷碗

2000年12月底，我国陶瓷鉴定大家耿宝昌先生、陈华莎女士专门来井陉窑工地考察，认为井陉窑出土的戳印点彩戳模为我国"戳印点彩"的存在提供了佐证。耿先生说以前有些瓷器点的比例位置很准确，却不太清楚是怎么做的，从出土的戳印点彩戳模看，使用戳子印按后再点彩色，如同今天用圆规画圆再往里填色，与有些元、明、清画器先画出再描一样。内蒙古赤峰的缸瓦窑，东北的江官屯窑，河北隆化窑及山西、山东的很多白釉黑釉瓷，也许都是用这种工艺制作生产的。陈华莎女士补充说："从遗址发现烧唐三彩的情况看，不排除井陉窑为官府烧制专用瓷器的可能。"

耿先生说：从这次发掘结果看，河北的三大窑定窑、磁州窑、邢窑，要添加上一个重要窑口了，……目前邢窑、定窑又有井陉窑，定窑往南是井陉窑，往西是平定，就是娘子关里了。往西延至山西太原、临汾，往北就是北京附近瓷窑务、龙泉务，这些窑口的产品基本都是仿造定窑。井陉窑烧制在先，这种炮弹式的黑釉大汲水瓶，辽代金代都有。书年款和地名的，如"天威军"款，这种大瓶过去也不少，1971年我在青岛博物馆里发现就有，北京故宫也有几件。对"天威军"款瓷器，根据实物考证可能是在河北井陉窑内烧制的。现在这一点是确定无疑了（图1—83）。

鉴于井陉窑在中国陶瓷上占有的重要地位，耿宝昌先生和陈华莎女士特别强调，遗址保护的重要性和迫切性。提出无论是窑址所在地的学校开展爱国主义教育还是将来河北四大窑连成一线进行旅游开发也好，对邢窑、定窑系的研究，保护好窑址都是极有价值的。耿先生具体提出："在窑址上面搭建平台，这样既不影响教学活动，下面建成展示区，前面的地方可连带建成博物馆，都是很好的机

图1—83 耿宝昌先生、陈华莎女士参观井陉窑发掘工地

会和结果。"

随后 2001 年 1 月国家文物局文博考古司司长杨志军来视察，中国文物报记者随同访问，这时许某某利用杨司长和记者先到一个多小时的工夫，先介绍他们很为难，解决学校狭窄，建学校才动工的。我赶到后揭露他的真面目，指出建好的二楼：村委会办公室，村民调解委员会。他拆毁的 1200 平方米和建学校有什么关系。最后杨司长只好以两重两利收场（图 1—84）。不久，全国作家协会副主席翟太丰陪同国家文物局局长张文彬专程来井陉窑址视察，张文彬局长专门题词保护好井陉窑文物（图 1—85）。结果河东村主任许某某为在发掘地建一纪念亭（实际是保护标志）和县文物局为了多出两万元建筑款"扯起了大锯"，结果一分钱也没得花。发掘的 180 平方米遗迹，都变成了学校，无果而终，因此留下

图 1—84　杨司长与范依然了解苗窑发掘情况

图 1—85　国家文物局局长张文彬视察苗窑考古工地

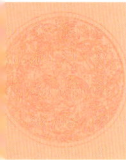

了典型的恶例。如果当初许某某听从文物部门的话，早已建成了瓷窑博物馆。就是后来耿先生到时如果采纳耿先生的建议，也不会是今天的光光如也。一座遗址博物馆的价值起码保留下来苗窑的全部！究竟何者为大，面对光无一物的河东村，不言自明。苗窑的抢救—毁灭，不管教训有多深刻，毁灭就是永远不存在了，活生生的教训，由谁负责？

（六）挖掘机前鑫源窑场的抢救——建井陉窑遗址博物馆仍有一线希望

1.二运公司变为鑫源公司

1989年井陉第二运输公司在其本院内东北部扩建工程，河北省文物研究所井陉复查队来此做调查，看到北壁间的文化层和裸露出的瓷缸、碗，院中部裸露着的窑址文化层等（图1—86、图1—87），采集到金代晚期具有独特特征的平折

图1—86 院中部裸露着的窑址作坊文化层

图1—87 院北前部被改造的旧作坊

沿绘花盘、碗等（见调查报告三·1），嘱咐其负责人立即停工，这里地下埋藏着珍贵的遗迹遗物，原状保护好，待国家研究利用。

1993 年，省政府公布井陉窑为第三批省级文物保护单位。2000 年申报，2001 年 6 月经国家文物局批准、国务院备案为第五批全国重点文物保护单位。这十余年间，文物保存状况良好，只是该公司已破产倒闭。个体新买主无力出资，因此只能停止这里申请的实施。2004 年欲更换买主，公告引入石家庄开发商刘某拆除这里的礼堂楼、小二楼等建筑，准备建旅馆搞商品开发。正在当地城关窑址发掘的孟繁峰，会同县委副书记王星海制止开发商，并招集凡有窑址的镇、乡、村，同县里一起签订保护责任状，确保各窑址的安全。

2005 年 4 月的一天，我正在联中工地发掘，一个 30 多岁的年轻人，经我队人员领来，找我咨询怎样才能挖掉二运公司的文物障碍，让他建起汽车服务大楼。这时我才知道上月 16 日魏某、黄某（魏妻）已将二运公司土地买到了手（土地证见后文）。这就是说过户还不到一个月，他就迫不及待地谋划动工了。

我耐心但严肃地对他讲了文物政策，讲了国保单位绝对不能不经允许就私自动工，要经国家文物局批准，国务院备案。就是我们以下的文物部门，未经批准也绝不能动工。"那我不就白买了吗？""卖家为什么四年都未动工，把土地又原封未动卖了？你应了解得很清楚。既然买了，暂时的损失你就得承担。你看全院底下都是窑址文物。你可以向文物部门申诉，等文物部门办了手续，对文物采取相应处理后，一并处理你的土地问题，就可以解脱了，这样两不拖累，但是，等待的时间会相当久，这也没有办法。""孟老师你放心，未取得国家文物局的批准，我绝不动工！"

5 月 7 日下午，我正在联中考古工地，突然接到公众电话。"你快过来吧，这里动工了，又是铲车又是翻斗，他们要把地都挖平了。""是谁？"没有回答。心想不可能动工吧，我将信将疑的赶过去。可不，魏某正指挥车辆拉土，开始在院子的北部挖掘，我立马叫停，根本无效。魏说他经批准动工。"好吧，那你把批准动工的证明拿来，不管哪一级都行，你该动你的！"魏没有，但不听阻止，强行动工。为了解决问题，我立即通知县文物局局长，请他立刻到现场，但文物局局长推三阻四，并不露面，八日一天，劝阻无效，仍无人露面。九日我亲自找到了省文物局会场，紧急约见负责人，并按要求立即写出事由。他答复很快到市局开会，一并约上他们共同到现场阻止。10、11、12 号……竟然一个人都未到工地露下面。我一再派人现场反复要求停工，一面设法联系有关方面，仍然无效。突然施工队全部撤走了，施工用具拿的一干二净。现场也打扫得很干净，车辙印都扫平了。这时故宫博物院陶瓷组长王丽英同志准时来到。我陪他们参观一

切，他们指着破坏处，痛心地说："你们河北有窑，却不知心疼，要遭到报应。"他们走后，这些人一个不漏，又都出来，继续施工，最外侧一排原古老窑洞拆除干净。突然他们在距北部50米的地带，遇到了阻碍，剖开一看，是一座窑炉子。我得知后急急忙忙赶到现场。也就一两个小时，拆运的也就剩个别窑炉耐火砖、瓷片和部分红烧土了（图1—88），其他都被他们边挖边运走了，地点就在第一排作坊的南边。院子的中北部，挖成一条深3米左右，长60多米的深槽。到挖掘剖面的中部又挖出了两座窑洞，里面装满了垫圈，哗哗掉落了许多，我看后分析这是第二排窑洞作坊遗迹，被他们破坏到了（图1—89）。转天《燕赵晚报》前来采访我的考古发掘情况，正是这野蛮周密的动工第16天了。他们的到访，我事先并不知道，我灵机一动说："我领你们先看另一处发掘地点吧。"对于

图1—88 考古队搜集到被破坏的窑炉残留物

图1—89 被破坏的第二排作坊装满了支圈

我们的突然出现，丝毫未做准备的对方机器轰鸣，正干得上劲，我领着记者参观这正在被破坏中的古窑。《千年"国宝"在哭泣》一文占了小报的整版报道出来，魏某并不知利害，第二天仍在施工，这时《燕赵都市报》《河北日报》两家跟了上来，他们的挖掘机和翻斗车还在起劲开足马力……这是第18天，省文物局督察组，在刘连升处长亲自带领下与市县文物局都一起来到了现场，面对这里的场景，也都无话可说。只有省局督查处刘处长，喝令他们立即停工上报省文物局后进一步处理。《推土机轰鸣下的千年古窑》（《燕赵都市报》）、《井陉窑惨遭践踏》（《河北日报》）一起跟进报道。这时，野蛮的施工不得不停止下来。连续十八天的动土，破坏掉的中北部中间地带66米长，12.5米宽的条型地槽700余平方米（图1—90）。虽然拆除破坏被叫停，原本一个非常完备的古窑场已失去了部分作坊和部分窑炉，再也不能复原。这一损失令人痛心，也是无法挽回。除这700平方米，院落南北留有7000余平方米，仍有整体保护的必要，故笔者同意原状保护，不允许破坏者再随意动土的处理意见。

图1—90　第一次破坏700余平方米现场

2006年，笔者被派往南水北调唐县东都亭遗址考古钻探发掘工作，工作经年，待写完工作报告，已经到了该办退休手续的时间，还没接到移交工作的通知，而省文物局通知，省文研所组队，配合井陉窑考古调查勘探工作，通知已经发下：

河北时代鑫源煤炭运销公司
关于在井陉窑河东遗址拟建汽车综合服务楼的请示报告

井陉县文物局：

2002年2月井陉县第二运输公司破产，井陉县人民法院将其（井陉窑河东坡遗址保护范围内）11.16 亩土地拍卖转让，我公司投资近百万元，获得了近 50 年土地使用权。

我公司为响应井陉县委、县政府号召，发展地域经济，实现年创利税 300 万元的发展计划。公司全体员工集资一百余万元，银行贷款 200 余万元，拟建汽车综合服务楼，包括占地面积 450 平方米的办公楼，210 平方米的修理车间，220 平方米的汽车配件商店，其余 6558 平方米的绿化带及汽车陈列市场汽车场地。因为涉及文物保护，至今不能投入建设。土地无法利用，公司每年还得交纳土地使用金，致使公司业务难以正常运转。职工集体集资工资、银行利息一直无法偿还，企业濒临倒闭危险，为此请求批准修建。

井陉窑是宝贵的历史文化遗产，保护文物也是我们应尽的责任，可是在这片遗址地表上的情况令人忧虑，有的裸露矸石，面积约 4500 平方米。占总数 60.55%（其中第二搬运公司旧楼垃圾为 2000 平方米）；有杂土覆盖的面积约为 2900 平方米，占总面积 38.9%；有井陉窑遗址的面积约为 38 平方米，占总数的 0.55%，没有采取任何保护措施。加之今年雨水较多，使许多地方冲毁，如此这些遗迹也将在历史的岁月中消失。为了更好地保护文物，根据文物保护法的有关规定，请求领导聘请专家、学者考察论证，科学论断、做出最佳方案，做好文物保护和开发，尽快批准修建综合服务楼。

附件：

1. 土地使用权证复印件（图 1—91）。

2. 汽车综合服务楼地理位置图。

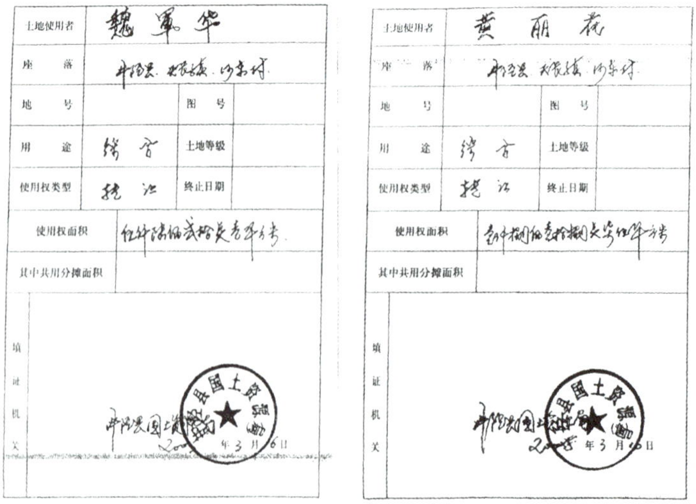

土地使用者	魏軍华		
座落			
地号		图号	
用途		土地等级	
使用权类型		终止日期	
使用权面积			
其中共用分摊面积			
填证机关	年 3 月 6 日		

土地使用者			
座落			
地号		图号	
用途		土地等级	
使用权类型		终止日期	
使用权面积			
其中共用分摊面积			
填证机关	年 3 月 6 日		

图 1—91　魏军华夫妇 2005 年过户证明

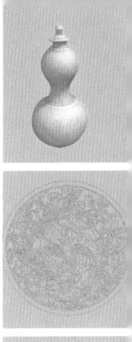

特此报上，

敬请批复。

河北时代鑫源煤炭运销有限公司（图1—92）。

2007 年 7 月 27 日

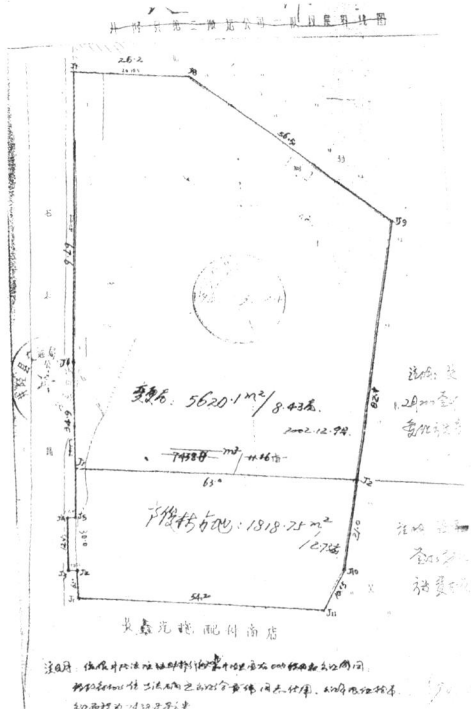

图 1—92　鑫源公司买地的平面示意图

井陉县文物局关于在井陉窑遗址河东坡区保护范围内
兴建综合汽车服务楼的请示

市文物局：

今日我局收到河北时代鑫源煤炭运销有限公司（以下简称鑫源煤运公司），《关于在井陉窑河东坡遗址拟建汽车综合服务楼的请示报告》。称该公司于2002年通过合法手续，购买了处于国保井陉窑遗址河东坡区保护范围内的一块11.16亩的土地，计划在此新建汽车综合服务楼。拟建项目有办公楼、修理车间、汽车配件商店、汽车陈列市场、汽修场地、绿化带。

鑫源煤运公司，在河东坡保护范围内进行的这项工程，去年我局已经上报过，根据当时的情况，只批准了进行临时建筑。根据目前的实际情况，本着保护文物与发展私营企业双赢的原则，我局认为在进行必要的文物勘探后，所需费用列入工程预算，如果没有特别重要的遗迹，可以拟准进行建设。当否，请批示。

附：

鑫源煤运公司《关于在井陉窑河东坡窑址拟建综合服务楼的请示报告》

石家庄市文物局（请示）

石文物字〔2007〕32号　签发人　张献中

石家庄市文物局

关于在井陉窑遗址河东坡区保护范围内兴建汽车综合服务楼的请示

省文物局：

井陉县文物局报来请示，称河北时代鑫源煤炭运销有限公司，

2002年取得了井陉窑遗址河东坡区保护范围内11.16亩土地使用权，2006年获准修建临时办公楼用房。近日申请修建综合服务楼，我局同意县文物局意见，即在进行必要的文物勘探，如果没有特别重要的遗迹，可以批准。现将有关材料呈上，请审批。

附件：井陉县文物局关于在井陉窑遗址河东坡区保护范围内兴建汽车综合服务楼的请示。

二〇〇七年八月六日

河北省文物局冀文物函〔2007〕32号

关于对井陉窑遗址保护范围内兴建汽车综合服务楼项目进行文物调查的函

省文物研究所：

河北省时代鑫源煤炭运销有限公司，在井陉窑遗址河东坡区保护范围内兴建汽车综合服务楼，为做好相关文物保护工作，经研究，决定委派你所在石家庄市文物局协助下，对此项目展开文物调查，必要时进行文物钻探，请尽快安排专业人员开展工作。调查完毕，应及时提交调查报告，并对项目选址提出相应意见。

河北省文物局（章）

二〇〇七年八月二十二日

抄送：石家庄市文物局

我所接到省文物局的通知，经研究派出以孟繁峰为顾问，王会民为领队，齐瑞普为副领队的井陉窑考古队，参加人员：刘君龙，刘伟，胡秋明，康志强，康志中，霍建平，武强，康金喜。其中王会民另有公务，未能参加。调查工作完成

后，齐瑞普、康金喜另去参加外派任务，发掘工作的领队，实际由孟繁峰担任。

时间：2007 年 9 月 10 日—2008 年 8 月 17 日，其中分两个阶段，2007 年 9 月 10 日—2008 年 1 月 10 日，完成 722 平方米面上的揭露。2008 年 7 月 18 日—8 月 17 日按照国家文物局专家组的要求，不开设新方，搞清文化堆积内涵重要遗迹结构的补充发掘。现将发掘结果报告如下：

经察，以 2005 年 3 月 16 日魏某买地手续分两部分，魏某部分 5620.1 平方米（中北部 8.43 亩），黄某（魏妻）1818.75 平方米部分（2.73 亩南部）。

中北部地方原有礼堂，地下到处散布有瓷片、窑具。礼堂 2004 年 7 月拆除后，地表垃圾已清理干净，原封未动。2005 年 3 月转让到魏手，经 2005 年 5 月—2007 年 9 月 10 日，所见情况大变，三级台状地形文化层尽被刮去，仅东部近围墙边部还余有少部未破毁，遍地狼藉。动工南北分条块状破除明显。在北部已修建临时办公楼，中部大门北边已修起三间临时性建筑，除东头一间做门卫外，另 2 间为杂物室，杂物室后填地修起停车棚。即整个中北部破扰殆尽。

南部（1818.75 平方米），原较中北部高起 1.5—12 米，原分三个阶地，现已被从中部破除，余二台阶至南部原有东西向小房三间，还被保留。其后部有高 10 余米的三级阶地，此时未被破坏净尽的斜断面暴露着从上到下三层瓷片层和重要的作坊遗迹（图 1—93）。有大的灰坑、釉料坑、澄浆池等。其下仍有较早期的文化堆积。其东面，有更高一块的整个长约 30 余米的第三阶地，这是整个大院的最高处，其中部有 10 余米的半地下水窖，这是整个大院的供水系统。只有这里还没有被破坏到。其西部直到 307 国道边沿，有高 4 米的护坡石墙包砌围挡。这里是整个河东坡窑址的二级阶地，因二运时期即被修成平地使用，有公路

图 1—93 鑫源公司南端厚达 8 米以上的文化层、作坊

71

法严格限制，且巡路路政人员经常检查，故业主未破坏这一地区（图1—94）。

图1—94　考古队进点之初的鑫源公司现场已被破坏殆尽，改变原地形

图1—95　鑫源窑场最初原貌

看考古文章有必要将常用代号介绍如下：

JHX：井陉窑、河东窑址、鑫源窑场（图1—95）。

T11、T12：发掘探访的代号，11、12即11号探方、12号探方。

③A、④B：发掘地层编号，号越大、层位越深。

F3、F6：房屋的代号，3、6等数字即表明房屋序列号。

H10、H15：灰坑的编号，10、15为序列号数，编号大的数字发现的时间越晚，其形成的时代越早。

Y11、Y18：这里窑炉的编号，Y11即11号窑炉，Y18即18号窑炉。

ZF1、ZF3：作坊的编号。

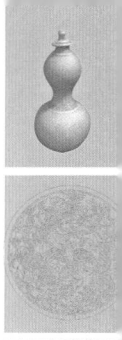

Z1、Z5：随窑灶编号。

GJ：矸子井的编号。

JC1：窑藏的编号，1号窑藏。

LK2：辘轳车基坑。

D1：1号柱洞。

面对这一改变地形地貌的一片残状，我未发一言。考古队将整个院落以十字格式分四区迅速展开勘探。

Ⅰ区，根据如图一改变了的高差现状，分为ⅠA区和ⅠB区，选择还有窑址遗物并较为密集的两个区域进行勘探，局部发现地层②—④层，并在ⅠA区选择ⅠAT1（11×4平方米）进行发掘，发掘44平方米，最终发现这是东西向原有的短溪流，自宋代使用到金代，解决了场院高台地带的用水需要。

Ⅱ区，位于勘探区北部东侧，东为围墙，西为断崖，南北长35米，东西宽均10米，高出ⅠB区地表约3米。部分地段地层堆积如下：①耕土层，浅灰色、土质松软、厚0.2—0.3米。②黄色灰土，土质松软、含少量瓷片、深0.2—0.3米、厚0.2—0.5米。③黄褐土层，内含少量草木灰、炭渣、红烧土颗粒等杂物，精细白瓷片、酱釉瓷片、泥质灰陶片等遗物。第④层，灰褐土、土质松软、内含较多的草木灰石灰渣等。有较多白瓷片、匣钵片等。

该层仅在北半部深3—3.5米，厚0.7米，土质土色，包含物与第1区灰褐土层一致，南北长约13米、东西宽10米，面积仅130平方米。

第②③④层性质，为条带状文化层，其中第④层埋藏较深，内涵较丰富，含有较多的瓷片，但作为窑址，瓷片含量不多，经钻探未发现遗迹。其文化层宽、深度正和Ⅰ区相接续。故选择ⅠA区试掘44平方米，以判明情况。

Ⅲ区，位于南半部的西部地带，其东半部地区原有10米高的三级阶地，已被挖到和二级土台地一般平整，故将原Ⅲ区、Ⅲ区东部合并为Ⅲ区，一并依次钻探，结果发现窑炉联片，划分为8个相连的探方，即ⅢT1—T8，选择部分进行试掘。最终联片发掘508平方米。

Ⅳ区，原南中区的东部30米是坡面地带，有一西向小平房，房后有2.5米宽的依墙斜坡面，与Ⅳ区南北30米长、10—15米宽的4级高台阶地。其西与Ⅲ区、北部Ⅳ区高差明显，经探查台地上有文化层堆积丰厚，因之划定Ⅳ区。这里因中部仍在使用的半地下水窖隔离，南北先后开探方1个（ⅣT1、T2），这是Ⅳ区发掘面积的探方T1，三层下瓷器和窑具覆盖的烘坯炕（图1—96）。这是南部的ⅣT2，北宋三彩窑和金代早期的瓷窑炉。共发掘170平方米。

图1—96　瓷器和窑具覆盖的烘坯炕

因此ⅠA、Ⅲ、Ⅳ三个区，总发掘面积为722平方米。

发掘举例。我们将整个发掘区地层统一分为6层，每层或根据情况或分出若干分（子）地层。

Ⅰ区、Ⅱ区及ⅠAT1地层：

Ⅰ、Ⅱ区在考古队进驻前的2005年5月，特别是2007年6、7月间窑洞、作坊、窑炉、灰坑等重要遗迹已遭大规模破毁。个别保留部分经钻探有选择地布设ⅠAT1试掘，经试掘证明这是金代以前的一条小水溪，金代以后逐渐填平，所获瓷片、碎窑具为随水冲来，可知早者为宋代，晚者为金代，最晚的上层还有清代民国青花瓷片，由于较碎无特别价值，故不再赘述。但它的存在至少保障了Ⅳ区三台地带的用水（有斜坡道路上下）。

Ⅲ区，南北36米，东西25米。位于整个大院的西南部，经钻探证明二运公司将其平整为修理汽车场地后至魏某都作为露天场地使用，没有扰动。经钻探了解到其地表以下即文化层。一是大面积火烧土，连成一片。自东向西，越是西部文化层越深厚。于是我们将之西边留出足够保证公路护墙安全的宽度，南部留出探方外侧的安全宽度后，整个将之布成8个联成一体的探方群，即10×7探方4个，11×7探方2个，5×7探方2个，计南北长36米，东西宽14米，面积为504平方米。在探方内因加开新方试图搞清窑炉叠压关系而加开了T13采取外扩4平方米。计发掘508平方米。

结果获得：

1.连窑房的发现

这里独特的新发现是揭出的南北一排6座窑炉中有5座方向都是西向，最南

一座向北成一排排列，说明它们应是统一的整体。围绕这些窑炉的残存是诸连窑房。在揭出的 4 座房子中，以 F4 保存得最为完整。F4 建在 Y12 的火膛外彻出两边墙，至今存墙基，在相对于窑炉灰沟的前边建有西墙和房门。其南墙厚于北墙，证明南墙为主体结构，西墙与北面 F5 的西墙，南面与 F3 的西墙统一为一道主墙。分别同 Y12 一样有 Y13、Y16 和 Y11、Y17，也就是说这些窑炉又被统一划分为各围墙体分割包围的房间。房间内有 Z（灶），可以加热，有辘轳车基坑，说明还可以拉坯，有釉料缸上釉，有连排的釉料坑（F6），储存各种釉料，有可以储存 4—5 吨重煤的灰坑（H5）。

　　总之，从成型拉坯、上釉、烘干到装窑都在窑炉跟前分工完成了。这窑炉整齐集中的排列，并且每个窑和作坊完全紧密地结合在一起，我们给它起的名称是"联窑房"。

　　联窑房既是统一的一个整体，有着叠压打破关系，又有灰沟串联的对窑关系。它们即以窑炉为单位分成个体，又集中在统一的大院围墙内。6 座窑炉之间 Y13 和 Y16 叠压关系，Y16 压在 Y13 之上，两者前后都在烧造，说明 Y16 晚于 Y13，从窑炉形状上可见 Y13 为钟形，Y16 与 Y11、Y12 相同的馒头形（图 1—97）。证明 Y13 最早建成生产，而其后是 Y12、Y11、Y15、Y16，而 Y17 则最晚，先砌成了火膛和灰沟部分，窑床和烟囱还没有开建，即停产了。说明这是一座尚未建成的窑炉，从这一点证实，这一组窑群所处的时代之晚和停烧的原因带有突变性。自然的和人为的原因考虑起来，战争的可能性最大。当 Y11、Y12、Y15、Y16 尚在烧造中，而 Y17 尚在建设中被迫停止。建设和烧制未再恢复，而有意思的是 Y11 和 Y17 两窑的出灰道则有计划的建成互通的一体。

图 1—97　Y16 叠压 Y13

Y11 建好了已投产，而 Y17 还在建设中，即被迫停止修建。由相互连接的灰沟来看，除 Y17 未建成外，最晚建成的窑是 Y11。这一已废弃的 Y13 和尚在建的 Y17 进一步说明这一群组的统一性和时代上所处的特殊性。根据金代的判断，进一步推断它们所处的时代为金代的后期至末期。在河北来看这窑群的断烧应放在金代对这一地区失去统治之时，即 1225 年左右（图 1—98）。

图 1—98　鑫源公司 III 区连窑房遗迹群

2. IV T1 烘坯房——首次发现的最大、较完整的烘坯设备，属于珍稀的发现（图 1—99）

　　烘坯房 IV T1，位于东南部高台地带 T1 之内，东北—西南方向。现存部分，南部被 H4、H9、H10 三个大灰坑打破，中北部又遭 H1、H2、H3 破拆，已不完整，南部灶边沿缺失、中部墙被打破，但边沿完整，其基本形状完整。经认真仔

图 1—99　 IV 区 T1 烘坯房遗址

细的发掘清理，可知其有三个使用期。

中国的古陶瓷生产中坯件的脱水，一般都是露天，或最多在架棚的空地上晾干。此前，唯在《唐代黄堡窑址》《宋代耀州窑址》中见到有烘坯炕的报告。那里的烘坯炕是建在窑洞内的，有炕的窑洞分作两类：一类是窑洞中只发现孤零零的 1 座炕，未存其他遗迹；另一类是窑洞内有炕，还有拉坯、上釉等设备。前者发掘者认为是工匠住守用的。伴有辘轳陶轮车或釉料缸的后者，发掘者认为是"烘坯炕"。见于报告的耀州窑"烘坯炕"大小都在长 2—2.7 米，宽 1—1.8 米之间，面积不过 2—3 平方米。每炕不过带有 1 个炕灶。有炕灶坑的窑洞洞室面积与其他窑洞一样，多在 18—27 平方米之间，也就是记那里的烘坯炕只占整个房间的 1/2—1/16。判定为烘坯炕的证据仅是伴有蘸釉的缸或拉坯的陶车。据老窑工提供，用陶车拉坯和手提器蘸釉是相当快捷的，一盘陶车拉一窑坯，最多不过四五天时间，数量可达数千件之多。二三平方的一盘炕，需要多少座才能烘得过来？如是这样大小的炕，如何应对大量需要烘干的坯件？因此，存疑无从解决。

07—08JX Ⅳ T1F1、K1 的发现，烘坯炕是双灶炕，且炕面占了整个房间4/5，达到了 24 平方米（房屋约占 30 平方米）。更直接的证据是炕洞、烟道内层都落有坯子片等。可谓证据确凿，自身证实了它是"烘坯房"。因而 2007—2008年的这一发现证明井陉窑为中国古陶瓷史上窑场有烘坯房设置的第一例。

经发掘 Z2、Z3 之南，发现 Z4 和 Z1 同时的炕，向后缩去 1 米向西外扩 60厘米，证明在 K1 之先原有 K2 的存在，K2 叠压在 K1 之下，说明二者有一定的停烧和使用间隔期，且 K2 的双灶在 K1 的双灶后面约 0.5 米，更加证明了 K1 之前 K2 使用的存在，所以烟道沟的不整齐，有些地方交合到一起也就不奇怪了。

Z4 即在被打破的炕南部边沿，所以炕的南边和 T1 的南壁都已被灰坑打破不存了，但二者不会超过 1 米左右的范围。

这时又在 F1 西北部发现 G2 部分压在 K1 的下边，经仔细清理，其为长方形周壁以素面大瓷板瓦和条形毛石砌就，底部小板瓦片、石片铺平，内长 1.90 米，宽 1.48 米，存深 0.25—0.45 米。清理发现池内周壁和池底部还存有厚薄不等的极细的青灰色矸子泥，尤其在南角处成层成块，一直堆积到池上口部。此探方的解剖炕未再发现同类的池子。因此将之判断为储泥池。由于 G2 和 H5、H6 的存在，F1 第一期可能是拉坯上釉的工作间。它的使用时间约在宋代后期。

K1、K2 均以匣钵和匣钵片砌筑，做法是以匣钵片砌成烟道沟，沟壁厚0.30—0.50 米、沟宽 0.30—0.45 米，存深亦如之。沟壁间或分布着有大青砖或石板片作为炕面使用，原盖在炕面上后被扰乱在就近处。K1、K2 之间虽接续使用，但二

者之间有前后全方位的改变，可见这一使用期有前后两段时间，估计为宋末、金代前中期的约在金海陵王之前。

3. Ⅳ区T2、Y14和Y18、Y19的发现

Ⅳ区T2是隔水窑布设的东南角的最后一个方。此方设计为10×10米，南与蔡三旦院落高台地相连，因此方内发现的Y14与蔡家相关联，北隔水窑池和T1相望，东邻公司的东边墙，西部为魏某施工所破除，故此方实际宽度至西并不到10米，北边最窄近6.5米宽。

Ⅳ T2④B层下发现的Y14位于探方的南壁处，只有一半处于方内，另一半延伸到蔡三旦家。我们只好将这一半做出，且发现仅剩Y14的灰沟及火膛的东部，余下的窑床、烟道等部分早年被切除。这一窑炉的发现虽然已不完整，可知为东向。存在部分已和Ⅲ区的群窑有着明显的区别，即其前灰道火膛特别是窑炉前部长3.5米的灰沟，这显然与所做诸金代窑炉、灰沟有着明显的差异。由遗物说明，这一窑炉的时代和Ⅳ T1所见的遗迹、遗物特别是碗、盘、直壁缸类完全相同，故可知它同Ⅳ T1完全相同的同类作品，时代为宋代晚期至金代前期。因此，Y14在这里就有了时代上的差别价值。

Y18在Ⅳ T2补，经一次扩方只挖出了它的窑床和火膛，没有灰门、灰沟部分。所做出的仅是火膛和窑床的大部，窑床的烟道和烟囱部分还压在设定的方外。只是为避免伤及原有的供水管道，补充发掘部分只局部的解开了"T2补"部分（2.5×5.3米）的Y18，火膛为半圆形，最大宽2.32米，最大纵长1.06米。残深0.35米至0.55米，与之相接的窑床东壁露出长2.12米，西壁露长0.72米，最大宽度同于窑的火膛最大宽度。烧结面已不存，仅剩最大厚度0.10米，而两窑壁处也不过0.15米的火烧土，显然Y18的烧结度和窑温大大低于Ⅲ区的诸窑，属于低温窑（图1—100）。

Y18火膛内填满了废弃物，主要有匣钵、细泥垫圈、素烧坯件、筒瓦、耐火砖以及多量的半生红砖，其他也杂有少量碎瓷片。特别引起注意的是这些钵、圈、瓦、砖上都染（或滴）有绿、褐、黑色低温釉滴，可见废弃前它们都用作为窑具。鉴于上述情况，为长远保存起见，我们将火膛一分为二，只清理了火膛东半部，其后又原状放回。除此之外，在火膛壁内和底部还发现了灰白色的草木灰（很薄），因而知道这种窑使用的燃料是柴草。这是与Ⅲ区诸窑完全不同（其完整结构可参见本书三·3）。

根据上面情况，我们认为Y18是烧制三彩和琉璃使用的窑。还有必要提到的是Y19并列于Y18的西侧，同于Y18亦为土壁，但生成的火烧土层厚度超过

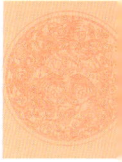

图 1—100　Ⅳ区 T2Y18、Y19 窑炉

20 厘米，明显厚于 Y18，实证 Y19 的窑温高于 Y18，因为所剩的右边窑床边部铺有夹板和垫具，上面亦有滴存的釉痕，是原烧状态，Y18、Y19 是同一烧制的三彩对窑无疑。

Y18、Y19 被压在⑤B 层下，又打破⑥层，使用的窑具只有⑤B 层中也常见的细泥垫圈等，因此推测出它的时代，即是不应早于宋前期，晚也同于宋代。Y18、Y19 下面叠压着⑥⑦层，因为位置过低，已不适合正常发掘。只得使用钻探和发掘相结合的办法。

因此，Ⅳ T1、T2 的发掘使我们知道它金代前期宋代、五代、唐代的地层遗物，特别是发掘阶段此遗迹、遗物属原地层。其下文化层有可能接近"地面"，如不实施清理堆积土则无法发掘。这是极大的收获，20 年来第一次完整发掘到井陉窑北宋时代可分的遗迹、遗物。

2008 年 1 月基本完成了三个地点 504+170+44=718 平方米的发掘。

Ⅰ、Ⅱ区的发掘发现了一条上口宽 12 米，下宽 4 米，深 3.5 米的东西向穿过百米院落的水渠，里面的宋金瓷片说明它的使用期是宋金时期，它在进院落的东部，有一斜坡向上的路直通Ⅳ T1，这解决了Ⅳ区水源问题，水渠穿过鑫源院落直通西部的绵曼河。Ⅰ、Ⅱ区之间发现这条水渠的北侧有作坊两排，仅我们间断发现，第一排现今在它的基础上尚在修筑继续使用，当时已挖掉。第二排在第一排后我们见有两间被挖掉一半。水渠的南边有窑炉一座，2005 年也已经被挖掉。其余东北部的高地文化层、礼堂下中部文化层等，2007 年后均被挖掉。但就现有部分已和南部联系起来，南北属于一个整体，特别是早被破坏掉的窑炉应和南区的窑群是一个整体，如是它应向南和 Y15 相对，如此至少七窑联为一体。

Ⅲ区，6 座窑炉，4 间作坊（不是全部），已作废的 Y13 和未建成的 Y17 集结为一个群体，方向一致，Y15 向北和其他 Y 组成 1 个整体。又各窑有自己所属的窑房，结合为一体，说明这种组合形式为首见。单独成为组合的窑房与窑炉一体的连窑，排窑非常罕见，专家连连称其"震撼"。加之金代晚期窑体的形制与元代已在磁州窑所见者相同，说明井陉窑发现窑炉体变化早、影响范围大，加之组合形成特殊形式，为井陉窑一大发现，值得很好地研究。Ⅳ区发现金代前期地层和宋代、唐五代时期的较早地层，其下尚有未发现的更早地层。这是非常值得重视的，一是就已发现做好研究，二是对未发现者扩地再做下去，务必使之得到完整揭露，一体研究。所发现的宋晚期、金代前期 Y14 及相应的烘坯作坊，值得深入地探讨。其下的储泥池等作坊，也值得和 T2 补宋代遗物结合起来加以研究。总之，2007 至 2008 年的发掘为进一步的研究提供不可或缺的价值和作用，很值得展示与研究。

因为省文物局将这次发掘报到国家文物局，国家文物局获知河北这次发掘出现的问题，派出了专家组，以中国社会科学院考古所前第一副所长、著名考古学家徐光冀研究员为组长，中国文化遗产研究院著名古陶瓷学者研究员刘兰华女士，北京大学中国考古学研究中心教授、博士生导师秦大树研究员前来工地视察，他们先视察了Ⅲ区，专家纷纷脱口而言"震撼"（图 1—101），在Ⅳ区仔细听取烘坯坑分期状况的汇报（图 1—102）。在视察后的 7 月 9 日下午，召开了座谈会。下面载有已经过专家审定的记录（见收录在本书第四部分的《国家考古专家组考察鑫源窑址抢救发掘现场谈话》），此处不再重复。

图 1—101　专家视察Ⅲ区

80

图 1—102　专家在听取烘坯炕的汇报

　　然而事情到此并没有结束，2009 年冬季至 2011 年，魏某仍不接受教训，他把我亲手交给他的《工作报告》中载明的《图九Ⅳ区 T2 平面图》《图十一Ⅳ区 T1F1K1 平面图》《图十四 T2 补 Y18 平剖面图》等视为废纸，公然拆除了《图 1—3 井陉窑鑫源公司窑场考古勘探分布图》中 T5 东侧的三间平房，并把房后原挡住的该公司以内已经指明禁止拆毁的窑址层全部拆除，从下到上部边界，包括Ⅳ T2 南边界处都砌起了砖墙，连同到和蔡分界的南剖面直到公路边一律包砌起了砖边墙，从外表一片瓷片都再也看不出来了，而且从北部、东部连砌成整体。这样的改造法，不知引起了谁的不满，把他一而再、再而三破坏窑址的事控诉到省检察院，检察院受理后，责成石家庄市桥西区检察院办理此案。2011 年 5 月，检察院转来省文物局的指示，叫我接待调查。三年来，我在单位整理井陉窑的资料，并无任何机会到现场去，不知窑址的情况变化。他们的好多询问，关于这三年窑址的变化我一点也不知情。在他们的带领下我到达鑫源公司现场查看，才知这一变化，虽然变得整齐了，但外表上原来窑址的情形一点也看不到了，修成了"鑫源公司"的大院，这哪里还有窑址的一点影子，特别是东南 Y14、Y19，原本已伤痕累累，恐怕都要修没有了。南部的 300 平方米的遗迹遗物都哪里去了呢？

　　经检察院起诉，桥西法院最后以魏×× 一而再、再而三破坏窑址罪，判处有期徒刑三年，缓期四年，监外执行，才算暂告段落。

　　谁知 2016 年夏季大雨下了一天，即将他修理的南半段高地的围墙冲毁，原被挡住的窑址层连同蔡三旦处整个裸露出来，引起爱好者花钱雇人前来"捡瓷片"，大批瓷片都被捡去，不分地层一律捡得干干净净的，而文化层一律"捡"成了灰色的大斜坡，直到今天仍未有一点恢复。而且雨水也将Ⅳ T1 摆好的防雨墙北边、西边冲出好多豁口，已经不再完整……

现在鑫源窑址，要么最后"自然"损毁，要么紧急抢救处理，维修好四处遗迹并将其收回，变成窑址博物馆和实践基地，县里市里和文物部门首当其冲，不能回避、无可回避地作出最后的决断！

（七）城关窑址联中与修造站发掘
唐家垴与鳖盖垴墓地的抢救

发掘执照：国发《考执字（2004）第 038 号》

发掘时间：2004 年 3 月——2005 年 8 月。

工作单位：河北省文物研究所、井陉县文物保管所。

参加人员：领队孟繁峰，副领队王会民，队员樊书海、胡强、齐瑞普、徐永江、康金喜、胡秋明、杜鲜明、郜有望。

发掘目的：揭露井陉窑早期生产情况，争取解决窑址的创烧问题。选择了镇联合中学（简称联中）东关修造站两个地点，主要是应以下考虑：

1. 1993 年发掘城内窑址时，发掘到隋代窑场，虽仅 90 平方米，未捕捉到窑炉和作坊，但出土了隋代的窑具和不多的瓷片，肯定了这座窑址的上限至少到隋，这是其他区位的窑址所不具备或不能发掘的，且联中有扩大发掘的余地。其西南 50 米为 1993 年的发掘地点，西与旧县衙一墙之隔，这一地点的选择也对县城和窑址的关系顺便做了考察。

2. 联中发掘地点是井陉县高小的西院。《井陉县志料》第二篇《地理》收集有国文教员宋清洁《古瓶记》一篇，较翔实文字说明在联中西院北侧，民国四年（1915）曾因修操场，在土埠"古屋遗址"中攫出了大量瓷片和不少"天威军官瓶"，完整者就有十余只。这是对井瓷的首次记载。选择发掘地点正是该地。

3. 修造站地处北关，其场院在北关中街西 33 米处，早已停工下马，有 800 平方米的空院，为其他地点所不具备。据老工人讲，当年建站时刨出不少古瓷片，发掘此处可以作为联中的备用地点。

2004 年 5 月中旬，我们分两个小组，王会民带一个小组发掘修造站，我带一个小组发掘联中。2004 年合计发掘 180 平方米，修造站发掘 2 个探方。XT1，3×10 米，XT2，4×8 米，计发掘面积 62 平方米。

XT1 位于该院西侧，发掘的④ A、④ B、④ C 层，以下为生土。④层为金代层，但有一定的区别，为金代井陉窑的分期提供了重要依据。

虽只发掘了 30 平方米，但出土了上万片瓷片，通过分层细致的对比，有一

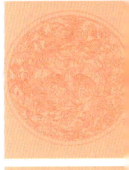

定的差异，反映出它们的早晚变化，可为金代井窑的分期提供一定的依据。褐釉方形小口瓶、点彩枕片等，增加了金代的器类。典型瓷片中"海鳅捕鱼图""人鱼游戏图""四时童乐图""童子戏蝶图"等装饰品种，大大补充了以往金时期装饰的品类，有不少是这次的新发现。

从 XT1 向东移出 20 米，XT2 出土的瓷片数量虽不及 XT1，但仅隔 20 米的距离，却分出第⑤—⑦层，发掘到宋、五代层，这也是这次发掘的重要收获，客观地证实越往东地层越丰富，⑦层下为生土，而 XT1 金代层为扩散出原有的范围的新的生成，从而也证实了金代是这一窑址最为繁荣的时期，这与文献的记载完全吻合。

联中的发掘经历了更多困难，更为曲折，最终深度达到 7.8 米，分城址层和窑址层两大类。城址层获得了民国、清代、明代和元代层的学校、场厩、驿站、官衙等建筑。如元代官衙就揭出了带台柱的正厅五间，和东侧偏房三大间（不到头），以及圈足内题有"宅内公用"的碗片（图 1—103）。到了 4.5 米深，建筑规格较高，非常正规。先揭去东侧的偏房，并清理了淤土层后，就显露出了金代的窑址作坊，也是四间。其中东侧一间 F6 刚揭露出部分地面，和其西北角的灶一个，北面 1 间 F9 刚揭露出局部，还有待于揭明。西侧的两间，F7、F8 较为完整，仍保持了水毁后的状态，而操作间（F7）除保留着使用状态陶、瓷、铁制工具，如白瓷大盆、绿釉大盆、紫

图 1—103　联中出土的圈足内题有"宅内公用"的碗片

泥料堆积、白釉料堆积，等等，大约是上釉间。北侧一间（F8）揭出南端通向北端一炕，和南边单独在炕外的一灶的鼓风设施，该鼓风设施同于 1994 年曾揭出的陶窑的双鞴，只是在头前另增加了风管设置的一个送风室，分别在西北和西南铺设陶瓦做的送风管，西北则通向一炕的灶台，西南则通向室内炕前的地面。非常科学的是在风室内两侧，地下设有送风口孔道，各有陶质的瓦片插入和拔出，这样就控制了两灶用风的启闭，同时使我们知道南灶并非以炕和鼓风的鞴单独设置，应有单独的熔炼的作用。而炕的北头也带有椭圆形的灶，灶门以双柱做门框。灶坑里还有铁质的炉栅。向南做出风口，顺着南面铺设的烟道沟转了一个来回，在西北间处砌有烟囱，以排出室外。在屋内黄色的淤土下面是黑色的地面，清出了淤土层，始清楚了发大水前屋内的原貌。在炕灶的东北侧，有一铁质

方铲斜靠在灶的左侧，随时有人使用，为灶填煤。灶门口有一铁质的执壶，向外倒放，似原装有烧开的水流洒出来（图1—104）。再向南，有白色的釉盆和陶质的大盆被压裂在地上。在西南炕下有精细白瓷碟（图1—105）。在南支灶的右侧，有青黄釉底部有"郅"字的人鱼游水纹大碗，这是井陉窑的代表作之一。碗前有一堆碎毁的瓷片，东北角有褐釉瓷壶。在鞴的东侧有精细白瓷广口瓶（完整），依靠在鞴的北侧的是半叠在一起的三只大小不等的白瓷碗。在屋子的北边置有煤堆，煤堆前置有交股铁剪和匣形铁镟等。在F8北部正中有一大型缸胎研磨盆，被仰面压裂，有似使用中的状态（图1—106）。F8具有研磨、熔炼、加工原料和烘制产品的综合作用。由于F8、F6向东延伸至探方壁外，F7、F8西墙外为砖铺地面，探方西壁下同层位压有柱洞等遗迹，因此作坊的大部分仍存于已开设探方的东西两侧。

白色原料堆，就井陉窑来说，已属于第二次揭露，前次出现在河东苗窑窑址的作坊中，而作坊中带有较长送风管道的连支灶坑的发现却属罕见（图1—

图1—104　灶前倚持状态的铁铲与倒放铁壶

图1—105　在F8内发现的精细白瓷碟

图1—106　F8正中大型缸胎研磨盆

图 1—107 F8 烘干与熔炼的工坊

107）。因而这一作坊性质、作用有待进一步的明确，还有待进一步的揭露。由于被淹没，多数器物完整，遗迹清楚，较为难得。特别值得关注的是，发掘中出土的金代精细白瓷制品，胎质细腻，釉色白润，达到同期白瓷的极致，以文献所见井陉窑为金代代表性窑口，显示出一定的相应性。

鉴于 F7、F8 的罕见发现，经上级批准，向西扩大发掘，在发掘中我们得到了以孙振方校长为首的教职员工和学生的大力支持，不仅对校园内的考古工作给学校带来的干扰毫不烦恼，还尽可能提供了支持，感人的事迹不胜枚举。正是在他们的支持下，我们的工作有条不紊。扩方，这时就需要拆掉西面平房（民国）、教室和小车库，在校方支持下，一切都顺利完成。发掘扩大 150 平方米的 T2、T4 西到操场边。建起了隔离带，到 2004 年年底发掘接近窑址层。来年 4 月继续进行，这时王会民、樊书海另有任务而分派到其他工地。

2005 年 4 月继续发掘，在揭去元代层后，④ A 层是一个空间层，这是整个扩方，面积出现了三个大的长方形灰坑，占据了探方的北、中南和南部，且两头都还不到边（图 1—108）。我们还是仔细清理出尚存在的金代作坊遗迹，F24 发现这是一个大的带有柱洞的广阔空间，北西南三面都不到边，且柱洞大小不一，大者直径 40 厘米，小者有 20 厘米，显然占据了 150 平方米的两个探方面积，还不知扩出多少平方米，推断这是一个棚房。考虑再三，经请示局里，决定缩方，在探方破坏较少的西部，重开 8×5.5 平方米的 T5，继续向下进行发掘。

这时，河对岸鑫源公司发生了公然破坏窑址的事件，都是国保单位，从此井陉出现了河的左边在考古发掘，河的右边在公然破坏窑址，较长时间没有一个人来过问。我不得不在这边搞发掘，那边去制止破坏，队员也在我的安排下两边奔

85

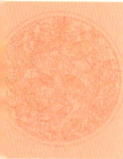

图 1—108　扩方中出现在金代层上的三个大灰坑

波，一时给我们带来严重的干扰。从 5 月 7 日直到 5 月 25 日，省、市、县文物局，才出现在破坏现场，而后到 6 月上旬，媒体不断。这一段我们不得不一边坚持自己的发掘工作，一边监督对岸停止破坏直至其彻底停工为止。

我们在原探方中发掘另开的 T5，首先向下做出宋代层，做出了一间隔 5 米有东西两墙的房子，F25 两墙南端延伸至探方外，东墙北端斜出探方东北角，西墙北段在距 F25 北壁 0.75 米处呈直角转折，伸出 0.45 米，其南有 1 米的"出口"。出口的两侧，发现了 0.18 米的对称柱洞两个，这是 F25 的门道。在其南侧 3 米处，发现辘轳坑弃洞，里面填满胶泥制作的莲瓣纹泥模。这就证实 F25 制瓷的作坊性质，是拉坯、制模所使用（图 1—109）。最后又揭开房砖，砖的个体较金代为大（0.4 米 ×0.18 米 ×0.06 米），砖的背面和金代的明显区别是有条纹，我们称其为条纹砖。因此 F25 所在⑤层、⑥层被划定为宋代作坊层（图 1—110）。

图 1—109　T5 探方内的辘轳坑　　图 1—110　宋代的条纹砖

86

　　唐代作坊层F26。在⑦黄褐土做去后在探方北壁下，距西壁3.26米处出现一方形础石面，厚0.13米，宽0.45米，北半部压在探方外。在础石面偏东0.20米处，出现一灰陶大瓮的残断腹壁，瓮内存物在清出上面覆盖的灰褐土层后，其下发现分层明显，上层为0.05—0.1米的草木灰，中层为厚0.08—0.11米的"白黄土"和"藕褐色土"层。二者并未混合，下层为厚0.3米至0.35米的草木灰层。在上下草木灰层中皆发现有灰白间色的烧骨渣和炭粒。迹象表明瓮中之物并非是废弃的垃圾，而是有意放置的且还未做搅拌，推测可能是釉料，故取样做物理、化学分析（图1—111）。

　　灰陶瓮素面，壁厚1.20—1.30厘米，口部及上腹部残失，中腹直径0.95米，小平底。底内径0.35米。存高0.5—0.67米，推测原高为0.9—1米。瓮底平垫一块36厘米×36厘米、5厘米×6厘米厚的绳纹方砖。埋置方法是先挖一南北直径1.5米、东西1.39米的圆形直壁平底土坑。在坑的中部埋置方砖，摆正灰陶瓮，再包贴瓦块加固。包瓦处瓮坑外壁还附有宽0.4米的小土沟。我们分析此瓮使用了较长时间，在使用中还挖开瓮坑东壁修复裂隙。将⑦层下的石础、料瓮归为F26，并将之定位唐代遗物。F26显然是作坊的配料间（图1—112）。

图1—111　残存的唐代灰陶大瓮　　图1—112　解剖灰陶瓮中残存的堆积物

　　隋代作坊层。在⑧A、⑧B层下发现F27、F28等地层和遗迹单位，其中除较大宗的出土物为瓷、陶片外，还都有窑具的共存。显然这些遗物都是隋代的器物，有隋代的平底青瓷盘还有青瓷钵（图1—113、图1—114）、白瓷鹦鹉首残片，以及三叉支钉等（图1—115）。

　　在出土的器物中值得提及的是T5⑨层下灰坑中出土一件大的半高平底厚壁弧形碗片，胎质也较粗糙，分析是早于隋代北朝的碗，因为和北朝赞皇李氏墓中所出的相似（图1—116）。如是井陉窑的创烧，时代只可能是北朝，只是出土只有一件，还需待于再发掘的进一步证实。隋代器物，盘、钵、碗、白瓷鹦鹉首

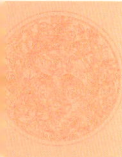

图 1—113　隋代青瓷钵

图 1—114　出土隋代青瓷平底盘

图 1—115　隋代作坊层中出土
的三叉支钉

图 1—116　发掘的底
层出土的北朝碗底

图 1—117　隋代白瓷鹦鹉首

图 1—118　唐代实足碗

（图 1—117），唐代碗（图 1—118），还发现了以往仅在宋辽瓷器中出现、这里唐代 H49 中出土的黑釉梅瓶（图 1—119），T5 ⑧ H49 中的唐代酱釉骑马人物瓷塑（图 1—120），五代多管瓶（图 1—121），宋代白瓷碗，宋代 T5H36：1 白瓷圈足花口钵（图 1—122），T5 ⑥：11 宋代白瓷童子塑像（图 1—123）。

　　这次发掘虽没有充分解决井陉窑创烧时间的问题，没有解决确切的北朝地

图1—120　唐代酱釉骑马人物瓷塑

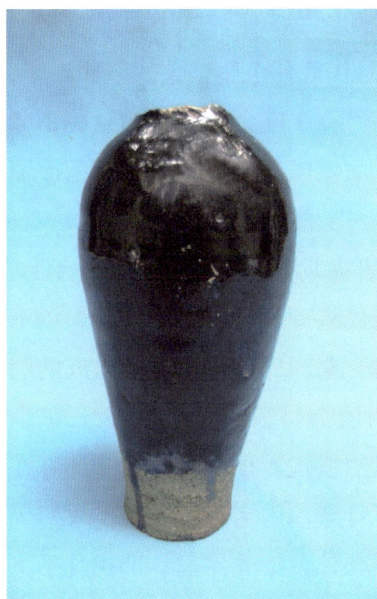

图1—119　唐代的黑釉梅瓶

图1—121　五代多管瓶

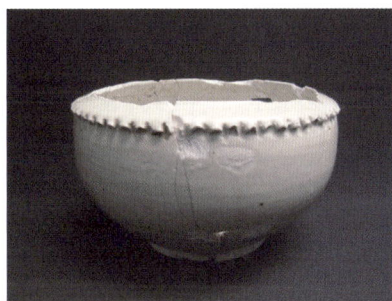

图1—122　宋代白瓷花口钵

图1—123　宋代白瓷童子瓷塑

层，但是为井陉窑的创烧时间，找到了一定的线索。更重要的是隋代、唐代晚期、五代、宋、金五个时段，在一个地点，地层连续直接叠压的发现，这在其他窑址上是少有的。不仅使我们的发掘具有典型性，而且对总结井陉窑的特征，具有很强烈的时代特色和质量优势，这是值得很好地整理研究的。还应指出，这时发掘已感到潜在的威胁——盗墓分子的暗中蠢动，因此在发掘之前和发掘之后我们都进行了墓葬的抢救发掘。

　　唐家垴墓地的抢救发掘。唐家垴墓地在井陉旧城北隔湟墙沟第一台地，南距井陉窑址，不足1公里，先在2003年年底2004年年初春进行了钻探，墓地分

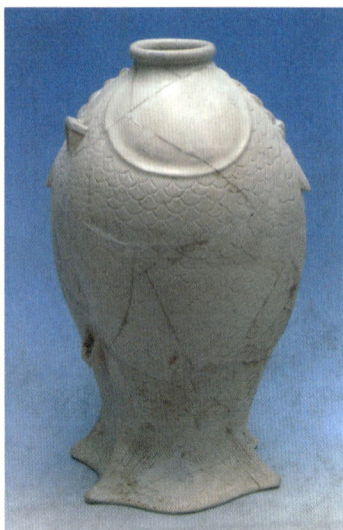

图1—124　双鱼穿带瓶

西、中两区，共发掘唐墓5座，其中西部的M14保存完好，宋（金）代墓葬1座，金代墓葬6座，其中3座完整保存，有2座金代中期的墓葬是穿凿唐墓，在唐墓下面做成了金代墓室，唐墓被盗而金墓完好，今择一座墓葬简介如下。

JTM11位于唐家垴墓区的西区二层台上，其墓道（历史上金代墓葬）在唐家垴被开煤场王氏打破，系有墓道、墓门、甬道、墓室组成的圆形单室砖雕墓。为唐会昌三年（841）天长镇虞候张义才之墓，虽遭盗扰，顶部塌下周壁还存在个别的砖雕，雕有灯架、内宅、晾衣架、桌椅等物，除陪葬首饰细软外，随葬器物，都扰乱于墓中。有细白瓷双鱼穿带瓶（图1—124）、鸭形水注、杯、碗、盘等等。特别是双鱼穿带瓶装饰比省博物院展出的那件更精美，更逼真，时代更早，尺寸更大。并较之带有更多的接近鲤鱼的特征。因窑址所在近绵河，自古鲤鱼即很有名，此瓶以整条鲤鱼双鱼错置塑造成型，除鱼口部合并为一处外，其他都双错并列。左右由穿带鳍脊组成，尾部以仿生的鱼尾并之，并非是圈足，尤其除鱼首鱼尾外，周身则披满了椭圆形鱼鳞。可知省博物馆那一件就是出自井陉窑无疑，且这件要比之早五六十年左右，非常逼真，非常珍贵。鸭形水注，水注塑造成鸭形，内部有一龟趴在鸭子的胸部位置向外注水，设计典型，结构非常精巧，只故宫博物院尚有一件和之珠联璧合。此外像带足细白瓷小罐、绿釉海棠花式杯等，皆为唐代井陉窑精品（图1—125）。

两座金墓（TM10、M19）墓室完全穿凿在唐墓室底下，结果上面的唐墓被盗，

图1—125　印有鱼纹绿釉海棠花式杯

图1—126　三彩大方枕

这两座金墓却安然无恙，随葬品以原状出土，其中 M10 的三彩大方枕（图1—126）、M19 的带盖白瓷胆瓶（图1—127）等等是难得一见的井瓷稀珍品。

北横口鳖盖垴墓群抢救发掘。北横口窑址西约 1 公里处，一座酷似鳖盖的小山包前面发现有四座晚唐五代（M2）宋（M1）金（M5）（M6）墓皆被盗，经请示省文物局决定于 2005 年 7—8 月间进行抢救发掘，在发掘中又探得一墓 M10，未被盗扰，为宋末金初之墓。由墓道、墓门、甬道、墓室四部分组成。经清理，为圆形仿木构六铺作砖室墓，墓分上下两部分布置，铺张华丽，有地主庄园的彩绘砖雕。出有细白瓷短流曲折饼圆形执壶（图1—128）、点彩细白瓷罐，及斜方唇直壁矮宽圈足碗等特征早于金代的常见瓷器，可补已知发掘之不足。

图1—127　带盖细白瓷胆瓶　　　图1—128　出土宋代细瓷执壶

此外我们在唐家垴墓群北部不足 1 公里的许水滋墓群还发现了隋墓出土的部分器物，如隋代白瓷实足杯、隋代青瓷实足杯、黑釉高足盘。加之上举唐、宋、金墓出土的完整的精细品，真实地反映出井陉窑细白瓷、黑釉瓷、酱釉瓷、两色釉瓷、独特彩瓷以及三彩制品的珍贵器物，弥补了窑址的发掘的不足。在此次大规模盗掘之前抢救一批墓葬，为学习研究宣传井陉文物打下了一定基础。

四、希望在当今

总之，曾生存在太行山地间的井陉窑看似"山重水复疑无路"，却通过水道

"柳暗花明又一村"。它富足瓷土、釉料，同时又伴生着驰名的煤炭，还有那取之不尽的山野木柴。最后凡是生成窑址的地方，都有着水的环绕，水的滋孕，水的贯穿，水的运载。这就存在着和其他三大窑不同的山川相交融的状况，独自伴着太行深山的特殊环境，山脊之隔直接连着平定窑、盂县窑，以致影响到山西南北的系列窑址。向东一水相连的真定府使之一出山乡就来到平原巨埠，四通八达，使之北去幽州，南去邢、魏、磁、卫州，又南过岳、吉、建等，使"真定红瓷"与"龙泉青秘"齐名并举。它曾达到的辉煌已掩去700年之久，但是通过我们这30年来的努力，而使原来的峥嵘终于开始露出。井陉窑是一个宝藏，我希望当地党委、政府乃至石家庄市委、市政府能够行动起来，到河东坡井陉城关看一看。

河北三大窑定窑、邢窑、磁州窑不仅在发掘地点都建立了博物馆，有力地开展了相关活动，培养了各自的国家级大师，还创烧出各自的产品……而我们呢？除最近几年南横口一地自发建立了几个小作坊以外，真正的中心地区什么也没有，特别是放着那么好的地方，除了个别人"拣瓷片"外，竟然一个落脚之人也没有，更不要说文保专业机构了。是井陉无人吗？是我们拼着性命发掘出来的东西没有价值吗？我想看了这篇文章后，恐怕这些都不是问题。鸟无头不飞，人无头不走，就是缺乏政府的号召和引导！鑫源公司如能再把地征回来（这也是给了业主出路），就地建立国家的文保机构，我想那一片十分稀缺的窑址保护问题会迎刃而解，跟着那一带丰富的文化遗存如所谓的"宋古城"全盘规划也有了立足之地。看来全在党委、政府为还是不为呀。

在此，我呼吁：不要今天照走昨天的老路！不要叫后世悔而不及！快救救井陉窑！

注释：

[1] 蒋祈：《陶记》："景德镇陶……皆有饶玉之称，其视真定红瓷、龙泉青秘相竞奇矣。"这里举"真定红瓷"和天下闻名的"龙泉青秘"相提并论，正是金代井陉窑全盛之时的情况。元代则井陉瓷已不属真定管辖，窑瓷业已衰败，绝无"真定红瓷"了。可见金代真定陶瓷发展的盛况。《中国陶瓷古籍集成》第四卷二十五蒋祈《陶记》，上海古籍出版社2006年版，第177页。

[2] 马忙喜：《马家陶瓷发展史》，井陉县政协编：《活页文选》，1986年10月21日刊出油印本，马忙喜口述冀锁录整理。本书全文予以收录，以供参考。

[3] 见本书《国家考古专家组考察鑫源窑址抢救发掘现场谈话》。

[4]"有名煤窑七十二，无名煤窑如毛雨。"形容南陉一带历史上煤矿曾经兴旺发达程度。见《井陉县地名资料汇编·南陉乡概论》。井陉县地名办公室（内部发行），1984年4月第1版，第36页。

[5]这里仅指巩义窑、邢窑和井陉窑隋代三大白瓷窑址。见本书论文部分：《井陉窑——初为人识的宝藏》）。

[6]2000年配合朔黄铁路建设，河北省文物研究所王会民主持发掘了海丰镇遗址，揭露该遗址的金代海港性质。其中出土了大量的以磁州窑、井陉窑为主的陶瓷器皿，另外还有定窑、耀州窑甚至少量的景德镇等窑口的外销瓷器。结合文献记载，今天的海丰镇正是金代的出海口之一。这一发现第一次为我亲自见证，并为之执笔了遗址鉴定结论。

[7]蘑菇状窑柱，以形状定名的裸烧瓷器窑具，中心空筒式，底盘蘑菇状，周围放置烧件，因长期放置库房难以短时间寻出只得待发表。

[8]天威军官瓶见民国《井陉县志料》第二篇《地理·古迹·陶冶·天威军官瓶》："在县立高级小学校操场北土埠内掘出高尺余，口径寸余，形细长与绍兴酒坛颇相似，今尚存，附记。"后面记高小教员宋清吉撰写的《古瓶记》一文，记述了出土的经过、形状、特征、宝贵之处。另在1993年首次发掘中，也出土了十数件"天威军官瓶"大小瓷片，确认此件就是井陉窑城关窑址烧造。这十几件有款的铭刻，较宋所说"粉笔浮书"显然不同，前者会擦抹而灭，后者则随器永久长存，看来原即有两种，故今天大部分形制相同的酱黑釉瓶不带铭文者，未必当初未曾书写。

[9]井陉旧城内草场垴大水坑（湖）遗迹的发现。早在2004年发掘联中T1、T3时，发现金代层毁于一次大水的淹没，而这次淹没使窑址再也没有恢复，故定城关窑址的最后下限为金代末期。具体原因之一就是这次水灾造成的毁灭。当时考虑已下挖到4.5米，绵河发水也有可能淹没到160米之外的地方，但那样就几乎将窑址整个吞没，几乎没有留下了多少地方了，如此水从何来，一直存疑。2019年春再次复查，我们终于在其后不足50米的地方，发现了文庙至草场垴有一人工修成的湖状大水池遗迹。现存的遗迹东西百米，南北分三阶到底：一阶在文庙左线的北部，距北城墙不过百米，现东西长也不过百米，自身深约4米，宽5米余；二阶深5米，宽33米自身平整，现为农田当地称为"谷地坪"；三阶直下约4.5米就到了旧县衙的最后部，房舍炮楼下部，其下平展筑有过水的拱门式基础，而且有出水孔道。访之居民，新中国成立初期就如此，来历不明，根据现遗留环形台阶式直壁坑状，我将之定为积水湖，向北距原状相差不大，向南到草场垴，即联中的高院附近，向东在外延四五十米左右即到联中高院东侧一线，即原有160米宽的样子，纵长约六七十米的样子，估算其平面约1.6万—2万平方米的人工蓄水池。它保障了城关窑址自隋以来窑场用水，金末一场大水破坏，使水无节制的流下，淹毁了窑址，故发掘时见到的金代窑场淹没在黄色淤土之下，以上就变成了元

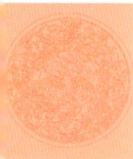

代的官宅了，从此再没有恢复窑址。按文献和发掘资料证实自元代开始变为县城，洪武二年（1369）开始修建了城墙。至于唐、宋时期"天长镇""天威军"，笔者认为是在东面临河的北关、北巷一带，而金代俱为窑址所占居，当然这还需要发掘证实之。

［10］这里划定的保护范围依据所掌握的地下文物分布范围而定，和原来掌握的"重点保护范围、一般保护范围、建设控制地带"不同，这里不包含"一般保护范围、建设控制地带"。

［11］见本书三·6《石家庄矿区北宅砖室墓》，石家庄文物管理所（孙启祥）《文物春秋》1989年第4期，第85—88页。

［12］梅庄窑址出露有3个残窑，1989年发现时误将Y1的两个烟筒残迹认为两座窑编号Y1，Y2。2015年核查时，经简单清理发现有误，这是一个窑的两个烟囱，遂取消误定的Y2，将之归为Y1。原另"Y4"更正为Y2，这样东碗窑就变为2个窑，原西碗窑的Y3，编号不变。

［13］见本书四·5马忙喜：《马家陶瓷发展史》。

［14］天长镇邮电支局工作楼基建配合考古工程的发掘品与资料都存放在库房，暂时无法取出，遗憾不能刊登器物照片。

贰 论文

一、曼葭及井陉的开通

井陉，地当太行腰冲，左控幽冀、右扼雍并，在八陉之中不仅是兵家必争的天下险塞，且是渤海湾迤西一条十分重要的冀晋孔道，自古即为山左右经济往来、文化交融的要枢之区。井经古道何时开通？当时情况与具体走向又如何？这个问题在文献中找不出确切的记载。1989年冬、1990年春，河北省进行文物补查，笔者曾率队对井陉境内（含矿区）的文物遗存做了踏勘，所获资料或可对此问题的探讨有所裨益，因述所见，以资参考。

（一）周穆王以前的"羊肠山径"

《穆天子传》卷一："天子北征，乃绝漳水。庚辰，至于口，觞天子于磐石。载立不舍，至于铔山之下。癸未，雨雪，天子猎于铔山之西阿，于是得绝铔山之隥，北循滹沱之阳。"对此，郭沫若先生解释为：周穆王沿太行山西麓北行，渡过漳水，经山西平定县的磐石，循桃水（即《汉书·地理志》所记绵曼水）峡谷进出井陉，到达滹沱河北岸[1]。《穆天子传》所言虽不足据，但依这次考古调查所发现的西周以前的遗址分布状况（见图2—1—1）分析，可以认定，早在穆天子以前，这里存在着先民们辟出的路。以下，先按各遗址的时代顺序，将所在地点做一简要介绍。

旧石器时代

在井陉北口以南的孙庄乡东元村北绵河东岸台地发现旧石器地点，获得了人工打制的石核、石片及刮削器、砍砸器等石制工具。经初步鉴定，这些以河卵石

97

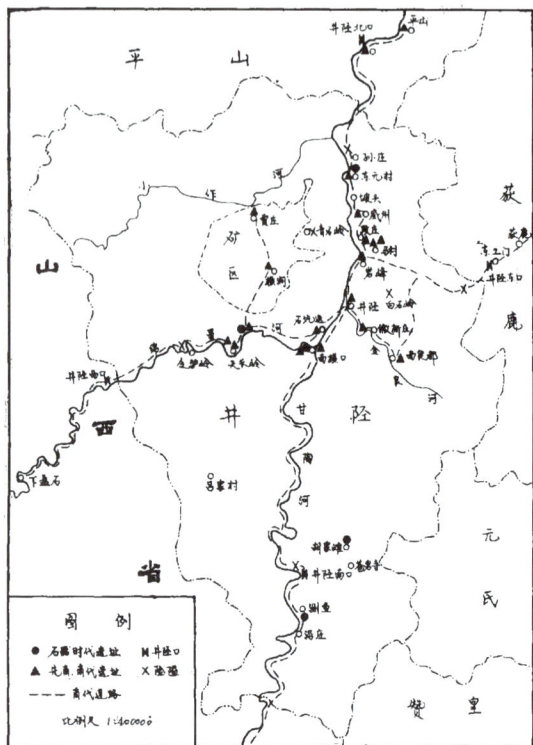

图 2—1—1 西周以前井陉的遗址及小路示意图

为材料，粗放加工而成的大石器，在文化性质上可能属于汾河流域的匼河—丁村系，其年代下限距今 5 万年以上 [2]。

新石器时代

1. 测鱼遗址。在井陉南口以南的测鱼村南甘陶河东岸宽阔的第一阶地，发现了属于仰韶文化庙底沟类型的彩陶遗址，获得饰有黑彩连弧纹的钵、罐等陶器残片及打磨兼施的大型石斧、铲等生产工具。

2. 在通向井陉西口的高庄乡石桥头村东北，绵水北岸台地发现的石桥头遗址；在邻近绵河、甘陶河交汇处的张村乡南横口村西绵河南岸台地发现的杨树岭遗址；均获得磨光黑陶豆、杯、盘，绳纹灰陶鬲等残片，以及斧、铲、镰等石制生产工具。这两个地点，均确定为龙山文化遗址。

此外，1979 年曾在井陉南口以北的苍岩山镇胡家滩村南台地采集到细泥红陶钵残片，已确定该地点为一处新石器时代遗址 [3]。

夏代

1. 在石桥头遗址灰坑中还采集到带有实足跟的夹砂细绳纹大袋足灰陶鬲残

98

片。2.在杨树岭遗址采集到细绳纹灰褐陶扁足鼎、细绳纹黑皮褐陶蛋形瓮等残片。3.在微水镇微新庄金良河北岸台地亦采集到与石桥头、杨树岭同类的鬲、鼎、瓮残片。4.在良都乡南良都村东金良河北岸丘陵顶部发现的遗址，不仅获得上述同类鬲、瓮及席纹红褐陶瓮残片，断崖上还暴露出半地穴式房子、石砌灶坑等遗迹。含有上述典型器物的遗址，时代上均处于夏纪年的阶段，依据遗物特征，均确定为先商时代的遗址。

商代

这次补查，发现的商代遗址较多，自北而南，依次分布有：

1.孙庄乡西元村遗址；2.威州镇西街遗址；3.贾庄乡贾庄遗址；4.横涧乡横北遗址；5.岩峰乡沈山寨遗址；6.岩峰乡玲珑山遗址；7.微水镇北岭坡遗址；8.微新庄遗址；9.南良都遗址；10.长岗乡石圪迭遗址；11.天长镇遗址。此前，尚发现有：1.岩峰乡段庄遗址；2.马村遗址；3.张村乡南横口遗址；4.天长镇西关遗址。在这15处商代遗址中，以出卷沿薄胎高尖足鬲为典型器物的威西街、横北、贾庄、北岭坡、微新庄、南良都等遗址均内含早商的遗物，时代上均与先商直接相承。目前总共已发现的17处夏商时期的遗址，以微新庄遗址面积最大（约2万平方米），灰坑中还采集到饕餮纹磨光黑陶豆残片。另外，我们对绵河支流小作河、甘陶河支流割髭河、天长镇至平定西南大路所在沟谷，这些分布在井陉西北、东南、西南的季节性河流，冲沟所做调查，未发现战国以前的遗存。

通过对井陉境内上述遗存的观察，我们初步获得这样的认识：

第一，旧石器地点的发现，在太行山中段东侧地域内尚属首次，证实距今五六万年以前，人类已循绵水进入井陉盆地，创造了这里的古老文化。新石器时代的四个遗址的发现，反映出五六千年以前井陉已有了原始农业的开发活动，先民已在这里定居。从先商遗址所获遗物主要特征来看，与磁县下七垣，武安赵窑，邯郸涧沟、龟台寺，邢台尹郭、内邱南三歧，石家庄市北杜、市庄、平山西门外、贾壁、灵寿北宅等同期遗物特征相类，其中扁足鼎在下七垣、市庄、北宅等遗址中均有出土。说明井陉先商遗址的文化性质同上述遗址一样，属于以鬲、鼎作为主要饮器的漳河型，表明井陉亦是商族的起源地之一。另一方面，井陉先商遗址中所出方唇敛口弧腹蛋形瓮却不见或极少见于上举诸遗址，其形制与纹饰特征则与时代上早于它的山西长治小神村遗址龙山层所出之瓮[4]，时代上与之相同的太原南郊光社遗址[5]、太谷白燕遗址[6]所出之敛口三足瓮或有渊源

99

关系，或属于同一类型。可见井陉先商遗存的内涵又有着直接吸收山西夏文化影响的因素。文化特征上的这种两重性，说明夏代的井陉是商人祖先所占地域的西缘，夏、商两族经由此地进行着往来。商代，聚落点的大幅度增加，表明商人在这里有了较大的发展。丁山、孟世凯先生将卜辞中的曼氏、曼地考定在河北，并据文献推测曼地在今获鹿县北的战国曼葭、汉代绵曼故城一带[7]。《路史》称商王武丁封季父于河北曼地，其族为"有曼氏""曼鄹氏"[8]。曼、绵音义并通，很显然，绵曼河即因流经曼鄹氏长期所居的曼地而得名。现在绵曼河沿岸（含平山）发现的夏商时代遗址与卜辞、《路史》所记三者相互印证，可知三四千年前，井陉是商族有曼氏的故地。

第二，就井陉境内西周以前的遗址分布状况来看，则不难发现，它们基本上是沿绵河及甘陶河、金良河等沿河谷地及泉泊旁台邱做串珠状分布这一特点。这反映出当时的生产力尚不能对全境皆山的井陉做较大规模的改造，不得不选择近水的河谷边沿定居和发展。基于同样的原因和聚落点的位置，可知聚落间的联系亦不能不通过沿河谷或低缓的坡岭之间进行往来。如图1，将这些聚落点以虚线连接起来，西自天长镇东经石桥头至横口，南自测鱼北经横口、微水、岩峰、威州至西元村，另由石桥头北经横涧至贾庄，由南良都西北经微新庄至微水等所画出的线路，大体上即是当时井陉境内各聚落之间经常往来的路径。

第三，依据调查发现，当旧石器中晚期，井陉境内已有了同其境外性质、特征相同或相近的遗存。殆至商代，不仅境内有曼氏聚落显著增多，境外太行两侧的氏族、方国聚落点的分布亦较前倍增[9]。谨由本文所述先商时代的情况亦可推知，由天长镇沿绵曼水西经井陉西口，可达太原一带的晋中地区；由测鱼沿甘陶河、漳河河谷南行可达长治所在的晋东南一带；由西元村沿绵曼水北经平山西门外、贾壁，涉滹沱可达灵寿；由南良都北经方岭谷地可达上安，由岩峰循谷地亦可达上安，由上安循谷地可出井陉东口，往东直达市庄、北杜。因此，井陉北口（东西治村）、东口（土门）、南口（杨庄口）、西口（娘子关）这些天然孔道就成为经由井陉穿越太行的必经通道。这样，我们依据境外相关遗址的位置，以虚线经四口同境内聚落点相接，即可得出周穆王以前井陉道路的基本走向和大体位置。

第四，由我队两个多月的调查来看，仅有石圪迭、沈山寨、西元村遗址的晚商遗物，时代上可能下延到西周早期外，迄今为止，在井陉境内还未发现一处西周时期的遗存，更无春秋阶段的遗迹、遗物发现。因而，这两个阶段的遗存目前在这里仍是空白。这有可能由于工作疏漏或者尚未暴露出来而未被发现，但从商

代、战汉遗址均有相当的出露被发现来看，这种可能性的存在不会太大。以出土于元氏西张西周前期的臣谏簋铭文[10]与文献记载相印证，周灭商后，当其封国的势力尚未发展到这里时，北戎即已占据了这一地域，驱逐了商遗民，使这里成为戎人的游牧区，直至春秋中叶。春秋后期，井陉处于狄人建立的鲜虞国范围内，鲜虞似乎也未在此建有长期、固定的聚落点，以至其遗迹、遗物未能形成一定层位的堆积，所以造成这两个阶段此地实物资料的空缺。这两种可能，虽仍有待于时间的检验，但目前还没有实物资料可以说明西周、春秋时期井陉原有的道路有什么样的发展。

第五，探讨井陉古代道路状况，还有必要对相关的自然条件做一定的了解。即使将井陉以西横亘近百公里的太行山地除外，单就其本境而言，在东西宽约50公里，南北长约60公里的范围内，也并非尽为平地。其间，九岭盘旋，两河纵横，山、水占了90%的面积，地形极其复杂。诸如西路必经的乏驴岭、南路必经的杨庄口、北路必经的寨坡等处，山峡陡峭，危崖壁立，不越山岭，无可绕行，至若乏驴岭，为天长镇西去娘子关必经之地，据县志记载直至民国初年尚不能通行车辆[11]。再是，无论取何道通过井陉，皆需渡过绵曼、甘陶河才可，夏秋汛季，水势急猛，河面宽阔，河畔之路常有浸没地段，造成自然中阻。冬春，水流不涸，无桥之船，车辆亦不能渡。鉴于实地，笔者认为，井陉虽是穿越太行山的自然孔道，但在完全限于自然条件制约、依据天然孔道径行的时代，是不能认定其被开通的。如其不然，则井陉天然自通，又何须论其开通。对开通时间的确认，至少应以车辆开始通行井陉为标准。若要考察车辆何时开始通行井陉，在无明确记载的情况下，则有必要以西南路，即由天长镇西南经故关入平定的大路何时出现为依据。西南路的修筑显然是为了车辆的通晋，舍弃当时难以凿通的西路、南路而开辟的。较长路段的西南路的贯通，其他如北路、东路的坡岭工程要小得多，凿通即已不成问题。所以，西南大路的出现，即可标志着井陉的开通。综上，我们来看西周以前井陉道路的状况。虽然，商代中期商都一度迁邢，井陉成为王畿之地，此后晋中、冀中一带方国多有发现，井陉肯定已成为晋冀之间的一条主要通道，但是，如图2—1—1所示，聚落点的分布局限于沿河的中、东部，西、南地带仍是空白，天长镇西南去平定一线没有路径出现的迹象。因此，只能认定，西周以前的井陉道路依循于河谷间自然可行之处而存在，处于可供驮载通行的小路阶段。为了同大路加以区别，笔者称之为"羊肠山径"。

（二）曼葭、宁葭及绵曼

伴随城市的产生与兴起，上古社会发生的深刻变革之一，即是聚落点之间的小路逐渐为城邑间的大道所取代。崇山间的井陉大道开通时间，尤应以相关城邑的出现作为考察的重要依据。前述夏商阶段，井陉境内有曼氏的聚落，以其规模尚不能推测为城邑。西周，虽在元氏发现轵国墓地与遗址，但这个曾被北戎占据的方国，其族属、疆域、都邑地点诸问题尚无可考。至于这个紧邻于邢的轵是否曾领有并开通井陉，更是查无实据。除井陉境内目前未发现西周、春秋的遗存外，其周邻的平山、获鹿、元氏、赞皇、昔阳、平定、盂县等广袤150平方公里的地域内，在西周时期，尚无一处城址的线索可寻，这种状况一直延续到春秋前期。春秋后期，见于《左传》等先秦文献，今盂县城东北半公里有仇由城，正定东北20公里有鲜虞城，晋县城西有鼓聚，藁城西南有肥累城。按西晋杜预所注，肥原在昔阳，公元前530年为晋所灭，余众迁至肥累。此外，《平定州志·古迹》记今阳泉市西北有"世传为赵简子故城的平谭城"。仇由、肥累、鲜虞、鼓聚均是以游牧为主的狄族的不同氏族部落发展形成的国家。其时太行山成为晋狄之间的天然屏障，徵之文献，晋屡伐鲜虞亦未能对井陉加以巩固的占领。因此，西周、春秋阶段井陉没有城邑，甚至也无聚落遗存的发现，是同这一特殊历史状况分不开的。西周、春秋开通井陉之说，在考古学上找不出实际的根据来。

战国，大国争雄的局面取代了春秋小国林立的状况。邦国数量的锐减，诸侯疆域与经济实力扩充的重要表现之一，即是战国城邑规模上较前有成倍的扩大，例如燕下都、中山灵寿、赵邯郸等宏大的都城都是至战国时期才兴建或发展起来的。同时，各国为巩固所占疆土，无不增城置邑，诸如上党一地即有列城十七[12]，中山侵燕"辟启封疆方数百里，列城数十"[13]等，即可知战国城邑数量之众、分布之广、密集度之高，都是春秋以前无可比拟的。顺应这种趋势的需要，当时的道路交通状况亦应有相应的发展。然而，战国乃至秦代，井陉方百里之地，在文献中仍无建城置邑的记载，这种与当时形势极不相称的状况，不能不首先就有关文献加以深入的考究。

《史记·赵世家》载："二十年，王（武灵）略中山地，至宁葭"。中山宁葭城，《索隐》云："一作曼葭"，其地望原本无载，秦汉以后，在文献中又无一城因袭此名，以故这座中山国境内的城邑究在何地，成为千古之谜。清初，顾祖禹《读史方舆纪要》云："宁葭城在（深）州东南。"清末，王先谦《鲜虞中山国事表疆

域图说》提出异议，认定宁葭即是西汉的绵曼，在今获鹿县北，从而指出了宁葭与井陉的关系："二十年，（赵）益兵由西北略至曼葭，盖已并有其旁井陉之地。"近年，路洪昌、李晓明二同志《中山早期地域和中人、中山其名》一文（以下简称路文）又对王氏之说提出质疑。路文指认今获鹿城北 7 公里的南故城村即是西汉绵曼城故址，并据此论定："认为宁葭即绵曼故城……这与赵进攻中山的史实大相悖违，因为在赵军'至宁葭'的第二年，即公元前 305 年，赵武灵王才率师'攻中山，取鄗、封龙、石邑、东垣'。这四座中山国中南部的重邑，皆地处南故城以南，在此前一年赵军是不可能自南而北愈越中山这些重要城邑而达其腹地攻至宁葭的。故此，赵取之宁葭城，断不会在今南故城。"[14] 见于《赵世家》，公元前 305 年赵军自南面攻中山的同时，尚分兵多路突破中山西部边界，攻取了中山西北部的华阳、丹丘、鸱之塞。王先谦在书中已反复说明赵攻宁葭不是自南而北，而是自西向东进军。按之史籍，这与赵攻中山的史实不仅毫不悖违，且亦不无所见。路文不得自南而北愈越云云，未免断章横驳。然而，所谓在获鹿城北的绵曼，又何以称作曼葭？王氏未能提出令人信服的依据，是以将宁葭地望判定在获鹿县北之说，的确存在不小的疑窦。

那么，宁葭是否在深州东南？路文在非王的同时，对顾氏之说加以推演："由《水经注》所载下博、乐乡城址及葭水流向，大致可推测宁葭城在今深县城东南约 30 里的下博（古下博县治）村东北一带。"需要说明的是，无论是见之于文字记载，还是新中国成立以后 20 世纪 50 年代、70 年代、80 年代三次统一的文物普查，在深县东南或下博村东北一带地域内均无战国城址及相关遗迹、遗物的发现，《水经注》中亦无宁葭城址的记载。因此，宁葭在深县下博村东北之说，究竟有何依据，颇有考订的必要。

路文认为"《水经注》的记述可能是顾氏的依据之一"，所做推测亦依据于《水经注》，我们不妨将《水经注·浊漳水》中有关的记载原引如下：

衡水又北，迳邬县故城东。……又右迳下博故城西。……衡漳又东北，历下博城西，逶迤东北注，谓之九争曲，西迳乐乡县故城南，王莽更之曰乐丘也。又东，引葭水注之。又东北过阜城县北，又东北至昌亭，与滹池河会。[15]

由上引可见，郦道元记衡漳水流经汉代下博与北魏下博城及相邻各城的次第序列清楚，即在引葭与衡漳交汇之处，亦丝毫未提到曾有宁葭故城址的存在。那么，何以解释宁葭在此呢？路文云："依《水经注》等史籍考之，当时这里地势低洼，河沟纵横，芦苇丛生，有以芦苇命名水和城的可能。"且不说见之郦注这里根本就不存在以芦苇命名的一座城，即以地势、沟恤而论，仅依《水经注》所记，在下博以南有博广池，博广池西南的扶柳之西有扶柳泽，再西，宁晋有泜湖（即宁晋泊）、阳糜渊，即便九门之北，亦有九门陂（湖）。而北魏下博东北的今武强县南有武强渊，再东北有郎君渊、张平泽等，总之下博南北确是地势低洼，有众多湖泊、沼泽呈大面积分布，芦苇丛生之地当不止一处，在这样的地带，若以芦苇名城，则可名之城当不止一座。反观下博，阜城(汉安平国之阜城，非今阜城县，地望无考)之间，却无池沼出现于记载之中，假定这里曾有以芦苇名城之城，亦当不在下博东北。路文以为宁葭之"葭"本义芦苇，即将《水经注》所无载的宁葭，"由《水经注》所载"推测在下博东北，实不足据。

路文以为宁葭在下博东北，"与赵军进攻中山东部的路线也相合"，并以此作为又一论据说明中山宁葭的位置："越武灵王十七年（前309）曾到其边邑九门（今新河县东南），向北观望中山境内状况，表明武灵王是准备要选定中山东部边地的国防薄弱地带作为突破口的，由《战国策·赵策》'赵攻中山取扶柳，五年以擅滹沱'的记载，说明赵在中山东部确实选定了一条进军路线。九门向东北是扶柳（在今冀县城西北扶柳村），由扶柳再向东北到滹沱河一段恰好经过宁葭城，这不难看出武灵王'北略中山之地，至宁葭'，是指赵军在向中山进军的东部战线上，于公元前306年已攻到了宁葭城，进而说明宁葭就是中山东南部的边邑。"按之文献，此说亦甚值得商榷。

武灵十七年所至九门，以往史家多认为在今藁城县西北，段连勤提出："应在今河北冀县一带。"[16] 路洪昌在另文中进一步考察在今南宫与新河之间的九门村一带 [17]。公元前314年齐、中山侵燕，掠得大片土地，以《赵世家》"王出九门，为野台，以望齐、中山之境"来看，九门时为赵临齐、中山之界的边邑，将其确定在中山扶柳西南，所见极是。依此，九门以东，今冀县东、南部当为齐地；以北，扶柳所在的今冀县西北部为中山领有，可定中山在冀县与齐交界。如此，可知南与冀县紧邻的深县、衡水、武强等滹沱以南地带，其时是中山与齐两国边界地区。由此再看赵国兼并中山的战争，自公元前307年攻房子，至公元前296年攻取灵寿，前后经历了12年的时间。若宁葭在下博东北，公元前306年赵军已攻至此地，按所谓赵攻中山的东部进军路线度之，这一年赵必先已攻占扶柳，这距攻取滹沱北岸的灵寿尚有11年之久，何以史载"取扶柳，五年以擅滹沱?"参之《赵策三》："赵以二十万之众攻中山，五年乃归"，赵取扶柳的时间，至早是在赵发起大规模进攻的公元前301年。可知，公元前306年赵军攻至宁葭时，中山尚未失扶柳。以是观之，宁葭断不会在扶柳后方的下博东北。此其一。见于史籍，公元前296年，"齐佐赵灭中山"[18]，即在中山濒临灭亡的

关头，齐抛弃了中立立场，参加到赵灭中山的战争中来，见于"取扶柳"同条材料："（赵）不如尽归中山之新地……齐闻此，必效鼓"[19]，即可知赵灭中山之前，齐军已占领了下博以西今晋县一带的鼓地。《赵世家》《六国年表》所载可证，直到赵惠文王十五年（前284），赵乘燕大举攻齐之机，才以武力从齐手中夺取昔阳（即鼓）。如公元前306年赵军已推进到下博东北的话，那么战争之初赵即由东面打开了进攻中山的通道，控制了中山东部滹沱以南地区，齐军又何以越此占有滹沱以南、密迩深县的鼓地？此又可证，赵军所攻宁葭，不可能在下博东北，此其二。赵为"近可以使上党之形，而远可以报中山之怨"，公元前307年实行以"胡服骑射"为内容的著名改革，为攻中山组建与训练了强大的骑军。扶柳、下博一带，如前文所述，湖沼相连，河沟纵横，易守难攻，以骑兵为作战主力的赵军，在尚无可以发动进攻的水军时[20]，如何能连克有广阔水网环护的边塞重城，突进纵深？是以可知，宁葭之战，不会发生在水乡下博东北。此其三。按之地理，扶柳为中山东南边邑，下博在扶柳东北，宁葭若又在下博东北，赵军至宁葭，势必自九门一直沿着紧邻齐境的东北方向进军方可。公元前309年赵在九门外筑起瞭望台，不只是"望"中山，也是为了观察齐国的边备情况，这条材料本身即足以说明赵攻中山，对"中山与国的齐是持有戒心的"。见于史载，此后赵攻中山的12年战争，主要战事是发生在南线和西线的，以取扶柳的时间来看，战争前段，赵军在东线并没有采取进攻性行动。说明野台之筑，与其说是为选择进军路线，还不如说是为监视、防备齐与中山的联合反击更为符合史实，可见战争之初，赵对齐唯恐防备不足，又何至于舍弃赵、中山两国单独接界的南线、西线不取，在扶柳下博一带中山与齐边界大开战端，而毫不顾忌一旦引起齐国干涉，赵即陷入两国夹攻的境地？是亦可知，视宁葭为与齐相邻的中山东南边邑，实谬。此其四。

综上诸点可见，将宁葭推测到下博东北，即与史载赵攻宁葭、取扶柳的时间相悖，又与赵、齐攻灭中山的史实不合，更与《水经注》的记载不符。路文为了圆顾，所举史料不仅不佐证顾氏之说的成立，倒是恰恰说明了宁葭绝对不会在下博东北。

宁葭不在下博东北，顾祖禹又何以判定在深县东南？见其原文，竟未提出直接的依据。《读史方舆纪要》卷十四《深州》："宁葭城。在州东南，故赵邑。《史记》：赵武灵王二十年，略中山地，至宁葭。司马贞云：宁葭亦作曼葭，邑名也。《水经注》：衡漳水东北历下博城西，又迳乐乡故城南，又东，引葭水注之。城盖以葭水而名。"按此，是否现代经普查，当地无此城址，会不会深州东南曾有一座战国的故城残迹被顾氏发现？见于晚清另一著名学者、曾任深州知州的吴汝伦所著《深州风土记》云："宁葭故城。《方舆纪要》在深州东南。"仅此寥寥数字存录顾氏之说而已。从这位广稽史料，又对深州全境古迹、河道做过详细考察的吴氏，在深州不能找到任何蛛丝马迹以指明宁葭的确切地点来看，即可知在清代并没有人确实有过实地的发现。因此，可以断定，顾氏之说并非依据于实地考察。顾氏是不是依据于《水经注》的记载呢？据前引《水经注》原文与顾文两相对校，显见顾氏即未直接照录于《水经注》，又不说明郦道元所未指出的宁葭城，他又据何而见。那么，此说是否为顾氏无据始倡？亦非。《资治通鉴》卷三中的一条材料颇可揭明顾氏之说的原委："赧王九年，赵王略中山地，至宁葭。[胡注]《水经注》：衡漳水东北历下博城西，又西迳乐乡县故城南，又东，引葭水注之。"将元代人胡三省对宁葭城址的注释同顾文加以比较，顾文除对胡"又西迳乐乡县故城南"一句省掉"西""县"二字外，其他竟同胡注一字不差！顾氏之说因袭于胡三省之注甚明。胡氏将《水经注》中下博城以东至引葭水入衡漳的一段文字加以缩略，作为注释缀于司马光编年系史的中山宁葭城下，却未提出任何佐证说明引葭入衡漳处有城，又未举出同类见解作为依据，就将原本毫不相干的材料，硬扯到了一起。按其意，不过是以为"曼葭"词意同于"引葭"[21]，引葭入衡，又可理解为"宁"，即然名义可通，故而以《水经注》省文来注释宁葭。胡氏的望文生义，使本来地望无考的宁葭城就这样轻率地与引葭入衡发生了连带关系。其实，见于《水经注》，引葭水本是流经今南和县的渮水支流，渮水纳引葭水后，又合醴水、洺水向东北流入大陆泽（今巨鹿县西），又东出，在南宫故城西汇入漳水。故郦氏云："其水（漳）与渮、醴、洺通为衡津，又有长芦滽水之名、降水之称矣。"即是说，漳水左纳大陆泽所出之水后，因互受通称，漳水又有衡漳、衡水、降水、长芦等别称。依《水经注》所记，北魏时，漳河流经堂阳（今新河县西）又分流为二，为区别叙事，郦氏将漳水左支称为衡水、衡漳，右支称为长芦水，又别称作引葭水。两支在汉乐乡故城东又交合为一，即所谓"（衡水）又东，引葭水注之"。郦文交代得十分清楚，漳水流经堂阳、乐乡时是自身的分合，并非是引葭水直接汇入衡水。专治《水经注》的疏家已指出这是"郦氏故错杂其词，以广异闻"[22]，即郦道元为了使人了解水道的源流支系，特意采取杂出其名的一种常用记述笔法。郦氏的错杂其词，胡氏的望文臆测，至顾氏以史考地，将《水经注》中未载，根本不在深州的宁葭，依循胡氏之见，按《水经注》中下博、乐乡、阜城与引葭入衡河口的地望关系，无中生有地将宁葭推定在深县东南。虽然如此，毕竟没有任何佐证可

以说明"引葭"、入衡的交汇地带有一座城址，顾祖禹作为地理名家，纸上得来，若稍加推敲：宁葭在两河交汇处的左侧还是右侧？或者水之北还是水之南？确切地望又在深州东南何处？《水经注》又为何不载？也许他就不会产生这样的失误。

宁葭不在深州东南，实亦不在获鹿县北（详下文）。见于文献记载，除这两说之外，尚另有线索，即《读史方舆纪要·获鹿县》："绵蔓城，在县西。"按以实地，由获鹿城西行3公里即进入山地，其间无古城址。沿获鹿城西莲花山南麓山径西行10公里，过平望岭，即进入今井陉威州盆地。绵曼水由南向北流经盆地西侧，与河西南北纵列的大台山系共同构成盆地的西障。平望岭以北蝮蚰山、挂云山、抱犊、莲花诸山将盆地与山东平原隔开。平望岭以南虎头山；挂云山以西簸箕山，横亘盆地南北，山咀各自伸向绵曼水东岸。盆地总面积约20平方公里，其中，南部为滨河洼地，北部及东侧为平展的黄土台地，盆心，今有北岸、东街、西街、寨湾、南沟，东头数村环洼地边缘错落；近盆地西北口处有上坡头、坡头两村；在北部台地中心区今为6410工厂。经此次调查，我们除在西街临河台地发现早商遗址外，还在这一带发现了4处大型墓群及1处城壕残迹（见图2—1—2）。

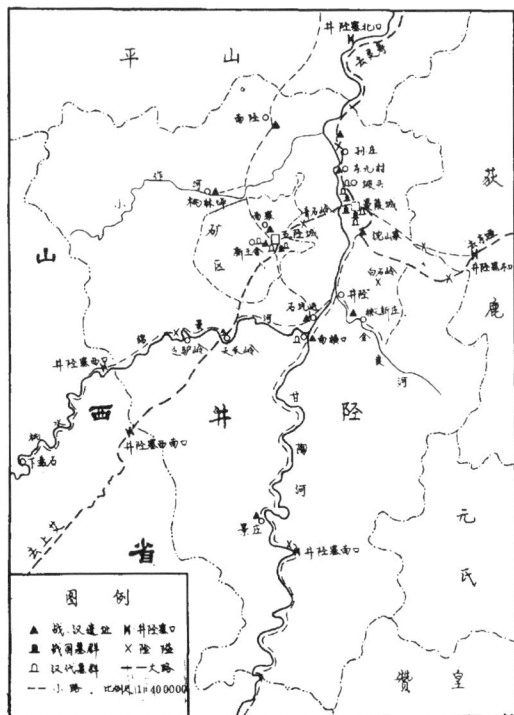

图2—1—2 战国后期井陉的遗址、墓葬及道路示意图

古墓群

在坡头村南，上坡头村东两座砖厂取土地，发现众多墓葬遭到破坏，尤以坡头情况严重。其时正值冬季，砖厂已停产，坡头砖厂当年取土坑中有 17 处绳纹墓砖堆积，坑边还余有没被拆净的墓室残壁，观察残迹，砖室墓有单室、横堂竖室、多室等不同形制。被打碎的陶鼎，豆、壶、罐、案、奁、盆等残片在砖堆间处处可见。在尚未回填的旧取土坑壁发现 11 座同类砖室墓残壁及 6 座圹底较深的土坑竖穴墓残迹。连年的取土，这处墓群被破坏面积已达 4 万平方米。此外，在取土场以北，砖窑西侧土阜边沿亦有两座砖室墓露出。上坡头砖厂取土场墓群被破坏的情况与坡头墓群接近。据砖厂人员提供，两座砖厂已投产七八年，年年取土都挖掉不少墓葬。在这里，我们收缴回完整的器物有四神镜、"位至三公"镜、陶罐、壶及 1 件厚平底青白瓷盘。所见遗物时代最早的为高柄平盘豆及深腹鼎，其形制特征与平山灵寿故城战国中期墓葬所出者相同。最晚的即青白瓷盘。据此，将这两处墓群的时代确定为战国、汉、隋唐。其中，以汉代墓葬为主。经查这两处墓群的分布面积均在 5 万平方米以上。

在坡头墓群东南 2.5 公里的北岸村北台地边缘地带发现北岸墓群。北岸村北由于基建，有众多墓葬遭到破坏。村东，沿着台地边沿冲沟断崖直至东头村边亦有多座绳纹砖室墓残露。村西，宜沙公路沟壁上，汉代砖室残墓历历可数。在路西一新建民房旁，发现陶豆残片，随后收回尚未被砸掉的鼎、豆、壶、盆，均为磨光灰黑陶质。鼎，子母口，深腹圆底，蹄足粗壮，腹饰一周弦带纹。豆，亦子母口，深腹，喇叭形座，腹饰同鼎。壶，口微敞，高颈，圆腹平底，肩、腹饰三周弦纹，其间有大方格暗纹。其形制特征与战国中期中山灵寿墓葬所出者相同。判断这些器物为一墓所出。据了解，该墓以西的威州中学，再西，临近绵河东岸台地的镇派出所等处平整操场，修建房屋时曾出土同类器物甚多。此外，又在北岸村北 6410 工厂了解到该厂南墙两侧动土除见此类器物外，还出土过青铜剑。正在座谈，接报南墙外挖菜窖，掘出数件陶壶。查看结果是一西汉小型土坑墓已被破坏，此墓压在另一较大的土坑墓上，下层之墓尚未扰动，嘱该厂回填并加以保护。经查，北岸墓群占地面积 15 万平方米（东西长 1500 米，南北宽约 100 米）。征集到的完整器物还有战国墓所出的蟠蛇戏蟾纹陶响盒，汉墓所出的昭明镜、陶壶、罐，宋金墓所出的葵花牡丹纹镜、亚字形铜镜、白瓷划花碗、盘、盒、碗，以及酱釉瓷碗、罐、兔毫釉瓷盏等。确定北岸墓群的时代为战国、汉、宋金。其中汉代墓葬仍占主要成分，战国、宋金墓葬亦为数相当。

在北岸村东南 1.5 公里的寨湾村东台地发现寨湾墓群。墓地尚未受到多少扰

动，仅在断崖壁上出露有 6 座汉代砖室墓及 4 座土坑墓残迹。由其分布情况看，这一墓群占地面积亦不少于 2 万平方米，时代确定为汉。

城濠遗迹

6410 工厂东北有一蜿蜒通向山地的沟渠故道。渠沟在工厂围墙东北角外分成两支。一支介于工厂东围墙与东头村之间南行，通向台地南的洼地；另一支沿工厂北墙外西行，至围墙西北角外又分成两支，一向正西入绵河，一南折直通台地南的洼地。洼地间有一东西向冲沟（即南沟），亦通绵河。水平观测，台地略呈北高南低之势。工厂北侧地势并不低于东北角沟渠分流处。北墙外沟渠宽度均匀（约 10 米），取向顺直，沟身现已接近填平，大部地段已种植农作物。工厂东西两侧的沟渠当地传称："东濠""西濠"，两濠间地称"城里地"。迹象表明，工厂北墙外沟渠即是原北护城濠，6410 工厂坐落在整个古城址上。因此，现地表不仅城垣无存，欲搞清城内地下遗存内涵，亦有待于钻探发掘。由东西两濠的间距推测，这座古城东西长约 500 米，南北宽度不明，以北濠至台地南端墓群间距推算，大约 400 米。它的时代，就有关资料试析如下。

《井陉县志料·沿革》据 1919 年东头村西出土的金天会十五年（1137）《威州新建三清殿记》碑考定，今井陉威州镇即金代威州治所在地。调查所确定的古城址在金代为威州治城无疑。按史志记载，西汉至宋熙宁间井陉治城在今矿区天护城（即下文考定之"五陉城"），宋熙宁八年迁治所于今井陉天长镇（即旧城关镇），直至 1958 年。威州，见于《金史·地理志》，天会七年（1129）始置，只辖井陉一县。《元史·地理志》载元宪宗二年（1252）迁威州治于洺水县。是可确知这座古城作为州治历 123 年，此后即被废弃。问题是仅领一县的威州为何不就已有的天护城或井陉县城做治所，而另选治城？威州城是否为天会七年始建？

《井陉县志料·金石》收录了《新建三清殿碑记》全文，此碑刻立于天会十五年，上距威州治所的始置仅八年，为了解当时威州情况的唯一可靠的第一手文字材料。碑文云："井陉介晋赵之间，抱犊障其东，洄湡带其南，山明水秀，古号形胜。……天会七年升为威州，于格当设威仪司。时兵火之后，羽衣分散。九年，郑州防御使高公楼来守是邦，劳来安集，繁庶倍昔，兴滞起废，纲纪毕举。十年，始命道士何宗志为威仪，寓居于仙翁堂。十五年春，乃度东关之隙地，创为观宇，建中殿以奉上真，辟西庑以处其徒。古木缭垣，森然如素，云车风马，俨然若临。"威仪司为一州道教宫观徒众的管理机构，威州新建威仪司在

109

东关空地选址，可能城内已无适当的空余地带，如州城系初辟，仅短短8年时间，官署、民居的营造当不至于发展到一道观无插足之地的密集程度。再细审碑文，虽不能断定威州镇曾为原井陉治城，但在"升为威州""兴滞起废"的数年之间，如威州为一初建新城，百事新举，则绝不会只以"劳来安集，繁庶倍昔"来概括威州的情况，而对于县城异地而建新城这样的大事毫不提及。加以东关一带当时即具"古木缭垣、森然如素"的环境来看，也都表明金初的威州绝对不会是一座初建的新城，而是对原有旧城的直接沿用或修复（即起废）。

那么，威州古城始建于何时？现从调查情况分析，该地汉代墓群多处呈大面积分布，其次战国、宋金墓葬数量亦相当突出，春秋以前的墓葬未发现，西晋至五代墓葬或缺或甚少见。这种状况充分说明战国、汉代、宋金阶段在今威州长期定居的人口数量奇高，居住规模可观，是威州历史上经济文化最繁荣的时期，因而显示出威州在这三个阶段具备作为一定地域内政治、经济、文化中心的重要人口构成因素。宋金墓群的存在，为金代威州城设置在此地提供了有力佐证，依据战国、汉代墓群在这里较金代墓群更大、墓葬数量更多的事实，推测威州古城始建于战国时期，当是符合于实际的判断。为了进一步说明问题，我们可以从以下两个方面做一相关的对比。

在调查威州古城址的同时，我们对井陉境内另外两座古城也做了复查。复查结果与文献记载天长镇建城时间晚于天护的情况吻合。在天长镇北朝以前墓葬尚未发现，隋唐墓葬及宋金墓群的发现情况因与要探讨的问题关涉不大，暂可不论。与天护城相关的墓群发现五处。城西北1.5公里有井陉一矿墓群，城西南0.5公里有金地梁墓群，城南2公里有横涧墓群，城东200米有冯家沟墓群。以上四处除横涧墓群发现一座战国墓及较多宋金墓，金地梁含有宋金墓葬外，均为汉代墓葬。城东南2公里的北正墓群为宋金元墓葬。总括我们所掌握的自20世纪50年代以来及这次复查的情况，天护战国墓葬的发现与威州相差悬殊，汉代墓葬的发现，数量上接近威州，但分布状况不如威州那样集中，也无一处像北岸、坡头那样占地规模之大。威州战汉阶段遗存的墓葬完全可以同汉代作为井陉县治的天护城同类遗存相比，因而，这一状况说明，战汉阶段的威州应为一古城址的所在地。

从战汉阶段城址与相关墓群的位置关系来看，经调查发掘证实二者之间有一定的规律可循。如中山灵寿故城，它的墓地选择在城的西北、西、西南和东北部（南部因墙垣紧临滹沱河故无墓区），而它的王陵区选在城西及城内隔墙以西的城区西北部。因此，西北、西部是这座都城的墓区主要位置。其他如燕下都、赵邯郸故城以及时代稍晚的古都邺城等，亦无不选择城的西北、西、西南作为墓地的

主要位置。郡县级的古城址亦然，如战汉东垣城（今石家庄市北郊）、汉卢奴城（定州）及前述天护城等与之相关的墓群亦主要分布在城西北、西及南部。这除地势因素之外，更主要的原因在于同相地术有关。在威州，我们对坡头、上坡头及寨湾墓群周边地带所作调查，并未发现战汉遗址，而东头村以东（即"东关"东部），地势高敞，土层深厚，威州砖厂取土的面积大于坡头，并无战汉墓葬的发现。可以确定，威州诸墓群（如图2—1—2所示），既非分属于不同地点遗址的墓葬，亦不是完全取决于地势而无规律的散布，完全与上述城址与墓区的择地规律相符合，其与"城里地"的连带关系甚明。因此，可以进一步推定，威州存在着战汉阶段的城址，换句话说，金初的威州城应是对当时依然存在着的战国秦汉以降的旧城址的修复和沿用。

威州，是这一古城址的金代名称，《新建三清殿碑记》仅称"天会七年升为威州"，此前这一城址是否曾为井陉治城？以前述情况来看，威州古城与天护城在汉代应是同时存在着的。依文献记载，汉代的井陉治城在天护，因此，威州古城址在汉代是不能称作井陉城的。至于西晋到北宋的较长阶段，井陉于升降并省之际，二者是否有过相互迁置，这是另文考证的问题，此不赘述。那么战国秦汉阶段的威州古城当为何名？由于失载，在文献中已不能直接找到它的名称，现按其地望与自然环境特征，结合有关文献试析之。

《汉书·地理志》太原郡上艾县（今平定东南）下班固注："绵曼水，东至蒲吾入滹沱水"。可知《水经注》所称"桃水""泽发水"及今称绵河、冶河等在汉代不仅均名之为绵曼水，且其经蒲吾（今平山县）直接汇入滹沱河。威州古城址，即西临绵曼水（1公里），南濒威州洼。民国《井陉县志料·名胜》中《西洋庙》一条内记述了民国初年威州的自然景象，对于我们要解决的问题颇有启发："（庙）在县治（天长镇）东五十里威州村西……庙后为土岸，绵曼河流经其西。东面灵官庙下，有泉，清甘可口，流出成河。其东南有西街河、东街河、寨湾河、仙翁河及东渠、中渠、西渠、西濠，凡大小八河之水，汇流北来，与庙东之泉水相会于庙下，并流入绵蔓河。……对岸及右偏，皆为稻田，田园中杨柳纵横成列，高皆数丈。芦苇尤一望无际（着重点为笔者所加）。约计此庙附近水田不下二十余顷。"同书《河流》条中又记："温泉，发源于威州村，上有温泉大王祠，与绵蔓水合流。"从中，我们即可领略碑文以"山明水秀，古号形胜"来概括威州古城所据形势的切当，还可得知，除汛期绵曼水能浸入威州洼外，平时其自身泉水即很丰沛。故在开垦出两千多亩水田之外，芦苇尚还一望无际（威州洼浸水面实际南北长5公里，东西宽可达3公里）。可以想见，未垦辟之前这里苇塘的浩瀚情状，当又远过于近世。十里芦荡对于平原水泊当然无足为奇，但在重峦叠嶂的山地间，自是周边其他地方难以见到的特殊天然景观。按以实地，绵曼水所经的沿河地带，上艾以下，除威州之外，既无这样的战国秦汉城址，亦无可以生成这样大面积的芦苇之地。在这种环境中建城置邑，取这里的特殊自然景象作为邑名，是合于常理之事。我们再看战国中山疆域内的河流，称作绵曼水的唯此一条。地望无考的中山曼葭城，从地名来看，曼应是绵曼水的指代之称，葭是未秀之苇，亦即芦苇，曼葭城，即是绵曼水畔芦苇荡边之城。这正与威州古城址所在的环境相契合。再由地名沿革角度来看，前文述及，井陉夏商时期为有曼氏所居之地，本称作曼，直至战国晚期的《吕氏春秋》中才有"井陉塞"的记载，是以井陉之名出现较晚。战国上距商末不过600年的时间，曼葭之曼作地名解，不仅与井陉上古地望相符，也与其名先于井陉之名的出现相合。因此，威州战汉古城最初的名称，应就是文献中地望失载的曼葭城。

曼葭，《史记》原作宁葭，王先谦列举《史记》《礼记》注例，以为宁、曼古通。宁，《说文》："愿词也。从丂，寍声。"又："寍，安也，从宀。"以此义验证于战国中山王𰯲鼎铭"宁汋于渊"，圆壶铭"不敢宁处"，句意皆通，是以《说文》之解可从。曼，《说文》："引也。从又，冒声。"可知宁、曼二字在战汉阶段音义已有明确的区分，并不互通。然则见于《史记》，除宁葭、索隐"一作曼葭"外，的确还可举出多处以曼注宁的例子。如《秦本纪》："静公子立，是为宁公。《集解》；徐广曰'一作曼'。"《晋世家》："晋侯子宁族。《索隐》：系本作'曼期'、谯周作'曼旗'也。""宁公"作"曼公"，"宁族"作"曼旗"，揆之名义，皆不可通，尤以"宁公"为谥号，不当作"曼公"。以曼注宁，当是所据古本中，二字字形相似，隶释互讹之误。仅《古籀汇编》一书，收"宁"字十八形，"曼"字七形，其中就有形体相近之例。战国，文字正处于繁杂多变的阶段，即使一国之中，一字多形亦是普遍现象，故后人识读先秦典册甚难，宁曼互讹的发生，有所不免。因此，宁葭与曼葭并非一城之两名，以地望与地名沿革关系参证，宁字当是曼字之误，实应以曼葭为是。

辨明"宁葭"原是曼葭，由前述对曼葭地望的考订，可以确知，公元前306年赵攻中山"至宁葭"，即非是攻至获鹿县北，更非是攻至深县东南的下博东北，而是攻至今井陉威州镇，占领了与该城一水之隔的今井陉西半部地域，夺取了井陉西口。对蔓葭地望这一新的考订，可验之于《史记》，看是否合于史实。

据《史记·六国年表》，公元前453年韩、赵、魏灭智伯后，三分其地。此前，智伯（前472至前453为晋国正卿）吞灭仇由占有今盂县之地，赵氏已有

晋阳（今太原西南）。智氏灭后，仇由地归赵氏。同表，公元前414年中山武公初立，其后虽一度为魏所灭，不久即复国。礨器铭文证实，武公前有文公，后历桓、成至礨，世系连贯清楚。井陉地接战国灵寿，为中山所有。因而，大体可定，当战国前、中期井陉与盂县、平定之间为赵与中山的分界线。就地势而论，井陉虽全境皆山，但出其境而西为太行主脉，地势更高，赵军从西面发起攻击，以高屋建瓴之势突破中山对井陉西线的防守，不过40公里即推进到曼葭城下，这在实行胡服骑射之后，以赵的实力来说是完全可以做到的。《赵世家》载："二十一年，攻中山。赵袑为右军，许均为左军，公子章为中军，王并将之。牛翦将车骑，赵希并将胡、代。赵与之陉，合军曲阳，攻取丹丘、华阳、鸱之塞。王军取鄗、石邑、封龙、东垣。中山献四邑和。"此即至曼葭的第二年攻中山战况。可以想见，当赵军从西面攻至曼葭后，已出现了兵临城下的危势，中山必然竭尽全力进行防守和反击，井陉北口、东口成了中山重兵所集的热点。正是乘中山主力中调以卫王都之机，赵从南线、西北线多路发起攻击。南北夹攻和防线的接连被突破，迫使中山又不能不穷于应付。这又使占领井陉的赵军压力减轻，其一部（按：即"赵与之陉"的那支队伍，《史记》不载其将领姓名，可能是临机而发的偷袭部队），即由井陉一侧（参见图2所示小路）涉滹沱，寻山径绕过灵寿，在与曼葭同样地近灵寿的曲阳与牛、赵会合，并力攻取中山西北三邑。西北线、西线的扩大战机，使南线赵军得以连破重城直下东垣，控制了与灵寿一水之隔的滹沱河南岸，中山才不得不献出四邑以订城下之盟。究其因果，曼葭的易手，显然是其中具有决定意义的、始终发挥着牵制作用的、十分关键的前提条件。

再看《赵世家》："（十九年）王北略中山之地，至于房子，遂之代"；"二十年，王略中山地，至宁葭；西略胡地，至榆中"。可知，经前两战赵在西北下了功夫，才有"赵希并将胡代"。同样，只有"至宁葭"，赵军才能"与之陉"，特别是统观全局，"至宁葭"有似扼住了中山咽喉，才导致其处处陷入被动。可见"攻房子""至宁葭"，绝对不是南捣一下、东抓一把的盲目扰击，而是为二十一年实施攻击所进行的造战之战，是一次战略行动的不同战役阶段。

反之，假设"宁葭"不在威州镇，"赵与之陉"亦非井陉，中山井陉防线无虞。即使赵事先攻至下博东北，对于中山来说，也只不过是边邑有失，处于这种态势下，当中山尚未受到多少消耗和损失的战争初期，赵军能如此轻易处处得手，一击而入中山核心之地，隔河陈兵于灵寿城下吗？若亦能如此，灭中山又何需12年之久，20万之众！将三年战事联系起来看，舍井陉之地，把"宁葭"推测到

其他地方，唯不能收此奇效，深谙韬略的军事家赵武灵王也是不会去取的。

将曼葭推定在今井陉威州镇，经以原文献出处检验，不仅一清二楚地通解了《史记》的有关记载，使公元前307年至前305年赵连续三次攻中山的战事，因按年份记，宁葭又无地望，好似各不相关的孤立事件，成为前后有着密切制约关系的一体战略行动。完整地再现出赵武灵王当时所采用的战略战术，使一直不为人知的战国史上，甚至也可以称得上是我国古代军事史上的一次绝妙战例得以发现。还使赵军在战争之初大为得手的原因清晰地显现出来。因此，"宁葭之战"，实在应是不亚于此后同是在井陉发生的背水之战那样的战术典范！由于这一发现，已足有用《史记》的有关记载为佐证，断然论定，"宁葭"不在别处，就在今井陉威州镇。"宁葭"是出现在《史记》里的中山城邑，这与我们在其附近发现的最早墓群的时代完全吻合。所以，威州古城址，即曼葭城的始建时间现可确定为战国中期。通过"宁葭之战"，已见曼葭的重要战略地位。如图，它地当灵寿西南大门的井陉北口之南，东口之西，是井陉防线的支撑要点，中山筑此城，出于军事防御的需要是很显然的。此外，它也是目前我们所发现的井陉境内最早的城邑，这也反映出，较之春秋以前，井陉的开发，有了突出的发展。

"宁葭"既载入《史记》，为何自《汉书》以后的《地理》志中就再也找不到它的名字？它和绵曼县有无关系？对此确有必要稍加探讨。绵曼作为西汉时的一个县治，其地望实际上也是说法不一的。前述已提到有"在获鹿县北""在获鹿县西"两说，而最早记载绵曼县的《汉书·地理志》，涉及其地望则甚为扑朔迷离："真定国，绵曼县。[班注] 斯洨水首受大白渠，东至邬入河。"再看"常山郡，蒲吾县。[班注] 大白渠首受绵曼水，东至下曲阳入斯洨"。前人考证，蒲吾县治在大白渠引绵曼水的河口处是不差的。按此，绵曼县似在大白渠入斯洨水处，但何以又说大白渠在下曲阳入斯洨？见于《水经注·浊漳水》，大白渠在乌子堰（今藁城县西）分为两支，一支东南流，至敬武县故城北"又东，谓之斯洨水"。另一支东流，迳下曲阳，"又东，迳贳贯县入斯洨水"。是大白渠分流后，分别在敬武故城东及贳县城东汇入斯洨水。熊会贞考订，敬武故城在今赵县东北，贳县在今束鹿县西南[23]。两城同见于《汉书·地理志》，均为汉巨鹿郡属县，两汉皆不称作绵曼，又从未并入真定国。因此，班注绵曼地望似自相矛盾，无从考订，为后人所不取。不过由班注来看，无论如何是不能将绵曼推定在获鹿县北的，而且班氏似也不清楚绵曼县治具体所在。

东汉建武年间绵曼县被省并，故《后汉书·郡国志》中无绵曼县。确载绵曼地望的为《水经注》，其文关系甚要，原引如下：

绵蔓水上承桃水。水出乐平郡之上艾县，东流世谓之曰桃水，东迳靖阳亭南，故关城也。又北流，迳井陉关下，注泽发水。水出董卓垒东，乱流东北（着重点为笔者加），迳常山蒲吾县西，而桃水出焉。泽发水又北入滹沱。桃水南迳蒲吾故城西，又东南流，迳桑中县故城北……又东南流，迳绵蔓县故城北。王莽之绵延也，世祖建武二年封郭况为侯国。自下通谓之绵蔓水。绵蔓水又东流，迳乐阳县故城西，……俗名曰临清城，非也，《地理志》曰侯国矣，王莽更名曰畅苗者也。……绵蔓水又东迳乌子堰，枝津出焉。又东，谓之大白渠。《地理志》所谓首受绵蔓水者也。

此说言之凿凿，故为后世史地著述多所依从。但《水经注》疏家熊会贞看出了其中的问题，疏云："《注》所称斯洨水，大白渠、绵蔓水，以汉志参之，其所指之地，皆不甚合。"[24]

细究以上引文，对桃水、泽发水、郦氏以互受通称之例错杂称之，而对桃水、绵蔓水、大白渠则特别给以明确的界划，其认定绵蔓水是因城得名，水名后于城名的见解显而易见，故从郦说者据此而言"河名绵蔓以此（城）"[25]，这当是郦氏对班注大白渠在蒲吾引绵曼水的纠正。

绵蔓水之名，前述实因桃水流迳（经）曼鄗氏之地而得。桃水、泽发水、班志一称之为绵蔓水，确为不讹。班、郦就绵蔓水名的歧见，自应以肯定班说为是。其次，班、郦皆记绵蔓水（泽发水）迳（经）蒲吾入滹沱，但对大白渠在何处引绵蔓水又见相异。以地形而论，大白渠引绵入洨，所迳蒲吾地带与引水口处相比，明显呈西低东高之势，大白渠当为人工开凿无疑，《后汉书·郡国志》又将它称作蒲吾渠，自东汉永平十年下历宋、元、清，皆有屡经淤塞的记载[26]。郦氏将大白渠引绵处改在乌子堰，这是因为他认定绵蔓城在蒲吾、桑中两城以东，绵蔓城以东的河道才称绵蔓水，以致不能不将大白渠首受绵蔓水处由蒲吾东移，其实殊误。再次，郦氏又据班志纠正当地俗名临清的古城址为乐阳，而《汉书·地理志》并未指明乐阳（畅苗）的地望。

见于《后汉书·耿纯传》，王莽末年，真定王刘扬之弟临邑侯刘让、从兄刘细各拥兵万人，皆在真定，刘让有封城名临邑。见于郦文，北魏时俗名临清的故城，临近真定（东垣），有可能原是刘让的封邑，"清""城"，一音之转，临清即临城的谐音，临城就是临邑。可见"临清"之名并非传而无据。因两汉志中常山郡国漏载临邑，郦氏以为俗名无据，指其为乐阳。临清如是乐阳，刘让的封邑又在何地？又何以当地人称之为"临清"？《地理志》中乐阳并无地望，因此，是不能据之排除该城并非临清（邑）的。以"俗名"而论，郦氏所指乐阳，盖为临邑之误。那么，郦文中桑中、绵曼、乐阳三城，必有一城不在引文的序列之内，是郦氏为了附和汉志所误指。经以上分析，差错就出在绵曼的地望上，因为郦氏将本应是以绵曼水而得名的绵曼城颠倒作水以城得名，将本来流经井陉境内的绵曼水误指到获鹿城北至藁城县西原大白渠的中段。是故可知，《水经注》将绵曼城的位置排列在桑中与"乐阳"之间，大成问题，实不足据。

至此，问题已很明朗：《汉书·地理志》绵曼城的地望是含混不明的；《水经注》确载了绵曼故城的地望，却因此自相导致出一连串的失误。以班固、郦道元的学识，何至于如此？见于班志，绵曼水流迳井陉的一段，只一语掩过。郦文则以"乱流东北"四字了之，其间不仅漏记了源于山西昔阳沾岭、流经昔阳故城，流长百余公里，在井陉县横口村汇合绵曼水的甘陶河（即松溪水）[27]，且以我们徒步走遍井陉境内甘、绵两岸所目验，绵曼水在这里全由两山相峡，只有河床宽窄的不同，根本毫无"乱流"的余地。因此，可以断定，对于绵曼水，班、郦二人系据文字材料加以记述，皆不曾亲入井陉做过实地考察，他们没有，也不可能发现地望无载，隐蔽在山间的曼葭故城，这就是为什么连以水记地为其长的《水经注》中，也找不出绵曼水畔曼葭城的缘故。绵曼城地望存在的问题，反映出这座东汉建武十七年被撤省的侯国都邑，既未保留确切坐落的载记，其后也无人发现过它的真实所在地点。揆以名义，其必位于绵曼水畔，很有可能西汉真定国的绵曼县，东汉的绵蛮国，就是因袭设治于曼葭城的。联系曼葭城旁四处大型汉墓群的存在，说明汉代这里仍很繁盛，即便经东汉省撤，作为都邑聚落，在较安定的年代也不会骤然芜废。否则，入秦即被废弃的城址，是根本不可能维持这种状况的。

（三）曼葭、五陉与井陉的开通

究明了曼葭的确切地望，为搞清开通井陉的时间取得了一个十分重要的基点。由此，将战国阶段与曼葭相邻的城址及相关的遗址联系起来加以考察，本文开篇提出的问题，则不难得出明确的结论。

1. 城址

（1）灵寿。20 世纪 70 年代考古发现，中山灵寿都城在今平山县滹沱河北岸的三汲乡。《世本》："中山武公居顾，桓公徙灵寿。"中山桓公在位的时间，一般

推定为公元前406—前353年。又《史记·乐毅列传》："乐羊为魏文侯将，伐取中山，魏文侯封乐羊以灵寿。"魏灭中山，《史记》载在公元前406年，可知战国前期已有灵寿城，唯乐羊所居灵寿与中山王都是否一地，尚不清楚。按以灵寿故都的地望，由曼葭北经井陉北口至灵寿约30公里。

（2）东垣。前文已提到公元前305年赵攻中山取东垣、石邑、封龙等城，东垣最初为中山属邑。见于有关志书和调查材料，今石家庄市东古城村东的古城址即为东垣邑故址。由曼葭出井陉东口东至东垣约30公里。

（3）石邑。亦为战国中山始置。《括地志》云："石邑故城在恒州鹿泉县南三十五里。"见于光绪《获鹿县志》谓之"窦王城"。经1976年文物普查，确定其时代为战国，地在今获鹿县东南15公里的北故邑村南。由曼葭出井陉东口，东南至石邑约30公里。

以上三城的年代，均不晚于曼葭城。

（4）番吾。地望无确考。《后汉书·郡国志》常山国蒲吾县，南朝梁刘昭注云："《史记》番吾君。杜预曰：晋之蒲邑也。"其后，一些地理方志之书据此以为今平山县的蒲吾村故地，即是春秋之蒲邑，战国之番吾。然而，按之《春秋》经传与杜预《集解》，晋、卫两国皆有蒲邑，地点却都不在平山境内。晋蒲邑，见于《左传·庄公二十八年》等称为蒲、蒲城，杜注："蒲，今平阳蒲子县。"即今山西隰县北。卫蒲邑，见于《左传·桓公三年·成九年》等，亦称蒲，杜注："卫地，在陈留长垣县西南。"此外，《左传·哀公二十五年》："卫侯……将适蒲"，杜注："蒲近晋邑。"清人江永《春秋地理考实》："传'将适蒲'，杜注晋邑，盖卫邑而与晋相近者也。今大名府长垣县其故蒲邑是。"详于传文，江说极是。可知无论是晋之蒲邑，还是邻近晋地的卫之蒲邑，都距平山甚远，杜氏也不曾将其地望指在今平山境内。又《史记》"番吾君"，仅见于《赵世家》烈侯好音条："番吾君自代来"，即未言明这位自代地来的番吾君是谁，亦未载其封地地望，同样是不能据之而定番吾即在今平山县。刘昭显然是认为蒲吾之名缘自蒲邑与番吾的合称，遂牵合以上两条为注。究其出处，蒲吾为"晋之蒲邑"之说实为无据。番吾，见之于《史记》，三家均注即今平山县蒲吾故城；见之于《战国策》，程思泽等则以为在今邯郸市南的磁县一带[28]。以故《中国历史地图集》两可其说，在今平山与磁县两地分别标出番吾[29]。据正义之解："番上音婆、又音盘，又作蒲"，蒲吾即是由番吾音转而来。以现存史料而言，中山国不见有番吾；赵国番吾出现在多处记载中，有可能赵并中山后，在今平山县置番吾邑，汉代相沿为蒲吾县。因《括地志》等所指番吾故地已为黄壁庄水库淹没，现已无法加以确查。

如是，由曼葭经井陉北口转东，至番吾约25公里。

（5）五陉。以往载籍据《汉书·地理志》确定井陉置县始自西汉。1979年版《辞海》释井陉"秦置县"；同年修订本《辞源》认定："井陉，地名，战国赵邑。故城在今河北石家庄市北。"两书对各自的新说法，特别是井陉故城何以不在井陉境内，却均未做任何说明。鉴于复旦大学历史地理研究所复函：井陉"西汉时已为县，然何时置县无明文记载。……秦始皇十八年（前229）王剪兴兵攻赵，下井陉，……即此地。据此推测，秦时可能已设县"。新修《井陉县志》将井陉置县的时间改定为秦代[30]。以地名而言，《吕氏春秋》可证井陉之名在战国后期即已有之[31]。裴锡圭先生《战国货币考》一文，隶定一种面文为"**丒坙**"的圆肩圆足三孔布为"五陉"布，并依据这类三孔布均以所铸之邑的地名作为钱文的特点，推测五陉即指井陉或苦陉[32]。按之西晋崔豹《地记》、南朝宋郭缘生《述征记》，五陉即是太行八陉之一的井陉；《韩非子·说二》《汉书·地理志》所载，苦陉为中山国之一邑，在今无极县东北。可知五陉与苦陉本是两个不同地点的城邑，因而，以邑名为钱文，五、苦是不能因音近而互通混用的，五陉绝不会是苦陉。五陉布的确认，不仅佐证了它的铸地五陉城在战国时期的确实存在，且启示我们，"五陉"曾经是井陉县最初的名称之一。

五陉城在何处？由于东垣、灵寿等城址的考订，可以确知五陉故城并非在石家庄市北。前文述及的天护城，通过这次复查，我们在天户村东北发现了残长35米、残高2米的一段夯土墙，其结构与现存的该城西北角一致：夯上纯净，夯层厚度在7—10厘米之间，夯面有直径5—6厘米的圆形夯窝。经与西北城角相校，确认它是接近东北城角的东墙北段残余。现地表南垣、西垣均已无存。实测该城东西长431米，以传为"护城河"的南濠位置推测，其南北宽与长度大体相当。同时，在城内北部土坑坑壁及城西150米新王舍台地断崖所出露的文化层中，采集到不少灰陶豆、壶、盆、罐以及板、筒瓦残片。其中喇叭形座细柄豆，饰以弦纹的方唇宽平沿大盆，以压印方格纹、窝点纹为饰的瓦件等均属普见于本省各地的战国遗物。城墙的夯筑方式与东垣、石邑、灵寿、房子、元氏等战国故城墙垣作法亦皆相同[33]。参考《赵世家》赵惠文王八年（前291）"城南行唐"、二十八年"城北九门大城"等有关记载，说明赵为加强对中山遗民的统治、除恢复受到战争破坏的城邑外，还在中山故地增设了一批新的城邑。井陉，此时已从敌对国间边防险塞的长期闭锁状态中解脱出来，绵曼河以西地区的开发，尤其是交通的发展，原有的曼葭城因过于偏北又限于河东，已不能适于对井陉西部地区的管理需要，天护城的设置成为必然。因此，天护城应是同南行唐、北九门等城

同期而建的新城，结合遗迹、遗物，它的时代上限可确定为战国后期，建城的具体年代可推定在公元前 291—前 271 年之间。

由现存天户村内唐开元十五年经幢上"大唐国镇州井陉天护城"的题刻可知，"天护"之名是唐代甚至更早以前就有的一个别称，其含义显然与该城所居形胜有关。全境皆山的井陉，所谓"四方高、中央下、如井之深"处，唯有几乎全封闭式的矿区盆地最符合如井之形，天然环护于周边的山岭，不仅使这里的城名雅号"天护"，且使太行第五陉因城置县以后，正式定名井陉。井陉之名见于战国晚期，天护城在战国后期自应是井陉城，五陉布的铸地当即在此。五陉布一类的三孔布，裘先生考订为战国晚期的赵币，铸币之事自是通路，建城以后经济发展起来的产物，因此将铸币的时间确定在建城以后，该城定名井陉之前为妥[34]。币名"五陉"，还提供出天护城的创立者，建城伊始是从它地处整个太行的大处着眼，命名此城为五陉的，说明该城的建置在当时并非是单纯设置一城之事，至少应与开通井陉之路有着紧密的联系。顺便要提及的是，郡县制是战国各国变法之后普遍实行的中央集权政治体制，由于目前中山国有关史料的缺乏，以及曼葭作为边邑的特殊情况，中山国是否在曼葭设县，现尚不能最终定论。赵国是实行郡县制较早的国家，五陉城与五陉布的存在，标志着战国后期、赵国已在井陉置县，这是确定无疑的。以是，由曼葭西涉绵水，越青石岭至五陉城约 12 公里。

（6）上艾。《汉书·地理志》太原郡领有上艾县，其故城在今山西平定县东南 15 公里[35]。圆肩圆足三孔布中有"上𦝼"一品，裘先生考征："三孔布的上𦝼应该就是《地理志》的上艾。"据此，西汉上艾故城原是战国赵所置县邑，与五陉城同期存在。上艾所在地点正当由井陉西南路出故关往平定的途次。以道里计，由五陉西南至上艾约 60 公里（见图 2—1—2）。

2. 遗址

除前述城址、墓葬以外，经实地踏查，在井陉境内还发现了 12 处战汉阶段的遗址。如图 2 所示，简要做如下说明。

曼葭城以北：东元村遗址，位于村南台地；孙庄遗址，位于孙庄村北寨垴南坡。曼葭城以南：沈山寨遗址，位于段庄村东沈山寨南坡；微新庄遗址，地点同商代遗址；南横口遗址，位于南横口村东台地。景庄遗址，位于甘陶河西岸景庄村北台地。石屹迭遗址，地点同商代遗址。五陉城以北：南寨遗址，位于南寨村南；桃林坪遗址，位于桃林坪村东台地；南陉遗址，位于南陉村东南台地。五陉城西：新王舍遗址，位于新王舍村所在台地。五陉城以南：天长岭遗址，位于天长镇西北台地。

当我们搞清战国阶段井陉境内的遗址，城址分布实况及其与境外相关城址的关系后，即可作为依据来探讨当时井陉道路的实际状况。

以通行车辆为标准，依据区间城址、遗址的存在，经斩岸堙溪、凿岭平坎、实地可通等诸种因素综合分析，确认战国时期贯通井陉的大道，在其境内如图2所示可分为东、北、西南三段。

（1）东段。由曼葭城向东南，经沈山寨，沿虎头山南麓出东口，东至东垣与蓟（燕上都）、邯（赵都邯郸）南北大路交会；若继由东垣向东，经北九门（藁城西北）、昔阳（晋县西）、下博（深县东）[36]、河间（献县东南）[37]，则与蓟淄（齐都临淄）大道相接。（2）北段。由曼葭城沿绵曼水东岸向北，经东元村、孙庄，出北口、涉滹沱至灵寿。（3）西南段。由曼葭城西涉绵水，越青石岭至五陉城。继由五陉城向西南，经天长岭、西南口、上艾、平谭（阳泉市西北）、马首（寿阳县西南）[38]、榆即（榆次市西南）[39]至晋阳（太原市西南）。

此外，自东口东南至石邑，自北口东至番吾，自上艾南经昔阳，阏与至上党列城，亦应有大道可通。十分值得注意的是，《赵世家》载武灵王二十年"略中山地至宁葭，西略胡地至榆中"。《赵策二》："王遂胡服率骑入胡，出于遗遗入门，愈九限之固，绝五陉之险，至榆中，辟地千里。"[40]这两条材料中，"宁葭""五陉"都与榆中（陕西榆林以北）连带在一起，特别是《秦始皇本纪》载始皇死在沙丘，"遂从井陉抵九原（包头市西），行从直道至咸阳"，可知当时井陉至陕、蒙之间的河套地区必有一条直达大道可通，并且这也是至代（晋东北）的又一捷径，但是，中经何地，因未做实地考察，尚不能遽断。

除大道以外，当时井陉境内还存在着"间道"，即小路。以城址、遗址所在位置可以确认的有：（1）由曼葭城向东南，经平望岭，沿抱犊山、莲花山南麓出东口。（2）由曼葭城沿绵河东岸南行，经微新庄、方岭谷地与东路相接，出东口。（3）由曼葭城向南，经石圪迭、南横口、景庄、出南口。（4）由五陉城向北，经桃林坪、南陉、越陉山岭达滹沱南岸。（5）由五陉城向南，经天长岭，沿绵曼水北岸出西口。（6）由五陉城向东南，沿谷地至石圪迭，与南北小路联通（参见图2—1—2）。

以上勾画出的线段，可以说把开通井陉险隘时的道路走向基本显示了出来。其中，境内两城之间，以及经由两城联通太行山东西两侧重要城邑的最便捷又必行的路线，即是东段和西南段。西南段五陉与上艾区间的选线，基本上是沿着以故关岭为分水的一条东北西南走向的少水陵谷开辟而成，工程量在当时来说可谓

相当巨大，但为解决通车问题，此线比较去开辟多由山硖夹水的西、南两河石岸，则是别无选择的测定。

战国阶段，若从公元前476年算起，历经二百五十余年。开通井陉的具体时间可否确定？

我们先不妨将《吕氏春秋·权勋》篇中有关的一段文字摘引如下：

中山之国有夙繇（仇由）者，智伯欲伐之而无道也，为铸大钟，方车二轨以遗之。仇由之君将斩岸堙谿以迎钟。赤章蔓枝谏曰："智伯为人贪而无信，必欲攻我而无道也，故为铸大钟，方车二轨以遗君，君斩岸堙谿以迎钟，师必随之。"弗听。赤章蔓枝断毂而行，至卫（高诱注：韩非作至齐）七日而夙繇亡。

前述此事发生在公元前472—前453年之间。仇由东邻井陉，从引文中虽不能断定赤章蔓枝去国是否经过井陉，但无论自仇由去太行山以东的卫，还是齐，如井陉已经开通，他一定会由此捷径乘车而往，绝不会去走容不下一车之轮的狭道，以至于断毂弃车。可见，战国初期，井陉尚未开通。中山最先在井陉置邑，且此时铁器已是比较普遍使用的生产工具，中山的国力开通井陉亦非不能办到，但是，它与赵一直处于敌对状态，防御唯恐不固，又怎能设想由中山开通井陉？何况井陉地处两国边界，开通之事又非一国动工即可告成，所以，中山时期开通井陉的条件并不完全具备。赵并中山，井陉不仅成为赵中部地区跨越太行的主干通道，当时上党为韩地，第六陉（涞源县西北飞狐陉）又为燕赵边界，因而当时井陉就成为自邯郸西北去云、代的主干路径。可想而知，开通井陉自是赵之急务。由赵武灵王绝五陉、愈九限、至榆中的记载来看，当井陉易手于赵之后，长期战争（攻中山，略胡地）的物资运输问题，使赵即有可能动工筑路，所以当公元前296年中山灭亡的同时，赵即"代道大通"了。五陉、上艾这两座正当井陉大路区间的腰邑设置看来有可能略晚于筑路。因此，可把开通井陉的时间大体推定在公元前306—前290年之间，即约当公元前3世纪初。

如是，太行八陉之五的井陉，是在大一统封建帝国逐渐形成的过程中，由区域冲突胜利的一方开通的。尽管大路伊始车不能方轨，但它的告成，无疑对于我国西北、西南与华北辽阔地域上的不同区系文化最终凝聚为一体，发挥着横向的干道作用。当我们探寻井陉古道之源时，不仅要追觅先民的遗踪，也不能忽略一位杰出的人物、开通井陉的经营者——赵武灵王。

本文绘图：郝建文

参加调查人员：李伦、陈佩林、曹连彬、岳庆森、付奇、白午、杜鲜明、康金喜、张保卫、韩连柱。

调查队在井陉工作期间，得到了井陉县委、县政府、县政协以及所到乡镇政府的大力支持，井陉县风景文物旅游局、苍岩山文保所、矿区文化馆等单位给予了积极配合，特此致谢。

注释：

[1]《中国史稿》第一册，人民出版社 1976 年版，第 234 页。

[2] 此地点为河北省旧石器调查小组 1990 年发现，年代系据省文物研究所副研究员谢飞同志鉴定。又，许力扬：《从古遗址看井陉远古历史》（《石家庄史志》1991 年第 3 期）一文中报道："在威州镇河西村山上洞穴中发现两万年前的人类骨架化石。"因未经鉴定，这一绵河西岸的地点尚未得到确认。

[3] 参见新修《井陉县志·文物篇》，河北人民出版社 1986 年版，第 542 页。

[4] 山西省考古研究所晋东南工作站：《山西长治小神村遗址》，《考古》1988 年第 7 期。

[5] 解希恭：《光社遗址调查试掘简报》，《文物》1962 年第 4、5 期。

[6]《山西太谷白燕遗址第一地点发掘简报》之第四、五期遗物，《文物》1989 年第 3 期。

[7] 丁山：《甲骨文所见氏族及其制度》，中华书局 1988 年版，第 145 页。孟世凯：《商代"北土"方国与氏族初探》（《河北学刊》1991 年第 6 期）所引曼作地名之卜辞："己亥卜，㦰，妇井于曼。弗哉。"《京》4302；曼作族（氏）名之卜辞："曼入二。"《拾》8.5；曼作人名之卜辞："壬戌卜，争贞：乞命曼田于先侯。十月。"《卜通》726 等。

[8]《路史·后纪》卷九下。

[9] 参见郑绍宗：《河北省出土文物选集概述》，文物出版社 1980 年版，第 26—29 页。王克林、陶正刚：《1979—1989 年山西省的考古发现》、郑绍宗：《河北省新近十年的文物考古工作》，均载《文物考古工作十年》，文物出版社 1990 年版，第 40—43、28—29 页。

[10] 臣谏簋铭："唯戎大出于軝，邢侯博戎……"参见李学勤、唐云明：《元氏铜器与西周的邢国》，《考古》1979 年第 1 期。

[11] 参见民国《井陉县志料·关隘》"乏驴岭"条。又，清光绪三十四年修通正太铁路，穿行乏驴岭隧道不包括在内。

[12]《史记·赵世家》赵孝成王四年；又，《战国策·赵一》秦王谓公子他章记上党一地有"列城七十"。

[13] 河北省文物管理处（刘来成）：《河北省平山县战国时期中山国墓葬发掘简报》，《文物》1979 年第 1 期。

[14] 路洪昌、李晓明：《中山早期地域和中人、中山其名》，《河北学刊》1988 年第 4 期。

[15] 本文凡引《水经注》原文，均以江苏古籍出版社 1988 年印行之《水经注疏》为准，

个别地方参核于巴蜀书社 1985 年版《水经注》王先谦校本。

[16] 段连勤：《北狄族与中山国》，河北人民出版社 1982 年版，第 173 页注 68。

[17] 路洪昌：《战国中山国若干历史问题考辨》，《河北学刊》1987 年第 6 期。

[18] 参见《史记·六国年表》《史记·田敬仲完世家》《史记·乐毅列传》等。

[19]《战国策·赵四》三国攻秦赵攻中山章。

[20]《史记·赵世家》，武灵王十九年"吾国东有河、薄洛之水，与齐、中山同之，无舟楫之用。……故寡人无舟楫之用，夹水居之民，将何以守河、薄洛之水"一段，顾颉刚先生意将"故寡人"三字移去，意始明。可知在中山东南边界水网地带，赵实取守势，其时赵国可能尚无水军。参见顾颉刚：《战国中山史札记》之《中山与赵》，《学术研究》1987 年第 4 期。

[21]《说文》："曼，引也"，故"曼""引"字义可通。

[22] 段熙仲：《〈水经注〉六论》之四《〈水经注〉之写作特点》及杨守敬、熊会贞：《浊漳水疏》。

[23] [24] 见熊会贞《浊漳水》疏。

[25] 光绪《畿辅通志·河渠略》："考西汉绵曼县属真定国，在今获鹿县北，与平山、井陉皆接壤，河名绵曼以此。"即从郦说，认为河名得自绵曼城。

[26] 见《元史·河渠志·冶河》。又光绪《获鹿县志·地理上》收录之《冶河考》《会禀停开冶河稿》两文有关冶河的详细调查，可参考。

[27] (乾隆)《平定州志·山川·松溪水》、(民国)《井陉县志料·地理》之《河流·甘陶河》。

[28] 程思泽：《国策地名考·卷九·番吾》，粤雅堂丛书第二百册。

[29]《中国历史地图集》第一册第 37—38 图，中华地图学社 1975 年版。

[30] 新修《井陉县志·建置沿革》，河北人民出版社 1986 年版，第 44 页。

[31] 井陉塞见于《吕氏春秋·有始览》："何谓九塞？太汾、冥厄、荆阮、方城、殽、井陉、令疵、句注、居庸。"该书成于公元前 246—前 237 年，可知战国晚期已有"井陉"之名。

[32] 裘锡圭：《战国货币考》，《北京大学学报（社会科学版）》1978 年第 2 期。

[33] 参见《石家庄地区文物普查报告》，1977 年油印本。

[34] 裘锡圭先生认为："三孔布铸造年代上限大概不会早于秦庄襄王时代（前 249—前 247）。"现以五陉城的始建与更名井陉的时间参订，五陉布的铸造时间上限，似应在赵惠文王在位期间（前 298—前 261）为妥。

[35] 此从杨守敬之考证。见《水经注·浊漳水》上艾县下杨疏。

[36] 下博城，三孔布中有"下博"一品，《战国货币考》定其城为赵邑，地在今深县东。是知汉下博（深县东）城，在战国即已有之。

[37]《战国策·秦策一》张仪说秦王章："拔邯郸，完河间，引军而去"，可知战国时已

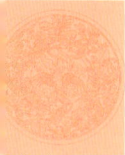

有河间城。地望从《中国历史地图集》第一册第 37—38 图所标定。

[38] 马首邑，见于《左传·昭公二十八年》："魏献子为政，分祁氏之田以为七县……韩同为马首大夫"，可知公元前 514 年即以城马首等为县邑。

[39] 榆既，即榆次，此从方足布钱文之名。见上注材料，七县中有涂水邑，杨伯峻注即战国榆次。可知其城在春秋后期已有之。

[40] 五陉，见于《战国策》原文为"五"径，前人考订，"径"即是"陉"之假借，现见币文区陉，可证为是。

（本文原载河北省文物局《文物春秋》1992 年增刊，河北省文物研究所参加第三次环渤海国际学术讨论会论文报告集）

二、井陉窑金代印花模子的相关问题

井陉窑河东坡窑址 12 件精美、完整的印花模子的出土，生动地展现出金代井陉窑的刻模工艺曾经达到的高超境界，不仅为井陉窑金代印花瓷器的断代提供了确凿依据，也有力地反映出当年它所拥有的制瓷生产水平，特别是这一窑址还是一个未做正式公布的新发现的窑口，此前并不为陶瓷史界和考古学界所了解。因而，这一发现的确令人欣喜。本文拟就井陉窑的发现及与井陉窑金代印花模子相关的问题，谈一点个人的认识。

（一）井陉窑的发现经过

1989 年 10 月，河北省文物局抽调全省业务人员对太行山东麓的诸县进行文物补查。我受命负责井陉县地下文物的补查，遂与大名县文保所李伦、青龙县文保所傅奇、井陉县文保所杜鲜明三人组成调查小组，在井陉县进行了 50 余天的徒步调查。在调查中我们首先发现了井陉窑的东关、河东坡、东窑岭三处窑址。现在翻开存放在省文物局的普查档案，收有我在现场整理的调查记录，其中一节对当时的发现经过做了专门的记叙，现转录如下：

1989 年 10 月 22 日，我们夜宿天长镇影剧院宿舍，打前站的杜鲜明说起，听影院高方清讲，盖影院大楼时从地下挖出过瓷罐，当时并没引起多大注意。次日晨，果然在影院院中发现有碎瓷片、垫圈。细看，绝非明清时物。当即决定通知高方清当晚见面谈话。是日晚外查回来，见到高，他是影院放映组长，爱好古物，不用启发，提供如下情况：1987 年 10—11 月影院剧场地基工程施工，于现在的后楼地下 2 米多深处发现一层很厚的瓷片堆积，中有碗、盘、灯、匣钵、垫圈等残片。……另在此楼西南角处打地槽时，在地表以下 2.7—3 米深处发现了瓷窑炉，炉膛口向西，其下有炭灰很厚，炉壁是圆的。具体构造他说虽一直在场也看不明白，但在炉壁之外埋有 4 只瓷罐，每只罐内装有白土，土中有铜钱三枚，罐口覆盖一瓷碗。另在窑炉正东约 10 米，同样深浅发现一只陶香炉。瓷罐和铜钱他有意保存在仓库，后搬库时完整的不知下落，仅余一只打碎的和原盖在罐口上的瓷碗（也打碎剩一半），铜钱还剩两枚（按：一为开元通宝，一为宣和通宝，据说后者为所见钱币中最晚的）。在以后的两天内，我们又从天长镇退休教师李发祥处得到了河东坡、东窑岭村也有"瓦片堆"的线索，并在他的带领下做了实地调查。三处古瓷窑址就这样发现了。……在河东坡杜千贵家新房后墙外发现了盖房时切开的剖面，暴露出整段的文化层……发现砖地面（按：为澄浆池），残长约 12 米……砖面上有 3—10 厘米厚的瓷土层，再上有废弃的窑具……

由于在河东坡、东窑岭等处发现的作坊、窑炉、瓷片堆等残迹面临着建设活动破坏的威胁，现场指定了高方清、李发祥、杜千贵等人为文物保护员（后均由县主管部门颁发了证书），后来他们均发挥了重要的信息传递作用。当调查由绵河流域转入甘陶河沿岸后，在其他县完成任务的另外两个小组前来支援。我们又发现了梅庄窑区，邯郸市文管处的岳庆森小组则发现了南秀林窑址。现在看当时这五处窑址采集的标本，南秀林是一处以烧粗白瓷为主的晚唐五代窑址，内涵比较单一。其他四处，当时的发现均为晚于南秀林的宋、金阶段的东西。由于对井陉窑的陌生，当时我将南秀林窑址的时代误定为北宋前期，这就成为 1993 年省政府公布省文物保护单位井陉窑为宋金时代瓷窑址的资料来源和依据[1]。

1990 年春继续进行补查，我带杜鲜明补查与井陉相邻的石家庄矿区，在天护、冯家沟村一带发现了井陉窑的第六处窑址。1993 年 5 月笔者主持配合石太高速公路工程，同张春长等再次到河东坡村东公路沿线进行文物勘探，接高方清急报：城内（天长镇）邮局新建工作楼深挖基础柱洞，发现瓷片堆积。我们在现场采集了不少标本，遂确认原发现的东关窑区范围还应扩展到这座金元以来的井陉旧城以内。这次在采集的窑具中有以前调查中未曾见的蘑菇状盘柱式支托和高足三叉支钉，与邢窑的隋代窑具完全相同，故井陉窑的烧瓷历史得以大大提前。随之我们对邮局工地做了抢救性试掘。由于限于楼座基槽之内，发掘面积仅 100平方米，没有揭露到窑炉，但还是获得了唐、五代、宋、金几个时期的大量标本和相关遗迹，及其层位关系。1996 年 10 月，我在杜鲜明、康金喜的陪同下到南

陉乡做补充调查，在北陉、南陉两村发现了两处唐、五代时期的窑址，采集到一些细白瓷碗、盘标本和漏斗状、筒状匣钵等窑具。这样八年来通过断续的工作，已在井陉境内的天长、秀林、南陉三个乡镇及矿区天护、冯家沟村约 160 平方公里的范围内发现了井陉窑的八处窑区。按现掌握情况，河东坡、东窑岭、冯家沟三处窑场均超过了 10 万平方米，而城关（即天长镇）窑址为时代跨度最长、内涵最丰富、最为重要的窑场。

在井陉窑隋—元 700 多年的烧瓷历史中，均以烧制白瓷为主，酱釉、黑褐釉、黑釉瓷次之，也见有少量的天目釉、绿釉、黄釉器。白瓷无论时代早晚，细瓷皆白中内青，中粗瓷则泛青，到晚期（元）则呈豆青色。装饰方面目前所见标本自晚唐开始使用点彩，宋代出现划花、刻花与印花器，金代印花大盛。器形以各式的碗、盘为主，其次钵、盂、瓶、壶、尊、罐、盒、盆、坛、炉、灯、枕、建筑构件及人物、动物小瓷塑玩具等。所见瓷枕最具特色，装饰有划花、剔花、印花等，以戳印加划花之奔鹿、奔牛、卧鹿、立鹿、对鹿枕及宫女图枕等为代表性产品。此外，在天长邮局试掘中，五代层中还出有带"官"字款的细白瓷盒片。在发现琉璃建筑构件的同时，也发现了烧制三彩器的线索（详见调查报告）。

（二）井、定两窑印花模子的异同

定窑是具有重大影响的名窑。大英博物馆藏有定窑的金代印花模子[2]，冯先铭先生主编之《中国陶瓷·定窑》一书收有流散在英国的定窑印花模子两件。近年曲阳北镇定窑遗址出土了四件完整的金大定—泰和年间的印花模子，除见于公布外[3]，笔者曾在河北省博物馆见到其中的两件。现在，北距定窑仅百余公里的井陉窑亦出土了制作时间相同的数量更多的印花模子，这种偶然又必然的巧合，为比较两窑模子的异同提供了条件。当然，对于两窑金代生产的印花瓷器的花色来说，这些模子还只是其中的一小部分，但是，不论从形制上，还是纹饰的选题、布局与刻划等方面，两地模子所具有的时代特征和技艺水平都可以作为代表器加以研究。这种研究对于搞清两窑的不同特点、鉴别两个窑口的印花产品来说，是十分必要的。因此，在有限的条件下，结合定窑已公布的有关资料和井陉窑调查中所见印花瓷片等，试作初步的分析。

相同的方面：

127

胎质、胎色。胎质均为瓷土。见于《河北曲阳涧磁村定窑遗址调查与试掘》一文中提到的5件残模，有4件胎色为灰白[4]，这与井陉窑多数的印花模子胎色相同。

形制。均为覆碗式无柄内模。这说明两窑制模及加工印花器坯的脱模工艺方式相同，纹饰均印在器里。

布局。构图均显示了"严谨、层次分明、线条清晰、密而不乱"[5]的特点，"采用缠枝、转枝、折枝等方法，讲究对称"[6]。碗、盘、碟类图案的主题常常安排在器底(或器心)居中的位置，在周壁辅纹的映衬下得到突出的表现。同时，也都存在不分底壁均衡布局，以显示锦簇吉祥的寓意，或以壁为天，以底为地，突出层次，扩展意境的手法，如定窑鸳鸯游鹅及鱼纹碗模、井陉窑莲花纹碗模、鹭凤纹盘模等即是。

题材。纹饰的题材均以花卉最多，即禽鸟、鱼、婴亦多与花卉组合。如定窑的水波游鱼以及婴戏图等，在井陉窑印花瓷片中亦有发现。此外，回纹、卷草纹、云纹等边饰的编配使用亦如出一辙。再有井陉窑龟鹤图盘模的主题图案，在定窑亦见相类的印花瓷碟[7]。

技法。定窑六模中似以缠枝牡丹纹盘模[8]、菊花纹碗模[9]为最精，花、叶、枝、脉的用刀，起落与轻重自然准确，精细入微，整个图案一刀不苟。线条刻划得婉转流畅，构图疏密得当，的确俨如织锦图案，洋溢着雍容的风韵。井陉窑前述4模，与之相比毫不逊色，且精细处似有过之。刀法上的偏、正、划、剔、戳、勾、挑等等诸多手法随线条变化的所需而施，得心应手，亦达化境。

井、定二窑金代印花模子，由于存在以上诸多的同一性，甚至有的图案竟似出于一匠之手，故如不接触实物仔细观察，确实难分彼此。应该说当时两窑印花技术上的渗透和交流肯定较之定窑与其他所称定窑系的诸窑要密切得多，已达到你中有我、我中有你的程度。但是，毕竟窑口有别，二者还是存在一些可区分的相异之处：

胎色不同。《河北曲阳县涧磁村定窑遗址调查与试掘》所举5件残模，据报道均为北宋时代的遗物，一件为"米黄"色[10]，而北镇金代4模皆为土黄色。井陉窑金代模子则为青灰、灰白色。涉及这一点，与之紧密相关的问题是，定窑晚唐五代白瓷釉色亦多白中闪青，至宋变为白中闪黄，形成定窑自身的特征，陶瓷界多认为是柴窑改煤窑，还原焰变氧化焰烧成的缘故[11]。然而，见于井陉窑同期之白瓷釉色一直白中闪青或泛青，而当地用煤做燃料的历史至少可推至唐代[12]。井陉窑模子的胎色和其瓷器的胎色是一致的，反观定窑模子的胎色和定

白瓷的胎色也并不矛盾。笔者怀疑，两窑宋、金时期白瓷釉色的不同，主要原因还在于当地瓷土、釉料所含化学呈色素成分的不同所致。

形制差别。北镇定窑 4 模中的鸳鸯游鹅戏水纹碗模器形剖面图显示，碗壁一反常态的内弧[13]，使用这种碗模脱出的印花坯子，必定碗壁向里凸，这种碗形尚不见于井陉窑。

纹饰题材的区分。花卉题材中，定窑"牡丹、莲花多见，菊花次之"[14]，井陉窑不仅这 12 件模子，包括所见印花瓷片在内，则以莲花最多，最为普遍，其次为菊花、牡丹。花卉纹中，井陉窑印花器纯叶纹组成的图案以及荔枝纹图案未见定器有相同纹饰的报道。禽鸟纹中的孔雀、动物纹中的夔龙纹以及婴戏三果纹等，目前在井陉窑印花瓷片中尚未发现。井陉窑印花模子中的开光双鹅戏莲园景图以及莲瓣盆中莲瓣上加刻不同的图饰，特别是珠璧挂饰纹等则均未见定窑有此印花图案。

布局变化。定窑模子"在敞口小底碗内印三或四朵花卉，碗心为一朵团花、有四瓣海棠花、五瓣梅花和六瓣葵花，不同于北方青瓷只一种团菊"[15]，所出四季花纹小底碗模布局虽稍有变化，作六出折枝式，但底饰亦只是一枝石榴花。井陉窑小底碗模构图似更为灵活，所见两件模子，底饰一为博古式鼎炉插花，一为与碗壁图案直接连为一体的莲荷组成部分，而且团菊出现在小底碗底饰中亦较常见。

目前，由于井陉窑尚未做过正式发掘，材料所限，还不能把井、定两窑金代印花器的区别一一指明。但是井陉窑金代印花器胎体、釉色的灰白、闪青，以及上述与定器不同纹饰题材、布局变化应即是井陉窑自身的特征。相信随着新发现的增多以及研究的深入，井、定两窑印花器的区别必定会愈来愈清楚地界定。

（三）从印花模子看金代的井陉窑

由于井陉东南百十公里唐代存在着"天下无贵贱通用之"的邢窑，东北百十公里宋代又出了独领白瓷风骚的定窑，这个几乎与邢窑有着同步发展史、同样以烧制白瓷为主的窑口，由于环境上的相对闭塞等原因，盛唐与北宋的经济大发展时期，交替被两窑的光辉所掩。加之文献的缺载，湮没后的失传，以至长期以来即便有井陉窑的精品面世，不是被归之于邢[16]，就是被判为定[17]，甚或误

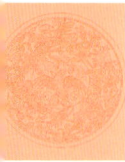

指为磁州窑器[18]。

24 年前，冯先铭先生搜剔见于志书记载而尚未被发现的瓷窑，曾将井陉窑排在 61 个有待寻找的瓷窑址的首位[19]。可能由于所引材料既无具体地点，又仅仅记载了明、清时期制造缸坛之属的情况，没有引起考古界的重视，在随后的两次（1976 年、1986 年）文物普查中未被发现。前文述及 1989 年 10 月笔者带队到井陉进行复查才开始接触到元代以前的井陉窑。由于该窑窑场多处于河岸旁较陡的坡地，有的被河水冲刷（如南秀林等），有的已完全变成城镇乡村（如城关、河东坡、南北陉等），有的被沿河开辟为公路、厂矿（如梅庄、冯家沟），遭到较为严重的破坏，地表出露状况不好（这也是长期未被发现的原因之一），因而窑场的发现、标本的采集也是断断续续。没有一定规模的勘探与揭露，则很难在短期内弄清它的全部内涵。例如此次介绍的印花模子，在河东坡的其他地点以及城关窑址我们都曾在地表采集到残件，由于一鳞半爪，不仅图案难窥全豹，其时代也难以准确判定。

这次印花模子的集中发现，为深入地了解井陉窑打开了历史的一扇窗。例如龟鹤竹石图、开光双鹅戏莲园景图的出现使我们看到，以往印花器受缂丝与金银器图案影响的传统束缚已被突破，绘画的形式已被使用到印花装饰上来，这就使得印花题材更为灵活，表现力更为丰富，与生活更为贴近，似乎应该是达到了我国古代陶瓷印花装饰技法的顶峰。此后，由于青花、五彩绘画的出现，基本取代了印花装饰法，但这足以使我们看到印花硬笔（刀）绘画的发展，同样为后来者开了先河。

更有必要提到的是，1989 年调查时，同在河东坡距印花模子出土地点西北约 200 米的近河台地，发现了一处夹杂不少印花白瓷片的堆积。现在看当时采集到的多种印花瓷片标本，除风格同此次发现的印花模子一致外，竟无一种与这些模子的图案完全相同，其中，里心带有涩圈的粗白瓷深腹大碗，口径达 26 厘米[20]。这种即便近在咫尺，不是同一单位（窑主）的产品，花色绝不照搬的现象，可见是着意在避免重复。另在城关窑区采集到的印花瓷片中，则有着河东坡印花器中所不见的黑褐、酱黄等不同釉色的金代印花产品[21]。这里同时、同地、不同窑场、不同花色，彼此界线分明的状况提示我们：当时井陉窑的手工工场的生产应是严格纳入了一定的行规之中。另一方面，也预示着当年这里制瓷业竞争的激烈，推动着技艺不断地提高，样式不断地翻新，争奇斗艳，产销两旺的情景。

现在，通过这批印花模子以及在其产地所见的上述现象均有力地说明，井陉

窑金代印花工艺的高超、题材的丰富，丝毫不让于定窑，完全可以看出金代的井陉窑同定窑一起共同发展了宋代的印花艺术。

据目前掌握的情况来看，井陉窑的八处窑址中，含有金代内容的占六处之多，其中包括了最大的三处窑场。完全可以看出金代井陉窑的生产不仅没有衰退，相反成为其历史上的盛烧期之一。考之文献对井陉窑的反映，最早的不是地方志，也不仅仅是记其明清阶段才开始烧制缸坛。《金史·地理志》有"真定府产瓷器"的记载[22]。金代以前井陉历属真定管辖，金代虽升为威州，但仍隶属于设有河北西路路治的真定之下。由绵曼河（即冶河）及井陉驿路水陆两道东出井陉可直达真定，真定是井陉瓷最大的集散地，遂使之又有真定瓷之名，正如曲阳窑为定窑之名代替的道理相同。这一点亦可由乾隆《正定府志》："正定府产瓷器，罐坛之属也，明时充贡出井陉"[23]一说得到直接的佐证。现在，完全可以确定，金代真定府产瓷器，产地就在井陉。同样特别值得注意的是，在《金史》同卷中山府（即定州，辖曲阳）、邢州以及彰德府（辖磁州）这些北方产瓷盛地的条下，却均不见出产瓷器的记载。因而，从文献的角度亦可发现井陉制瓷业的影响到金代似乎超过了定窑，按照当时士大夫阶层乃至官府方面的标准来衡量，甚至也胜过了当时同样盛烧的磁州窑，成为金朝统治区内最发达的窑口。

上述情况的出现，与其时的政治、经济状况有着直接的联系。《金史·地理志》河北西路记威州"天会七年以井陉县升，置陉山郡军，后为刺郡"，即在金人入侵河北之初的1129年将新占领的井陉升格为州，进行军事管制。1919年于井陉威州发现的天会十五年（1137）《威州新建三清殿记》碑，不独可证《金史·地理志》所记井陉升州的时间为确，还提供了一些它书所不记述的具体情况，很有参考价值："井陉介晋赵之间，抱犊障其东，洞涅（绵水）带其南，山明水秀古号形胜。……天会七年升为威州，于格当设威仪司。时兵火之后，羽衣分散。九年，郑州防御使高公棸来守是邦，劳来安集，繁庶倍昔，兴滞起废，纲纪毕举"[24]。此语虽有夸张之嫌，但当黄淮地区宋金战局未定，金人新占区的太行山两侧河北、河东生产遭到严重破坏，抗金斗争此起彼伏之际，井陉因战略地位的重要，金人加强控制的结果，使之较邢、定、彰等地早早地恢复了社会生产秩序，故而能在金初即出现了它处不曾有的"繁庶倍昔"的景象。在这种社会比较安定、经济得到迅速恢复的背景下，原来就有雄厚基础的井陉瓷窑业，"劳来安集"的结果，当有邢、定等地的陶瓷艺人的汇入。此消彼长，这里的窑场不仅率先"兴滞起废"，且在产质产量上，特别是名气上经过一段时间的发展终于超过

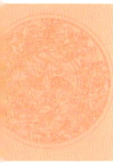

了定窑，亦在情理之中。

金代井陉窑的产品流散区，鉴于上述情况，当大大超过了真定府的范围。不仅现有的误为定窑或磁州窑的井陉窑产品需要更正，即使大英博物馆的印花模子究属何窑，似乎亦有甄别的必要。总之，12 件井陉窑印花模子的集中发现，提示我们，对于尚处于初步研究阶段的井陉窑，其金代期的状况亦不能不给予特别的关注。

注释：

[1] 河北省人民政府文件，冀政〔1993〕72 号：《河北省人民政府关于公布河北省第三批省级文物保护单位及其保护范围和建设控制地带的通知》及所附《河北省第三批省级文物保护单位名单》。

[2] 大英博物馆摩尔先生，河北省文物商店常素霞女士见告，但详细情况尚不清楚。

[3] [4] [9] [10] [13] 观察定窑所出四件印花模子的拓片亦可见泰和六年（1206）模子较淳熙十一年（1184）模子制作较粗，这与金朝晚期社会经济的衰敝有关。见妙济浩、薛增福：《河北曲阳涧磁村定窑遗址出土印花模子》，《考古》1985 年第 7 期。另外定窑五件残模的报道见河北省文化局文物工作队：《河北曲阳涧磁村定窑遗址调查与试掘》，《考古》1965 年第 8 期。

[4] [6] [14] [15] 中国硅酸盐学会：《中国陶瓷史·定窑及磁州窑系诸窑》，文物出版社 1982 年版，第 232、233 页。

[7] [8]《中国陶瓷·定窑》第 107 器"印花竹枝鹭鸶纹菊瓣盘"，实是龟鹤竹石图盘。定窑六模中的缠枝牡丹纹盘见同书第 132 器。

[11] 参见李辉柄：《定窑的历史以及与邢窑的关系》，《故宫博物院院刊》1983 年第 3 期。

[12] 井陉用煤的历史见于《续资治通鉴长编·卷一一》有宋明道元年（1032）九月"废真定府石炭务"的记载，说明北宋已有管理井陉煤炭开采的机构，其采煤、用煤的历史当在北宋以前。1993 年笔者在井陉天长镇作窑址试掘，在唐代地层中发现了煤块、煤渣堆积，证实当地用煤的历史至少可追溯到唐代。

[16] 参见石家庄市文物保管所：《石家庄市井陉矿区北宅砖室墓》，《文物春秋》1989 年第 4 期。

[17] 将井陉窑宋金瓷器误作定器的例子较多。可参见周淑兰、胡美生编：《中国古代陶瓷艺术精选》，中州古籍出版社 1992 年版。其中第 99—101、103 页之"宋定窑划花奔鹿、卧鹿、对鹿、奔牛枕"；第 199 页"宋定窑戳印花枕"等即为井陉窑所出之印花枕。

[18] 将井陉窑宋金瓷器误作磁州窑器的情况亦有所见。可参见李秀珍、张慧：《河北省

博物馆馆藏古代陶瓷枕概述》,《文物春秋》1992 年第 1 期,图版二之 8.12"宋磁州窑灰釉剔花瓷枕""宋磁州窑双鹿纹瓷枕""宋银锭形刻花瓷枕"等实为井陉窑瓷枕。

[19] 冯先铭:《记志书中一批有待调查的瓷窑》,《文物》1973 年第 5 期。

[20] [21]《井陉窑调查报告》,待刊。

[22]《金史·地理志中》卷二十五《河北西路》。

[23](乾隆)《正定府志》卷十二《物产》。

[24](民国)《井陉县志料·金石·威州新建威仪司三清殿记》,井陉史志办公室,1988 年整理重印本,第 504—506 页。

(本文原载河北省文物局《文物春秋(季刊)》1997 年增刊、
总第 38 期,中国古陶瓷研究会 1997 年年会论文集)

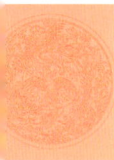

三、河北瓷窑考古的几个问题

孟繁峰　王会民　张春长

在河北，能够与人类的发祥，新石器的开端，燕赵、中山文化以及万里长城这些举世瞩目的伟大民族文化遗产相媲美的，当属古代瓷窑重要而丰富的遗存。在我国陶瓷史上代表隋唐北方白瓷的邢窑、列为北宋五大名窑之首的定窑、以白地黑花艺术影响了南北一大批窑场的宋金磁州窑的考古调查发掘工作，进入 20 世纪 80 年代以来都取得了突破性进展。同时，自 80 年代末，河北考古工作者又发现了第四处重要窑口——井陉窑，引起了古陶瓷界的关注，有力地推动了邢、定关系及河北与山西等我国北方重要窑场发展关系的深入探讨。面对即将来临的新世纪，本文即通过对河北瓷窑考古发现与研究的总结，针对存在问题试图提出进一步工作的设想。

（一）窑址调查与发掘

1. 邢窑

80 年代以前，考古工作者所知的邢窑只是一些"内邱白瓷瓯""邢贩""邢人""类银""类雪"一类的词汇，至于它的真正产地、范围、产品以及发展进程等很少被人提及。50 年代初考古学家陈万里曾到内邱实地考察[1]，未能发现邢窑。50 至 70 年代杨文山等人曾多次考察内邱、沙河、邢台等地[2]，最终得出的结论和陈万里一样。1980 年年初，临城县陶瓷厂成立了"恢复邢瓷技术小组"，为了获取仿制标本，"小组"派专人进行了古瓷窑址的调查。到 1980 年年底，临城境内共发掘古瓷窑址 17 处，包括：祁村、岗头、澄底、山下、解村、射兽、

南程村、瓷窑沟等^[3]。次年春，在临城县召开了由中央、省、地、县和新闻部门参加的"邢窑与邢瓷艺术鉴赏会"，这标志着邢窑与邢瓷的研究进入了一个崭新的时期。1982 年至 1984 年年底，内邱县文化馆贾忠敏等人在内邱县境内共调查出邢窑遗址 20 余处^[4]。至此，邢窑之谜真正解开。

1987 年，以河北省文物研究所为主组成的"邢窑考古队"，对内邱、临城境内的古瓷窑址进行了复查。到 1991 年年底，共调查核实邢窑遗址 20 余处，包括 1988 年河北省文物局派河流域考古队发现的临城代家庄遗址^[5] 和 1989 年邢台市文物管理所发现的邢台西坚固遗址^[6]。西坚固遗址的发现，不仅把人们的目光引出了内邱、临城县，也为寻找早期的邢窑遗址打下了基础。1997 年，邢台市文物管理处又在邢台市区内基建中发现了一处内涵丰富的邢窑窑址^[7]。邢窑考古队还在调查的基础上试掘了内邱城关和临城祁村两处窑址。内邱城关试掘分别位于今西关北、礼堂、电影公司，共计布方 9 个，试掘面积 185 平方米，出土灰坑 13 座。遗物以隋及初唐为主，特别是隋代灰坑中出土的薄胎透影细白瓷非常引人瞩目^[8]。祁村窑址试掘布方 6 个，面积约 200 平方米，出土灰坑 39 座，晚唐五代窑炉 4 座，遗物以中唐、晚唐、五代为主。两处窑址的试掘为邢窑的粗略分期断代及对邢窑不同时期遗迹、遗物的认识、了解提供了可能。

2. 定窑

20 世纪 30 年代，叶麟趾先生考察肯定了定窑在曲阳之说^[9]。此后，中外古陶瓷学者多次对遗址进行考古调查。50 年代故宫博物院三次派人到曲阳县调查，证实曲阳县灵山镇的涧磁村及东西燕川村为北宋定窑遗址^[10]。1960—1962 年，河北省文物工作队对涧磁村定窑遗址进行试掘，开探方 12 个，揭露面积 420 平方米，发现遗址地层包含晚唐、五代、北宋时期的文化堆积，清理晚唐灰坑 5 座，五代窑炉 1 座，北宋残墙两堵和瓷泥槽两处，获得上自晚唐、下迄金元遗物 251 件^[11]。70 年代以来，地县文物部门又对窑址作过多次实地调查。1985—1987 年河北省文物研究所定窑考古队在北镇、涧磁区和燕川、野北区共选取 7 个地点发掘，揭露面积 1859 平方米。发现有窑炉、碾槽、料场、水井、沟、灶、灰坑等遗迹和大量瓷器、窑具及钱币、铜、铁、石、骨器具^[12]。这次发掘证实定窑创烧于唐、衰废于金元时期的结论大体可信，同时出土一些重要遗物如白釉卧女枕、"尚药局"瓷盒。有些瓷片款识"龙""花""李小翁"等尚属首次发现。许多窑具、模具、瓷塑玩具等也都具有重要的研究价值。另外燕川、野北区窑址的首次发掘，对定窑遗址分布的广度有了新认识，而且此区出土的遗

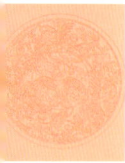

迹、遗物与北镇、涧磁区有着继承和发展关系，加深了对晚期定窑瓷器和瓷业的认识。

3. 磁州窑

磁州窑的调查始于 20 世纪 20 年代。新中国成立以后，故宫博物院、社会科学院考古研究所、河北省文物工作队、磁县文物保管所等单位多次对磁州窑址进行过调查和配合基本建设的发掘。进入 80 年代以来，见诸报道的共有三次调查、两次发掘。1985 年邯郸地县进行的文物普查中，对 14 处古窑址进行了普查、复查[13]。1987 年社会科学院考古研究所邺城队和磁县文物保管所对磁县境内的古瓷窑址进行了调查[14]。1987 年北京大学考古系和邯郸地区文管所在对观台窑址进行发掘的同时，组队对观台窑址做了调查，并据遗物与观台窑之对比得出观兵台窑址烧制时期大约从北宋中期到元代末期[15]。对观台窑址进行了发掘，计开探方、探沟 12 个，发掘面积 480 平方米。发现并清理了宋金元时期的窑炉遗迹 10 座，大型石碾槽 1 座，同时还发掘出土了房屋、作坊、灰坑、墓葬等遗迹，并伴出了大量的瓷器和窑具、模具和其他标本[16]。这些都对比较全面地认识、了解观台窑在不同历史时期的瓷器烧制技术、器物装饰、器型特征等提供了丰富的资料。1988 年邯郸地县文物部门配合基建，清理了彭城镇二里沟砖厂的元代窑址[17]。

4. 井陉窑

隋至元代是以烧白瓷为主的瓷窑。河北省文物补查队从 1989 年 10 月开始，至 1997 年 8 月陆续于今井陉县城（微水镇）西北 25 公里的北陉村到县城西南 15 公里的梅庄约 160 平方公里范围内的绵河、甘陶河、冶河及其支流的小作河、黑水河等沿岸坡地，发现并确认了城关（天长镇）、河东坡、东窑岭、梅庄、南秀林、冯家沟（矿区）、北陉、南陉、南防口等 9 处窑址。这些窑址处于太行腹地的山区，其分布与井陉煤田的范围恰相重合，瓷土（矸子）、釉土及燃料皆是就地取材。另外，傍水的坡台地势、交通相对便利，宜于陶瓷作坊生产，也宜于人们生活，特别是山地择居较丘陵、平原可选择性小得多，所以窑场废弃后，大多成为村落，致使这一窑场的保存形态基本为建筑覆压型。由于文献上缺乏具体地点的记载[18]，实地也没有如定窑那样小丘似的多座瓷片堆积等显著易寻的目标，因此也就成为井陉窑发现晚的一个客观原因，并且也对考古调查发掘、窑址的保护带来了诸多的困难和问题。期间，仅有 1993 年、1998 年两次为配合基本建设而作的小面积发掘。前者发掘 90 平方米，后者也只有 300 平方米，以致

该窑的全部内涵无法在短时间内得到揭露，虽然新发现不断，但其创烧时间以及分期等问题至今仍未能完全得到解决，调查发掘报告亦尚未发表。现仅就已知材料，对之加以简要说明，并谈谈初步的认识。

已发现的遗迹：

经调查发掘，已发现的遗迹有矸子井、澄浆池、作坊、窑炉、灰坑等。其中1998年清理发掘的河东坡窑址遗迹时代明确、结构较为完整。

晚唐窑炉以Y7保存较为完整，由火膛、窑床、烟囱三部分组成，形体小，总长度不过3.5米，宽仅1.7米，保留有1.2米高，以匣钵片砌筑的窑壁。与五代以后的瓷窑相比，结构上保留了不少马蹄形窑的早期形态。因用柴做燃料而前端火膛不设炉栅（条）外，两侧窑壁笔直并不外弧，特别是窑床后端与烟囱间不设隔墙，一对方形烟囱与窑床直通，没有砌置通烟孔（即烟道），窑床上摆放的匣钵一直摆放到烟囱的周侧。虽扩大了有限的窑床面积，但控温难度大，保温性能差[19]。调查发现，宋金时代的窑炉一般与其他窑场常见的馒头窑结构上基本相同，大型窑炉的炉条有直径超过20厘米者。1998年在河东坡发掘的Y3异于常形，仅由相切的两个正圆形灰室、窑室两部分构成，窑门设在相接的切线部位，窑室内径仅1.5米，窑床与火膛合为一体，烟囱（已不存）大约设在窑顶上方。依其结构和伴出物我们认为它是专门的熔釉窑[20]。

发掘的澄浆池和作坊，时代皆为金。澄浆池以砖石砌置，方形，直径2.1—2.3米，深1.1—1.3米，成串组合。作坊发掘1处，清理两间，皆由方砖铺地，以石块和匣钵砌墙，其中的小间堆放青灰色的坯泥，大间尚摆放有加盖的小缸两口，似为上釉的场所[21]。

已知的遗物：

隋代。直至目前，井陉窑隋代遗物发现甚少。1993年春，天长镇邮电支局新建工作楼挖掘地下柱槽，我们现场采集到在距地表6米深以下挖出的三叉形支钉和粘有垫条的承烧用盘柱，形状同邢窑已发现的隋代同类窑具相同，从而证实井陉窑隋代已经开烧。另在历年动土工程中收集到白瓷尖唇深腹实足碗、尖唇浅腹厚平底盘、高足盘等少量器物。深腹碗碗心积釉呈浅绿色，留有三个支钉痕。高足盘中有黑釉器，亦施半釉。这些器物与隋代的邢瓷无甚区别。规整周正，明显不是始烧阶段的粗拙形态。因此，我们在确认井陉窑隋代烧瓷的同时还有两点说明：一是未将它的创烧时间确定在隋，认为有更早的可能；二是它与邢瓷关系紧密，在烧制白瓷方面依据现有资料来看，应与之有着相同的烧制史。

中唐。在各窑址至今尚未发现唐前期的遗物。1997年夏在南防口村窑址出

土了一组完整的白瓷器物，有碗、盏托、腹炉、盆等。其中碗形尖唇敞口浅腹，皆为实足底，胎薄质细，釉色光润。盏托托口只微微隆起，与该窑晚唐五代初期形式的托子托圈已成高筒状明显有着时代早晚的区别。

晚唐五代。此阶段窑址已遍布整个窑场，特别如南秀林、南北陉三处窑址均只见此期遗物，采集与发掘所获标本均很丰富，有碗、托盏、盘、碟、钵、盂、注子、瓶、壶、盒、罐、盆、枕、熏炉等。白瓷制品达90％，另外尚有黑釉、青黄釉及三彩制品。

碗的形式繁多，有尖唇、方唇、圆唇、唇口之分。花口器（碗、盘、钵、盂等）亦大量增加。碗底除个别实足外，玉璧底、宽圈足（玉环底）、圈足皆见。高档白瓷的胎质与釉色毫不逊色于邢窑的精品，1993年在发掘中还获得了一件带"官"字刻款的白瓷盘片。装饰手法贴塑与点彩十分突出，其次为刻划。代表器物如莲花熏，熏碗周壁贴塑三层立体花瓣，瓣尖耸出口部，成为一朵盛开的白莲。白釉双鱼四系背壶，则是贴塑与刻划兼施的一件精品 [22]。大型白瓷塔式罐所施黑褐釉点彩，由肩、腹、托座不同部位，分层点绘团花、花树、花穗和乳头，一器而成花团锦簇的效果，华丽的风格与长沙窑的拙朴迥异，可称北方白瓷点彩装饰的代表作。

三彩器主要以绿、棕、黄三色为主，绿单彩亦多见，不见红彩、蓝彩和白彩。施釉方法与艺术效果均与河南、陕西乃至内邱等窑有明显的不同，浸上淡绿底色，再浇以不同的重彩，因之井陉三彩别具特色。

北宋。发现遗物较少，主要有碗、盘、瓶、罐、执壶、枕等。为此窑独有的器物是刻"天威军官瓶"款的酱釉酒瓶，所见皆入窑前刻划 [23]，字体有正书亦有行草，瓶高40—60厘米左右，小口凹底，无纹饰，有的肩部有一周刮釉露胎的宽圈带。在装烧方面除一器一钵外，仍采用叠烧法，但似乎不再使用支钉而改用支珠，碗的里心多留有3—5粒遗痕或粘结的珠粒。

金代。由采集和发掘所获标本来看，金代是井陉窑的后段鼎盛期，品种与器形有极大地丰富，折腰盘、碗成了大宗产品。在釉色方面虽仍以白瓷为主，黑釉、酱釉器比例成倍增加，又见绿釉、黄釉、天青釉器。在成功的烧制兔毫盏、油滴釉碗、盘的同时，还产出十分精美的黑釉菱花斑盏。在装饰技法上除保留了划花、刻花、剔花、点彩外，生产外范印花器的同时，大约是受定窑影响，出现了大量内模印花产品。图案的种类初步统计达二三十种以上，除同见于定窑者外，花卉类如纯叶纹、荔枝纹、莲瓣加璎珞纹；景物类如开光湖石园景；人物类如池上仙人图等都是首次面世的纹样。其中，河东坡窑址1996年一次出土完整

的印花模子 12 件，图案各异，精美程度比之定窑模子毫不逊色[24]。表明闻名于定窑的印花装饰，到金代曾大盛于井陉窑。不独如此，特别应提到的是同属于印花类的戳印技法的创用，使井陉窑印花装饰脱出定窑的规范而独树一帜。这主要表现在枕面的装饰上，最具代表的鹿纹枕，所见有卧鹿、立鹿、奔鹿，并有单鹿、对鹿、三鹿的不同，此外还有奔牛、卧牛、蝶花、花叶、仙女等不同的画面。这些图案无论主题还是陪衬，边饰均由大小不同的印版戳印而成，独特的艺术风格，无论定窑或是磁州窑均不能包容。

文献曾提到的"金花器"，在 1998 年夏的发掘中亦发现两种。一件为白瓷盘，盘面用金粉绘饰莲花；另一件为白瓷小碗，碗口（芒口）涂金，效果比定窑的金扣器更显自然、轻灵、绚丽。二者均是井瓷中的描金器。

点彩多见于碗罐类，技法与唐、五代一脉相承，主要有花朵、旋花、串叶、三叶等。此外，亦见少量白地黑绘划花、白地褐绘划花、黑剔花及白地划花瓷片，似是仿磁州窑的作品，但胎质和风格显有不同，极易区别。

装烧技法上，在覆烧法之前即见器心砂圈的出现，至少到金代前期已呈盛行态势，这里的中、低档碗、盘、缸、盆等一般里心均有砂圈。当印花覆烧器大量生产时亦未被取代，甚至大型印花器亦采用这种砂圈叠烧式生产。这种装烧形式虽使产品在美观方面大打折扣，但省去了支钉、支珠、垫圈等支烧窑具，增产的幅度高于覆烧法，影响了当时也传承于后世。

元代。虽仍以烧制白瓷为主，所见产品不分粗细均呈豆青色。黑釉、褐釉出现后来居上的趋势。至明清井陉窑场终以生产粗胎黑褐釉缸、坛、瓶为主。故到元代以烧制白瓷为主的井陉窑已进入衰落期，有鉴于此，我们暂把井陉窑的下限定在元代。

5. 其他窑址

（1）隆化鲍家营

窑址位于河北省隆化县鲍家营村[25]。1980 年河北省文物管理处调查发现。发掘探沟 4 条，揭露面积 100 多平方米，清理 3 座窑炉，出土部分窑具和瓷器。窑炉结构大体分火膛、窑床、烟囱三部分，以柴为燃料。窑具有窑柱、支钉、垫圈等，推测装烧方法有覆烧、砂圈叠烧、支钉叠烧、支圈叠烧等多种。瓷器种类有碗、钵、盘、罐、瓶等。胎体质粗含砂，呈灰白、黄白、灰青、灰黄等色。釉色有灰白、灰青、灰黄、酱、黑等色，上釉前多数施化妆土。器物多施双面釉。釉面混浊、光泽度差、有细小开片。碗多有芒，有的有砂圈。纹饰多为釉下彩

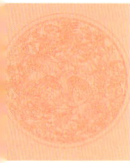

绘，有花朵、花卉、树叶和动物形象，文字有"风华雪月""青风绿口"等。遗物造型特征、纹饰等系元代作风，又具有浓厚的地方特色，发掘的3座古窑应是元代的地方窑。窑址地面还可拣到辽金时期的瓷片，较元代晚的瓷片少见，因而窑场上限可能早到辽金，下限可能到元代晚期。

（2）宽城县缸窑沟

1976—1977年承德地区文物普查中发现。第一窑址在东窑庄东，面积为150平方米，文化层深度4米。第二处窑址在东窑沟的东山根，面积为100平方米，文化层深度3.5米。两个窑址相距150米左右。窑址暴露着大量的褐釉、豆绿釉瓷片，器形有碗、鸡腿瓶、缸等，时代属于辽金[26]。

（二）目前研究的状况

1. 邢窑

国内外学者对邢窑的研究始于50年代初期，但直到邢窑被发现前的几十年时间里，有关邢窑的研究文章很少，仅有的几篇文章也多是依据文献把传世或馆藏的唐代白瓷做了一些描述和归纳，自然不免把大部分唐代白瓷皆归入邢窑。1980年在临城县发现邢窑遗址并召开了"邢窑与邢瓷艺术鉴赏会"后，对有关邢窑与邢瓷的研究普遍展开。随着内邱、邢台窑址的相继发现，人们对邢窑的认识和了解也在逐步深入。归纳起来，主要集中在以下几个方面：（1）关于邢窑产地。第一看法认为是内邱、临城、隆尧、邢台等县境内的古瓷窑址[27]；第二种意见认为在内邱、临城、邢台三县发现的五代以前的瓷窑遗址都应属邢窑遗址[28]；第三种看法认为邢窑以州命名，邢窑在内邱，只有内邱窑才是真正的邢窑，而临城等古瓷窑应属邢窑系之列[29]。（2）对"盈"字款的认识、理解。有人认为"盈"是为宫廷定烧的贡品[30]；有人认为是唐代百宝大盈库定烧，取"盈"字作标记，以供天子享用的定烧器[31]；有人认为"盈"为产品标识，取之圆满之意，寄托一种吉祥和祝福[32]。（3）邢窑产品分期断代的研究。依据内邱、临城两县调查所获标本，大多数学者认为邢窑应始烧于北朝，历经隋、唐、五代、宋，到元走向衰亡；有人以白瓷为主线，认为邢窑白瓷的烧造经历了北朝的创始、隋代的发展、唐代的鼎盛、五代的衰败四个时期[33]；有人则把内邱窑址分为北朝、隋、初唐、中唐、晚唐五代五个时期[34]；还有人把邢窑遗址由北朝到五代分为六期。（4）关于细白瓷的研究。通过对隋代"透影细白瓷"的测试研究，

大多学者认为，邢窑隋代"透影细白瓷"的烧制成功，主要是因为胎、釉中低含铁量和高氧化钾所致，说明邢窑窑工在隋代已经掌握了长石、石英类矿物的粉碎方法和高温熔融下的物理性能。张志中等进一步指出，邢窑的薄胎细瓷已基本上达到了欧洲"硬质瓷"的标准，把薄胎细瓷的起源提前了近10个世纪[35]。杨文山等人则认为，邢窑精细白瓷从硬度性能来看，属"软质瓷"，虽然晶莹透彻，洁白美观，但抗污耐磨性能较差[36]。

另外，一些研究者还对采集的大量窑具标本进行了研究，对不同时期不同种类的窑具进行了装烧方法的初步研究[37]。《谈邢窑》一文中也有对邢窑装烧技法的部分总结与描述。"邢窑研究组"还初次对一些瓷器和原料标本进行了化学组成分析、物理、光学性能测定和显微结构的观察等，发表了研究报告[38]。"邢窑研究组"美术组还完成了"邢窑造型装饰研究"[39]的报告，最先把邢窑器物从整体造型、质地、釉色、比例、对比变化等方面进行了美的观察与概括。冯先铭先生通过对邢窑及邻近诸窑的考察，很早就注意到邢窑的发展特别是白瓷对邻近诸窑如定窑、平定窑等有很大影响。不仅如此，定窑在金以后又反过来影响邢窑，之间存在着相互影响的关系[40]。李辉柄先生则更详细地以邢、定二窑的玉璧底碗为例进行了造型、做工、胎、釉等方面的对比研究，提出了二窑既关系密切又存在区别的事实[41]。王会民等人则通过邢窑的全面调查和局部试掘，发表了《邢窑调查、试掘的主要收获》，除了把邢窑遗址由北朝到五代分为六期，分别总结了每一期的器形、窑具种类和特点，还指出，隋代透影细白瓷的产生并非偶然，可能与当时的政治有着某些联系。作者还断言，约在中唐，邢窑在碗一类的器物上使用过大量的不同于传统意义上的"覆烧"技法[42]。

2. 定窑

（1）始烧年代与分期

关于始烧年代一般认为始于唐代后期，也有人认为应在唐代早期[43]，还有的学者认为始烧于中唐[44]。

关于分期，大致有六种观点：

①分为三期：晚唐、五代、北宋[45]。

②分为三期：早期为晚唐五代时期，中期为北宋时期，晚期为金元时期[46]。

③分为四期：初创时期（唐高祖至唐代宗，618—779），发展时期（晚唐至五代，780—960），"独特风格"形成时期（北宋至金哀宗，960—1234），衰败时

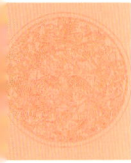

期（金哀宗至元代，1234—1368）[47]。

④分为六期，将唐五代定瓷和宋金定瓷各分为三期，前者为唐代早期、唐代中后期和晚唐五代，后者为北宋时期、金代和金末元初[48]。

⑤分为六期，唐代中期、晚唐五代、北宋早中期、北宋晚期、金代、元代[49]。

⑥按朝代分为唐、五代、北宋、金、元五期，北宋时期中再行细分为早中晚三期[50]。

（2）窑炉结构与原料

五代时期，窑室平面呈马蹄形，由烟囱、窑床、火膛三部分组成，火膛内未见炉箅，窑床与烟囱间没有隔墙[51]。同宋代的馒头窑相比，在结构上并无很大差别。宋代窑炉窑床与烟囱间有隔墙[52]。

学界普遍认为，五代时期烧瓷燃料用柴，是还原焰窑，北宋时期改为烧煤，窑室气氛变为氧化，这是定窑白瓷釉色从白中闪青变为白中闪黄的主要原因[53]。叶喆民先生认为定窑历来煤柴并用[54]。还有人认为唐至五代时期定窑一直烧氧化焰，北宋早期或中期烧过一段时间的还原焰，或弱还原焰[55]。

（3）装烧工艺

研究表明定窑先后采用五种方法：三叉形支钉垫烧法、匣钵正烧法、支圈仰烧法、支圈覆烧叠置法和叠烧法[56]，存在歧义之处有两点，一是三叉支钉支烧法是否仅限于唐代早期及其时是否使用匣钵；二是有关覆烧法的年代，林洪先生曾认为早在北宋初年定窑就大量采用覆烧法[57]，现在流行的观点是定窑创用覆烧法的时间似在北宋中期，覆烧法兴盛于北宋后期。

（4）定瓷基本特征

一般认为，唐代产品以黄、绿、青三彩等釉为主，有少量白瓷，已有盘、碗、罐、盒、壶、枕、瓶等器类，晚唐玉璧底白瓷碗为典型产品，此时定瓷多造型厚重且光素无纹。五代以后则以白瓷为主，兼烧黑、绿釉器，器型逐渐变化，以唇口碗为多，装饰出现少量划花。北宋以白瓷为主，兼烧黑釉、酱釉和绿釉，即著名的"黑定""紫定"和"绿定"。器类丰富，增加一些象生器物，如海螺、泅龟、人物及动物雕塑等。孩儿枕、刻花净瓶、印花云龙纹盘是定窑的代表作品。白瓷胎土细腻，釉色润泽白中闪黄，碗盘类因"挂烧""覆烧"出现芒口。装饰以刻花、划花、印花为代表，题材有花卉、禽鸟、游鱼、动物、婴戏等。有在口部镶金、银、铜釦的装饰，其用意一是表明使用者身份尊贵或显示豪华，再是弥补漏釉欠缺。定瓷还有金彩名品。还曾发现有"兔毫"或"油滴"现象的黑

瓷片。金代定窑延续宋制，印花成为主要装饰手法，常见以凸线界出若干画面的做法，砂圈叠烧法采用后，定瓷逐渐衰败。

（5）定瓷供销

①宫廷所用贡瓷。已发现的定窑器题铭"尚食局""尚药局""奉华""风华""慈福""聚秀""禁苑""德寿"等，说明定器中有一部分是专供宫廷使用的。

②官府、贵族及民间日用瓷。《中国陶瓷史》（1997年，235页）载：流散到国外的一件定窑盘，盘心印阴文"定州公用"楷书四字，此器或定州官衙所用；还提到窑址采集品中有刻"五王府"铭文的，应是某五王府所定烧之器。定窑中也有质量粗糙的产品，说明也为民间烧造。

③外销瓷。与"丝绸之路"相关的许多国家和地区的古代遗址中，都发现不少定器。入宋以后，外销瓷器的生产逐渐从内地转向沿海，定窑从此退出外销的历史舞台[58]。

（6）定窑题款

定窑瓷器带题款的有15种，大都与宫廷有关，其中数量最多的是带"官"款的[59]。定瓷题款大多为刻字，也有印字与写字。

"官"字题款器物大多出于五代末到北宋前期墓葬中，除"官"字外，还有刻"新官"二字的。关于"官"与"新官"款的相对年代，有人认为"新官"是相对于"旧官"而言，后者早于前者[60]，另一种意见是二者同时生产，为什么有"官"与"新官"之分还有待研究[61]。烧造年代一般认为从晚唐到北宋早期均有烧造。关于其窑口，过去有两种意见，全属辽官窑或皆归定窑。现在有代表性的意见是：

①除湖南出土的"官"款白瓷盒似为湖南生产的以外，浙江、辽宁和湖南等地出土的"官""新官"款白瓷器均应为定窑的产品[62]。

②"官""新官"款白瓷产地除定窑和辽官窑外，还应考虑其他产地，钱宽夫妇墓出之器有较大可能来自湖南地区[63]。另外还有人认为钱宽夫妇墓中带"官""新官"款的瓷器可能是浙江所产[64]。关于"官"字含义，有人认为此类器物属宫廷指定烧制品[65]，有人认为是作为官府或封建贵族定货和对外出口的一种标记[66]。

（7）定窑系

陶瓷界一般认为，定窑以白瓷驰名，其造型、装饰、烧造方法为各地瓷窑所仿效。宋代烧造定窑风格白瓷的窑址，尚有河北邢窑、北京龙泉务窑、山西平定、盂县、阳城、介休、长治、太原、榆次、河津、交城、霍县以及四川彭县等窑，形成定窑系。江南地区受定窑影响的有景德镇、吉安等窑。采用覆烧方法烧青白瓷的瓷窑，在浙江、福建、湖南和湖北等省都有发现[67]。

在邢窑、定窑、磁州窑的比较研究[68]，辽宋白瓷鉴别研究[69]，宋金时期仿定器的窑口鉴别[70]等方面都取得一定进展。有人从文化背景的影响及定窑对铜镜艺术、丝织、刺绣、绘画和书法的借鉴方面对定窑装饰风格的形成进行探讨[71]；还有人对定瓷所用原料进行研究与实验[72]。

3. 磁州窑

磁州窑的研究始于20世纪20年代，国内外学者针对一些传世瓷器和巨鹿故城出土的磁州窑器发表了一些论文和著录，掀起了磁州窑研究的第一次高潮。新中国成立后，随着磁州窑调查发掘资料的增多，人们对磁州窑的认识也在逐渐加深，研究面逐步扩大。进入80年代以来，国内又一次掀起了磁州窑研究的热潮。1981年，在美国印第安纳州举行了"磁州窑国际学术讨论会"，并将美、日、英、加四国收藏的磁州窑精品在美国举行了专题性的巡回展出，出版了图录。1985年，"中国磁州窑研究会"成立，并在彭城召开了第一届学术讨论会，编印了内部论文集。1988年又在彭城召开了第二届年会，使磁州窑的研究不断走向广泛和深入。

《中国陶瓷史》把磁州窑描述成我国北方最大的民窑体系，有关专家学者从器类的介绍、窑址的考察到与其他窑口关系的对比研究，从器物的造型艺术特色到文化现象的研究，方方面面，特别是它独具特色和丰富多彩的造型装饰艺术更为研究者所偏重。《中国陶瓷史》把烧瓷品种最为丰富的观台窑总结为12种。李知宴先生在《漫谈磁州窑的艺术特色》[73]以及魏之瑜先生在《磁州窑艺术初探》[74]等文中皆对磁州窑的造型装饰从起源、工艺、美学、创意以及从当时政治和人们生活的各方面都做了概括和分析。刘志国先生仅金代磁州窑的装饰就分了14种[75]。但这些研究主要是对调查和传世品的总结和概括，而缺乏正式发掘所特有的地层关系和对应的时代特征。《观台磁州窑址》[76]正是对这种研究缺憾的补充。该报告详尽描述了1987年观台窑发掘的地层、遗迹、遗物的关系与特征，进行了较细致的分期、分段及相关问题包括每期、每段特征的讨论。报告中将观台窑分为四期七段，对应的烧造时限从五代末北宋初到元末明初，由此总结出观台窑的发展历经了"初创""发展""繁荣""衰亡"四个时期。不仅如此，报告中还对部分标本胎、釉、化妆土的化学成分和显微结构进行分析，通过X荧光分析法测定对标本的制造工艺进行了探讨等。这些都为磁州窑的研究增添

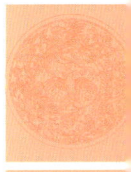

了新内容，可以说是磁州窑研究的里程碑。另外马忠理先生在磁州窑历次调查、发掘的基础上，总结出磁州窑的装饰品种为58种，并对每种装饰的流行时代做了探讨，使人们对磁州窑的装饰品种及时代有了更新的认识[77]。

4. 井陉窑

由于井陉窑发现较晚，调查发掘资料尚未公布，有关研究文章很少。我们权且把对井陉窑的初步认识归纳如下。

(1) 井陉窑就是"东窑"

46年前陈万里先生曾撰文提出"在唐的时代，平定、平阳、霍州均烧白器。平定窑又俗称'西窑'，是否对于邢窑之在河北为东而言，亦是一个问题"[78]。由于那时没有发现井陉窑，根据地理位置，老先生提出邢窑是否为"东窑"的疑问，现在可以给予明确的解答了。依目前发现的井陉窑最西部的城关镇与河东坡窑址，二者西至平定窑的柏井窑址有驿道直通，恰仅一驿之距[79]。来往不费一日之时，非常便捷。平定窑在西，井陉窑在东，而井陉窑的河东窑址与东窑岭窑址间相隔一岭称"东窑岭"。可见井陉窑确曾俗称"东窑"，无论相对于地理位置还是地名，均可肯定"东窑"就是井陉窑。东、西窑俗称的意义恐怕并不仅仅限于地理位置和地名称谓。以笔者所见，平定窑从晚唐五代到金的制品无论胎质、釉色、品类、器形多与井陉窑别无二致。若以产品来看，二者似可合为一个窑口。实际上无论平定窑，还是霍窑、介休窑等山西白瓷，与其说受邢、定影响，实际来看，还是应与井陉窑有更紧密的关系。

(2) 井陉窑的特点

釉色方面。井陉窑白瓷就目前所见，除元代以外无论哪个阶段都发现一些高精度的制品，胎质坚细，釉色莹润光洁，如"官"字款器等，用"类雪"标准衡量亦不过分。然而占更大量的中档甚至一些高档产品如前段的双鱼穿带背壶，后段的印花盘、碗等，胎质灰白、釉色闪青，更多的普通品则釉色泛青，少见泛青黄者。

装饰方面。从所获标本来看，一般的装饰技法几乎都曾在井陉窑得到采用，代表其自身特色的，或谓之形成自己特点的技法，我们初步认为有两种：一是自唐即有突出表现的点彩，全用褐彩，图案尽为花朵、花穗或花束类，规整、大方、华丽。这种装饰不仅自身得到长期保持，也影响到定窑或磁州窑产品上出现同类装饰。二是戳印划花。这是在印花技法的基础上形成的，代表器物戳印划花枕不见于其他窑口，一些著作中将之误认为定器或磁州窑器[80]，现得到纠正。

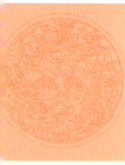

装烧工艺方面。砂圈叠烧法一般认为"出现于金代，流行于元代北方地区"[81]。依据井陉窑的发掘情况看，宋代即出现此类盘、盆，到金代前期即已成为大宗产品。因此如同定窑在北宋创覆烧法，井陉窑约在宋代创造了砂圈叠烧法。

（三）今后研究的方向

1.进一步调查与发掘

（1）调查的方向与重点

河北省境内古瓷窑址特别是邢窑、定窑、磁州窑等名窑历史上都进行过多次调查，每次调查可以说都有新发现与收获。但总的来说，原来的调查面较窄，专题性不强，大多是在已有信息的基础上进行的小规模调查，有的则是在已知前提下的复查，也有大规模文物复查中的偶然发现。现已知的四大窑的位置，均居于太行山东麓及山前丘陵平原地带，而河北西北部、东北部、东部、东南部等广大区域内的古瓷窑址近乎空白。而在这些区域内古遗址、墓葬中曾出土过数量可观的瓷器及残片，特别是景县、河间、任丘、吴桥、青县，石家庄的平山、赞皇等地皆出土过早期瓷器，景县封氏墓群出土的青瓷莲花尊更为世所珍视，但遗憾的是都找不到窑口或窑系归属。张家口宣化、唐山迁安等地出土的精美辽代瓷器则更须寻找烧瓷窑口。因此作为瓷窑考古专题，我们认为很有必要继续进行调查工作：首先是已知古瓷窑址也就是邢窑、定窑、磁州窑、井陉窑、隆化窑及相邻区域内的补充调查；其次是广大区域内特别是西北部、东北部、东部、东南部未知古瓷窑址的调查。

（2）白瓷创烧问题

北齐范粹墓白瓷的出土使得白瓷在中国土地上出现的时间至少提前到距今1400多年前，同时范粹墓白瓷的烧制地点和白瓷的创烧也成为学者们讨论的一个热点。根据现有资料，河北境内邢窑、井陉窑皆至少在隋代已生产白瓷器，特别是邢窑隋代高级透影细白瓷的发现更使人们看到烧制白瓷技术的成熟和在河北境内寻找到更早期烧制白瓷窑口的可能。因此继续调查和发掘，特别是邢窑、井陉窑及其附近区域的调查和发掘将有助于这一问题的早日解决。同时调查发掘还要尽可能地解决河北境内瓷器的始烧时间问题。在藁城台西商代遗址内和邢台葛庄等地都发掘出土了原始瓷器或残片，虽然目前还不能证明这些原始瓷器就是本

地产品，但这些资料表明至少在商周时期，河北地区的古人们已开始使用原始瓷器，并已可能亲自烧制原始瓷器。

(3) 各窑址缺环

①邢窑宋瓷。虽然前述观点中有人认为邢窑五代以后衰落，但作为邢窑区域内的瓷器烧造则至少延续到元代。在已调查试掘的资料中，除了北宋，从隋至元皆可找到相对应的比较丰富的遗址或地层。虽曾有人在射兽等窑址残存中捡到过零星的宋代瓷片，但作为宋史有明确记载的贡瓷来说是远远不够的。因此继续调查与发掘，寻找邢窑宋代窑址或地层堆积和瓷器，不仅可以印证历史，而且通过邢窑宋瓷和定窑宋瓷的对比研究，或可能改变一些传统的观念。

②定窑创烧。前述观点中对定窑创烧时间的看法颇不一致，或认为初唐，或认为中唐，或认为晚唐五代。究其原因，一方面是人们对定瓷早期产品的认识各不相同，另一方面恐怕还是对早期产品的揭示不够。一般观点认为定窑早期受到邢窑较大影响，其产品也基本相同。因此在揭示、寻找定窑早期产品的同时，继续调查发掘定窑同时期窑址和地层将有助于定窑创烧时间问题的解决。

③井陉窑唐早期窑址。在已发现的资料中，河北境内唐代早期的资料不多，特别是窑炉和有纪年的瓷器更是鲜见，同时这也给窑址内唐早期瓷器的断代带来了一些困难。目前所知，井陉窑瓷器烧造由隋至元，与邢窑区域内的瓷器烧造时间差不多，单独不见唐早期产品。即使已试掘出唐早期堆积层的邢窑，其遗物也并不丰富，人们对这一时期的窑炉、窑具、瓷器的面貌也还不甚了解，因此寻找井陉窑唐早期窑址很有必要，这不仅有助于人们对井陉窑整体面貌的认识和了解，同时也会对河北瓷窑考古的综合研究有所帮助。

2.建立邢、定、井三窑窑口的界定标准

唐、五代时期，邢、定白瓷产品造型多相同或相近，胎质、釉色也颇多相同相近之处。因为定窑的创烧晚于邢窑，研究者多认为这是受邢窑影响所致。现在又发现了井陉窑，不仅唐、五代白瓷的特征与之雷同，且隋代的标本尽管发现很少，但除未见极精细的透影白瓷外，外观也与邢瓷制品极其相似。

再说宋代，定窑崛起为五大名窑之首。前期，定州塔基所出精美白瓷有的带有"官""新官"刻款。后期覆烧法及印花产品大盛，同时"尚食局""尚药局"等刻款器物在窑址发现。但同期包括金代，邢、井二窑也在烧造。

窑口如上所述，但近代以来，各地出土唐、五代精美白瓷，只要够得上"类银""类雪"的标准，一律判归邢窑。后者则无一例外地指作定器，只有那些中、

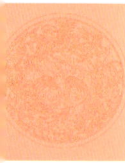

低档产品才被视作"土定"。

实地来看，唐、五代时期，井陉窑与定窑不乏精美如同邢窑的产品。宋、金则更有商榷的余地，见于《宋史地理志》记"信德府（邢州）贡白瓷盏"，中山府（即定州）所出贡品中却无瓷器。同样，《金史·地理志》中"真定府（辖井陉）产瓷器"，中山府却未记有瓷器产出。越来越多的发现证实，金代井陉瓷确实具备了赶超定瓷的水平。而即便宋金时期定窑也有大量的中、低档"土定"产品。还应指出的是，以白中闪黄概括宋定白釉特征，似乎和井、邢有所区别，但实际所见，同期定瓷亦不乏闪青、泛青者，而邢窑晚唐五代已见大量闪黄、泛黄产品。

如此，唐代各地，特别是井陉、曲阳附近出土的精细白瓷是邢窑产品还是当地窑产品？同样宋金时期，各地所出精美的白瓷或白瓷印花产品，特别是井陉、邢台附近所出者，是定窑产品还是当地窑产品？

再把问题的范围扩大一些，"定窑系"还包括了山西平定、阳城、介休、霍县，四川彭城诸窑，而介休、霍县窑同时还归入了"磁州窑系"。如此，还有没有这些窑的自身特点？这么广阔地域内的窑口都纳入同一窑系，是否尽可涵盖其实际？如妥当，为何一窑又属于两系？当具体到某件标本来看，又怎样准确界定它的窑口？以上问题既需深入思考，也是实际操作上无法回避、亟须解决的问题。

作为需要解决的诸课题之一，我们拟集合邢、定、井、磁四窑相同时代（阶段）有代表性的高、中、低档典型标本加以综合的分析、化验、检测，就其异同在各方面做出科学鉴定的基础上，求得可实际操作的界定标准。

中国陶瓷的历史是我国古代灿烂文化的重要组成部分，也是人类物质文化史上一个重要的研究对象。它不仅在考古断代分期方面具有重要价值，而且其工艺、造型、装饰等各方面的研究成果对现代陶瓷生产也具有重要意义。综上，河北是古陶瓷大省，陶瓷考古是河北考古的一大项重要内容，在陶瓷研究方面具有不可比拟的有利条件。但是，目前我省陶瓷考古相对滞后，调查发掘没有详细明确的计划，基本处于无序状态，资料的整理不及时、研究不充分、成果不多，现在又有上述重大的项目和亟须解决的课题，因此需要在调查发掘和综合研究方面进行大量扎实的工作。鉴于历史的经验，河北考古部门应该从河北陶瓷大省的实际情况出发，成立专门的陶瓷考古小组，提出和落实具体可行的详细工作规划，进行连续系统的工作，申请专项资金，一是用于保障继续调查发掘和综合研究的启动和运转，二是用于整理现有的以及新发现的资料，出版报告、图录和论文。同时应吸引各大专院校和研究机构共同对河北诸窑进行深入研究，以使我省的陶瓷研究水平不断有新的突破，及时发表与出版有关的成果。

注释:

[1] 陈万里:《邢、越二窑及定窑》,《文物参考资料》1953 年第 9 期。

[2] 杨文山:《唐代邢窑遗址的发现和初步分析》,《河北学刊》1982 年第 2 期。

[3] 河北临城邢瓷研制小组:《唐代邢窑遗址调查报告》,《文物》1981 年第 9 期。

[4] 内邱县文物保管所:《河北省内邱县邢窑调查简报》,《文物》1987 年第 9 期。

[5] 高建强等:《泜河流域考古调查简报》,《文物春秋》1992 年第 1 期。

[6] 王会民、樊书海、张志忠:《邢窑问题新议》,《河北省考古文集》,东方出版社 1998 年版。

[7] 资料未发,部分标本见于河北省博物馆 1997 年中国古陶瓷研究会陶瓷特展。

[8] 张志忠、王会民:《邢窑隋代透影白瓷》,《文物春秋》1997 年增刊。

[9] 叶麟趾:《古今中外陶瓷汇编》,北平文奎堂书庄 1934 年刊行。

[10] 陈万里:《调查平原、河北二省古代窑址报告》,《文物参考资料》1952 年第 1 期;冯先铭:《三十年来我国陶瓷考古的收获》,《故宫博物院院刊》1980 年第 1 期。

[11] 河北省文化局文物工作队:《河北曲阳县涧磁村定窑遗址调查与试掘》,《考古》1965 年第 8 期。

[12] 刘世枢:《曲阳县唐、宋定窑遗址》,《中国考古学年鉴(1986)》,文物出版社 1988 年版;曲阳县定窑遗址发掘》,《中国考古学年鉴(1987)》,文物出版社 1988 年版。

[13] 1985 年调查的磁州窑址资料正在整理中。

[14] 1987 年社科院考古所邺城队和磁县文保所进行了磁县的窑址调查,资料尚待整理发表。

[15] 秦大树:《河北省磁县观兵台古瓷窑遗址调查》,《文物》1990 年第 4 期。

[16] 北京大学考古系、河北省文物研究所:《河北省磁县观台磁州窑遗址发掘简报》,《文物》1990 年第 4 期。

[17] 1988 年配合基建清理了彭城镇东南的二里沟砖厂工地,出土元代"内府"瓶、碗、盘、鱼藻盆等。资料在整理中。

[18] 乾隆《正定府志》卷十二《物产》:"正定府产瓷器,缸坛之属也,明时充贡出井陉。"雍正《井陉县志》卷三《物产志·货类》:"磁器、瓦器、砂器。"又,《金史·地理志》卷二十五《河北西路》记:"真定府产瓷器。"都没有明确、具体的地点。

[19] 参见《中国文物报》1998 年 11 月 18 日头版《井陉窑发掘获重大成果》一文所配发的 Y7 图片。

[20] 经仔细的工作,在 Y3 窑室周围未发现烟囱痕迹。另在 Y3 灰室底部及窑床上灰渣层内发现试管型小型钳锅。

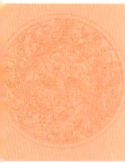

[21] 见《井陉窑发掘获重大成果》一文配发的作坊图片。

[22] 河北省文物管理处:《河北省出土文物选集》第 335 器,文物出版社 1980 年版,第 190 页。

[23] 河北省文物研究所:《河北省考古文集》图版廿九《南海山北墓区出土器物》第 5 器,东方出版社 1998 年版。

[24] 孟繁峰、杜桃洛:《井陉窑遗址出土金代印花模子》,《文物春秋》1997 年增刊。

[25] 河北省文物研究所:《隆化鲍家营古窑址发掘》,《河北省考古文集》,东方出版社 1998 年版。

[26] 承德地区行政公署文化局编印:《承德地区文物普查报告》,1978 年 10 月。

[27] 河北师范大学杨文山:《关于邢窑产地问题》,《河北陶瓷》1992 年第 2 期。

[28] 同注〔6〕。

[29]〔30〕贾永禄、贾忠敏、李振奇:《谈邢窑》,《河北陶瓷》1991 年第 2 期。

[31] 陆明华:《邢窑"盈"字及定窑"易定"考》,《上海博物馆集刊》1987 年第 9 期。

[32] 同注〔6〕。

[33] 同注〔29〕。

[34] 同注〔4〕。

[35] 同注〔8〕。

[36] 杨文山:《邢窑精细透光白瓷的初步研究》,《文物春秋》1997 年增刊。

[37] 毕南海、张志忠:《邢窑装烧方法的研究》,《河北陶瓷》1989 年第 2 期。

[38] 河北省邢窑研究组:《邢窑工艺技术研究》,《河北陶瓷》1987 年第 2 期。

[39] 河北省邢窑研究组:《邢窑造型装饰研究》,《河北陶瓷》1987 年第 2 期。

[40] 冯先铭:《谈邢窑有关问题》,《故宫博物院院刊》1981 年第 4 期。

[41] 李辉柄:《定窑的历史以及与邢窑的关系》,《故宫博物院院刊》1983 年第 3 期。

[42] 王会民、张志忠:《邢窑调查试掘主要收获》,《文物春秋》1997 年增刊。

[43] 穆青:《早期定瓷初探》,《文物春秋》1995 年第 3 期。

[44] 张金茹:《定窑瓷器分期初探》,《文物春秋》1995 年第 3 期。

[45] 同注〔11〕。

[46] 冯先铭:《曲阳定窑址》,《中国大百科全书·考古学》,中国大百科全书出版社 1986 年版。

[47] 李辉柄、毕南海:《论定窑烧瓷工艺的发展与历史分期》,《考古》1987 年第 12 期。

[48] 刘毅:《定瓷基本特征和仿定瓷的窑口鉴别》,《文物季刊》1998 年第 4 期。

[49] 同注〔44〕。

[50] 冯先铭:《定窑》,《中国陶瓷定窑》,上海人民美术出版社 1983 年版。

[51] 同注 [11]。

[52] 同注 [12]。

[53] 李国桢、郭演仪:《历代定窑白瓷的研究》,《硅酸盐学报》1983 年第 3 期。

[54] 叶喆民:《近三十年来邢定二窑研究记略》,《文物春秋》1997 年增刊。

[55] 陈文增:《宋代定窑文化品位确立之艺术借鉴》,《文物春秋》1997 年增刊。

[56] 同注 [47]。

[57] 同注 [11]。

[58] 同注 [47]。

[59] 中国硅酸盐学会编:《中国陶瓷史》,文物出版社 1997 年版。

[60] 冯永谦:《叶茂台辽墓出土的陶瓷器》,《文物》1975 年第 12 期。

[61] 冯先铭:《有关临安钱宽墓出土"官""新官"款白瓷问题》,《文物》1979 年第 12 期。

[62] 李辉柄:《关于"官""新官"款白瓷产地问题的探讨》,《文物》1984 年第 12 期。

[63] 同注 [61]。

[64] 明堂山考古队:《临安县唐水邱氏墓发掘报告》,《浙江省文物考古所学刊》1981 年。

[65] 杨根:《宋代的八大窑系》,《北京大学百年国学文粹·考古卷》,北京大学出版社 1998 年版。

[66] 同注 [44]

[67] 参见注 [46] [59]。

[68] 叶喆民:《近卅年来邢、定二窑研究记略》;毕南海:《邢定二窑的关系及制品考》,《文物春秋》1997 年增刊。

[69] 李红军:《辽代白瓷与北宋定窑白瓷的鉴别研究》,《文物春秋》1997 年增刊。

[70] 同注 [48]。

[71] 同注 [55]。

[72] 蔺占献:《定窑坯釉的研究与仿制》,《文物春秋》1997 年增刊。

[73] 李知宴:《慢谈磁州窑的艺术特色》,《中国古陶瓷研究》第二辑,紫禁城出版社 1988 年版。

[74] 魏之瑜:《磁州窑艺术初探》,《磁州窑研究论文集》第一册,邯郸陶瓷公司。

[75] 刘志国:《磁州窑研究综述》,《河北陶瓷》1984 年第 2 期。

[76] 北京大学考古学系、河北省文物研究所、邯郸地区文物保管所:《观台磁州窑址》,文物出版社 1997 年版。

[77] 马忠理:《磁州窑的装饰品种及其流行时代》,《文物春秋》1997 年增刊。

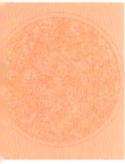

[78] 同注 [1]。

[79] 井陉窑城关镇窑址所在地，见于《宋史·地理志》，自熙宁八年县治迁此，后一直设有驿站。平定窑窑址所在的柏井，为柏井驿站所在地，二驿为真定府至太原府驿路的相邻驿站。

[80] 周淑兰、胡美生：《中国古陶瓷艺术精粹》，中州古籍出版社 1992 年版。其中第99—101、103 页"宋定窑划花奔鹿枕，卧鹿、对鹿、奔牛枕"，第 199 页"宋定窑戳印花枕"等即为井陉窑特产的戳印花枕。同样器物、见于李秀珍、张慧：《河北省博物馆馆藏古代陶瓷枕概述》1992 年第 1 期，将之判定为宋磁州窑枕。

[81] 见《中国古陶瓷图典》七《成型工艺·涩圈》，文物出版社 1998 年版。

（本文原载《中国考古学跨世纪的回顾与前瞻》，1999 年
西陵国际学术研讨会论文集，科学出版社 2000 年版）

四、河北三大白瓷名窑精细白瓷的SRXRF 无损分析及界定标准的初步研究

冯向前　冯松林　　清 张 颖 雷 勇

范东宇　程 琳 黄 宇 营何伟＊

孟繁峰　王会民　刘世枢＊＊

北方白瓷和南方青瓷在中国陶瓷发展史上占有同等重要的地位，史称"南青北白"，其中河北以窑口众多、遗存丰富成为北方白瓷产地的杰出代表。经过文物考古工作者和科研人员的共同努力，河北瓷窑考古已取得丰硕成果，解决了窑址分布、主成分分析、制作工艺等诸多难题。由于受传统文物鉴定手段的限制，困扰陶瓷界和考古界多年的邢、定、井陉窑精细白瓷的界定标准问题却始终未得到圆满解决。这三大白瓷名窑在烧造过程中往往互相借鉴、模仿，致使所生产的白瓷产品在胎釉颜色、造型、纹饰方面有很多雷同或相似之处，尤其是精细白瓷更是用肉眼和经验难以判断，使得许多精美的传世品无法确定其确切的产地，留下了不少考古学上的"悬案"。在这样的背景下，考古学家和文物鉴定专家期盼与自然科学工作者密切合作，用无损分析方法测定其化学成分，通过多元统计分析寻找差异，建立起这三个窑址的精细白瓷的界定的科学标准。

同步辐射X射线荧光（SRXRF）是一种重要的元素成分分析方法，它利用高强度的同步辐射X射线作为激发源，使得元素分析的灵敏度比常规X—射线荧光法大大提高：该方法又具有不破坏样品，可同时进行多元素分析等特点，因此特别适合于进行古陶瓷的无损分析研究，尤其适合极其珍贵的古陶瓷完整器物的分析鉴定。

＊　中国科学院高能物理研究所。

＊＊　河北省文物考古研究所。

（一）材料与方法

1. 样品制备

样品选自经考古发掘的邢、定、井陉窑的精细白瓷残片，为排除长时间土埋所引起的玷污及根据实验的需要，将瓷片用碳化硅砂轮切割成 2 厘米 ×3 厘米的小方块，并将横断面磨光。切好的样品在 60°C 去离子水中用超声波清洗后在烘箱中用 105°C 烘干，密封在干净的聚乙烯口袋中，存放于干燥器中待用。

2. 实验方法

实验是在 BSRF 的 4W1A 束线上进行的，加速器电子能量为 2.2GeV，束流强度为 60—107mA。样品放置在计算机控制的二维移动平台上。为了调整照射在样品上的束斑大小，入射束流经过 2 个钽狭缝限束。在狭缝后面放置一个电离室，用来监测流强的变化。样品测量面与入射光束成 45°角，来自样品的 X—射线荧光被 Si（Li）探测器探测。获得的 X 射线能谱由 AXIL 软件解析，得到样品中各元素的 X 射线特征峰的峰面积计数，对测量时间和电离计数标准化后，用 SPSS 软件对分析数据进行统计处理。

（二）结果与讨论

从表 2—4—1、表 2—4—2 可以看出同一窑址的不同样品胎、釉中元素的峰面积计数波动幅度不大，保持在一个较窄的范围内，说明其所用原料经过了精心选择和淘洗精制，这为我们从化学成分的角度来鉴定瓷器的产地提供了前提；而不同窑址的样品胎、釉中某些元素的含量差异较大，如 Ca、Ti、Fe、Rb、Sr 等，这为我们从化学成分的角度鉴定瓷器的产地提供了基础。

表 2—4—1　样品胎中各元素的相对峰面积计数（计数 /200 秒）

样品 Sample	K	Ca	Ti	V	Cr	Mn	Fe	Ni	Cu	Zn
定窑 Ding kiln 01	3183	8848	8435	569	223	1320	94357	700	2288	2718
定窑 Ding kiln 02	3789	9502	8478	502	203	1821	93499	678	1985	1918
定窑 Ding kiln 03	3095	7572	8902	577	242	1616	80543	671	2187	2887
定窑 Ding kiln 04	3241	7469	8219	515	239	1596	92993	766	2163	2820

样品 Sample	K	Ca	Ti	V	Cr	Mn	Fe	Ni	Cu	Zn
定窑 Ding kiln 05	3404	8138	8519	480	284	1616	77423	748	1957	2200
定窑 Ding kiln 06	3357	6134	8085	622	211	1577	76766	711	1921	2649
定窑 Ding kiln 07	3875	6861	7797	547	218	1500	74223	668	1955	2238
定窑 Ding kiln 08	3082	7564	8820	460	265	1468	73834	708	1616	1960
定窑 Ding kiln 09	3199	7042	8081	506	222	1497	79961	550	2076	2274
定窑 Ding kiln 10	3774	7245	7813	604	202	1739	82083	668	2119	2068
井陉 Jingxing kiln 01	4497	3205	12878	790	537	854	138040	808	2055	1896
井陉 Jingxing kiln 02	3908	2800	12801	815	516	862	166865	863	2333	1759
井陉 Jingxing kiln 03	4296	4260	11181	794	480	805	136250	794	1750	1681
井陉 Jingxing kiln 04	4163	2535	12067	781	532	701	144637	861	1815	1826
井陉 Jingxing kiln 05	4189	4312	12510	681	532	774	140118	831	2097	1740
井陉 Jingxing kiln 06	4318	3583	12740	778	503	809	140506	833	2107	1785
井陉 Jingxing kiln 07	5238	3301	11749	849	488	706	167286	679	2371	1605
井陉 Jingxing kiln 08	4194	3887	11487	854	468	678	137686	605	2282	1708
井陉 Jingxing kiln 09	4305	2340	12432	711	495	791	145595	705	2148	1637
井陉 Jingxing kiln 10	4588	2376	11055	770	489	709	148427	764	1929	1643
邢窑 Xing kiln 01	3393	7703	10487	724	374	1542	110912	836	2364	2562
邢窑 Xing kiln 02	4631	6269	10263	692	427	1276	145093	915	3106	2376
邢窑 Xing kiln 03	3773	7893	11868	744	460	2076	159775	856	1940	3236
邢窑 Xing kiln 04	4258	6197	10332	695	403	1580	139466	786	4091	3125
邢窑 Xing kiln 05	3236	7213	10366	731	503	2321	137273	731	2805	3243
邢窑 Xing kiln 06	3605	6683	11590	864	415	1543	127250	778	1569	1851
邢窑 Xing kiln 07	3473	6578	10829	754	428	1593	124860	790	1875	2616
邢窑 Xing kiln 08	3273	6967	11105	783	478	1517	114041	818	1797	2312
邢窑 Xing kiln 09	3613	7769	10783	797	425	1594	113145	797	1722	2174
邢窑 Xing kiln 10	3649	6797	11555	834	500	1679	100559	754	1931	2213

样品 Sample	Ga	Rb	Sr	Y	Zr	Nb	Mo	Pb	Th
定窑 Ding kiln 01	4040	30096	22015	11203	135916	12327	10949	3182	3342
定窑 Ding kiln 02	4200	28970	26881	12732	133270	13579	10410	3676	3522
定窑 Ding kiln 03	4100	27414	23119	10181	139611	13579	10669	3101	3405
定窑 Ding kiln 04	4216	28562	27638	11820	139281	12871	11294	4337	3440
定窑 Ding kiln 05	4520	26993	25633	11710	130718	12190	9862	3724	3335
定窑 Ding kiln 06	4239	31094	23280	16987	138150	13822	10810	5157	3629
定窑 Ding kiln 07	4350	27226	21717	10383	134158	13030	10617	4645	3477
定窑 Ding kiln 08	4159	29323	27169	12904	132724	12406	10877	4002	3443
定窑 Ding kiln 09	4366	25364	23393	11181	127626	12893	10203	4017	3265
定窑 Ding kiln 10	4317	30506	22592	12081	127677	12790	10919	4070	3573
井陉 Jingxing kiln 01	3568	27144	57115	13548	112715	6951	7957	2711	2832
井陉 Jingxing kiln 02	3138	28646	48224	14514	118244	7433	8670	2538	2823
井陉 Jingxing kiln 03	3366	27942	70727	15378	122843	8243	8556	2416	2744
井陉 Jingxing kiln 04	3355	28042	52370	13626	112820	7882	6995	2495	2763
井陉 Jingxing kiln 05	3698	29274	53207	15480	125054	8376	8340	2622	2831

样品 Sample	Ga	Rb	Sr	Y	Zr	Nb	Mo	Pb	Th
井陉 Jingxing kiln 06	3182	29183	69784	15998	138257	7385	7939	2637	2742
井陉 Jingxing kiln 07	3226	27715	71984	15982	140090	7624	9178	2612	2608
井陉 Jingxing kiln 08	3380	29994	67368	14651	120814	7453	8106	2874	2740
井陉 Jingxing kiln 09	2836	29096	75518	15109	121955	8030	9128	2602	2869
井陉 Jingxing kiln 10	3096	29822	50295	14437	129101	7774	8932	2965	2766
邢窑 Xing kiln 01	3299	19482	39566	18159	127708	9499	11197	3019	2636
邢窑 Xing kiln 02	3223	22973	34788	16327	115917	8516	10137	3062	2873
邢窑 Xing kiln 03	3631	18171	43367	15972	122242	9265	10465	2664	2950
邢窑 Xing kiln 04	2960	18073	33908	17455	129459	9091	10202	4099	2660
邢窑 Xing kiln 05	2922	23452	40256	14835	116253	8781	9867	2839	2570
邢窑 Xing kiln 06	3042	17968	42999	13355	114185	7635	9960	2781	2652
邢窑 Xing kiln 07	3098	24489	43912	20888	139869	7544	10055	3144	2472
邢窑 Xing kiln 08	2967	22763	32665	18844	116127	9155	12348	2738	2712
邢窑 Xing kiln 09	3002	21439	29498	14898	128813	7768	10186	2750	3063
邢窑 Xing kiln 10	2978	20847	32633	12900	129089	8819	11267	2647	2568

表 2—4—2　样品釉 + 胎中各元素的相对峰面积计数（计数 /200 秒）

样品 Sample	K	Ca	Ti	V	Cr	Mn	Fe	Ni	Cu	Zn
定窑 Ding kiln 01	4493	17817	1562	134	159	1672	66511	647	1737	3868
定窑 Ding kiln 02	4519	16435	1441	144	128	1797	64040	579	1899	3936
定窑 Ding kiln 03	4581	19012	1851	173	129	1410	72596	681	1871	3902
定窑 Ding kiln 04	5028	19391	1824	126	132	2122	74184	706	2311	3739
定窑 Ding kiln 05	5100	20137	1832	185	137	2017	67557	721	2271	3778
定窑 Ding kiln 06	4446	20063	1789	169	142	1973	64466	745	1821	3898
定窑 Ding kiln 07	4487	19152	2122	109	171	1684	64570	707	1835	4114
定窑 Ding kiln 08	5018	18021	2080	127	104	2097	67951	612	2352	4113
定窑 Ding kiln 09	5213	15218	1708	164	118	2115	71227	571	2265	3234
定窑 Ding kiln 10	5392	15147	1779	101	135	1498	71397	561	2436	3532
井陉 Jingxing kiln 01	6621	14267	6890	356	147	1120	120641	637	2912	1070
井陉 Jingxing kiln 02	6539	14441	4296	230	128	1226	130312	659	2484	1133
井陉 Jingxing kiln 03	6525	14042	3847	281	137	1248	120350	696	2473	1268
井陉 Jingxing kiln 04	6798	14942	4342	315	136	1122	147990	650	2449	1279
井陉 Jingxing kiln 05	6629	15672	4811	241	147	1635	116772	674	2506	1546
井陉 Jingxing kiln 06	6705	15232	4474	290	190	1724	124971	657	2687	1026
井陉 Jingxing kiln 07	6872	15851	4950	272	145	1271	151493	664	2122	1009
井陉 Jingxing kiln 08	6715	14629	6501	315	165	1265	123871	617	2666	1085
井陉 Jingxing kiln 09	6726	14034	5275	219	157	1298	128269	689	2428	1063
井陉 Jingxing kiln 10	6364	14499	5298	253	192	1426	142600	635	2479	1223
邢窑 Xing kiln 01	6046	29904	3984	104	259	3242	151330	1205	2894	2959
邢窑 Xing kiln 02	5912	29940	2875	315	222	3066	90920	996	2752	3032

样品 Sample	K	Ca	Ti	V	Cr	Mn	Fe	Ni	Cu	Zn
邢窑 Xing kiln 03	8195	43679	2321	203	358	2594	83745	893	4081	1901
邢窑 Xing kiln 04	7428	43138	3299	184	195	2281	117335	1046	3927	2135
邢窑 Xing kiln 05	4382	23261	2151	289	205	4602	93619	1122	3829	1886
邢窑 Xing kiln 06	7606	19444	2013	155	219	4950	90702	1049	3719	1431
邢窑 Xing kiln 07	5154	25397	5275	369	284	4580	150524	1156	2664	1164
邢窑 Xing kiln 08	5305	24763	5270	412	361	4655	150617	1128	2715	2128
邢窑 Xing kiln 09	6078	21156	2734	393	185	3031	82614	1201	3890	2683
邢窑 Xing kiln 10	6305	24730	2902	252	238	4105	92062	1190	3712	2953

样品 Sample	Ga	Rb	Sr	Y	Zr	Nb	Mo	Pb	Th
定窑 Ding kiln 01	3263	29623	32828	9707	103478	11559	10516	5881	2120
定窑 Ding kiln 02	3216	28080	29924	9121	91416	11330	9861	5655	2252
定窑 Ding kiln 03	3486	23869	32955	9834	98262	11228	10004	4795	2187
定窑 Ding kiln 04	3529	22517	31958	9436	104337	10410	10039	4538	2361
定窑 Ding kiln 05	3552	26424	28666	9152	99080	11789	10210	4935	2116
定窑 Ding kiln 06	3335	24735	25759	9383	97484	11204	10430	5006	2155
定窑 Ding kiln 07	3235	28796	26835	10403	97171	10890	10553	5843	2216
定窑 Ding kiln 08	3115	27630	26964	9913	100020	10283	9728	5763	2127
定窑 Ding kiln 09	3353	29075	27903	9680	86661	11322	10540	4670	2387
定窑 Ding kiln 10	3432	21359	29549	9649	92238	12081	11688	5024	2220
井陉 Jingxing kiln 01	2725	24530	63374	11879	91107	5945	7055	2116	2306
井陉 Jingxing kiln 02	2829	26150	57687	12169	107594	6309	8351	2416	2486
井陉 Jingxing kiln 03	2512	25361	62999	11257	119265	5976	8221	2381	2195
井陉 Jingxing kiln 04	2814	24285	59092	11172	112863	6501	8050	2486	2185
井陉 Jingxing kiln 05	2720	24332	59660	10992	104182	5765	6945	2273	2582
井陉 Jingxing kiln 06	3125	24362	59405	11555	111892	5603	6547	2318	2260
井陉 Jingxing kiln 07	2570	24338	67549	12214	104914	6727	8435	2527	2627
井陉 Jingxing kiln 08	2686	24279	59738	11774	107966	7301	8592	2641	2199
井陉 Jingxing kiln 09	2290	24055	60139	10792	92358	6278	6707	2010	2018
井陉 Jingxing kiln 10	2547	25444	66634	11978	111840	6532	8532	2060	2190
邢窑 Xing kiln 01	2351	17993	59935	16175	106152	8965	8919	2339	2889
邢窑 Xing kiln 02	2101	17738	54771	18068	122590	7905	8325	2035	2612
邢窑 Xing kiln 03	2499	16306	57380	15065	109436	8495	8705	1582	2161
邢窑 Xing kiln 04	2229	19489	59437	16456	104330	9905	8618	2180	2764
邢窑 Xing kiln 05	2564	19540	46703	14149	111569	8453	8851	2046	2956
邢窑 Xing kiln 06	2758	18972	43199	16501	132969	9196	8284	2045	2742
邢窑 Xing kiln 07	2622	15899	43765	16051	127018	7755	8895	1758	2499
邢窑 Xing kiln 08	2577	20878	49417	14062	114690	8034	8420	1456	2964
邢窑 Xing kiln 09	2529	17781	68661	14231	101528	8010	8762	2138	2430
邢窑 Xing kiln 10	2194	19938	63192	18245	116338	9119	8459	2353	2725

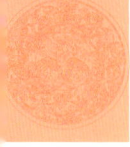

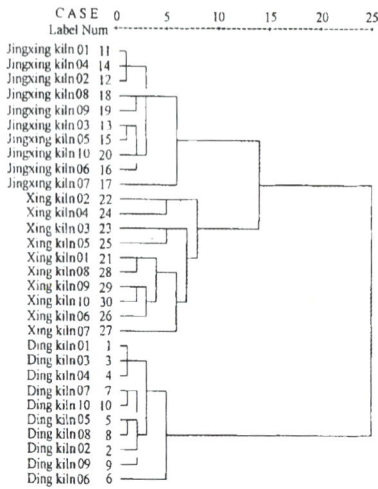

图 2—4—1　样品胎的聚类树形图

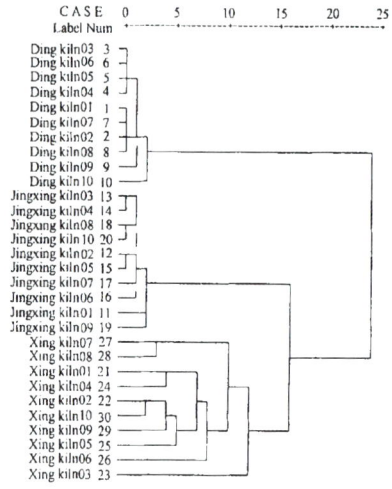

图 2—4—2　样品釉的聚类树形图

白瓷所能达到的白度在很大程度上取决于其胎和釉中着色元素（Fe、Ti 等）含量的高低，一般而言，着色元素含量越低就越白。定窑自古就有"定瓷天下白"的说法，其 Fe、Ti 的含量是三个窑中最低的；邢窑白瓷享有"类银""似雪"的美誉，表明其产品有两种，一种是雪白的（Fe、Ti 含量较低），另一种是银白色或灰白色（Fe、Ti 含量较高）；而井陉窑的白瓷一般都是白中闪青，因而其 Fe、Ti 的含量最高。

从图 2—4—1 和图 2—4—2 聚类分析的结果看，无论是胎或釉，同一窑址的样品都被聚为一类，如果分析的样品量增大后这一规律仍然成立，这表明将来对于未知样品，我们可以在相同实验条件下对其进行 SRXRF 分析，然后用判别分析的办法确定其属于哪个窑的产品。从聚类图上还可看出邢窑和井陉窑的样品被

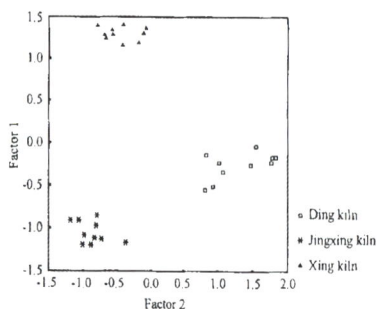

图 2—4—3　样品胎的因子分析散点图

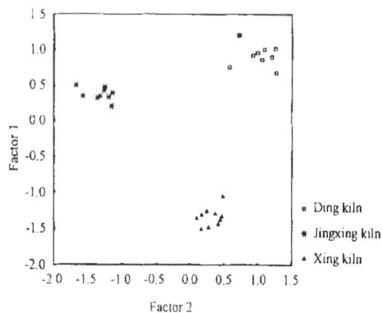

图 2—4—4　样品釉的因子分析散点图

158

聚为一大类，而定窑则自成一类，这可能是因为邢窑和井陉窑在地理位置上更为接近、原料的矿物成分更加相似所致。图中还显示每一大类还可细分为若干子类，我们推测是由于瓷器的烧制年代不同造成的，如果推测得到证实，将为我们间接测定瓷器的年代提供新的思路。

在主因子分析散点图（图2—4—3、图2—4—4）中，邢窑、定窑、井陉窑的胎和釉各自处于图中的不同区域，表明了这三处窑址的白瓷在胎釉化学组成上有较显著的差异，这与聚类分析的结果相吻合。因子 Factor1 和 Factor2 提取了元素信息的 74% 左右，从效果来看，基本上能反映其产地特征。

五、定窑、邢窑、井陉窑微量元素分析

(Application of PIXE in the Provenance Study of Ancient
Chinese White Porcelains)

X.Q. Feng, S.L. Feng, Y. Sha

F.F. Meng, H.M. Wang, S.S. Liu

1. INTRODUCTION

The white porcelain kilns in North China play an important role in the history of ancient Chinese ceramics, among which Xing Kiln, Ding Kiln and Jingxing Kiln of Hebei Province are the most famous for their innovative technology and excellent products [1]. It is very hard for the archaeologists and cultural relics experts to discriminate the white porcelains produced by the three kilns, since they are quite similar in many aspects, such as shape of the products, texture of the body and color of the glaze. [2]

PIXE possesses many advantages, i.e. high sensitivity, capability of measurements in atmosphere, non-destructiveness, multi -elements, which makes it quite suitable for analysis of ceramic samples to help answer questions of provenance, dating and authenticity. In this work we analyzed the elemental composition of some white porcelain sherds from the above-mentioned three kilns using PIXE non-destructive analysis. The analytical data were processed by multivariate statistical analysis with effort to find out the compositional differences among the porcelains of different provenance.

2. EXPERIMENTAL

The measurements were carried out at the PIXE facility of Laboratory for Ion Beam Interactions in Ruder Boskovic Institute, Croatia. The experimental set-up and analytical procedure was reported before [3].

3. RESULTS AND DISCUSSION

The analytical results are shown in Table 2−5−1. It can be seen that the contents of several elements, such as Al, Si, K, Ca, Fe, etc., vary significantly among different kilns, but remain relatively stable for the same kiln. It indicates they may be used as "fingerprints" for discrimination of provenance.

The whiteness of the white porcelain products depends to a great degree on the contents of the stain elements, i.e. Fe and Ti, especially content of Fe. The lower content of Fe, the whiter of the porcelain. As shown by the analytical results, the mean value of Fe of Xing Kiln porcelains is the highest and Ding Kiln is the lowest, which is consistent with the appearance of the samples.

The outcomes of the principal component analysis are shown in Figures 2−5−1 and 2−5−2. From Figure 2−5−1 we can see that the difference among bodies of different kilns is not distinct. This may be attributed to the similarity of raw materials. The location of the three kiln sites is close to each other. The distance is less than 100 km. So it is quite possible that the chemical composition of the raw materials is similar. That is why the body samples are hard to be discriminated in the PCA chart. Figure 2−5−2 shows that the glaze samples can be divided into 3 groups which correspond to the three kilns, respectively. This may be attributed to the different firing technology and different recipes.

TABLE 2−5−1   Analytical results of the bodies and glazes of the white porcelain sherds

Sample name	Kiln site	Analytical part	Al_2O_3 %	SiO_2 %	K_2O %	CaO %	Ti $\propto$ g/g	Mn $\propto$ g/g	Fe_2O_3 %	Cu $\propto$ g/g	Zn $\propto$ g/g	Rb $\propto$ g/g	Sr $\propto$ g/g
HBJX006	Jingxing Kiln	body	34.8	61.6	1.56	0.99	2481	246	0.48	LDL	10	LDL	LDL
		glaze	18.9	71.3	2.42	5.99	936	871	0.80	31	30	184	147

Sample name	Kiln site	Analytical part	Al_2O_3 %	SiO_2 %	K_2O %	CaO %	Ti $\propto$ g/g	Mn $\propto$ g/g	Fe_2O_3 %	Cu $\propto$ g/g	Zn $\propto$ g/g	Rb $\propto$ g/g	Sr $\propto$ g/g
HBJX039	Jingxing Kiln	body	34.6	58.7	1.42	2.17	8537	20	1.08	31	34	67	210
		glaze	16.7	74.3	2.46	4.11	3961	48	1.25	76	55	LDL	157
HBJX052	Jingxing Kiln	body	29.9	64.4	1.16	0.63	8406	85	2.00	42	64	LDL	LDL
		glaze	19.1	72.2	3.45	2.94	2584	102	1.09	62	20	86	230
HBJX053	Jingxing Kiln	body	29.6	65.2	2.16	0.41	6289	24	1.25	30	41	LDL	134
		glaze	19.2	69.7	2.86	5.72	2702	204	1.22	68	30	LDL	LDL
HBXY018	Xing Kiln	body	27.7	66.0	1.38	0.92	6101	432	1.69	47	47	108	245
		glaze	12.1	62.5	2.07	19.1	2940	893	2.64	731	117	LDL	307
HBXY045	Xing Kiln	body	29.1	64.6	2.38	0.85	7102	85	1.54	34	LDL	LDL	LDL
		glaze	14.5	68.8	1.61	13.0	634	442	1.21	265	LDL	LDL	169
HBDY002	Ding Kiln	body	31.0	63.7	1.25	1.70	3295	288	1.00	31	90	LDL	46
		glaze	18.0	73.7	1.63	4.69	313	400	1.39	62	48	LDL	139
HBDY018	Ding Kiln	body	32.3	62.3	1.09	2.45	2908	371	0.84	37	60	70	131
		glaze	17.0	77.0	1.64	3.16	581	420	0.73	39	55	169	161
HBDY065	Ding Kiln	body	27.4	66.2	2.24	0.68	6883	64	1.95	49	57	79	94
		glaze	15.6	71.5	2.71	7.99	622	308	1.04	164	255	75	184
HBDY080	Ding Kiln	body	26.6	66.9	2.05	1.76	5199	182	1.13	14	43	LDL	144
		glaze	16.2	74.2	2.67	4.76	1214	245	1.06	35	116	77	108

Note: LDL stands for lower than detection limit.

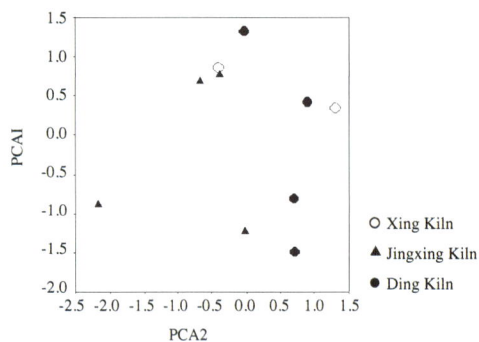

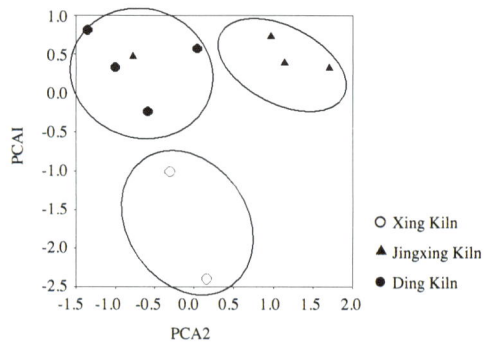

FIGURE 2–5–1 Scatter plot of PCA of the bodies

FIGURE 2–5–2 Scatter plot of PCA of the glazes

Proceedings of the 10th International Conference on Particle Induced X-ray Emission and its Analytical Applications , Portorož, Slovenia, Jun. 4-8, 2004

4. CONCLUSION

The bodies and glazes of white porcelains sherds from three kilns were analyzed by PIXE. The analytical data as well as the statistical treatment show that there is

significant differences among the elemental contents of the glazes of different origin, which indicates that the provenance of the white porcelains may be identified by PIXE analysis.

ACKNOWLEDGMENTS

The authors greatly appreciate the kind cooperation and help from Dr. M Jaksic and his colleagues. This project is financially supported by the Knowledge Innovative Program of Chinese Academy of Sciences (KJCX-N04) and National Natural Science Foundation of China (10135050, 10275016).

REFERENCES

[1] Li, J. Z., A History of Science and Technology in China (Vol.Ceramics), Beijing: Science Press, 1998, pp. 140-141 (in Chinese).

[2] Meng, F. F., Wang, H. M., and Zhang, C. C., "Several issues in the porcelain kiln archaeology in Hebei," in Review and prospective of archaeology in China, edited by Zhang, Z. P., Xu, Z. Y.:. Science Press, Beijing, 2000, pp. 365-380.

[3] Fazinic S., Jaksic M., Campbell J.L., Van Espen P., Blaauw M., Orlic I., The 2000 IAEA test spectra for PIXE spectrometry, Nucl. Instr. and Meth. B183, 2001, pp.439-448.

[4] Proceedings of the 10th International Conference on Particle Induced X-ray Emission and its Analytical Applications , Portorož, Slovenia, Jun, 2004, pp.4-8.

五、定窑、邢窑、井陉窑微量元素分析

六、井陉窑：初为人识的文物宝藏

井陉窑是二十世纪末才发现的我国隋至清代的一处历史久远、内涵丰富的大型瓷窑址集群。它深藏于太行腹地绵曼、甘陶二水系的井陉中北部以及井陉矿区的中心区等濒水地带，分布区域面积一百六十平方公里。从已获得的遗物发现：

隋代，这里已烧制出成熟的白瓷制品。因而它与邢窑、巩县窑一起成为中国目前仅知的三处早期白瓷窑址之一。

唐代，它那莹润精美的细白瓷使得精通鉴定的专家亦无法将之与"类银""类雪"的邢瓷直接区分开来，达到与邢瓷共擅"北白"之誉的高超水平，并在装饰方面开始形成自己的特色。

宋代，"天威军官瓶"一再从窑址出土，佐证了这一阶段井瓷的续烧。

金代，据《金史·地理志》的记载和实地的发现，井瓷无论花色品种还是产量、质量都超越了我国五大名窑之一的定窑，一时成为中国北方著名的窑口。它的一些典型制品流传于后世，并被误冠以其他窑口列入馆藏精品，直到最近这一窑口逐步被揭露之后，才得以逐渐辨明它们的身份。

随着考古发掘的深入，井陉窑被著名的古陶瓷专家耿宝昌老先生誉为"河北第四大窑"。笔者认为，井陉窑的发现不仅使得太行东麓京(龙泉务)、保(定窑)、邢(邢窑)、邯(磁州窑)、安(安阳窑、鹤壁窑)、焦(当阳峪窑)等纵列千里的制瓷链填补上了中缺的"石"(即真定)地的空白，就地域角度横向观察，更为太行东西两侧的冀晋古瓷窑场找到了直接的连环。无疑井陉窑的发现对于中国古陶瓷发展史有着极为重要的意义。1993年，河北省政府将井陉窑公布为省级重点文物保护单位；2001年，国务院将之公布为全国重点文物保护单位。

井陉窑的发现

1989 年至 1990 年间，河北省文物局组织文物补查，河北省文物研究所的井陉文物补查队（笔者为领队）在井陉中部的旧城关（天长镇）、河东坡、东窑岭、梅庄、南秀林以及井陉矿区冯家沟一带发现了古瓷窑址。此后又在井陉北部的南陉、北陉、南防口等地陆续地发现，至 1999 年找到南横口窑址，经笔者带队多次调查，总计发现古瓷窑址 10 处。有别于定、磁、邢窑的是，这里的窑址除被埋在地下外，地上还被城镇乡村的建筑所覆压。它的这一存在形式，笔者称之为"双覆盖式"。如无动土等特殊情况，在地表很难采集到它的遗物。1993 年及 1998 年至 2000 年间，为配合基建，河北省文物研究所的井陉窑考古队在市县兄弟单位的配合下，曾四次对分布面积达四十万平方米以上的河东坡、城关窑址进行抢救发掘。先后清理晚唐、金代窑炉 10 座，金代作坊 2 处，澄浆池 1 组。获得了相当数量的井瓷标本和窑具。确认了这两处窑址为井陉窑的中心窑场，井陉窑是以烧制白瓷为主，并兼烧黑釉、褐釉、双色釉、绿釉、黄釉以及三彩器等制品的窑口。

井瓷的器类

隋代井陉窑除白瓷外，还有青瓷和黑釉瓷产出。所见白瓷胎色有黄白、青灰两种，后者施有白色化妆土。器形以尖圆唇、斜直壁深腹、饼形足碗为主，尚见有平底盘、高足盘等。在碗、盘的内底多留有三叉支钉痕，施釉亦多见"泪痕"。器形造型周正，釉色均匀，白瓷釉色多泛青，也有呈色泛黄者。总之，观察井瓷的隋代制作与烧造技术已完全脱离了试烧阶段的不稳定状态。可以说毫不逊色于其他窑口。因而，井陉窑的创烧时间很有可能早于隋代。不过，这一推测还有待于新材料证实。唐代，这里的窑场数量、面积都有极大的发展，产品种类和水平也都有显著增加和提高。除上述三种釉色外，还出现了里白外黑的双色釉器，白瓷占了产品的大宗。器形以碗、盘为主，还有杯、盏、托子、碟、盂、花口钵、葫芦瓶、多管瓶、注子、茶镟炉、盒、罐、水注等。另有双鱼穿带瓶、长颈瓶、凤头壶、塔式罐等大器，风格十分突出。此外，人物、动物组合瓷塑也有精彩品出土。所见中唐以后的三彩器如塔式罐，罐体中腹附加莲瓣，泼釉淋畅，使之造

形和釉色与陕西、河南三彩及内丘、曲阳三彩均有明显区别。此阶段产品可分高、中、低多个档次，精细白瓷在白度与莹润方面与邢瓷无法区别。1993年的抢救发掘在晚唐五代层发现了"官"字刻款的细白瓷盒。

宋代制品发现甚少，可以肯定没有断烧是因为"天威军官瓶"在窑址出土。此瓶形制稍有区别于梅瓶的是最大径不在肩部而是在中上腹部，大小不一，高度一般在40—70厘米之间，多为褐釉，少量黑釉、黑褐釉，小口凹足，肩部大有一周露胎的砂圈，胎质较粗，此瓶民国之初即有出土记载，故宫博物院、省文研所等有完整器收藏。文献记其瓶身有"粉笔浮书，一试即灭"的五字写款，发掘出土所见则为刻款，字体篆、行、草皆有。

金代井陉窑大盛。这一阶段仍以烧制白瓷为主，其他除黑、褐、酱、两色釉外，还有黄、绿、茶叶末、仿建、仿钧以及花釉瓷，金三彩以及琉璃构件亦甚精美。主要器形仍以碗盘为主，碗类中的大器"盔"及盆类以及罐、缸类样式，数量大增，杯、盏、盔、碟、盂、葫芦瓶、梅瓶、胆瓶、带盖尊、罐、扁壶、执壶、盒、砚、灯、炉、带盖缸、香薰、扑满以及各类小瓷塑、围棋子、象棋子等达数十种。尤以装饰独特的瓷枕最具代表性，三彩除枕外，还见有大型的佛塔。在烧制技术方面有所创新，装饰图案方面出现了不少新内容。仿品方面如兔毫、油滴、天青、紫斑等，惟妙惟肖，还创烧成功了精美绝伦的褐彩菱花黑釉盏。出于邢、定诸窑之上的是这一阶段此窑的精细白瓷仍保持了唐代曾达到的高白润度，加以精美的装饰，令人爱不释手。无怪乎在《金史·地理志》中整个中国北方地区，仅记载了"真定府产瓷器"。

元代及其以后井陉窑进入衰退期，多数窑场停烧，产品质量、数量显著下降，除部分保持了前代的装饰手法外，元代的新变化是多见题款瓷，以褐彩题写定烧者的姓氏与坯件的器里心，再挂透明釉装饰。明代，今矿区冯家沟窑场独盛，所在称作瓮窑沟，长达1公里以上。沟之两岸密集窑场，所出黑褐釉坛、瓶、缸、罐、瓮类，釉色纯净，光亮如漆，造型丰富，制作精良，文献所载"真定府产瓷器，缸坛之属也，明时充贡出井陉"当即指此。南横口窑址则发现了清代的青花制品，因受胎质影响及青花晕染，釉面整体显得灰暗，花纹朴拙，有强烈的地方特色。

井瓷的装饰

井瓷的装饰既有诸窑的通技，又有自身的独创，从而形成了自己的鲜明特色。通技者首推井瓷印花。见之实物，唐代这里即有精美的印花产品，绝非是宋代以后才从定窑移植而来。宋代井、定两窑的印花互有交流，金代印花井瓷大盛。1995年河东坡窑址1处窑藏出土完整精美的印花模子12件，图案各异，其中花卉类与定窑以牡丹纹为主题不同的是，这里以莲花纹为主题，更为定窑所不见的蜀锦心仰莲碟模、荔枝心重瓣莲碟模、以仰莲瓣为造型间花璎珞挂饰纹大碗模等亦均属首见之作。上述还仅是其中一个窑主之物，调查发掘中更见井瓷金代印花题材琳琅满目，可分花卉、鳞介、禽鸟、飞龙、人物、化生、童戏等达三四十种，如鲵戏图、池上仙人图、宫女执羣图、海鳍扑鱼图等亦皆他窑所未有，可以认为井瓷印花既集大成，又常出新，拥有不少独创的佳作。其他划花与篦划花、刻花、贴塑、雕镂、绘花、剔花等技法皆具。发掘所见的白地青剔花瓷枕片，有集中的出土，虽在技法上与磁、定无别，但有别于白地黑剔，白地褐剔与白地青剔花图案富丽生动，釉色温润如玉，表现出与定、磁迥然不同的高雅格调。又如发掘所见出于绘花技法的金彩莲花白瓷盘，可谓"金花井器"，芒口中涂金的白瓷盏、杯出土时仍金光熠熠，比照定瓷的金扣、银扣不仅既达到了弥补口沿露胎的缺欠，且制作便捷、自然耐看，可称之为"描金井瓷"。

属于井瓷独创的装饰技法是点彩系列装饰。其一为点彩，仅就目前所见，在井陉窑出现的时间要早于邢、定、磁诸窑。以出土于北陉晚唐墓中的点彩莲花乳钉座白瓷大罐最具代表性。此器的装饰图案主题是以褐彩点饰成团花、穗束等对称匀布于罐体周身的釉间（点饰在化妆土上，再罩以透明釉），托座的仰莲瓣上点饰花头，其下的喇叭口高足有三周乳钉，钉头点饰褐彩。明快、华美、大方、亮丽，其多层次雄阔强烈的立体艺术效果与南方同时代的长沙窑、巩县窑朴拙的褐绿点绘区别显著。井瓷的点彩装饰延续于宋、金、元，影响到邢、定、磁及晋、豫等大片窑场。宋代之后，井瓷在单纯的点彩技法的基础上又见创新和发展。

其二为戳印点彩。2000年出土于河东坡窑址的1枚戳模确证了这一此前未被古陶瓷界认识的一种装饰技法。发现的戳模外表呈黄白色，瓷土质，经高温烧制而成。其高不过六七厘米，直径仅有三四厘米，顶端浑圆，印面平雕独朵旋子花。操作者持之在半干的坯件底心按印，然后再以毛笔饱蘸浓浓的釉浆点填印

痕，从而保证了碗（及盘、盆等）心点彩花形周正、规格、比例正确，既提高了工效，更使釉汁显得饱满凸突，产生强烈的立体花饰效果。

其三为戳印划花填彩。在井陉窑的发掘中出土了不少鹿纹枕片，样式众多，有立鹿、卧鹿、奔鹿、对鹿等不同，除衬以简单划绘的花卉、草木外，还配以戳印的团花、忍冬、花枝等辅图和边饰，有的亦戳印珍珠地边纹为衬托。这些戳印划花图案都填涂釉土，烧成后大多呈褐彩少量呈黑彩，成为井瓷装饰的一大特色。用此类技法创作的图案表现在枕面上的除鹿纹外，所见还有散花、折枝、花条、团花、鸭鹅、鸳鸯、猫蝶、奔牛、童乐、宫女执翠、乐人击钹等达二三十种，内容十分丰富，从而使得井陉窑的戳划成为同磁州窑的黑绘、定窑的划刻截然不同、个性鲜明、鼎足而立的一大特色。

井陉窑双覆盖的存在方式使得考古发掘选点布方不能像定窑、邢窑、磁州窑那样具有可大面积作业的高度选择性。虽经几次配合基建进行抢救工作，但井陉窑业的纵向历史沿革还有阶段式的缺环，盛世的横向内涵亦不能称已尽其善。随着后续考古工作的展开，势必会有包括窑点在内的新发现不断产生，使之不断得到补充。这既是笔者的预言，也是关注者翘首以待的期望。唯此，不能不言及的是，近年来由于市场的开放，基建高潮的兴起，特别是打着开发的旗号，公然违背文物保护法的规定，不经文物部门的审批擅自选择在窑址的保护范围内动土，而使窑址惨遭破坏的事件时有发生。例如，井陉窑在已公布为国保的情况下，有的仍成片被推平，有的在同一地方破坏、制止、再破坏、再制止、再破坏，屡禁而不止……如何真正有效保护井陉窑址，这是当前亟待研究解决的问题。

（原载《石家庄日报》2005 年 3 月 30 日第 11 版"文化遗存"整版）

168

图 2—6—1　褐彩菱花黑釉盏

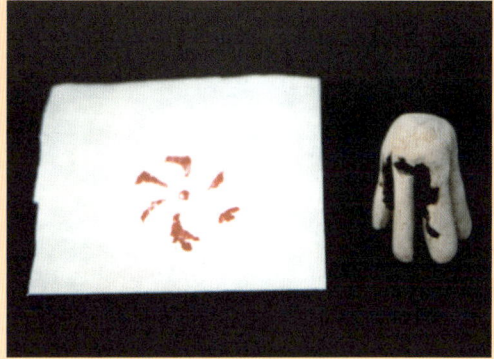

图 2—6—2　金代点彩戳模

图 2—6—3　金代戳印折枝花叶纹瓷枕

图 2—6—4　井陉窑金代作坊遗址

图 2—6—5　井陉窑城
关窑址及天长古城外貌

图 2—6—6　唐代瓷塑吹奏俑

图 2—6—8　晚唐镂孔花口盏托

图 2—6—7　晚唐堆塑仰莲饰塔式罐

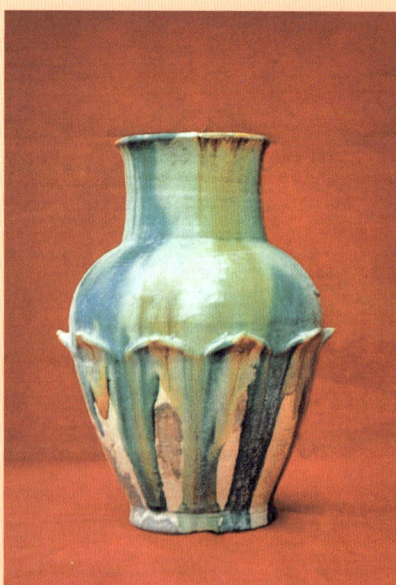

图 2—6—9　晚唐三彩堆塑仰莲饰塔式罐

七、河北宋、金墓壁画及柿庄壁画墓的时代

北宋，自河北中部的唐县、满城、徐水、容城、雄县、霸县至津南，东西大体呈直线划定了宋辽北界。界线以北，当时是"北国"的辖地，隶属于辽。今所谓"河北宋墓"即指这条边线以南河北省域北宋时期（960—1127）的墓葬。南宋时期，金朝（1127—1234）领有河北省全境，河北金墓的分布因而无上述的区界分划。

（一）宋墓壁画

河北宋代壁画墓，迄今见于报道的仅有石家庄市柏林庄宋墓[1]、武邑龙店宋墓[2]、绍圣二年武安西土山宋墓[3]、邢台县董家沟墓群[4]、政和二年井陉一矿宋墓[5]、政和七年曲阳南平罗宋墓[6]、平山西石桥1号墓[7]、宣和二年涉县下温村宋墓[8]等，均属中小型仿木构单室砖墓。虽然发现的数量不多，但因覆盖面广，已显示了这类仿木构砖室壁画墓在河北已呈流行之态。从墓室形制来看，平面大多为圆形，也有个别六边形的；从装饰方面看，多是采用雕嵌与绘画相结合的方式；设计也比较一致：绝大多数都增饰砖雕斗拱门楼，墓室内周壁对称砌造砖柱将之分成4—8份，柱间上部连以栏额，柱顶砌出普柏枋，枋上雕砌斗拱、檐椽瓦垄。值得注意的是，从已发表的材料看，柱头斗拱之间均未做出补间铺作。壁画均绘于墓室内，主要内容绘制与雕嵌在栏额以下的柱间壁面，但在布局上可分为两种形式。

1. 整壁式

如柱头斗拱均为单抄四铺作的龙店 3 墓。排列在中间的 M2 有墨书"庆历二年（1042）正月十六日"题记，这是目前河北发现的纪年最早的宋代壁画墓。圆形墓室被 4 倚柱分成 4 壁。北壁砖雕山花向前的门楼，门柱两侧各用墨线勾绘一面向门楼侍立的人物；东壁雕嵌一桌两交椅，椅后各绘一侍者，桌上绘出注壶、酒杯、盛满石榴的果盘；西壁雕砌衣架、衣柜，衣架两侧墨绘花卉，上方墨绘一妇人对镜梳妆，下方墨绘剪刀、熨斗各一把；南壁券门西侧雕绘门楼，券门东侧墓壁倒塌，图案不明，参照与此墓南北紧邻的 M1、M3，推断应绘有灯檠。龙店 M1、M3 壁画与 M2 大体相同，只是处于最北部的 M3 南壁券门两侧还绘出肩扛骨朵的门卫。可惜皆因剥落，这些人物的服饰、面容都难以分辨，但壁画以表现墓主人的宅第和宴饮为主题却是很明确的。

政和七年（1117）南平罗墓，圆形墓室采用六柱六分法处理，柱头雕绘单抄影作重拱、四铺作斗拱。壁画布局方式与表达的主题同于龙店墓，不同点是：北壁假门楼两侧各添加了破子棂窗；除西南壁雕绘假门，又在东北壁增添假门；穹窿顶彩绘日月星辰。此墓壁画较龙店墓简单，没有人物出现，但在表现墓主的宅第方面趋向繁复。

2. 上、下两分式

绍圣二年（1095）西土山墓壁画布局的格式与上不同，原报告称："圆形墓室内柱头双抄五铺作斗拱，斗拱以下有墨线勾出的长格，中绘壁画，内容可能为孝行图。其上人物或男或女，或老或少，面部都有深刻的表情，一个个很有个性，线条流畅，技法纯熟。壁画以下，正面为一假门，其两侧为砖雕桌椅、磨、剪刀、灯架之类。"据此，这座墓的雕绘分成上、下两层，下层的主题完全同于前两例，上层壁画内容则与河南、山西南部宋墓壁画中的二十四孝图相类似，遗憾的是由于没有公布图片，墓室也未作保留，今已无法见其形象。

就现有资料看，河北宋墓壁画的布局、内容基本上不出上举三例的范围，体现了以表示墓主宅第、宴饮为主题的固定模式，壁画内容和设色均较简单，非但不能和中原同期墓葬壁画媲美，也和同省北部中小型辽墓壁画的内容丰富、色彩绚丽相去甚远。但是，这些资料提供的信息，却有着不可忽视的价值。宋代以前的河北古墓壁画，都发现于贵族阶层的大中型墓葬，平民的小型墓葬，壁画极其罕见。北宋阶段河北各地出现小型壁画墓，在这一变化中特别应引起注意的是，壁画设计形式较"保留更多胜朝遗风"的河北辽墓转变的更为突出，将唐五代盛

行的屏风式设计，完全改为门窗、桌椅、剪刀、熨斗的基本组合。这种变革不仅见于河北，也普见于淮河流域以北的广大宋辖区，不只是小型墓，亦见于大中型墓，甚至最高等级的帝后地宫，也是如此[9]。充分说明产生这种变化的主要原因，不仅是出自某一地区自身相沿的丧葬风习，也不是单纯接受相邻地区的影响所致，而应是宋初朝廷明令改定丧葬制度的产物[10]。推行的结果，约定俗成，使得小型壁画墓在一个历史阶段内普遍出现。上述河北宋墓壁画因此在较短的时间内即形成了主题统一、雕绘结合的特点。然而，雕饰简单、画作内容并不丰富，强烈地带有格式化的特征，给人们留下了千篇一律的感觉。所以说，在我国宋辽金元阶段的墓葬壁画方面，北宋时期的河北尚处于宋制墓葬壁画的发展期。考古发现表明，此类小型壁画墓的鼎盛期在河北的出现已到金代。

（二）金墓壁画

1. 河北金代壁画墓的发现

河北金代壁画墓在承德、张家口、保定、石家庄、邢台、邯郸等地都有发现，然而见于报道的为数不多。但是，需要特别指出的是，与宋代皆为中小型壁画墓的发现不同，发现了金代高等级的大型壁画墓。一是新城县北场村皇统三年（1143）钜鹿郡王时立爱墓。这座四室砖墓，由于塌毁，清理时仅在"墓壁下发现脱落的彩色壁画残块"[11]，内容不得而知。另一是兴隆县梓木林子天德二年（1150）契丹贵裔越国王萧仲恭墓，"斗拱全部彩绘，四壁用石灰抹平，上面画各种人物、桌椅、执壶、托盏和花卉"[12]。由于壁画资料未见公布，现在也只能推测这座大型契丹人金墓壁画也有"开芳宴"一类的内容。与宋代小型壁画墓皆为砖室墓不同，发现的金代小型壁画墓还有石椁墓，即是与时立爱同年葬于同一墓地的其子礼宾副使时丰墓[13]。再有，同样是小型砖室壁画墓，与宋相比，金代的鼎盛期表现在：墓室形制多样，即便在同一处墓地，亦可见到圆形、六边形、四边形、八边形俱全；装饰形式不拘一格，同是在一墓地雕砖配绘画、纯绘画、纯雕塑皆有；题材与内容突破了墓主人家居生活与生产活动两种类型，几乎涉及了社会生活的各个方面，且具有鲜明、真实、生动的地方特色，比较完备地反映了我国十二三世纪的丧葬意识和民间社会风情。

限于大中型壁画墓资料还有待于新的考古发现，这里介绍的只是小型金墓的壁画，所用16座墓葬材料，除新城时丰墓外，15座是井陉金墓。其中唐家垴

M1 为笔者 1998 年发掘，资料尚未发表；另 14 座，发掘于 1960 年，有唐云明先生撰写的《河北井陉柿庄宋墓发掘报告》公布在《考古学报》1962 年第 2 期上。为简便起见，凡所涉及这 14 座墓的资料，读者可查阅原报告，这里均不再一一注出。

2. 题材、内容分类

除了前述区别，河北壁画金墓在墓室形制上，壁饰的基本主题方面都与河北壁画宋墓一脉相承，又吸收了河北辽墓，山西、河南宋墓的一些内容，同时为应和当地葬俗传统和丧家的不同要求，结合对当地景物的观察，画匠集中于一地绘制了题材多样、内容丰富的墓葬壁画。因布局方面所见皆采用了前述整壁式处理，无须分述外，这里仅就已知壁画的丰富题材与内容，初步将之分作如下10 类。

（1）宅第、婢仆

"宅第"的表现是宋墓装饰的基本内容。"金承宋制"，成为壁画金墓的固定主题，不仅砖室墓如此，见于时丰之石椁墓亦不例外：前挡（壁）绘出板门及左右门吏，象征府第之门；后堵（壁）整幅绘制围有画屏的床榻、枕衾及置于床上的剪刀与熨斗，寓示内室；左右帮（壁）绘出走向内室的捧物侍女和持笏而立的属吏，显然意在表示厅堂。在砖室墓中，墓门一律砌做仿木门楼式，到后期如柿M4、柿 M5 还将之升格为双层楼阁式，以示豪华。室内除北壁固定设置假门窗外，随着多面墓壁的增加，门窗亦相应增加，如八壁的柿 M4，六壁的北（孤台）M2，均以 4 整壁设置假门窗、廊厦、厅轩，以突出墓主的重重院落，幢幢豪宅。与之相配的多绘有"妇人启门""妇女捧物出入门"，后期竟增加到群婢侍主人出门。相应在表现墓主盥洗、宴乐、读经、出行等一切活动方面，也都配绘婢仆侍奉。

（2）宴饮、伎乐

在砖室墓壁画中，宴饮的内容无墓无之，成为表现墓主人家居生活的代表性象征，与宅第合组为共同的基本主题。此项多为一桌二椅，彩绘墓主人夫妇对坐饮酌，身旁婢仆侍应，桌上杯、盘、瓶、壶及果品杂陈。个别也有连桌椅一并绘画的（如北 M4），或者全部雕塑着彩的（如柿 M4）。同时，也有并不实绘出墓主人的（如唐 M1、北 M4 等），有的报道称之作"备宴"。此项表现形式不一，但象征墓主人餐饮所用的桌椅必备而无缺。饮宴图以柿 M2 保存得最好、最精美，此幅的特殊性还在于除桌两侧对坐的男女墓主人外，桌的正面还绘有一个盛

妆貌美的妇人与宴，此人在同墓的"供养图"中是接受供养，身有背光的"仙人"。因此，有"仙人"与墓主人同席对饮，显示了墓主人不凡的境遇和品位。

伎乐仅见于柿 M6 一例，绘制在墓室西壁南侧。乐部由大鼓、腰鼓、笙篥、横吹、拍板等 6 人合成，舞部列前为一童优，形式与宣化辽墓、白沙宋墓壁画中的散乐相类，只是服饰、发饰或因时代有别而有所不同，更具特色的是，此图将坐在桌旁欣赏伎乐的墓主人与奉侍的婢仆同伎乐完整地组合为一幅，使之立意更加直观、明确。因此，应定名为"赏乐图"。

（3）耕获、放牧

金墓壁画中对农牧业生产亦有生动的专幅表现。"耕获图"绘于柿 M2 东壁南侧的枋上。画面的南半部为谷地，谷地南端绘一头系皂巾，裤脚挽至膝上的老者正在俯身收割谷禾。谷地北端，一光头短衣赤腿青年与老者相向执镰收割。画面的北半部即青年身后，一头黄牛正在伸颈蹬腿奋力拉耧播种。此幅构图简捷，线条粗犷劲健，寥寥数笔就将秋收、秋种的场景做了极其生动、传神的表达。

柿 M6 墓室南壁券门两侧各绘一幅"牧羊图""放牧图"。

"牧羊图"绘于券门的东侧。画面东端一个扎白巾、身着圆领蓝衫的执鞭小羊倌，正在以手势指使奔跑在羊群侧后的黑犬驱赶着羊群向西走下绿草、树木的山坡。"放牧图"绘于券门的西侧。画面西端一个头扎皂巾、身着交领窄袖蓝衫的牧童扬鞭尾随着马、牛、驴组成的畜群朝东走向青草、芦苇的河边。这两幅作品无论从构图到用笔写景状物皆尽天然情趣，应是金墓壁画中的精妙之作。

（4）备装、备行

本文涉及的金墓壁画中，除唐 M1 外，剪刀、熨斗的雕绘是各墓通有的内容。这两件工具同样见于宋墓。或是借以寓示女性墓主人的存在，同时也直接地代表了用来"备装"的女工。这一点，通过柿 M4 西北壁表示的比较清楚：该壁画正中红柜上放有一盘多铸腰带，内置一双高勒乌靴，其上倒悬一项黑色展脚幞头。与这一身装束相邻的左侧雕有剪刀、熨斗，二者表明工具与成品的连带关系。以此而论，剪刀、熨斗的刻画、示意为墓主人制备衣装。这种认识，同样在柿 M6 壁画"捣练图"中得到印证：画面南端一男子担水北行，北侧一妇人正开柜取物，柜上蹲一黑猫。柜北另一妇人箕踞于石砧旁捣衣、晒衣。画面的中部绘有两妇人相对拉紧白练，中间一持熨斗的妇人正在熨练。这幅公认为河北宋金墓壁画中最精美、较之唐张萱《捣练图》"具有新的艺术生命力"[14]的佳作，对熨练与捣衣的细致描绘，正是在为墓主人制衣、备装。

备行的内容亦有具体的表现。见于唐 M1，在东壁北部有"备轿图"，砖雕一轿，前后轿杆旁各墨绘一轿夫。在南壁券门东侧则雕绘"备车图"，画面下部砖雕一平顶篷车，车辕向西（墓门），辕旁绘有三妇人，装束相同，应属仆妇。车以上画面绘一双峰红驼和两头黄牛，显为用以驾车的畜力。券门的西侧绘有"备马图"，画面有白马一匹，黄牛一头。马的上方绘一木架，架杆上搭着一具鞍鞯。马后一个裹黑巾、着皂衣的马夫正执鞭向外赶马。作为陆路交通工具的轿、车、驼、马、牛在此墓壁画中一应俱全，显见为墓主人备行，是得到特别突出表现的内容。

（5）资产、财货

表现墓主广有资产、财货，这是又一类较多的内容。前述田宅、畜群、车马甚至婢仆都是墓主人的资产。那些没绘"耕获图""牧放图"的墓室，利用补白的形式在窗下或画卧马、或画羊群，应即拥有马厩和羊圈的表示。放置细软的箱柜普遍出现在较为突出的位置。此外，柿 M3 东南壁绘出了"粮仓图"；柿 M5 西北壁绘出了"金盆银锭图"等，都是意在表现墓主人拥有的丰厚资产和财货。

（6）山水、风光

山水风景也是金墓壁画包含的一项内容。表现形式分为两种。一种是装饰性的山水屏风画。如唐 M1 西壁桌椅后作为背景绘制一高大立屏，屏心绘饰山水。即画屏的右下角近景花草岸边拳石旁一株蟠曲向水的大树。左上部为低平连绵的远山似隐似现。水天之间双雁展翅西北。尺幅天地意境浩渺，是深得平远之髓的佳作。另一种则是对墓主人宅居环境写实性的描绘。见于北 M4，北壁中间影作假门，两侧及东西壁的北部三面相连，绘有四幅整壁的"秋雁图"，其内容表现的是河边芦苇树木、河里大雁戏水、天上有雁飞临。这种三面临水的布图与墓地北孤台三面环绕河水的自然景观十分吻合，联系墓顶所绘"云鹤图"，反映了墓主依恋乡土、追求自然的独特旨趣。

（7）崇孝、备经

唐 M1 葬具用棺，棺板朽散，经浸泡和扰乱两侧棺帮上原有的画面大多脱失。经拼对可知分上、下两栏横向排列，每面十二幅工笔彩绘在棺帮外壁上。每幅的右上角各有题名，能看清的尚有"虞舜""蔡顺"等，确认木棺棺帮上满绘二十四孝图。证实提倡孝行的题材金代仍延续作饰墓的内容，不过由壁上移置到了棺面。

柿 M4 东壁一组雕塑，原报告称："正中砌土红色三足灯擎，上置灯盏。两侧各砌一短案。左案上放绢六卷，右案上二卷展开，上有墨书草字（字体草率、模糊不清）。右案左侧立一人……叉手而立。"右案展开的卷面上有字迹，可知两

案上摆放的不是单纯的绢料，而是"文卷"。柿庄东南距名刹苍岩山福庆寺仅9公里，金代是该寺的鼎盛期之一，当时该地深受佛教影响自不成问题，再看叉手立俑的仪态恭谨之状，推断卷子应为佛经之类。如是，柿 M4 东壁这组雕塑，表达的是恭候墓主人诵经的场面，因而应名做"备经图"。

（8）供养、升仙

死后升仙的愿望，在这里的金墓壁画中不乏实例。柿 M2 东壁南侧绘一身绕背光的盛装妇人，端坐于摆放着供养钱的桌几之后。随侍的三个妇人，两个擎举长翣侍立于左后，一个手捧方袱恭立于右。因该妇人又出现在墓主人饮宴图中，报告称此图为"墓主人供养图"。在饮宴图中与墓主人对坐的另有女性墓主人，此妇受墓主供养，身有背光，应有菩萨或仙人一类的品位。

相近的例子还见于唐 M1 的北壁。正中所绘假门洞开，门内端坐一人，胸部以上已被凿毁。由所居位置和所着宽袖白袍、白裤来看应是男性墓主人。门的两侧壁面各绘一身着广袖交领长袍、项佩璎珞、肩垂披帛、腰系鞊鞢、手执长幡的辫发仙女，接引墓主人升仙，因此名之为"接引升仙图"。

（9）守卫、镇墓

河北金墓壁画中除职司守卫的门吏、家丁外。还发现有镇墓的门神、四神和魁头。

时丰石椁南壁假门两侧侍立的戴幞头穿圆领紫袍手执骨朵者是门吏；柿 M3 券门两侧及北壁假门两侧所绘执骨朵者是家丁，其身份属于低于墓主人的部下和仆从。柿 M2 南壁券门两侧所绘身披盔甲、手执刀斧、状貌威猛、身绕裂焰的"武将"，是镇墓的门神。同于此种性质的发现还见于北 M2、唐 M1。二者周壁均绘有四神。如唐 M1 表象为执剑武士装束，同柿 M2 门神相比无环身烈焰，身旁却加绘出龙（东南）、虎（西南）、朱雀（东北）、玄武（西北）的原形。柿 M3 墓门内外券顶、柿 M5 东南、西南栱眼壁所绘"兽头"，前者张口显露着满嘴巨齿，后者形似熊头，均是啖鬼驱邪的魁头，意者同样起着镇墓的作用。

（10）天象、鸡犬

天象图继续存在。柿 M6、柿 M2、唐 M1 等均有发现。依然将顶壁涂成青灰色，用白粉点缀星斗，在东西两侧画出日、月。星斗散布无序，完全是象征性的示意。见于唐 M1，在东壁南侧下方彩绘一大公鸡，相对的西壁南侧下方绘一黄犬，这应是和天象图相配的司晨、守夜的一种饰墓构图形式。如此，满足了丧主在另一世界给予墓主人营造出一个完整天地的意愿。

（三）相关问题

1. 柿庄壁画墓的年代

墓葬的年代是确定其壁画年代的直接依据。河北发现的宋金壁画墓，利用纪年可分为宋代中期（龙店墓）、晚期（西土山墓、南平罗墓）、金代前期（新城墓）三个不同阶段。唐 M1 无纪年，依据随葬品中的钱币，特别是井陉窑瓷器，可确定为金代中期，壁画最丰富、精彩的柿庄墓群因无纪年，故至今论者仍将墓的时代大约定为"宋金"或"金元"不一。笔者赞同报告提出的柿 M1—M9 为一家之墓，北早南晚的分析。9 墓除位于最北部的 M6、M8 没出随葬品外，余 7 墓均出土了瓷器，经比对，皆可断定为井陉窑的产品，时代全部为金，这是确定无疑的。这样，该墓群中最晚的 M5 下限不越出金末。因此，柿庄已发掘的墓葬，年代下限完全可以将"元"排除。

处于最北部亦即这一墓群时代最早的 M6，论者多以它的仿木构单杪单栱四铺作，有影作替木的斗栱特征将其年代推定为宋。但是，同样单杪四铺作有影作替木的斗栱形式，还见之于同墓群最晚的 M5。因此，考定仿木构砖室墓的年代，不能单从某一方面的相似、相同而遽然论定。其一，据现存的资料，比较柿 M6 的时代风格可以发现，它更接近于唐 M1。例如，河北迄今发现的宋代仿木构砖室墓均无补间铺作，即便报告用以对照的井陉矿区宋政和二年壁画墓亦无补间铺作，柿 M6 无论墓门还是墓室内的装饰均雕绘出补间铺作。其二，报告亦称柿 M6 斗栱上的彩绘装饰与井陉矿区政和墓不同。现在可知柿 M6 墓门、墓室的仿木槏额上"涂白地、上画红圆圈纹""齐心斗上画柿蒂、华栱正面朱绘四半方胜；栱眼壁用黑、红、黄、绿画番莲、卷草；撩檐槫（枋）画黄地深赭色木理纹、檐椽勾红边"等一套时兴式样则皆类同于唐 M1，甚至其中的某些特点也见于最晚的柿 M5。因此，柿 M6 的装饰风格实际更类同于金墓。其三，壁画内容之丰富、生动，柿 M6 完全可与柿 M2、唐 M1 等金墓相类比，而与河北已发现的宋墓壁画的构图简单、色彩单调、内容程式化突出的时代特点方面显然有别。其四，在排列关系上，柿 M6 与 M8 同处一排，同处于第二排的 M1、M2、M9 的距离，比之同墓群二、三排墓间距离等同，可知 M6 与紧邻的 M2、M9 时间上亦不会超过一代之差。其五，柿 M2 以及与之同排的 M1、M9 所出器物的时代特征不早于唐 M1，亦即柿 M2 及同排的 M1、M9 的时代不可能早于金代中期。由此五点，可以推知柿 M6、M8 的年代与柿 M2 的不会相差太多，上限不宜推定在相

隔一个朝代的北宋晚期，下限亦不会晚于金代中期。因而，笔者将柿 M6 的年代推定在金代的前中期。

在柿 M1—M9 之外，处于柿庄村西的 M10 以及柿庄墓群以南 1.5 公里的北孤台四墓，经比对，同意原报告提出的其年代相当于柿庄二、三排墓的认识。综上，笔者认为，将井陉柿庄壁画墓群的年代明确为金代更为符合实际。

2. 壁画墓的平民化是值得注意的葬俗现象

上述河北宋金墓壁画，无论是尺幅、气势，还是艺术水平，自然是无法和同一区域内所发现的湾漳北齐大墓、曲阳五代王处直墓等壁画相提并论。但是，这并不表明宋、金墓画作的艺术水平就一定大大低于前朝的同类。特别就河北金墓壁画内容的丰富多彩来看，更不能一言以蔽之：宋金阶段墓葬壁画是中国墓葬壁画的"衰落期"。须知，目前所反映的这种纵向落差，是大墓与小墓经济实力悬殊、贵族与平民等级差距巨大、官家画师与民间画匠艺术水平高下分明所致。相反，通过在此阶段不仅汉族墓流行壁画，契丹、女真等少数民族墓葬亦不乏壁画墓的发现，有的还十分精美，以此来推测，日后如能开启宋陵、金陵梓宫，有很大可能会发现特色鲜明、艺术水平较前代毫不逊色甚至更为精美的大幅宋、金墓壁画。此则有鉴于将来。

目前，仅就这些小型墓葬壁画而言，笔者姑且称之为壁画墓的平民化。它们之所以广泛地产生与流行，除前述原因之外，还反映着有其更深层次的社会变革，诸如政治、经济、文化等变革的深刻背景，需要对之进行深入地探究。这一葬制、葬俗方面前无古人，后少来者的变化表象，首先，需要从考古学上加以解释。如若没有这些具体的壁画素材，对于这一历史现象的研究显然是无从谈起的。

其次，还应特别注意的是，河北小型宋金墓葬壁画所具有的一个突出特点，即是对墓主人社会角色的折射。如新城时丰墓壁画中，凡男性，即门吏亦着官服；凡女性，即婢侍亦作淑女。见者勿需阅读墓志，便知墓主人身居官宦。而柿庄墓著名的"牧放图""捣练图""耕获图""芦雁图"等均无不带有浓郁的乡土气息，观之，使人自然想起居住深山、安享宁静田园乐境的山村"土财主"；同是深山区的唐 M1，则突出而又全面、细致地描绘了车、轿、驼、马等交通工具，联系该墓所距京秦官道路旁的位置，使人自然可以推测到墓主当是常常往来于冀晋之间的行商富贾。如此种种都是研究我国墓葬壁画史，特别是宋金小型墓葬壁画内容特色的绝好材料。

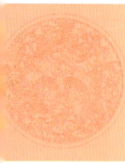

最后，这些宋金平民墓壁画的其他方面的研究价值亦不能忽略。其地域性的装饰特征与民间美术工艺特色的研究价值自不必说，就宋、金间近似而又存差异的发型、服饰特征、饮食器皿形制的细微变化等，往往也都会得到细致的刻画，如能留意观察，常常出会使人收到踏破铁鞋无觅处的意外收获。

3. 补记：关于河北平山两岔壁画墓群的年代

本文 2000 年 6 月成稿。此后读到当年《考古》第 9 期刊出的《河北平山两岔宋墓》报告。这是一处由 7 座小型墓葬组成的壁画墓群，未发现纪年标志。经与本文提及的诸墓比较，认为报告对于墓群年代的推定，尚有应该商榷之处，故作补记，缀于篇后，一并予以讨论。

（1）两岔墓群具有墓室形制多样化的特点

两岔的 7 座墓，平面形制分有六角、八角、圆形 3 种，具有多样化的特点。反观河北已发现的多处宋墓，除极个别地点发现为单一的六角形砖室外，一般大多只作单一的圆形砖室。与两岔多样化相同的壁画墓群，目前为止仅发现 1 处，即柿庄墓群（四、六、八角及圆形皆备），而柿庄墓群的年代已订正为金。

（2）两岔墓具有墓室全装饰的特点

两岔砖室墓 6 座，可惜大多残毁过甚，仅有 M2 较为完整。此墓平面八角形，不仅周壁布置了雕绘结合的装饰，且倚柱、斗拱、额枋、栱眼、檐椽乃至墓顶、墓门楼等处均作了彩绘，具有全装饰的特点。这种情况，虽也见于北宋晚期的白沙宋墓，但在河北，迄今发现却无一例相同。已发现的河北宋墓装饰均较简约，且多程式化做法，留有不少空白，与两岔墓装饰的繁杂相比，风格显异。需要指出的是这种差异，并非是等级差别造成的。两岔 M2 墓室直径 2.8 米，最大的 M1 直径也不过 3.26 米，其余则都小于 M2，均属单室小墓。随葬品亦不丰富，可见墓主社会经济地位也无超过其他宋墓墓主之处。因此，这种差异的存在，据现有资料来看，应视作时间的发展变化所致。在河北金代壁画墓中，这种墓室完全装饰的做法则是屡见不鲜。

（3）两岔墓壁画人物服饰与金墓相同

在两岔墓保留下来的壁画中，只 M1 西南壁存有侍女 1 人。报告描述其"梳双垂髻，上身穿对襟襦袄，下身穿多褶裙"，并称"河北柿庄 M6'捣练图'中人物所穿多褶裙与 M1 者相似，所以 M1 人物服饰具有宋代特点"。由发表的图本来看，M1 侍女所着短襦长度仅及胯上，这与保留较多宋代遗风的柿 M6 妇人襦长及膝的情形是很不同的。同样的短襦，同样的多褶裙，见于晚于柿 M6 的柿

M4 侍女俑。柿 M4 的年代已届金代后期。

(4) 两岔墓出土瓷器，具有井陉窑金代产品特征

两岔墓出土完整瓷器 11 件，因作补记，笔者对之做了直接的观察，认为极具井陉窑金代产品的特征。如相对时间最早的 M1 所出敞口重唇碗："斜直壁略弧，矮圈足，内底（碗心）砂圈。外釉不及底，施白色化妆土，釉色泛灰黄"[15]，这与井陉窑金代窑场所出的大宗普通粗瓷碗的特征毫无二致。又如瓷枕："呈银锭形，两端上翘，中间下凹。平底略小于枕面。施白色化妆土，釉色泛灰黄。枕面双细线方框内戳印团花七行半，侧壁和前壁分别模印水纹和花纹，不清晰"[16]，戳印划花填褐彩瓷枕正是井陉窑金代特产。平山与井陉相邻，金代正是井陉窑盛期。已经发现，井陉窑金代窑场有的已扩布到临近平山县的地带。平山宋金墓中见井瓷是十分正常的现象。

(5) 墓葬年代的推定，应做综合分析

据报告，两岔墓群中所获铜钱最晚出者为"元祐通宝"；M2 所出铜镜为双凤纹亚字形宋式；另在彩绘装饰图案中用三瓣一组的莲花装饰倚柱，"在熙宁二年的山西临猗双塔寺西塔地宫内可见同例"。然而铜镜可以传世，铜钱也只能断其上限，何况又属于散失后重新收回。倚柱此种装饰，即报告亦举出柿庄墓群中年代最晚的柿 M5 作为同例。因此，这些对于准确断代，不足资凭，在仿木构特征方面，M1 之把头绞项作，M2 之双杪五铺作为宋金通式，却已全无替木，且由保存较完整的 M2 看墓门楼，结构繁缛，装饰华丽，其样式以及门脊所用鸱尾与葫芦形饰件形状等又都同于金代的柿 M1。至于"M2 假门方形门簪面部浮雕四瓣蒂形与白沙 1 号宋墓门簪相同"等，但同样做法仍见于金代的唐 M1、柿 M4 等。因而上述种种皆不能仅据某些特征出现的上限，作为通则来划定墓葬年代。对于河北地区的宋墓，则更应考虑其时临近边界的特殊区位条件。

报告编者亦认识到两岔墓群"下限不排除入金的可能"，但最终还是将之排定在"当是北宋晚期的一处家族墓地"，定为"宋"墓，则有失确当了。经过上述分析，我们认为两岔壁画墓群的年代无疑应确认为金。

注释：

[1] 河北省文物工作队：《石家庄市柏林庄宋墓清理简报》，《考古通讯》1957 年第 5 期。

[2] 吴东风：《河北武邑龙店宋墓发掘报告》，《河北省考古文集》，东方出版社 1998 年版。

[3] 罗平：《武安西土山发现宋绍圣二年壁画墓》，《文物》1963 年第 10 期。

[4] 邢台地区文化局：《邢台地区文物普查资料》，内部刊印，1977 年。

[5] 河北省文物工作队：《石家庄地区文物调查报告》，油印本，1959 年。

[6] 张金茹：《河北曲阳南平罗北宋政和七年墓清理简报》，《文物》1988 年第 11 期。

[7] 河北省文物研究所：《河北平山发现宋墓》，《文物春秋》1989 年第 3 期。

[8] 邯郸地区文化局：《邯郸地区文物普查资料汇编》，内部刊印，1978 年。

[9] 文物编辑委员会：《文物考古工作十年（1979—1989)》，《近十年河南文物考古工作新进展》，第 187 页：（宋太宗李后陵）"墓室直径 7.95 米，周壁用平砖砌筑，隐出 10 根倚柱，将其分作几个壁画，并雕有桌、椅、灯檠、衣架和门窗等装饰。"可证墓室装饰形制与内容的变化，实际上下相同。另参看河南文物研究所：《宋太宗元德李后陵发掘报告》，《华夏考古》1988 年第 3 期。

[10] 参见《宋史》礼二十八《士庶人丧礼》："太平兴国七年，命翰林学士李昉等重定士庶丧葬制度。"

[11] 罗平、郑绍宗：《河北新城县北场村金时立爱和时丰墓发掘报告》，《考古》1962 年第 12 期。

[12] 郑绍宗：《兴隆县梓木林子发现契丹文墓志》，《考古》1973 年第 5 期。

[13] 同注 [11]。

[14] 杨泓：《记柿庄金墓壁画"捣练图"》，《文物天地》1997 年第 6 期。

[15] 河北省文物研究所：《河北平山县两岔宋墓》，《考古》2000 年第 9 期，图 3—11—13,9。

[16] 同注 [15]，图 12。

（本文原载河北省文物研究所编：《河北省考古文集》，

北京燕山出版社 2001 年版）

八、井陉窑：井耸七百载，特色独煌煌

二十世纪八十年代以前，井陉窑一直默默无闻。文献中几乎见不到什么引人注目的记载，也从没有人对它进行过考察，更不知它具体在什么地方，有着怎样的面貌。其实，它的上品有的传世，有的间或出土，幸运者入藏故宫、上博、冀博等高雅殿堂，却被误判为邢窑、定窑、磁州窑，甚或郇邑窑。一般的民品，也多被纳入概念模糊的"土定""定西窑"之列。1989年秋冬之季井陉窑才开始被发现，1993年被公布为省级重点文物保护单位。2000年，古陶瓷大家耿宝昌先生一见之下将之举为"河北的第四大窑"（前已有邢、定、磁）。2001年，井陉窑被升格为第五批全国重点文物保护单位。同期，河北的文物考古工作者对之进行着艰难的抢救发掘。23年过去了，这个曾在中国陶瓷史上长期被遗漏的窑址集群真实的身份，正在突破重重的迷雾与障碍，一点点地被识别出来。

（一）四省窑冶之枢

太行八陉之五的井陉，自古又称四省通衢，井陉窑就分布在它的古道旁、山水间。它近距离受到邢、定的熏陶，同时其产品也可见到鹤壁集、当阳峪、磁州、耀州，甚至钧窑等窑冶的相互影响，形成并丰富了自己的特色，并在冀、晋、陕、豫四省窑冶圈内孕育了风格独具的井陉窑陶瓷文化。

中国封建社会盛世的唐朝，白瓷的代表邢窑，取得了"天下无贵贱通用之"的隆誉，河北耸起了制瓷业的第一座高峰。北宋，天下五大名窑中唯一的白瓷窑口定窑，继承并取代了邢窑，独领白瓷的胜场。东南、东北分别与邢、定二窑只不过百十公里的井陉窑，自然会受到二者的强大影响，甚至遮蔽。然而，由于所处"九省通衢"，古代它与晋、陕、豫、湘都有直达的通道，产品反映出它与平定、盂县、介休、耀州、磁州、鹤壁、当阳峪、钧窑等窑口也都有密切的关系。考古发掘证实，在邢、定极盛之时，井陉窑并没有熄火，更没有因前邢后定而失去自身的特色，隋代时它的烧成技术已完全成熟，唐、五代时它与邢、定同时生产着"官"字款白瓷，成为河朔三镇之一，统治镇、冀、深、赵四州长达160年之久的成德军官窑。按照元朝编写的《金史·地理志》记载，在整个金朝所占据的北半个中国（淮河以北）只有井陉窑（真定府）出产瓷器。处于要塞通衢的井陉窑，成为冀、晋、豫、陕四省窑冶人员来往、产品交流所必经的要枢之窑，故能博采众长，以成特色。

交流从来都是双向的，从上述诸窑身上，也可以或多或少地看到它们移植井陉窑的创造和发明。故就白瓷生产而言，在邢、定两座陶瓷高峰的近旁，长达七百年之久的时空里，都有第三座高峰井陉窑的存在。依照瓷窑以"州"命名的惯例，加上《金史·地理志》关于"真定府产瓷器"的记载，井陉窑理应被称作"真定窑"或"真定府窑"。但是在石邑、鹿泉、平山、东垣这些距真定府更近的卫星城，甚至包括正定县内，至今尚未发现古瓷窑遗址。依据《正定府志》"真定府产瓷器，明时充贡出井陉"的记载，以产地名之为"井陉窑"。

（二）"天赐"的发现

1989年10月，河北省文物局进行全省第三次文物普查的补查，由河北省文物研究所为主的井陉补查队，第一站进驻西南距县城微水镇15公里的天长镇。第二天一大早，笔者就在所住的东关天长影院周边发现了零散分布的金代瓷片和烧窑垫支具碎块。这一"天赐"的发现，揭开了井陉窑再次出世的序幕。

天长镇是旧城关，是陉邑中南部半环绵水最大的一处黄土台地，属于文物富藏区。普查队员们经询问得知，天长影院附近的瓷片是1987年建影院放映大厅开地槽时挖出来的，还没清理干净。经考古队详细地勘察，确认了井陉窑的第一处窑场——东关窑址。

由于窑址完全处于山区，地势的不可选择性，使得窑址废弃后，其上形成了村落、城镇。笔者将这种由土层、建筑双层覆盖的窑（遗）址形态，称之为"双覆盖式"。经历代累积，覆盖层厚，遮蔽严，很少出露，如无一定深度或临界位

置的动土，难以发现。这也是此后的发现没有那么"幸运"的原因之一。

除那次文物补查发现6处外，加上1996年、1997年、1999年和2005年由井陉窑考古队所做的补查，在井陉县中北部及井陉矿区中部的绵水、甘陶河及其支流山间水旁的坡台地带，即井陉煤田的分布区域内，共计发现了城关、河东、东窑岭、梅庄、南秀林、冯家沟、北陉、南陉、南防口、南横口、北横口等11处窑址。由此，前后历时16年，分布达160平方公里的大型井陉窑址集群的本体形态，大致显现出来。

上述期间，井陉窑考古队分别对井陉窑遗址进行了四次抢救性发掘，为搞清其烧制的连续性和创烧时间，2004年至2005年，还进行了一次主动性发掘。这些发掘大多是队员们在挖掘机下奋力抢救出的一批批井陉窑的重要资料。迄今，总发掘面积1664平方米，清理出唐代作坊1处，宋代作坊1处，金代作坊4处，晚唐窑炉2座半，金代窑炉19座（其中晚唐、金代三彩窑炉2座半），此外还两次发掘到隋代的窑冶文化层。获得完整或基本完整的井窑瓷器、作坊具近300件，瓷片达20万片，获取了井陉窑在隋、唐、五代、宋、金、元等六个时代800年间连续烧造的大量沉睡于地下的珍贵信息和特色独具的稀缺标本。为了解井陉窑的内涵、时代、特征、性质、埋藏状况以及保护、研究、开发利用等提供了不可或缺的重要材料和实物依据。

（三）罕见的窑场

据2004—2005年发掘揭露，一个作坊历经隋、唐、五代、宋、金七百年间未移动位置连续生产。金代的生产水平达到了前所未有的高峰。不仅如此，发现作坊与窑炉一一连续对应大规模组合生产的情况，这在全国窑址考古史上都是罕见的。部分地印证了《金史》独记井陉窑的原因。

在对井陉窑的发掘中，有四次发掘到窑炉、五次发掘到作坊。作坊、窑炉如能整合为一体，就取得了一个窑场的基本资料。由井陉窑发掘证明，那时的制瓷窑场同中国近代的手工窑场的结构大体相同，也已经包含了堆料（晒）、粉碎、选料、过滤（澄浆）、陈腐、练泥、配釉、制坯、晾烘坯、妆饰、挂釉、烧成、入库等几十道工序，有着容纳这些工序的场地、屋棚以及各种设备、设施、人力、物力。2004年至2005年，我们发掘天长镇中废弃校舍场地，从地表4.30米以下金代作坊层起，向下为宋代作坊层，再下为唐五代作坊层，再下至7.80米

为隋代窑冶文化层，上下叠压层次分明，遗迹更替先后有序，所包含的器物，形制演化渐进递变……将顺序反置正是形象而具体的井陉窑陶瓷沿革史，足证在这一地点就连续生产了七百年！

2000年在河东小学北发掘的金代苗姓窑场，组合十分科学紧凑，在作坊的东西两侧，是对称放置的窑炉，其窑门均开向作坊，窑前工作坑有坡道通向作坊，作坊的窑具存放、釉料堆存、釉浆配置、拉坯成型等工房，以及烘坯房等皆建在场地中心。组合对称向心十分规整，连接顺序合理便捷。耿宝昌老先生看后当场建议："要盖展示棚，一定要永久保存下去！"

2007年至2008年，我们发掘原县二运公司厂院时，在560平方米的矩形范围内清理出西向、南北纵式连续排列的6座大型窑炉，每座窑炉又各分割成独立的棚房，房内一半是窑炉，一半是随窑拉坯、上釉、堆料等工作场。并且这6个大的窑炉棚房是被包含在一座南北长达50米的外围有厚达0.50米的石块匣钵砌筑的更大房子内，显然它们共属一个大型作坊（图2—8—1），其东40米以外的三阶台地上，同时还发掘出大型烘坯房等，二者中间地带另布列着前述的多道工序设施。根据遗迹、遗物特征和地层关系判定它是金代的一处非比寻常的大型窑场。这种古代作坊与窑炉连续直接对应组合在一起的生产情况，在全国瓷窑考古中也很罕见，在河北更是前所未有过。中国社会科学院考古所研究员徐光冀，中国文化遗产研究院古陶瓷考古研究员刘兰华，北京大学教授、古陶瓷考古学家秦大树等来到井陉窑发掘现场，面对这一场景不由脱口而出："震撼！""要建博物馆保护、展示。"

图2—8—1 金代大型窑场核心工区的连窑工房

（四）从丰富的品类透视井陉窑

对于双覆盖难以主动选择发掘区位的井陉窑址，考古团队为抢救其所做的付出是巨大的。挖掘机下，那些百年难觅的遗存，稍纵即彻底消失。有必要指出的是，这些忠实记录着自隋代至元代长达八百年炉火岁月的井陉瓷片，无论已收集到多大的数量，又是怎样的丰富，也只能是井陉窑丰厚内涵中的一小部分。

隋代的井陉窑出产白瓷及青、黑、褐釉瓷。由于发掘面积过小，收获量微少。所见只碗、杯、盘、豆、钵、罐残片。窑具有三叉支钉、蘑菇状盘柱、泥条垫圈。白瓷胎色有黄白、青灰两种，后者釉下施以白色化妆土，玻璃釉色泛灰。如碗，施釉不到底，内底有三支钉痕。然其器形周正，釉胎结合紧密，呈色稳定，烧制工艺成熟。

唐代，窑址数量大增，后期达到峰值。产品种类显著增加，质量大幅提高。釉色还增加了双色釉（里白外黑、褐）、绿釉、酱釉等。大宗的日用品除碗、盘外，还见盏、托子、碟、花口钵、葫芦瓶、多管瓶、梅瓶、注子、合、罐、盘、水注、香薰、香炉、灯、砚、瓷塑玩具、摆件等。另有具有窑口特色的双鱼穿带瓶、长颈瓶等；捏塑鞍马散乐俑（图2—8—2）、白瓷点彩塔式罐（图2—8—3）等葬器。这阶段发现的井陉窑精细白瓷质量堪比邢瓷的"类银""类雪"，也能达

图2—8—2　唐代鞍马散乐俑

图 2—8—3　五代白瓷点彩塔式罐

图 2—8—4　五代三彩凤头壶

到脱胎程度的白瓷片，较之定窑的"磬声""纸薄"毫不逊色。其"官"字款白瓷，字体褚韵柳风，虽只字寸片，也显示出不凡的身价。

宋代，所获遗物较少，仅见盘、花口钵、罐、执壶、枕等。细白瓷续烧。突出的收获是独家制品"天威军官瓶"、单"官"款粗瓷大酒瓶，更重要的发现是从粗瓷中可以确认的是涩圈的出现。这为我们探索井陉窑是"涩圈叠烧法"的创始者提供了依据。

金代，井陉窑大盛。其细白瓷的质量较前并无下降。明显的变化是釉色进一步增加，出现了黄、茶叶末、蟹壳青、仿均、仿建、花釉、孔雀兰釉等达十数种之多。仿定器，从烧制方法到器形模仿都有着突出表现。更显著的变化是颜色釉瓷产量大增，占到了总产量的 30%—40%。日用品种类齐全。艺术品瓷如刻划雕剔花方盒、堆贴塑印莲花薰及瓷塑花草山石，各种塑、印，粘贴儒、释、道人物、兽首的制品以及围棋子、象棋子、小玩具等数十种。这一阶段代表窑口的最突出的产品是各种釉色、造型、图案的瓷枕，尤以戳印填彩、镶嵌等花卉、动物、人物纹枕最为独特。

井陉三彩自唐、五代就形成了自有的特点，金代井陉三彩仍在盛烧。除此，重要的发现是大型白、黄、黑、绿、褐五色建筑用砖、瓦的烧造，或将之归入琉璃，但烧成已接近成瓷的温度，多使用高温瓷釉。其黄色鲜艳纯正，黑色漆亮，

白、褐色均与其瓷釉无别，其非民用，也非一般地方官府寺庙所能使用，究为何处烧造，这同它在金代的窑口性质一起都是有待研究的问题。

元代，井陉窑同邢窑、定窑一起衰落，但仍顽强地保持着窑口的特点，成品变得粗笨，窑址数量缩减，已成为一般民窑。明代虽仍烧贡品，但多为缸、坛之类。清、民国虽未熄火，但与隋、唐、宋、金时的井陉窑已不可同日而语了。

（五）揭秘十大独特装饰

最能体现井陉窑独立个性的是它的特色装饰。在盛世王朝李唐时期，井陉窑就在造型与装饰等方面开辟了自己的天地，随后，其博采众长、兼容并蓄的发展，形成了它与众不同的装饰工艺。这正是井陉窑的独特之处，也是它对中国陶瓷史的不朽贡献。

井陉窑的装饰既兼诸窑的长技，又有自己的独创，并形成了鲜明的特色。举凡印、刻、划、篦划、剔、绘、粘贴、捏塑、雕镂、金绘等工艺无不毕具。如印花，至少唐代中期就有了精美的作品，绝非是宋以后才由定窑传来。待到金代定窑印花大盛，这里亦不示弱，1995 年河东坡窑址一次金代窖藏就出土了 12 件完整的井陉窑印花模子，其中的蜀锦心仰莲盘模、荔枝心重瓣莲纹碟模、荷花型温碗间花璎珞饰内模等至今为定窑所不见。所出瓷片中，池上仙人图、飞龙、蜕戏、仙女双妃图，等亦为定窑所缺，可以认为，在印花瓷领域，井、定二窑争奇斗艳，各有千秋，以是足以能见井窑的实力。

在独创方面，初见如下井陉工艺：

1. 点彩。在井窑唐代的白瓷中就已出现了点彩装饰，其中五代点彩塔式罐腹周饰以团花、束穗为主图，上下七层点彩，为此项装饰的代表作（图 2—8—3）。这一装饰技法一直延续到元、明，成其传统。

2. 戳印。这一技法在金代大盛，制作了人物、动物、花卉等形形色色的大小不等的戳模，小者朵花模、蝴蝶模直径仅半厘米，中等的直径 2 到 4 厘米，有旋子花、折枝花、缠枝花、海兽波涛、灵猫戏蝶、乐人击鼓、击钹等。较大的 5 厘米及以上的有卧鹿、对鹿、奔鹿、奔牛等，多配套组合使用。发掘中见到枕面排满戳印立鹿、波涛海兽的方块图案，足证上述戳模的存在。

3. 戳印点彩。所见以旋子朵花压印碗心，再以毛笔蘸浓褐釉汁点于花印内。此法展现了旋子花的立体效果。

4.戳印填彩。此法是借鉴了珍珠地填彩的技法发展而成，以上述戳模在饰面上戳印之后，印纹内填涂棕褐或黑色釉粉，以彰显画面的纹饰，器表再施以透明釉。

5.戳印划花填彩。这是以划花和戳印两种技法结合使用的作品，以戳印为主纹。

6.沥粉。此种装饰见于晚唐、五代以迄宋、金，成为井窑装饰的传统技法。初始以沥粉装饰碗、杯内壁的凸筋，发展到宋、金除传承原作法外，还将沥粉凸线装饰到鼓腹小罐、瓶的外壁，所见有双线、三线一组，或周身满饰等。

7.沥粉填嵌。此法见于枕饰，先以沥粉法制出枕模，再翻印枕面，形成纹槽，再以沥粉技法填嵌纹槽，待晾干后挂釉、烧成。此法较单独的镶嵌，纹饰更具立体效果。

8.描金。1998年在抢救发掘窑址中于窑址区的一金墓中清理出金花白瓷盘及金口盏，其特征皆为井瓷。金花者与金花定器无别。在定窑中所见的金扣、银扣、铜扣，在井陉不见了。描金口是以金汁涂于芒口的杯盏口部，此种做法显然较定器的金扣操作更为便捷，出土时盏口熠然生辉，较金扣者也更为俊巧。此开后世描金的先河。

9.滴点花斑。此种装饰见于井陉窑五代三彩，在绿釉釉面上以浓褐釉汁，滴点器表，出现了三彩中的独特花斑装饰（图2—8—4）。此后在金代井陉瓷中仍能见到以这种手法装饰的黑釉褐斑花瓷，成为井陉瓷的传统装饰技法。

10.滴泼交汇。这是独具特点的井陉三彩中的主要施釉方法，往往以浅绿、翠绿为底色，待晾干后，再采用点泼的手法，重点棕黄、深褐、墨绿等花釉，形成重点轻泼的效果，造成与它处三彩蘸点、泼洒等不同的艺术着色。

以上对井陉窑的装饰特征的介绍是初步的，我们在整理中将对它的独特艺术进行继续的深入观察和研究。

（六）保护与利用的历史使命

井陉窑再次面世23年来，可谓历经苦旅，终于迎来了文化强国、文化强省、文化强县的大好形势。有效保护、规划展示、深入研究、科学利用是河北四大名窑之一的井陉窑十分明确的历史使命和义不容辞的时代担当。

耿宝昌先生当年曾要求我们盖棚保护展示的井陉窑河东坡苗窑遗址，现在已

不复存在。原县二运公司唐、五代、宋、金宏大的窑场，在考古队撤离后，也屡遭破坏。除揭示出来的核心工作区及烘坯房以外，2008 年至 2009 年，一年间其周邻 4000 多平方米被夷为平地，使这处罕见的大型窑场及相关重要遗存被彻底毁灭。这些激起了周边群众的义愤，网上纷纷发帖揭发，控告信转到了相关部门，2011 年年底，破坏者终于被押上了被告席，判三缓四，罚款 8 万。然而，揭示 1 处、破坏 1 处，致使那些不能再生的文物再也无法挽回，教训是十分沉痛的。

同是全国重点文物保护单位的邢、定、磁得到了积极有效的保护，都有了科学规划，建成并开放了主题博物馆，出版了相关科学报告、研究著作，产生了各自的国家级、省级工艺美术大师，国家级非物质文化遗产项目传承人，传承和恢复了传统工艺的生产，在国内外产生了良好的文化与经济效应。已带给人们太多太多深刻反思的井陉窑，应该奋起直追了！

（原载《河北日报·文化周刊》2012 年 11 月 30 日第 9 版）

九、一组五代井陉窑陶瓷器的释读

——盘龙冶押官妻李氏墓的瓷器、三彩器及墓志

　　1978年冬，井陉县文化馆收到该县南陉公社（乡）交来，在挖坡填滩造田中掘出的一批瓷器、三彩器及石墓志一盒。这批器物不久随新成立的井陉县文物保管所一同转存至驻在地苍岩山。1984年笔者受邀操笔新中国首批新县志之一的《井陉县志》之《文物》《苍岩山》两篇的撰写任务。在搜集可移动文物时，所长刘成文先生从库房中搬出一筐"包浆"厚密的古董，就是上述陶瓷器。它们大多看不出模样，遂仅挑选了锈污较轻或易除的三彩凤首壶、点彩白瓷塔式罐载入《文物篇》[1]（图2—9—1）。1986年夏，笔者再驻苍岩山整理该县岩峰村出土的金代窖藏钱币。期间在山上公主祠内发现放置着一盒"唐天祐十五年（918）"的青石墓志，载志主李氏之夫周承遂、之子周神旺父子二人同时、同地、同在"盘龙冶"任"炉前押官"。这件五代手工业方面的资料当即引起笔者的注意。再次询

图2—9—1 《井陉县志·历史文物》（1986版）登载的李氏墓白瓷点彩塔式罐及三彩凤头壶

问刘所长，方知它的上述来历，那筐器物竟同此志为一墓所出！这才引起笔者的高度重视。盘龙冶何在？无人知晓，志云李氏"墓于井陉县阴泉乡盘龙冶北一十里"的"陉里村东"（见后录文），李氏墓又在哪里？1989年秋冬之季，在文物补查中，笔者率队发现井陉窑的同时，在南陉乡北陉村东1.5千米的尹家湾圈定了当年造田毁墓的大致范围（图2—9—2）。1993年冬，笔者再驻苍岩山整理当年抢救发掘井陉城关窑址的资料，接受刘成文所长的委托：将李氏墓的资料整理出来，公布于世。在让技工郤乱海将李氏墓的陶瓷器全部清整、修复的同时，笔者深深地陷入对这批精美器物究属何窑口，李氏墓是否在所圈定的范围内，盘龙冶又在哪里，盘龙冶究属何种冶务，与井陉窑有无关系，二者属何性质等重重迷雾之中，长期地思考与追寻。

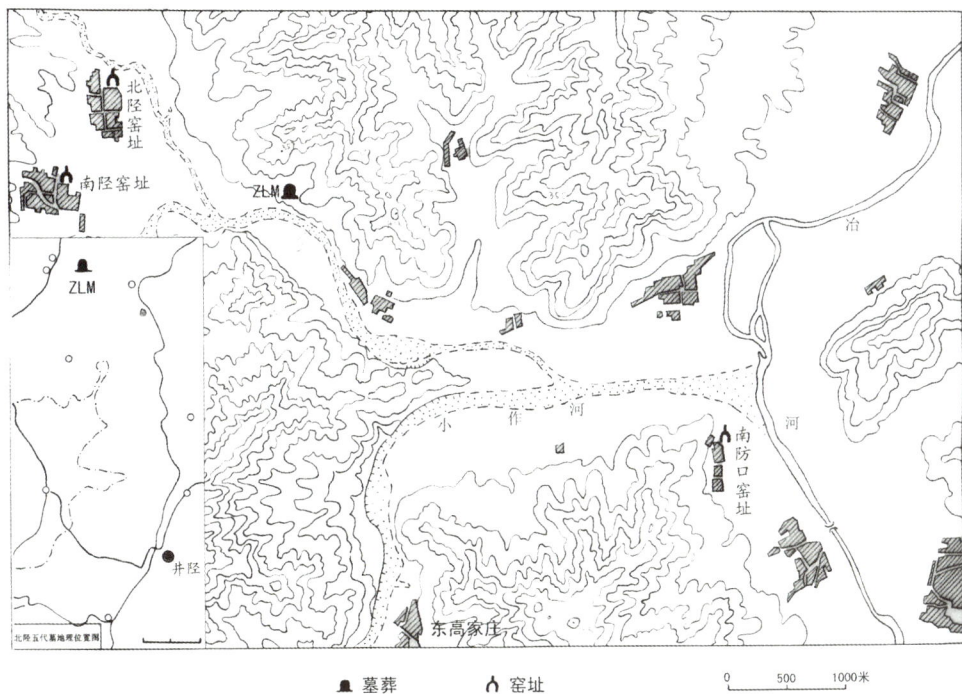

图2—9—2　井陉尹家湾五代ZLM及周边瓷窑址地理位置图

（一）李氏墓的瓷器、三彩器及墓志

虽已无法确知李氏墓全部随葬品的种类和数量，也已无法还原它们在墓中的摆放位置，经对幸存的器物去垢、除锈、整修、辨对，不仅使它们重新展现出精彩的面貌，同时也搞清了它们的组配关系，从而可以确认它们共同出自李氏墓。

193

　　总共 18 件，除一盒志石外，皆为陶瓷器。计有白瓷器 12 件，黑釉瓷 1 件，三彩器 4 件。它们主要以成对日用器皿的碗、盏、盘、壶与成套的塔式罐相组合。

　　白瓷有粗细之分。除两件粗白瓷塔式罐外，余均为细白瓷。

　　1. 碗，3 件，胎薄釉润，分为两型：

　　A 型：五花敞口碗两件，均完好，尖圆唇，弧壁平底，圈足，口部等距削出"V"形五缺口，平底边缘有凹弦纹一周，碗外壁轮线明显，圈足旋削不甚规整，足底露胎，黏结有不等的砂粒，ZLM：1，足内有墨书楷体"周"字。口径 19.2 厘米、足径 7 厘米、高 7.8 厘米（图 2—9—3：1；图 2—9—4：1、2）。

　　B 型：花式敛口碗，1 件。口部缺损一小片。ZLM：3，尖圆唇，口微敛，花口做法同 A 型，口下弧壁外凹内凸出五条软棱，各不到边。平底内部平凸起，边缘亦有一周凹弦纹。宽圈足斜削外缘，亦黏结有砂粒。胎细薄，质坚致，通体施釉，釉呈乳白色，光洁如绽开中的玉兰花。口径 16 厘米、足径 7.1 厘米、高 6.7 厘米（图 2—9—3：2；图 2—9—5，右）。

　　由组配形式看，B 型碗原亦应为 1 对。

　　2. 花式盏，2 件，形式相同。ZLM：4；敞口，尖唇，弧腹圈足。内壁五缺口下各有 1 条沥粉花筋。足底积釉处显淡水绿，足心墨书行体"周"字。轻薄莹润，宛若一朵洁白的梅花。口径 15.9 厘米、足径 5.1 厘米、高 5.3 厘米（图 2—9—3：3；图 2—9—4：3、4）。

　　3. 花式口盏托，1 件。ZLM：6，双曲五瓣花式口，斜直壁，圈足外敞。盘内连体直壁托圈，口部等距做 3 处小"V"式花沿，两两之间下部缕双连孔状配饰三组，胎体稍厚，釉色泛青。参照双盏，盏托原亦应为一对。盘径 15.8 厘米、托口径 8.1 厘米、足径 6.3 厘米、通高 6.8 厘米（图 2—9—3：4；图 2—9—4：5）。

　　4. 菱花口深腹盘，2 件。ZLM：7，五瓣式花口，花瓣中部有突出的瓣尖。平底边缘亦有凹弦纹一周。圈足稍高外撇。釉色闪青黄而温润。口径 16 厘米、足径 7.8 厘米、高 4.7 厘米（图 2—9—3：5；图 2—9—4：6）。

　　5. 注壶，1 件，盖缺失。ZLM：9，直口微侈、细高颈、溜肩、微弧腹、平底、圈足。肩部出外削为八棱的直流，半长，上部斜前曲，使流口呈椭圆形。与流相对的一侧自颈下至上腹按一曲折式出脊条带柄，上弧高出壶口。肩部饰四周凹弦纹，除足底，内外施釉，釉色稍泛青灰。口径 4.7 厘米、腹径 13.2 厘米、足径 7.9 厘米、流长 3.7 厘米、高 15.8 厘米（图 2—9—3：6；图 2—9—6：1）。

　　6. 白瓷塔式罐，3 件，胎质有粗细之分，形制亦可分为两型。

　　（1）A 型葫芦纽盖翘莲瓣饰高座细瓷塔式罐。1 件。ZLM：10，完整，由座、

194

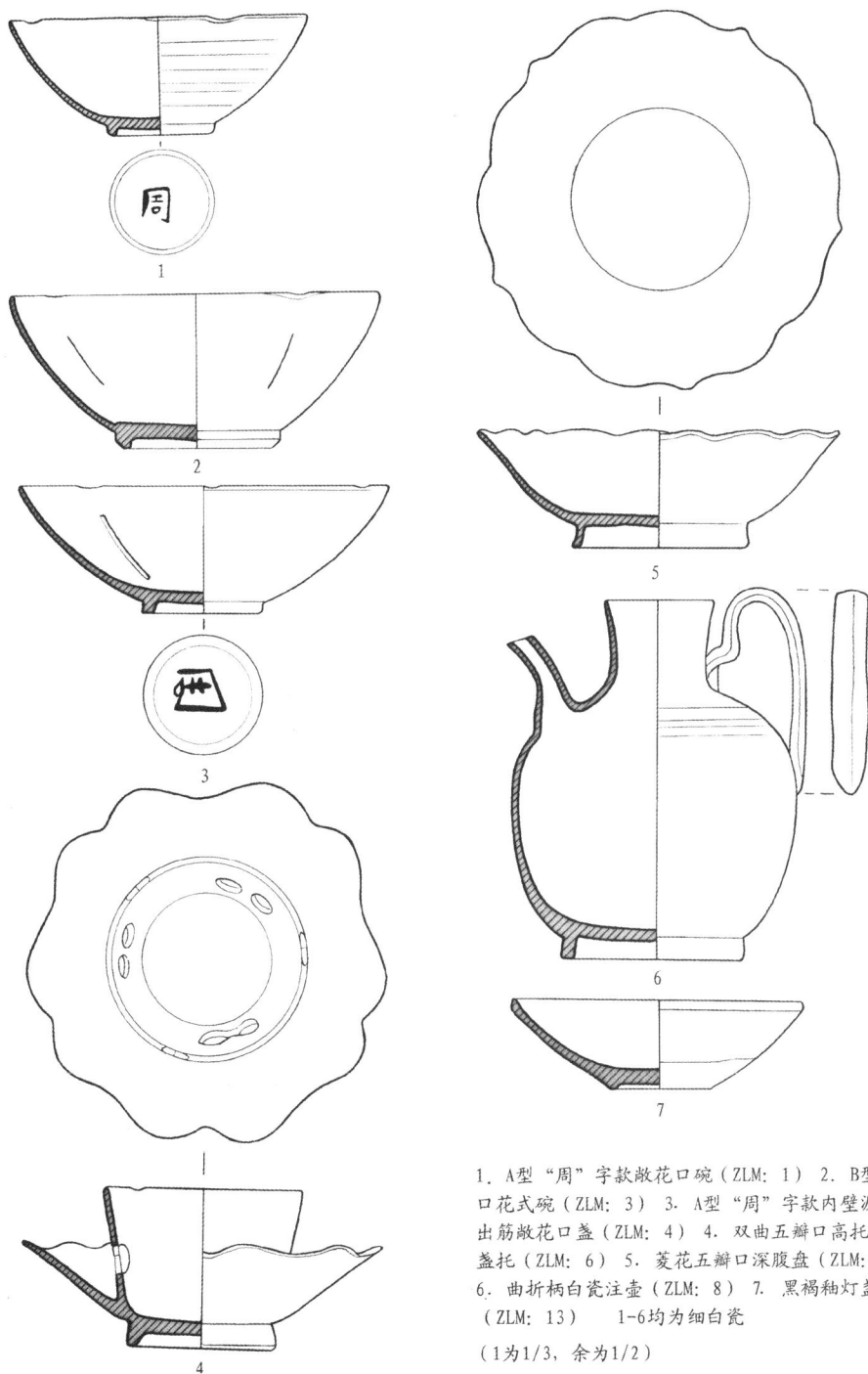

1. A型"周"字款敞花口碗（ZLM: 1） 2. B型敛口花式碗（ZLM: 3） 3. A型"周"字款内壁沥粉出筋敞花口盏（ZLM: 4） 4. 双曲五瓣口高托圈盏托（ZLM: 6） 5. 菱花五瓣口深腹盘（ZLM: 7） 6. 曲折柄白瓷注壶（ZLM: 8） 7. 黑褐釉灯盏（ZLM: 13） 1-6均为细白瓷

（1为1/3，余为1/2）

图 2—9—3 ZLM 随葬瓷器之一

图2—9—4　炉前押官周妻李氏墓的细白瓷

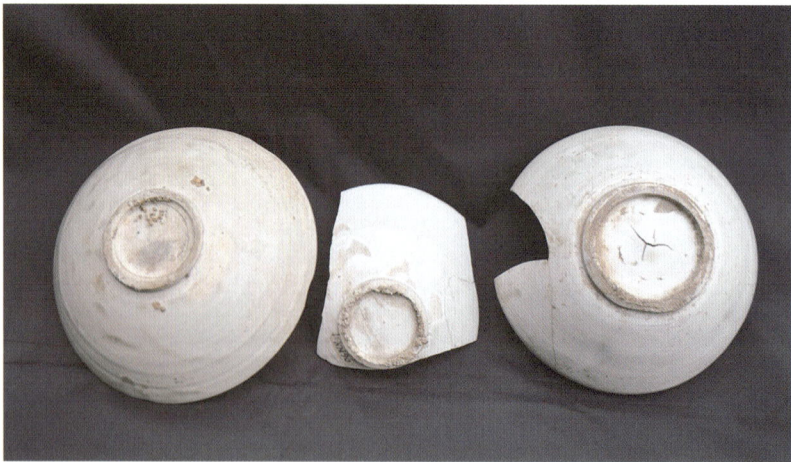

图2—9—5　右为 ZLM：3，左为 ZLM：2，中为北陉窑址采集之细白瓷花口碗片

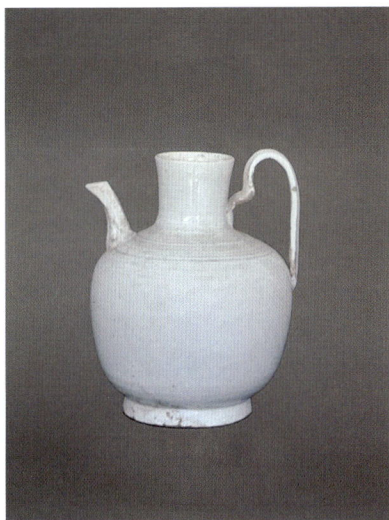

1

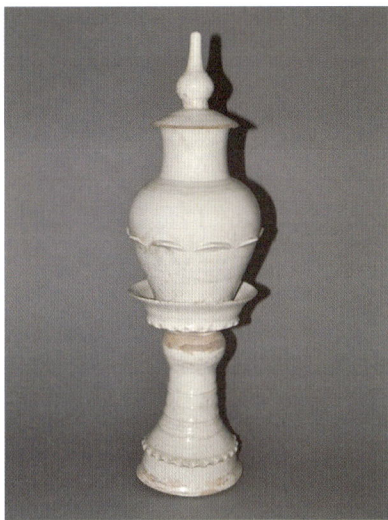

2

3

4

图2—9—6　炉前押官周妻李氏墓的细白瓷注壶、塔式罐与粗白瓷塔式罐

托盘、罐、盖四件复合组成。座腰下部、托盘腹下部均出摁捺而成的花牙裙边。座腰向上渐细，上下有以指抹成的凹弦纹五周，有似竹节。座头呈葫芦头状，上出子口，外套托盘的足圈。托盘侈口、圈足、碗式，足心挖空，以套座头子口。罐，侈口、高颈、溜肩、腹斜收、平底。最大腹径在上腹。平底圈足外撇。肩部有凹弦纹两周，中腹匀布翘出的仰莲瓣9瓣，瓣间划刻向上散射的成组斜线，以

示花蕊。盖亚腰葫芦纽式，内出子口。通体胎质细白坚致，釉色洁净晶莹，积釉处呈淡水绿，盖里、罐之口唇，盘足内外，座头及足里均不施釉。罐之足底，座盘之圈足上黏有砂粒，不仅可证分制，分烧而成，且极致典雅、素洁。座口径4.1厘米、底径13.1—14.2厘米、高20.8厘米。盘口径15.6—16.5厘米、足径6.7厘米、高5.2厘米。罐口径9.1厘米、最大腹径17厘米、足径9.2厘米、高24.6厘米。盖帽径11厘米、高12.4厘米、通高57厘米（图2—9—6：2；图2—9—7：1）。

粗白瓷塔式罐，2件。

（2）葫芦纽盖翘莲瓣饰塔式罐，1件。ZLM：11，仅有罐及残盖，形制如上，对照与其相配的三彩同类，所失之座亦应为高座，其形制可归为A型。胎粗，釉薄仅施及腹部，泛豆青色。釉下透出散布的点点铁锈斑。子口帽，纽不存。径11.3厘米、残高4.8厘米。罐口径10厘米、腹径18.5厘米、足径9.7厘米、高23.2厘米（图2—9—6：3；图2—9—7：2）。

（3）B型矮座仰莲托点彩塔式罐，1件，盖佚。罐口部微有磕损。ZLM：12，覆盆式座底对底接仰莲式深腹托盘，盘内承托唇口、直颈、溜肩、弧腹平底罐。罐、托盘、底座三者黏接为一体，由其所施在被盘壁遮掩着的罐腹下部厚层白色化妆土、座盘乳钉以下化妆土部分均未及着釉来看三者是分别先上化妆土，再对接成一体，再上釉、再一体装烧的。胎体厚重，胎质一如ZLM：11，所施化妆土成功地掩盖了胎表的锈色杂质斑点。座盘的下壁、底座之腹上、下各粘贴一周上层大下层小的连珠乳钉纹饰。由罐的肩部直至底的下层小乳钉钉头；在化妆土上周布7层点彩纹饰，座盘莲瓣瓣尖及其下三层连珠之珠均点染黑褐色彩点以为主题纹饰的映衬；罐的肩部、上腹部及座盘瓣尖与下壁乳钉之间空白处共点绘三层花饰：肩部为相对的小米碎花两组，罐腹点旋子及三种形态各异的大花束。托盘五瓣莲壁间又是形态各不同的小花五朵。彩料浓重，在纯白的化妆土上透明釉下色泽被映衬的分外鲜明。所点"逗号"（或可称蝌蚪状）状花点组成的图案，凸起感明显，整体给人以花团锦簇、主体突出的效果。还有两点值得注意之处：一是因彩料点在化妆土上，此件可称其为典型的釉间彩；二是罐体釉面布有细碎的开片，有着较强的玻璃质感。口径9.2厘米、最大腹径20.8厘米、座底径15.5厘米、存高38.2厘米（图2—9—6：4；图2—9—7：3）。

黑釉小碗，1件。ZLM：13，敞口、斜方唇、浅腹、斜壁微弧、平底卧足，碗外壁腹下露胎，胎体较厚重，胎色青灰，质地较细。由背面可见釉分两层，似先上芝麻酱色底釉，再施黑釉，釉呈均匀的黑褐色。以其形制推测可能用作灯盏。口径12.6厘米、底径4.2厘米、高3.7厘米（图2—9—3：7；图2—9—8）。

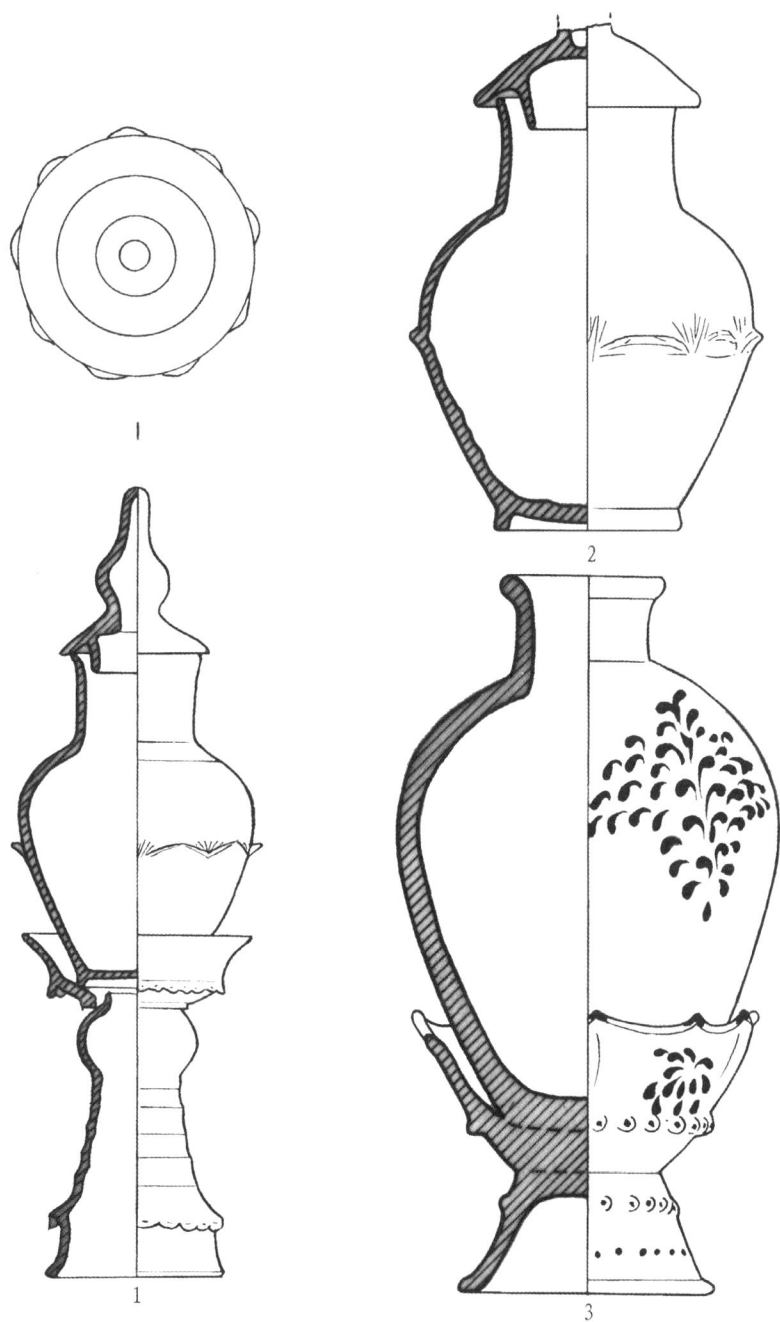

1. A型细白瓷翘莲瓣饰葫芦纽盖高柄塔式罐（ZLM: 10） 2. 翘
莲瓣饰粗白瓷塔式罐（ZLM: 11） 3. B型点彩莲花托座粗白瓷
塔式罐（ZLM: 12） （1为1/4，余为1/3）

图 2—9—7 ZLM 白瓷塔式罐

图2—9—8　ZLM：13黑褐釉小碗

三彩器，4件。其中凤头壶1件，塔式罐3件。共同的特点是造型具有突出的窑口特征，着彩技法别致，寓于变化。胎质较细，胎色有粉白和浅粉红两种。釉除两件罐座，一件罐盖为深绿单彩外，余者均是以绿、褐彩为主调的素三彩。施釉手法除基本的浇、泼、浸外，还有独特的滴点、滴洒法，即一般先在器表匀浸一层较淡绿色的底釉，再在这层底釉上参错滴点、滴洒深绿、翠绿、棕黄、棕褐等不同的彩釉，在艳丽淋漓中彰显层次鲜明的效果。

1.凤首壶1件，ZLM：14，盖帽钉式，顶面正中悬塑泥条捏塑曲扬的凤冠，冠后唯贴横向翘起的冠翎，冠前堆贴纵置及边的长喙。喙之两侧等距贴以瞳孔下视的双目。整个凤首全部塑制于壶盖顶面。壶、杯口、细长颈、溜肩、椭圆腹、圈足。一侧的颈、腹粘制的条带状执柄断失。足底黏结砂粒。胎色粉白，在通体淡绿的底色上，盖、壶口、颈、肩、腹等部位，交错滴点翠绿、深绿、棕黄、浅黄彩釉，是4件中"滴点"技法表现最典型的一例。盖帽颈10厘米、高9.3厘米、壶口颈7.4厘米、腹颈16.5厘米、足颈11厘米、高33.8厘米、通高39厘米（图2—9—9：1；图2—9—10：4）。

2.塔式罐，3件。参照白瓷同类，亦可分作高座、矮座两型，亦皆由盖、罐、托盘、座四部分组成。并可与白瓷者一一对应。

（1）Aa型，葫芦纽盖翘莲瓣饰高座塔式罐。ZLM：15，纽尖残失，形制基本同于细白瓷的ZLM：10，因之二者实系一对。喇叭口座底，竹节式高束腰，葫芦头座头，方唇敞口碗式托盘，皆与ZLM：10对应，只是省去了花牙边饰，并将座、托碗连制为一体。中腹饰翘莲瓣罐的形制则全同于ZLM：10，只是莲瓣间未刻划出"蕊"饰。盖则同于ZLM：10，胎质粉白。所施之彩别具一格，盖为深绿的单彩，罐在浅绿底色上自口向下交替轻滴细点绿、翠、棕黄釉汁，色调别样清淡；托碗及座头为单绿彩，其下分别以深绿、棕褐相间浇注重彩，而不及下底。深一浅一浅一深的色度变化中配合着单一多一双的色调转换，独具匠心。盖，帽颈12厘米、残高9.2厘米；罐口径10.7厘米、腹颈18厘米、足颈9.7厘米、高26厘米；座盘盘颈17厘米、底径15.6—16.1厘米、高26厘米；现存通高55.6厘米（图2—9—9：2；图2—9—10：2）。

（2）翘莲瓣饰镂孔高座塔式罐，1件。ZLM：16，盖佚，余罐、托盘、座三

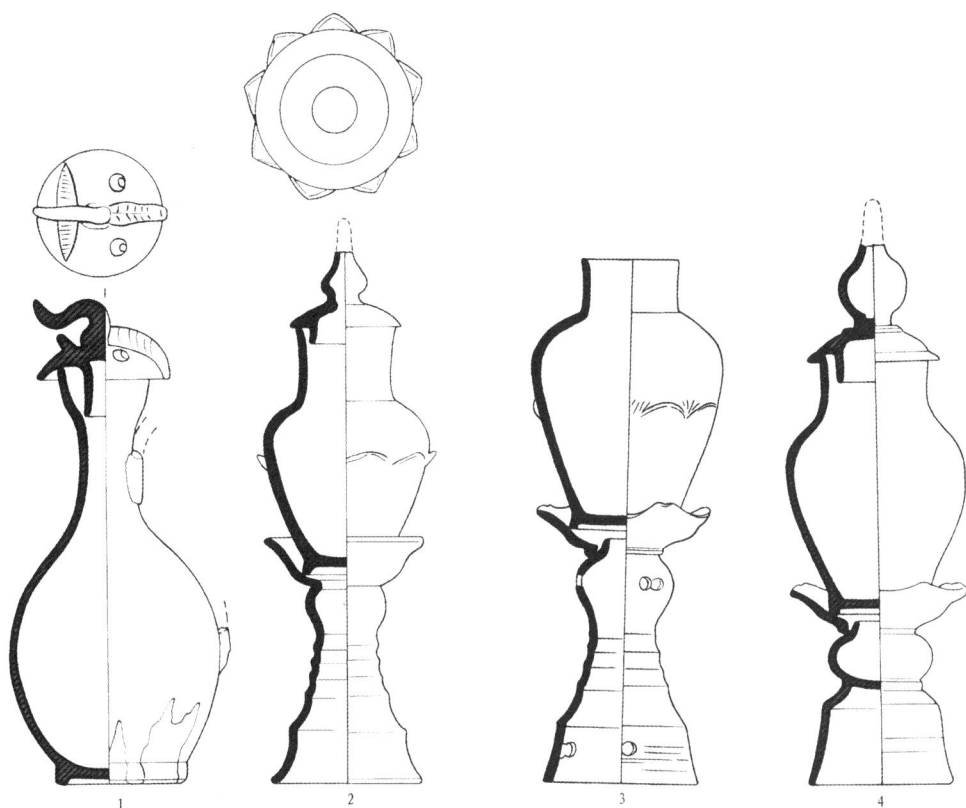

1. 三彩凤头壶（ZLM: 14）　2. Aa型　翘莲瓣饰高柄塔式罐（ZLM: 15）　3. Ab型　翘莲瓣饰荷叶式
托盘镂孔高柄塔式罐（ZLM: 16）　4. Bb型　葫芦组盖荷叶式托盘亚腰矮座塔式罐（ZLM: 17）
（1为1/3，余为1/4）

图2—9—9　ZLM三彩凤头壶、塔式罐

部分，形式基本同于前件。座下部喇叭口壁、座头葫芦腹部各镂有双联孔，均三组；托盘口沿等距以拇指捺成内卷五瓣花口；罐腹所饰翘莲瓣为最少的8瓣，瓣间同于白瓷者刻划出蕊线，座与托盘口部原破碎，后作修复。比照白瓷同类(2)，其有残盖而缺座与托盘，根据对应关系，两者互补，其原状皆大体可得，因此，可将之归入Ab型。

托盘外壁，座头上部及座底部分露胎，与上件相比，着彩有不同变化。罐先浸薄薄的一层淡绿底色，翘莲瓣以上稀疏点施翠绿、土黄双彩；翘莲瓣及其以下交施棕褐、深绿重彩。托盘花口部交点翠绿、黄褐彩，高柄座则着浓重的单绿彩，整体风格别致。罐上腹一侧有大片、颈及下腹部有小片脱釉。罐口径11.1厘米、腹颈19厘米、足颈12.6厘米、高29厘米；托盘颈18.6厘米、高5.5厘米；座口径4.9厘米、底径16.2厘米、高26.2厘米，存高55.6厘米（图2—9—9:3；图2—9—10:1）。

1   2

3   4

图2—9—10　炉前押官周妻李氏墓的三彩器

　　（3）Ba型：桃型纽，覆盏托盖，矮座塔式罐。ZLM：17，盖纽尖缺失，形
制上与同为矮座的白瓷（3）又有不同：桃纽置于覆盏托的圈足心，托圈即成盖
之子口。罐直口、半高颈、溜肩、鼓腹、斜直壁内收、圈足。罐腹无翘莲瓣饰，
则同于白瓷（3）。托盘形制同于（2）。矮座与其相对应的白瓷（3）形制不同，
此件托座可概括由覆杯底、盂式腰，花口盘托复合，整体自下而上系由杯、盂、

图 2—9—11　五代盘龙冶炉前押官周承遂妻李氏墓志

盘、罐、盏托、桃纽 6 种器物的层层叠加合成。胎质稍粗，呈浅粉红色，其不同部位施釉又各不同：纽尖部着酱彩，下着深绿彩。盖面与罐皆先施淡绿底色，再散点黄褐、翠绿等彩浆，浓淡相应，酣畅淋漓。托盘与座的赋彩同于上件，底座以厚重的单绿彩与重彩的纽上下相应。轻重的转换，亮丽的主体，厚重的底座，通过釉彩搭配不同加以表现，是四件三彩中格外独具匠心的一件。盖，帽颈 14.8 厘米、残高 14.9 厘米；罐口径 11.2 厘米、腹颈 19.2 厘米、足颈 10.8 厘米；托座盘口径 14.7 厘米、高 21 厘米，存高 56.4 厘米（图 2—9—9：4；图 2—9—10：3）。

墓志。青石志，方形，边长 44 厘米。ZLM：18—1，盝顶式志盖厚 10 厘米，四刹刻饰四神，顶面刻"周公夫」人李氏」墓志铭"三行九字的草篆盖题（图 2—9—11：1）。志底 ZLM：18—2，厚 9 厘米。阴刻行楷体志文二十行，行 8—21 字不等，计 300 字（图 2—9—11：2）。

[志文] 唐汝南郡周公故夫人陇西郡李氏墓志铭并序」

夫人太上之后裔，玉叶金枝，李氏兴焉。公祖讳谭嵈，」父讳君亮，械社先营之内。身任盘龙冶务炉前押官周」公，名承遂之谓也。故夫人陇西郡李氏则第五女也。」夫人令淑有闻，母仪夙著，心仁爱于诸子，性柔奉于所」天，寔可谓轨范宗亲，光荣女史。享寿斯短，懿德唯馨。」周公达理，仍假道销。夫人爱因微瘵，救疗无方。鸾凤」双飞，惨然失伴。去天祐十四年十月十六日终于大夜，」夫人春秋六十有四。只有子一人，名神旺，亦当务炉」前押官，并仁孝成身，允文允武，穿杨之美，七步诗」章。礼娶郭氏。有女二人，长适西河乡任氏，次适」兰氏。有一人孙名观音留。神旺等皆以哀缠五内，」痛贯六情，欲报深恩，号天罔及。今取天祐十五年」十月十四日葬于井陉县阴泉乡盘龙冶北一十里，买」得陉里村东李行同地，周家将充葬地。卜坟，千秋」永固。噫，德不返乎，筹祈良

203

可。恐后桑田改变，随谷ㅣ迁移，故勒一方之石，□为铭记。词曰：ㅣ汝南周公，文王之宗。家传胜美，八代门风。ㅣ夫人先谢，玉碎池□。孤坟悄悄，异径神通。ㅣ悲风惨切，月照长空。

（二）炉前押官周妻李氏墓与盘龙冶的探寻

依墓志所记，周妻李氏墓在"盘龙冶北一十里"，找到了近年破毁的李氏墓，再找久已无踪的盘龙冶，也就有了搜寻的大致方位。1989 年深秋在当初参与造田毁墓的北陉村刘石冬、刘石根等人帮助下，圈定的尹家湾李氏墓地，原是一片无人居住的半月形河湾地带的黄土高坡，1978 年时大部已平整为农田（图 2—9—12）。2002 年秋冬，井陉窑考古队在做窑址的"四有"并选择主动发掘的地点时，对其进行了考古钻探，找到了李氏墓的残存墓底，解决了它的具体坐落地点问题（图 2—9—12）。从而为盘龙冶的探寻确定了基点。

李氏墓志所记盘龙冶，究属何种冶务，志文没有进一步的交代。无论是文献方面，还是迄今多次专题调查和两次全国性的文物普查、补查，一直未在井陉县域内发现有过古代金属矿冶遗存。特别是按照李氏墓所记，在其墓正南 5 千米左右的东高家庄、窟窿峰村一带反复调查，同样没有相关的发现。在这些调查中，于李氏墓西 1.5 至 2 千米的北陉、南陉两村村内，1996 年夏，各发现了瓷窑址；在其东南 5 千米的南防口村村内，1997 年又发现了南防口瓷窑址。这三处瓷窑址（见图 2—9—12），时代均属于唐、五代，均以烧制细白瓷为主，且都找到

图 2—9—12　图中箭头所指处即盘龙冶炉前押官周承遂妻李氏墓的位置

204

了和李氏墓随葬的细白瓷形制、胎釉特征，甚至有的器底因装烧黏结细砂粒的情形完全吻合的制品。在南防口窑址还发现了烧制三彩的窑具以及三彩蟾蜍。2005年，当地陶瓷爱好者康辉还将在南防口窑址采集到的两片"官"字款细白瓷片赠予笔者，这些都为盘龙冶的地点以及冶务性质推断，提供了重要的佐证 [2]。

继续深入查询的线索启自于民国二十年（1931）《井陉县志料》十四《金石·护国院经幢》，该条记载其幢"在县西北六十里小寺村，共八面，四面刻陀罗尼经，四面叙文，文中有……天祐元年御书两道奉皇帝恩赐建造铭记'，暨官员题名'天长镇过使兼知治驿务事'的字样" [3]。笔者当年初读即对"镇过使"这一官名不解，并认为"知治驿务事"官称殊为重复。2004年余又受邀担任县政协总编的《井陉县历史文化丛书》中的《井陉文物古迹》卷的主编，收到作者许力扬报来的小寺护国院经幢拓片照片和叙文录文，除同于《井陉县志料》的"镇过""知治驿务"外，又将志料未录而"镇过"之后的数名官员职称中凡"冶"字一律过录为"治"字。拓片质量不好，再经拍成照片缩小，字迹难以辨清，经努力，终将"过"字更正为"遏"字，"治"字不辨只得照登 [4]，但终悬疑于心。

2008年4月末，笔者携绘图员刘伟来到小寺亲睹残幢，摩挲陈迹，终于将"治"字确凿无疑地更正为"冶"，更重要的是其上还刻有"南防口村施主田著，冶判齐守规，专知刘第"的题名，[5] 可见今日的南防口村村名唐末、五代已在使用，那里当年的"冶判""专知"、所判、所知之冶，正是今仍尚存的唐、五代瓷窑窑址。南防口这处窑址西北距李氏墓恰恰为10华里，结合"官"字款白瓷在这处窑址的发现与窑冶官题名以及墓志记有炉前押官的情况，完全相互吻合。数据共同指向盘龙冶应是南防口窑其时的官称，而其炉前押官二周，也正是齐、刘的手下。至此，当年的盘龙冶是瓷窑冶，并且是生产"官"字款白瓷，自上至下由官掌管的一处窑场的神秘面纱得以揭开，长期悬于笔者心中的疑问，终于得到初步的破解。

（三）观察与释读

1. 纪年的更正——五代前期的标型器

唐亡于天祐四年（907），志题"唐汝南郡周公故夫人陇西郡李氏墓志铭"，文中记志主卒于"天祐十四年十月十六日"，葬于"天祐十五年（918）十月十四日"，由此可知志文的撰、刻距志主辞世不过一年，而距唐亡已过11年之久，撰

205

者并非是当代人对前朝人的追记而使用其生前的旧国号，更非是当朝的后梁尚未发布本朝的年号，就后者而言，公元918年已是其建元之后的第三帝、第四个年号，末帝的贞明四年，并且国运也到了末期。将成德军属地仍使用旧朝年号的这一实例，核之两《唐书》《五代史》等文献，后梁取代了唐，然而终其世都没能削平它的劲敌河东节度使晋王李克用集团。原唐河北诸藩镇由于实力的差距，或遭二者吞并（如邢窑所在的昭义军等），或不得不依违于二者之间以图生存。原本臣服于梁、奉其正朔的成德、义武二镇，于天祐七年（910）改依李，结为同盟，于是重奉旧朝的国号、年号，只为联李抗梁，并非是旧朝复辟。沙陀李氏，前车后辙推翻朱梁，建立自己王朝的目标已经非常明确，历史即将进入五代的第二个王朝。因此，辨明了李氏墓的实际纪年，如将整个五代五十三年划分前后两期的话，那么李氏墓的随葬器物下限为918年，其时代正好可划归为五代前期。如此，现在来观察它们形制上的时代特征：

（1）圈足取代了饼形足玉璧底

此墓凡碗、盏、盘、盏托，甚至包括壶、罐类，不见了唐后期常见的玉璧底及该时段仍能见到的实足（饼形足）等，尽管有的还不大规整，但一律都是挖制成圈足，此处以一墓论整体，虽不免以偏概全，但由全部圈足制的现象来看，至少可以通过此墓使我们看到，此阶段日常用的碗、盘类饮食器已大大流行圈足，完全达到圈足取代饼形足的程度。

（2）花口器正在流行五瓣口

此墓所见的碗、盘、盏、盏托，甚至到三彩塔式罐的托盘，凡花口者，一律都制作成各式的五瓣口。以最常用的碗，无论敞口、敛口、弧腹、斜直壁、花式，也无论盘口的双曲尖瓣，还是托盘的双曲复式花口，再到三彩塔式罐的捻边荷叶式托盘，一律都制成五缺、五组、五瓣、五收卷式，像唐时那种三瓣（也称三叶）式、四瓣式，或宋代常见的六瓣式均不存在，或还未流行。统一为"五"，显为时代的装饰特征。

（3）注子向执壶演变中的过渡式——注壶

李氏墓随葬的注壶，形式直口微侈，虽仍保留着注子的特点，但已变得细瘦显长。流部变长也已微折，但流管却仍为棱形，总体还远不到宋代执壶曲流的长度。壶身已由上宽下窄的斜壁内收，完全转变为圆角矮柱体，而柄部也由弧曲的双泥条式变为高折曲的条带式，这后两部分的形式已同宋式执壶没有多少区别。这种形式上既不同于唐代的注子，也不全同于宋代的执壶，但又兼二者的特征于一身，显得有些不伦不类。这是唐代注子正在向宋代执壶演变的中间过渡形式，

是一件极为难得有纪年的过渡期的典型标本。

(4) 罐体开始变得瘦长

李氏墓随葬的罐，尽管都是塔式罐，并且其座还有高、矮不同的两种形式，但其本质同非塔式罐相比，是没有区别的，观察它的形制变化，是带有普遍意义的。此墓随葬的塔式罐无论白瓷还是三彩，造型上都有一个共同特点，即同它的前辈唐罐比较起来，其最大腹径都明显上移（尽管个别如粗白瓷的还不太突出），使最大腹径移到了上腹部或肩下部，这一变化和注子注身的变化似乎正好相反。这样一来，唐罐体态的臃荣，变为五代罐体的瘦长，细致观察此墓随葬之罐，上述特征变化普遍明显。

通过上述辩证，无论是从朝代的更迭，还是物化的时代特征，都充分反映出这一名为"唐"墓的李氏墓是不折不扣的五代墓，古今将之归为唐墓者皆应予以更正为五代的后梁。此墓所提供出的陶瓷器的基本器形，为研究唐、宋瓷的中间过渡型是十分难得的有纪年的断代标准器。

2. 李氏墓的瓷器、三彩器的窑口——井陉窑

烧制技术在隋代已臻成熟的井陉窑，据调查、发掘，特别是此墓器物的充分展示，唐后期、五代出现了第一个盛烧期。根据目前的发现，此阶段不仅窑场的数量在其境内达到烧制史上的峰值6个，调查发掘发现其产品的质量也达到了可与白瓷天下第一的邢瓷相媲美的程度，李氏墓完整细白瓷器的发现，就是一个有力的证明。迄今无论是在距李氏墓5千米以内的南陉、北陉、南防口三处窑址，还是在南距墓地二三十千米远的城关、河东坡、南秀林窑址，都发现了不少和李氏墓白瓷特征相同的制品。例如前述细白瓷器圈足底部可见粘附有烧结的砂粒，本文出示相对比的一件细白瓷花口碗片（图2—9—5：中）就是采集自距墓地1.5千米的北陉村窑址文化层内。花式碗、盏内壁花口下部出筋（凸线纹）的做法，不同于定窑的压印形成，而是以沥粉的技法黏附，这一技法在井陉窑唐至五代正盛，此墓所出者，不仅胎釉比照同于窑址所出，即此妆饰技法亦是断定其为井陉窑产品的有力证据之一。顺便指出的是这种技法在井陉窑历宋、金、元一直延续使用，成为它的传统装饰技艺，不仅可视为判断窑口特点的依据之一，并影响到其他的窑口。

井陉窑同期各窑场间粗、细白瓷比重不同，粗白瓷制品所占比重，如河东坡、南秀林明显高于其他四个窑场，但粗白瓷的胎如ZLM：11遍体锈点映出釉面几近青瓷的情况，邢、定不见或少见。粗白瓷的胎由公布的资料看，邢、定粗

白瓷的灰黑、土红、土褐等则在井陉窑不见。

李氏墓塔式罐无论细、粗白瓷还是三彩制品，在装饰上中腹所饰翘起的莲瓣，莲瓣间划出莲蕊的做法，迄今在已发现的定、邢窑窑址调查、发掘资料中尚不见，而在井陉窑河东二运公司窑址2007—2008年抢救发掘中却连续出土了晚唐、五代的三彩翘莲瓣香薰，绿釉中腹部翘莲瓣饰注壶和翘莲瓣塔式罐（图2—9—13）。迄今南防口、城关两处窑址亦发现了三彩片和烧制三彩的窑具或窑炉，特别是周氏掌管的"盘龙冶"（南防口）就能自产相同产品，也就可见，同期烧制三彩的窑场在井陉窑至少已发现3处，因此，不能说河东二运三彩作坊就一定是李氏墓三彩的产地，但由于装饰独特，又为邢、定两窑至今所不见的情况，判定李氏墓三彩翘莲瓣饰塔式罐，以及形制相同的粗、细白瓷塔式罐的窑口为井陉窑，当是毫无疑义的。

图2—9—13　二运窑址出土的绿釉注子及绿釉翘莲瓣塔式罐片

3.井陉窑白瓷的特征

由李氏墓细白瓷来看，井陉窑唐五代白瓷胎质的细密、坚致和洁白，釉色莹润、光洁，烧成温度和质地是一点也不比邢、定二窑逊色的，其釉色绝大多数是白中闪青，也有如细白瓷塔式罐者，白中微闪青黄，积釉处显淡绿或淡黄绿色。此外，还有邢、定极少见的乳白釉瓷。其质量如前所述，亦达到了透影和敲击发出清脆、悠扬的悦耳妙音[6]。器底虽未刻"官"字款，但质量之高，完全可等同于官字款的制品。如就井陉窑这一窑口的细白瓷看，1993年、2004—2005年在城关窑址发掘中所获细白瓷片，有的厚度甚至不足1毫米，完全达到了脱胎的程度，其光润、洁白无可复加，离开出土地点，即使顶尖的鉴定专家仅凭眼力亦无法将其与邢、定同类制品准确区分的程度。故2002年以来，我们与中科院高能所冯松林先生等共同进行了邢、井、定三窑白瓷的指纹特征，建立界定三窑的

核分析标准[7]。

井陉窑精细白瓷的制作水平达到超出人们所想象的程度，并不是偶然的。就它自身而言，首先它有着自制作细白瓷的物质资源，其原料也是就地取材，除太行山井陉煤田区普遍存在的"大青土"，即多种坩子土外，也存在瓷土（又称磁土），民国二十年《井陉县志料》中就有明确的记载[8]。在调查中，我们亦在城关南山、南防口的猫头寨等地找到白色的瓷土，可证唐、五代时期其蕴藏量完全可供井陉窑的采用。有着自隋以来极为成熟的烧制技术、设备条件，因此，井陉窑烧制出如李氏墓所出的细白瓷，达到如同邢、定般的高水平，实属正常。有必要指出的是邢、定两窑同样生产数量相当的中、粗瓷，所以不能见到井陉窑的中、粗瓷就轻率地对它整体下一"土定"[9]的结论。

在装饰方面，李氏墓虽提供材料不多，但已有沥粉、镂刻、划、印、捏塑、堆贴几种，另在城关窑址、墓葬的发掘中还见到了它的唐代印花、划花、刻花作品。在这一历史阶段，可以成为它独具窑口特色的装饰有二：一是白瓷的点彩，二是三彩的独特滴点技艺。

白瓷点彩塔式罐 ZLM：12，可以算是包括南北各窑在内至今仅此一件的稀有品，它属于井陉窑的粗瓷细作，这一逗点状褐色的点彩形式，在井陉窑出品中还可见于唐代的注子[10]（图2—9—14），后经五代延续宋至金、元、明。以褐彩为主，也有黑彩，到后来除花形有所加多外，可能因发掘面积少等原因，如此件以点彩组成各种大小花样图案，如此繁富的装饰还没有第二件，成为井陉窑窑

图2—9—14 井陉窑唐白瓷点彩注子

209

口跨朝代特征的传统装饰技法的典型珍稀收获之一。再加上贴塑中翘莲瓣的独特装饰同样跨朝代延续，因此，可视为井陉白瓷中有代表性特征的传统装饰。

4. 三彩凤首壶、塔式罐展现的窑口特征

李氏墓所出三彩器数虽量不多，却均为大器。妆饰上件件均有独到之处，破天荒地揭示出了井陉窑在中国三彩大流行中独自的施彩技术和妆饰特色。前述三彩凤首壶形制上的独有表现外，其着彩技术有别于常见的蘸点法的是"滴点法"的确认，比照现已公布的大量材料，其滴点法可以看作是迄今在唐五代三彩技法中的新发现。此外，ZLM：16、17 两器，着彩分上、中、下数段，色调分段赋与轻、重、浓、淡的转化，在炫丽的同时平添了多层次丰富多变的意境，彰显了古井陉窑工独具的匠心。透过这四件三彩作品，可以认为唐、五代时期的井陉窑为中国古代三彩技艺的创造和发展曾经作出过不应被埋没的贡献。有鉴于此，笔者将有着上述特点的唐五代三彩称之为井陉三彩。

（四）"炉前押官"所反映的窑口性质

随着这组陶瓷器一并出土的李氏墓志，除了为陶瓷器提供了明确的纪年，使这组陶瓷器成为独具特点的断代标型器外，还有一个重要价值，是记载了志主之夫之子，同时身任东南距墓地 10 华里处的盘龙冶的炉前押官以及历史上的盘龙冶曾在井陉的存在。前述所获和墓志相关记载对接为"侍御秘公迥、判官王固权、专知官侯重汴"，"南防口村施主田著，冶判齐守规、专知刘第"等经过分析在《井陉窑"官"字款、窑冶官及相关问题》[11] 一文中进行了专门的考证，认为盘龙冶是瓷窑冶，即南防口窑址。根据该幢题名，这里的窑官又直属于成德军设置在天长镇的镇使、知冶侍御。大体归纳出中唐到五代前期井陉窑的管理体系：

成德军节度使 → 天长镇遏使兼知冶、驿务事 → 知冶侍御
　→（天长总）冶判官 → 盘龙冶冶判 → 专知 → 炉前押官周 → 窑工

以此为依据，结合相关资料 [12]，提出了唐后期至五代前期的井陉窑、定窑、邢窑皆被方镇占据，成为成德军、义武军、昭义军的官窑，故其均有"官"字款瓷的生产。此阶段出现的"官"字款瓷是"方镇官字款"这一新的认识 [13]。

李氏墓所出瓷器、三彩器，真实地显现了井陉窑当时具有的技术水平，实际

上已达到 可与邢窑、定窑并驾齐驱的程度。因此这组材料的公布，对于《井陉窑"官"字款、窑冶官及相关问题》一文的论述提供了进一步的说明，对以往认为井陉窑是"土定"窑的误解加以纠正，并希望对邢、定、井三窑的对比乃至北防白瓷的产生与发展研究起到促进作用。

绘图：郝建文；摄影：杜鲜明、吴喆

注释：

[1] 附载入 1986 版《井陉县志》的两幅李氏墓器物照片。当时因未见到墓志，根据器物形制，笔者将其时代推定为唐，并依据口小、颈细的特征，将其名定为"瓶"，今一并从志、从众。见井陉县志编纂委员会《井陉县志》图版《历史文物》，河北人民出版社 1986 年版。

[2] 井陉窑"官"字款白瓷片，经对井陉窑天长城关窑址的发掘所获加上康辉同志在南防口的采集，目前已发现 4 片。南防口窑址的两片拓片载入《井陉窑"官"字款、窑冶官及相关问题》，故宫博物院编《2012 定窑学术研究会论文集》，待出版。

[3] 《井陉县志料》，民国二十年（1931）修，1988 年县方志办重印本，第 501 页。

[4] 政协井陉县委员会编《井陉历史文化》丛书《文物古迹卷》第一篇三，《县级文物保护单位·护国寺唐陀罗尼经幢》，新华出版社 2005 年版，第 119 页。

[5] 余拓此幢四面叙文，其拓片、录文完整发表于《井陉窑"官"字款、窑冶官及相关问题》一文中。

[6] 李氏墓的细白瓷碗、盏的胎薄轻莹，其口径 15.9 厘米的 ZLM：4，重仅 137 克。其质地坚细，个个透影，当修复完成后，当场按古人之法，将其中注入多少不等的清水，以箸击之，确能演奏出清脆悠扬的乐曲。

[7] 此项检测所建立的课题，由河北省文物研究所同中科院高能所核分析室合作，获国家自然科学基金资助。微量元素已测定完毕，但因尚待井陉窑标本的主量元素检测结果，故最终测定报告尚未公布。

[8] 重印本民国二十年《井陉县志料》第五编《物产矿物·非金属》第 205 页："磁土，本地呼为坩子，色白，有粗细两种。……细者产于南横口、秀林一带，用以烧碗。"

[9] "土定"的定义，见于《中国古陶瓷图典一类别·土定》"定窑瓷系河北曲阳定窑中心窑场以外的产品，"其包括的范围达"汾河、漳河流域广大地区。"文物出版社 1998 年版。

[10] 唐点彩白瓷注子，喇叭口高颈、圆肩、斜壁下收、深腹、平底、短流、双泥条曲炳。流根、炳下有褐色团花点彩装饰，釉色白泛青，口径 9 厘米、高 22.9 厘米。1957 年与井陉县相邻的平山县岗南水库工地出土。现藏河北省文物研究所。

[11] 同注 [2]。

[12] 参见注 [2]。另见孙继民、王丽敏：《唐后期手工业管理重要史料的发现及其意义——〈唐恒岳禅师影堂纪德之碑〉碑阴题记试析》，《中国经济史研究》2011 年第 3 期。关于唐藩镇掌控手工业作坊的资料还可见《唐故昭义军节度作坊副将明威将军上柱国试殿中监清河郡张府君（少华）墓志铭》《唐故魏博节度使天雄军司马南阳郡宗府君（庠）墓志铭》《唐故彭城刘府君（其云）太原王夫人合袝墓志》等，分别见《新中国出土墓志·河北壹》之第 110 志、129 志、103 志，文物出版社 2004 年版。又《唐□事兵马使充使宅将副将长沙茹府君（弘庆）墓志铭》所载"有子长曰令思，名隶绫坊军"，亦可证藩镇幽州卢龙亦将手工作坊纳入军管。见中国文物研究所，北京石刻艺术博物馆：《新中国出土墓志·北京壹》下册，文物出版社 2003 年版，第 29—30 页。

[13] 同注 [2]。

（原载《中国考古学会第十五次年会论文集（2012）》，
文物出版社 2013 年版）

十、井陉窑"官"字款、窑冶官及相关问题

晚唐五代瓷器中的"官""新官"字款问题是 20 世纪 50 年代以来中国陶瓷研究中的一个热点问题。其中的产地、时代以及性质三方面的不同见解较为引人关注。随着发现的日丰，讨论日益深入，有些问题看似已得到解决。然而，仍是这些"老"问题，令人颇感兴趣的是随着某些新资料的发现，似乎又有别解。本文分三个部分就井陉窑的相关发现，提出一些自己的认识，以助于问题的继续深入探讨。

（一）井陉窑"官"字款白瓷的发现

井陉窑自 1989 年开始发现，至今在井陉县地域内已知遗存有唐、五代阶段的窑址达到 6 处。1993 年首次在井陉县旧城（天长镇）城内开启的抢救发掘，发掘面积虽仅 90 平方米，但使这处原本只知道分布于城外东关的窑场，通过这次发掘发现其中心区实际被覆盖在城内的城址期（元代及其之后）层位之下。在这里的晚唐五代层发现了一片精细白瓷印花碟片，底部清晰地刻有行楷体的"官"字，这是井陉窑始见的第一片晚唐五代期的"官"字款白瓷瓷片[1]。2005 年初夏，在同一城内与之相距不过百十米的第二处发掘地点，再次在相同层位发掘出又一片细白瓷盂（或罐）片，外底心刻有同一体的"官"字款[2]。几乎与之相同的时间，驻该县 6410 工厂青工，陶瓷爱好者康辉同志，在北距城关 30 千米的井陉县南防口窑址（见图 2—10—5）采集到二片细白瓷"官"字款瓷片，并以之赠予了笔者（图 2—10—1、图 2—10—2）。

这四片刻"官"款白瓷片，胎体除精细程度稍有差别外，其釉色、胎质均同

图 2—10—1 井陉窑南防口窑址晚唐"官"字款白瓷片

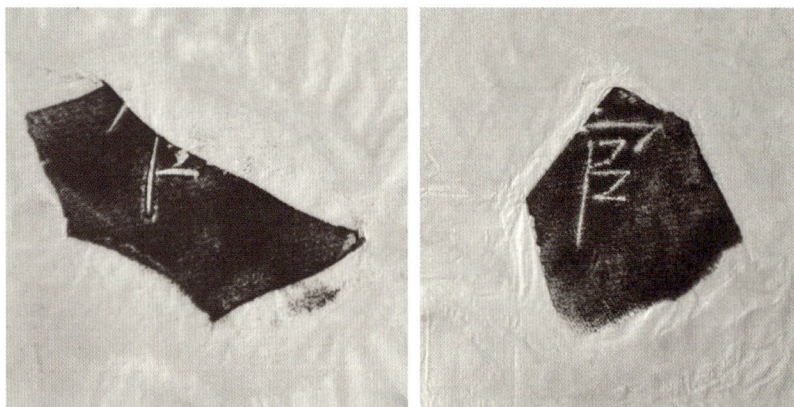

图 2—10—2 左是楷体"官"字款碗底拓片 右是行楷体"官"字款罐底拓片

当窑所产看不出有什么区别，并且也已不是孤例。然而，由于出自不同窑点，又均为碎瓷片，且同定窑已公布者，除字体有些差别外，其他还不能找出可区分二者的确切依据。因之断定为井陉窑所自产，似乎证据还不够充分。另一方面，1993年的发掘在晚唐五代层上面覆盖着的宋代层中还出土了多件刻有"天威军官瓶"款的粗瓷酱釉大酒瓶（亦被称作梅瓶，图2—10—3、图2—10—4）。时隔不长，在相邻的获鹿县又发现了相同质地、釉色、尺寸、形制的单刻行书体"官"字款的官瓶。由至今仍立置在当地的元丰八年（1085）《大宋成德军天威军石桥记》碑[3]，并参考《宋史》等为证，井陉唐代的天长军、宋代一直改称为天威军，窑址出土的这种刻铭酒瓶显为井陉窑所产，但此"官"字款同之前的白瓷"官"字款，同样的一个"官"字，除作为载体的釉色、胎质不同外，两者产地究否一致，性质有无关联或区别？这个问题亦一时不能得出明确的解答，加之整理工作的长期停顿，故未即时加以公布。

图 2—10—3　1993 年天长镇窑址出宋天威军官瓶

图 2—10—4　井陉窑酱釉"官"字款梅瓶

（二）井陉窑窑官刻名的发现

井陉县文物保管所因与该县苍岩山管理处为同一单位，自建所即同管理处共同设置于南距县城 40 千米的苍岩山。1986 年夏，笔者驻山整理该县岩峰村出土的窖藏钱币。其间于公主祠内看到放置有五代《唐汝南郡周公故夫人陇西郡李氏墓志铭》一盒。按志文所载，志主李氏夫人之夫"身任盘龙冶炉前押官，周公名承遂"；夫妇二人"只有一子，名神旺，亦当务炉前押官"，即周氏父子二人同一时间、同一地点在同一冶务——盘龙冶任同一职事"炉前押官"。这是该时期手工业方面的重要资料，当即引起注意。经询问经手人刘成文所长得知，此件 1978 年出自本县的南陉乡，系学大寨平整土地时挖出，经公社（乡）送到县上转来（图 2—10—6）。此墓的坐落地点，墓志有所交代："天祐十五年（918）十月十四日葬于井陉县阴泉乡盘龙冶北一十里。买得陉里村东李行同地，周家将充葬地"[4]。

阴泉乡、盘龙冶二地名久已失传，即便陉里村如今也已无此村名。看来，只要找到此墓的确切位置，按志文所记墓地距盘龙冶的里距、方位加以调查，或

215

可收事半功倍之效。那么盘龙冶是冶炼冶，还是瓷窑冶？由于志文对此无只字交代，问题也只好萦系心中。1989年秋冬之际笔者率队负责井陉县的文物补查，在该县北陉村访得1978年平整土地的数名当事人，从而获知出土李氏墓志的地点：北陉村东1.5公里的尹家湾。经查看，原坡地已彻底改造为宽敞平坦的农田，地表已无丝毫痕迹。就志载相关范围内细查古矿冶、窑冶竟一无收获。1996年、1997年笔者带井陉文保所杜鲜明、康金喜二人所做补查，终于在南陉、北陉及南防口三村村中各发现唐、五代时期的井陉窑窑址。这是三处以烧制细白瓷为主的窑场，其中南、北陉两处窑址各西距尹家湾墓地不超过2千米，显与盘龙冶无关。而南防口窑址确距尹家湾墓地约有5千米，只是不在其正南，而是在其东南（见图2—10—5）。那么南距墓地10里的盘龙冶是否是南防口窑址呢？方位上的一字之多，加之尹家湾处是否确有李氏之墓尚须核实，因而对于这一墓地仍不能加以最后的确定。2002年秋冬之季，为进一步划定各窑址的保护范围，预备选点发掘，我队对尹家湾墓地进行了考古钻探，结果在近湾顶的中区探明有并列的南向圆形砖室墓两座，铲头带上来的青砖块背饰绳纹，特征与这一带唐、五代时期墓砖完全一致。加之附近同时探明其余散布的都是开口层位不等的土坑墓，故可印证当年平墓者所指地点不错。只可惜墓室残毁过甚，已无进一步工作的价值。确认了李氏墓的具体坐落，由此再复查李氏墓正南10华里左右的东高家庄、窋窿峰一带，仍无矿冶、古瓷窑冶的踪迹。复核与李氏墓相同时期的南防口瓷窑

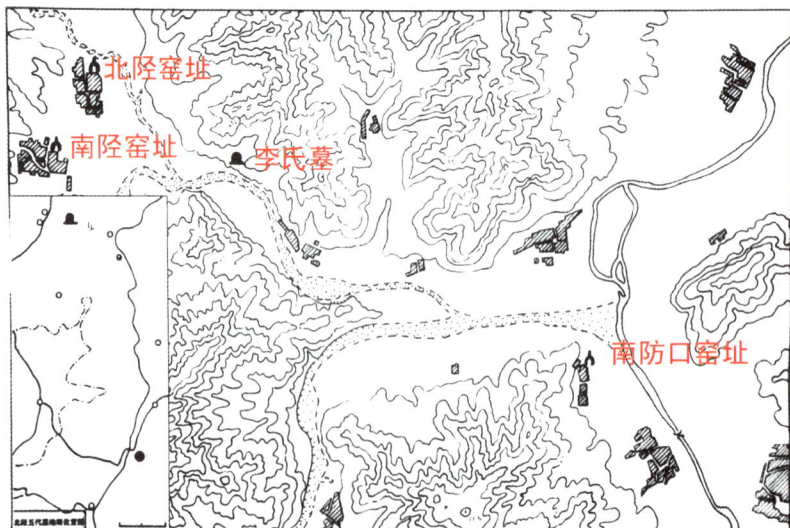

图2—10—5 李氏墓的地理位置及其与南防口、北陉、南陉三窑址的关系

216

图2—10—6　天祐十五年（918）周公妻李氏墓志拓片

址，二者恰恰如墓志所载相距近10华里，其方向虽非正南北，而是东南、西北，但在不使用罗盘较正的情况下，将之笼统地归于南北也是生活中的常有现象。如此，前文提及2005年于南防口窑址发现的看似简单的两件"官"字款晚唐白瓷片，同李氏墓志的所有者，周氏"炉前押官"的身份联系起来，问题终于朝着"盘龙冶"是瓷窑冶的方向迈出了关键的一步。

2007年井陉旧城关河东坡再次发生大规模破坏瓷窑址事件。这一地点，因有窑炉、作坊、瓷片层的多点丰富出露，故成为1989年首批被发现的窑址之一。经努力，笔者于当年秋率队进驻抢救劫余的窑址零落遗存。发掘停顿期间，2008年4月下旬，笔者在考古队绘图员刘伟的陪同下前往百里之外的该县西北边界深山中的护国寺遗址，去核查2003—2004年间主编《井陉历史文化·文物古迹卷》时收入作者许力扬报来的晚唐经幢录文中存在"天长镇过使兼知治驿务事""治判"等"治"字之疑。该幢先有民国《井陉县志料·金石》著录，未登照片、拓片，立幢相关官员题名也仅录"天长镇过使兼知治驿务事"一例。许氏对幢文的隶定显是受到民国志的影响，但他随报了拓片的照片，并节录了题记的内容。经笔者将录文与照片相对核只将"过"字更正为"遏"字，"治"字因拓、照不清，虽心疑为"冶"，但无把握，只得来文照登[5]。然而，一睹实物

217

之欲，愈益不忘。此次亲睹幢石，不仅除去心中一大疑团，还可谓一字之厘清，则获得我国唐、五代时期手工业管理制度上的一个前此未知的重要实证，其价值不言而喻。遂亲手捶拓、拍摄、记录，并再三嘱咐仙台山管理处对之加以认真地保护（图2—10—7）。

为研究的需要，现将后四面的有关内容完整过录如下。

（首面上段分三行首题）佛顶尊」胜陀罗」尼真言 [余略，幢石共八面，前四面真言文省略]

[五面]　仙台山掌院主僧敬思奉敕修。门人守坚，惠朗，守信。供养主守谨、守进、守德、全智」守志、守定。节度押衙充故关商税、驿务王丰。天长镇遏使兼知冶、驿务事」张惠能，知冶侍御秘公迥，判官王固权，专知官侯重汴。中山知冶务侍御李珂。」

[六面]　押衙承天军使充东山四县都知兵马使李弘范。南防口村施主田著，冶判齐守规，」妻李氏，名宝意，男唐珣，次男美郎。女弟子李氏，女二娘，子在使、在弘□。专知刘」第，弘章。小作修释迦牟尼佛浮公美，公亮，公政。山下檀那周建、周操、孙返福、刘晟」

[七面]　宋、李三、程晟、刘元德、张端、杨信、王丰、王莘、胡进、高闰武、马莘、马安、马荣、郭立、马山成」王端、张亮、张成、韩敬。□云水僧迥休。五翁山进翁岩。晋王勅赐护国院」天祐元年御书两道，奉皇帝恩赐建造铭记。手□一道」

[八面]　建造石幢一所

上述立幢题记中，先后有四人职衔带有误判的"治"字。其第四人齐守规三字前，原本刻为"冶判"，清楚无误。第三人，李珂名前，实刻为"中山知冶务侍御"，也并非是"知治务侍御"，毫不含糊。第二人秘公迥之前，"知冶侍御"之冶，偏旁上部一点，书写中斜拉过长，被误判为"治"，今与同石同刻同衔的李珂相比照，自可定秘公迥职衔是"知冶侍御"。排列其一的张惠能职称"天长镇遏使兼知冶驿务事"，冶字旁两点被信手一笔带过，结果被误判为"治"。其实只要细读原件，不难明白只有定为"冶"，即"天长镇遏使兼知冶、驿务事"才符合原文。首先，张惠能的本职是"天长镇遏使"，其实这是成德军节度使派出的驻天长镇的军事主官。按天长镇的地理位置，其西17.5公里为娘子关（即唐承天军），两者之间沿绵河有可供驮载通行的山路互达；其西南二十公里为故关，两者各设有驿站，有驿路相连。此时的天长镇，正是藩镇成德军控制的河北与河东（太原）往来的两处所必经的重要关隘承天军与故关的支撑点。由天长镇遏使

兼知相对极为重要的驿务，是势所必然，故由这位镇遏使兼负驿务之责。再看，其驻地天长镇其时正是井陉窑的巨大中心窑场，这里的"知冶侍御""冶判"等都是他手下专职冶务的官员。从上下相统的体系来看，下有知冶、冶判，上必有统管的首领。因此，正"治"为"冶"是顺合体统的。有此两点，可知"天长镇遏使兼知冶、驿务事"的隶定，完全成立。

兼知冶务、知冶、冶判、专知等职，题名中无一显示其冶为瓷窑务，如何判定这里所兼、所知、所判冶务是瓷窑冶呢？这就需要对题名原文做进一步分析。题名的排列是有一定顺序节次可以认知的。见于前录，官员题名集中排列在相关立幢的僧人之后，列在首位的是带节度押衙衔的故关官员王丰。占第二名的是天长镇遏使张惠能，紧接其后的是秘公迴、王固权、侯重汴，三人有职事而未署明单位。相接的是客官（外地官员），李珂、李弘范。紧接着的是白丁南防口村施主田著，与之相接的是冶判齐守规及其眷属，以及专知官刘第、弘章；再后则是另一单位小作的僧众等。如此，可以认为知冶侍御秘公迴、判官王固权、专知官侯重汴三人，均是直属于张惠能的天长镇官吏，南防口村田著特殊地置于官员之间，而无官职，或是对立幢佛事有着重大贡献，更可能同护国院及南防口官事有着特殊关系之人，不署单位名称而列于田著之后的冶判齐守规、专知官刘第，其职守则均同南防口地方直接相关联。换句话说，张惠能兼知的冶务、秘公迴知冶侍御当直接总管天长镇所辖的全部冶务。齐守规、刘第等拖家带口，其冶判、专知官之职掌，在很大程度上应和南防口窑冶有直接的关系。

前述考古调查，在天长镇、

图2—10—7　井陉仙台山护国院经幢拓片

河东坡、南防口、南、北陉、里八沟等地已发现了 6 处唐、五代窑址，其中天长镇（即旧城关）窑址，创烧时间早，延烧时间长，分布面积广，当年又处在这位"镇遏使兼知冶务"的脚下，在这里及南防口也的确发现了"官"字款白瓷片，以及这一阶段，井陉窑址多烧精细白瓷的情况，充分证实了当时井陉境内曾经出现的瓷窑业盛况，已足称得上是境内第一等的手工业。加之不仅不见于文献记载，长期反复考古调查（包括最近的全国第三次文物大普查）在这里始终没有其他同期矿冶业的发现，故可以认定，护国院经幢所刻的天长镇"镇遏使兼知冶务""知冶侍御""冶判""专知官"等官员皆属瓷窑业的窑冶官。再结合李氏墓志中所刻"炉前押官"及"官"字款白瓷在井陉窑窑址的出土，三者合证，中晚唐、五代时期的井陉窑，确曾由河北三镇之一的成德镇设官管理（或直接收归成德镇所有）。先后三次于井陉窑址出土的"官"字款白瓷片，确属这一时期井陉窑的产品。

（三）相关问题的探讨

1. 关于时代问题

历经半个世纪之久的发现与讨论，"官""新官"字款的时代问题已由最初多以为宋、辽代[6]，渐趋同于晚唐五代北宋前期[7]。井陉城关窑址的"官"字款白瓷片皆出土自晚唐五代层；属于现场采集于南防口窑址的两片，因南防口窑址是一处唐五代时期的窑址，在反复调查中迄今未发现有早于中唐或晚于五代的遗物，时代较为单纯，瓷片的特点亦相同于城关窑址所出者，故其时代的认定同于城关自属无误。依此，就"官""新官"字款器时代问题来说，井陉窑的发现在很大程度上有力地印证了这个问题认知上的近年进展。

辨明了井陉窑址所出的白瓷"官"字款瓷片的时代和产地，现在再看前文所提及鹿泉市（获鹿县）出土了"官"字款酱釉粗瓷大酒瓶，将其同相邻的井陉城关窑址所出"天威军官瓶"相比对，不仅可实证其为井陉窑的宋代产品，且后者的五字题款还直接为这一"官"字的确切含义，做着明白而准确的说明：即此瓶是天威军的专用酒瓶。联系《大宋成德军天威军石桥记》的碑题可知，五代后晋改为"天威军"，至北宋中后期，不仅天威军建置仍存，其上属的成德镇军号也同时被保留着，尽管时至北宋，如唐时的那种独立王国式的藩镇已被取消，然而其名号作为地方军队厢（乡）兵的多级单位依然在延续使用。由宋代井陉窑烧

制并题刻有"官"字款的官瓶来看，这种酒瓶首先满足的是自供并供其上级成德军的官兵之需，当是不成问题的。北宋一朝，这种既非是贡品，也不是皇家定烧而是为自身官烧官用而题刻"官"字款的现象，就井陉窑的发现，看似孤例，但究与唐五代时期多地生产白瓷、青瓷"官"字款器的做法有无连带关系？由井陉窑的这一发现来看，近年将"官"字款瓷的下限划定在北宋前期的结论是否可靠？

2.晚唐五代之际的井陉窑管理结构

唐天祐元年（904）《仙台山护国院陀罗尼真言幢》及唐天祐十五年（918）《周公（承遂）妻李氏墓志》二者均有明确的纪年，这就为讨论问题给出了准确的时间界定。这一时段管辖井陉县的是河朔三镇之一的成德军节度使、赵王王镕。相比同是与朝廷分庭抗礼的另两镇，成德镇的王氏军政之权保有、传续的最为稳固，自其高祖王廷凑至镕世袭节职已历六叶，长达百年。井陉窑在这一阶段，相对而言有着一个比较稳定的生产环境和管理体制。这由幢、志题刻中对冶务设官管理的情状可见一斑，经整理可以大致将之列出如下的井陉窑冶管理结构：

（成德军节度使）……天长镇遏使兼知冶，驿务事张→（天长）知冶侍御秘

→（天长窑业）判官王 ⎧（天长窑业）专知官侯……（炉前押官）→（工匠）
⎩（盘龙冶）冶判齐……（盘龙冶）专知刘

→盘龙冶炉前押官周→（工匠）

上述六级中位居最高的镇遏使之职见于《新唐书·百官四》：镇将、镇副、戍主、戍副，掌捍防守御。附注"每镇又有使一人，副一人"，重是可知为武职。但此处不称镇将，也非镇使，而别做镇遏使，或是镇使的别称，或属藩镇参照彼时官制和天长镇特别冲要的军事地位而特别的命名。从其本、兼职事看，其为天长辖区握有实权的最高长官应不成问题，并由此可知，当时的井陉窑被纳入了军事管制。处于第二级的知冶侍御，由排列次序仅次于镇遏使且挂有相当于从六品的侍御史衔[8]来看，窑冶业在天长镇辖区内其时排列在关乎"血脉流通"的驿务之前，具有举足轻重的地位。从而可以推知其所知之冶不可能是至今查无文献记载亦无丝毫遗迹的唐五代矿冶业，亦绝非只是如盘龙冶那样的某一窑场，而是具有多窑集群天长镇（井陉窑）的冶界总管。处于第三级的判官王，位次亦不低，被排在了知冶侍御之后，应是知冶的佐理。相连的专知官侯，或是专理总冶的某方面职事，或是专知其中重要窑场，如位于绵河两岸最大窑场天长镇（城关）窑。这种推测还有一个依据，因为他在题名中被排在了客官中山知冶侍御李

221

之前，亦可见其本身地位的非同一般。冶判齐在题名中被安排在了官员之中唯一插入的布衣（或身份不明）"南防口施主田著"之后，一方面可想施主田氏在护国院的相当地位，另一方面也预示了田、齐二者之间或者有着某方面的连带关系。现在已知，南防口其时正有窑冶生产，并且还烧制"官"字款白瓷，按李氏墓志所载盘龙冶前文分析，也正是南防口窑址。将齐氏置于南防口田氏之后，很大可能这一冶判所判窑场即是南防口处的盘龙冶。专知刘也应属于这一单位，故其名列冶判齐的眷属之后。处于窑冶众官最末位的当是李氏墓志中所载的盘龙冶炉前押官周。押官之职不见于唐书官志，然以《新唐书·百官二》"以（中书舍人）六员分押尚书六曹，佐宰相判案"的押曹实例比照，炉前押官即是押炉，当是督率，掌管窑炉生产的一线窑官，这其实是成德军窑冶管理体系中最底层的管理者——掌控生产的窑头。目前在无进一步资料说明其身份的情况下，从为其妻以砖砌墓，并以相当数量的精美白瓷和三彩器随葬[9]，可知其财力非普通窑工可比，再从其远在窑场十里之外选购上佳墓地以备长期使用的情况看，周氏即非土著，也非"流官"，很有可能是拔之于烧制技艺出众的匠师之中。无论其何种出身、身份，他们父子即具体掌握、指挥成型、装饰、挂釉、烧成等炉前各工序的生产，同时也必受当冶冶判、专知官的管领是无疑的。

上述经幢题名以及志主身份的记载，虽还不能说已全部复原了当年井陉窑窑冶的运作系统，但如本段文字所勾勒，从上至下已大体可见它的基本管理架构，如再在天长镇遏使兼知冶驿务事之上加上他的最高上司成德军节度使；另在炉前押官之下再补充上实际从事生产各工序的窑师、窑工，那就已经可以算作是一幅十分难得、距今千年以前的晚唐五代阶段井陉窑的窑冶生产管理结构图了。

3."官"字款性质直解——方镇官瓷

定窑以两塔基所出精细白瓷为代表的"官"字款产品，不仅冠绝一代，还称得上是名烁古今，以至一段时间内凡发现"官"字款细白瓷器几乎都视之为定器。随着定窑之外其他窑口"官"字款白瓷的逐渐被发现，"官"字款白瓷确非定窑一个窑口所出，这一点现已没有疑义。但"官"字款性质究是皇家定烧的御品？还是"官府定烧"的贡品？如是官府定烧是哪一家官府？还是无一定指向，凡官府都包括在内？如再引申一步，烧"官"字款的窑口究竟是官窑，还是民窑？等等，这些问题即便时至今日，深究起来，恐怕也并不完全清晰。现由井陉窑的上述发现，据之可以对"官"字款瓷器的性质问题，加以进一步的探讨。

经以上对天祐年间井陉窑管理结构的复原分析，我们已不难得出以下认识：

唐后期至五代，井陉窑是藩镇成德派员直接管理，并为之建立起了一整套管理机构，即时隶属于成德军。由于多层设官并一竿子插到底，官管至最底层的炉前来看，此时的井陉窑虽限于材料目前还不能下已整体收归成德军的结论，但已完全被成德军掌握是显而易见的。这一点还可以从官员题名中列于首位的是"节度押衙充故关商税、驿务"，而紧随其后的天长镇遏使兼知冶、驿务事而不挂商税之职，并且相关官员中也无一名窑冶商税官。须知，这时的井陉窑窑点分布达方圆二三十公里的范围，总和六处窑场，生产规模并不小于其时的定窑。如若对其专设税官，其地位自然显重于一般的冶判、专知，本境佛界如此善事，窑冶官参与其中，而窑税官完全被遗漏的可能性是不大的。这一点我们还可以从近年发现于定窑窑址附近同属一个时段的《唐恒岳故禅师影堂记德之碑》碑阴题名同样群集了义武军节度使派管定窑的都知瓷窑三冶冶将、副将、十将、百将、虞候、冶判、押官等更为齐全，但也一无税官出现其间作参考[10]。至此，不妨再看邢窑所处的昭义军节度以及邺、相窑相邻的魏博镇情况，略举其例，就更有利于对问题的理解。唐大和八年（834）《昭义军节度作坊副将张公（少华）墓志》记志主早著声望，自身"于（节度使）辕门受作坊副将，累著勋绩"可知其手工业作坊同于成德、义武是归于方镇管办的[11]。咸通九年（868）《唐故魏博节度使天雄军司马南阳郡宗府君（庠）墓志》："方伯知（庠）贤，起家受奉议郎，试左武卫长史、判献奉作坊事"，可知方镇魏博在武库、百器之外还专设有直属生产贡品的献奉作坊[12]。元和十一年（816）《唐故彭城刘府君（其云）、太原王夫人合祔墓志》记刘氏先后担任贝州作坊判官，天雄军（魏博）作坊副将。在贝州"使人以器，百工有成"，在魏博"纲纪匠人，军实充于武库，国用惟足"[13]。足证魏博也不例外。无论军中，还是地方，作坊一律都成了"官"作坊，如何还会自作自税！自唐中期以迄五代间，河朔形成了半独立的军阀（节镇）割据区，即使表面上敷衍，实际上朝廷已失去对之有效的控制。此外，作为一种制度，包括黄堡窑在内的都城长安地区，州府之上也加节镇，不过其节度等使听于中央任免，且多由文官担任。故而自安史之乱后，全唐地方普遍实施了方镇制，其后的发展直接导致了五代十国分裂局面的出现。唐代的河北是闻名天下的白瓷产区，河北方镇完全掌握在安史降将之手，他们互不相统，各自为政，也就各自占有了所辖地域的窑冶，强力投入管制生产。故此，一时之间，邢、井、定都在生产着"官"字款白瓷等精美瓷器，争奇斗艳，出现了"天下无贵贱通用之"的繁荣景象。在此，笔者大胆地推测，白瓷"官"字款应起自于中唐后的河北藩镇。定瓷中发

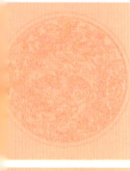

现的"易定"款就是说明这个问题的最好例证，藩镇"义武"只是军号，它的实占区是易、定两州，故又被称作易定观察、节度使，"易定"款其实就是易定节度的缩写。史实上河北节度使的交替多父子相袭，也不乏武力攘夺，"新官"字款就是随着新旧节度的变更而出现在瓷器上的反映。无怪乎有瓷器专家研究后指出，"官"与"新官"瓷器二者的产生时间没有多长的间隔。由于"官"字款产品的精美，自出现之后，在割据区风靡长达百年之久，其产品流布地域广泛，除满足本节镇统治者的需要，也用之"奉献"，即上供京师朝廷，拟或用之充作礼品、赏品之用。以故成为上自帝王、下至官宦豪富的珍爱之物，影响之下生产也超出了白瓷的范畴，如青瓷中也发现"官"字款，甚至窑具上也刻画上"官"与"新官"的字款，可见其时产地亦散布广泛。如此，我们再来看"官""新官"字款的性质，由河北的情况来看，笔者以为将之概括为"方镇官瓷"更为准确，这也就是说它是该时期节度使府所占有的当窑最优等的产品。

4."官"字款白瓷窑口判定问题

现存"官"字款白瓷，其出处一般无非存在以下几种情况：出土（含个别出水）的，以窑址、墓葬（含窖穴）中较多，有些遗址（城址）也有一些发现；流散在各地（含国外）的，以博物馆收藏为主，私家收藏亦有；见于市场上"官""新官"字款瓷器瓷片，真赝掺杂。因此，对于白瓷"官"字款瓷来说，鉴别窑口除是判定归属的需要外，在某种情况下还成为辨别真伪的依据之一。真伪问题非本文讨论的内容，此不涉及。以下仅就产地问题略述拙见。

凡瓷窑址及窑址区墓葬所出"官"字款瓷品，一般都会成为断定窑口的标本和依据，随着出"官"字款的窑口增加，这种依据自然还会有所加强。对于其他遗址（城址）、墓葬所出或流散的"官"字款白瓷，窑口的判定随着判定依据的增加，会提高判定的准确度，因此，加强交流、对比是十分需要的。特别是出自此类情况，而早先已宣布了窑口的藏件，随着新发现"官"字款窑口的不断增加，似乎也有必要审慎的加以对比复检。

再就河北目前而言，继定窑之后，邢、井皆发现了"官"字款白瓷，而这三窑的一些精细白瓷也确是达到了超出目鉴能力的限度，因此，脱离窑址而发现的"官"字款细白瓷就河北当地来说，应客观地承认往往还不能骤断其为何窑之物，更何况由于三窑均有各自的出境（出口）渠道，遑论在河北以外的地方，甚至境外、国外诸地的"官"字款白瓷，更不应囫囵归口，宁可搁置而不臆断。但一时的搁置，并不等于完全的消极等待，刘世枢、王会民与笔者同中科院高能物理所

冯松林先生等合作，搞了一个河北三窑的白瓷指纹特征判定标准课题，微量元素已测试完毕，井陉窑白瓷的主量元素测定还在等待结果，故这个课题还没有给出最终的结论。这个测试，我们要继续完成。这是借助高科技的方法解决窑口问题的重要途径之一。

充分利用好文献资料。前辈陈万里、冯先铭等老先生已作出示范，冯先生20世纪70年代发表的《记志书中一批有待调查的瓷窑》就对古窑址的调查，起着积极的参考作用。想此方面大家多有体会，毋庸赘言。

总之"官"字款窑口问题至今或许仍是个不断需要进一步探讨的问题，盼有更多新材料的发现。

5. 余论

《仙台山护国院陀罗尼真言幢》官员题名中还有另一个值得注意的信息。在题名的官员中所见"中山知冶侍御李珂"，这是该时定窑的主管官员。可见彼时，井、定二窑虽属不同的节镇，但管理官员的来往还是公开的、直接的。当然，这得受节镇之间的关系所制约。不过，由此可以为距离相同，即均不过百十公里，呈等腰掎角之态的邢、井、定三窑之间的来往（实际这种往来还应包括三窑工匠，以至更远的其他窑冶者）、技术、物品、人员等各方面的交流提供了一条可资参考的线索。以往那种只将定窑视为"官窑"，定窑以外其他窑口，特别是井陉窑的精细瓷作等都归入定窑，而将粗瓷不加区别一律都划到其他窑口，当然包括井陉窑，称之为"土定"的认识，随着发现的日多与史实的差距会越来越明显。

方镇官瓷的下限，这个问题就河北而言，前文已提及并不是都结束于"北宋早期"那么简单。半独立王国式的唐代河北方镇，进入五代先后结束。有的如邢窑所在的昭义军地区，早在唐末已陷入汴军（朱全忠）与晋军（李克用）的反复争夺之中。控制定窑的义武军晚至后唐明宗天成四年（929）被最后取缔。掌握井陉窑达百年之久的成德军王氏，唐亡后维持割据，继续使用"天祐"年号，至天祐十八年（921）死于内乱，翌年被平，亦归入后唐。整个五代时期节度使名号虽然依旧，但割据逐次消除，此后的节度使都已成为各自朝廷的命官，并频频更调，待到后周改革，混乱的局面更加趋于澄清，见于显德四年（957）《大周王子山禅院长老舍利塔之记》，立碑人"节度使押衙银青光禄大夫检校太子宾客兼殿中侍御史充龙泉镇钤辖瓷窑商税务使冯翔"[14]的职衔，可知，此时已对定窑作坊征税，反映出定窑在五代后期已由节镇军使作坊转变为民营作坊，由此可

知，井陉窑的管理机构在失去强力的掌控后，也会发生这种转变。在河北，以白瓷"官""新官"字款为代表的单纯藩镇官窑、官瓷，史实上进入五代或五代后期随着藩镇割据的结束，已经率先失去按照原有模式继续生存的依附条件，全国随着方镇类地方割据政权的逐次削平，那种方镇官窑、官款、官瓷亦同河北一样，因政权的归于一统而成为历史的陈迹。致若北宋前期定州塔基以及巩义李后陵所出"官"字款白瓷，从其只是入藏品的一小部分来看，未必就是当期的产品。而"天威军官瓶"及其"官"字款器物的出现，亦仅仅是地方专用品的搭烧或定制，这与整个窑口的性质或其产品尚优的质量要求没有关系，更与官窑、贡奉的御用生产毫不相干，不可同日而语。因此，是否可以断言唐五代方镇割据的结束即方镇官瓷的下限。

然而，作为中国陶瓷史上唐后期五代阶段瓷窑冶的一段特殊官控生产时段；为追求更高的质量，满足高品位的需求，不计生产成本支出，集中了和满足了一定的人力物力的需要，客观上有力地提高了瓷艺水平。它的存在，是中国陶瓷随中国历史发展的产物，必然的在一定程度上促进了中国陶瓷，特别是白瓷生产的进一步繁荣。还应特别指出的是，它的窑冶官式管理结构为其后皇家官窑的出现提供了借鉴。总之其存在有特殊的阶段性，并有着深刻的历史背景，其在中国陶瓷史上的意义是不容忽视的。

　　※ 刘成文（1928—2000.10）河北井陉东窑岭人，生前长期担任井陉县文物保护管理所所长，苍岩山风景文物管理处处长。副研究馆员。为苍岩山的恢复、保护、研究、开放殚精竭虑。在他的保护、规划、建设下，苍岩山同山海关、承德避暑山庄、外八庙等共同被评为首批国家 4A 级开放单位。生前他同破坏文物特别是破坏井陉窑的行为做了坚决的抵制和斗争，为井陉窑的保护积极奔走，对调查发掘始终给予了热情的协助和支持。实践证明都是十分难能可贵的。本文的发表将他列为第一作者，是表达对他的深切怀念和告慰。

注释：

[1] 1993 年井陉窑考古队配合井陉县邮电局天长支局工作楼基建工程，发掘出土之白瓷"官"字款碟片，质洁白、细腻，釉色莹润，发掘完成后出土器物装箱入单位库房。没有进行整理，后随着发掘器物增加和长时间不能进行整理，集中堆积在库房内，故此片一时无法取出拍照和传拓，只得暂缺。

[2] 同注 [1]。

[3] 宋天威军石桥又名通济桥，现仍在井陉县天长镇北 2.5 公里的石桥头村北七里涧上，

形制同于赵州大石桥，只是形体未及其半。宋元丰八年（1085）的建桥碑，目前仍保存于桥南的天齐庙院内，由碑文可知，桥为辽阳石匠张安造于1083—1085年。石桥原为省保单位，现同碑共同为第六批全国重点文物保护单位，井陉古驿道的附属文物。通济建桥碑由进士马宜之撰文，《清一统志》《畿辅通志》《正定府志》《（雍正）井陉县志》均有著录，创建石桥碑碑文见于民国二十三年（1934）《井陉县志料》第十四编《金石》。

[4]《唐汝南郡周公故夫人陇西郡李氏墓志铭》一盒，方形，盝顶式志盖，志青石质，现存井陉县文物保管所。详见刘成文、孟繁峰：《一组五代井陉窑陶瓷器的释读——记井陉窑炉前押官周承遂妻李氏墓的瓷器、三彩器及墓志》。

[5] 仙台山护国院经幢，原著录于民国二十三年《井陉县志料·金石》，并未过录原文，仅提及幢身有"天长镇过使兼知治驿务事与押衙承天军使充东山四县都知兵马使李弘范等字样"，因幢石第八面大片空缺处加刻有宋治平二年捐地文，故被其认为"建寺在唐代，而建幢在宋代或宋代以后"。许力扬：《护国寺唐陀罗尼经幢》一文有较详细的说明，参见《井陉历史文化·文物古迹卷》第一篇·三《井陉县重点文物保护单位·护国寺陀罗尼经幢》（第119页），新华出版社2005年版。

[6] a.金毓黻：《略论近期出土的辽国历史文物》，《考古通讯》1956年第4期。

b.陈万里：《我对辽墓出土几件瓷器的意见》，《文物参考资料》1956年第11期。

c.定州博物馆：《河北定县发现两座宋代塔基》，《文物》1972年第8期。

d.洲杰：《赤峰缸瓦窑村辽代瓷窑调查记》，《考古》1973年第4期。

e.冯永谦：《"官"和"新官"字款瓷器之研究》，《中国古代窑址调查发掘报告集》，文物出版社1984年版。

f.李辉炳：《关于"官""新官"款白瓷产地问题的探讨》，《文物》1984年第11期。

g.谢明云：《有关"官"和"新官"款白瓷官字涵义的几个问题》，《故宫学术季刊》（台湾）1987年第2期。

[7] a.冯永谦：《"官"和"新官"字款瓷器》《辽宁省博物馆藏宝录》，上海文艺出版社、三联书店（香港）有限公司联合出版1994年版，第106页。

b.权奎山：《关于唐宋瓷器上的"官"和"新官"字款问题》，《中国古陶瓷研究》第五集，紫禁城出版社1999年版，第222页。

c.刘涛：《宋辽金纪年瓷器》，《定窑》，文物出版社2004年版。

[8] 参见《新唐书·百官一》。

[9] 同注[4]。

[10] a.王丽敏、张建锁：《唐定窑生产规模佐证》，《中国文物报》2006年12月6日。

b.王丽敏、田韶品：《曲阳发现唐恒岳故禅师影堂纪德之碑》，《文物春秋》2009年第6期。

227

　　c.孙继民、王丽敏：《唐后期手工业管理重要史料的发现及其意义——〈唐恒岳禅师影堂纪德之碑〉碑阴题记试析》，《中国经济史研究》2011 年第 3 期。

　　[11][12][13]《唐故昭义军节度作坊副将明威将军上柱国试殿中监清河郡张府君（少华）墓志铭》《唐故魏博节度使天雄军司马南阳郡宗府君（庠）墓志铭》《唐故彭城刘府君（其云）太原王夫人合祔墓志》，分别见《新中国出土墓志·河北壹》之第 110 志、129 志、103 志，文物出版社 2004 年版。

　　[14]《大周王子山禅院长老舍利塔之记》碑已移至曲阳县定窑文物保管所内收藏。

（原载故宫博物院古陶瓷研究中心编：《故宫博物院八十七

华诞定窑学术研讨会论文集》，故宫出版社 2014 年版）

十一、一个重要的发现——读《井陉柿庄宋墓群发现唐代纪年墓》

吴　喆[*]

2003 年春，井陉柿庄壁画墓群内发现了同一家族的纪年墓，从而将这一省保单位的时代上限由宋提升至唐。所获随葬品虽寥寥，但系井陉窑相应时段的标型器。所出墓志对于研究唐代井陉治城位置、井陉驿路等问题有重要的史料价值。1960 年，河北省文化局文物工作队对河北井陉县柿庄村南壁画墓群进行了发掘，共清理了排列有序的 9 座壁画墓。中国历史博物馆（今国家博物馆）派员照相、测绘，中央美术学院、中国历史博物馆、文物出版社派员临摹壁画，文化部古代建筑修整所派员鉴定仿木结构。大家通力合作，完成发掘、照相、测绘、临摹、迁建 M4、回填保护等工作。《考古学报》1962 年第 2 期发表了唐云明先生执笔的考古报告 [1]。自此，这处宋金时期的壁画墓群在中国宋金壁画墓考古中占了一席之地。1982 年被公布为河北省文物保护单位。

今读井陉县文物保护管理所的简报，获悉 2003 年初在这一墓群内又发现了一座纪年唐墓，尽管资料有限，却深感价值非同一般，有以下几点新认识奉献于读者。

（一）突破了这处省保单位的时代上限

井陉县文物保护管理所获知发现墓葬的信息时，因村民已经在该墓之上营建了新墓，因而不能准确获知墓室形制，尤其墓内是否绘有壁画。出土的随葬品可

---

*　河北省文物保护中心。

证该墓时代为唐，特别是出土的一合砖志，使该墓成为墓群内发现的第一座有准确埋葬时间的纪年墓，因而在其被判定为宋代或宋金墓群的40年后，又将时代上限提升至唐。从各方面材料分析，这处尹氏家族墓地至少应该起始于唐代，历经宋、金、元、明、清一直延续使用至今，长达1300年之久而不迁，这在考古学特别是社会经济文化史以至人口发展史等方面都是一个值得注意的材料。有此重要新资料的发现，省保单位柿庄墓群的时代界定看来还需要更正。柿庄村南墓地面积不大，历经1300多年，不知有多少座墓压墓、毁旧墓造新墓？从保护文物遗存的需要出发，柿庄村南墓地应彻底探明实有多少座古代墓葬，建议相关部门协商村民另觅妥当墓地（或采取其他送终方式），在保护范围内不要再继续毁旧墓埋新墓了。

（二）唐井陉窑器物的断代标型器

井陉文物保管所的同仁在器物散失前赶到了现场，取回的器物虽寥寥几件，但意义却是不寻常的：它们都有准确的纪年，其中的两件瓷器是日用瓷中的代表性器物，而且出土地点距井陉窑最近的唐代窑址——南秀林窑址不足15公里，特征亦相符合，成为井陉窑分期断代的可靠标型器。敞口实足底白瓷碗（SM11：1），碗形周正，外施半釉，还带着较早期的风格，按器形、胎质、釉色，在井陉窑发掘中是常见器物，碗心三个支钉痕的存在，证明此阶段的井陉窑大量采用的仍是支钉正烧法。因胎质稍粗，施用化妆土修饰的方法，在井陉窑是自隋代既见的常用修饰手法之一，这一点有同于另两大白瓷窑口的邢窑和巩义窑，看来它们当有着共同的艺源。黑釉小碗（SM11：2），胎虽稍粗，釉色甚好，井陉窑虽隋代既不乏黑瓷作品，但唐前期的同类器物至今尚未发现，此件形制上同五代初期的同窑同类纪年产品[2]相比，腹斜收曲度稍小，底部直径稍大，显得较为厚重，自可作为分期一界点。陶罐（SM11：3），侈口，矮束颈，广肩，鼓腹斜收，平底，器高和腹径仅相差1厘米，与唐晚期、五代初期者器形瘦高有比较明显的区别，与盛唐最大腹径在器中部相似，器形整体仍显雍容大度。铁镳斗（SM11:4），与此类似的瓷制品在井陉窑已出有一些，此件惜足部残失，两种不同质地的同型器物实可相互补正，并引之以作断代的参考。总之，三类质地四件器物可为井陉窑的唐五代同类器物提供断代的参照标本，其历史资料价值不可不珍重之。

（三）唐代井陉治城位置谜团的破解

战国晚期的五陉、汉代的井陉故城在今井陉矿区天护村，这已为学界所接受，而另一古城城关（天长）镇，至今多认为宋熙宁八年（1075）迁置[3]，也有考证认为金末或元初才移城关（今天长镇）[4]。至于唐代的井陉治城究竟在何处，井陉县治到底何时由何处移置天长镇，至今无人能说清楚。今见志文有言："县去府九十里，村去县六十里……"按之实地，墓志所记村是障城村，即今南障城村，由此"去县六十里"，按之今公里，其正北去该县威州镇27公里，西北去天长镇20公里，再北去天护村12.5公里，由南障城去天护旧城实有32.5公里，两者似从里距上难以取舍。"县去府九十里"，则使问题豁然开朗：由天护东经获鹿至府城正定55公里，北经平山去府城至近也得60公里。只有由威州不足15公里至获鹿城，再30公里至府城，恰合45公里（90里），与墓志所言里数相符。故可断言唐时，至少唐中期的井陉县城在今威州镇无疑，这实际上指明了唐代井陉县治城的确切地点，就在金代的威州城，即今该县威州镇（现为6410工厂占据）。这不仅使这座已知金代古城址的时代上限由金提升至唐，还因确定了唐代井陉治城的位置问题，为彻底解决混乱的井陉治城历史沿革奠定了基础。

志文又言："西去故关四十里，东去苇箔岭卅里，南去测鱼村廿里，北去村十里……"核之实地，柿庄墓地北去南障城村恰是5公里，南至测鱼村的距离10公里也恰恰相符。东去苇箔岭15公里，正与柿庄达苍岩山东的老牛峪岭里距相符，老牛峪村西侧仍有小自然村称"苇片庄"[5]，以此按之里距，唐时的苇箔岭应

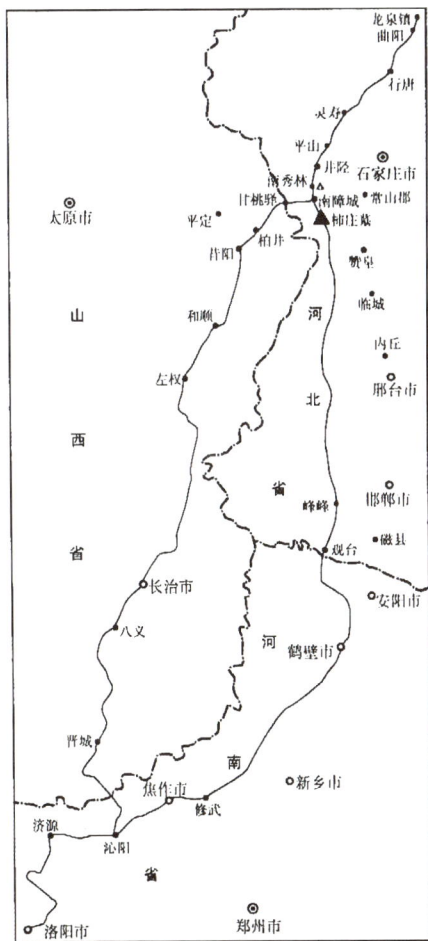

图2—11—1 井陉柿庄宋墓位置

即是地势并不太高陡的老牛峪岭，经此山峪出太行东行 20 公里即达战汉时代的常山郡治城，又东南 7.5 公里达元氏县城，以至高邑、临城、赵县、宁晋、新河等太行山东侧诸县，地势平坦。"西去故关四十里"，实地为南障城村西去旧关的距离相符合，在故关东北 1 公里余的驿道边现仍有村名为甘桃驿，该村东有名为甘桃沟的山谷通向南障城入甘陶河，山谷东西长 20 公里，连接了井陉古驿道与南障城所在的沿甘陶河的南北通道（现省道平涉公路）。甘桃驿是陉山与柏井两驿间的等距腰驿，由此分出岔道，东经大梁江、吕家、蒋家至南障城，再沿甘陶河北上可达今、古县城（现微水、古威州），南去经测鱼等循太行西麓的乐平（昔阳）、和顺、左权（辽县）、黎城、长治、晋城（泽钟）、济源，可达洛阳等豫、陕诸地。仅按苍岩山碑石记载，古时这正是太行山东西 60 余州县的进香之路[6]。因此，南障城所在的甘桃（陶）驿路四通八达，正是邢州以北、真定以南、太行山以东，不绕经真定和井陉县城而通太原的捷径，同时又是太行山西麓由甘桃驿经障城分路而达冀南、豫北之地的间道，所经诸地文化、经济联系以及军事交通意义重大。因此，这里的井陉驿道间道历史上即是一个十分重要的支线（图 2—11—1）。今见墓志志文所记，这一内容对井陉古道来说是难得的重要补白，对于研究冀、晋、豫古代陶瓷发展史来说，亦是不能忽视的重要地理交通资料。

（四）柿庄尹氏在隋唐时期是有品有勋的官户

在《河北井陉县柿庄宋墓发掘报告》中，执笔者以不出墓志、未见官物，分析柿庄墓群墓主的身份属"当时农村中的地主豪富"，并收录了发掘时依旧立于墓地中的尹氏谱牒碑文[7]。这通立于元至大元年（1308）的族谱碑文记尹氏"先祖世居威州（即今井陉），家族之盛，大化乡里所称"。依尹钦惠墓志可知，尹氏祖籍原系河间府，迁居井陉县的具体时间虽未明言，所记"井陉县大化乡甘桃里障城村"当系尹氏迁入井陉后先于柿庄居住之地，看来柿庄先有尹氏墓地，后才发展为村。按《唐六典》所载："百户为里，五里为乡"[8]，又可知唐时甘桃里至少已达百户以上，而其时地理环境优良的南障城村似还不足百户，是属于甘桃里的一个小自然村。

志文载，志主尹钦惠之祖在隋朝出任秦州司法参军。秦州系隋大业三年（607）前的称谓，其后改为天水郡，唐时属陇右道，即今甘肃天水地区。司法参军是州刺史的佐吏，职掌律令、定罪及缉盗贼，因属上州，官职从七品。其父为唐朝

兵部常选。"常选"非官名，见于《唐六典·兵部》"凡酬功者，现任、前资、常选为上资，文武散官、卫官、勋官五品以上为次资"的规定，是一种被列为上等的资质。按唐朝兵部选授之制，是兵部注拟以备需要时应招的常备优等军事人才[9]。

立墓志人、尹钦惠之子尹怀灿，按所书官职品衔为武官。游击将军，是唐制29散阶之第14阶，从五品下。守左羽林军大将军员外置同正员，虚职，非正员。左右羽林军为唐中央禁军之一，其主官大将军正三品，"掌统领（中央）北衙禁兵羽林军之法令、督摄左右厢飞骑之仪仗，以统诸曹之职"[10]。唐代官阶低而所署官阶高称作守。员外置同正员，按羽林军大将军依制是羽林军最高官职，仅设一员，非实任在职而授此官衔者，作员外置同正员。上柱国，是唐朝勋官的最高一级，即十二转之勋称，规定其品级为正二品，在唐代凡武官受此勋，一般皆以规定的武功取得。由此可知，尹怀灿作为一员武官，具有从五品下的散官官阶，正三品的军职官衔，正二品的最高勋级。虽然唐朝中期官制特别是藩镇节度使掌统的官号之滥已成失控之势，但墓志所题"恒州大都督府"，而不提此时期当地已有的成德军军号，故推测尹怀灿非成德军军官，所取得的勋级品阶皆是先年得自唐朝中央。无论尹怀灿功名的取得来自何处，且在羽林军未任相应实职，但以其父无资职白身的子弟获如此高的品级和勋阶，可见他应长期从军，并立有相应的军功。按此，尹氏家族在隋唐时期列为官户是无疑的，享有着当时的免除租庸调和两税等优待。这为柿庄墓群墓葬制度以及墓主人的社会身份问题增加了研究内容。

井陉柿庄尹钦惠夫妇墓的发现，为这处省保单位提供了上述价值丰富的资料，使我们对这处墓群的认知大大深入了一步，对它进一步的调查研究工作，特别是保护利用还应给予关注和加强。

注释：

[1] 河北省文化局文物工作队：《河北井陉县柿庄宋墓发掘报告》，《考古学报》1960年第2期。

[2] 参见刘成文、孟繁峰：《一组五代井陉窑陶瓷器的释读——盘龙冶押官妻李氏墓的瓷器、三彩器及墓志》，载《中国考古学会第十五次年会论文集》，文物出版社2013年版，第539—559页。

[3]《宋史·地理志二·河北西路·真定府》："井陉，熙宁六年，省入获鹿、平山，八年复置，徙治天威军。点校者注：天威军原作'天武军'，据下文和《宋会要·方域五之三一》《九域志·卷二》改。"另据旧《井陉县志》《畿辅通志》《清一统志》等亦改为"熙宁八年徙治天威军"。宋熙宁八年县治迁至天威军还是天武军暂勿论，这里的问题是由何处迁去的没有记载，以至

233

多被误推为自矿区天护城迁至天长镇。

[4] 民国二十三年《井陉县志料》第一编《疆域·治城》："汉以后井陉曾在天护置城，井陉县未升威州以前（按即金代以前）已设治于威州镇，金末或元初即移今治（天长镇）。此依金石及史乘参互考证而知，非敢姑妄言之。"天长镇元初始置县城之说首先由《井陉县志料》编者傅汝风提出。

[5] 参见井陉县地名办公室：《井陉县地名资料汇编》之《井陉县标准地名图》所标杜家庄乡老牛峪西有"苇片庄"自然村，1984 年 4 月内部刊行。

[6] 甘桃驿为井陉城关至山西平定县（州）之间的一处腰驿。查《井陉旧县志》，由井陉县至平定州 65 公里，中间设正驿于柏井镇，称作柏井驿；由井陉县城关的陉山驿至柏井驿 45 公里，未载其间有甘桃驿。今以实地按之，甘桃驿位于井、柏驿道区间，其东北去井陉城关恰为 22.5 公里，此地正处于东去南障城的谷口。现由尹钦惠墓志可知，甘桃里即是甘桃驿，其位置正是井陉城和柏井驿之间的腰驿，更重要的是，由甘桃驿东去南障城，以达太行山东的元氏等县是一条捷径。东南去赞皇，可达磁县、安阳等地；正南经昔阳、和顺达长治、泽州以至洛阳等地，是太行山东西两侧两条重要的山地支线。这不仅使甘桃里成为井陉古驿道一处岔路口，还使南障城村具有冲要的地理位置，因此甘桃里成为比"铺"更紧要的"驿"，山势环绕、河流贯穿的南障城四通八达的要枢区位，使之由唐朝时的小村发展成为小交通枢纽式的乡镇，新中国成立后更修通了经此达冀南、晋南、豫北的省级公路。考这里道路的沿革，于苍岩山历代布施碑石中可得一二。如民国十一年（1922）《重修小桥楼殿、菩萨正殿、关圣帝殿碑记》："布散募启，叩肯各慈善家……能获六十余郡县之普，土木连年……每过季春季夏之月，近而冀中，远达山西、河南、山东诸省香客，不惮风雨，千里徒步跋山涉水而来。"必走的即是上述之路。（参见井陉县志编纂委员会：《井陉县志》第 29 篇《苍岩山》，河北人民出版社 1986 年版，第 563 页）

[7] 同注 [1]。

[8] 《唐六典》卷 3《尚书户部》。

[9] 《唐六典》卷 5《尚书兵部》："凡选授之制每岁孟冬以三旬会其人……三奇拔其选曰骁勇，二曰材艺，三曰可为统领之用，其尤异者登而任之，否则量以退焉，然后据其状以核之，考其能以进之。所以录深功，拔奇艺，备军国，综勋贤也。"是可知唐行府兵制，有常备之预备选拔人员称为"常选"。

[10] a.《唐六典》卷 5《左右羽林军》；b.《旧唐书·职官三》"左右羽林军，汉置南北军，掌卫京师，南军若今诸卫也，北军若今羽林军也，大将军各一员。正三品下。"

（原载《文物春秋》2013 年第 6 期）

234

十二、注子向执壶的演变

——谈井陉尹家湾五代墓出土的白瓷注壶

吴 喆[*]

　　1978年，井陉县尹家湾五代墓出土了17件瓷器与三彩器，具有十分重要的文物资料价值。随着资料的公之于世[1]，从而揭开了井陉窑的精彩华章。然而，就其每件器物而言，意犹未尽，仍有进一步讨论的必要，本文就对其中的细白瓷注壶（图2—12—1）试作分析。

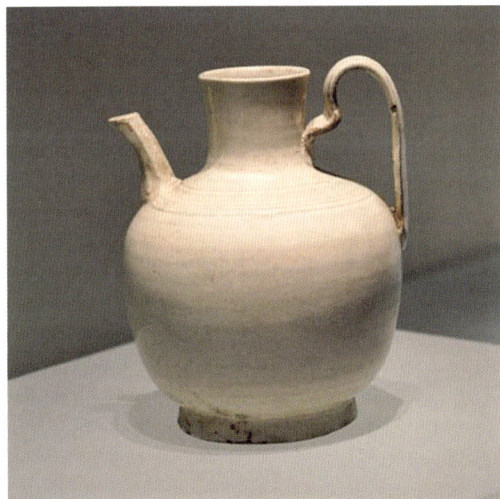

图 2—12—1　井陉尹家湾墓出土的白瓷注壶（ZLM：9）

＊　河北省文物保护中心。

235

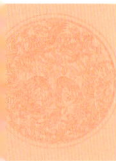

（一）注子向执壶的过渡

注子，作为瓷器中的盛酒器具，在唐代后期，无论青瓷、白瓷，还是南北各个窑口，均属常见的产品而引人注目。其基本器形为侈口、高直颈、丰肩、斜直壁下收，平底假圈足（晚期亦见圈足），在其颈腹部两侧相对置有短直流和双泥条式曲柄。由于一侧置柄，唐人又称之为"偏提"[2]。

如邢窑、定窑、巩义窑、耀州窑、越窑等南北名窑一样，井陉窑在唐代亦生产出点彩、双泥条柄细白瓷注子（图2—12—2）[3]，以及十分精美、细巧的兽柄白瓷注子（图2—12—3）[4]。后者可能产出较晚，注下腹减少内收已渐向浑圆发展。

尹氏墓注壶在形制上除直流稍变弯曲且略有加长，双泥条曲柄变成有中脊片形高曲折柄外，最大的变化是壶壁不再斜直下收，而是变做微曲鼓腹近圆柱体，因而增大了腹径。跟着这一变化的是足径随之也较前大有增加，显著超过了口径（注子一般足径与口径相近）。从整体上看壶腹明显变矮，除流部和口部仍未摆脱注子的原形外，其他在形体上都已与其后的执壶极其相近。因此，在公布的文章上，作者特意将之称为"注壶"，须知这一定名与注子的一字之差，二者并非是

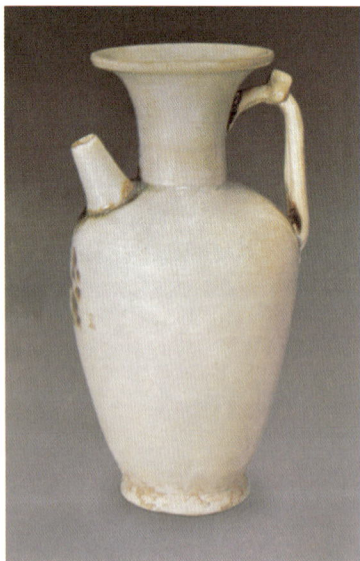

图2—12—2 井陉窑唐代点彩细白瓷注子

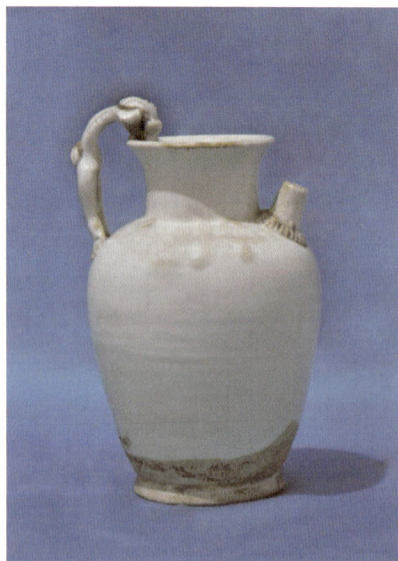

图2—12—3 井陉窑北正唐墓所出兽柄细白瓷注子

互用、互通或互代，而是作者意在体现它在器形演变中，也即注子向执壶过渡间未完成式的专指定名，是指对介乎二者之间特有的中间形式、也即"兼形"的一种专称。

（二）器形演变的动因验证

上举井陉窑白瓷兽柄注子（BZM：7）已足见此类产品造型的精美大方、惹人喜爱，为何还会脱开灵巧美观的体态，使注腹变矮向弧边柱状体横向发展？为探明这种发展趋向的原因，我们做了一个简单的实验。即选择上述整体高度稍高于 ZLM：9 注壶的兽柄注子（BZM：7）与之进行容量的对比测试。

李氏墓注壶（ZLM：9），口径 4.7 厘米，足径 8 厘米，最大腹径 12.2 厘米，高 15.8 厘米，容积（积水至颈内口，以下同）810ML；井陉北正唐墓出土的兽柄注子（BZM：7），口径 6.5 厘米，足径 6.2 厘米，最大腹径 9.5 厘米，高 16.5 厘米，注入同样高度的水，容积 500ML。以上可知，两件高度基本相等，且后者壶身明显高于前者，由于腹体从 BZM：7 的倒圆台状变为 ZLM：9 的近圆柱体后，原最大腹径由近肩部的 9.5 厘米增大到中腹的 12.2 厘米，虽仅增加 2.7 厘米，容积却增大了 310ML，实际容量较原来净增大 1/3 还多。可谓增效显著。由此，问题豁然开朗：李氏墓注壶的形制变化纯粹是为了增大容量才将同一窑口原本极为灵巧的器型不惜改为墩状。宋以后为提升美观度，在基本器形不变的前提下，流部加长并增加曲度，使器身协调优美，高柄部及器身剔刻、绘划、贴印纹饰进一步美化，并且腹部造型由简单的圆柱体进一步翻新，创制出梨形、瓜棱、柿形、桃形、斗形等多种变化等，但保持最大容积质量，是万变不离其宗的。举一反三，由此，使我们可以认识到古器物的形制演化规律：是以提高实际应用效率来作为第一追求目标的。

（三）注壶——从注子到执壶的跨越支点

宋代瓷器的装饰工艺在中国陶瓷史上达到了新的高度，器形上注子已由注壶完成了向执壶的演变（图 2—12—4、图 2—12—5）[5] [6]，在修长的曲流陪衬下，使它饱满的壶身顿时增加了曲线的优美，开张大气的高曲折柄，增加了器形的庄

图 2—12—4　宋白釉刻花牡丹纹龙首流执壶　　图 2—12—5　宋青瓷曲流瓜式执壶

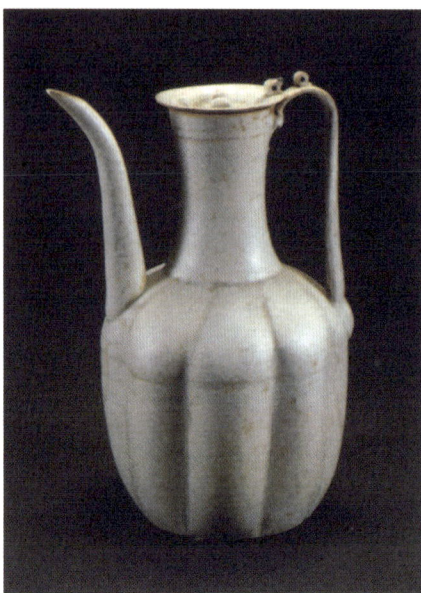

重典雅，加以剔、刻、绘、划、贴、印等工艺美术的装饰，更使执壶增添了高贵的气质和引人入胜的和鸣而达到赏心悦目的效果，因而使之成为中国瓷器中经历宋、金、元、明、清达千年而长盛不衰，成为集中代表着民族特色的品类之一，以致使执壶这类产品出神入化派生出仿生一类的动物甚至人物壶等不同的艺术形象，蔚然由单纯的实用器而升华为各种不同的实用观赏器，使之在中国古代瓷器中成为收藏的宠儿。褪去表面的华丽，通过尹家湾李氏墓注壶（ZML：9），我们有幸获得了执壶的初形，已在距今千年以前就已经出现。今以这一个体而言，不仅有伴出的纪年墓志可靠地判定其生产的年代下限为公元 918 年[7]，而且，据墓志可知器主且是唐五代井陉窑盘龙冶炉前押官，是此器窑口的直接创制者之一[8]。从这个角度认识，可以说它不仅是注子到执壶器形过渡中关键支点性的重要实物证据，同时也昭示我们：它无疑开启了宋代执壶的基本形态，确证宋以后的金、元、明、清执壶所传承的民族风格，亦与之一脉相承；宋代执壶的雏形肇始于五代之初由注子脱胎而来。因此，尹家湾李氏墓注壶的特殊标本价值，以及由此进一步可知整个尹家湾李氏墓器物和其盘龙冶窑口[9]所具有的特殊的时代背景和特殊的代表价值则是非同寻常的事情了。至此，五代李氏墓注壶对我们的启示，不能不引得我们对久已默默无闻的井陉窑当年的窑工，包括李氏之夫井

陉盘龙冶押官周承遂等窑务官们领天下之先的聪明才智发出由衷的赞叹！

在做容量测验中得到河北省文物研究所胡金华、冯红梅、郭晓明，河北省博物院周筠、杜丽、张慧芝诸老师的支持和协助，特此致以诚挚的谢意。

注释：

[1] 刘成文、孟繁峰：《一组五代井陉窑陶瓷器的释读——盘龙冶炉前押官周妻李氏墓的瓷器、三彩器及墓志》，载《中国考古学会第十五次年会论文集》，文物出版社 2013 年版，第539—559 页。

[2] "偏提"，唐代对注子的别称。王三聘辑：《古今事物考》卷七《宫室》载："《事始》曰：唐元和（806—820）初，酌酒用樽勺，虽十数人，一樽一勺挹酒了无遗滴。无几，致用注子，虽起自元和时而失其所造之人。仇士良恶注子之名同郑注，乃立柄安系，若茶瓶而小异，名曰偏提。"上海书店 1987 年版。

[3] 同注 [1]，第 557 页。

[4] 此件兽柄注子（BZM：7），1997 年出土于井陉北正村北唐墓（BZM：7），资料待刊。

[5] 北宋白釉刻花牡丹纹龙首流执壶，高 18.6 厘米，河北定县东沿里村出土，现藏定州市博物馆。图片载于北京艺术博物馆：《中国定窑》，中国华侨出版社 2012 年版，第 116 页。

[6] 宋青瓷曲流执壶（约 11—13 世纪），载《中国古陶瓷图典·器形》，文物出版社 1998 年版，第 189 页。

[7] [8] 参见注 [1]。

[9] 关于本文论述的注壶（ZLM：9）的窑口认定除参见注 [1] 外，另可见刘成文、吴喆、孟繁峰《井陉窑"官"字款、窑冶官及相关问题》一文的论证，载《故宫博物院八十七华诞定窑学术研讨会论文集》，紫禁城出版社 2014 年版。

（原载《文物春秋》2014 年第 5 期）

十三、唐后期的定窑是藩镇义武军官窑

——也谈《唐恒岳故禅师影堂纪德之碑》所关定窑的题刻

　　《故宫博物院院刊》2013 年第 3 期刊发了冯金忠先生的《〈唐恒岳故禅师影堂纪德之碑〉所见唐代之定窑》（以下简称冯文），这是此碑自近年发现以来所见的第五篇，也是最新刊布的一篇文章 [1]。冯文同 2011 年第 3 期《中国经济史研究》所发孙继民、王丽敏先生《唐后期手工业管理重要史料的发现及其意义——〈唐恒岳故禅师影堂纪德之碑〉碑阴题记试析》（以下简称孙文）是五篇文章中最具学术价值的两篇，作者通过此碑阴题刻对北宋五大名窑之一的定窑在唐代后期的管理机构，甚至关乎中国古代手工业管理制度的研究各抒卓见，见仁见智。就碑阴题刻而言，确是关于定窑迄今最早的文字发现，内容揭明了定州"瓷窑等三冶"唐后期的手工业管理体制，意义非凡。然而，两文均将碑阴并非相连的上下两部分碑文（尤以下半部分左四行还显是后所补刻）不分上下，连行录为一体，使原来上下分别为 28 行、26 行的碑文，交相参错，混编为 32 行。又因文字残泐，误录个别的重要单位名称和人员身份，特别是关于该时段窑冶性质的分析，似还留有余地，因而本文不揣浅陋，提出我们的认识，以做进一步的讨论。

（一）依原有格式再录碑阴题刻

　　冯文依照碑阴"原碑行款重新录文"，即将全文不分行，上下混合通录。孙文对碑阴刻文分做上下两半已有认识，但可惜仍一体标录为 32 行。这样上下掺和交错难免混乱。现依黄信自定窑遗址文保所杨敬好所长处借来拓片（图 2—

13—1）为据，按题刻者原作重新录文如下，其中缺失文字用□号代替，不明缺失字的个数者以▨号标示。

《唐恒岳故禅师影堂纪德之碑》碑阴录文

〔上半部〕：

1. ▨寺主僧道生[2]、上座僧始空、都维那道▨ /
2. ▨故大师姪男、上都大兴唐寺僧神贲、塔主僧大觉、僧志道 /
3. ▨僧广济、僧通利、僧惠海、僧无忧、僧定安、僧定光 /
4. ▨僧惠进、僧道因、僧难思光、僧道晖、僧道满 /
5. 中山法禅寺僧觉道、恒岳山持法华经僧智藏、僧悟道、僧超悟 /
6. 施碑石主副将左武卫大将军员外置同正员上柱国董藏钊 /
7. 妻杨氏、男希□、希润、希清，葛洪观道士刘恒英 /
8. ▨为国，为相公，郡牧、县宰、师僧、父母修寺修功德建碑主僧贵道 /
9. 石城冶将前府城左厢虞候云麾将军守左金吾卫大将军试殿中监杜良臣 /
10. 石城冶副将麾将军守右卫大将军试太常卿杜长文 /（空隔两行）
11. 义武军节度随军摄恒阳县令卢悦、丞李 /（下段行空）

图 2—13—1 影堂纪德碑阴瓷窑等三冶官员题名（8—22行）

241

12. 都知瓷窑等三冶节度总管骠骑大将军试殿中监李庭珪 / （下段行空）

13. 瓷窑冶副将试太常卿李仙期、都知瓷窑等三冶判官李成璘 / （下段行空）

14. 都知白土冶将试殿中监张遇清、专知白堡冶将试殿中监翟弘济 / （下段行空）

15. 瓷窑冶虞候蔡庄、副将王从利、散副将郭伯诚、驱使官贾琏、张璘 /

16. 李少华。白土冶判官蔡荣进、虞候李希□、副将窦□、□□□ /

17. 瓷窑冶百将韩重光、王希朝，押官刘河清、王朝□、罗献弘。兵曹李惟□， /

18. 仓曹祖晏湛，骑曹张韶，都司赵恒清，押官侯自丰、成迢福、□□□、 /

19. 成□迪、王休佺、皇甫定海、郭□、赵西岩。勾当管内普通使崔俨、李晏平 / （空隔一行）

20. 恒山冶副将云麾将军守左金吾卫大将军试太常卿酆如臻（空隔一行）

21. 都知瓷窑勾当供使细茶器云麾将军守左金吾卫大将军试太常卿杨春 /

22. 母崔氏、妻郭氏、男士信、士景、士，同勾当茶器杨良捷、弟良播、良抚 /

23. 张希政、妻丁氏、妻姊二娘、女大娘，许良宗、李承英、赵宥、弟幼宁、幼审、幼实 /

24. □□、荆道超、刘如海、母王氏，刘崇善、弟崇允，李少荣、冯万佺、母张氏、杨重春 /

25. ☑田庭休、李宝岸、曹友□、弟秀林、贾王孙、男还宪、郭少通、陈履清 /

26. ☑刘文都、弟小师、男□□，田进岩、马友政、马国兴、田望京、男有信， /

27. ☑刘怀江、妻王氏、王□□、□□道、李惟凑、男少兰、王荣、母杨氏 / （下段行空）

28. □□、□谈、□□、封如山、母马氏，张山林、李□清、张□□、郭庭幽、刘□山（下段行空）

〔下半部〕：

1. 助钱造寺结邑修诸功德众多施主等并故大师门人列名碑阴：/

2. □武进县尉□遂，副将云麾将军守右金吾卫大将军试太常卿刘谈遂、☑ /

3. 郑希仙、妻祝氏、男僧圣会，僧普通，僧玄觉、男雨兴，刘英越、男谭江，□惠照、妻杨氏，/

4. 蔡零□、妻宋氏、男常青、常润、常泽，崔秀常、男□□，李良□、男□□清、□□□ /

5. 曹□睿、任今庄、妻刘氏、男明岸，齐零岩、母韩氏、弟零昌，姜智谈、母刘氏，郑□□、母刘氏 /

6. 李直行、韩庭训、崔公寄、李如江、张宪难、□□□、李尚林、妻刘氏，

严忠顺、母王氏，□□/

7. 李嘉昌、母赵氏、妻张氏、妹大娘、七娘、九娘、男怀清，韩朝、胡崇，妻马氏，马希昇、□□□、/

8. 封希浸、妻马氏、男腾江，贾廷皎、母胡氏、弟廷珣、妹二娘、封玉山、妹八娘、九娘、田宝庄、/

9. 张法政、妻程氏，刘凤喜、男遍照，李孝悦。/

10. 上足女弟子道悟、法性、四无碍、坚固。/

11.（上段行空）寺主门人僧宝林、僧宝玉、僧宝海、僧宝憬、僧常涣、沙弥宝藏、宝达/

12.（上段行空）上座门人僧成道、童人善应，声钟王成、刘志成/（隔空四行）

13. 寺东零山村尼广大，武休烈、妻郝氏、男华迎、杨令超、妻宋氏、男季芳，刘宗论、妻张氏、男□□/

14. 王升朝、男士荣、士宁、士平，王法遂、妻甄氏、女普满、普光，刘道明、母法明、弟道岸、男乐水。/

15. 李鸾京、妻郝氏、男幽发、幽寂、幽岑，闫令祥、妻刘氏，王岩子，王幽林、弟法林，齐峻岩。/

16. □□□、男士良、士远，王腾云、母刘氏、弟滕仙、妻刘氏，王带钏、母吴氏、妻刘氏，田英祭、/

17. 杨悟真、母李氏，刘燕诃、妻白氏，王希朝、男海玉，张希曜、弟希玉，高滕云、母齐氏，/

18.（上空行）独孤明涉，李希俊、男百金，刘茂林、母王氏，吴宝荣、母王氏，李零岩、妻□□，/

19. 李宝林、婆高氏、母刘氏，郑庭晖、妻杨氏、男乐山，□士真、妻王氏，檀希晏、妻□□，/

20.（上空行）赵惠元、妻庞氏、男零华、零会，妻李氏。宋加□、妻张氏，张希甗，张智明、弟恒瞻，张华、母郑氏。/

21. □皎宝、弟皎进，李仙进、妻王氏，孙志真、母高氏，赵道寂、王秀林，侯十哲、妻潘氏，罗□、/

22. 李乾光、妻王氏、男成林、女大娘、四娘、五娘、七娘、孙男延寿，宝藏女妙正林，刘希逸。/

23.（以下续刻）韩英才、妻李氏、男云兴，甄超□、妻曹氏、弟超幹，真如海、/

243

24. 刘令期、刘德岑、王进朝、冯□□、刘方荣、郭□章、/

25. 刘希玩、张定远、阿来婆、张□□、甄留道、□凑、/

26. 程□志、刘义法、陈兰、□守廷。

图 2—13—2　唐陀罗尼经咒天长镇遏使兼知冶、驿务事等官员题名

244

（二）二重排列法，居中为上

冯文与孙文之所以将原本并不直接相连的上下部题名行行贯通，统编为32行（冯文且不标行号，也无转行号，尤其混乱），失误的原因只要将两文的录文与碑阴拓片仔细核对不难查明，上部题名28行，在第10行与第11行之间间隔有两行空白（图2—13—2）；在第19行与第20行，第20行与第21行之间又各有一空行间隔（图2—13—3）。加上这4行的空行，上部最末的28行，实际处于了碑面的最左端，等距按行计算，即处于第32行的位置。下半部的26行题名，也非自右向左一贯连排，而是在12行与13行之间空隔4行之地（相当于上部的11行至14行之处），明显是在避让其上11行的"摄恒阳令卢悦、丞李"，12行的"都知瓷窑等三冶节度总管李庭珪"，13行的"瓷窑冶副将李仙期、都知瓷窑等三冶判官李成璘"，14行的"都知白土冶将张遇清、专知白堡冶将翟弘济"，以示尊崇。以上两文正是将上段第10行与第11行间的两行空白补以下段的第11—12行，将上段第22、24行处空行补以下段的18、20行，混合一体排列。因之，下部题名的最末行即第26行和上部的第"30"（实为26）相对应，再将上部的第27、28行，谬计为本不存在的第31、32行。这样公元805年建影堂、立碑活动者的题名与公元765年以来助钱建寺两相分别的功德主混编成一体，上部的最后两行即27、28行成了下部助钱建寺者的最后两行，这是应该予以纠正的。

碑阴上部题名除了有三处计间隔4空行外，实际排列也并非尽依地位高低依次自右向左顺排，更非"诸冶官员排名在摄恒阳县令卢悦和县丞李某之后，表明这些人虽然散官和试官的官阶很高，但实际地位确在县令和县丞之下"[3]。并非如此！排在第11行县令卢悦等之前的第9、第10行是石城冶官，若按此说，地位不就高于县令了吗？这岂不自相矛盾。按之上部题名情况，自右向左1—8行处于碑面右侧，是发起、组织、主持及主要参与建影堂的僧长、道人以及捐施碑石的一员武官和眷属。处于碑阴上部左侧的23—28行题名的是白身信众。前后共计14行，中部9—22行，由于其中空行的存在，实占了18行的碑面，有一半多的面积。其中除摄恒阳县令、丞合占一行外，皆为诸冶人员，可以说，冶员占了整个上部题名的多半位置。再看具体的排列状况，第11行的"义武军节度随军、摄恒阳县令卢悦、丞李"，虽是下段采取避让4行中的第1行，但是两人合占一行，县丞李无其他品衔。摄县令卢带"节度随军"身份，充其量是义武节度的中级不

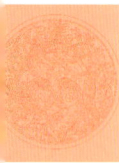

图 2—13—3　影堂纪德碑瓷窑
冶官员题名（13—22 行）

挂职衔的幕员[4]，一般来说唐代县令只是七、八品级，大约因有文化和才干，被
节度使派出代理县令之职。根据题名的排列次序和职掌来看，他是无权管辖其境
内诸冶都知的，但他的排位又确实高于位于其右的石城冶将。第 12 行的"都知瓷
窑等三冶节度总管骠骑大将军试殿中监李庭珪"，一人独占题名的一行。其挂有从
一品的武职最高官阶和从三品的文职试官的虚衔，实际身份是节度总管，实职任
都知瓷窑等三冶，是实掌义武军诸冶的实权人物。虽然摄恒阳县令掌一县民政之
权，仅从职衔和对题名的排列位置来看，都知所处地位显然是高于摄恒阳县令和
丞的。碑阴上部题名，若按首列寺主僧、上座、都维那等僧长来看，还可以算得
上以右为上的常规排列方式。但是，首行并非是单人独行题名，这一点不仅不如
第 6 行的捐施碑石主的武官，也不如第 8 行的这次活动的发起人，建碑与题篆书
丹者律僧贵道。并且前 8 行行下的下段均有与之相对书题，并无回避之举。第二
类官员人等的题名亦遵有一定的秩序，自第 9 行的石城冶将至第 22 行的同勾当茶
器杨良捷等，职衔最重，官阶最高，处于中间位置，享有单人独行待遇的是都知
瓷窑等三冶节度总管李庭珪，其他摄恒阳县令、瓷窑冶副将、石城冶将、都知白

土冶将等依次分列左右，这些官员题名，可显见的是以中心人物为主的另一种排列方式。故笔者称此碑碑阴上部的题名排列方式为二重排列法，居中为上。

经反复查看，《唐恒岳故禅师影堂纪德之碑》碑阴题名无标明恒阳县县域外的人员题名。虽如"中山法禅寺"个别僧人单位是否在恒阳域内无考，其他绝大多数题名当皆在恒阳县域。因此，可知创建慧炬寺的智力禅师虽一度得到定州刺史张南容的礼待，并受到时任成德节度使李宝臣的邀请，但因其立寺不久即去世。见于功德碑文该寺发展缓慢，当初仅创五间佛殿，列三世尊容[5]。"置供养招提一区，所招募能忍精苦者四十余人"，"度僧一十人"。待四十余年后，贵道"近与同流计议建影堂一口，貌先师容止，写存殁门生"，"一以报大师之恩德，一以旌休烈之可观。"由上下两段总计题名不过三百余人来看，慧炬寺规模不大，发展不快。诚如孙文所言，诸冶应尽在恒阳县境内，距慧炬寺不远处的手工业作坊。由铭文可知，诸冶不仅成为恒阳县境内最主要瓷冶、矿冶，也是该县域内的官冶机构。虽不知这些官员是随喜还是出资捐助，由题名来看，不仅将他们置于中心位置，还通过避让空行等格式给予尽量的突出地位，这些特殊处理方式，显见诸冶官员及恒阳令丞是被慧炬寺尊奉为护法和依持的。以上表现在立碑题名中的格式上采用的二重排列法，将诸冶官员和恒阳县令摆在居中的位置，专享尊荣，其最突出的中心位置，当然非"都知瓷窑等三冶节度总管、骠骑大将军试殿中监李庭珪"莫属。

（三）题名中的诸冶与瓷窑冶

根据官员题名居中为上的排列特征，经反复分辨拓片残留字迹，尽最大可能复现其原文，并依照原有格式，将题名官员列在下表中。

题名中作为一个独立单位单独标题的，在上表中并列出现，分别是：石城冶（上半部9、10行）、瓷窑冶（上半部13、15、17、18、19行）、白土冶、白堡冶（上半部14、16行）、恒山冶（上半部20行）。由"都知白土冶"和"专知白堡冶"排在一行，且有"都""专"之分可知，这两冶或当地理相近，或同属于一个门类行当。又由都知、专知的分工可以推测，似乎白堡冶又从属于白土冶，如是两冶可归并作一冶对待。值得注意的是，诸冶勿论怎么合并，瓷窑冶都不可能和其他冶合并，更不可能代表其他冶，只是单独的一冶。如此，他们的总领"都知瓷窑等三冶"所辖以冶数计算，就不是三冶，至少应算作四冶（若考虑白土冶还存在相关的白堡冶，那就应是五冶了），因此"都知瓷窑等三冶"所掌三冶，明显不是指具体冶的数字，而应是冶的门类。关于这一点，笔者基本倾向于孙文提出的石城冶、白土冶是铜冶，恒山冶是铁冶，"三冶"应是瓷、铜、铁冶的推测。只是缺乏进一步的证据，尚不能作出确切的结论。至于笔者断定石城冶、白土冶、恒山冶不是瓷窑冶，却是有着考古方面的依据的，迄今为止，经多次考古调查和三次考古发掘，也仅仅是在曲阳的北镇、涧磁村发现唐、五代间瓷窑址，尽管面积很大，但也只可算作一地，不可能在已称作瓷窑冶的同时又称之为石城冶、白土冶、白堡冶、恒山冶，后面数冶究属何冶还有待于今后的考古调查和新的发现来解决。

《唐恒岳故禅师影堂纪德之碑》碑阴题名冶官关系表 [6]

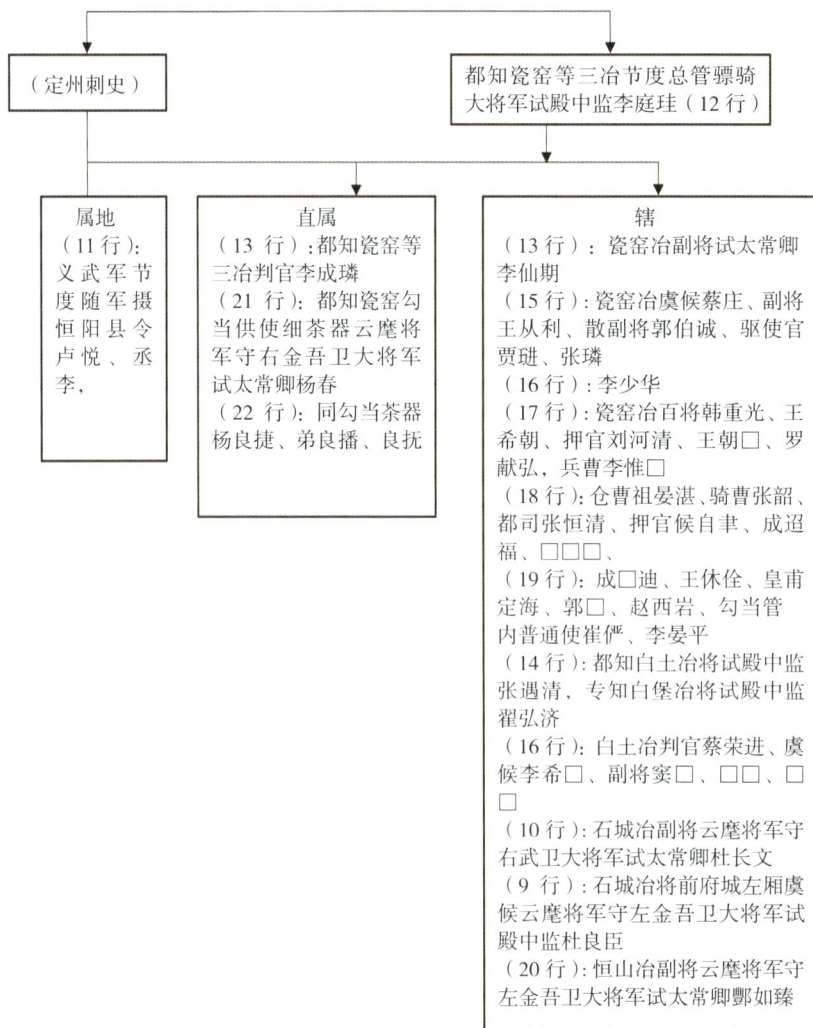

```
┌──────────────────────────────┬──────────────────────────────────┐
│        （定州刺史）            │  都知瓷窑等三冶节度总管骠骑          │
│                              │  大将军试殿中监李庭珪（12行）        │
└──────────────────────────────┴──────────────────────────────────┘
```

属地	直属	辖
（11行）：义武军节度随军摄恒阳县令卢悦、丞李，	（13行）：都知瓷窑等三冶判官李成璘 （21行）：都知瓷窑勾当供使细茶器云麾将军守右金吾卫大将军试太常卿杨春 （22行）：同勾当茶器杨良捷、弟良播、良抚	（13行）：瓷窑冶副将试太常卿李仙期 （15行）：瓷窑冶虞候蔡庄、副将王从利、散副将郭伯诚、驱使官贾珽、张璘 （16行）：李少华 （17行）：瓷窑冶百将韩重光、王希朝、押官刘河清、王朝□、罗献弘、兵曹李惟□ （18行）：仓曹祖晏湛、骑曹张韶、都司张恒清、押官候自聿、成迢福、□□□、 （19行）：成□迪、王休佺、皇甫定海、郭□、赵西岩、勾当管内普通使崔俨、李晏平 （14行）：都知白土冶将试殿中监张遇清，专知白堡冶将试殿中监翟弘济 （16行）：白土冶判官蔡荣进、虞候李希□、副将窦□、□□、□□ （10行）：石城冶副将云麾将军守右武卫大将军试太常卿杜长文 （9行）：石城冶将前府城左厢虞候云麾将军守左金吾卫大将军试殿中监杜良臣 （20行）：恒山冶副将云麾将军守左金吾卫大将军试太常卿酈如臻

诸冶人员题名中单单瓷窑一冶人员占据了10行中的5行多，不仅如此，其首领官员题名位置也紧临于都知三冶，在诸冶中可算得上是人数最多、单位最大、地位最重的一冶。题名显示，瓷窑冶时任主官是瓷窑冶副将试太常卿李仙期，其下，生产环节有虞候蔡庄、副将王从利、散副将郭伯城、驱使官贾珏、张璘、李少华3人，百将韩重光、王希朝2人，押官刘河清、王朝□、罗献弘、候自聿、成迢福、□□□、王休佺、皇甫定海、郭□、赵西岩等11人，仓曹祖晏湛、骑曹张韶、兵曹李惟□3人，勾当管内普通使崔俨、李晏平2人，都司张恒清。另外，单独的瓷器供应环节有都知瓷窑勾当供使细茶器云麾将军守左金吾卫大将军杨春，其下有勾当茶器杨良捷、弟良播、良抚3人，计31人。当然，以上分析是仅据题名而来，往往题名本身也并非与实际情况一人不差，只是大致如此。但是可以明显看出，在诸冶题名中，瓷窑冶都是最大、最重要的一冶。

（四）瓷窑冶的性质——藩镇官冶

碑阴所涉及五冶题名职事人员36人，其中属瓷窑冶者26名，人数最多，职事最丰，搞清了它的结构、性质，其他冶的性质则迎刃而解。通过上表可知，冶的主官在这里被称作"冶将"或"冶副将"，瓷窑冶不见所谓"冶将"。白土冶置有判官，瓷窑冶则缺此职。或是暂缺，或是遗漏，以瓷窑冶乃排在首位，所列人员最多的情况来推测，当是前者的可能性更大一些。可知他们的上司机构都知瓷窑等三冶设判官，其同列白土冶亦置判官，又由石城冶、白土冶、白堡冶均置将来看，单位最大、地位最高的瓷窑冶应当处于"冶将""判官"虚位待补的状况。如是，可单独将题名所显示的瓷窑冶管理机构列出：

可知自总管至最下层的驱使官、押官，管理机构上大致可分为四级。无独有偶，笔者在做井陉窑工作的过程中，发现了五代前期井陉窑炉前押官周承遂妻李氏墓志一盒，志文记载志主周承遂及其子周神旺二人同时在同一窑冶同做炉前押官（图2—13—4、图2—13—5）。其后，笔者又在该县辛庄乡小寺村护国寺遗址亲手垂拓《唐天佑元年护国寺陀罗尼经咒》残幢拓片，该幢为八棱体，残存刻石的一节最后4面保留着诸多参与立幢人的题名（图2—13—6），其中就存在着井陉窑冶官的题名（图2—13—7），笔者将其整理为下列图式[7]。

自镇遏使兼知冶务张始至炉前押官，中间也是分冶管理，结构上大约同样是分了四级。

```
                  ┌─────────────────────────┐
                  │ 都知瓷窑等三冶节度总管李、 │
                  │ 都知瓷窑等三冶判官李       │
                  └─────────────┬───────────┘
          ┌─────────────────────┴──────────────────────┐
┌──────────────────────┐                    ┌──────────────────────┐
│ 瓷窑冶副将试太常卿李仙期 │                    │ 都知瓷窑勾当供使细茶器杨 │
└───────────┬──────────┘                    └───────────┬──────────┘
┌──────────────────────┐                    ┌──────────────────────┐
│ 瓷窑冶虞侯、副将、散副将、│                    │ 同勾当茶器杨等3人        │
│ 兵、仓、骑曹、都司各1人、 │                    └──────────────────────┘
│ 勾当管内普通使2人        │
└───────────┬──────────┘
┌──────────────────────┐
│ 百将2人、瓷窑冶驱使官3人、│
│ 押官11人                │
└──────────────────────┘
```

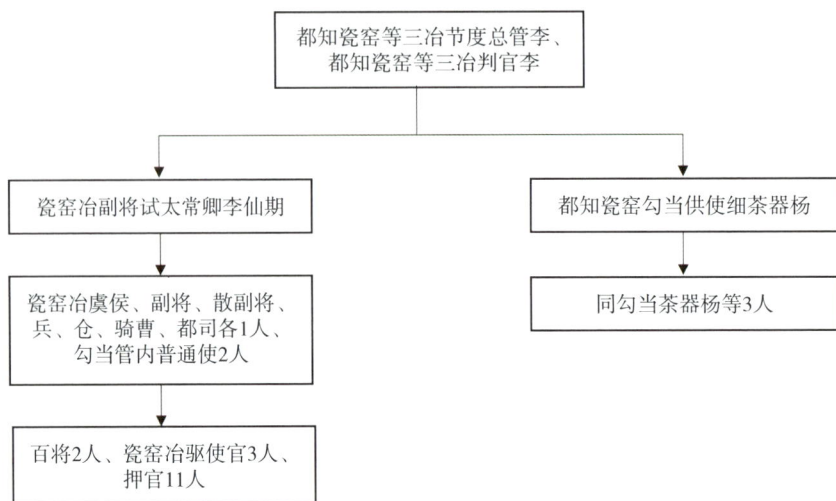

天长镇遏使兼知冶驿务事张 ——→ （天长）知冶侍御秘 ——→

（天长瓷窑冶）判官王 —→ （天长瓷窑冶）专知官侯 ——→ （炉前押官）

盘龙冶冶判齐 ——→ 专知刘 ——→ 炉前押官周[8]

现将井陉墓志、幢刻和曲阳碑刻的题名两相比较，可知曲阳的发现较之井陉不仅题名的人多，职务更全，更为重要的是其"都知"所具身份"节度总管"较"天长镇遏使兼知冶驿务事"更直接地同其上司——"义武军节度使"联系在一起！由此，我们可知"都知瓷窑等三冶"机构虽处于定州曲阳，但他们不属于定州州刺史和曲阳摄县令的管辖，而是归于义武军（又名易定镇）直辖。这也就使得瓷窑冶、矿冶这种纯手工业行当，管理人员挂军职的原因得以明了——军管。这种非地方官府而是割据的藩镇管辖，在义武军如此，在成德军亦如此，根据相关墓志记载发现，幽州卢龙、邢洺昭义、大名魏博等节镇军管手工作坊的情况无不如此[9]。当安史之乱后，河北成了唐朝藩镇割据的中心区域，在大小军阀的各割据区，关系到国计民生的各类手工业无不被控制起来，首先保证藩府的军供，在这种背景下，已有的或正在创烧的瓷窑冶被纳入军管，成为必然。现在根据曲阳、井陉的这些石刻，相互印证可知，这里的瓷窑冶就是藩镇窑冶。

这种观点还可从实物资料得到进一步的证实：在井陉窑的两处相距25公里的唐五代窑址中都发现了"官"字款的细白瓷片[10]。在定窑唐五代时期的窑址中，"官""新官""易定"等字款的细白瓷片（瓷器）在调查发掘中发现的更早出土的更多[11]。此外，邢窑内邱窑址近年同样也发掘出土了"官"字款白瓷片。这些均印证了"官"字款瓷器是当时特有的藩镇窑冶的产品。这里笔者大胆推测，

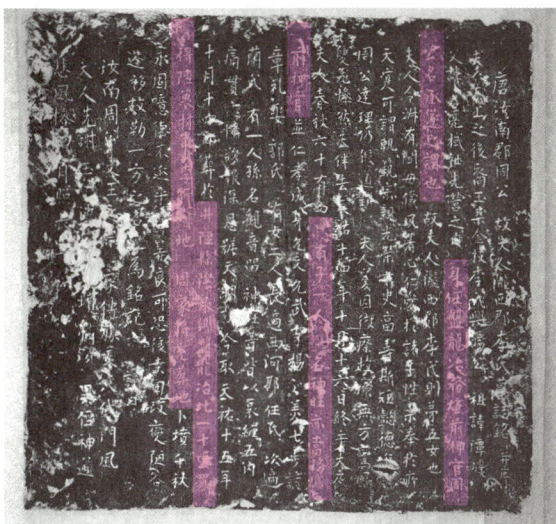

图 2—13—4 周公故夫人李氏墓志底拓片

图 2—13—5 墓志中
"盘龙冶炉前押官周承遂"
的记载

图 2—13—6 唐井陉
护国寺陀罗尼经咒题名拓片

图 2—13—7 唐陀罗尼经
咒天长镇遏使兼知冶、驿务事等
官员题名

251

将来还可能在魏博、幽州等方镇窑冶处发现当地窑址所产的"官"字款瓷片。由这个特定阶段所生产的这些"官"字款瓷片来看，有别于一般的地方民窑，也不应与后来的地方官窑混淆的是他们的制造者都是藩镇军管下的方（藩）镇官窑。

笔者整理了《唐汝南郡周公故夫人陇西郡李氏墓志铭》《唐护国寺陀罗尼经咒题名》，现在又对《唐恒岳故禅师影堂纪德之碑》碑阴题名进行了考证，三者结合起来，已可以得出这样的结论：唐后期曲阳窑、井陉窑、邢窑等，除按地名命名外，还应根据其性质给予准确的命名，曲阳窑，应为义武易定窑（其时还没有"定窑"的命名），井陉窑应称之为成德窑、邢窑则是昭义窑。他们不由地方的府、州县的官府掌管，而是直接操控于分裂割据的藩镇首领。2012 年在故宫召开的定窑学术研讨会上，笔者即提出了"方（藩）镇官窑"这一新概念。

（五）影堂题刻带来的进一步启示

《唐恒岳故禅师影堂纪德之碑》题刻的意外发现为唐后期的定窑研究带来了期望已久的资料。汇集井陉窑的同类发现后，再加上上文的分析，我们终于可以对唐后期曲阳瓷窑的性质得出明确的结论，也为同期同样发现"官"字款白瓷片的另两大窑址——井陉窑、邢窑解决了同期的性质问题。问题还不止于此，在反复推敲题名资料的过程中，我们觉得题名资料的价值还可进一步被发掘。

1. 易定官窑的起止时间

影堂碑碑文自署由立碑的"门人比丘贵道篆额并书"，碑阴题名除下部最后 4 行为补题后刻外，其他字体显示同碑文出于一人之手，即碑阴题刻也是由贵道书丹，当时人书当时事，可信度自是毋庸置疑。立碑时间载明"永贞元年岁次乙酉十二月景申朔八日癸卯建"，这就明确地告知我们，公元 805 年时已经有了易定镇的官办瓷窑冶和那一班人马。当此之时，正是易定镇即义武军首任节度使张孝忠（782—791 年在位）之子张茂昭（791—810 年在位）的任内。这是义武军最稳固的前后两阶段的前段时期。可以说，此时的易定官冶，就是张孝忠、张茂昭父子的官窑。此前，762—781 年易定与恒、冀、深、赵六州是在张孝忠的上司，原安史大将，降唐后被封为成德军节度使的李宝臣手中。李宝臣死后，作为易州刺史的张孝忠未随宝臣子李维岳作乱，而是降归朝廷，终有易定。从影堂碑阴助钱造寺的题名中，找不到都知瓷窑等三冶一干人，故推测李宝臣时期曲阳尚无

252

藩镇建置的诸冶，按其题刻，开诸冶，尤其是置瓷窑冶当是起自张氏父子时期的事情。如是，曲阳瓷窑冶"官"办时间上限应不早于782年。当然，这一时间的上限并不是断言定窑创烧时间的上限，而仅仅是限于它的节镇军管官办的起始时间。

至于下限，也是有线索可查的，后周显德四年（957），《王子山院和尚舍利塔记碑》立碑者"节度使押衙银青光禄大夫检校太子宾客殿中侍御史充龙泉镇使钤辖瓷窑商税务使冯翱"的题名透露，此时瓷窑冶的主办或主管已不是"冶将""都知"，所有者更非节度使。当地的主管龙泉镇使，只管征收瓷窑税务，说明瓷窑冶已成为手工者经营的私产，已由官办改为民营。之所以发生这种变化，了解其背景便清楚了，五代后期各地虽还保留着节度使的建置，但唐后期至五代前期的那种割据状态已逐渐被消灭。如义武军，自后唐天成四年（929）攻灭王都，割据五十年的义武军王氏集团灭亡，削平了易定军阀，再置义武镇节度使，名虽没变，却已成为后唐皇帝任命的流官，已失去了专地、专兵的垄断特权，在这种情况下，瓷窑等冶已不可能私属于非世袭节镇，所以，易定方镇官窑的实际存在时间当为公元782—929年间。

2. 冶监制与冶将制

查询《唐六典》《旧唐书》"职官志"条及《新唐书》"百官志"条等相关文献均没有发现相关制瓷管理机构记载，今于影堂题刻中发现制瓷业即瓷窑冶被纳入到了诸冶机构中，节度使派人总管"都知瓷窑等三冶"。瓷窑冶首领亦称作"瓷窑冶副将"。其他如石城、恒山、白土诸冶称冶将，因此，孙文认为在唐手工业管理体制方面在中唐以前为少府监所辖诸冶监的冶监制，唐后期改为冶将制。若仅以805年影堂题刻来看，似是如此，然而，五代后晋人刘昫等撰《旧唐书》，北宋欧阳修、宋祁撰《新唐书》"职（百）官志"条所载，少府监之掌冶署，诸冶监始终是令、丞等职及编制，无冶将、副将之改称，说明终唐之世的中央官制，无论少府监或将做监，在编制官称方面是没有变化的。影堂纪德碑诸冶题刻中出现的军职，凿凿于石，无可否认，不仅如此，前述河朔割据的其他藩镇所在之地，如邢州的昭义，幽州的范阳、卢龙，魏博的天雄等节镇作坊也的确以"将""副将"领作坊职官的情况。因此"冶将"等作坊将职的出现至少在河朔当不只是义武军个别情况。然而，见于井陉天祐元年（904）《护国寺陀罗尼咒幢》题名，成德军天长镇天长冶、盘龙冶等冶官不称冶将而称"知冶侍御"，所属"专知""冶判""炉前押官"等文职名目，而一无军职衔称。更耐人寻味的是同一幢石的题刻中赫然还有"中山知冶侍御李珂"，其时间已是唐代末期，易定已由张

姓历任多姓后改为王姓世袭，成德军也由另一王姓父子相袭五世已近百年。"知冶侍御"，即知冶务侍御史的简称，唐代的侍御史属御史台职官，从六品下，掌纠举百僚及入阁承诏、知推、弹杂等，额定六人。本为宪官，品虽不高，却实行弹劾官员之权。这里被节度使用来为掌冶官称，推测可能在赋予其管理冶务的同时专门掌控纠察官字款细瓷烧造、拣选、鉴定、入藏、入御等一系列冶务中所遇掣肘之事，因之，给予掌冶官以侍御史知冶的特别权力。不论上述推测是否确实，在藩镇窑冶性质未变的前提下，官称确有了军、政性质不同的改变。后者虽有理顺之效，但侍御史是设于中央御史台的官职，被挪用到藩镇窑冶管理之用，究是不类。如此，可见唐代后期就是藩镇的冶将制也未实行到底。藩镇设官的随意性也由此可见一斑。因而谈不上也不可能成为一代职官之制。

3. 定窑与井陉窑

定窑与井陉窑皆是以应地而名。推其名称的由来，两窑于唐五代的碑志一称"瓷窑冶"，一称"天长冶""盘龙冶"，尚未见"定""井"之说。按其烧造历史，两窑于唐代已在制瓷，尤其井陉窑，已经发现隋代时已烧制出成熟的白瓷。以往陶瓷界无不认为，定窑是受邢窑的影响发展而来，"曲阳宋属定州，故称定窑"[12]，按地志，隋代，定、井两窑所在地一属博陵郡、一属恒山郡[13]，唐代，先是一属定州，一属井州、恒州、镇州[14]，后则一属易定节度使，一属成德军节度使[15]。即隋唐时期两者在互不相属的两州。今《唐北岳慧炬寺建寺禅师神道影堂纪德碑》碑文中"故成德军节度李公聆而述之……大历九年，为申寺额□□慧炬"。李公即成德首任节度使李宝臣，其归顺唐廷被任命为成德节度使时，本辖有六州之地，易定此时就由朝廷划归到成德的地盘之内。这就使原本无隶属管辖关系的两窑所在地自762—781年二十年间恰恰归属一藩之地，慧炬寺额就是李宝臣代为申奏而得。而见于井陉《护国寺陀罗尼经咒幢》天长窑冶题刻中，"中山知冶侍御李珂"参与其中。可见即便不属一镇之地，两冶关系也没有中断。实地，邢、井、定三窑在空间位置上分布在一个等腰三角形的三个顶点上，其中邢、定处于相距较远的底边两角，井、定则处于一个斜边的两角，距离近而且路便捷：邢至曲阳，要经临城、高邑、元氏、获鹿、真定、新乐、行唐七县。由井至曲阳，只经平山、灵寿、行唐三县，虽处山地而自古通达[16]。就瓷窑冶而言，有邢即有井，定在与邢有关系的同时，今有碑石科文可证与井更有不断往来。自五代至宋金，定窑的强大存在，并没有使井陉窑倒闭，更没有使井陉窑失去不同于定窑的自身特色。考古发掘证实，邢、井、定三窑可以说各有特

色，又都生产着精细的"官"字款白瓷，如何确立邢、井、定三窑白瓷界定标准是现阶段正在进行的一个研究课题。其中定、井究竟如何形成了"定窑系"，其中，是否定窑是定窑，井陉窑甚至更广大的范围"系"内，窑址都是"土"定窑？如今，两地出土的上述碑石将这一问题直接的提到了研究者的面前，这是应予以特别关注的。

（文中照片由黄信、吴喆提供，影堂碑阴图片由毛小强翻制）

注释：

[1]《唐北岳慧炬寺建寺故禅师神道影堂纪德碑》发现后，已见发表文章有：

1）王丽敏、张建锁：《唐定窑瓷生产规模佐证》，《中国文物报》2006年11月29日第7版。

2）曲阳县文物保护管所编：《古北岳遗存碑石录》之一《唐恒岳故禅师影堂纪德之碑》，内部编印，2007年4月。

3）王丽敏、田韶品：《曲阳发现〈唐恒岳故禅师影堂纪德之碑〉》，《文物春秋》2009年第6期。

4）孙继民、王丽敏：《唐后期手工业管理重要史料的发现及其意义——〈唐恒岳故禅师影堂纪德之碑〉碑阴题记试析》，《中国经济史研究》2011年第3期。

5）冯金忠：《〈唐恒岳故禅师影堂纪德之碑〉所见唐代之定窑》，《故宫博物院院刊》2013年第3期。

关于此碑的形制、质地、尺寸可参见本注3）。

[2] 寺主僧道生之名，仅余残迹，系参核碑阳文字中"门人寺主僧道生"而定。

[3] 参见注[1]5），《故宫博物院院刊》2013年第3期，倒数第三段。

[4] 参见《新唐书》卷四十九下"节度使……上、中、下县"，其中节度使有"副大使知节度事，行军司马、副使、判官、支使、掌书记、推官、巡官、衙推各一人，同节度副使十人，馆驿巡官四人，府院法直官、要籍、逐要亲事各一人，随军四人"。可知，节度使随军实有其职，是使府较低级幕职。

[5] 见《唐北岳慧炬寺建寺故禅师神道影堂纪德碑》。按之建寺禅师俗姓冯，讳智力，长安人，系邻王妃弟。他于永泰初年（765）"卜选荒闲"选址建寺，大历九年（774）李宝臣为申寺额，敕曰慧炬，其年十二月八日奄归大寂，春秋八十六，僧夏五十七。可知其仅仅在动工兴寺的第九年即辞世，碑文录文见本注释[1]3），碑石现入藏曲阳县文物保管所。

[6] 表中带"（）"的官员是题名中没有的，为作者所加。

[7] 参见刘成文、吴喆、孟繁峰：《井陉窑"官"字款、窑冶官及相关问题》，《故宫博物院2012年定窑学术讨论会文集》，待刊。

255

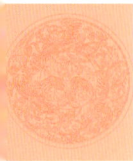

[8] 刘成文、孟繁峰：《一组井陉窑陶瓷器的释读——井陉窑盘龙冶炉前押官周承遂妻李氏墓的瓷器、三彩器及墓志》，载《中国考古学第十五次年会论文集》，文物出版社 2013 年版。

[9] 1)《唐故兵马使充使宅将副将长沙茹府君（弘庆）墓志》："有子长曰令思，名隶绫坊军。"可证范阳卢龙军对手工业作坊实施了军管。中国文物研究所、北京石刻艺术博物馆编《新中国出土墓志·北京壹》下册，文物出版社 2003 年版，第 30 页。

2)《唐故彭城刘府君（其云）太原王夫人合袝墓志》："故相国田公知之，乃擢授贝州作坊判官……遂迁天雄作坊副将。"是魏博镇军管作坊的明证。

3)《唐故昭义军节度作坊副将、明威将军上柱国试殿中监清河张府君（少华）墓志》，"于辕门授作坊副将……"

4)《唐故魏博节度使天雄军司马南阳郡宗府君（庠）墓志》："方伯知贤，起家授奉仪郡，试左武卫长史，判献奉作坊事"，亦可证藩镇作坊种类的繁多。以上三志均见《新中国出土墓志·河北壹》，第 103、110、129 志，文物出版社 1994 年版，第 73、78、91 页。

[10] 同注〔7〕。

[11] 唐藩镇义武，起自建中二年（782），至后唐天成四年（929）的割据时期，前期张孝忠、张茂昭父子相继 30 年，后期乾符六年（879）至天成四年（929），王处存、王郁、王处直、王都，兄弟、父子相继五十年，中间 17 任节度任期最长者不过 9 年，余者多 2、3 年，3、4 年，处于频繁更换时期。军管曲阳瓷窑冶"官"字款瓷片中"新官"款的存在，即是这种节度使迭变的反映。定窑经发掘确认晚唐五代期间瓷质突高与官管之加大投入有关。参见吴廷燮：《唐方镇年表》，中华书局 1980 年版。

[12] 中国古陶瓷图典编辑委员会：《中国古陶瓷图典》五《窑址·定窑》，文物出版社 1998 年版，第 285 页。

[13]《隋书·地理志》，恒山郡，博陵郡，中华书局 1973 年版，第 856 页。

[14]（唐）李泰撰，贺次君辑校：《括地志辑较》卷二，定州之恒阳县（第 99 页）、井州之井陉县（第 102 页），中华书局 1980 年版。

[15]（唐）李吉甫：《元和郡县志》卷一八，《河北道三·易定节度使》（第 514 页）"恒阳县"，卷一七《河北道二·恒冀节度使》（第 479 页）"井陉县"，中华书局 1983 年版。

[16] 井陉虽属山区，定窑所在北镇涧磁亦属山区，但二者有大道直通，相距不过百公里，交通很便捷。见于《史记》卷四十三《赵世家》赵武灵王攻中山，赵希并将胡代，赵与之陉，合兵中山，攻取丹丘、华阳、鸱之塞。即是自井陉出的奇兵。参见孟繁峰：《曼葭及井陉的开通》，载《环渤海考古国际学术讨论会论文集》，《文物春秋》1992 年增刊。

（本文原载《故宫博物院院刊》双月刊 2014 年第 2 期）

十四、井陉窑七题

——在清华大学艺术史论系的讲演*

同学们、朋友们好！今天我来介绍一下井陉窑的粗浅个人认识，同大家一起磋商，欢迎同志们提出宝贵的意见。

全国首批千年古县之一井陉县位于河北省西部，地处太行山中部腹地，面积 1381 平方公里。因"四方高、中央下、如井之深"的地形而得名。历史悠久，可上溯到旧石器时期，秦时置县，唐属恒州真定，曾独设过井州、威州。地理位置重要，素有"天下九塞之六塞，太行八陉之五陉"之称，兵家必争之地，燕晋通衢的咽喉要塞。地势复杂，境内山峦起伏，河谷纵横，盆地密布。交通要冲，古时的井陉古驿道横贯全境，其支路沿河沟谷贯通境内，现今的 307 国道、石太高速公路、石太铁路、石太高速铁路与井陉古驿道相互交错穿过县境。

井陉窑是河北四大名窑之一，分布于井陉和井陉矿区（石家庄市直属）盆地内 160 多平方公里的河谷两侧，目前发现有十一处窑址。是隋、唐、五代、宋、金、元、明、清时期的一处大型瓷窑址集群。但其地表遗存的形态复杂，窑址被迄今仍在使用的清、民国、现代公私建筑、水泥浇筑的街巷所覆压。这类窑址我命名为"双重覆盖类窑址"。窑址极难发现，因而使得井陉窑发现较晚的原因之一。井陉窑是以烧制白瓷为主，颜色釉、彩瓷亦很丰富，白瓷质量较好的窑址，不是简单的民窑。

---

* 此次讲演是受该系李静杰教授特别邀请所作，到场听讲的还有北京大学考故博院、国家博物馆等单位的师生、同仁。

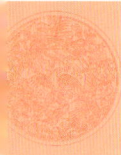

（一）井陉窑的自然与人文环境

1. 自然环境

井陉窑占据古称天下脊梁、纵长千里、横宽300—380里的太行山八陉之五陉间，因太行八陉（军都陉、蒲阴陉、飞狐陉、井陉、滏口陉、白陉、太行陉、轵关陉）中，有三陉（军都陉、蒲阴陉、飞狐陉）在北京西、北，另三陉（白陉、太行陉、轵关陉）在河南境内，又一陉在邯郸峰峰矿区（滏口陉），而在太行中部纵长500里的线段上只有井陉，是古真定府与太原府间交通要道，因此井陉窑的地理位置独殊，亦有优厚丰富的瓷土、燃料和水资源，具备了制瓷业得天独厚的自然条件。

（1）瓷土

制瓷的主要原料是瓷土（当地称矸子土），也有高岭土，井陉窑所发现的十一处窑址或窑址附近都有丰富瓷土，瓷土或裸露于地表，或遗存在地下10—20米，甚至深处因有古时挖掘瓷土遗留的矸子井为证。所见矸子有白、青、紫、黄等色。现今仍有矸子坡、矸子垴、矸子沟、矸子山等的乡村地名。同时釉料、长石、石英、釉子土等制釉原料井陉境内也多出产，可以见到，至今依然源源不断。

（2）燃料

燃料也是窑址烧窑重要的生产原料。燃料主要为草木与煤炭，井陉皆山区，境内遍野都是杂草、树木，就地取之，用之不竭。煤炭更是制瓷的重要原料，井陉窑窑址的分布区就在井陉煤田的分布区上。井陉矿区曾为我国的重要煤炭基地之一。

（3）水资源

井陉境内主要水源为发源于山西省和顺县沾岭的松溪河在井陉县南入境后改名为甘陶河，另一发源于山西省寿阳县芹泉的桃河和娘子关泽发水，黑老婆泉水合流后在井陉县西入境而称绵曼河，绵曼河与甘陶河在横口合流称冶河，另有冶河支流且自身有泉的白沙河、寺沟河。不仅是井陉窑制瓷的重要水源，是井陉人民的母亲河，也是井陉窑瓷器外销的水运通道。

2. 人文环境

井陉窑所处太行山，是古时民族文化交融的地带，苏秉琦老先生提出中国古代第一次民族大融合就在太行山，可见在秦汉太行八陉就起了重要的作用，最重

要的还是井陉，应是天下九塞之六塞。同时也是文化交流中心，因为井陉窑的旁边，现今还遗存着连接古真定府与太原府最捷径的井陉古道，古道两侧遗存有新石器、先商、战汉等成片的遗址，从7000年前开始，至战汉就在不间断地烧制陶器，生产出的陶器质量较好。虽说古驿道有"车不能方轨，骑不能成列"之称，可却是秦朝主要驰道之一，秦始皇死在河北沙丘宫后，经井陉古驿道运回咸阳的。自古就挺热闹，达官、商旅经常沿着古驿道往返在华北平原与山西高原间，留下或带走许多文化与物产。推动了井陉对外的文化交流，也推进了井陉窑的产品发生、发展。

纵横观察，太行山的东西、南北的古瓷窑，井陉窑处在古瓷窑分布的重要枢纽地带。井陉窑的发现不仅使得太行东麓京（龙务窑、磁家务）、保（定窑）、邢（邢窑）、邯（磁州窑）、安（安阳鹤壁窑等）、焦（当阳峪窑）等纵列千里的古瓷窑链上填补中缺的真（即古真定）的空白，并就地域角度横向观察更为太行山东西两侧的冀晋古瓷窑窑场找到了沟通的直接链环。因此井陉窑的发现与研究，可以认为已超越了这一窑口的自身，并预言井陉窑在中国古陶瓷发展史上占有重要的地位。

井陉窑的保存状态亦与邢、定、磁诸窑有很大不同，我定性为双重覆盖类窑址，即黄土与古今建筑及硬化的道路覆压。地表即便有一两处暴露点亦偏僻狭促，只有采取发掘的手段才能采集到窑址的标本，这也是井陉窑迟至近年来才被陆续发现的主要外在原因。由于窑址地处山区，受地形、地势、地貌的局限和不同建筑的覆压，选得较理想的发掘地点较难，因此井陉窑的创烧时间至今未能很好地解决。

（二）井陉窑的发现与调查

1.发现与调查

1989年10月，河北省文物局抽调全省业务人员组成补查队。首先对太行山东麓的诸县进行文物补查。我带队进驻井陉县，根据井陉的历史现况，决定首先从井陉的老县城——天长镇开始，于是苍岩山文管处长刘成文派井陉县文保所杜鲜明打前站，在天长镇找驻地。杜鲜明将驻地找在了天长的电影院后楼内。10月22日，我们夜宿在天长镇电影院后楼，杜鲜明说，在建电影院时这里曾挖出过"罐罐"。23日凌晨，我在电影院周围散步，发现了碎瓷片、匣钵、支圈

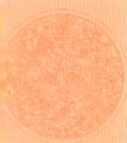

等，我为之一震，立即回到宿舍，叫醒队员，让他们认识这些遗物。因23日的普查行程已定，遂决定晚上找影院放映组长高方清了解情况。据高方清反映，在1987年建电影院时，曾挖出窑炉、瓷片堆积，瓷片中主要有碗、盘、灯、香炉及匣钵、垫圈等器类，高方清还保存有当时挖出的瓷罐和宋代铜钱。因电影院坐落在绵河北岸东关村内，根据普查定名要求，遂定名为东关窑址，时代为宋金。从此揭开井陉窑的"冰山一角"。

根据东关窑址发现情况，我们多方收集信息，在城内村退休教师李法祥（已故）和河东村老铁路工人杜千贵（已故）获得线索，河东坡、东窑岭村也有瓷片和窑具。我们在河东坡村的二运公司大院、307国道东侧的断崖上发现了瓷片堆积、残窑炉、古采掘矸子井，采集到白瓷印花、划花、绘花、点彩碗、盘片、黑釉、酱釉、两色釉瓷片及窑具等，时代为宋金。定名为河东坡窑址，这是井陉窑发现的第二处窑址。同时，在东窑岭村村东也发现了瓷片和窑具，遂定名为东窑岭窑址，这是发现井陉窑的第三处窑址。

因井陉县的普查任务较大，在年底难以完成普查工作，河北省文物局又从其他地方调来普查分队。其中邯郸文管处岳庆森、张家口文管处白午在12月1日发现南秀林窑址，是井陉窑发现的第五处窑址。时代为晚唐五代（当时认为宋）。

1989年11月26日，井陉县的文物普查工作将接近尾声，我又在甘陶河西岸发现了梅庄窑址。梅庄窑址位于井陉县秀林镇梅庄村西的甘陶河西岸一级黄土台地上，因窑址隔甘陶河与梅庄村相望，定名为梅庄窑址。窑址沿河分两片，相距300米，当地称"东碗窑""西碗窑"。因修公路，窑址的窑炉就暴露在地面或断崖上，时代为金至元。

1990年3月，我带领杜鲜明进驻井陉矿区，又发现了冯家沟窑址。时代暂定为金、元、明、清。

此后我查阅大量的文献，一得井陉窑的点滴信息，就立即到场调查。根据1933年井陉县志料"北陉有大碾槽"的记载，在1996年在井陉文保所杜鲜明、康金喜陪同发现了北陉、南陉细白瓷唐五代窑址。

根据1978年南陉乡在挖坡填滩造地中掘出的一批瓷器、三彩器及一盒墓志的线索，经过反复的研究，终于在1997年与康金喜发现了重要的唐代南防口窑址，虽80%被冶河冲毁，但印证了墓志中提到的成德军官窑盘龙冶、炉前押官的史实和存在地点。

1999年12月，我们在河东坡窑址发掘结束时，我又带领杜鲜明对井陉窑作了调查，在秀林镇南横口村东发现了一处窑址，定名为南横口窑址。为金、元、

明、清时期。近代还在烧制瓷器，"文革"后期，烧制的大型毛主席像，直到2003年才出土，被收藏者收走。是现代井陉陶瓷厂的前身。

2005年，我们在北横口村对鳖盖垴古墓群发掘期间，原北横口村书记李怀林向我提供北横口村东也有瓷窑址。我赶赴现场、采集到瓷片，窑具在村民的厕所旁发现了瓷片堆积层也夹有窑具，遂定名为北横口窑址。时代为金、元、明、清时期。这是井陉窑发现的第十一处窑址。

2. 勘探与发掘

1993年4—5月，在配合石太高速公路天长引线工程的考古勘探工作时，获知天长镇电影院要修建"豪门饭店"，天长邮电支局在井陉旧城城内支局院内建工作楼，并已在周边挖出12个圆形柱洞。我分别做了勘探和调查，在柱洞内发现了瓷片堆积层和蘑菇状盘柱式窑具。经河北省文物局批准，于5—8月，对邮电支局的工作楼做了90平方米的抢救性考古发掘工作，获得重大收获，将原东关窑址的分布延伸进入到旧城内，遂更名为城关窑址，经此后多次工作面积扩大到30万平方米，时代为隋唐宋金。[1]

1998年7—8月，公路部门对307国道在河东坡窑址段大修，公路路面已揭开，窑炉及瓷片暴露出来，我与县文保所积极工作，使公路施工停工，做了300平方米的抢救发掘，发现了晚唐五代、金代窑炉6座，金代作坊2处，灰坑14个；出土完整和基本完整的瓷器400余件及一批瓷片、窑具标本。获得了重大成果。时代为唐、五代、宋、金、元时期，也是井陉窑的一处重要窑场。

1999年11月，河东坡窑址5号（编号HY5）窑炉的发掘。自1989年10月发现河东坡村杜千贵房舍后窑址至今，杜千贵按照我的"不要动"嘱托，十年保护，未动一铲，致使其房子屡遭积水浸渍，屋内生出绿霉，但无怨言，深深感动了我。我积极争取，获得批准，于1999年11月，做了正式发掘。发掘面积62平方米，挖出了大型的金代印花窑炉。为杜千贵老人解决了忧患。

2000年9—12月，在河东坡小学抢救性发掘。1998年在307国道发掘时，就获知河东坡村委会将拆迁村内西阁、河东坡小学北高坡地带的民房，建村委会办公楼，拆挖近2000平方米，是窑址的丰富区，在1993年已经河北省人民政府公布为文物保护单位和保护范围内。为此，在我们撤点前，我与县文保所负责人等找到村委会主任许某某，与之共同察看了现场，许某某作出向文物管理部门申报获准后再动工的承诺。此后，许某某不顾文物部门的一再制止，采取拆一片即挖一片的办法，先后三次挖毁窑址1200多平方米，相当重要的遗存遭到毁灭，

其间还发生了哄抢元代窖藏瓷器的事件。2000 年 9 月 2 日，当许某某向这片所余不足 300 平方米的窑址继续毁掘时，被我巡视发现，当场查禁，许某某这才不得不向文物主管部门补办申报手续，经河北省文物局批准后，井陉窑考古队进行了抢救发掘。发掘面积 180 平方米，结果揭露出金代苗姓瓷窑作坊、窑炉及点彩戳模。

中国著名古陶瓷鉴定专家耿宝昌先生等亲临现场，赞叹"井陉窑是河北第四大窑"。

2004—2005 年，在城关窑址的主动发掘。经向国家文物局申请，获得井陉窑考古发掘执照后，根据民国《井陉县志料》中《古瓶记》的记载及当年发掘调查情况，在城内联中操场东、皆山书院西空地选址发掘。

获得了出土大量的瓷片标本，丰富了井陉窑的文化内涵。发现重要的作坊遗址。补足井陉窑的隋代、宋代地层缺环，出土了北朝瓷片。

2007—2008 年在井陉窑河东鑫源公司窑址的抢救发掘。二运破产后，将该地拍卖给了个人，因不准挖掘，又转给开发商，开发商欲在此建天长宾馆。文物部门知讯后，开发商在没有被批准的情况下，将该地的使用权再次转卖，最终卖给了鑫源公司。鑫源公司未办理任何审批手续，自 2005 年始对该地窑址进行了三次毁挖，2007 年最为严重的一次毁挖，因我退休了，无人管了。但经文物部门的极力劝解，破坏行为引起了社会和媒体的极大关注。鑫源公司才不得不向相关部门补报审批手续。我带队进行了发掘，发掘结果令国家文物局专家组"震撼"。

（三）罕见的窑场

井陉窑与全国其他窑口雷同的地方就不讲了，专讲井陉窑罕见的地方。

1998 年河东窑址发掘出唐代的窑炉，也是井陉窑发现的第一座唐代窑炉，由火膛、窑床、烟窗组成，窑床与烟室不分，火膛内为草木灰，形状为典型的马蹄形窑炉，面积较小，烟囱内遗存有当年烧结的匣钵，证实着炉体的原始状态。

异形熔釉窑，1998 年河东窑址发掘发现，为无灰门、灰沟，无后烟室的圆形窑炉，烟窗留在窑的顶部。窑炉前有圆形的灰坑，坑内为沉积的子弹状的熔釉坩埚，坩埚内还有凝结的釉料渣，由烧结残渣看熔釉窑是有较高温度。

大型的印花窑炉，1999 年在河东窑址的杜千贵房后发掘出土。为金代大型

窑炉，由出灰口、灰道沟、火膛、炉栅（条）、残火门、窑床、残窑壁、烟道、烟室等组成，长8米，宽6米。宽阔的窑床上厚厚地铺有金黄色的耐火砂，其上清晰地烧结有码放匣钵留下的痕迹，可以观察到窑室内装窑时匣钵柱的排列位置。遗存的匣钵内有以孔雀图案为主的白瓷碗、黑印花废件瓷器产品，给我们带来了重要的历史信息。

金代苗姓窑场，2000年河东小学窑址仅被破坏剩余180平方米内发现了集两孔窑洞作坊、一处烘坯炕和三座窑炉为一体组合的大型苗姓窑场。两孔窑洞居中，坐南向北、东西并列，分别为拉坯上釉和储放窑具、架置坯件之用作坊。西侧窑洞开一门，北与用匣钵墙平地起建的3间烘坯房相通，房内建有匣钵砌、青砖铺面的火炕，整个房内地面积有厚1—2厘米的青灰色坯泥层，炕体烟道沟内亦遗存有坯件残片。窑洞前部有拱道，与分布在东西两侧窑门皆向窑洞的3座窑炉相连。这种作坊与窑炉的组合形式，揭示了古代制瓷主要工序流程，是极为难得的发现，弥足珍贵。出土完整独特的戳印点彩戳模，显示了井陉窑在陶瓷装饰方面的创造和贡献，为中国古陶瓷在装饰工艺方面重新找回了一项久已失传的技法。进一步开拓了井陉窑的内涵。

同一地点连续800年的作坊窑场。2004年，在城关窑场城内联中的发掘，在4.5米地下发现了金代晚期被大水淹没的作坊遗址，遗留有淹没在淤泥下瓷、铁器具及灶、制坯的台砖、直径60厘米的研磨盆等。为全面揭露作坊，经与联中领导协商，拆除探方西部民国时期的旧课堂。在2005年进行扩方，但作坊西部被蒙元时代的大灰坑严重破坏，作坊基本不存，我被迫缩小发掘面积，在无作坊的地方发掘，结果发现了金代作坊下叠压宋代作坊、宋代作坊下叠压五代作坊、五代作坊下叠压唐代作坊。唐代作坊下叠压隋代的作坊及遗物也发掘出土。在同一地点相互叠压的作坊，延续长达800余年，实属罕见。

令人"震撼"的窑场，2007—2008年在河东窑址鑫源公司的发掘，在504平方米的发掘场地内，发现了金代大型窑场的窑炉、工房集群。东北西南向，长30米的一线上有序排列六座大型窑炉，称之为排窑；同时在诸窑炉前又有各自的作坊，称之为连窑房。这些罕见的窑场，显现出井陉窑在一个较大的时段内，在配料、制浆、成型、上釉、装坯、烧制和出窑等道道工序的独立配套又相互流水作业场景，有时差、有规模、有内涵，资料丰厚，生动可观。是井陉窑近距离、高效率生产的有机整体发现；是中国古陶瓷考古发掘中难得一见的窑场。国内外专家称其资料新颖。2008年7月9日，中国陶瓷考古学家刘兰华研究员，北京大学教授、博士生导师秦大树先生同著名专家、国家考古专家组成员、研究员、国家考古研究所原第一副所长徐光冀先生视察该发掘窑场时，连称震撼。

另发现的烘坯房也是中国古陶瓷生产设施的最为完整例证。同时还发现了宋代的窑炉烧三彩的对窑，即两窑相并，一为烧素胎窑，该窑比瓷窑的温度低；一为上三彩釉后，二次烧制，窑床上残留有多处三彩釉遗迹的釉烧窑。

（四）丰富的品类

井陉窑的器类丰富，数量最大为日常生活用瓷。有碗、盏、钵、杯、盘、碟、盖缸、盂、罐、壶、枕、香炉、香薰、盒、灯、瓮盆等，也有与佛道相关的摆件，如堆塑人物、花卉的盘、模制的莲花摆件、佛陀、护法神、雄狮及供养人等；小瓷玩具亦常见，如官人骑马、侍女抱瓜、童子嬉戏等；另有小料瓶、小盂、小杯、小罐等模型小容器。初步统计达20多个器类。器类的色素亦是丰富多彩。即分十大类。

1.白瓷类，创烧应该在北朝，隋唐有成熟白瓷，隋唐五代、金代白瓷已发展到极盛时期，载入了史册，如花口出筋白瓷碗、沥粉白瓷碗、白釉塔式罐、金代广口瓶等。反映了井陉窑鼎盛时期的细瓷产品。远非土定产品可比，也不可能属于定窑系和定瓷。

2.青瓷类，北朝已有，主要发现在灰坑内。

3.黑瓷类，唐中期的黑釉梅瓶、黑釉罐，釉色润泽而黑亮。

4.酱釉类，是井陉窑的一大门类，史书有记、故宫有藏、近代即出土的天威军官瓶，是有款记的代表产品。

5.绿釉类，如唐代印花鱼纹绿釉海棠杯，是井陉窑绿釉的代表产品。

6.黄釉类，主要为碗类、枕类，如黄釉印花碗、完整的大型枕等在金代大盛。

7.孔雀兰釉类，以小碗为主，还有葫芦瓶釉色纯真。

8.双色釉类，即器内为白釉，器外为黑釉或酱釉，主要以碗类为主。

9.两色釉类，即器内为白釉，器外腹以上为白釉，腹以下为黑釉或酱釉，主要以碗类为主。

10.窑变、油滴类，即借鉴建窑、定窑的做法，也有自己独创的做法。主要以碗、罐、瓶类为主。

（五）独特的装饰

井陉窑的装饰技法多彩纷呈，除各窑口共有的印花、划花、刻划花、绘花装饰技法外，井陉窑还有自己独有和独特的装饰技法。分为以下诸类。

1.点彩，井陉窑的点彩初创于唐代，五代前期（907—918）的点彩已经成熟了，如矮座仰莲托点彩粗瓷塔式罐，自肩部至托底依次为小米碎花、旋子大团花、穗花褐色彩点、小团花、褐色彩点、褐色彩点、褐色彩点等七层点彩花饰，为孤品。以后又影响了定窑、邢窑。宋代的点彩为串形（或称麦穗形）和组合串式，金代则变为圆形或三角形。

2.青剔花，此种技法通于磁州窑的同种装饰，井瓷除白地褐剔外，最具特色的是白地青剔，其代表作品是此种牡丹纹腰圆枕、梅瓶等，类玉如冰，华丽典雅，是井陉窑的特色产品之一，称之为"井剔"。

3.粘贴，此种装饰技法多见于唐、宋、金井瓷。有的作为附属贴于器身，如贴佛、罗汉像白瓷大香炉、莲瓣饰薰炉、翘莲瓣塔式罐等即是代表作品。也有以此技法独自成器，如常见的动物、人物小瓷塑外，尚有满饰璎珞重花的观音像等。如唐代的驮马散乐俑，捏塑的惟妙惟肖，是井陉窑此种技法的代表作品。

4.金绘、描金，这是芒口瓷器上的装饰，在定窑称金扣、银扣、铜扣。而井陉窑在瓷器的芒口处描上金彩，在瓷器内绘金彩，显得瓷器瑕而不露、熠熠生辉。代表产品为细白瓷描金盘。据元史记载忽必烈为了节约，禁止使用金彩工艺。

5.戳印，2000年出土于河东坡窑址的1枚戳模，确证了此前不被陶瓷界认识的一种装饰技法。戳模外表呈黄白色，瓷土质，经高温烧制而成，为圆柱形，上小下大，顶端浑圆光滑，下端印面平雕独朵旋子花，高6—7厘米，直径3—4厘米。这种戳模按印面小到一二厘米，大到十几厘米，有数十种之多。

6.戳印填彩，这是井瓷在点彩技法的基础上自创的装饰艺术。操作者持戳模在半干的瓷器戳印，然后以毛笔饱蘸褐釉填涂印痕，再上透明釉入窑烧制。使瓷器上的点彩花形比例准确、花式统一，不仅提高了工效，更使釉汁饱满凸出，产生十分突出的妆饰效果。

7.戳印划花填彩，在井陉窑发掘中出土了数量相当的鹿纹枕，有立鹿、卧鹿、奔鹿、对鹿等不同纹饰，除衬以划绘的花卉树木外，并配以戳印团花、忍冬等边饰。这些戳印划花的图案绝大多数都填涂褐釉土，烧成后图案着褐彩，成为井瓷的一大特色。此类作品花色图案十分丰富，除鹿纹外，所见题材广泛，有奔牛、猫

碟、童戏、宫女、乐人及团花、菱花、折枝、鸳鸯戏水等，达三四十种之多。

8.珍珠地划花戳印填彩，井陉窑除借鉴其他窑口的珍珠地的做法外，又独创了珍珠地划花戳印填彩，主要瓷片为瓷枕上。

9.沥粉，即在瓷器的腹部像挤牙膏一样的方法淋上凸筋，凸筋规整，粗细一致，不像其他窑口在器物上捏堆出不整齐的筋。主要代表产品如五代的沥粉凸筋花式盏。

10.沥粉填嵌，用母范覆压印在器物上形成的沟，将沟用沥粉法填嵌的一种装饰手法。

11.滴点，一般在器表匀浸一层底釉，然后在底釉上滴点与底釉色调不同的彩釉，彰显出层次鲜明的效果，这不是窑变而是滴点上去的，呈悬挂状。这是井陉窑的独特技法。代表产品突出为三彩器，如凤首壶。

12.独特三彩，虽然唐代邢、定等诸窑都生产三彩，但都有相差不多的技法，主要是学河南三彩，而井陉窑有自己独门的三彩制作技术，除采用滴点法外，在着彩时，将器物通体分上、中、下数段，色调分段赋予轻、重、浓、淡的转化，使器物在炫丽的同时又增添了多层次丰富多变的效果，彰显了古井陉窑工独具匠心的技法，为唐五代中国三彩技艺的创造和发展作出了不可埋没的贡献。我们称之为井陉三彩。

（六）混乱的澄清

1. 文献

在1973年《文物》第二期，冯先铭先生在全国待调查的61处窑址中，井陉窑排在首位，井陉窑是20世纪30年代叶麟趾先生首次提出的。可惜叶先生提出了井陉窑，却只把它的时代定于清，没有引起陶瓷界的注意。

《金史·地理》中，其他窑口，如定窑、巩县窑、耀州窑等名窑都没有记载，只记载真定产瓷器，可见井陉窑在金代的影响超出了其他名窑。

清乾隆《正定府志·物产》记载"……正定府产瓷器，缸坛之属也，明时充贡出井陉"。因地方志中讲明代产瓷器影响小，未引起世人的关注。

但金人蒋祈《陶记》中记载"景德镇……其视真定红瓷、龙泉青秘相竞奇"。有人将真定红瓷释为定州瓷。这就掩盖了井陉窑。真定红瓷就是井陉窑的彩瓷，而不是定瓷，因真定、曲阳在历史上的金代盛时不在同一个行政区域，定窑属于

定州曲阳县，井陉属于真定府管辖，这时曲阳本不属真定管辖，真定红瓷就指真定辖井陉县产。

井陉窑是最早的官窑之一，既有发现的两种石刻和井陉窑两处窑址出土"官"字款瓷片为证。两种石刻：一是井陉护国寺唐天佑陀罗尼经幢，记有井陉窑冶官"天长镇遏使兼知冶驿务事、冶判、专知"的官职题名；一是五代初墓出土的李氏墓志中记"盘龙冶、炉前押官"的官职题名。两处窑址一是城关窑址，在1993年、2004—2005年发掘时，在唐代的地层中出土了"官"字款细白瓷片。一是由爱好者在南防口窑址采集到"官"字款细白瓷片。笔者经反复研究，理清了井陉窑在晚唐五代时期窑冶的分级管理体系。同时根据当时形成的藩镇割据形势，井陉属成德军管辖，因此说井陉窑是唐后期藩镇成德军官窑。

关于"土定"、定窑系与井陉窑，古代《南窑笔记》（佚名）记"定窑出北宋定州造者，白泥素釉，有涕泪痕佳，又有土定一种，霍窑一种。""土定"是因原料加工不精细、胎体粗厚、叩之声不清脆、装饰极简单或没有装饰。定窑系是指河北曲阳定窑中心窑场以外的产品，是如汾河、漳河流域广大地区的民间小作坊，学习了定窑工艺，制作出具有定窑风格的日用瓷器。可见过去将井陉窑称为土定或纳入定窑系，在不知道窑址前，或属必然，是不科学的，定窑系是根本涵盖不了井陉窑的精细产品。如印花技法在定窑没有生产时井陉窑已经生产印花产品（前见的唐代印花鱼纹绿釉海棠杯），同时井陉窑印花纹饰是以荷花纹为主，而定窑印花纹饰以牡丹纹为主。因此定窑的高、精、尖的产品根本代表不了井陉窑的高、精、尖的产品。

2. 实物

因井陉窑发现较晚，调查发掘的难度大，人为的困难重重，研究工作相对滞后，过去许多瓷器大家将井陉窑出土瓷器判定为其他窑口，且判定为邢窑、定窑居多。如在北京艺术博物馆的定瓷展览中，20件瓷枕中有18件是井陉窑产品，20世纪70年代出土的井陉矿区著名的白瓷双鱼穿带瓶一直被判定为邢窑产品。我们在井陉窑的发掘中，也出土了与之一样的双鱼穿带瓶，如今河北博物馆《名窑名瓷展》仍将其展为邢窑产品，最近有学者著文澄清了这一史实，但似仍无效。定窑系掩盖了不少窑口的特点，也掩盖好多窑口的往来与交流。今后随着井陉窑的深入研究，将向大家更进一步展示井陉窑的产品，澄清窑口产品混乱的现实，使各自的产品回归各自窑口。

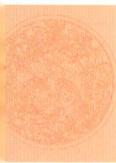

（七）从抢救到抢救

1. 井陉窑的研究价值

我经多年的研究，初步认识了井陉窑，深信井陉窑在中国古陶瓷史上必将占有重要的一页。因井陉窑在金代史书中有记载，特殊地理位置，架起了河北、山西、河南、山东古瓷交流的桥梁。井陉窑有创新，也有借鉴，兼收并蓄。如定窑发明了覆烧法，井陉窑借鉴了；而砂圈正烧法的出现，提高了产量和质量，现在无人发现在何时、何窑发明，定窑说是在宋代出现的，但未发现窑具。井陉窑在五代前期就有了涩圈产品，涩圈不圆、不规整，粗糙，釉也刮不尽，这给我们提出了思考。

2. 七次发掘

第七次发掘报告未整理出来，其余六次的发掘资料还在库房内存放，我很难拿出资料。现在发掘出的窑址大部分都没有了，我又是退休状态，过去冒着生命危险从现场抢救回来的资料，现在又变为资料抢救了，我很着急，回去后要继续工作，这不是一两个人、三年五载能完成的，最大缺环是分期还没能出来。但在各有关方面的支持下，我们克服各种困难，完成井陉窑资料的整理任务。最后希请大家多多关注井陉窑，多多支持井陉窑报告的整理工作。

谢谢！

注释：

[1] 城关窑址分布面积 30 万平方米，是指重点保护范围、一般保护范围，建设控制地带三圈而言。

十五、姊妹花开系两陉

——略谈井陉窑与磁州窑白瓷点彩装饰

在磁州窑以北约 190 千米太行山区的井陉窑，自 1989—2005 年，经多次间断调查，共发现了隋唐至明清民国时期的窑址 11 处（图 2—15—1）。经对其中的城关、河东两处窑址的 6 次发掘，获得了大量的标本，大体揭示了它自隋至元代产品的烧制状况。由于至今未能公布调查发掘报告，其详细情况学界尚不了解。随着发掘的逐次进行，发掘者已看到这两个处于太行四（滏口陉）、五（井陉）两陉之地，同样有着悠久瓷业历史的窑场，自古就存在着密切的联系。如瓷器中的白地黑花，在井陉窑其量虽少，但依然能看到磁州窑的影响。而白瓷点彩，其工艺技法、表现形式与内容在井陉窑不仅有如磁州窑一般的模式、数量、丰富和经久，并且以目前掌握的资料来看，其产生的时间要早于磁州窑。在河北瓷业史上，两窑的点彩装饰显著相似地突出于它窑，可称得上是辉耀于太行两陉的古瓷妆饰姊妹之花。因借此次磁州窑国际学术讨论会之际，将井陉窑的有关资料，公之学界，就教同仁，共同探讨。

图 2—15—1　井陉窑窑址分布图

说明
隋：黄色
唐：红色
宋、金：绿色
明、清：蓝色

269

（一）井陉窑的白瓷点彩

1. 井陉窑白瓷

在河北四大窑中[1]，井陉窑即生产可媲美于邢、定二窑的精细白瓷，又烧制同于磁州窑的化妆白瓷，而且可以说其化妆白瓷从始至终大量产出。因此，谈到井陉白瓷，是囊括了邢、定、磁三窑全部白瓷质地的。特别要说的是这一特点在井陉是自隋代就存在着。我们先后两次在井陉城关发掘到隋代窑址层，除青瓷、黑釉瓷外，所获得的白瓷产品中，主要即是施化妆土的中粗白瓷片，所见器形周正，胎釉结合紧密，釉色泛青而纯净，显示井陉窑隋代的制瓷技术已达成熟阶段。两次均因发掘面积过小（总计 130 平方米），所获得的这一阶段瓷器（片）和窑具数量有限，还没能发现白瓷上可能敷有的妆饰。总述历次发掘证实，井陉窑历史上有唐后期至五代及金代两段盛烧期。由于特殊的历史社会状况，前一阶段有瓷器（片）大量出土，不仅釉色丰富，诸如青、黑、褐颜色釉瓷较前大增，尤以井陉三彩独具特色，井陉白瓷占了大宗。其细白瓷精美莹润，黑釉瓷光亮如漆，绿釉瓷青翠欲滴，井陉三彩以滴点施釉独树一帜。尤其是井陉窑"官"字款白瓷的发现，使之在这一阶段出现了和邢、定并驾齐驱的态势。在这一盛烧期与印、刻划、捏塑、镂雕等妆饰技法同时可见的是白瓷点彩妆饰的出现和突出的显示。后段历宋至元，白瓷仍占主打地位。从调查发掘来看，金代井陉窑开辟了第二个高峰期，不仅窑场恢复到了同前高峰期的 6 处（窑点较前有减有增），且主要窑场的面积都有不小的扩大。釉色更加丰富精彩，品种洋洋大观，妆饰琳琅满目。文献上所提的"真定产瓷器"[2]，颜色釉中的"真定红"，均是这一阶段的产品。点彩不仅继承着前朝的传统，而且还破天荒地首次发现了专门在坯件上压印点彩"旋子花"的戳模，使点彩这一简单技法由一道复杂工序变成了两道更简便的工序完成，即先印纹后点彩。即使毫无绘技的生手也能快速、准确地完成点彩装饰。因此井陉窑的中粗瓷点彩制品（主要碗、盆类）巨量产出，极大地满足了这一阶段的广大市场所需。元代由于既失充贡的资本，民窑特色也不突出，井陉窑一类窑场较快萎缩，特别是白瓷产品的质量显著下降，白瓷胎质退化，釉色泛豆青，多木光。妆饰方面井陉窑的点彩作品依然存在，不过已显拙笨，不见了前朝的灵气。明、清、民国，井陉窑与磁州窑仍来往密切。20 世纪七八十年代，当地民间老窑工仍能回忆起彭城匠师来井陉传艺的往事。这一阶段点彩装饰仍在使用，不过早已处于配饰的边缘地位。本文所谈到的井陉窑点彩，不包括尚未进

行发掘的明清、民国部分，所使用的材料也不含 2005 年以前诸次调查发掘的资料（因这部分资料堆积在库房，还不能取出），仅是以 2007—2008 年在河东窑址鑫源公司窑点一次抢救发掘所获标本为例。另外，还使用了 1958 年在平山岗南水库砖室墓编号、1978 年井陉县北陉村尹家湾周李氏墓（ZLM）和 2005 年井陉县北横口北地墓葬（JBM2）出土的瓷器上点彩的材料。因这三处都已确定了窑口。可以用来见证井陉窑白瓷点彩作品。

2. 井陉窑白瓷点彩的发现

1989 年秋冬之季，笔者带队进行了河北省文物补查的井陉县文物复查，经对井陉县的踏查，不仅在县域内宋金遗址、墓葬的调查中发现了点彩白瓷遗物，更重要的是，首次发现了井陉窑的五处窑址，尽管数量尚不及目前已发现的半数，但这五处窑址均采集到白瓷点彩标本。由于其纹饰简单，当时并没有引起笔者特别的注意。1993 年夏，笔者对井陉城关邮电所的工作楼基槽 90 平方米的抢救发掘，是对井陉窑的第一次发掘。当年底，笔者驻井陉文保所苍岩山库房初步整理发掘出土器物时，除普通白釉点彩器片外，一并修复整理了 1978 年冬农民捐献的该县北陉村尹家湾五代初周李氏墓（ZLM）出土的随葬瓷器，其中一件施化妆土的粗白瓷塔式罐，自肩至底满饰 7 层点彩花饰，鲜明别致、花团锦簇的器表，使人耳目一新，引起了笔者的关注，经长期的探索，终于解决了它的窑口等问题 [3]。同时，引导笔者将目光注意到本所 20 世纪 80 年代初公布的收集于井陉临县平山岗南水库工地一墓葬出土的唐代点彩白瓷注子和白瓷点彩塔式罐 [4]。ZLM 器物窑口等问题的解决，通过对比也使这两件不明时代、窑口的点彩白瓷器的问题得到了解决。它们为井陉窑唐代后期细白瓷点彩器物提供了可靠而难得的完整标本。

继 1993 年夏井陉城关邮电所抢救发掘；1998 年夏进行配合 307 国道井陉河东段拓宽工程抢救发掘；1999 年初冬进行了河东窑址杜千贵房后山大型印花窑炉抢救发掘；2000 年河东村拓建小学北地抢救发掘；2004—2005 年井陉城关镇联中窑点发掘，同时对北横口窑址西地墓葬进行抢救发掘；2007—2008 年对河东窑址鑫源公司窑点抢救发掘。上述 6 次发掘总面积达 1670 平方米，其中 2007—2008 年发掘面积为 720 平方米。以上历次发掘都出土了很多的白瓷点彩器物，加之前述的三处墓葬的出土，使它们大体反映出了井陉窑唐、五代、宋、金、元白瓷点彩类妆饰系列的出现、盛行、衰落的基本状况。

3. 井陉窑的白瓷点彩妆饰

由于井陉窑出土器物尚未完成整理，以下所举标本的分期暂按朝代分列（根据井、磁两窑的标本区分需要，井陉窑标本以"J"为代号，磁州窑标本以"C"为代号。对比举例，详见本文二段后所列表2—15—1）。

(1) 唐代（表2—15—1）

①细白瓷注子，侈口、斜高颈、斜直腹、侈平足、双泥条曲柄，柄部相对的一侧肩上置微曲稍长流；口径6.5厘米、高22.8厘米。此注流下、上腹部釉下点饰无排列规则和不定型的散点酱彩团花纹；此外柄根、流根部分别涂酱彩。现藏于河北省文物研究所。（图2—15—2）

图2—15—2 井陉窑J1唐代白釉点彩注子（左正面、右侧面）

②细白瓷塔式罐，由葫芦纽盖、直颈鼓腹罐、倒喇叭口高柄荷叶式盘托座组合而成，通高65厘米，胎质细白，釉色莹润；盖纽上半部与座盘底面及下缘飞檐施黑釉，罐肩部釉下施五瓣加心近圆形酱彩梅点纹五朵，座盘莲叶瓣间各点酱斑一点。现在河北省博物院展出。（图2—15—3）

(2) 五代前期（表2—15—1）

白釉点彩矮座仰莲托塔式罐（ZLM：12），盖佚，覆杯式底座对仰莲式深腹托碗，碗内承托唇口、直径、溜肩、弧腹、平底罐；罐、托碗、底座三者烧结为一体。胎质较粗，上敷一层白色化妆土，白釉泛青，露胎处间有黑褐铁锈杂质斑点。口径9.2厘米、最大腹径20.8厘米、座底径15.5厘米、存高38.2厘米。周身所施化妆土上，自上至下点饰七层酱彩花纹：第一层，罐肩部对点两组，不同

图2—15—3　井陉窑J2唐代白釉点彩塔式罐（左整体、右局部）

形式的花穗纹。第二层，腹部对点四组，形状个别的大花菱形穗、束状穗、伞状穗和多层旋子团花。整体有形，点布有序，排列对称，是为主体纹饰。第三层，莲瓣托碗的瓣尖分别点染酱彩。第四层，莲瓣托碗外壁上每瓣各点一组朵花纹，形式大体相同，共五朵。从大同小异来看，可知为手工点绘。第五至七层，在莲瓣托碗下壁和覆盆底座的中、下腹处各有一周大小不同的乳钉纹，每个钉头分点酱彩。参考照2的同类点彩塔式罐可知，如盖存在，整器应为四层花穗、九层点染，十分罕见，其后再罩透明釉。根据同墓出的墓志，此器器主为井陉窑"盘龙冶炉前押官"之妻，随葬年代为公元918年。现藏井陉县文保所。[5]（图2—15—4）

(3) 宋代（表2—15—1）

白瓷酱彩旋子花敞口碗（07JX Ⅳ T1 ④），敞口，弧腹，圈足；釉色温润，底有色圈，碗心点酱彩五瓣旋子花。（图2—15—5）

白釉盆残片（07JX Ⅳ T2 采：1），唇口，弧腹，平底，圈足；灰白色釉，光亮，内满釉，外半釉；外壁刮刻条带纹，内壁釉下饰黑彩有点叶串纹。（图2—15—6）

白釉唇口碗（08JX Ⅳ T2 补④ B：55），唇口，圈足外侈；灰白胎；灰白色釉，光亮，内施满釉，碗底有不规则涩圈，外施半釉；口径15厘米、足径5.6厘米、高5.9厘米；内壁在化妆土上点酱彩有点叶串纹三组，碗心点一叶。（图2—15—7）

白釉折腹盘（08JX Ⅳ T2 补③ A：01），小唇口，折腹，平底，盘底有不规则涩圈，圈足外侈；白釉泛黄，胎致密、色粉黄；口径18.3厘米、足径7.3厘米、高4.8厘米；上腹点酱彩有点三叶纹三组。（图2—15—8）

273

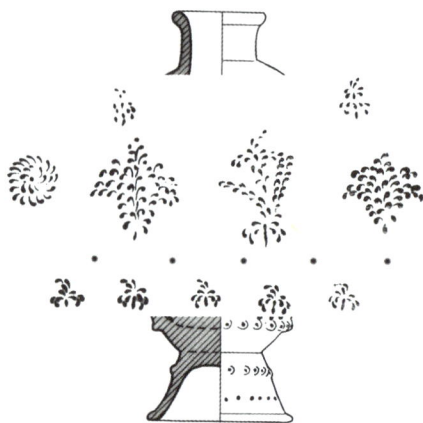

图 2—15—4　井陉窑 J3 五代白釉点彩矮座仰莲托塔式罐（左原件、右纹饰展开图）

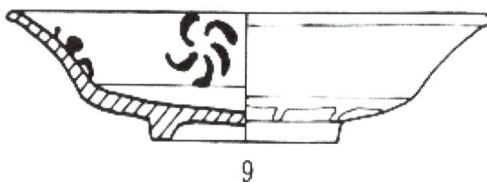

图 2—15—5　左：井陉窑 J4 宋代白瓷酱彩旋子花敞口碗 074X IV T1 ④　右：磁州窑 C1 宋代白釉折腹盘（图 30：9T8 ⑩：40）一前

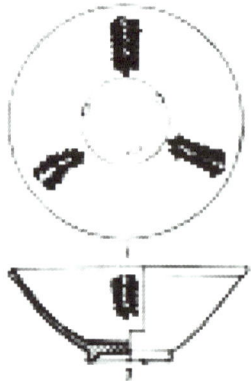

图 2—15—6　左：井陉窑 J5 宋代白釉盆（07JX IV T2 采：1）　右：磁州窑 C2 宋代白釉敞口斜直壁碗（图 23：7，T8 ⑨：12）一前

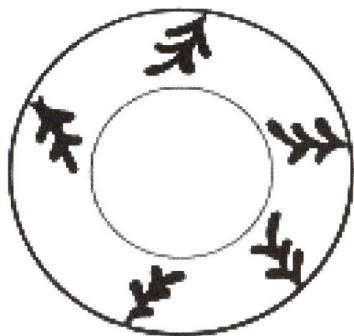

图 2—15—7　左：井陉窑 J6 宋代白釉唇口碗（08JX Ⅳ T2 补④ B：55）　右：磁州窑 C3 宋代白釉行炉（图 45：6，T8 ⑧：56）一前

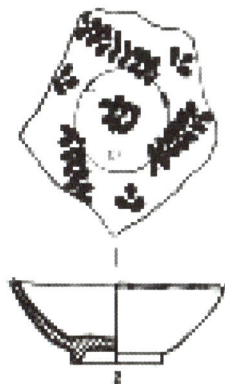

图 2—15—8　左：井陉窑 J7 宋代白釉折腹盘（08JX Ⅳ T2 补③ A：01）　右：磁州窑 C4 宋代白釉敞口斜直壁碗（图 23：2，T11 ⑥：425）一前

　　白釉无纽器盖（08JX Ⅲ T12 ④：6），盖面缘内凹下为平底，无纽，矮斜壁，斜折沿；胎致密、白釉泛灰黄，光亮，盖面满釉，盖缘里无釉；盖径 8.2 厘米、内径 6.4 厘米、高 0.7 厘米。盖顶中心点酱彩有点叶串纹一组。（图 2—15—9）

　　白瓷点彩罐（05JBM7：1），直口，短颈，鼓腹，圈足微外侈；釉色洁白细润；灰白胎；外腹点相间、起始无点叶串纹 6 组。（图 2—15—10）

　　白釉点彩碗底残片（08JX Ⅳ T2 补④ B：129），碗下腹以上残失，足径 7.3 厘米，圈足外侈，胎釉同上，碗底有不规则涩圈，碗底心点酱彩八瓣旋子花一朵。（图 2—15—11）

275

白釉唇口小碗片（07JX IV T2 ⑤：4），敛口，弧腹，圈足；胎黄灰，白釉泛黄，内底有涩圈，内壁点酱彩五瓣梅花纹。（图2—15—12、J11）

图2—15—9　左：井陉窑 J8 宋代白釉无纽器盖（08JX Ⅷ T21 ④ B：6）　右：磁州窑 C5 宋代白釉行炉（图45：3，T11 ⑧：79）一后

图2—15—10　左：井陉窑 J9 宋代白瓷点彩罐（北横口出土）　右：磁州窑 C6 宋代白釉瓜棱罐（图59：4，T5 ⑨：144）二前

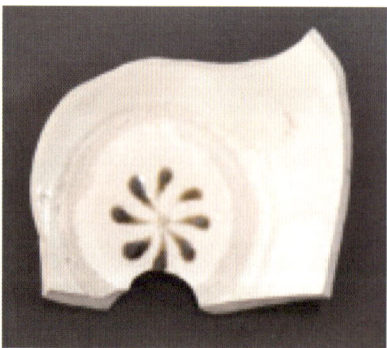

图2—15—11　左：井陉窑 J10 宋代白釉点彩碗底（残片）（08JX IV T2 补④ B：129）　右：磁州窑 C7 宋代白釉敞口曲腹碗（图版11：4，T10 ⑧：10）二前

276

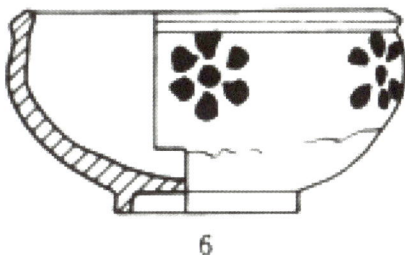

图 2—15—12 左：井陉窑 J11 宋代白釉唇口小碗片（07JX IV T2 ⑤：4）右：磁州窑 C10 金代白釉钵（图 34：6，T9 ③：158）二后

图 2—15—13 左：井陉窑 J12 宋代白瓷点彩骑马人物(残片)(05JTZT8 ⑤：101) 右：磁州窑 C9 金代白釉匍匐人（彩版 33：4 左，T3 ⑤：35）三期

白瓷点彩骑马人物（05JTZT8 ⑤：101），人首、马后半身及马腿部尽残失，细白胎，釉莹润。马眼、足靴、衣袍前摆点黑彩。（图 2—15—13）

白釉敞口碗残片（08JX IV T2 补④ D：42），灰白色釉，光亮，碗内腹上部点酱彩异向三叶纹三组组合图案。（图 2—15—14）

图 2—15—14 井陉窑 J23 宋代白釉敞口碗（08JX IV T2 补④ D：42）

白瓷点彩高足碗片残片，敛口，弧腹，高圈足；内底有涩圈，胎灰白，致密，施化妆土，白釉匀净，内壁点酱彩同向三叶纹三组组合图案。（图 2—15—15）

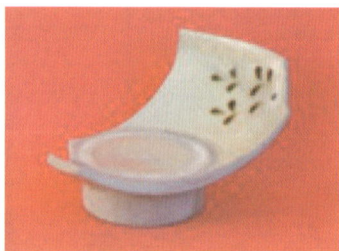

图2—15—15 井陉窑J24宋代白瓷点彩高足碗（残片）注：井陉窑点彩图案，磁州窑未见图

（4）金代（表2—15—1）

白釉唇口圈足盆（07JX Ⅲ T1H10：11），胎青白，坚致，白釉泛青，光润；外壁沿下刻一周三角纹，其下刮刻条带纹；口径25.1厘米、足径10.4厘米、高12.2厘米。盆腹釉下点三组酱彩，有点半幅三叶纹，率意开张。（图2—15—16）

图2—15—16 井陉窑J13金代白釉唇口圈足盆（07JX Ⅲ T1H10：11）

白釉深腹大罐（07JX Ⅲ T2③B：加1），残片，胎灰白；罐腹上部先施一层化妆土，再罩透明釉，内满釉，外仅及下腹。罐外腹上部横点酱彩半幅无点叶串纹，之间加菱形隔断斑块。（图2—15—17）

白釉唇口大碗（07JX Ⅵ T2③C：27），唇口，斜壁下收，圈足；胎灰黄，

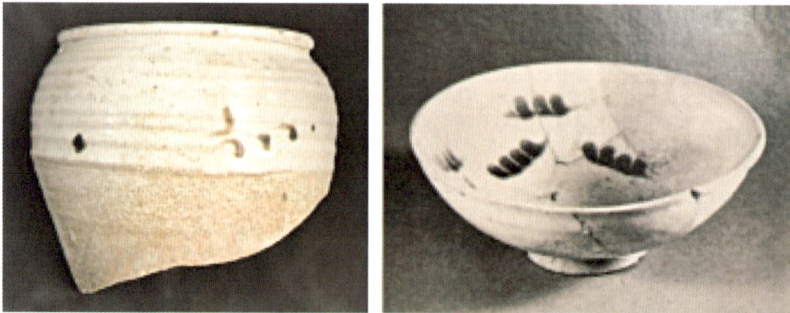

图2—15—17 左：井陉窑J14金代白釉深腹大罐（07JX Ⅲ T2③B：加1）右：磁州窑C8宋代白釉敞口曲腹碗（图版11：4，T10⑧：10）二前

278

釉泛灰黄、色较润，有涩圈；口径29厘米、足径11.4厘米、高12.6厘米。腹壁点酱彩有点长叶串纹。（图2—15—18）

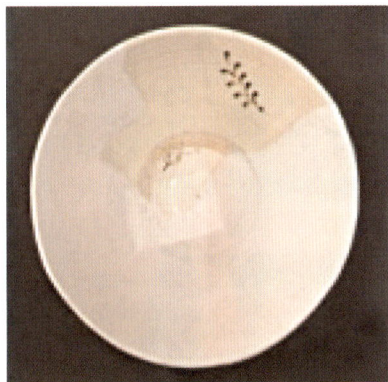

图2—15—18　井陉窑J15金代白釉唇口大碗(07JX Ⅵ T2 ③ C：27)

白釉高足碗底片（07JX Ⅵ T2 ③ A：1），胎青白，坚致；白釉泛青，光亮，内外施满釉；碗心有涩圈，足径4.6厘米。釉下点酱彩五瓣梅点纹。（图2—15—19）

白釉唇口弧腹碗(07JX Ⅲ H15：26)，唇口，圈足；胎色黄白，外壁下腹露胎；

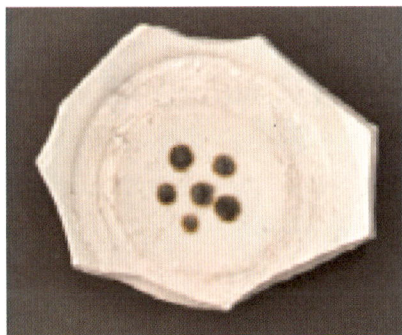

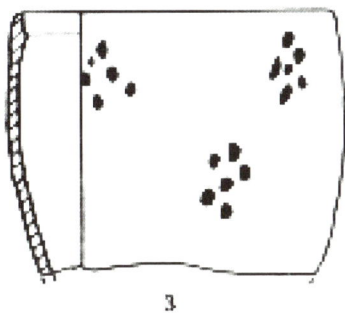

图2—15—19　左：井陉窑J16金代白釉高足碗底片（07JX Ⅵ T2 ③ A：1）　右：磁州窑C11金代白釉罐（图120：3，T10 ④：291）二期

口径18.9厘米、足径6.9厘米、高6.6厘米。碗里心釉下点酱彩五瓣旋子花纹。（图2—15—20）

白釉唇口圈足盆（07JX Ⅳ T1H3：17），唇口，圈足，弧腹；白釉泛灰黄，色较润，外壁上施白釉，内施满釉；施有化妆土，外沿下刻一周三角纹，其下刻条带纹；口径22.8厘米、足径9.4厘米、高10.9厘米。盆内壁釉下点黑彩有点三叶纹，强健生动。（图2—15—21）

白釉唇口盆残片（07JX Ⅳ T2 ③：59），唇口，弧腹，圈足，外壁刮刻一周

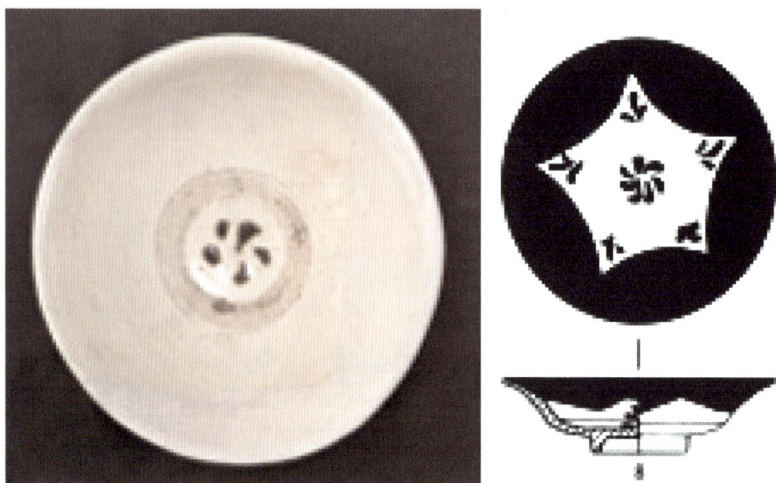

图 2—15—20　左：井陉窑 J17 金代白釉碗（07JX III H15：26）　右：磁州窑 C12 金代黑釉盘（图版 84：8，T3H385）三期

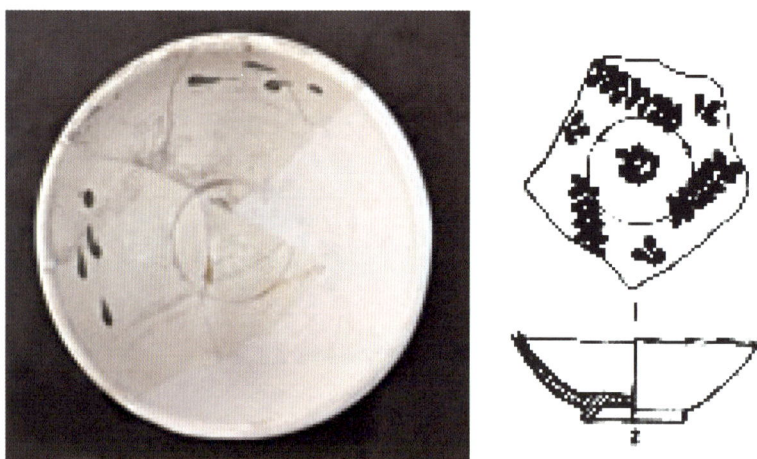

图 2—15—21　左：井陉窑 J20 金代白釉唇口圈足盆（07JX IV T1H3：17）　右：磁州窑 C4 金代白釉敞口斜直壁碗（图 23：2，T11 ⑥：425）一前

菊瓣纹，盆底有涩圈；胎青白，坚致；白釉泛青，光亮，内外施满釉；口径 21.9 厘米、足径 9.7 厘米、高 9.8 厘米。内壁横点酱彩有点叶串纹三组。（图 2—15—22）

两色釉高足碗底（07JX III T7Y6 火①：1），白釉泛灰黄，色较润，外壁上施白釉，下施黑釉，内白色满釉；施有化妆土。碗底涩圈内点酱彩有点叶串纹一组。（图 2—15—23）

白釉唇口弧腹碗（07JX III T1H17：1），唇口，弧腹，圈足，碗底有涩圈；胎青白，

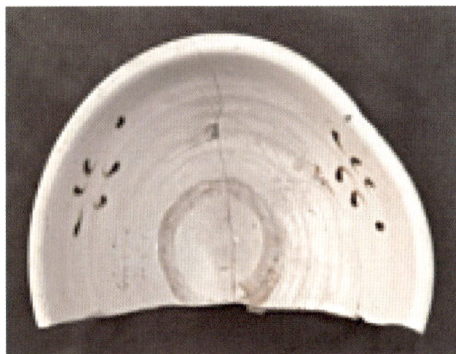

图2—15—22　左：井陉窑J21金代白釉唇口盆（残片）（07JX IV T2 ③：59）　右：磁州窑宋代C5白釉行炉（图45：3，T11 ⑧：79）一后

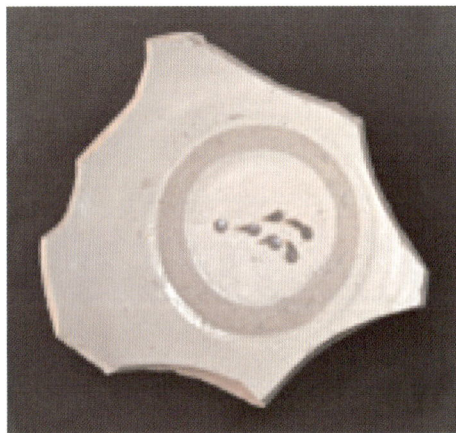

图2—15—23　井陉窑J22金代白釉高足碗底（07JX III T7Y6 火①：1）

坚致；白釉泛青，光亮，内外施满釉；口径18.8厘米、足径6.3厘米、高7.8厘米。内壁点黑褐彩六瓣朵花，朵花两侧附三叶纹的横向组合花叶纹三组。（图2—15—24）

白釉侈口弧腹碗残片（07JX III T7Y2 火：35），碗烧结为一摞，取其上者；胎青白，坚致，白釉泛青，光亮，釉面布开片，碗底有涩圈；口径19.4厘米、足径6.9厘米、高6.5厘米。内壁等距离点黑釉四瓣朵花，朵花两侧配三叶纹（同前），计三组，花釉有荤散。（图2—15—25）

两色釉撇口碗（07JX III T7Y6 火③：12），弧腹、圈足，碗底有涩圈；胎灰黄，白釉泛灰黄，色较润，外壁上施白釉，下施黑釉，内满施白釉；施有化妆土。口径22.5厘米、足径7.7厘米、高6.8厘米。内壁点酱彩五瓣花，花瓣外等距间点单叶纹，使周壁布三角形的花叶纹三组。（图2—15—26）

白釉撇口弧腹碗（07JX III T7Y6 火：11），胎灰黄，施有化妆土；白釉泛黄，釉色光润，内施满釉；涩圈上粘结残垫圈。口径19.4厘米、足径6.9厘米、高6.5厘米。

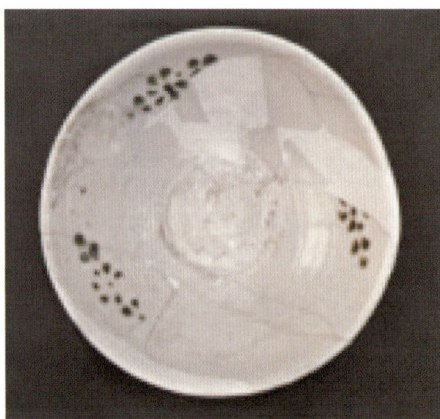

图2—15—24　井陉窑J25
金代白釉唇口弧腹碗（残片）
(07JX Ⅲ T1H17：1)

图2—15—25　井陉窑J26
金代白釉侈口弧腹碗（残片）
(07JX Ⅲ T7Y2火：35)注：井
陉窑点彩图案磁州窑未见图

图2—15—26　井陉窑J27
金代两色釉撇口碗(07JX Ⅲ
T7Y6火③：12)

在化妆土上点酱彩六瓣花朵，对距配点单叶，成三角形花叶纹图案三组。（图2—
15—27）

图 2—15—27 井陉窑 J28 金代白釉撇口弧腹碗（07JX Ⅲ T7Y6 火：11）注：井陉窑点彩图案磁州窑未见图

金代点彩旋子花戳模（00JHXT1 ②：加 1），近似圆柱体，柱体顶部以下有六道分瓣沟槽，戳面刻顺时针旋型六瓣旋子花，当心刻圆点；胎体灰白，无釉，高温烧成而坚致；高 6.7 厘米、底径 4.3 厘米。（图 2—15—28）

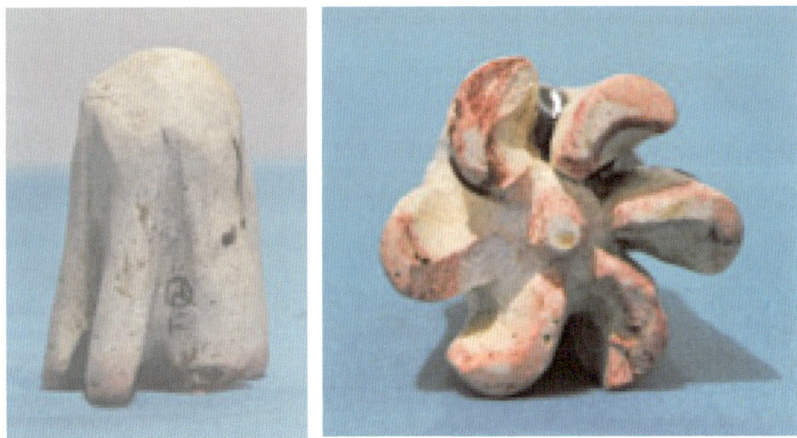

图 2—15—28 井陉窑 J19 金代点彩旋子花戳模（00JHXT1 ②：加 1）（左戳模、右戳面）注：井陉窑点彩图案磁州窑未见图

(5) 元代（表 2—15—1）

元代井陉窑点彩妆饰依然相沿，且瓷质下降，彩釉减色，相随的是点彩花式相对减少，缺乏了前代的灵气。在河东、梅庄、冯家沟窑址都发掘或采集到该时代点彩标本。今取河东窑址鑫源公司窑点标本一件。

白釉敞口碗（07JX Ⅲ T6 ③ A），敞口，腹微曲，圈足，足心有乳突，内底有涩圈；青灰胎，内外施满釉，釉泛豆青；口径 20.2 厘米、足径 7.4 厘米、高 7.2

283

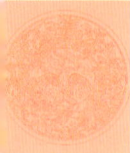

厘米。底心点酱彩七瓣梅花点，分布较匀称。（图2—15—29）

图2—15—29　左：井陉窑 J18 元代白釉敞口碗（07JX III T6 ③ A）　右：磁州窑 C13 元代白釉小兽（图版 38：5，T8 ③：65）四期

（二）井陉窑与磁州窑点彩的异同

通过考古发掘证实，白瓷点彩在河北是井陉窑和磁州窑共同的妆饰图案之一。依据井陉窑发掘、发现和对部分资料的初步整理与磁州窑公布的报告、文章资料相检索，为比较它们特点的异同提供了丰富的素材。今主要以《观台磁州窑》[6] 和《磁州窑梅点纹的发展演变》[7] 等文章提供的材料为依据，进行对比。

1. 斑彩与点彩

为作两窑点彩装饰的对比，有必要在概念上将业界常使用的相关用语加以区分和明确，有的研究文章将斑彩和点彩并为一谈或划为一类。笔者认为这是不能相互混同的。如钧瓷、长沙窑以及北方白瓷妆饰中都确有斑彩，但未必如点彩那样都是以毛笔蘸彩浆一笔点在饰面上的，简单而大小无太大的区别。斑彩则不然，除用毛笔类工具涂、抹、刷、画外，还有不少不用笔的、滴、吹、蘸、洒，且彩面无定，大小悬殊，大者可占整器四分之一之多，形状也无定规。因此笔者认为，作为陶瓷妆饰术语，最好还是将斑彩和点彩明确加以区分为两类。如本文所讨论的磁州、井陉两窑的点彩妆饰，实际和斑彩无关，因而点彩不应包含"斑彩"。

2. 两窑点彩的异同

大体上看，两窑点彩妆饰面貌一致，即井陉窑也更多地点施在化妆白瓷器上，故文章的题目将之定为"姊妹"之花。然而经仔细比对，也确有一些不同之处，这或为窑口的区别。因之，按时代排列加以对比，以鉴姊妹之间的区别。

（1）相同

①点彩装饰的对象相同。两窑点彩装饰的产品对象皆为碗、盘、壶、注、瓶、盆、炉、罐、枕等日用器和瓷塑等玩具陈设品。

②所用酱彩、黑彩釉料成分均为就地取材的陶用细黄土或斑花石料。

③工具相同，观察两窑点彩作品，可以认为皆以软笔（毛笔）为之。

④基本笔法相同，两窑点彩的基本笔法均由点、圆点、椭圆或出尖点（叶）、蝌蚪（或称麦粒、逗号等）四种一笔而就的相同短促笔画。

⑤基本图案相同，两窑点彩基本构图相同，所见如散点纹或成行、成团、组合无规律片，或多或少，两窑同见。叶串纹（又被称"麦穗"），都有长、短的不同，总以叶纹构成相对的两排成串组成；三叶纹（又称三叶草纹），实即叶不成串，仅三叶片组合，两窑共见，亦多与叶串纹相间配合使用。梅点纹（又称梅花纹），多由一组圆点构成梅花形状，可分四点、五点、六点、七点，个别也见有八、九点者，梅点中心或空白，更多地或加一点为蕊，旋子纹，以逗点或蝌蚪，其挑出的尾笔或长或短，同向组合成一周旋子纹，两窑皆具。

⑥妆饰部位基本相同，一般均点饰在器物的沿、颈、腹壁、内心等处，根据器类的不同而妆饰同有内、外的区别。上述被妆饰的对象，往往即以这种妆饰为单一的妆饰。在二种或多种纹饰的组合妆饰中，点彩则往往成为辅饰，这一点两窑也是相同的。

⑦两窑点彩妆饰的流行时代相同。以所见资料，磁州窑、井陉窑点彩装饰的流行时代基本相同，磁州窑自五代末到清代、民国；井陉窑则自唐代，亦至民国。两窑又皆以宋金为使用盛期，这也是相同的。

（2）相异

①磁州窑白釉点彩有绿彩，井陉窑则不见。

②磁州窑点彩之作皆施于化妆土上或釉上；而井陉窑点彩之饰细、粗白瓷皆见，施于釉下或釉间（粗瓷），不见施于釉上者。

③磁州窑点彩除白瓷外，还装饰于其他釉色瓷上，井陉窑则不见。因已超出白瓷范围，姑且不论。

④井陉窑五代前期粗白瓷莲座塔式罐上构成主图的四种大花束图案则不见于

磁州窑。另井陉窑点彩朵花附配叶的或横向或三角图案的构图形式尚不见于磁州窑。

⑤三叶纹、叶串纹中，井陉窑的串、叶下多以圆点起始，无点少见；而磁州窑则反之。

⑥叶纹、叶串纹中，井陉窑见单一一叶作为一个单元构图，磁州窑则未见。

⑦戳印点彩，井陉窑金代窑址层发现了专门的旋子花戳模。这种先模印图案，再于印迹处加以点彩的操作方式则迄今未见于磁州窑。

总观以上两窑点彩妆饰的异同，依目前的发现让人感觉井陉窑点彩妆饰方法的使用要早于磁州窑，构图图画内容较磁州窑也更丰富。但比较的结果更可以确认，两窑点彩用料和使用工具相同，技法相同，构成图案的要素和主要编图组合亦相同。因而有着令人感观的认同性，故可以认为点彩装饰在河北首先属于井陉、磁州两窑的，在它们的影响下，"四大窑"中的邢、定二窑在宋代后期之后才出现相同的点彩装饰。故而本文将点彩称之为两陉古代陶瓷妆饰的姊妹之花。

为简省笔墨，本文将两窑点彩标本的对比列于表2—15—1，以便读者检索。

（三）两窑点彩妆饰源流

点彩，是以毛笔蘸浆彩点饰形成的妆饰。技法单纯，构图可简可繁，大多由简起始，发展入繁，或与其他装饰相组配，不乏见到它的存在。单纯的点彩操作简易，在陶瓷装饰上，应用面广泛。通过实物可以看到，在我国汉代是伴随着青瓷而出现的早期妆饰技法之一。早于白瓷的青瓷点彩妆饰，以笔者所见，以南方越瓷为早，至唐代尤其是长沙窑、耀州窑的长技。根据发表的资料，河北邢窑则偶见隋代的青瓷点彩长颈瓶（图2—15—30），是早于长沙窑、耀州窑的点彩作品。此三者的青瓷点彩，虽均属点彩一类，其实和井陉、磁州二窑的点彩妆饰有着显著的不同。关于白瓷的点彩妆饰，入唐，"天下无贵贱通用之"的邢瓷，大居白瓷独擅之势，然而却罕有点彩之作，大约是着力专注于类银、类雪的追求，以白为尚。但是，入唐，河南巩义窑的蓝色青花点彩妆饰异军突起，不仅影响到三彩，而后"磁州窑系"的河南，以鹤壁集窑为代表的褐绿彩点彩面貌较长沙、耀州，更类于磁州和井陉，可谓"磁州系"点彩的先导。现据井陉窑的发现，就点彩而言，与鹤壁、磁州似为一系，但有两点不可忽视：一是井陉点彩亦起于唐，并且由前引细白瓷点彩注子是以无规范点画和图形的初始形态出现的，昭示

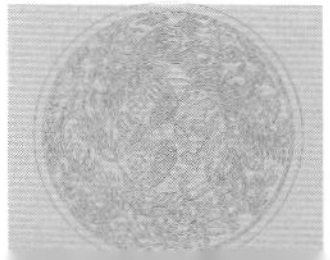

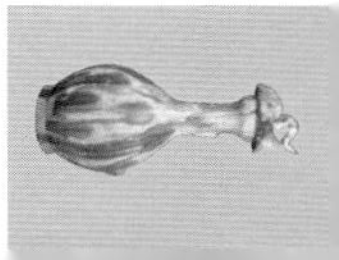

表 2—15—1 井陉窑、磁州窑白瓷点彩器物对比表

时代	井陉窑 器名	出土单位	纹饰	色彩	着彩层位	着彩部位	编号	磁州窑 器名	出土单位	纹饰	色彩	着彩层位	着彩部位	分期	编号
唐代	白釉点彩注子	平山	散点组成团花	黄褐酱彩酱彩	釉下彩	肩部	图 2—15—2，J1 藏文研所								
	白釉点彩塔式罐	平山	五点梅点纹	黄褐酱彩	釉下彩	肩部	图 2—15—3，J2 藏省博								
五代 前期	白釉点彩塔式罐	井陉五代李氏墓（ZLM：12）	花穗菱形穗、伞状穗、朵花、彩点	酱褐彩	釉间彩	肩、腹、座、托等部	图 2—15—4，J3 藏井陉文保所								
五代 后期														一前	
宋代	瓷酱彩旋子花敞口碗	07 JXIVT1 ④	5 瓣有点旋子花	酱彩	釉间彩	底	图 2—15—5，J4	白釉折腹盘	图 30：9T8 ⑩：40	5 瓣无点旋子花	墨绿色酱彩	釉上彩	外上腹		C1
	白釉小盆	07JXIVT2 采：1	有点叶串纹	黑彩	釉间彩	腹	图 2—15—6，J5 残片	白釉敞口斜直壁碗	图 23：7T8 ⑨：12	3 朵无点长叶串纹	绿黄色酱彩	釉上彩	腹		C2
	白釉唇口碗	08JXIVT2 补④ B：55	有点叶串纹碗底心点一叶	酱彩	釉间彩	底、腹	图 2—15—7，J6 有涩圈	白釉行炉	图 45：6T8 ⑧：56	五朵叶串纹	棕黄色酱彩	釉上彩	沿面	一前	C3
	白釉折腹盘	0 8JXIVT2 补③ A：01	有点三叶纹	酱彩	釉间彩	腹	图 2—15—8，J7 有涩圈	白釉敞口斜直壁碗	图 23：2T11 ⑥：425	叶串纹及三叶纹相间，底为短叶串纹	灰绿色酱彩	釉上彩	腹		C4
宋代	白釉器盖	08JXIIT12 ④：6	有点叶串纹	酱彩	釉间彩	盖心	图 2—15—9，J8	白釉行炉	图 45：3T11 ⑧：79	6 朵叶串纹	褐绿色酱彩	釉上彩	沿面	一后	C5
	白瓷点彩罐	05JBM7	中、长相间的无点叶串纹	酱彩	釉下彩	外上腹	图 2—15—10，J9	白釉瓜棱罐	图 59：4T5 ⑨：144	中、长相间的叶串纹	黄绿色酱彩	釉上彩	外腹		C6
	白釉碗底	08JXIVT2 补④ B：129	8 瓣旋子花	酱彩	釉间彩	底	图 2—15—11，J10	白釉瓶	图版 22，T2H4：44	5-8 瓣旋子花及草叶纹	褐色酱彩	釉上彩	肩及腹部	二前	C7
	白釉唇口小碗片	07JXIVT2 ⑤：4	五点梅花纹	酱彩	釉间彩	腹	图 2—15—12，J11 有涩圈								
	白瓷点彩骑马人物	05JTZT8 ⑤：101	点	黑彩	釉下彩	眼、足靴、衣袍	图 2—15—13，J12								
								白釉敞口曲腹碗	图版 11：4T10	半幅叶串纹及朵花	褐色酱彩	釉上彩	腹		C8
	白釉敞口碗片	08JXIVT2 补④ D：42	组合异向三叶纹	酱彩	釉间彩	上腹	图 2—15—24，J23，残片								
	白瓷点彩高足碗		组合同向三叶纹	酱彩	釉下彩	上腹	图 2—15—25，J24，残片								
金代	白釉唇盆	07JXIIIT1H10：11	有点半幅叶口串纹	酱彩	釉间彩	腹	图 2—15—14，J13 无涩圈								
	白釉深腹大罐	07JXIIIT2 ③ B：加 1	半幅无点叶串纹	酱彩	釉间彩	上腹	图 2—15—15，J14								
	白釉唇臼大碗	07JXIVT2 ③ C：27	有点长叶串纹	酱彩	釉间彩	腹	图 2—15—16，J15 有涩圈							二前	
	白瓷高足碗片	07JXIVT2 ③ A：1	5 点梅花纹	酱彩	釉下彩	底心	图 2—15—17，J16 有涩圈残片	白釉钵	图 34：6，T9 ③：158	6 点梅花纹	酱彩	釉上彩			C10
	白瓷唇口弧腹碗	07JXIIIT3-7H15：26	5 瓣旋子花	酱彩	釉间彩	碗底	图 2—15—18，J17 有涩圈	黑釉盘	图 84：8，T3H3：83	7 瓣旋子花加三叶纹	黑彩	釉上彩	底及腹		C12
	白釉唇口圈足盆	07JXIVT1H3：17	有点三叶纹	黑彩	釉间彩	腹	图 2—15—22，J21 有涩圈								
	白釉唇口盆	07JXIVT2 ③：59	有点叶串纹	酱彩	釉间彩	底心	图 2—15—23，J22 有涩圈								
	两色釉碗底	07JXIIIT7Y6 火①：1	花叶纹	酱彩	釉下彩	腹	图 2—15—26，J25 有涩圈								
	白瓷唇口弧腹碗	07JXIIIT1H17：1	花叶纹	酱彩	釉下彩	腹	图 2—15—26，J25 有涩圈								
	白瓷侈口弧腹碗	07JXIIT7Y2 火：35	花叶纹，四瓣朵花，朵花两侧三叶纹	黑釉	釉下彩	内腹	图 2—15—27，J26 有涩圈							三前	
	两色釉撇口碗	07JXIIIT7Y6 火③：12	花叶纹	酱彩	釉间彩	腹	图 2—15—28，J27 有涩圈								
	白瓷小侈口弧腹碗	07JXIIIT7 火：11	花叶纹四瓣花	酱彩	釉下彩	腹	图 2—15—29，J28 有涩圈								
	点彩旋子茶戳模	ooJHXT1 ②：加 1	旋子花戳模				图 2—15—20，J19								
								白釉俑匐人	彩版 33：4 左，T3 ⑤：35	4 点梅点纹	酱彩	釉上彩	身上		C9
								白釉罐	图 120：3，T10 ④：291	5 点梅花纹	酱彩	釉上彩	腹		C11
元代	白釉敞口碗	07JXIIT6 ③ A	7 点梅花纹	酱彩	釉间彩	碗心	图 2—15—19，J18 有涩圈	白釉小兽	图版 38：5，T8 ③：65	4 点梅点纹	褐彩	釉上彩	兽身上	四前	C13

着点彩妆饰应用在该窑的初期状况。似乎可以说明井陉白瓷点褐彩的出现是不晚于河南的。二是五代前期，《白釉塔式罐》（ZLM：12）点彩妆饰至今的唯一性，说明井陉点彩的构图不是亦步亦趋跟在别的窑后面走，而是有自己的实践和创新。当然这种创新不是凭空的，观其图案以穗状为主题，可以联想到来自与生活、生产紧密相关的自然界植物花朵和作物花穗（如高粱等）的启示。如笔者曾论述，唐后期的井陉窑是藩镇成德军官窑 [8]，见于文献，在唐后期，其节度使王元逵迎娶唐宗室公主，在联姻活动中，到京师长安进奉、纳礼，以及接受皇帝的赏赐妆奁颇丰。从此真定王氏一家四世五主，直至唐亡，和中央往来不断，少不了井瓷和耀瓷两窑高档产品的交流，二者不可能不互有影响。此外，在唐中后期和五代的混乱中，真定、长沙还有着高层往来和贸易活动。根据两唐书和两五代史记载 [9]，五代后梁末年，真定镇发生军事政变，大将张文礼袭杀王氏满门，王氏心腹乘乱掩护了王瑢的幼子，乔装打扮将其交给长沙客商带往长沙，脱得一命。在石家庄市振头村附近一成德镇将孙岩墓中出土的长沙窑饰胡人执拍板妆饰的完整青瓷贴花注子 [10]，证实唐后期至五代初真定、长沙官方往来与商贸相通的史实。因此，其时井陉窑、长沙窑陶瓷妆饰都有点彩，它们的沟通，也是有着在这样的背景和主客观条件的。因此，将视野放开，可以说，中国陶瓷的妆饰技法，不一定仅仅拘执于某一窑或一定出自于某一系。从井陉窑来看，由于所处南北和东西极冲的重要地理通衢位置，虽处于山间，由于"必经"，且得水路便利，其接触范围实较山前窑址并不闭塞，故能兼收并蓄，在集思广益的基础上，加以创新和发展，以致在同为点彩妆饰中，点出自己的独有特征来。

点彩妆饰五代之后，就白瓷领域来看，仍处于发展状态，得到了更多窑口的使用和推广，即以河北而言，"四大窑"中，这类妆饰在原本未得到重视的邢窑，进入金代以后，亦不乏点彩妆饰，定窑唐五代不见点彩妆饰，至宋金出现，到元时，在燕川窑场已有批量的发现 [11]。

井陉点彩在晚唐、五代与金两度出现高峰。同于磁州窑，这种妆饰也一直保留，延续到明清、民国，成为盛行这一窑口绵延千年的妆饰品类。

回首来看，点彩作为中国古陶瓷业的早期妆饰品类之一，其妆饰对象一经引入白瓷领域，鲜明，生动的色调对比，所产生的艺术感染力，超过其他色釉。因之，触类旁通，白地彩绘很快发展起来，磁州窑化妆白瓷正逢其世，它在点彩的推动下所开辟的白地黑绘、剔花妆饰，在民间获得了强大的生命力，标领北南，以致点彩在这一窑口完全退到配属的地位，特别是在邢窑、定窑、井陉窑纷纷衰落后，凭着"白地黑花"依然窑火独盛。

井陉窑，虽曾创造出自身特色，由本文引证的部分例证来看，构图极简的寥寥数笔，如仅一叶置于碗底而撑起了整体的中心，笔力的强劲、洒脱（如图2—15—14、图2—15—15、图2—15—21、图2—15—22等所示勃勃挺立）。即便相同的纹样经井陉窑匠师之手则能变化多端、自有新意（如图2—15—4、图2—15—24、图2—15—25、图2—15—26、图2—15—28、图2—15—30等独出新意），充分反映出井陉窑匠师在这类多见的简单妆饰中赋予了自己的个性，以致成为整个窑口表现性的风格之一。

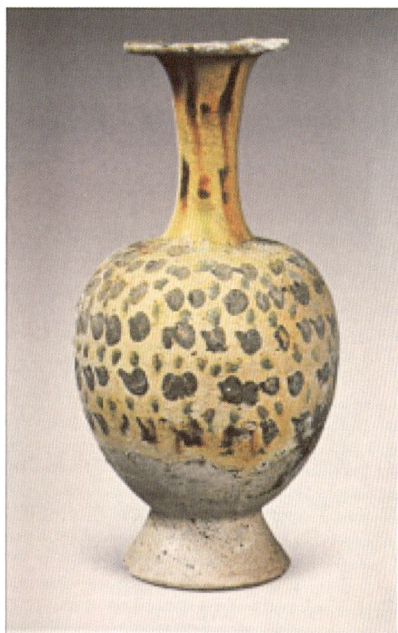

当面对官与民的品性抉择中，井陉窑走的是同邢、定相争的道路，历宋至金其高精白瓷虽仍维持了唐、五代的水平。其特烧的白瓷沥粉、涂金及颜色釉瓷"真定红"等精

图2—15—30　隋代青瓷点彩长颈瓶

美产品，由于高成本、产出少，不能行销于民间。在化妆白瓷中，其独辟的戳印点彩、戳印填彩等在民间虽受欢迎，但也不敌磁州窑极普而美的喜闻乐见。当元朝的改朝换代，北方经济长期滞后于南方，景德白瓷瓷都气象的逐渐形成，其市场在北方的广泛开拓，势不可当。井陉窑同于邢、定，也只能归于奄奄一息。

当今天我们共同研究磁州窑白地黑花艺术的伟大成就之时，我们认为不应忽视在白釉点彩妆饰方面曾一度同磁州窑共同辉煌的系外井陉窑曾绽放出的光彩：回归历史的9—13世纪，井陉、磁州的的确确在白瓷点彩装饰方面称得上是太行两陉一系的姊妹之花。

注释：

[1] 河北四大窑：2000年冬，河北省文物研究所井陉窑考古队在做河东小学北地窑场抢救发掘时，耿宝昌先生亲到现场考察，确认井陉窑是中国北方一处重要的古瓷窑场。特意谈道："这回河北三大窑可变成四大窑了！"将井陉窑并列于邢、定、磁。从此，河北代表性的古窑口遂被学界称作"四大窑"。参见朱威：《耿宝昌、陈华莎谈井陉窑新发现——河北三大窑变为四大窑》，《中国文物报》2001年1月7日"收藏鉴赏周刊"。

[2] 真定产瓷器，见《金史·地理中·河北西路·真定府》："上，总管府，成德军。……

产瓷器、铜、铁。"又，金代曲阳隶属中山府，与真定无涉。同书中山府与曲阳县条下，均无产瓷器记载。中华书局 1975 年版，第 602—603 页。

[3] 刘成文、孟繁峰:《一组五代井陉窑陶瓷器的释读——盘龙冶押官妻李氏墓的瓷器、三彩器及墓志》，载《中国考古学会第十五次年会论文集》，文物出版社 2013 年版，第 539—599 页。

[4] 白瓷点彩注子及白瓷点彩塔式罐，1958 年出土于平山县岗南水库工地，后者现陈列于河北博物院"名窑名瓷"展中。前者内部展陈于河北省文物研究所标本室，其最先发表于《河北省文物出土选集》，文物出版社 1980 年版，第 189—190 页。原作者将其时代定为五代，未说明窑口，经与北陉五代纪年（918）墓所出土器物对比，笔者将其时代更正为唐后期，窑口归入井陉窑。因其完好无损，推测当出土自唐墓中。

[5] 关于这件白釉点彩塔式罐的出土和具体情况，参见注 [3]。

[6] 北京大学考古学系、河北省文物研究所、邯郸地区文物保管所:《观台磁州窑》，文物出版社 1997 年版。

[7] 马小青:《磁州窑梅点纹的发展演变——兼谈"绘高丽梅钵纹茶碗"的产地》，《文物春秋》2003 年第 6 期。

[8] 参见刘成文、吴喆、孟繁峰:《井陉窑的"官"字款，窑冶官及其相关问题》，故宫博物院:《2012 年定窑学术研讨会论文集》，2014 年 10 月。

[9] 参见《旧唐书·王庭凑传附王元逵传》，中华书局 1975 年版，第 3884—3892 页;《新五代史·王传》，中华书局 1974 年版，第 411 页。

[10] 此模印贴花青瓷注子系 1954 年石家庄市郊振头村北，唐元和七年（812）云麾将军孙岩墓中出土，现藏于石家庄市博物馆。参见长沙窑编辑委员会:《长沙窑（综述卷）》，湖南美术出版社 2004 年版，第 14 页。

[11] 见田宝玉:《定窑燕川古瓷窑调查》，中国古陶瓷学会:《中国古陶瓷研究》第 16 辑，2010 年 10 月，第 547—566 页。

十六、谈新发现的井陉窑宋三彩

孟繁峰* 冯松林 徐 清** 吴 喆*** 康金喜****

（一） 发现的缘起

2007 年夏，隔 307 国道西临绵河的井陉县天长镇河东村北鑫源公司坡台发生了整体的坡改平施工事件。这里全部处于 1993 年、2001 年先后被公布为省级、国家级重点文物保护单位——井陉窑河东窑址的重点保护区内。这次破坏面积达 4000 多平方米，历经唐五代、宋、金五六百年连续堆积形成的窑址文化层大部被彻底平除。经河北省文物局委派，2007 年 9 月 10 日，笔者率考古队抢救发掘时，现场东部、南部出现的断面深达 6—10 米，其间瓷片层、作坊遗迹、窑炉被毁后剩余的创面比比皆是。经分区作业，2008 年 8 月下旬完成抢救任务。其间 2007 年 12 月下旬在院内东南角 IV 区 T2 ④ C 层发掘中，出土了一件黄绿彩贴莲花瓣、人物三彩香炉碗（编号为 07JX IV T2 ④ C：23 图 2—16—1）。后经扩方发掘，2008 年在该方北部补 ④ D 层下发掘出一对残三彩窑炉（编号 98JX IV T2 补 ④ DY8、Y9）。其中处于西部的 Y9 窑炉正处破坏的断面，仅余窑炉的部分残东壁。Y8 位于 Y9 的东部 1.5 米处，残余的窑体底部仍算完整，只是因探方北部地表限于储水窖和地下水管仍在使用不能再扩挖，故揭露出它的火膛和窑床的大部（图 2—16—3）。经清理这两座处于同层位并列的同向、同质的窑炉是两座宋代三彩对窑

---

* 河北省文物研究所。

** 中科院高能物理所。

*** 河北省文物保护中心。

**** 井陉文物保管所。

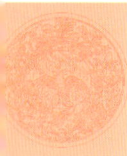

（详见后文）。判断同一探方内④C层中所出的莲花式香炉碗就是它的产品。

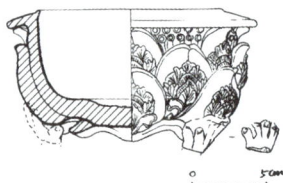

图 2—16—1 宋黄绿彩贴莲花瓣、人物三彩香炉碗

图 2—16—2 宋黄绿彩贴莲花瓣、人物三彩香炉碗立面图

图 2—16—3 08JX IV T2 补④D 三彩对窑 Y8（右上）Y9（左下）出土状况

（二）制法观察

与香炉碗原为一体的炉座已断失。炉碗口径 17.2 厘米，高 8.8 厘米。其口沿、莲瓣尖稍有磕缺外，基本完整。其造型为莲瓣包体的莲花碗式：圆口，向下斜平折沿，圆唇。沿下至碗底的周壁等距、交错粘贴瓣尖翘出的莲瓣三层，每层

六瓣。上层莲瓣间空隙处戳印小圆圈形的花蕊两排，根据空间容量，上排戳印
5—6个，下排戳印4—5个，每个圆蕊的下部还划刻出蕊茎，使之恰补空白（图
2—16—4、图2—16—5）。其间，中下层花瓣的下部已贴至炉碗的外壁底，以一
片圆形、厚约2—3毫米的薄泥片作为萼托收底，中心留有失去的底座断碴，同
时还可清楚地看到作为托举支撑点、烧结在下层莲瓣下部的双手残留，粗壮的五
指戟在用力托举炉碗。推定双手与位置稍后处于炉碗中心下部的头顶，成三点支
撑稳固地承托着炉碗。细看每个手指末端都点刻出指甲，根据双手叉开的距离不
难想象，这大约是捏塑成上举张开的双臂与双手和头顶托定莲花炉碗的一个力士
类佛道人物的雕作，原是炉座与炉碗结合为一体的圆、琢之器，即拉坯结合雕塑
而成。除前述莲瓣间的花蕊戳划外，每瓣莲朵上还清晰地模印着宝相花的装饰，
以纹样相同可知，这是由单个花瓣瓣模，逐个模印而成，待脱模晾干后，再分层
一片一片地粘贴到炉碗的外壁。使炉碗的造型成为一朵正在半盛开的大莲花。由
实存部分可见它的釉彩是分层敷施，不留空余，盘口以下浸（或涂）金黄色的釉
彩，即便擎举莲碗的双手亦与莲花一色。待晾干再将炉碗口沿、唇边涂蘸翠绿色
釉彩，虽釉厚处其下的黄色莲瓣上个别部位染上绿色，但整体分层涂彩还是分明
的。观察烧成效果，较厚重的土白色的胎体，具有超过同窑口唐、五代三彩的硬
度，推测它的素烧温度应在900℃以上，甚至超过1000℃。

如此，这件以轮制成型，又分别运用了模印、粘贴、戳印、划刻、捏塑、雕
镂等几乎制作陶瓷的全部技法而成，使这件看似简单普通、体量不大的使用加精

图2—16—4　莲花香炉碗侧面
花蕊与托手细部

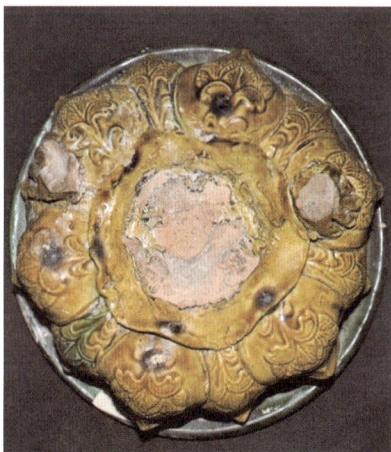

图2—16—5　莲花香炉碗底部断
手与萼托下的断碴

神方面的产品，制作精细、色彩纯正，烧成后特别是大面积正黄彩的大胆运用，以往极少见于这一窑口的唐、五代作品上。着实在明快中，突出地表达着它的庄重、圣洁，似乎隐隐蕴含着不尽的神秘力量，升华着人们祈愿的向往。

（三）时代的认定

关于这件香炉及相关三彩窑炉，发掘中均未能发现纪年标识物，想认定它的时代只能从相关遗迹、遗物着手。笔者认为无论从出土地层、窑炉形制到相关器物特征分析，都能找出丰富的证据加以认定。

1. 莲花香炉的出土地层

前述莲花香炉出于 IV T2 ④ C 层，具体地点位于鑫源煤炭运销有限公司院东南角，是整个大院的制高点。这里原为三级坡台地，由于 2007 年去坡平院，使得坡台的中间地带被整个挖到和下层平齐，到考古队进点仅剩了上下两个台面，高差达 10 米余。考古发掘时将上台面划为 IV 区，下台面划为 III 区。 IV 区的中间部有仍在使用着的半埋入地下的现代储水窖池和供水管道，因此，发掘只好隔水窖池北、南分布 T1、T2 探访。 IV T2 探访设计面积 10 米 × 10 米，由于西部被当年施工挖除，该方实际西半部已缺损，最窄处仅宽 6.70 米（图 2—16—6）。考虑水窖池和供水管道的安全，2007 年发掘只挖了该方南半部的 6.5 米部分（图 2—16—6 粗线范围内），由于在 ⑤ D 层下探方北壁底出露火烧土的窑炉遗迹，2008 年继续发掘时向北扩大发掘面积 2.5 × 5.3 平方米（图 2—16—6 细线范围），这一扩方范围编号"08 IV T2 补"。逐层清理下来，结果在 ④ D 层下揭出了烧制三彩的 Y8、Y9 窑炉（见后述）。限于障碍两窑虽不能完整揭开，特别是作为釉烧窑的 Y9 绝大部分 2007 年已被破坏，Y8 的基本保留，幸运地为莲花香炉找到了烧制出处。

在此，结合图 2—16—7 简要把出土莲花香炉的 ④ C 层层位关系依发掘记录抄报如下：

④ C 层，深灰土层，由东向西坡下，底部斜平，上距地表 3.1—4.20 米，层厚达 0.25—1.20 米。土中包含大量草木灰和炉灰，质疏松，富含窑具。④ D 层，细灰杂土层，上距地表深 4.20—4.70 米，层厚 0.15—0.5 米。此层上部斜平，下部较平直，质密实稍硬，所含瓷片量中等，所出小高圈足斗笠碗（盏）明显具

有宋器特征。④D层下压三彩窑Y8、Y9残底，Y9东距Y81.5米本身已为2007年新断崖破除，仅余东侧残壁。

为便于理解，顺便对图2—16—6、图2—16—7地层的划分加以简要的说明：①层为地表层，②层为明清层，③层为金代层（③B层下的四号残窑Y4为金代前期的瓷窑炉）。④层为宋代层。⑤⑥为晚唐、五代层。如是，Ⅳ T2 ④ C层出土的莲花式香炉Ⅳ T2 ④ C：23据此出土层位应是宋代之物。

2. Y18、Y19窑炉结构的时代特征

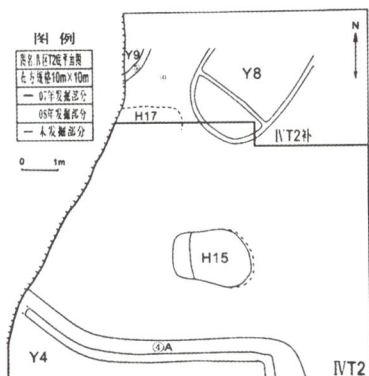

图2—16—6　08JXT4、T4补平面图

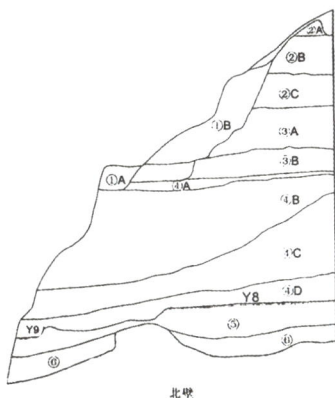

图2—16—7　T4补北壁剖面图

图2—16—8　Y18火膛内右半部清出的染有三彩釉渍的支圈、垫块、垫条碎片

Y18、Y19 相比同地发掘的 Y11—Y17 窑炉，结构上是另一种性质不同的窑炉。它们埋藏深度上距地表 5.2 米，与同一探方南部埋在 T2 ③ B 层下金代前期的 Y4 埋藏深度 3.2 米有着 2 米的深差。Y18 窑炉平面略呈抹角长方形，方向北偏东 36 度，其窑床的后段及烟囱部分向东北延伸出所开探方外。揭露部分以中点统计纵长 2.75 米，最大宽度 2.46 米，分别为火膛和窑床。

Y18 窑炉的火膛为半月形，其前无灰门和出灰沟，火膛最大宽度在与窑床的结合部，宽 2.32 米；最大纵长 1.06 米；残深 0.35—0.55 米，向下打破了⑤层。火膛内周壁和底部有厚 0.05 米的青蓝色烧结面，其下（外）火烧土的厚度不过 0.15 米。在挡火墙部位贴砌的耐火砖仅存三层。其余周壁为土质，呈砖红的火烧土色。（图 2—16—3）

探方内 Y18 窑床部位东壁露长 2.12 米，西壁露长 0.72 米，最大宽度见前述。烧结面已不存在，所存火烧土的厚度仅 0.1 米，两窑壁火烧土厚度也不过 0.15 米。分析该窑床烧结面及部分火烧土在拆毁时已被铲去。依火膛烧结面保存情况推测被铲除窑床的烧结面厚度也不会超过火膛现存烧结面厚度多少。

Y18 火膛内填满了废弃物，主要有匣钵、素烧釉烧筒瓦、碎耐火砖块以及

图 2—16—9　井陉窑唐代塔式罐

大量的半生土坯红砖。特别引人注意的是有 148 片细泥（瓷土）轮制的白色盘形、碗形支圈，其中的 12 片上染有绿色、褐色和黑色彩釉迹。另外，还有细泥垫条、垫饼 8 块，染有绿、黑彩的垫块 7 块（图 2—16—8）。另在半生红砖上亦可见绿、黑、棕色彩渍。通过分析可知，支圈、垫饼、垫条、垫块为此窑炉支护烧件。其他则应是窑炉废毁时填入。为保持原状，我们仅将火膛填充物的东半部清出（后又原物放回），在火膛的底部发现厚 2—3 厘米的灰白色草木灰层，证实这种窑的燃料与用煤的 Y14 等窑炉不同，仍在使用柴草。更大的不同还在于结构上有别于 Y14 等窑炉，Y18 没有灰门和灰沟，故推测出灰时使用窑门的。这使主持发掘者马上联想到 Y8 的结构同 1998 年在同一窑地，307 国道窑区发掘的晚唐烧瓷窑炉，形制与大小相近。不过前者窑壁及烟囱都用耐火砖砌筑，壁面上抹有厚 2 厘米左右的

耐火泥用以加强耐火的强度。若按体量论之，Y18 则较同地发掘的另 7 座金代瓷窑炉小了 2—3 倍。根据侧壁内剩余在原位的个别滴满三彩釉的烘烧板情况判定为 Y19 窑炉釉烧窑。Y18 当为素烧窑，此不详叙。简述至此，依据窑炉的结构特征和层位关系可进一步推知它们的时代。根据层位关系，压在④ D 层下的 Y18、Y19 时代下限应不晚于宋；而根据 Y18 火膛内清出的染有三彩釉瓷泥烧制的碗形、盘形垫圈、垫块等形制（图 2—16—8），又可断定它的时代上限亦不会早于宋。至此，可以明确推断它们的时代为北宋。

3. 井陉窑唐、五代、宋金、三彩器的不同特征

井陉窑出土的唐、五代三彩器物还是比较丰富的。目前在窑区发掘出土三彩的唐墓 6 座，五代纪年墓 1 座[1]。制品有碗、托盏、印花海棠杯、印花高足盘、碟、碾、注子、凤首壶、塔式罐等。另在窑址调查中见到了模制三彩蟾蜍、钵片等器物。早年在石家庄郊区赵陵铺，平山岗南水库、正定、元氏等地唐墓中，井陉窑唐三彩器亦有所见[2]。近年收藏大热，流落在私人手中的井陉窑唐三彩凤首壶、塔式罐等大器亦出现在收藏展览中[3]。据不完全统计，当为 30—40 件，它们共同的特征是彩釉有剥落现象；胎色可见粉白、粉红；烧成温度较低，甚至有的半生；多见的是绿彩，可分轻重多种，褐黄、酱、白、黑等色易不乏见。施

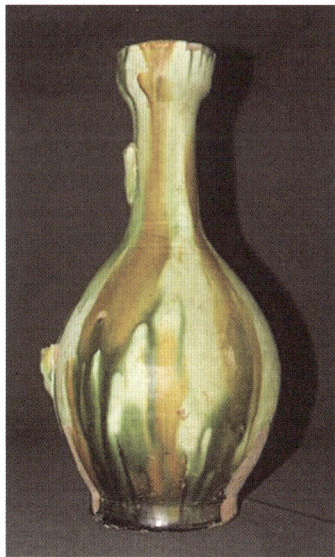

图 2—16—10　井陉窑五代三彩凤首壶

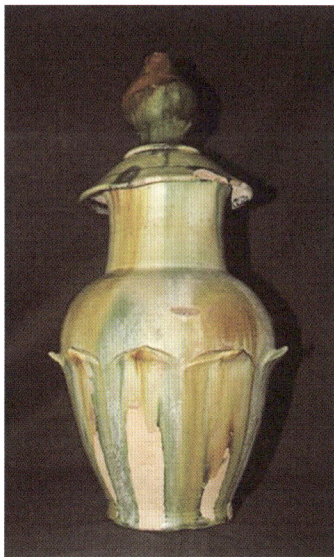

图 2—16—11　井陉窑五代翘莲瓣饰三彩塔式罐

图 2—16—12　灵寿县祁林院金三彩舍利塔

彩以独特的滴点手法独树一帜，成为鉴别窑口的标识。（图2—16—10—图2—16—12）

井陉窑宋、金三彩以往所见不多。如本次 IV T2 金代层以及 III 区金代层所出，尽管增加了孔雀蓝釉色，但仍以绿彩为主的单彩居多。不过由于时代的发展，井陉三彩制品的烧成质量显著提高，胎质明显较坚致，釉彩附着较为紧密，很难见到脱釉现象（孔雀蓝釉的脱失现象，不是素烧造成的，或是釉烧或特殊埋藏条件造成的）。最明显的直观变化，从莲花香炉来看，已由先前的浸施底釉，滴点煊色的热烈奔放，改为分区、分层、分部位涂蘸，追求色彩界线分明，妆饰效果表达准确上，给人亮丽、平和、稳定的愉悦感。这个特点的确认，直接的效果是将 1976 年出土于灵寿县祁林院的金大安二年（1210）高达77.2厘米的三彩舍利塔的窑口识出（图2—16—12）[4]，归入莲花香炉系列。"江山代有人才出"，我们不能不为古代井陉窑所表现出的与时俱进、不断创新而喝彩！相信随着这些特征的认定，还将会有更多已经出土的井陉窑宋、金三彩制品会回归落户。

（四）井陉窑宋、金三彩成分分析

鑫源煤炭运销有限公司窑场宋、金三彩制品的发现，是井陉三彩一次难得的有准确地点、准确出土层位以及烧制窑炉的发现。如上文可知，产地、时代明确可靠，为井陉三彩研究和真伪鉴别提供了极其珍贵的标本。为此，河北省文物研究所井陉窑考古队与中科院高能物理研究所合作研究，利用 X 射线荧光能谱分析法（Eagle III）无损定量测量宋黄绿彩贴莲花瓣香炉碗（图2—16—1）、金代绿釉枕（图2—16—13）和孔雀蓝釉瓶（图2—16—14）的胎和不同釉色的

图2—16—13　井陉窑金代绿釉枕片　　图2—16—14　井陉窑金代蓝釉瓶彩

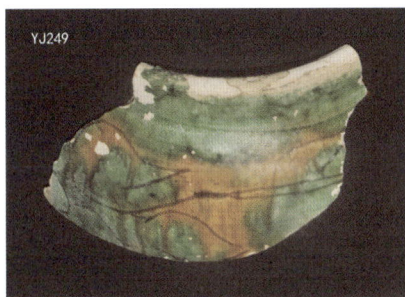

图 2—16—15　邢窑金三彩

图 2—16—16　邢窑金三彩

图 2—16—17　定窑宋三彩

化学组成。同时，对邢窑临城文保所提供的射兽窑址 2 片金代三彩标本（图 2—16—15、图 2—16—16）和河北文物研究所定窑考古队提供的 1 片宋代定窑褐黄彩枕片（图 2—16—17）标本一并进行成分测定和对比分析。

测定结果如下：

表 2—16—1　井、邢、定三窑宋、金三彩胎和不同釉色中多点测量的化学成分平均值（%）

Sample	窑址	时代	位置	Na_2O	MgO	Al_2O_3	SiO_2	P_2O_5	K_2O	CaO	TiO_2	MnO	Fe_2O_3	CuO	ZnO	PbO_2	Rb_2O	SrO	Y_2O_3	ZrO_2
YJ242	井陉窑	宋	胎	0.97	0.75	28.1	62.1	0.129	2.52	2.02	1.10	0.009	2.06	0.006	0.004	0.12	0.011	0.029	0.004	0.034
PIAN1	井陉窑	金	胎	0.42	0.42	28.2	64.9	0.076	2.78	0.41	1.15	0.009	1.50	0.007	0.003	0.01	0.006	0.011	0.003	0.027
PIAN2	井陉窑	金	胎	0.43	0.31	32.9	61.0	0.083	1.34	0.75	1.47	0.006	1.59	0.005	0.003	0.01	0.004	0.008	0.003	0.034
YJ248	邢窑射兽	金	胎	0.51	0.92	24.7	63.2	0.107	2.66	2.17	1.06	0.041	4.51	0.007	0.006	0.02	0.013	0.017	0.003	0.029
YJ249	邢窑射兽	金	胎	0.50	0.72	30.5	60.7	0.074	1.86	0.90	1.22	0.012	3.35	0.006	0.003	0.05	0.009	0.018	0.004	0.034
YJ250	定窑涧磁	宋	胎	0.49	0.55	31.7	60.4	0.073	1.82	1.88	1.32	0.004	1.66	0.005	0.003		0.009	0.027	0.003	0.036
YJ242	井陉窑	宋	黄釉	3.37	0.76	6.13	40.5	1.96	1.56	1.14	0.31	0.030	1.79	0.074	0.030	40.8	0.069	0.083	0.315	0.178
YJ248	邢窑射兽	金	黄釉	2.37	0.63	5.79	28.9	1.15	0.19	0.75	0.20	0.058	2.96	0.160	0.025	56.0	0.095	0.095	0.412	0.234
YJ249	邢窑射兽	金	黄釉	2.30	0.81	5.74	35.1	1.24	0.36	1.51	0.12	0.073	2.89	0.174	0.027	48.9	0.079	0.085	0.342	0.205
YJ250	定窑涧磁	宋	黄釉	2.23	0.43	5.87	32.2	1.06	0.22	0.53	0.24	0.051	3.21	0.355	0.027	52.8	0.085	0.086	0.395	0.234
YJ242	井陉窑	宋	绿釉	2.63	0.59	6.31	38.2	1.69	1.67	1.41	0.43	0.028	0.72	1.999	0.042	42.0	0.073	0.108	0.381	0.196
PIAN2	井陉窑	金	绿釉	0.43	0.31	32.9	61.0	0.083	1.34	0.75	1.47	0.006	1.59	0.005	0.003	0.01	0.004	0.008	0.003	0.034

Sample	窑址	时代	位置	Na$_2$O	MgO	Al$_2$O$_3$	SiO$_2$	P$_2$O$_5$	K$_2$O	CaO	TiO$_2$	MnO	Fe$_2$O$_3$	CuO	ZnO	PbO$_2$	Rb$_2$O	SrO	Y$_2$O$_3$	ZrO$_2$
YJ248	邢窑射兽	金	绿釉	2.93	1.11	5.14	32.8	1.07	0.16	0.83	0.15	0.024	0.69	2.503	0.031	51.8	0.088	0.083	0.398	0.210
YJ249	邢窑射兽	金	绿釉	1.46	1.07	7.92	40.1	1.69	0.44	3.02	0.19	0.018	1.03	1.533	0.030	40.9	0.063	0.078	0.306	0.174
YJ248	邢窑射兽	金	白釉	1.80	0.88	6.16	52.7	1.30	0.23	1.12	0.14	0.019	0.61	0.144	0.018	34.3	0.062	0.088	0.285	0.154
YJ250	定窑涧磁	宋	黑釉	2.62	0.72	5.58	21.1	0.77	0.20	0.61	0.62	0.096	12.6	0.388	0.030	53.8	0.088	0.083	0.464	0.247
PIAN1	井陉窑	金	蓝釉	0.42	0.42	28.2	64.9	0.076	2.78	0.41	1.15	0.009	1.50	0.007	0.003	0.01	0.006	0.011	0.003	0.027

如表 2—16—1 所示，同为宋、金阶段的三彩制品，井、邢、定三窑制品为主、微量元素含量是有明显区别的。井陉窑宋三彩胎中 Fe$_2$O$_3$ 元素含量明显低于邢窑，而高于定窑。井陉窑宋三彩胎中 SiO$_2$、K$_2$O、CaO 含量高于定窑，Al$_2$O$_3$、TiO$_2$ 含量却低于定窑。在井陉窑宋三彩（YJ242）样品黄釉中 Fe$_2$O$_3$ 含量明显高于绿釉，绿釉中 CaO 和 CuO 的含量明显高于黄釉。在临城射兽窑址 YJ248 和 YJ249 样品中黄釉和绿釉中化学成分多具有相似的结果，突显出原料产地的共性。白釉中 SiO$_2$、K$_2$O 和 CaO 含量高于黄釉、绿釉，PbO$_2$ 却是最低。在定窑宋三彩枕片 YJ250 样品中，TiO$_2$ 和 Fe$_2$O$_3$ 黑釉中的含量显著高于黄釉，尤其是 Fe$_2$O$_3$ 表现突出。实验分析了河北三窑中宋、金时期三彩胎和釉的 17 种化学成分组合既同有检测到的可比的 17 种主、微量全元素成分，彼此间因原料产地、成分配比等不同相间又存在着区别，成为鉴定区别窑口的依据。

在送检 2007—2008 年出土的井陉窑宋、金三彩之前，我们曾将井陉窑北陉窑区五代初纪年（918）窑官妻周李氏墓出土的三彩凤头壶、翘莲瓣式三彩塔式罐等进行科学检测。这两件独特的以浸蘸浅绿色底釉，待晾干后再以褐黄釉和深绿、翠绿等不同颜色的釉彩以滴点的方式敷彩于上的作品，在我国南北方唐、五代诸多窑口的三彩制品中独具特色。这就为井陉窑宋代三彩和唐、五代三彩的同窑口不同时代制品的成分对比提供了可行的对比条件。测试的结果如表 2—16—2 所示。

表 2—16—2　井陉窑五代、宋代三彩胎和不同釉彩中多点测量的化学成分平均值（％）

Sample	窑址	时代	位置	Na$_2$O	MgO	Al$_2$O$_3$	SiO$_2$	P$_2$O$_5$	K$_2$O	CaO	TiO$_2$	MnO	Fe$_2$O$_3$	CuO	ZnO	PbO$_2$	Rb$_2$O	SrO	Y$_2$O$_3$	ZrO$_2$
YJ242	井陉窑	宋	胎	0.97	0.75	28.1	62.1	0.129	2.52	2.02	1.10	0.009	2.06	0.006	0.004	0.12	0.011	0.029	0.004	0.034
YJ205	井陉窑	五代	胎	0.64	1.05	6.4	27.9	0.909	1.54	56.0	0.53	0.089	2.94	0.025	0.013	1.73	0.008	0.031	0.033	0.080
YJ206	井陉窑	五代	胎	0.75	0.58	26.7	55.0	0.376	2.40	8.62	1.80	0.042	2.53	0.015	0.008	1.13	0.008	0.012	0.013	0.069
YJ242	井陉窑	宋	黄釉	3.37	0.76	6.13	40.5	1.96	1.56	1.14	0.31	0.030	1.79	0.07	0.030	40.8	0.069	0.083	0.315	0.178
YJ205	井陉窑	五代	黄釉	3.26	1.29	3.74	32.2	1.20	0.22	1.88	0.10	0.054	2.40	0.91	0.039	51.8	0.088	0.075	0.505	0.219
YJ206	井陉窑	五代	黄釉	3.55	0.92	3.37	31.5	1.79	0.35	1.51	0.17	0.063	3.46	0.75	0.033	51.6	0.088	0.072	0.474	0.220
YJ242	井陉窑	宋	绿釉	2.63	0.59	6.31	38.2	1.69	1.67	1.41	0.43	0.028	0.72	2.00	0.042	42.0	0.073	0.108	0.381	0.196

Sample	窑址	时代	位置	Na₂O	MgO	Al₂O₃	SiO₂	P₂O₅	K₂O	CaO	TiO₂	MnO	Fe₂O₃	CuO	ZnO	PbO₂	Rb₂O	SrO	Y₂O₃	ZrO₂
YJ205	井陉窑	五代	深绿	3.37	1.15	3.97	32.0	1.27	0.43	1.99	0.09	0.029	0.49	3.84	0.045	50.4	0.090	0.071	0.498	0.214
YJ206	井陉窑	五代	深绿	3.86	0.96	4.24	33.4	1.96	0.64	1.33	0.18	0.024	0.49	3.24	0.041	48.8	0.082	0.068	0.450	0.204
YJ205	井陉窑	五代	浅绿	3.19	0.98	3.71	34.5	1.43	0.39	3.96	0.09	0.026	0.39	0.89	0.035	49.5	0.085	0.070	0.448	0.194
YJ206	井陉窑	五代	浅绿	3.51	0.82	4.13	36.2	2.57	0.64	2.33	0.17	0.021	0.47	0.93	0.030	47.3	0.079	0.071	0.412	0.195

比较可知井陉窑宋代三彩胎中 SiO_2、Al_2O_3 的含量明显高于唐、五代三彩，CaO 和 Fe_2O_3 的含量则偏低。黄釉中 Al_2O_3、SiO_2 和 K_2O 的含量高于唐、五代三彩，而 CaO、Fe_2O_3 和 PbO_2 的含量低于唐、五代三彩，唐、宋时期绿釉中化学成分彼此接近。

尽管送检标本（包括邢、定二窑）数量有限，客观而言存在一定的局限性。但它们的窑口产地、时代都是非常可靠的，因此具有相当的代表性。检测分析结果表明，井陉窑宋三彩胎料选择和釉料配方与邢窑和定窑宋、金三彩均有区别，具有自己的化学组成特点。井陉窑宋三彩同样在胎料、釉料的配方上和本窑口唐、五代三彩亦存在一定的差别。

（五）结 论

1. 宋代井陉窑三彩制品的获得和三彩窑炉的发现，给了我们这样的启示：鑫源公司宋代三彩窑炉是附属于大型瓷窑炉群，处于以烧瓷为主的同一窑场中，单独生产三彩器物的。三彩窑炉结构仍保持了唐、五代形制，或可认为承于唐、五代。燃料在柴改煤后照旧采用着更易燃的柴草，进行二次釉烧。关于这一点，有必要提及的是，笔者 1994 年经手发掘的井陉北关显圣寺金代三彩琉璃窑亦是柴窑。可见，处于同一时空条件下的窑工对陶瓷生产体系的区分和生产条件的把握是十分到位的，久已形成了传统。

2. 以井陉窑三彩来看，唐、五代与宋、金制品的面貌差异明显。前者浸蘸并用，用滴点出彩的独门技法生产出独特的井陉唐三彩。宋、金时期，正如本文所举的两件，代之而起的是分区、分层、分部位、分色涂饰，成为这一窑口此时期的主要施彩表现形式。一改热烈的动感，以爽利、明快、稳定、平和见长，开拓了三彩装饰的又一个新天地。即从邢、定同类标本来看，施彩方式的差异成为区分窑口的标识之一。

3. 对河北生产细白瓷，又都生产三彩的井陉窑与邢窑、定窑三彩的胎与釉所做的 X 射线荧光能谱分析，给出了各自的成分配比，分析了它们成分方面的异同。得出井陉窑宋三彩胎中除了 Fe_2O_3 含量明显低于邢窑，而高于定窑，SiO_2、K_2O 含量亦高于定窑，Al_2O_3、TiO_2 含量则低于定窑。河北三个窑址宋、金时期三彩胎和釉中化学成分既有相似性又彼此间存在如上区别。本文鉴别了三个不同窑口的三彩制品，并初步揭示了各自元素组成的产地与时代特征。相信今后随着这些数值的进一步丰富，核分析技术在三彩鉴定领域将得到愈来愈广泛的应用，愈来愈成为区别产地、时代、真赝等不可或缺的手段。

4. 与此同时，对同为井陉窑宋、金三彩与唐、五代三彩的标本亦做了同样的检测，发现井陉宋三彩胎中 CaO 和 Fe_2O_3 的含量明显低于晚唐五代，Al_2O_3、SiO_2 的含量则明显高于晚唐五代；黄绿釉中，除浅绿釉外，也同现这种相同高低值的变化规律。因此，对井陉宋、金三彩胎质硬于唐、五代三彩，釉彩也不易脱落的原因，除烧成温度外（在鑫源煤炭运销有限公司发掘出土的三彩窑炉中火烧土的厚度变化并不大），成分配比上的变化，可能也是内在原因之一。

5. 由本文选取的井陉窑三彩标本可见，中国陶瓷生产进入 6 世纪，到 13 世纪，长达六七百年，井陉三彩不断创造出它的特色，在晚唐五代、宋金两度繁盛，实际是从一个辉煌走向另一个辉煌。

6. 特别要说明的是，作为一个窑口、时代的标准器物和着彩效果的典型标本井陉窑宋三彩莲花香炉，为井陉窑三彩的元素组成测试提供一份标准样本，继独具特色的井陉唐、五代三彩的鉴别之后，扩大了井陉三彩的识别区，使历年早有出土的井陉宋、金三彩得以进一步被识出。

注释：

[1] 至今在井陉窑窑址区发现清理的出有三彩随葬品的唐、五代墓有 7 座。（1）石家庄市文物保管所：《石家庄市井陉矿区北宅砖室墓》，《文物春秋》1989 年第 4 期。（2）1997 年 11 月河北井陉窑考古队清理井陉县楸树坡唐墓 1 座，材料尚待发表。（3）2004 年 4 月河北井陉窑考古队抢救发掘井陉县城关唐家垴唐墓 4 座，其中一座出土有唐三彩器。材料尚待发表。（4）贾俊林的《冶里唐代土洞墓》和杜鲜明的《冶里晚唐墓出土器物》介绍，此墓共出土三彩器 2 件。井陉政协：《井陉文物古迹卷》，第 157、278—279 页。（5）胡强、王会明等在《井陉矿区白彪村唐墓发掘报告》报道两座唐墓，均出土有唐三彩器。河北省文物研究所：《河北省考古文集（四）》，科学出版社 2011 年版。（6）刘成文、孟繁峰：《一组五代井陉窑陶瓷器的释读——盘龙冶押官周妻李氏墓的瓷器、三彩器及墓志》，中国考古学会编辑：《中国考古学会第十五次年会论文集》，文物出版社 2013 年版，第 539—559 页。

[2] 在井陉窑址区外发现随葬井陉窑唐三彩的墓葬有:(1) 河北省石家庄市赵陵铺 M6 出土三彩塔式罐、三彩筒形器等 3 件。敖承隆:《河北石家庄市赵陵铺镇古墓清理简报》,《考古》1959 年第 7 期。(2) 郑绍宗:《河北省出土文物选集》第 325 器:三彩罐(石家庄市 1955 年出土),文物出版社 1980 年版。(3) 三彩罐,晚唐两件,分别出土于正定县三里屯、郭家庄。罐一高 28.5 厘米,口径 15 厘米,底径 11.8 厘米。口微侈,直颈,溜肩,腹鼓(下渐收)。器表以淡绿釉为地,在内径与外壁上泼黄绿釉。陈银凤、赵永平:《正定县收藏的几件井陉窑瓷器》,《文物春秋》2000 年第 2 期。(4) 2006 年配合南水北调工程,河北省正定县西邢家庄墓发掘中曾出土唐三彩高足香炉和碎三彩塔式罐。前者见河北博物院《河北省名窑名瓷展》。

[3] 河北省收藏家协会,2013 年收藏大展;又见于 2015 年中国收藏协会北方七省市收藏展上展出的三彩塔式罐和三彩凤头壶两件。河北省收藏家协会陶瓷收藏专业委员会:《北白流觞》,河北美术出版社 2014 年版。

关于金三彩舍利塔,1976 年出土于灵寿县祁林院,现藏于正定县文物保管所。河北省文管会:《河北省出土文物选集》第 373 器,文物出版社 1980 年版。又见于《正定文物精华》辽三彩舍利塔,按该器通高 77.2 厘米,底径 30.5 厘米。器身有题记,自名"舍利塔",落年款为"大安二年"(文化艺术出版社 1998 年版,第 48 页)。陈银凤和赵永平所著《正定县收藏的几件井陉窑瓷器》(《文物春秋》2000 年第 2 期)将之认定为金代井陉窑之器。

[4] 关于井陉北关显圣寺三彩琉璃柴窑与当地另两座烧煤的砖瓦窑同层位互见的情况。参见河北省文物研究所。

(本文原载《宋代五大名窑科学技术国际学术讨论会论文集》,科学出版社 2016 年版,第 448—459 页)

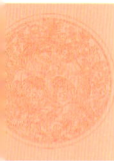

十七、太行两陉看剔花

——磁、井两窑剔花妆饰的探讨

论陶瓷的妆饰艺术，磁州窑的主要发掘者之一———马忠理先生先后列出 58 种 [1]、62 种 [2]。其中剔花妆饰列出：1.白地剔花，2.白地黑剔花，3.白地剔褐黄花，4.白地刻剔填白（亦称"嵌瓷"），5.黑釉剔花，6.绿釉剔花，7.绿釉黑剔花，8.青瓷剔花等，共 8 种之多。可谓一把刀下极尽胎釉变化之能事，博得了当时人们的喜爱，受到后世广大爱好者之赞赏，成为三大窑中独以"白地黑花"为窑口代表的独特剔花妆饰 [3]。无独有偶，同处太行另一陉中的井陉窑这种剔花妆饰，似乎也两陉相通，一技相近，各展其长，有着相通相异的表现。故我们也将之列为 8 种不同的花色品种，与磁州窑加以比较。通过二者异同，以共同探讨当时陶瓷生产领域那种确实出现的百花齐放、争相斗艳的客观现象。

（一）井陉窑的八种剔花

1.白釉剔花

这种装饰在井陉窑目前见有碗、瓶、枕、盒等四种类型，分作两种形式。

（1）未上化妆土。在未干的釉上直接以尖状工具（竹、铁笔）刻出花纹，以扁平的剔刀剔去花纹以外的地子，露出胎来，造成浅浮雕的效果，再罩一层透明釉（或不上透明釉），晾干后入窑高温一次烧成。

如 A：两色釉剔花牡丹纹敞口碗片（07JXIVT2H13：19），内白釉，外酱釉，质细腻，碗内一周单弦纹做边，下壁亦有一周单弦纹，碗内底以三线刻划出天河般的曲线。在碗内壁上剔出缠枝牡丹花纹。花纹清晰流畅，有花团锦簇，满壁生辉之感。（图 2—17—1）

B：白釉剔花花叶纹枕片（07JXIVT2⑤B），白釉，白灰色胎，花纹与胎体反差不太明显，艺术效果差强人意。（图2—17—2）

C：白釉剔花牡丹纹瓶片（07JXIVT2H13：19），白釉，白色灰胎，剔出的花纹与地子反差不明显，不好区分，纹饰很难叫人一目了然。（图2—17—3）

D：白釉剔花缠枝纹盒片（016ZY⑤：01），盖缺失，外壁满是剔花缠枝纹，纹饰流畅，富贵大方，艺术效果较为理想。（图2—17—4）

（2）在胎上先施了一层化妆土。未待干透用尖状硬笔刻划出纹样，然后以偏刀剔去花纹以外的化妆土，再罩以透明釉，晾干后入窑烧成。这就克服了胎和釉颜色区分不大，效果不明显的毛病。

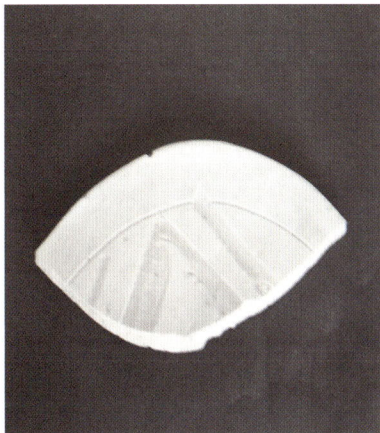

图2—17—1　两色釉剔花牡丹纹敞口碗片　　图2—17—2　白釉剔花花叶纹枕片

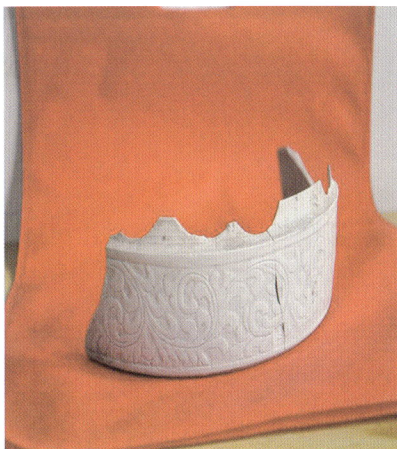

图2—17—3　白釉剔花牡丹纹瓶片　　图2—17—4　白釉剔花缠枝纹盒片

E：白釉剔花椭圆形枕(010JD：45)，边部有一弦纹宽沿，沿内划出对花一枝，剔去花纹外的地子化妆土，使纹饰突出于灰色的地子之上，晾干入窑烧成，效果较为明显，为一成功作品。（图2—17—5）

F：白釉叠地剔花莲纹枕片（93JCT2⑤：13），首先在其土黄色胎（厚0.4厘米）上，再贴一层深灰色胎（厚0.3厘米左右），使二者完全粘合一体，再在灰胎上施薄层白色化妆土，待稍干后划出莲花花纹，用平头剔刀剔掉花纹以外的化妆土，露出深灰色的胎体，再施透明釉，晾干后入窑烧成。此法的花纹与地子对比强烈，鲜明地突出了莲花出淤泥而不染的生长环境，对比十分突出，产生了强烈的艺术效果。这应是学习磁州窑而改进胎色对比度的结果。（图2—17—6）

以上六种，第A、D、E、F四种剔花作品都达到了所要取得的效果，以C种最差，故可知胎地的反差是这种装饰技法成败的关键所在，剔花水平的高低则处于第二位。

图2—17—5　白釉剔花椭圆形枕　　　图2—17—6　白釉叠地剔花莲纹枕片

2.白釉黑剔花

白釉黑剔花妆饰比白釉剔花妆饰对比更加强烈，花纹更加鲜明，浮雕效果更加突出，具有很强的感观效果，使人印象深刻。但它的技术要求极高，"只能剔掉外层的黑色化妆土，下面极薄的白色化妆土尽量做到毫发无伤，故它的工艺最复杂，要求水准最高"[4]。井陉窑白釉黑剔花妆饰目前仅掌握2片，皆为大瓶片，其一（93JTY10# 采：18），采集标本，为白釉黑剔花大瓶（或罐）片，先在黄白色的胎土上施一层白色化妆土，再在白色化妆土上再加一层黑色化妆土，待稍干，用尖状刻刀划出纹样，再用扁刀剔去纹样以外的黑彩，露出的正是白地，再罩透

图2—17—7 白釉黑剔花大瓶（或罐）片

明釉，晾干后入窑高温烧成。这件白釉黑剔花大瓶（或罐）片，剔出的正是开光莲花纹，纹饰黑白分明，在宽带相隔的上下双开光双线纹内，一枝莲花含苞待放，舒展大方，清新高雅；另一枝莲蕾花头已失，仅剩枝叶。这件作品虽然剔做稍有瑕疵，但已足见瓶体的醒目明快，华贵漂亮。（图2—17—7）

3. 白釉剔褐黄花

目前，井陉窑这类产品仅发现于瓷枕上，但呈色有所区别。一种纯褐色花纹，在叶形枕面上先施白色化妆土，再施褐色料，然后在枕面的外围划一单条边线，在边线中再施以棱形开光内边线，之后在开光内画出单枝大叶牡丹，以扁铲剔出棱形框内的地子，使枕面独此一枝牡丹开放，十分醒目。如枕片（08JXIVT2⑤B：58）。这样的枕面还有另外三种偏色：深褐色，如枕片（08JX-IVT2补⑤C：20）；褐黄色，如枕片（08JXIVT2补⑤B：180）；另一种钱文腰圆枕片，则是浅褐黄色的，如浅褐黄色钱索纹枕片（07JXIVT2⑤B：4），整个枕面剔出9枚相连的大钱，再以双细线相连，别开生面，相映成趣。（图2—17—8—图2—17—11）

4. 黑釉剔花

这类作品目前在井陉窑发现两件。

其一，黑釉剔花小盒片（93JYT1③：5），子口，盖失，恰存有纹饰的腹部。上二、下一道剔刻弦纹做边，中部剔出很简约的变形莲芰纹，无纹饰的地方全部剔除。其做法在剔花中虽似简单，但其工序一点也不含糊，划出花纹时留下的刀笔痕迹，剔掉黑釉的地露出本色的胎来，显得灰黄，但一点也不影响艺术效果，无论上下边，还是器里都满施黑釉，尤其器表光亮如漆，中部的花纹亦是如此，在素色地子的衬托下，简单的纹饰十分醒目，恰到好处的美化了作品。

其二，黑釉剔花牡丹纹缸（90TC征：1），缸体较大，口稍束曲，而底部侈出底沿，平底，稳稳地平置在那里。它不是平常的缸，而是在接近底部有相对的双孔，居于两边，以通内外。里无釉，外施黑釉，光亮如漆。这件缸究竟做何用？我以为可能是做盥洗的浴缸[5]，姑且言之以待证实。器表上下各剔出边框后在颈

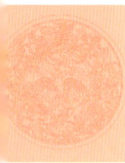

图 2—17—8—图 2—17—11　四种白釉剔褐黄花枕片

部以单线刻划出缠枝纹。在腹部剔满缠枝大朵牡丹，主图共有花三朵，每朵上方左右各有一大叶烘托，其余是环绕的枝叶相连，个体剔做十分认真、娴熟，花叶疏朗准确，线条一气呵成，流畅生动恰到好处。整体来看显得醒目大方，稳重而潇洒，富贵而美丽，是十分成功的金代井陉窑又一代表作品。（图 2—17—12、图 2—17—13）

5. 蟹壳青釉剔花

这一品种在井陉窑的发掘中仅见一长方形枕的左上角，（07JXIVT2⑤A：64），枕面施一层蟹壳青釉，待稍干后用扁平的剔刀先剔出宽窄不一的边线，然后再用较窄的扁刀剔出弧曲的内线，里面的纹饰惜已失去不明。枕面施釉平匀，剔刀刻剔快捷，毫不拖泥带水，应是枕的一个常见品种。（图 2—17—14）

6. 白地淡青釉剔花

这一品种在井陉窑已见于枕、罐、瓶、缸等类器物。从数量来看，宋代中期已经流行，一直延续至金末。枕的品种较多，所见有淡表釉缠枝牡丹叶形枕

图2—17—12 黑釉剔花小盒片　图2—17—13 黑釉剔花牡丹纹缸　图2—17—14 蟹壳青釉剔花

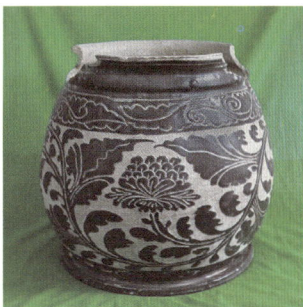

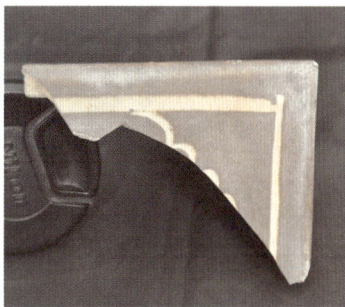

（08JXIVT2补⑤B：160）；淡青釉开光鸭戏水纹枕（07JXⅢ3—7H15：33）；淡青釉三鹅戏莲纹枕（07JXⅢ3—7H15：1）；淡青釉开光水波纹枕（07JXIVT1F1：12）等。（图2—17—15—图2—17—18）

图2—17—15 淡青釉缠枝牡丹叶形枕　图2—17—16 淡青釉开光鸭戏水纹枕

图2—17—17 淡青釉三鹅戏莲纹枕　图2—17—18 淡青釉开光水波纹枕

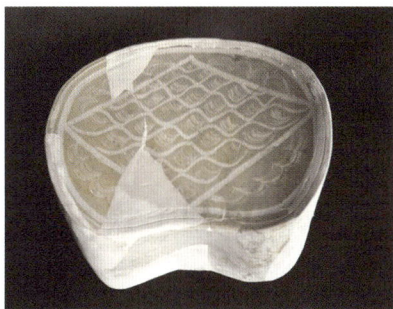

309

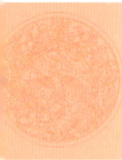

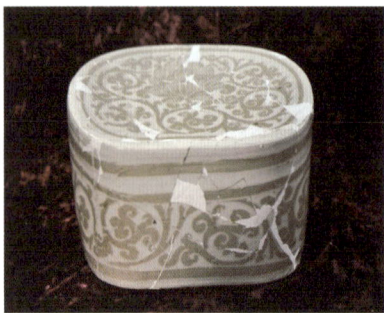

图 2—17—19　白地淡青釉剔花缠枝莲花纹枕

白地淡青釉剔花缠枝莲花纹枕（04JTM8：1），此枕经修复，可见全貌：枕面在宽圈界边内剔出变体莲叶纹，正中伸出一枝盛开的莲花。枕壁框内一圈缠枝变形莲叶纹。白胎胎色无瑕，淡青的花枝仿佛玉质透光，温润典雅，使人爱不释手，是井陉窑剔花的代表作品之一。（图 2—17—19）

淡青釉剔花梅瓶（07JX Ⅲ T7 ③ A：13），小口，卷沿矮颈，溜肩中腹稍宽，下腹内收至底足。口径 3.5 厘米、足径 10.5 厘米、高 44 厘米，体型稍显瘦长，由于胎质稍粗，化妆土也不能完全掩盖它的淡黄胎色，在其上的淡青化妆土覆盖下，仍有较多细小的气泡鼓起。它的肩部划出菊瓣纹，底部双刀刻划蕉叶纹，腹部均匀规整地满剔缠枝莲花纹四层，庄重大方，线条优美流畅，虽有胎稍粗糙造成釉面的失润，但也掩盖不了它的韵味。

淡青剔花鹿鹅戏莲纹大罐，出土于藁城县杜家庄[6]，芒口，卷沿，鼓腹，平底，里施黑釉，外施白色化妆土，其上再施一层淡青色化妆土，其剔刻罐颈、底部的做法，有似于以上淡青剔花梅瓶，各以菊瓣纹和蕉叶纹起始和收束；腹部剔刻立于莲花丛中的雄鹿，雄鹿的颈部系有飘动的绸带昂首而立十分精神。左右各剔出卧在大莲叶上的天鹅，正在起飞的天鹅各一只。背面同样的位置上剔出盛开的大莲花一朵，中心的莲蓬也开始结。围绕这 4 件主图满剔各式莲叶、荷花、菱芰，几乎没留空白的位置，而大莲花、双鹅、一鹿各主其位，又没有一件显得多余，布局十分巧妙，本非水中生物，鹿却稳稳站立其中，顾盼生神，是井陉窑匠人令人遐思的一件绝妙作品。（图 2—17—20—图 2—17—21）

7. 褐红釉剔花

这一品种见有长方形枕和大瓶两种。

图 2—17—20　淡青釉剔花梅瓶

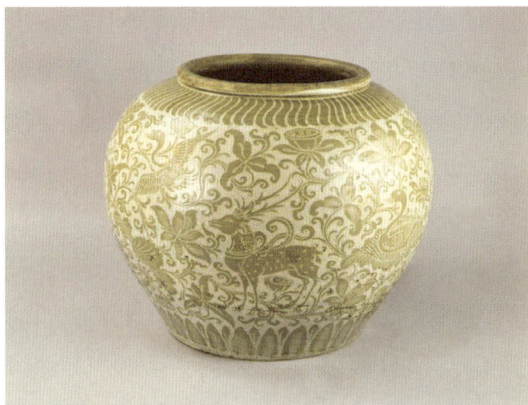

图 2—17—21 淡青剔花鹿鹅戏莲纹大罐

前者见于一褐红釉剔花长方形瓷枕（08JXIVT2⑤B：11），仅存细双线边框及框内剔花纹边饰部分。在胎体上施褐红色（枣红色）化妆土，不待全干，即用尖的刀具刻划出边框和纹饰，再用剔刀剔掉花纹以外的釉子，使作品十分鲜明地在土黄色胎上凸显出来，最后罩透明釉入窑烧成。

最为突出的是一件褐红釉大瓶（07JXIVT2⑤B：112），出于探方的东侧，口残失，腹部亦间有残缺，最大腹径在中部，为21.5厘米。足稍外撇，足径10.5厘米，残高45厘米。胎色较白，先上一层褐黄色化妆土，再在化妆土上施加褐红釉，然后再用尖状刀具从颈部一直刻到底部，再剔出叶形缠枝纹，上下各以粗边线纹做边。剔地露出的褐黄色化妆土与褐红色花纹差别并不强烈，稍干后再施透明釉，干后入窑烧成。花团锦簇中隐寓着稳重含蓄。这是著名的"真定红瓷"中可见的实物作品。（图2—17—22、图2—17—23）

8. 三彩剔花

三彩剔花作品目前仅在枕中发现。08JXIVT2补⑤B：46，即为一大片带有

图 2—17—22 褐红釉剔花长方形瓷枕

311

图 2—17—23　褐红釉大瓶

枕面下卧狮座的作品，另有 4 小片残缺出自 08JXIVT2 补⑤C 层中。是此次发掘发现的这类作品的唯一实例。枕已经素烧，可知枕面绣球纹已完成剔花雕刻，待上釉入窑烧成。由前面枕墙上的绿釉溅点，可能需要上的是绿釉（井陉窑还有低温黄彩戳印花作品）。这件半成品也验证了我们的认识，即分成底板、侧墙、盖板（面板）三部分制作，中侧墙部分是模制（卧狮）的，然后底、盖两部分以泥条粘结合成，使之成为固定的一件，再在枕的面上施一层褐红色化妆土，晾至半干，以尖头刀笔（或竹木、或钢质）迅速划出纹饰，再以扁刀剔去花纹以外的釉子，使绣球花纹纹饰凸显于粉白的地子上（纹饰或单色，如此件，或绿、黄、白分色）。晾干后入窑低温烧成。这件半成品正好说明它的制作过程，为我们提供了一个难得的标本。（图 2—17—24）

以上就是我们在有限的空间内，整理部分发掘品中看到的井陉剔花产品的情况，将来完成整理任务，一定还会有新的发现增加井陉剔花的品种是必然的。目前来看，已大致看出它的基本面貌，应该说在当时商品生产中就常规妆饰来看井陉窑也并未被周围的窑址所落下，并在竞争中顽强地创造出了自己的特色。

图 2—17—24　绣球纹素烧剔花枕片

（二）磁、井剔花之异同

磁、井的剔花妆饰若相互比较，大有争相媲美之势。但是仔细观察，二者相异之处也是不难发现的。

1. 不施化妆土

磁州窑的剔花妆饰绝大多数都有白色的化妆土覆盖较粗的胎色。井陉窑则不然，白胎中有相当部分不上化妆土，上釉后直接剔刻。如剔花牡丹纹瓶片（07JXIVT2H13：19），因未上化妆土，胎不细，釉不突出，剔花无明显效果（见照3）。这是井陉窑的作品，怎么突出胎釉的反差，成为这里一个需要解决的技术问题。

2. 叠地剔刻

这是井陉窑找到的解决方法之一。大概在向磁州窑学习中，发现磁州窑有的胎色青灰和白化妆土料浆反差明显，剔花效果突出，故而学习之（图2—17—25、图2—17—26）。这就表现在井陉窑有的剔花作品是双重胎，即是由原土黄色的胎土上再上一层深灰色胎料，再上化妆土料浆造成所剔作品两层胎一层白色化妆土料，反差十分明显，自然剔花所表现的纹饰不仅浮雕效果明显，且所剔荷花大有出淤泥而不染的栩栩如生之感。（图2—17—6）

上述，我们可见井陉窑匠人在遇到问题后寻求解决的方法之一。

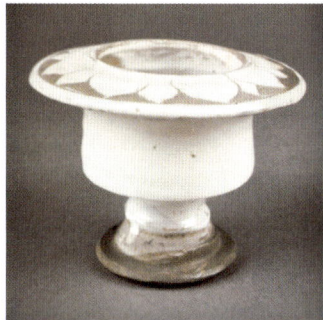

图2—17—25　磁州窑白釉剔花莲瓣纹行炉

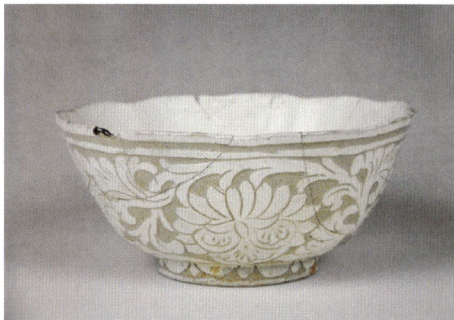

图2—17—26　磁州窑白釉剔花菊瓣纹碗

3. 绿釉白剔花

磁州窑施白化妆土高温素烧白剔花半成品，再施绿釉料浆二次入窑低温烧成。绿釉白剔花作品，由器物外表看原白色的妆饰上，施加了一层绿色的釉，比其深色的地子显得明快、亮丽。这种产品在井陉窑还没有发现。（图 2—17—27）

4. 绿釉黑剔花

磁州窑施黑色化妆土与高温素烧黑剔花半成品，再施绿釉料浆二次入窑低温烧成绿釉黑剔花作品。据报告虽然仅在第三期出土十余片，器形有大梅瓶、小梅瓶、小喇叭足小瓶、钵、灯等很少，但毕竟这种产品明显和绿釉白剔花不同。井陉窑目前还没有发现。（图 2—17—28）

图 2—17—27　绿釉白剔花缠枝纹喇叭口长颈大瓶

图 2—17—28　绿釉黑剔花开光小白兔大口罐

5. 青瓷剔花

"磁州窑青瓷剔花装饰的品种发现极少，具体工艺为施过青瓷釉浆后迅速以尖状工具划出花纹，再以铲状工具剔掉花纹以外的青釉料浆，入窑高温烧成。青瓷剔花仅在观台窑第一期出土一大瓶残片，未用化妆土和透明釉"[7]。井陉窑目前还没有发现这一品种。（图 2—17—29）

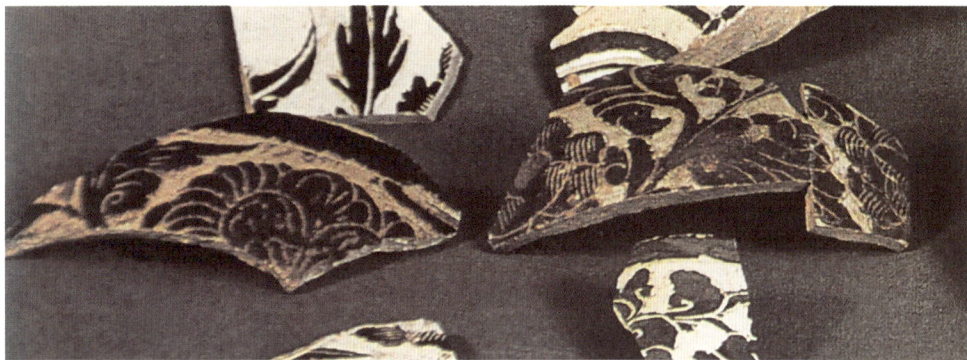

图2—17—29　磁州窑青瓷剔花大瓶片

6. 白地淡青釉剔花

见图2—17—15—图2—17—18 这是井陉窑所有的剔花作品，并且从宋中期以至金代晚期都流行的剔花作品之一。所见枕、瓶、缸等也较丰富，作品前后相比较也有一定的差别，这是时代的早晚区别，枕、瓶、缸有极精美的产品，成为井陉窑的代表作品之一。磁州窑则未见同样的报道。

7. 蟹壳青釉剔花

虽仅一片（图2—17—14），施蟹壳青色化妆土一层，所剔边框和花式内框清净爽捷，此外并不上透明釉，即入窑高温烧成，简单、大方，当年其实应不在少数。然磁州窑则未见有报道。

8. 褐红釉剔花

这种装饰在井陉窑非一例，也非一种，大到50厘米左右高两次施加褐黄、褐红料浆的梅瓶，在罩透明釉后有意识使褐红色隐然而现，造成一种含蓄的美感。另外所见一种枕片，最后施透明釉，亮丽的褐红色显示了枣红的特色。蒋祈作为南宋间的景德镇人，专门以真定红瓷记之，可想当时的高知名度，在《陶记》中留下了它应有的记载。可见《金史·地理志》中"真定产瓷器"的记载并非孤例。今以发掘证实井陉窑在宋金烧造史上确实兴起的有"真定红瓷"，也的确以"真定红瓷"赞誉它的第二个高峰[8]。颜色釉瓷无论数量和质量都十分突出，达到和龙泉青秘并美的程度也并非奇怪的事情。

以上我们可知，磁州窑和井陉窑在剔花的品种主要部分白釉剔花、白釉黑剔花、白釉褐黄剔花、黑釉剔花这四种是共有的品种。而绿釉白剔花、绿釉黑剔

315

花、青釉剔花这三种是磁州窑生产的专项，而白瓷淡青釉剔花、蟹壳青釉剔花、褐红釉剔花，这是井陉窑的特色。因此，可见宋、金阶段虽然磁州、井陉都以剔花妆饰见长，却又各有长处，各具特点，以不同特色共同创造了剔花妆饰的繁花似锦。

（三）两窑的相关问题

1. 真定红瓷应是井陉红瓷的代称

蒋祈《陶记》："景德陶，昔三百余座，埏埴之器，洁白不疵，故鬻于它所，皆有饶玉之称。其视真定红瓷，龙泉青秘，相竞奇矣。"熊寥注释真定红瓷，认为"曲阳窑场在宋代属定州管辖，故称为定窑。到了元代，曲阳县一度为真定路中山府辖地，所以元蒋祈把曲阳县窑场生产的红瓷称为真定红瓷"。[9]

20世纪八九十年代，景德镇考古所刘新圆同志两次提出：蒋祈是南宋人，《陶记》为南宋时作。景德镇陶瓷学院熊寥教授则两次反驳之，提出元代之说。我们在此暂不论其时代的孰是孰非，单就"真定红瓷"的时代来看，非宋即金，不可能有元代一说，因为无论定窑，还是井陉窑（真定窑）到元代都已衰落，不可能再有"红瓷"的生产，这是没有疑问的。其次，宋代、金代，定窑属于定州、中山府管辖，而不隶于真定。元代，中山府降为散府，它辖于真定府路。但见于《元史》卷五十八《地理一》"保定路，曲阳县，古恒州地，唐为曲阳县，宋属中山府，金因之。元初改恒州，立元帅府，割阜平、灵寿、行唐、庆都、唐县以隶之，逮移镇归德，还隶中山府，复为曲阳县，后隶保定。北岳恒山在焉"。"中山府，复为散府，隶真定，领三县、安喜、新乐、无极。"这里记载很明白，定州、曲阳县，宋、金为中山府管辖和真定府无隶属关系。元中山府归真定路管辖，但仅隶三县，曲阳已划保定路，不属于元代的中山府，这时即使还有瓷器的生产，亦与真定无涉。而金威州、井陉县元代移入洺州，故元代的真定府路已无瓷窑可辖，哪来的"真定红瓷"？故我们认为"真定红瓷"指的绝非元代瓷器，如果将问题放到宋、金来看，真定红瓷则一目了然，当然不会是指定窑和定州了。故"真定红瓷"实际指的就是井陉红瓷，宋、金阶段时属于真定，所称的真定红瓷应实指井陉红瓷。

井陉红瓷现据实物可知，并非真正的红色，如果那样就不用在红字前加"真定"二字，直接名之曰红瓷或红彩可也，如磁州窑红绿彩，长治八义窑红彩，甚至长沙窑、邛窑红彩，它的红彩或红瓷都是正红色不用加限制词人们已可明了。

加上"真定红瓷"，这种红瓷实物应是褐红彩或者枣红色，如本文所举的例子。即是若此，不仅是剔花作品，就是素面的褐红釉碗、盘、盏、盏托、缸、盂、小罐等小件诸品也都有枣红色的"真定红瓷"存在，因此，我们认为仅凭此一点，似还尚不足以称奇，因为不仅是井陉窑枣红（褐红）釉，定窑（红定），鹤壁窑，当阳峪窑等也都有生产。唯独加以剔花技法美化，使之含蓄而突出，华美而不夭，庄重大方的"真定红瓷"，即非井陉窑红瓷莫属。

洁白无瑕的景德镇"饶玉"，在蒋祈笔下是和真定红瓷、龙泉青秘相提并论，可见当年井陉窑并不是默默无闻、没人知晓的，也不是毫无记载名不见经传。大约也是达到了天下皆知的程度，只是元代的严重衰落，虽然直到解放初仍保持了一两个窑址的艰难维持，但毕竟已无法抗衡于景德，使这块美玉的真面目被淹没了七百载！

2. 剔花创始时间问题

"剔花技法始于北宋磁州窑，陆续被其他一些窑场采用。"《中国古陶瓷图典》七《工艺技术：装饰工艺》中肯定了磁州窑是剔花装饰技法的发源地。按照马忠理先生的分类介绍，可知磁州窑第一期是宋代前期就已有剔花作品的发现，那里的窑工应是发明者。井陉窑发掘资料（大部分堆在仓库中待整）仅2007—2008年做了初步整理，此外，只有个别标本在外放置。因此，就已整理的发掘部分还不能下一个确切结论。但是2007—2008年的T2⑤层可以明确为宋代层，上限约为宋代中期，就此来看，白釉剔花、白釉剔褐黄花、白地淡青釉剔花、蟹壳青秘剔花、褐红釉剔花、三彩剔花，剔花八种中已有六种出现，而现有的白釉黑剔花、黑釉剔花则发现标本太少。剔花装饰在北宋中期井陉窑这样大量涌现，且属于自身独特的品种白地淡青釉剔花、褐红釉剔花、三彩剔花等都涌现出来，看来不像是初学的状态。这就像点彩，我们肯定的太行两陉姊妹花的同时，尽管井陉窑唐后期就有了点彩，磁州窑一期（五代末宋初）也发现了点彩，我们仍未肯定井陉窑一定就比磁州窑点彩产生的早一样，目前仅据磁州窑宋一期已经发现，井陉窑到北宋中期已经大盛，并且具有了自己的特点，完全脱离了初创阶段这是肯定的，两窑都对剔花妆饰作出了各自的贡献。究竟谁先发明了剔花，发明的时间究竟在什么时代，今后我们仍需做出进一步探讨。

3. 两窑关系值得研究

在河北四大窑中，虽然磁州窑与井陉窑占据了太行中部的第4、第5两陉之

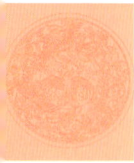

地，但是毕竟中间隔着著名的邢窑，这一窑口形成的时代早，在唐代的名气无与伦比，应该说它对磁、井都会有一定的影响。而井陉北部的定窑，北宋的名气大于邢窑，至少会对井陉窑产生影响，甚至井陉窑在被发现以前，高档产品基本人为的被归入二窑：早的入了邢，晚的入了定。以致现在还没完全甄别清楚。到此对我们提出了一个不大不小的问题，点彩装饰是磁州窑最早的装饰之一，而井陉窑早在唐代后期就已出现，并更丰富，更精彩，更突出地成为主要装饰之一。这一装饰另两窑却不突出，甚至宋代还没有出现。为什么成为"太行两陉之花"？难道是偶然的吗？现在我们又发现在装饰上北宋前期就已出现剔花的磁州窑（甚至不是一种），并且这种装饰一直延续到金代末期，而井陉窑的剔花，据现在发现北宋中期已经大盛，同样，也延续到金末，且两窑都各有8种品类之多，表现的相同又不同，在共同的装饰技法上又都发挥了自己的聪明才智。长达三百多年的"偶然巧合"就说不通了。我们认为地域特点的相通性，再加上某种程度的技术、人才直接交流，才能达到这种突出于邢、定之上的程度。这一点是值得在今后研究中十分注意的。

注释：

[1] 见马忠理：《磁州窑的装饰品种及其流行时代》，中国古陶瓷研究会1997年论文集，《文物春秋》1997年增刊。

[2] 见马忠理：《磁州窑器物的造型和装饰艺术及其考古分期变化》，载《中国磁州窑》，河北美术出版社2009年版。

[3] "白地黑花"是业界公认的磁州窑最突出的窑口特征，而"白地黑剔花"不仅是剔花产品，也是磁州窑装饰品种中以难度最大成为其最突出的一个亮点。

[4] 白地黑剔花工艺"只能剔掉黑色料层，又必须完好地保留其下的白化妆土层，若技术不精而剔掉白化妆土层，或未剔净应剔的黑色料层，均会显出'毛病'，严重者则造成次品而前功尽弃。在磁州窑的装饰品种中，它的工艺最复杂，要求工匠技术水准最高"。"现存国外的白釉黑剔花熊戏纹叶形枕、黑釉白剔花'清净道生'文字叶形枕等"皆是。

[5] 这件缸造型因底部宽于缸壁，较为少见，而壁下特置两孔，内外相通，更为少见。推测用途，笔者认为如一侧或两侧都通上管子，置于一定高度，可以淋水洗浴，故认为古代它可用做洗浴用。暂备一说，以征高见。

[6] 淡青剔花鹿鹅戏莲纹大罐，现收藏单位为正定县文保所，文中照片就是该所副所长房建辉摄影、提供。

[7]《中国磁州窑》第二章第二节《磁州窑口器物五彩缤纷的装饰艺术及其考古分期变化：

56 种瓷剔花》，河北人民美术出版社 2009 年版。另磁州窑器物照片大部分见于此书的下册。

[8]"第二高峰"，井陉窑笔者认为有两个烧造高峰，其一在唐后期到五代初期。此阶段是安史之乱后藩镇割据时期，真定属成德军，较长时间被李宝臣、王武俊、王庭凑家族占据，特别是后者长达百年之久，有碑石文字可证他们掌控了井陉窑，造成了该窑口的第一个生产高峰期，现已发现，那时的窑址已达 7 处，不仅范围广，面积巨大，且生产"官"字款白瓷等精美瓷器。到金代井陉窑再掀第二个生产高潮。这时不仅窑址又恢复到 7 处之多，且颜色釉瓷最为丰富，比如此文所列剔花作品就是一例。且"真定红瓷""真定产瓷器"《金史》记载等都揭示了它的盛况。所以笔者将之称为生产的"第二个高峰"。

[9]"真定红瓷"。笔者认为宋金代的井陉颜色釉瓷中以褐红釉完全可与"红定"相提并论，并且与当阳峪窑的同类作品并美。而褐红釉剔花如本文所举两例，则是在"红井"上的剔花作品，较素面无纹饰者更上层楼。这种褐红釉(枣红釉) 剔花，按照以府、州命名的惯例，"真定红瓷"应该就是井陉窑红瓷。

(原载国际磁州窑论坛《磁州窑文化之传承与创新》，第四届
国际磁州窑论坛文集，文物出版社 2017 年版)

十八、井陉窑的白瓷、颜色釉瓷、
彩瓷及相关问题

　　处于井陉县中、北部及井陉矿区中心地带的井陉窑，正当太行山地的中段东侧，地理坐标东经 113°58′—114°04′，北纬 37°56′—38°02′。自 1989 年 10 月 23 日开始，经多次调查，北迄北陉，南至梅庄约 30 公里的范围内，迄今发现了 12 处窑址。其间，经 7 次抢救发掘，在城关和河东坡两处窑址抢救发掘隋、唐、五代、宋、金窑场作坊 4 处，窑炉子 19 座；在矿区冯家沟—天护窑址、南横口窑址发现宋、金延续至明、清、民国窑址 2 处，尤其在南横口发现的作坊 5 座，窑炉子 14 座，其旧式生产延续到大型瓷塑毛泽东主席立像烧成，因"文革"结束未出炉而停烧为止。同期，在窑址区范围内抢救发掘唐、宋、金、元墓葬 23 座。总计获得井陉窑瓷器约 500 件，瓷片 20 余万片和大量的作坊具、窑具。推知井陉窑是我国古代白瓷的发祥地之一，是独特的戳印点彩、填彩的一个重要窑口。1993 年河北省政府发出冀政〔1993〕729 号文，公布井陉窑为省级重点文物保护单位。2000 年，古陶瓷大家耿宝昌先生亲临河东坡发掘工地，现场评价："以前提到河北，总是说三大窑，我看应该是四大窑，井陉窑就是一个！"2001 年 6 月，国务院将井陉窑的保护级别提升为"国家级重点文物保护单位"。

　　现将井陉窑的白瓷、部分颜色釉瓷、彩瓷做一简单介绍，因发掘本身只是被动的部分揭露，材料又大部分无法在库房取出整理，故只能是部分的情况介绍，难免以偏概全，敬请谅解。

（一）隋代（581—618）

　　在井陉天长岭（天长镇）已发现了隋代瓷窑址。经小面积试掘，在地下深

6.4—7.8米的最下层已发现了它的瓷片和窑具、作坊具。另在河东坡窑址河边诊所修建中也采集到零星碎片。与此同时，在天长城关窑址以北1.5公里的许水滋村北坡地，在柿庄壁画墓群南边北孤台村也征集到村民挖出的瓷碗、杯、盘。今将有关情况介绍如下。

1. 井陉窑隋代白瓷碗片，05JLT5 ⑨：31，仅剩下部。灰白胎，质坚致厚实，深腹，外下壁隐约可见轮制成型的痕迹。施透明釉碗底留有支钉痕。外施釉到腹下部，实足，露胎，足内凹，侧部略呈"凵"形剖面。修面，足边削棱，十分规整。釉面光亮细腻，内外釉层都呈细冰裂纹，和邢窑[1]、巩义窑[2]北朝时期的白瓷碗接近。（图2—18—1：a、b）

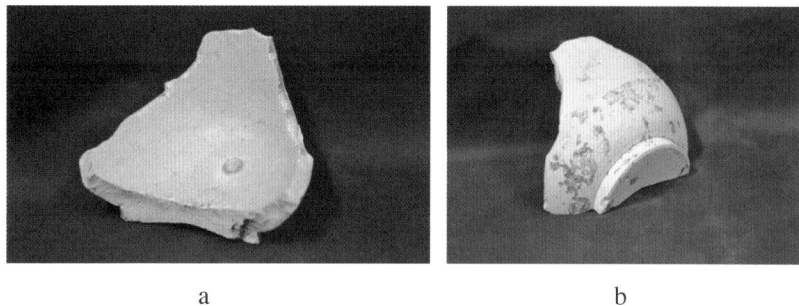

a   b

图2—18—1　隋代白瓷碗片

2. 隋代白瓷碗，93TY ⑧：01，纵剩一半，敞直口，斜深腹，实足底，胎质较粗浅灰色。有化妆土，施白釉，外到下腹部，实足，露胎。碗内底有三个支钉痕。（图2—18—2）

3. 褐釉敞直口深腹碗片，02JH 采：01，2002年河东坡窑址河边路采集，敞直口，尖圆唇，斜深腹，应是实足底。胎灰白，质坚实，两面着褐色釉，釉面均匀。

4. 白釉尖唇敞口斜深腹实足碗。整，形制同2，口径13厘米、足径5.5厘米、高9.5厘米。1991年于北孤台村郭小圈家征集。口部微残，腹部有一细小裂纹，周正大方。

5. 白瓷深腹实足碗。敞口斜壁微弧腹实足，削边，制作规整。胎质坚实，色灰白。里施满釉，外釉只到下腹部，釉色白净。实足露胎，较前稍小，显得精巧。口径12厘米、足径5厘米、高8.5厘米。1989年城关窑址北1.5公里许水滋村北坡墓地出土。现藏井陉艺术博物馆筹建处。（图2—18—3）

6. 细白瓷斜直壁深腹杯，口微侈，斜直壁，小实足，中下腹外壁突出，中部

321

图 2—18—2　隋代白瓷碗　　　　图 2—18—3　白瓷深腹实足碗

有一周凸棱，使得杯似两截，十分别致。胎细薄质密，釉洁白光润，是一件难得的精品。口径 8.5 厘米、足径 3 厘米、高 6.5 厘米。城关窑址北 1.5 公里许水滋村北墓地出土，现藏井陉艺术博物馆筹建处。（图 2—18—4）

7. 白瓷斜直壁深腹杯，敞口，斜直壁，深腹，小实足。胎灰白，质稍粗，施釉白净，外不到底，足部露胎，口径 9 厘米、足径 3 厘米、高 6.5 厘米。出土地点、收藏单位同前。

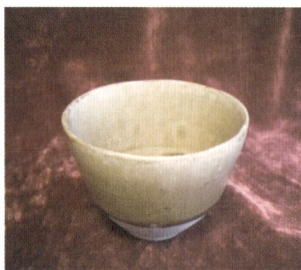

8. 青釉敞口斜直壁小实足杯。敞口，深腹，斜直壁，胎呈浅灰色，有细微砂粒，釉面浅灰青，外壁下部积釉处呈褐色。下壁及足，露胎。口径 9 厘米、足径 3 厘米、高 8.7 厘米。出土地点、收藏单位同前。（图 2—18—5）

9. 黑釉高足盘，敞口，尖圆唇，壁斜直，浅盘盘底平实，内有三个支钉痕，喇叭口底座，座缘有一周突棱。柄向上渐细与盘底粘结为一体。胎质灰白色，质密坚实。施黑褐釉，到上柄部，下部露胎，烧成时因火候较高，盘沿有些变形。直径 12 厘米、足径 7.5 厘米、高 6 厘米。出土地点、收藏单位同前。（图 2—18—6）

10. 黄褐釉钵，05TLT5 ⑨:11，残半，敛口内斜折沿，口沿上有一道凹弦纹，

图 2—18—4　细白瓷斜直壁深腹杯　　　图 2—18—5　青釉敞口斜直壁小实足杯　　　图 2—18—6　黑釉高足盘

圆肩鼓腹，圆底。胎质稍粗，釉色不匀，表面光亮。里面施褐色釉。2005年7月城关窑址中发掘出土。（图2—18—7）

11. 白瓷鹦鹉首，05TLT5 ⑧：17，鹦鹉圆睁双眼，浅青色的喙部闭合成孔洞，头顶微微可见冠状羽毛，只可惜在颈部以下断失，胎质洁白细密，未加化妆土，施透明釉，颈部纯白色的釉层满是细碎的开片。由此可以和邢窑白釉鹦鹉杯 [3] 对比，二者形近相似，后者喙部只是一弯钩状，冠羽较前者突出，眼睛的双孔点墨。但邢者不如井之细白无瑕，烧后质地更加坚硬，此虽只是残剩一首，亦可见隋代的井瓷并不逊于邢瓷的制作水平。（图2—18—8）

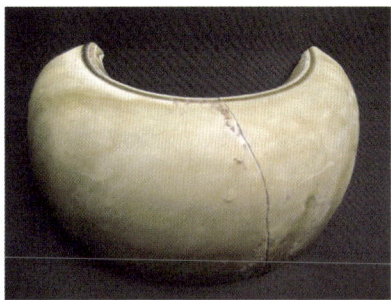

图2—18—7　黄褐釉钵

图2—18—8　白瓷鹦鹉首

（二）盛唐、中唐时期的井陉窑瓷器（721—820）

迄今为止，唐前期的窑址、墓葬尚未发现。盛唐和中唐时期的窑址、墓葬在发掘和调查中有所发现，由于发掘的面积过小，且出土器物长期锁在库房中不能整理，影响到对它的认知。这里提供的虽数量不多，但已经证实这一时期已在烧造，并且奠定了唐后期的高度繁荣。

1. 双色釉瓷碗，碗形周正规整，圆唇敞口弧壁实足。胎为浅褐色较厚重，质坚实，碗里施白釉，外施褐釉，釉厚薄不均，有开片，碗里面底部有三支钉痕，只是较隋器变小。碗足未施釉，露胎。口径15.5厘米、足径7.4厘米、高4厘米。1984年城关窑址北1公里的许水滋村南墓区出土，现井陉艺术博物馆筹备处收藏。（图2—18—9：a、b）

2. 白瓷敞口实足碗，由于烧制原因变形，不规整，呈椭圆形。碗壁较厚重，施白釉，外壁下腹及足露胎，胎质为浅褐色。碗内有三个支钉痕，釉有开片。釉色不均匀，碗足为实足底，口径13.4厘米、足径6.6厘米、高4厘米。出土时间、

<table>
<tr><td>a</td><td>b</td></tr>
</table>

图2—18—9 双色釉瓷碗

收藏单位同上。

3.贞元七年（791）白瓷敞口曲腹实足碗。柿庄壁画墓群2003年出土。碗敞口，圆唇，曲腹，腹内有三支钉痕，实足。形周正，胎土黄白色，坚实、较粗。施白釉，外壁仅及其半，下壁及足均露胎。随葬有砖志，知其年代的下限为791年，这件碗为井陉窑此类的遗物提供了一个断代的依据。（图2—18—10）

4.敞口曲腹实足碗，05JTL镇中出土，破碎，修复，周正。敞口，圆唇，曲腹，碗里有三支钉痕，实足。胎土白色，白釉，未上化妆土，较光亮。足露胎。（图2—18—11：a、b）

5.敞口弧腹实足碗，井陉天长镇联中（JTL）发掘出土。敞口微敛，弧腹实足，胎质坚实，细色匀净，里心有小支钉痕，外施釉不到底，实足露胎。

a b

图2—18—10 白瓷敞 图2—18—11 敞口曲腹实足碗
口曲腹实足碗

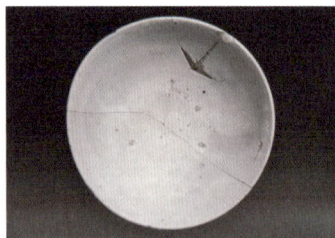

6.青瓷注子，整，胎质较粗，胎色青黄。卷沿高领斜肩，最大腹径偏于下腹部，斜下收，饼形足。肩部按一圆形短流，相对的另一侧领及上腹部按双泥条提手。造型规整、稳重，施釉不匀，有泪痕，腹饰席纹，下腹及足部露胎。（图2—18—12）

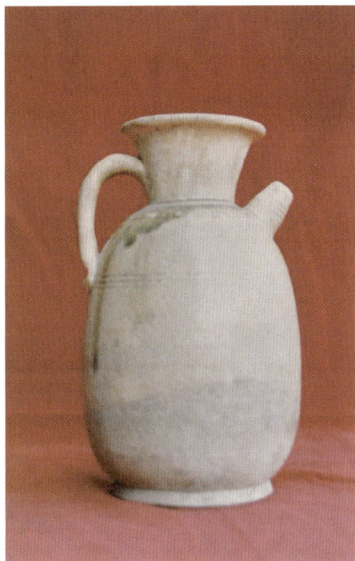

图 2—18—12　青瓷注子

（三）唐代后期（821—907）

这一时期在中唐的发展下达到了第一个高峰期，细白瓷胎质细腻，釉色纯白闪青，器类丰富多样，除常见的碗、盘、钵、罐、盆、壶等，还有盏、盏托、釜、炉、三足炉、勺、四边花式碟、注子已发展到细胎多花样，如狮柄划花点彩等，流可见加长，壶口外侈卷沿等，但不失注子的原色。双鱼穿带瓶较五代样式更多的接近鱼的原形。细瓷碗盘类足有玉壁底、环底也见圈足，同时还有少量的实足。总之，可以看出这是一个变化的时代，细瓷多变，形制精巧，纹饰多样，釉色愈加丰富的时代。在 1993 年、2005 年的两次发掘中，於城关窑址获得两片"官"字款白瓷片，一为盒底，一为碗（钵）底片，终于发现了井陉窑是藩镇官窑的性质。这为"四大窑"之一的井陉窑找到了实物根据。以下就井陉窑两个发掘地点及其周边的墓葬所报道的材料为主，介绍这一时期的情况。

1. 细白瓷碗，Kb∶1，敞口，斜直壁，玉壁底。胎质细密，器形规整，釉色白中泛灰，圆润光亮。口径 13.8 厘米、底径 5.5 厘米、高 4 厘米。井陉矿区北寨村（天护—冯家沟窑址北边）1989 年 3 月出土，石家庄市博物馆收藏。

2. 细白瓷花口碗，白 M1∶2，敞口，口部 5 处削边。削边处下壁相应内凹呈五瓣花。圈足，内底对应足处有一周凹弦纹。施化妆土，白釉至足。口径 11.6 厘米、高 4.2 厘米。（图 2—18—13）

3. 细白瓷碗，白M2：4，圆唇，腹壁斜直，圈足，外削棱一周，胎细密（无化妆土），微泛青白，釉色泛青灰。口径13.8厘米、高4.2厘米。（图2—18—14）

4. 细白瓷碟，白M2：16。模制，四出花口式，尖圆唇，斜直壁，大圈足。内底较平，有双边线一周，对应盘壁四出处分别印一组卷云纹，线内饰一周连珠纹，中心印一四瓣形大花朵。内壁有不均匀化妆土，外壁无化妆土，施釉呈灰白色，光润。口径13.1厘米、足径8厘米、足高1.1厘米、通高4.2厘米。（图2—18—15）

图2—18—13　细白瓷花口碗

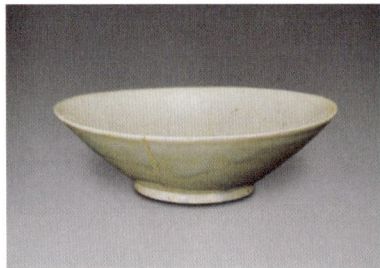

图2—18—14　细白瓷碗

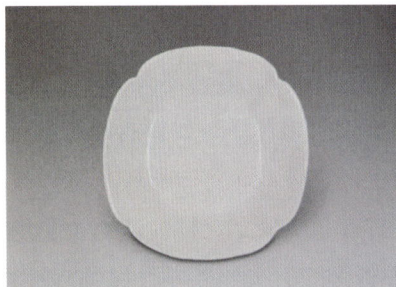

图2—18—15　细白瓷碟

图2—18—16　细白瓷海棠花式杯

5. 细白瓷海棠花式杯，白M2：17，模制，四出花口，尖圆唇，椭圆形圈足。内底平，形状同口，并模印有边线，线内模印鱼纹和波浪纹。无化妆土，釉色白中泛灰，光润。口长13.8厘米、宽8厘米、高4厘米。（图2—18—16）

6. 细白瓷盏托，白M2：5，托盘为五瓣花式，托壁有三组两两相连的圆形镂孔，胎细，釉润。托口径9厘米、盘口径15.2厘米、高6.6厘米。（图2—18—17）

7. 细白瓷盂，Kb：4，尖圆唇，口微外侈，束颈，腹微鼓，上部饰二道凹弦纹，下部饰一道鼓棱，宽圈足，露胎。胎质细密，釉色纯正，白中微闪青，造型优美匀称。口径10厘米、底径5.6厘米、圈足高0.4厘米、通高6.7厘米。1989

年 3 月矿区北宅村唐墓出土，石家庄市博物馆收藏。（图 2—18—18）

8. 细白瓷"官"字款菱形盘。盘平面呈菱形，四角转角处内凹，侈口宽折沿，

图 2—18—17　细白瓷盏托

图 2—18—18　细白瓷盂

a

b

图 2—18—19　细白瓷"官"字款菱形盘

缘内外沿存有凸起的粗、细棱线。浅腹平底，圈足外撇，胎体坚致，釉面洁净。足底刻有"官"字款。正定县南邢家庄出土，现藏省文物保护中心。长径 18.2 厘米、高 3.2 厘米。（图 2—18—19：a、b）

9. 细白瓷盒，Kb：5，盒直径 5.8 厘米、高 3.5 厘米，带有平折沿内斜子口，实足。盒盖直径 5.8 厘米，斜折圆弧顶面，直径 3.6 厘米、通高 4.5 厘米。胎质坚实细密，釉色莹白玉润，唯上腹部有缩釉，扣合紧密。（图 2—18—20）

10. 细白瓷注子，Kb：6，喇叭口外撇，细颈、短流、双泥条鋬提，最大腹径在上部，斜

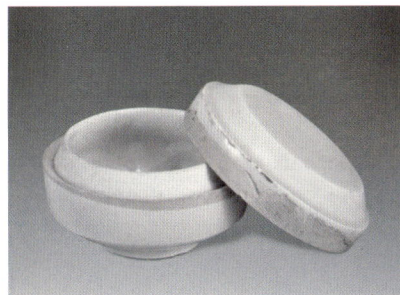

图 2—18—20　细白瓷盒

直下收，饼形实足。形体匀称美观，胎质坚实细密，釉色洁白莹润。（图2—18—21）

11.细白瓷注子，白M2：9，圆唇，高颈、喇叭形口，丰肩，最大腹径偏上，圈足外撇，其上粘有烧制时留下的砂粒，肩上一侧呈八棱形短锥状流，另一侧粘圆泥条"耳"形柄，柄下端横压一扁泥条。无化妆土，胎色灰白，白釉泛青，釉面布满开片。口径6.1厘米、最大腹径11.5厘米、高19.5厘米。（图2—18—22）

12.细白瓷罐，白M2：7，卷圆唇、短领、卵形腹，内藏式圈足，细白胎，白釉较光滑，近底部粘结有砂粒瓷磕等。口径11.5厘米、底径9.5厘米、高25厘米。（图2—18—23）

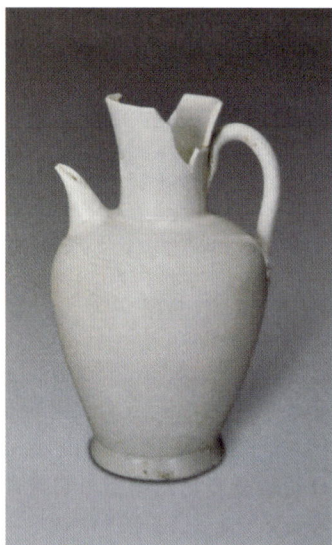

图2—18—21、图2—18—22 细白瓷注子　　　　图2—18—23 细白瓷罐

13.吹奏散乐俑群塑，褐釉粗瓷，在下有4个矮足支撑的平台上，塑有或立或坐的五个乐俑和一大一小两匹马。左边第一人头戴仆头，身穿长袍，双手持排箫，一面准备演奏，一面示意着众人。第二人头戴巾子正在敲击答腊鼓。第三人抬头看着第一人，他用拍鼓伴奏，只是烧造时未粘接好，鼓掉在台上。第四人头戴花巾，正在吹奏横笛。第五人亦戴花巾，与第一人对角而坐，正在吹奏筚篥。一大一小的两匹未卸下载具的马匹，静静地站在平台的左侧，大者配着鞍鞯，小者驮着粮袋，鼓乐演奏中它们稍作休息。演奏者随着声乐的激扬顿挫眉目或张或合，表情生动，演奏正在高潮中。瓷塑匠人的高超技艺淋漓尽致地得到了体现。瓷板18.5×16.5平方厘米，原放置在墓门内券顶上方20厘米处砌出的平板上。

328

图 2—18—24 吹奏散乐俑群塑

现收藏于石家庄市博物馆。（图 2—18—24）

三墓均出有单彩低温釉陶器，现将较有时代特征与窑口特色的介绍如下：

14. 绿釉碗，白 M1：12，胎粉红色，口微外撇，圆唇，弧腹，圈足，内底有三支钉痕，足上无釉。口径 13.8 厘米、高 4.8 厘米。

15. 绿釉海棠杯，白 M1：7，模制，海棠式四出花口杯，椭圆形敞口，四角等距模印四棱线到壁底，内底平，边缘亦有一棱线和口部平行。底面印有一鱼及水波纹。胎细白，浸一层翠绿釉，圈足无釉。口径 15 厘米、宽 8.2 厘米、高 4.8 厘米。（图 2—18—25）

16. 绿釉托盘，白 M1：7，长方形，模制。四出花口托盘。盘口作四角斜削的长方形，宽边。四角有凸出的棱线通向内角底部。宽沿上模印对称的草叶纹，浅盘内沿底缘有一周圆点纹为内边，盘内中心模印一菱形开光，里外为芳草纹。其下椭圆形的圈足与盘心弧边长方形对应。纹饰虽较简单，但布满盘面和宽沿，是井陉窑较早的印花作品。托盘长径 18.5 厘米、宽 11.7 厘米、高 5.6 厘米。省文物研究所收藏。（图 2—18—26）

图 2—18—25 绿釉海棠杯

图 2—18—26 绿釉托盘

17.绿釉注子，白 M1：17，圆唇，领较高，宽肩，最大腹径在上腹，短流按在肩上，另一侧双泥条柄按在领和腹间。饼形足，足部露胎，釉上多粘有砂粒。口径 6.2 厘米、最大腹径 9.7 厘米、高 12.6 厘米。（图 2—18—27）

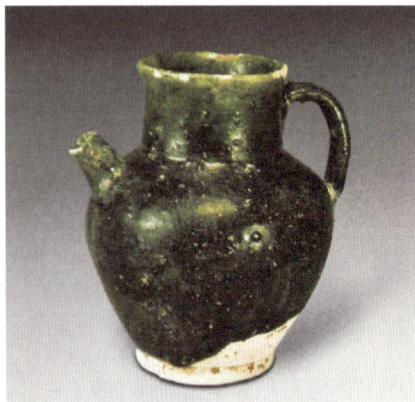

图 2—18—27　绿釉注子

18.绿釉印花盘，白 M2：26，模制，浅盘，盘边为相连的莲瓣两层，莲瓣上满饰小的短线纹。内壁边缘印有弦纹和放射状条纹，中心是一圆形平底的浅槽，槽内均匀的分布模印的小圆圈和圈内乳钉纹，以示莲蓬，盘沿和盘心整体是一盛开带莲蓬的大莲朵。下为喇叭形圈足，圈足上无釉，无纹饰。该盘以莲花、莲蓬的形状发挥了印花工艺的特点，具有大方、端庄的静谧美感，是一件成功的印花作品。口径 15.5 厘米、圆槽径 8 厘米、圈足径 8.2 厘米、高 5 厘米。（图 2—18—28）

19.绿釉四瓣平底碟，白 M2：18，口作四瓣花式，盘沿每瓣模印四出筋和一道内凹的槽，其中内底有双边线边。边线内一周连珠纹，中心一四瓣大花朵和花心，花朵内和边槽连珠纹内皆模印出草叶纹，因土锈较重，纹饰不清。对角长22 厘米、高 3.7 厘米。四边形的碗、盘、碟正是唐代的标志。（图 2—18—29）

图 2—18—28　绿釉印花盘

图 2—18—29　绿釉平底碟

20.绿釉塔式罐，白 M1：10，胎质较粗，火候低，胎色灰白，分三部分组合而成，座与托盘烧结为一体，为周边内卷的荷叶六边形，托盘下是烧造一体的倒置喇叭形座。罐，圆唇，高直领，卵形身，圈足，置于荷叶状座盘上。上为桃尖纽，覆盏托式高子口盖。对接之后，整体和谐、雅致、大方。盖高 14.5 厘米、罐高 33 厘米、座高 28.6 厘米、通高 69 厘米。（图 2—18—30）

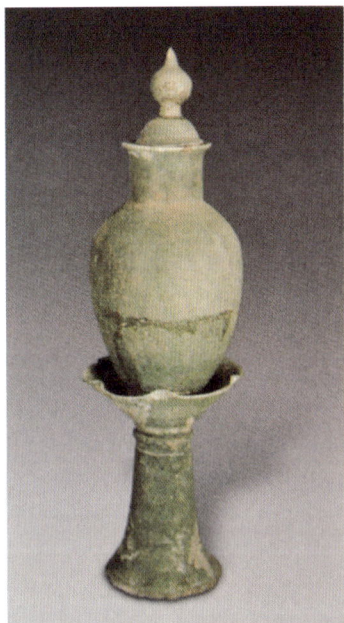

图 2—18—30　绿釉塔式罐

（四）五代（907—960）

陶瓷界普见将晚唐五代分为一期，大至说来似乎不差。其实这已是两个朝代，晚唐是唐，五代则换了梁、唐、晋、汉、周。是另外一个时代。五代，陶瓷史上也是由唐向宋过渡的时期，器物实际也有明显的差别，从发展的角度看已有很大变化。井陉窑因发现了天祐十五年（918）周李氏墓的一批瓷器，恰恰主人又同时两代都是盘龙冶"官"字款窑冶的直接掌管者——押官。仔细辨别这一墓葬的陶瓷制品，可以说把它与晚唐区分开来，把五代与唐区分开来，是这座墓葬、这批器物的重要价值所在，亦是中国陶瓷史上的一件幸事。

1.细白瓷五花敞口碗，ZLM：1，尖圆唇，弧壁、平底、圈足，口部削成"V"形五缺口，碗内平底边缘有一周凹弦纹。外壁轮线明显，圈足，旋削不规整，足底露胎，烧结有砂粒，圈足内有墨书楷体"周"字。口径 19.2 厘米、足径 7 厘米、

331

高 7.8 厘米。

2.细白瓷花式敛口碗，ZLM：3，口部缺损一片。尖圆唇，口微敛，花口做法同前，在口下弧壁用硬棍压出外凹内凸五条软棱，各不到边。平底内整体凸起，边缘亦有一周弦纹。宽圈足，斜削外缘，亦粘连有砂粒。胎细薄，质坚致，通体施釉，呈乳白色。外看似一朵含苞待放的玉兰花。口径 16 厘米、足径 7.1 厘米、高 6.7 厘米。

3.细白瓷花式盏，ZLM：4。敞口五缺，尖唇花式弧腹、圈足。内壁五缺口下，各有 1 条沥粉花筋垂至下腹。足底积釉处呈淡水绿色。足心墨书行体"周"字。体薄轻莹，若一朵洁白的梅花。口径 15.9 厘米、足径 7.1 厘米、高 6.7 厘米。（图 2—18—31）

4.细白瓷菱花口深腹盘，ZLM：7。五瓣花式口，每瓣中部有瓣尖凸出，平底，边缘亦有一周凹弦纹。圈足，稍高，外撇，釉色闪黄而温润。口径 16 厘米、足径 7.8 厘米、高 4.7 厘米。（图 2—18—32）

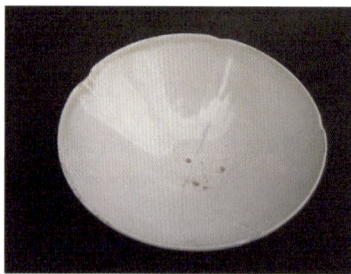

图 2—18—31　细白瓷花式盏　　图 2—18—32　细白瓷菱花口深腹盘

5.细白瓷花式盏托，ZLM：6。托盘双曲五瓣花式口，斜直壁，圈足外撇。盘内连体直壁托圈，口部亦等距削出 3 处小的"V"成花口沿，其间下部缕双连孔配饰三组。胎体稍厚，釉色泛青。盘径 15.8、托口径 8.1 厘米、足径 6.3 厘米、通高 6.8 厘米。（图 2—18—33）

6.细白瓷注壶，ZLM：9，盖缺失。直口微侈，细高径，溜肩，微弧腹，平底，圈足。一侧肩部出外削做八棱稍曲流，半长，上部稍前曲，椭圆形口部。与流相对的另一侧，颈下至上腹按一曲折式出脊条带柄。上弧高出壶口。肩部饰四周凹弦纹。除足底外，内外施釉，釉色白中泛青黄。此件腹部变得圆鼓粗矮，流半长已显曲折，柄由双泥条变为曲折式单片柄，但口部仍保留着注子的形式，正好处于注子向执壶的过渡形式中，比较难得，体现了注子—注壶—执壶的中间形制。口径 4.7

图2—18—33 细白瓷花式盏托

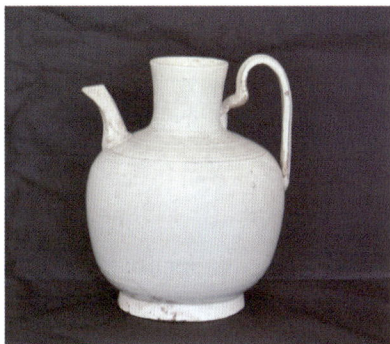

图2—18—34 细白瓷注壶

厘米、腹径13.2厘米、足径7.9厘米、流长3.7厘米、高15.8厘米。(图2—18—34)

7.细白瓷葫芦纽盖翘莲瓣腹高座塔式罐,ZLM:10,完整。由座、托盘、罐、罐盖4部分复合组成。座口径4.1厘米、底径14.2厘米—13.1厘米、高20.8厘米;盘口径16.5厘米—15.6厘米、高5.2厘米;罐口径9.1厘米、最大腹径17厘米、足径9.2厘米、高24.6厘米;盖帽径15厘米、高12.4厘米,通高57厘米。座腰下部、托盘腹下部均有花牙裙边。座向上渐细,上部出有葫芦头。座腰以指抹成宽凹弦纹五周,有似竹节。座头上出子口,外套中空的托盘。托盘侈口,圈足,中空盘式。罐侈口,高颈,溜肩,腹斜收,平底,最大腹径在上腹部,平底

图2—18—35 细白瓷葫芦纽盖翘莲瓣腹高座塔式罐

足外撇。肩部有凹弦纹两周。中腹匀布翘出的仰莲九瓣,瓣间划刻向上散射的斜线,以示花蕊。盖亚腰葫芦式,内出子口。盖口、罐之口唇、盘足内外、座头等不施釉以便套接。罐之足底、座盘圈足上均粘接有砂粒,可证分制分烧而成。塔式罐通体胎质细白坚致,釉色洁净晶莹,积釉处呈淡水绿。分制合成,极致典雅,尤以翘出的莲瓣显得格外圣洁。(图2—18—35)

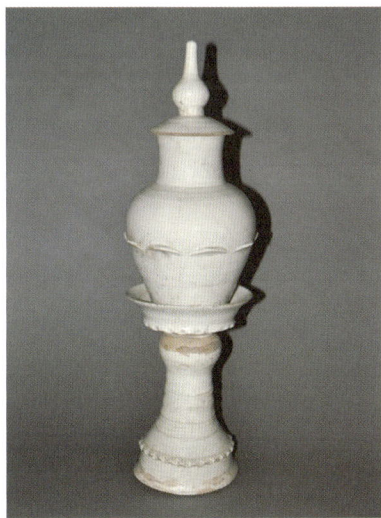

8.点彩粗瓷矮座仰莲塔式罐,JLM:12,盖佚。覆盆式底座,底对底接仰莲式五瓣深腹托盘。盘内承托唇口,直颈,溜肩,鼓腹平底罐。罐、托盘、底座三者烧结为一体。由施在被盘壁遮掩的罐腹下部厚层白色化妆土,座盘

乳钉以下化妆土部分均未及着釉来看，二者是分别先上化妆土，再对接成一体后，再着釉，再一体烧制的。胎体厚重，胎质较粗，分布有点点铁锈斑杂质，所施化妆土成功地掩盖了表面的杂质斑点。座盘的下壁，底座腹部上下各粘接一周上层大、下层小的连珠乳丁纹。在罐的肩部至座底均布七层点彩妆饰。其中罐的肩部、上腹部及座盘上部共点三层花饰。肩部米碎花二朵，盘上五朵莲瓣每瓣点一朵散花，上腹四面各点一朵大的束穗、联穗、米穗、团花4种，簇花成朵，十分醒目，用笔皆以提、顿、起、按为序，创造了点彩的极致作品，以纯花点("逗号")组合成图案，点在干后的化妆土上。聚点成形，一笔点彩成画的创例。干后再上透明釉，在点染的花瓣、乳丁烘托下，色泽鲜明、凸突感强烈，给人以花团锦簇，别有韵味的深刻印象。口径9.2厘米、最大腹径20.8厘米、座底径15.5厘米、存高38.2厘米。（图2—18—36：a、b）

a

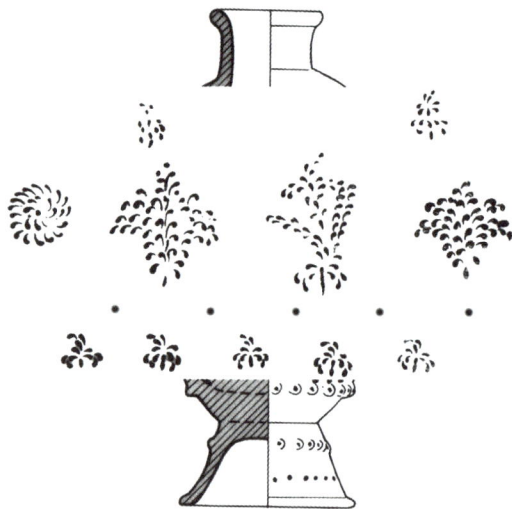

b

图2—18—36　点彩粗瓷矮座仰莲塔式罐

9.细白瓷双鱼穿带瓶。井陉县矿区出土，现藏河北博物院。

瓶身呈连体双鱼形，鱼嘴为壶口，鱼身为壶身，鱼尾已演变成圈足。瓶口外侈，腹部扁圆，圈足外撇。壶身用浅阴刻线雕出鱼的轮廓和鱼鳞片，正面中系鱼的腹下展开图。两侧贴塑双排鱼鳍，上下两端各有一系。圈足上与鳍对应之处有穿孔，穿系时绳子通过穿孔托住底部，沿双排鱼鳍形成的凹槽从下向上端穿出。设计巧妙，美观实用，以手指捏住圈足蘸施白釉，足部因此漏胎。胎体细白坚致，釉色白中闪青。是井陉窑继承前代在仿生学上的进一步创造[4]。口径4.9

厘米、足径 9.5 厘米、高 21 厘米。（图 2—18—37）

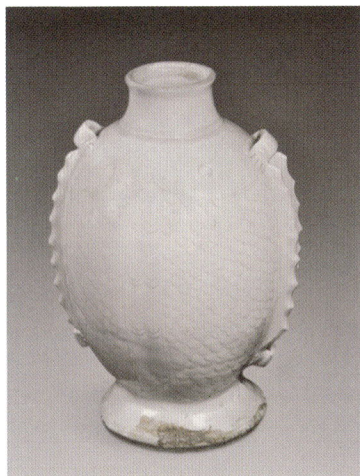

图 2—18—37　细白瓷双鱼穿带瓶

10. 细白瓷六錾釜，敛口鼓腹，小平底，中腹部在最大腹径处出六錾，里面底上有 4 道象征性的篦条，小巧、灵便，当是作随葬用的明器。应出自井陉县[5]。口径 7 厘米、底径 4 厘米、腹径 11 厘米、高 6 厘米。（图 2—18—38：a、b）

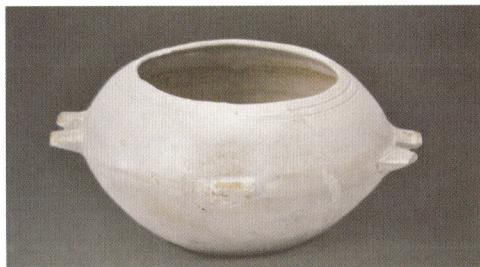 

a 　　　　　　　　　　　　　　　　　　　b

图 2—18—38　细白瓷六錾釜

11. 五代三彩

五代周李氏墓中出有 4 件三彩作品，三件是塔式罐，一件是凤首壶，造型装饰均具一定的独有特色，完全是井陉窑所烧造。今择两件介绍于此。

（1）三彩凤首壶，ZLM：14，缺柄，失座。

盖帽帽钉式，顶面正中悬塑以泥条捏制曲扬的凤冠。冠后堆贴横向翘起的冠翎。冠前堆贴纵置及边的长喙，喙之间两侧等距贴以瞳孔下视的双目，与定、邢不同[6]，整个凤首全部捏塑于盖首的顶面。壶、杯口、细长颈、溜肩、椭圆腹、圈足。一侧的颈腹间粘制条带状执柄断失，壶下高柄座缺佚。足底粘结砂粒。胎

335

色粉白，在通体淡绿的底色上，盖、壶口、颈、肩、腹等部位，交错滴点翠绿、深绿、棕黄、浅黄彩釉，是4件中"滴点"技法表现最典型的一例。井陉县文保所收藏。盖帽径10厘米、高9.3厘米；壶口径7.4厘米、腹径16.5厘米、足径11厘米、高33.8厘米、通高39厘米。（图2—18—39）

此墓出土三件三彩塔式罐，逐一和三件白瓷塔式罐对应。亦可分作高座、矮座两类，皆由盖、罐、托盘、座四部分组成，并且中腹一样有加翘莲瓣饰和不加两种。

（2）Aa型葫芦纽盖翘莲瓣高座塔式罐，ZLM：15，纽尖上部残失，形制基本同于细白瓷ZLM：10，因之二者实系一对。喇叭口底座，竹节式高束腰，葫芦头座头，方唇敞口碗式托盘，皆与ZLM：10对应，只是省去了花牙边饰，并将座、托碗连制为一体，罐的中腹饰翘莲瓣的形制全同于ZLM：10，只是莲瓣间未刻出"蕊"饰。盖则同于ZLM：10。胎质粉白，所施之彩别具一格，盖为深绿的单彩，罐在浅绿底色上自口向下交替轻滴细点绿、翠、棕黄釉汁，色调别样清淡；托碗及座头为单绿彩，其下分别以深绿、棕褐相间浇注重彩，而不及下底。深—浅—浅—深的色度变化中配合单—多—双的色调转换，独具匠心。井陉县文保所收藏。盖，帽径12厘米、残高9.2厘米；罐口径10.7厘米、腹径18厘米、足径9.7厘米、高26厘米；座盘盘径17厘米、底径15.6厘米—16.1厘米、高26厘米。现存通高55.6厘米。（图2—18—40）

图2—18—39 三彩凤首壶

图2—18—40 Aa型葫芦纽盖翘莲瓣高座塔式罐

（五）宋代（960—1127）

五代晚期到北宋初期这里的瓷业不如定窑高度发展，但在晚唐、五代的基础上至少到宋中期已然恢复到应有的水平，发现了介于五代与金代之间，宋代的作坊层和瓷片层，其面貌展示如下。

1. 白瓷平折沿六出口曲腹平底盏，07JX Ⅳ T2 ⑤ B:162，修整。白胎泛青灰，胎质坚致，釉色光亮。口沿边部削出"V"形六出口，外壁有六条与口相对的浅压槽，内稍凸棱。平底边缘有一周凹弦纹，底面有三个残留的支烧痕。圈足底亦留有同样的支烧痕。足底外侧有一周削边。口径 15.2 厘米、底径 5.5 厘米、高 6 厘米。（图 2—18—41）

2. 白瓷剔花缠枝纹缸，08JX Ⅳ T2 补⑤ B:110，修复。胎色泛灰，胎质坚致，直口直壁，下壁曲收，足底外缘削边。近口处有一周弦纹，线下剔划缠枝卷叶纹，先用硬笔划出枝叶的线条，再用剔刀刻出缠枝叶纹，最后在叶上用竹或骨的篦子划出叶脉。枝干肥厚而显粗壮。口径 12.8 厘米、足径 7.3 厘米、高 8.53 厘米。（图 2—18—42）

图 2—18—41　白瓷平折沿六出口曲腹平底盏

图 2—18—42　白瓷剔花缠枝纹缸

3. 白瓷折腰六出口划花碗，07JX Ⅳ T1 ②下:028，修整。胎质洁白细腻，折腰碗壁下腹微有六出口细线，小平底，碗内不显。划花布满碗之内壁和底部，一气相连，以双刀侧锋和单刀处理花叶的两边，加深了花纹的层次感。口径 20 厘米、足径 6.3 厘米、高 6.2 厘米。

4. 白瓷点彩唇口曲腹圈足碗，修整。白胎泛灰黄，釉色光润。碗内壁横向点三、七叶梅点纹，六枝，简洁大方。（图 2—18—43）

337

5. 莲朵式高足温碗，08JX Ⅲ T14 ⑤ AH04：2，口部残缺，修整。模制 11 瓣半开的莲蕾，瓣间以凹线，碗内以凸线突出。白胎细润，釉色饱满泛青黄。直口直壁，腹底曲收，底缘有涩圈。高圈足外撇，仅圈足底部及圈足内无釉，这种仿莲花式大碗最适宜的用途就是温酒，这在发掘宋、金阶段的墓葬壁画中已得到证实。口径 19 厘米、足径 8.9 厘米、高 17 厘米。（图 2—18—44）

6. 白瓷点彩盆，08JX Ⅳ T2 补⑤ D：42，少半。圆唇，曲腹，平底，宽圈足，外壁施釉到下腹。胎质灰白，外壁口沿下一周近三角形压印纹，其下为条带纹至下腹。内壁有点彩纹，色黑褐，以圆点开启，横向对点，生机勃勃。（图 2—18—45）

图 2—18—43 白瓷点彩唇口曲腹圈足碗

图 2—18—44 莲朵式高足温碗

图 2—18—45 白瓷点彩盆

7. 白瓷执壶，修整。正定县西邢家庄出土。胎细白，口微外撇，长颈，深直腹圈足。在肩部一侧有细长的六棱曲流，相对的一侧颈至上腹部置单泥条曲折柄。随着陶车的旋转，以指捺出竹节纹。造型不拘一格，釉色光泽莹润。口径 5.4 厘米、高 20.5 厘米。（图 2—18—46）

8. 细白瓷点彩草叶纹直口鼓腹罐，05JB-GTM4：2，完整。矮直口，鼓腹，宽圈足，上腹部竖点对称七、九点草叶纹串饰 4 组，生动自如，简约对称。胎细白闪青，釉色光润，内外满釉。

9. 酱红釉斗笠盏，JX Ⅳ T2 ⑤ C：3，完整。细白胎酱满红釉，大敞口，直壁微弧，高圈足，施满釉，仅显足底露胎，胎细白，釉匀净，时代特色鲜明。口径 10 厘米、足径 3.8 厘米、高 5.8 厘米。（图 2—18—47）

图 2—18—46 白瓷执壶

图 2—18—47 酱红釉斗笠盏

图 2—18—48 酱釉 "天威军官瓶"

10. 酱釉 "天威军官瓶"。

民国《井陉县志料》载 1915 年井陉县高小（即现今的镇中附小）整治操场，在高坡中掘出古瓶十数枚，上题写 "天威军官瓶"。1993 年抢救发掘天长镇邮局楼基座出土了数件刻写的 "天威军官瓶" 瓷片。同年冬又在鹿泉区南海山村南宋墓中出土 1 件完整的刻有 "天威军官瓶" 款的褐釉粗瓷瓶。上述足证此瓶产自宋代的井陉窑。瓶小口溜肩，最大腹径在中腹部，下长腹内收，隐圈足。釉面隐现拉坯形成的弦纹多道，肩部无涩圈，腹部竖刻 "天威军官瓶" 一行行书。天威军是宋代设立于井陉极冲处的军政单位，军使统领。此瓶当是专门为之烧制盛酒或水的盛器。口径 6 厘米、底径 11.8 厘米、高 46.2 厘米。河北省文研所藏。（图 2—18—48）

11. "李" 字款酱红釉双束耳大口尊，07JX Ⅳ T2 ⑤ B：165，广口、卷沿、高直颈、鼓腹、圈足微外撇。在颈与上腹部做三泥条双耳，上下各有泥条结束，上花结前有一对横卧泥板式封压，使双耳呈花式。里外施酱红釉，由于蘸釉，足下部露胎。圈足内有上釉后刻划的行楷体 "李" 字款。胎质较细，呈灰白色，火候较高，釉色匀亮，造型大方美观。（图 2—18—49：a、b）

12. 双色釉敛口酱红彩花点纹钵，08JX Ⅳ T2 ⑤ B：162，敛口，微弧腹小平底，小隐圈足。胎细致，施黑釉，外施酱釉，里泼酱红彩花点纹大钵。口径 21.5 厘米、足径 5.6 厘米、高 7.1 厘米。（图 2—18—50）

13. 三彩莲花香炉碗，07JX Ⅳ T2 ⑤ C：23，炉座失，胎色细白，斜折沿圆唇圜底碗，莲瓣包壁，非一种手法制成。先以轮制斜折沿制出碗部；以模制单片宝相花莲瓣，晾干后分三层交错粘贴于碗外壁间。莲瓣尖部翘出，上层口沿下空间处饰以戳印、划刻出的莲蕊。其下先以薄圆片作为萼托粘贴于碗底。再捏塑举双手托顶碗部的人物为底座，制好炉（熏）碗的整体，先入窑素烧成半成品。再以涂蘸的方法施以绿釉，然后以浸涂的方法施以金黄色釉（或再涂以另需的釉），

a   b

图2—18—49　"李"字款酱红釉双束耳大口尊

然后入窑二次烧成。此碗下部残留有托举者的双手，做工细致，其指甲一一刻出。由其所贴制莲瓣和人物的捏塑之细，可见此莲花香炉碗的制作几乎使用了陶瓷的轮、模、印、戳、划、捏塑、贴制等全部手法，可见其精细。口径17厘米、残高9.8厘米。（图2—18—51）

图2—18—50　双色釉敛口酱红彩花点纹钵

图2—18—51　三彩莲花香炉碗

宋三彩已同唐五代三彩独特的戳印点滴法有明显的不同，变得非常的平实，讲究按部位涂施不同的色彩。此件尽管制作还不是那么控制精确，已显见上述的变化，到金代即可见这种施釉方式已熟练精确到近乎毫发不爽的程度。

（六）金代（1127—1234）

金代完全继承了宋代的井陉窑，自初始即迅猛地发展起来，使得白瓷达到了新的高度，继续生产出精细的透影白瓷杯、缸等剔花产品，盘碟等等也见到洁白

无瑕之作。金绘花产品不仅不输于定窑且发明出涂金技术，也即后世所称的"描金"，它的这一技法不仅成功地弥补了芒口的缺点，还大大减轻了包金、包银的烦琐费功。在定瓷以印划称盛的时期，井窑与之争相斗艳，不仅创造了与定窑不同的内容，我们还发现即使同一窑场的不同窑户还各有自己的特色，真是百花齐放。剔花则与最为擅长的磁州窑并驾齐驱而互有长短，又保持各自的不同面貌。其他如点彩，两窑皆创始自唐，但也有各自不同的特点，使人较易识别。酱红釉剔花产品更作为"真定红"，为当时陶瓷家拿来和龙泉青秘、景德饶玉为辉映南北的绝品[7]。在此基础上本是合成运用的戳印终于发展成自身独具的特色：戳印、戳印填彩、戳印划花、戳印制模等大盛，成为一个窑口的装饰代表，大大超出了定州、邢州，可见于南北广阔的市场。

1. 金边敞口曲腹碗，98JTM1：1，完整。细白瓷，芒口金边，敞口曲腹圈足，胎质细腻。内外施白釉，曲线柔和、端正、俊美。（图2—18—52）

2. 唇口曲腹矮圈足大碗，04JTM8：14，完整。直唇口折边薄薄贴于口外。直壁曲腹、平底、细矮圈足在底边以里，以致外边几乎不显。隐隐有六条细线到底。内外满釉，匀净、大方、稳重。（图2—18—53：a、b）

 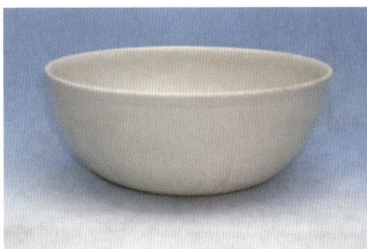 

a b

图2—18—52　金边敞口曲腹碗　　图2—18—53　唇口曲腹矮圈足大碗

3. 精细透影白瓷刻莲瓣纹缸，08JX采：01，残，直口、平唇、直壁斜下收，圈足，口壁厚约1毫米，腹部厚不足1毫米。若有似无的口外弦纹下，刻双层莲瓣纹。内外施满釉，为烧制和使用的需要仅内口及足下边刮釉露胎。灯下见影，可谓"透影白瓷"的金代再现。釉色莹润洁白光亮，表现了井陉窑工的极高水平。口径8.8厘米、足径4.2厘米、高6.3厘米。（图2—18—54）

4. 精细白瓷碟，04TLT1④B：21，完整。平折沿六出侈花口，口下出有六条短棱，大平底。胎细薄满釉，釉色雪白，微微闪青。（图2—18—55）

5. 白瓷刻花盘，04TLT2 ④ B：101，修复，口有小磕缺。细白瓷，侈口，曲腹，平底，圈足。其底缘有一周弦纹，内刻折枝莲一朵。

6. 白瓷葵花式大碗，07JX Ⅲ T1H10：73，修整。平折边立沿为 31 瓣葵口。每瓣立沿外侧都做出深凹槽，相对的腹部压有立槽，碗内为凸起的软棱。碗底圜形，边缘有一周凹弦纹，圈足半高，内外也有凹凸的一道弦纹。内外施满釉，只将足底釉刮去。内底与足圈有 4 支钉痕，朴素，大方，别具一格。口径 25 厘米、足径 9.5 厘米、高 9.4 厘米。（图 2—18—56）

图 2—18—54　精细透影白瓷刻莲瓣纹缸

图 2—18—55　精细白瓷碟

图 2—18—56　白瓷葵花式大碗

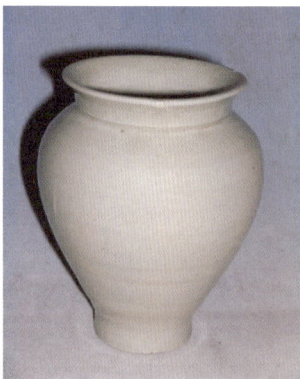

图 2—18—57　精细白瓷广口瓶

7. 精细白瓷广口瓶，04TLT3 ④ B：55，完整。侈口，短束颈，上腹鼓，斜下收至底部，隐圈足外撇。胎质极为细匀、致密，釉色类雪微闪青，观之线条曲美柔和，釉色光润精美。（图 2—18—57）

8. 细白瓷褐黄釉剔花罐，04TLT2 ④ B：69，细白胎，白釉再施淡褐黄釉，剔刻莲花纹，莲叶翻卷自然，莲花婀娜初绽，十分生动、传神。

9. 细白瓷腰圆形淡青釉缠枝牡丹纹枕，04JTM18：1，修复。四围边框内一周变形缠枝纹。腰圆的枕面边框内淡雅地舒卷缠枝纹，中心一朵大牡丹花，色彩匀淡、高贵，配以润泽和谐的白地，更加显得富丽雅致，似玉质天成。（图 2—18—58）

10. 白瓷戳印填彩四猫纹枕，1957 年春出土于石家庄市范村南省二建公司工地。枕长方形，两端略翘起。枕面刻划大小两组双框纹做边框，其内戳印卷草纹做边饰，框内两侧和中心分别戳印一朵和四朵花纹为配饰，在配饰之间戳印头向左侧卧着的四只小猫，以静待动，十分可爱。枕面戳印的花纹内填以黑褐彩，使

得猫儿更为精神。枕前及左右两壁分别刻印花草纹，后壁印以兽面纹。现藏石家庄市博物馆。（图2—18—59）

图2—18—58　细白瓷腰圆形淡青釉缠枝牡丹纹枕

图2—18—59　白瓷戳印填彩四猫纹枕

11.白瓷戳印折枝花纹长方形枕，60JSM7：1。枕面微翘，外缘刻划双线长方形边框，边框内又划出双线两道将枕面分做三个区间，中区较宽，内戳印三排十一朵折枝花，上、下两区各单排戳印同样的折枝纹五枝。枕面纹饰填褐釉，四侧面饰印龟背纹，象征长寿。长20厘米、宽11.5厘米、高9.3厘米。（图2—18—60）

12.白瓷戳印童子舞蹈长方形枕，枕呈长方形，枕面略凹，两端上翘。胎色灰白，釉色白中泛黄，枕面中心戳印六个头戴球形巾，双手持盾牌状物的舞蹈童子，上下各戳印九朵花瓣纹，三组纹饰之间用双线隔开，并与四壁边框相连，组成画面。枕的四壁模印花卉纹。1966年宣化瓷厂出土，入藏河北文研所。长21.2厘米、宽13.5厘米、高10.5厘米。（图2—18—61）

13.白瓷对卧鹿枕，60JSM3：9，如意形枕面后高前低。枕面划刻两组双线如意形边框。中心边框内戳印相对而卧的两只梅花小鹿。卧鹿的上方天空中戳印

图2—18—60　白瓷戳印折枝花纹长方形枕

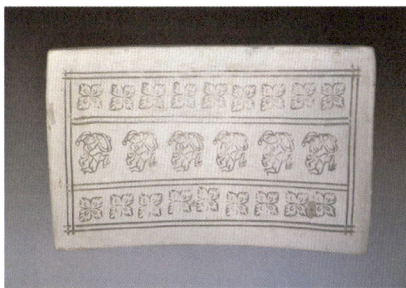

图2—18—61　白瓷戳印童子舞蹈长方形枕

四朵流云，小鹿之下的空地戳印两棵花叶纹树。边框内戳印十二组"∽"形缠枝叶纹相连。面上敷以褐彩。枕侧模印壶门和花卉，晾干后再施以透明釉，再晾干，入窑烧成。枕面长25.2厘米、宽22.5厘米、高12.5厘米。井陉窑的鹿纹是一大主题，除此还有单卧鹿、立鹿、走鹿、群鹿；奔牛、耍狮等动物纹饰，除各种植物纹饰外，有童子戏莲纹、青年腰鼓纹等人物图案。上述都是由大大小小的戳印模来完成的，手法快捷利落，量化产出，别具独特风格，成为窑口的看家产品。（图2—18—62）

14.白瓷淡青釉剔花鹿、鹅、雁纹大罐，芒口卷沿鼓腹平底。胎较细，白中泛黄。里施黑釉，外施白色化妆土，其上再施一层淡青色釉。颈部刻剔菊瓣纹，底部剔做莲瓣纹。腹部四面中部各剔刻莲芰丛中的雄鹿、卧鹅、鸿雁。雄鹿其颈部系有飘动的彩带，昂首而立，像是衔有什么使命，长长的鹿角，使之更显精神。左右两面分刻有卧于大莲叶上的曲颈天鹅；一面剔出展翅起于荷芰中的鸿雁。相对雄鹿的另一面则刻一朵大莲花。周围剔满芰草菱角和荷叶，使人生出无限的想象，仿佛身临其境，福寿绵长。井陉窑的剔花十分丰富，同磁州窑一样，也可剔出八种之多，且与之各出新裁，如此种即不见于磁州窑，为井陉窑所独有[8]。（图2—18—63）

图2—18—62　白瓷对卧鹿枕

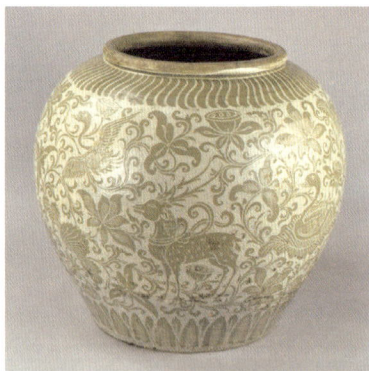

图2—18—63　白瓷淡青釉剔花鹿、鹅、雁纹大罐

金代，白瓷为主的井陉窑，颜色釉瓷大盛，甚至有个别窑口如东窑岭就以生产黑釉等颜色釉为主。除黑釉外，青、褐、酱、绿、黄、紫、酱红等色皆备。每次发掘都有新发现、新收获。

15.精细黑釉菱花盏，JTM1∶17，白胎细腻，里外施黑釉，圈足露胎。盏里外以酱彩巧妙地点染菱花朵朵，大小参差，自然天成，是一件难得的艺术珍品。

16.细瓷黑釉大碗，07JX Ⅲ T3—T7H15：20，修整。直口唇沿曲腹下收，半高圈足。施釉到足上部，足下露胎，可见细白致密的胎体，釉色光亮照人。做工规整，是井陉窑器中的上乘之作。口径 19.6 厘米、足径 9.4 厘米、高 11 厘米。（图 2—18—65）

图 2—18—64　精细黑釉菱花盏

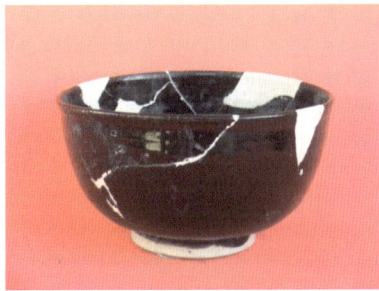

图 2—18—65　细瓷黑釉大碗

17.珍珠斑双色釉花口盘（残片），07JX Ⅳ T2：14，六出花口，内施黑釉，外施酱釉。里面布满了大小不一、疏密不均、或圆或椭圆形褐黄彩斑点，如浮在水面的珍珠。里心刮出一正圆形白色涩圈，看似粗糙，却似一玉环，恰是对比分明。口径 19.7 厘米、足径 6 厘米、高 2.5 厘米。（图 2—18—66）

18.人鱼纹褐釉印花"郅庆"款大盘，胎质稍粗，灰白色，施青褐釉。器底中间有一涩圈。背面可见分五次蘸半釉，圈足露胎，且有泪痕，除近口沿有两道弦纹外，光素无纹饰。器表纹饰，壁、底各分两区。盘壁最上是一圈卷草纹带。其下为竹节立枝将之分成十区，每区各印有梅、杏、荷、菊等四季花卉。壁底之间有明显的软折线。底部涩圈以外为主图，水波纹中间印有四条鲤鱼，三条人首人上肢、鱼腹鱼尾游动的人鱼。其中一条有发无鳍为雌，两条无发有鳍为雄。最后一条正在变化中的有鳍、有前翅而差头部尚在腔内未完全露出的变化中的人鱼。涩圈以内的圆心印有牡丹花枝，中心刻"郅庆"二字。推测此人名，可能是作坊主或更可能是定制者。

大盘口径 31 厘米、足径 11.5 厘米、高 8.6 厘米，此件收藏于爱好者赵巧玉之手，不仅器形之大少有，且刻饰的图案至今仅见于井陉窑，其中鱼变人鱼的故事尚待进一步查证。发现十余年来未有其他窑口的重见，亦未见其他窑有相同的报道，为井陉窑所独有的金代窑口代表作品之一。（图 2—18—67）

19.水呈，07JX Ⅲ Y6，火膛：1，口微磕，灰白胎，坚致，小圆口，斜腹，

十八、井陉窑的白瓷、颜色釉瓷、彩瓷及相关问题

图 2—18—66　珍珠斑双色釉花口盘

图 2—18—67　人鱼纹褐釉印花
"郅庆"款大盘

下壁直收，平底，削边。胎黄白色，釉光亮，内外底无釉。器虽小，小口，斜壁内收，平底，甚为稳重大方。口径 3 厘米、底径 5.4 厘米、高 2.3 厘米。（图 2—18—68）

20. 褐釉带盖出筋罐，JTM1：21，盖平折沿，内凹平折底，子口。底心正面有一乳突纽。罐，小直口，圆肩，鼓腹，下收至底，圈足。罐外施三条一组的等距出筋六组。罐腹部以下露胎，胎呈米黄色，质坚，整体外施褐釉，匀净，里施黑色釉。制作周正，美观大方。（图 2—18—69）

图 2—18—68　水呈

图 2—18—69　褐釉带盖出筋罐

21. 刘五戒三彩舍利塔，高 77.2 厘米，出土于灵寿县祁林院，由塔座、塔身、下檐及斗拱、上檐及斗拱、瓦顶、塔刹分件烧成，塔座须弥式，上下沿由仰覆莲瓣纹装饰。塔身六角形，正面刻有菱花板门，并由门槛、门框和门楣组成。上下檐做出五踩斗拱，双滴水，脊饰兽头。顶部双莲花上托宝珠式塔刹。舍利塔以黄色、褐色、绿色三彩分别按不同部位精确施釉。塔身正面门楣上刻"烧身刘五戒舍利之塔"，左侧"时大安三年四月初八日烧身刘五戒□记"，右侧"时大安三年三月初四日起建，功德主王五戒，刘□，王五郎小院使仿造"。表明烧造舍利塔

的原因、时间、葬主和功德主的姓名。舍利塔制作精美，分色施釉明亮辉煌，题记明确记载塔做葬具，收葬火化的佛教徒骨灰的情况，使人乐于接受。现藏正定县文物保管所。（图2—18—70：a、b）

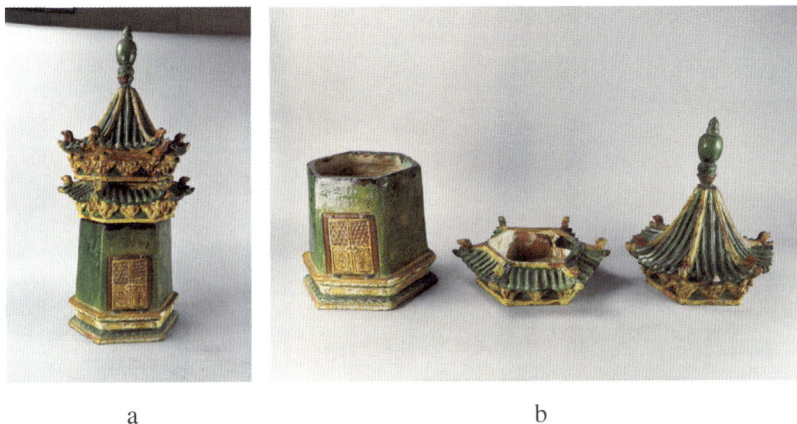

a   b

图2—18—70　刘五戒三彩舍利塔

22.印花模子

1995年9月河东坡窑址因雨塌方一次性出土了完好的12件覆碗式无柄内模，表面刻绘主题无一雷同。事先保护员杜千贵无偿交来4件，1996年再去征集，先后征集到8件，按其品类分为碗模4件，盘模4件，碟模3件，盌模1件，共12件。除鸳鸯戏水盘模呈青灰色，仰莲式盌模呈青黄色外，余皆作灰白色。瓷土胎体厚重，质地细密，烧成温度较高，十分坚固耐用。模子出土同一地点，属于一个窑主所有。显然这不是井陉印花作品的全部内容，但充分体现了出自金代井陉窑印花技法的独有特征和金代印花的高度繁荣。

以下择12件模子中的8件介绍。

碗模2件。

（1）Ⅰ式1件：敞口、斜唇、深腹小平底，四季花卉纹模。95HM：1。

小平底略外凸，底面博古式鼎炉插花。周壁4面同向绘刻有飘拂的扎花彩带，彩带间自然分区，分别填刻牡丹、莲花、菊花、梅花等四季花卉。近口沿刻回纹一周边饰。口径20.5厘米、底径6.8厘米、高8.6厘米。（图2—18—71）

（2）菊心重叶莲菱纹小盏模，95HM：3，半球形，当心刻一朵盛开的菊花，四周辅以三层叠错外伸的变形叶纹。周壁刻以缠枝莲菱，其间三组并蒂莲蕾与三柄莲叶交错分布。边饰一周流动云纹。口径10.6厘米、高5.2厘米。（图2—18—72）

347

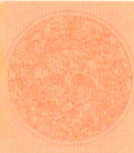

图2—18—71　四季花卉纹模　　　图2—18—72　菊心重叶莲
菱纹小盏模

盘模4件，圜底浅腹，唯口部形制略有差异。

（3）鸳鸯戏莲纹盘模，95HM：5，直口、斜唇，底部略带内敛，刻一对鸳鸯戏水于莲池，口沿处刻流云纹一周，盘模内壁右起竖刻年款三行，行草书，"大定二十九年五月□日赵窑（押）"。口径19.2厘米、底径8.2厘米、高5.2厘米。（图2—18—73：a、b、c）

a

b

c

图2—18—73　鸳鸯戏莲纹盘模

（4）鹭凤穿花纹盘模，95HM：6，敞口，斜唇削边。底面刻垂翼疾降的鸬鹚，以莲叶荷花衬地。底缘以一周凸棱为界，盘壁刻展翅飞翔于石榴花间的凤凰三只，每只凤凰前有一颗绽开的硕大石榴，长长的凤尾抵于石榴前，前两只回首顾盼，后者振羽相随。石榴多子，飞凤穿梭其间，荷花静谧，鸬鹚冲击于空。动静相承，各臻至妙。口径21.4厘米、底径9厘米、高6厘米。（图2—18—74：a、b）

（5）龟鹤图盘模，95HM：12，平唇削边。圜底削面，底缘鼓出边棱，口沿下回纹边框内六等分内收，与底缘以深刻的六出阴线相连，形成六瓣盘壁。其间刻梅、

a　　　　　　　　　　　　　b

图 2—18—74　鹭凤穿花纹盘模

桃、牡丹、芍药、把莲、菊花。底面刻同向行走于湖石、修竹间的鹤、龟各一只。鹤颈回弯，长喙向龟，龟首仰视向鹤，二者前后呼应，极致传神，体现了鹤引龟从万古常青的含义。口径 24.2 厘米、底径 10.2 厘米、高 5.7 厘米。（图 2—18—75：a、b）

a　　　　　　　　　　　　　b

图 2—18—75　龟鹤图盘模

（6）开光双鹅戏水园景图碟模，95HM：8，直口微敛，斜唇厚胎，底面菱形的双线开光内当腰刻以流云、曲槛的园景，槛内为芭蕉、湖石；槛外双鹅戏水于莲地。框外四边填刻卷草纹。周壁刻饰菊瓣纹，口沿下有较轻的单线弦纹一周。口径 14.3 厘米、底径 10.4 厘米、高 3.8 厘米。（图 2—18—76：a、b）

（7）荔枝纹碟模，95HM：9，平唇削边，底部削面使壁底缘凸出棱线，底面中部刻回纹一周，使图案分为内外两区。内心刻折枝荔枝纹，枝叶间一对荔

a

b

图 2—18—76 开光双鹅戏水园景图碟模

a

b

图 2—18—77 荔枝纹碟模

图 2—18—78 仰莲瓣纹盨模

枝的果实十分突出，外区刻双层莲瓣纹，碟壁刻双层莲瓣及回纹各一周。莲瓣当心刻有竖曲线瓣脉一条，莲瓣间的空隙填刻三角回纹。口径 15.8 厘米、底径 11.8 厘米、高 3.6 厘米。（图 2—18—77：a、b）

（8）仰莲瓣纹盨模，95HM：11，直口平唇，深腹斜收，平底。胎体厚重，内壁侧与相邻的底部铲出部分胎泥，形成凹槽，便于提捉。口部内侧粘附有 5 厘米长的黑釉一条。外底面光素无纹，周壁深刻 14 瓣仰莲，

圆弧状瓣抵至口部。每一莲瓣上都刻饰一种不同的花卉图案，相间刻饰不同的璎珞珠璧挂饰，自刻牡丹花的那一瓣起，隔瓣刻以不同编组的璎珞珠璧挂饰五组，其间4个及其后的5个莲瓣，除一瓣刻出水荷花外，余均为样式有别的折枝花饰。口径18.3厘米、底径9.7厘米、高8.5厘米。（图2—18—78）

见于《井陉窑出土印花模子》[9]，它们属于金代后期，12只模子同出一地为一个窑主所有，即使同处一地的相邻同行印花作品的内容也各不相同，可以推知绵河两岸当时不止百家制瓷工场，其实仅印花一项内容是怎样的繁盛峥嵘。

23.六瓣旋子花戳模，圆心外旋6瓣花式，捏制修整而成。模顶部椭圆，下连一圆形花心，周围拼接6枝椭圆柱体，印面平齐，呈旋子花式，入窑高温烧成。使用时以它打印成需要的画面，再施以黑褐彩（也有不上釉彩的），坯件入窑烧成。以此，参照多件相关的井窑戳印填彩作品，可知这样如像动植物、人物、山水、花卉等大大小小的戳模初步统计就已达四五十种之多，多在粗瓷细作中发挥作用。戳印、戳印点彩、戳印绘划、戳印填彩等成为井陉窑口专门的特色工艺。模面直径4.8厘米、高6.4厘米。（图2—18—79：a、b）

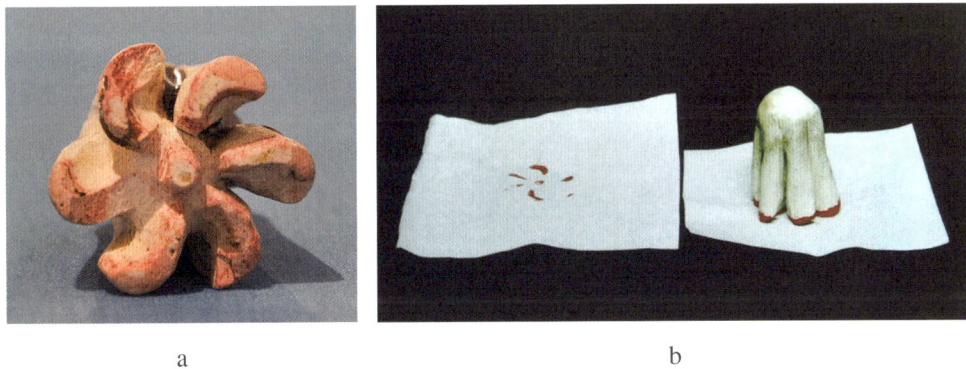

a b

图2—18—79　六瓣旋子花戳模

（七）相关问题的思考

现代化的交通已把太行险要变成了通途，区区井陉东西六七十公里的途径，不过半个小时。然而不要说古代，就是在百十年前未通火车之时，这半小时路程不要说驮载，就是驿递快骑送信也够汗流浃背的一天奔波。如果把问题放到井陉窑所在的盛时，"车不得方轨，骑不能成列"的危途险道真是无可奈何！然而成就了井陉窑的自然之水，虽不能普泽百姓，但对窑冶却是得天独厚，冬夏常流不润，在深山里成就了一支奇葩。又是它从绵蔓、甘陶、冶河汇注滹沱到真定府集散，又分几路北上南下、东去。其中东去的经藁城、深州、献县、沧州，经浮水（秦汉时柳河）到金代的海丰镇，宋、唐的通商镇，下海到东亚、东南亚。现今知道井陉窑的人还是不多，研究者似乎更少，但是这种状况我坚信"沉舟侧畔千帆过，病树前头万木春"。不久的将来就会改变。今在结束这篇百纳零什的小稿，我想就几个问题先谈一下现在所想到的。

1. 井陉窑的白瓷

通过以上的介绍，我们认为井陉窑自隋至元都是以烧造白瓷为主的窑口。隋初，不施化妆土的白瓷，胎质厚重，即使较细的瓷品，仍能见到胎中偶含杂质的情况。修坯甚为细致，足底的修切不留痕迹，足外缘的削棱中规中矩，露胎的足底修得平光整齐，施釉尽管支钉痕明显，但碗内光亮如新，并不拖泥带水，碗背蘸釉之后做到不留泪痕，种种细致之处都已反映出是成熟的白瓷制品，细看白度不高的原因是上了透明釉，对胎色的直接反映。说明它还需要进一步提纯胎泥。如将短短的王朝分成前后两期，这在隋后期已完全做到。我们可以看到两只白瓷杯的胎釉已经无可挑剔，它们同邢窑的隋代精细透影白瓷无甚区别，已经达到或接近透影的程度，这是难能可贵之处。总之，可以认为井陉隋代的白瓷已跨入精细白瓷的范围。制品精度已达到相当的高度，不像在短短二三十年中的初创和试制的阶段。

由于发掘面积过小，初唐之物的不见，不等于就一定是空白阶段。

盛唐、中唐时期的白瓷发现较少，但贞元七年（791）砖志与白瓷的同墓出土已告诉我们，中唐确实已在烧造白瓷制品。而两色釉制品的发现，证明这一阶段，甚至盛唐，井陉窑确已开始生产。

唐后期在藩镇成德军的直接控制下，开始生产官款白瓷，这一阶段直至五代前期达到井陉窑第一个高峰，生产出"薄如纸，声如磬"的精细白瓷已美轮美奂，尤以周李氏墓发现的细白瓷制品，不仅有生活用品，还发展出专用的丧葬制品。如矮座点彩塔式罐的点彩做法，仍可以说是迄今全国唯一。而恰恰因为墓志反映出在五代王氏家族灭亡前，他的生产达到极盛的程度，白瓷可以说到了和定窑一争高下，生产的碗、盘、杯、碟、瓶、壶、罐到乡间曲乐俑群等件件惟妙惟肖，使人不可小觑。

五代后期到宋前期，这段定窑极盛，窑场已派有商税务使，生产不仅正常，当还有大的扩展。定县两塔基二百来件完整精美瓷器的发现，已登峰造极无可匹

敌。井陉窑因王镕的被弑，造反者张文礼的被灭，在后唐之后，正定成为流官管辖，瓷业似乎已经一蹶不振，但考古仍发现了五代后期到北宋的制品，天威军官瓶为代表的烧制，证明它仍在生产，且有不错的发展，本文所举的例子可略证一二。

金代，井陉窑再次大盛。这首先有文献为证，民国《井陉县志料·金石》记其民国八年（1919）发现的金初碑石《三清殿记》的记载"天会七年（1129）升（井陉）为威州"，"九年（1131）郑州防御使高公樥来守是邦，劳来安集，繁庶倍昔，兴滞起废，细记毕举。十年始命道士何宗志为威仪，……十五年春（1137）乃度东关之隙地，创为观宇。"这一段文字简要说明了井陉地当冲要，受到金统治者的重视，金初即牢牢占领，社会秩序恢复正常的特殊情况。这也使得井陉窑不会受到宋金政权变更的很大影响，大致也会很快恢复生产的情况。故《金史·地理中》关于北半个中国诸多宋代的名窑窑址，均无记叙，只记"真定产瓷器了"。蒋祈《陶记》中"景德陶，昔三百余座。埏埴之器，洁白不疵，故鬻于它所，皆有'饶玉'之称。其视真定红瓷、龙泉青秘相竞奇矣"。这里将龙泉青秘，景德饶玉和真定红瓷三窑相提并论，天下之瓷北方仅提到真定一地之瓷，可想而知。编译者将真定红瓷解释为元代的定窑红瓷，这是大错特错了，首先不论定窑、井陉窑，元代皆已衰落，不可能当时以"红瓷"天下闻名。其次在宋金时期，定窑是定窑，井陉窑是井陉窑，从未有将宋代定窑称为"真定窑"的，金代亦是，曲阳不属真定辖区，与金代真定无涉，因此，"真定红瓷"不可能被"误称"为定窑。也就是"真定红瓷"绝不可能是定窑的红瓷，只有井陉或真定产的瓷器，特别产的"红瓷"称作"真定红瓷"，这是毫无疑问的。既然金代的井陉窑名动天下，我们看看实际在窑场的情况：窑址除北区的四窑已停烧外，现今已知的另八处窑址全部开足了马力都在扩大生产，这时客观上窑址似有一定分工，如东窑岭就以生产黑釉瓷为主，河东坡、北横口、南横口、梅庄等主要作大量的粗白瓷日用器为主，河东坡、南秀林、南横口、冯家沟亦见到细瓷器，而城关镇是主要生产细瓷器为主的窑口。运输问题，这时也见到由冶河运到滹沱河、再转到浮水，来到海丰镇的多量井陉窑器，运销海外（图2—18—80）[10]。井陉窑城关窑址出土的精细白瓷盖缸、碟、广口瓶等不仅细密坚致，釉色细润如玉，厚度可薄到1毫米以下，达到晚唐、五代间的透影白瓷的程度。超过了定窑、邢窑等同期的制品和江西景德镇青白瓷相媲美而独称于北方的程度，故不仅要赞美它的"红瓷"，更应赞美他的洁白如玉的金代透影白瓷！

元代时，经发掘证实，城关镇窑址已为井陉县城所取代，从此井陉窑城关镇窑址不复存在。河东坡、东窑岭等已到晚期，虽然白瓷依然坚持生产，公私有名

353

井陉窑划花白瓷碗　　　　　　　　　　井陉窑深腹白瓷碗

纹胎瓷碗

图 2—18—80　2000 年中国重要考古发现登载的海丰镇出土的井陉窑瓷器

款的瓷器如宅内公用，元义馆、赵、张、王、刘、李、郑姓氏等等此时多有发现，衰退的迹象还是很明显的，一是白瓷的细密度大衰，即使粗瓷细作这时也很勉强，如在元代贵为唯一汉族丞相的史天泽墓、史楫墓中发现了元初、前期井陉窑的白瓷和黑釉瓷器碗缸类有木光，显示平常[11]。河东坡发掘出土者印花、划花碗、盘仍坚持金代的制法外，粗制拙笨，也不见金时的灵气。待到明清窑址仅有南、北横口、冯家沟二三处，已然民间日用黑釉为主的粗瓷，和进贡北京的御用缸罇粗瓷。晚清、民国虽然改良，白瓷产品再见，新引进了青花并且加上褐彩形成自己的特色，但是已无法和昔日相比。20 世纪 70 年代仍有沿用旧法（古法）生产的产品，之后井陉窑彻底走进了历史深处。最后以 1976 年土法烧制出了据说可达近三米高的毛主席立像，由于主席逝世没有出窑。

2. 井陉窑的颜色釉瓷与彩瓷

颜色釉瓷和彩瓷是井陉窑产生和发展的两项重要内容。

颜色釉瓷是同邺相窑、邢窑共同较白瓷还早地发展起来，主要是青釉和黑釉瓷，隋代又见褐釉和酱釉瓷。到唐代又开始见里面白、外面褐釉的两色釉瓷和绿釉陶，同时三彩器也在井陉窑出现了绿、褐、棕黄、白等多彩。这个时期器形较

354

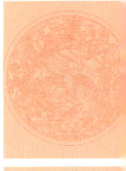

隋有了很大的变化，器类开始丰富起来，颜色釉瓷作为一个类别出现。为适应这一进步，装饰需要颜色釉进一步的丰富，到宋尤其是到金，颜色釉瓷方面又见到黄釉、褐红釉、孔雀蓝釉的制品，仅大型建筑类器物就能见到大型筒瓦、板瓦，有白、黑、绿、黄、褐五色瓷瓦，三彩瓦当贴面的出现。此阶段的颜色釉瓷烧制十分成熟和广泛，进入一切瓷类。成为井陉制品的一大类产品。

彩瓷自唐三彩出现后，在彩瓷方面也开始涌现出来，自宋至金代大盛的有窑变釉的兔毫、油滴、玳瑁，人工制造的珍珠斑、菱花盏、速施釉的各种花纹的盘、碗、罐、瓶类作品多种多样，美不胜收，凡此种种所见都是在细瓷胎、颜色釉瓷亮的制品上加工做成的，体现了优中见美，好上加好的宋、金彩瓷作品，使井陉窑业达到巅峰，超越邢定和其他窑口的制作水平，成为"真定产瓷器"的主力军之一。因为大部分发掘品仍在库房内无法取出，无条件整理，仅就所见回忆，而详细的分类和举出它的各色典型，还有待于今后的整理。

3. 关于井陉窑的创烧问题

井陉窑究竟创烧于何时？这个问题对我们来说早在 1993 年就提了出来，面对不多的井陉瓷器、窑具，我们只能说隋代已经烧制，但仅仅被动式发掘 90 平方米，很难对这个问题拿出确凿的证据。2004—2005 年，经选点调查，在城关镇中主动发掘，最主要的任务之一就是解决创烧问题。所开东侧的两个方（T1、T3）为了保留金代窑址遗迹，暂做回填。而西边两个方的扩大发掘却出现了意想之外的情况，发掘扩大区几乎被金、元之间的三个品字的长方巨形灰坑打破大半，当时的各方情况逼迫我们不得不缩方发掘，发掘的面积为 8 米 ×5.5 米即 44平方米，一直将缩小的探方做到底。这就有了金代作坊—宋代作坊—晚唐、五代作坊—盛唐、中唐作坊—隋代作坊的一地连续叠压的发现，这简直是个奇迹，本来很不幸的事情，结果却是谁也没想到这一系列的叠压，先不说收获大小，确是不幸中之万幸！我们终于不用移动地点，获得了井陉窑的连续烧造地点！这是非常难能可贵，又是极为幸运的！更幸运的是在发掘的最后，清理探方底部时发现了一块青瓷碗底片（图 2—18—81），这块青瓷碗底片残长不过 5—6 厘米，

图 2—18—81　05TLT5 ⑨层出土的北朝瓷片

残高仅 3—4 厘米，里满釉，外露胎，胎色暗灰，质地粗陋，碗底却很完整，实足未削边，厚度约有 1 厘米，甚至超过了碗底的厚度！碗里上满釉，除三支钉痕外，还粘了一些碎泥杂质。这和我们发现的隋代早期的隋件相似，仔细推敲，绘图复原，它应是弧腹微敛或直口曲腹碗，这与照 1 隋代白瓷碗片做法不同，也可以说不可同日而语！虽仔细搜索弹丸之地再无同类。这样的作品至少在东魏、北齐时代就已多次见过 [12]，就是支钉三叉式的又有发现，但是那种钉头衔接着泥团继续使用现象没有发现。面对这件孤品，我们还是不能骤下井陉窑北朝创烧的结论，只能继续说隋代即烧造成熟的制品，有可能北朝时期创烧！

4. 切实保护井陉窑，科学利用井陉窑

井陉窑是先人留下的一份珍贵的遗产。

距离井陉窑重新面世的日子还有一年零十个月就满 30 年了！

跟离 2008 年井陉窑抢救发掘告一段落的日子也快 10 年了！

井陉窑的报告整理至今还没有解决场地问题，人员十分缺乏，没有经费，还没有真正展开！

井陉窑的保护更是问题重重，除了 2015 年发现一个南横口近代窑场遗存外，几乎什么都看不到，更别说博物馆、遗址展示区了！

是缺乏资源吗？库房里沉积着多年的出土器物，最少需要 8 间房屋的整理场地，才能摆开摊子。

是没有可供参观、可供利用、可直接研究的遗存吗？已经被彻底毁掉的不算，仅只河东二运公司，即鑫源公司抢救保护下来的 760 平方米金代六连窑作坊群，宋、金阶段的烘坯房、制坯遗迹和制作三彩的窑炉遗存，宋代的窑炉遗迹等等就已经是叹为观止了！这正是和其他三大窑相互补充、相互比较以见异同的最切实例证，展示河北，展示井陉古代制瓷实力的紧缺资料，其下面还压着唐代甚至更早的地层遗迹，又正是井陉窑的最需要、最缺少的实物，尤其下面还有需要长期保护和研究利用的未知内容。

痛定思痛，我只感到没有足够的能力解决整理方面的困难，迟迟拿不出报告而愧疚。

真的，也许这太难了！

切实为了井陉窑的生存而"抓铁有痕"实际有效的保护井陉窑，能够有经费保障，切实完成整理工作，交代清楚这个窑址的来龙去脉是我不灭的盼望，是我应尽的职责。

"要发掘到底，要整理科学的报告，要就地建博物馆!"国家局专家组的意见，言犹在耳!

注释:

[1] 石从枝等主编:《邢台隋代邢窑》，其中彩版三"白釉瓷碗和瓷杯"，图版一至七，白瓷 Aa 型瓷碗。图版一七，白瓷杯等皆与井陉窑所产者近似（科学出版社 2006 年版）。

[2] 北京艺术博物馆编:《中国巩义窑》第一部分《总论》之《白瓷杯》相接近（中国华侨出版社 2011 年版）。

[3] 此件邢窑出土之白瓷鹦鹉杯，已是邢瓷著名隋代器物，深为人们所喜爱。参见河北博物院编:《名窑名瓷·白釉鹦鹉形杯》，文物出版社 2016 年版，第 72 页。

[4] 杨文山:《关于唐代井陉窑的细白瓷》一文中详细分析了此双鱼穿带瓶的制法，提出与邢窑此类产品的不同之处有三，形制上有异，在装饰上不同，在施釉上也有明显不同，因此得出此瓶为井陉窑所产的结论。杨先生是邢窑的发现者，研究邢窑达五六十年之久，发表了数十篇的邢窑研究文章，他的见解虽一时未被采纳，但他指明的道理仍很有参考价值。

[5] 此器为私人爱好者所藏，虽是细白瓷，但釉色发土黄，不亮。笔者曾亲见过井陉南防口窑址出过一件，所制形态与之相近，也是六鋬，相对的双鋬和单鋬组成，较他窑者八鋬不同。故认可同为井陉县出土者，应当同时为井陉窑所有。

[6] 定窑、邢窑都出土了凤首壶，邢窑可参见北京艺术博物馆编《中国邢窑》（第 96、97页）第 99、100 器:白釉长颈凤首壶和白釉凤首壶。壶口捏塑成不规则三角形，以和壶盖的凤头形状相对应，定窑所出者见《中国定窑》（第 44、45 页），器形大体和邢窑的相近，尤其是壶的口（咀）部，它们都与井陉窑所出者正常壶口造型明显不同。北京艺术博物馆、中国华侨出版社 2012 年版。

[7] 参见蒋祈:《陶记》:"景德陶，昔三百余座。埏埴之器，洁白不疵，故鬻于它所，皆有饶玉之称，其视真定红瓷、龙泉青秘，相竟奇矣。"熊寥、熊微编注:《中国陶瓷古籍集成》之《宋元时期编》二十五《陶记》，上海文化出版社 2006 年版。

[8] 此剔花大罐见于正定县文物保管所，先有归于定窑造者，经充分讨论，我将之归入井陉窑。孰是欢迎讨论。

[9] 参见孟繁峰、杜桃洛:《井陉窑遗址出土金代印花模子》，《文物春秋》1997 年增刊。

[10] 见《河北黄骅金代海丰镇遗址》所举的井陉窑划花白瓷碗、井陉窑深腹白瓷碗、井陉窑两色釉戳印点彩碗。国家文物局主编:《2000 年中国重要考古发现》，文物出版社 2001 年版，第 126—131 页。另参见人云、书海:《从井陉窑到海丰镇》一文，《河北考古文集》（二），第 437 页。

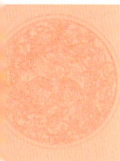

[11] 参见河北省文物研究所:《石家庄后太保村史氏家族墓发掘报告》(第 344—369 页),图版三五 M3,B 型白瓷盘,黑釉罐(M3∶1),B 型黑釉器盖(M3∶10)。笔者认为这些都是典型的井陉窑即时生产的瓷器,可见该窑虽然衰落,在达官贵人圈内仍有一定市场。

[12] 参见王建保、张茂林:《我国北方瓷器出现及相关问题的初步研究——以窑址为中心》,此文列举了在河南、河北、山东地区的诸窑址发现的北朝青瓷和白瓷以及关于北方白釉瓷器的发源与界定标准的探讨等。列举诸窑的发现,可供参考。载《中国考古学会第十五次年会论文集》,文物出版社 2013 年版,第 523 页。

(本文原载河北博物院编:《瓷海拾贝——河北古代名窑标本展》,
河北美术出版社 2018 年版)

十九、井陉窑的调查发掘及其剔花特色

我准备讲三个内容。第一个内容讲井陉窑的发现，包括它的调查发掘；第二个内容讲井陉窑的发掘举例，举两个例子；第三个内容讲井陉窑的剔花特点。

（一）井陉窑的调查发现

1989 年 10 月 23 日晨，我在井陉县城关镇东关天长影院的放映大厅外散水边沿发现两年前建影院大楼（厅）挖出仍未收拾干净的匣钵、支圈、瓷碗、罐、盆等残片，感到十分吃惊：这不是宋、金的东西吗？怎么在这里发现？我围绕影院走了一圈，采集了一捧就回影院后楼的宿舍。把跟着我的队员、大名县文保所副所长李伦、青龙县副所长付奇、井陉县文保所学摄影的杜鲜明都叫醒了，看看这些东西。我们调查的第一天，第一个清晨就发现了井陉窑遗物，这是古瓷窑重新面世的日子，从此，随着复查的进行，我们找到第一个关系人、影院放映组长高方清介绍情况，又找到第二、第三个了解具体情况的城内的退休教师李发祥、河东村杜千贵，随之河东坡窑址、东窑岭窑址接连发现，后来我们自己又找到了梅庄窑址。12 月 1 日，负责割髭河——甘陶河调查的岳庆森、白午、高二顺小组于甘陶河东岸的南秀林地界发现了南秀林窑址。1990 年 4 月 1 日至 3 日，我带杜鲜明会合矿区的韩连柱等又发现了矿区的冯家沟——天护窑址，以上在这次复查中，关于古窑址共发现了 6 处。

整个窑址的发现情况都在这个图上，最先在复查中发现的 6 处窑址处在井陉县及井陉矿区的中南部（图 2—19—1）。

需要说明的是当时复查并不是窑址调查，重点是商周及其以前遗址、墓葬的调

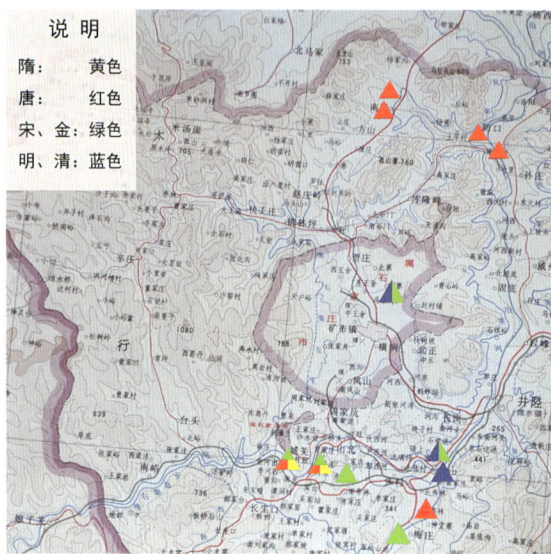

图2—19—1 井陉窑窑址分布图

查。这次调查以前井陉县遗址就有韩信背水镇古战场1处，还有柿庄古墓葬1处，通过复查，重要的遗址、墓葬等新发现达到53处，收获是不小的，井陉窑址更算是意外的发现。当时井陉窑遗址6处，仅算遗址中的1处(详见《曼葭及井陉的开通》一文)，并不清楚它的全部内涵。按当时的认识把它的时代定为宋、金。

(1) 城关窑址

窑址所在的台地西、东、南三面河水环抱，地理位置和环境十分优越。天长影院东西两侧有暴露出的遗物，至今仍然可以找到，随着以后的多次调查，特别是1993年首先发掘了城内邮电支局工作楼基座，发现窑址文化堆积层厚达3—4米，结果就把这处窑址扩大到城内。2001—2002年当时县里进行城关电网改造，在城内、东关、北关都刨出了电杆坑，深达4—5米，根据暴露的遗迹遗物我们进一步核实了范围。总之，原来的东关窑址经过不断的调查和发掘，发现它们连

图2—19—2 井陉复查组在调查中(前李伦、中付奇、后孟繁峰)

360

成一片，我们把它定名为城关窑址。面积达 30 万平方米。逐渐证明是井陉窑中心窑场。（图 2—19—3）

图 2—19—3　城关窑址外貌、最早发现窑址的地方——天长影院、发现的瓷片、匣钵等

（2）河东坡窑址

这是第二处窑址，河东坡窑址，1989 年这个地方出露的多，全是在村里，处在临河地带，和城关窑址相对，在绵河的东岸。这个是在杜千贵房后发现的，开始发现一处作坊，分析可能还有窑炉子。另外在官道沟西口北侧接近河边的地方发现了瓷片堆和矸子井（图右上），另外在村里找到好多的瓷片、窑具等东西，这里只是一部分（下部右中是匣钵和垫圈，左边是碗盘等瓷片）。（图 2—19—4）

图 2—19—4　河东坡窑区作坊、矸子井、瓷片

（3）东窑岭窑址

河东坡往东走三华里的地方就是东窑岭，就是这个村。这就是瓷片堆，然后这儿还有矸子坡，在村里征集到的瓷枕。右下角照片就是调查组的三个人。谁领着我们去发现的？就是中间老教师李发祥，都是1989年的照片了。（图2—19—5）

图2—19—5　东窑岭窑址外貌、瓦子坡瓷片、瓷枕及工作合影

（4）梅庄窑址

梅庄窑址就在甘陶河的西岸，后来盖白楼把大部分窑址破坏了。当时，就这个窑炉子裸露在地表，这儿一个烟筒，这儿一个烟筒，后边就是窑炉子。但是这个窑炉子没等我们彻底搞明白就破坏了，照片是原来的样子。当时采集的有元代的瓷片层，带着字的瓷片全是元代的，窑具也是元代的，另外在破坏当中我们去那个地方看，还采集到了金代一些瓷片，在这儿不详细多讲了。（图2—19—6）

（5）南秀林窑址

这个是南秀林窑址，这个照片上有一个篱笆沟，窑址就在沟里和沟的两岸上，是甘陶河的东岸，这个是南秀林窑址的情况。南秀林窑址是最集中唐五代的窑址。在河边的断崖上沟的两边都暴露出窑炉子，整个窑址面积达5000平方米以上。（图2—19—7）

（6）冯家沟—天护窑址

这是冯家沟—天护窑址属于矿区管辖，之所以拿这张照片给大家看，是这个地方整个有一米以上的瓷片层，全是瓷片和支圈，还有近代生产陶瓷的好多工

具，地表弃置的多棱石碾子就是之一。（图 2—19—8）

图 2—19—6　梅庄窑址外貌、窑炉、瓷片、窑具

图 2—19—7　南秀林窑址外貌、局部

图 2—19—8　冯家沟—天护窑址

这次复查结束，有个问题仍萦绕在我的脑际。井陉窑就这 6 处吗？如果有，我们又漏在什么地方？随后，我开始注意文献记载和文字资料的收集分析。这

次下去我事先并没有想到会发现瓷窑址，当时为了复查河北省的文物，原来是说10000处，到了中央一下否认了6000处，还剩下4000处，这次普查就很不成功了，怎么办呢？中央说你们省里考古所参加了吗？省局觉得各地区都成立了文物保管所，让各地区办各地区的事就办成这样了，以后省文物局重新组织了复查队，复查太行山东麓各个县，我当时分工负责井陉县地下文物复查。

（7）北陉窑址

查完之后我们新发现了50多处遗址、墓葬，主要是新石器、商周时代的。窑址发现6处，事先没有想到等于意外收获，事情过了以后我就考虑如果还有的话我们在哪儿漏的呢？在反复想这个问题的同时，我开始找文献资料分析这个事情，当时有一本书民国《井陉县志料》实事求是，言出有据，是最受我喜爱的志书之一，第二编《地理》十二《杂物》有："槽碾，在县北五十里北陉乡正中，碾用石十四块砌成，围十余丈，不知何代遗物，亦未知其有何作用。"这不就是瓷窑址碾料的设备吗？有机会一定要亲自去一趟！

于是1996年5月，我利用在苍岩山上整理资料的机会，带上杜鲜明、康金喜骑自行车直奔北陉村调查。在村民的指引下，来到村正中供销社，其北部空地就是原有石槽碾的地方。现在只剩了一片空地。村民提供，1958年已经挖出炼了石灰！非常失望，在热心群众的指引下，我们才在附近的街道边、宅基地、房山墙后等处有动土的地方仔细地搜集到极其零碎的瓷片，有些是实足底、玉璧底、圈足底的细白瓷片，并寻找到同样是非常零碎的窑具，不过找到了漏斗式匣钵碎块。经半天的仔细寻找，终于确定了这处窑址的内涵和范围。（图2—19—9）

图2—19—9　北陉窑址调查，原放大槽碾的地方

（8）南陉窑址

载着标本返回的路上，遇到一个赶着牛车的男子，搭话后我们知道他是前面南陉村的，于是问他，知道我们找的东西吗？"笼盆瓦呀！有！我们村房子后面

有这些东西。"于是在他的带领下，只隔一条河沟，我们又移师到南陉村。

他把我们直接领到了一幢房子的后面，我们看到整个房后山后都是切出的剖面，剖面上暴露出大段的文化层，不仅找到了他说的笼盔瓦（匣钵），可分为漏斗形、筒形的两种，还找到了白瓷片，时代特征和北陉的一样，不过这里要比北陉的大得多。在南陉我们同时还看到村里的小庙叫观音庙，打的基础就用的石槽碾的碾槽块，以后多次来此调查，看到了一些其他的遗迹，如石碾轮等，这样我们就找到了南陉窑址。（图2—19—10）

图2—19—10　南陉窑址外貌、碾槽、碾轮

（9）南防口窑址

我们一次出去就找了两个窑址，这是复查时漏掉的。我接着琢磨这件事，难道8处就完了？如还有，上哪儿找去呢？我回忆1984年在苍岩山编写县志，编写了《井陉县志》的《苍岩山编》《井陉文物编》我用到了这个材料。

井陉县志料里记载明清的窑址，另外在苍岩山看到的五代后梁周公夫人李氏墓志铭，墓志也有记载，墓志说有个盘龙冶，炉前押官周氏的夫人李氏去世了，埋在盘龙冶北边十里，1989年复查我们就找到了李氏夫人的墓，在北陉村东边三华里的尹家湾。我接着想到既然有墓，墓是真的，盘龙冶会有，那也不会有假的，按墓志记载，盘龙冶就在墓南十里，就在井陉县境内，一个是墓南十里的东高家村，一个是墓东南十里的南防口村。这两个村先上哪里去呢？根据以往的调查经验，第一个窑址不能缺了水，东高家庄是季节性的小河通过，南防口村是长年有着清水的冶河边。第二个不能缺了原材料，包括瓷土、釉子土，不能缺这两样东西，恰恰南防口村就有釉土和瓷土这两样东西。第三个燃料也方便，这两个

村都具备条件，这样我决定先去南防口调查。1997年7月份我就带着康金喜来到了南防口，真的就在这个地方找到了南防口窑址。（图2—19—11）

图2—19—11　南防口窑址外貌及东口窑址的断面

调查发现，南防口窑址就剩一二百平方米那么一点，一个是让河给冲毁得特别厉害了，再一个是在村边修公路，公路也给破坏了一些，剩下最后一二百平方米我们把它宣布保护范围，不让动了，我们在这里除了找到细白瓷片，还找到了黑瓷片、酱釉瓷片，另外康辉同志还在此找到了两片"官"字款瓷片，他慷慨地赠送给了我，这样就找到了第九处窑址——南防口窑址。

（10）南横口窑址

根据上述说的那些条件想到北横口、南横口。南横口当时还有窑炉子生产陶瓷管子，窑炉子还有一部分没破坏，当年调查的时候，那个都不算数，不把明清近现代的东西算在里边，知道那儿有也不算数不去看，后来一想不对了，应该看一看才行。究竟怎么回事儿必须得亲自看，这样我就在1999年在河东坡做了一次发掘，做完发掘之后剩下的时间我就去看。

经过实地调查，在河边发现了大断面，这就是南横口窑址，看看它的外貌，我发现是金代、明清的东西，金代的东西在第三层下头，第二层就是明清的东西，再往下有没有，因为不做发掘不可能看见的，这就不错了，能够确定南横口窑址也进入我们所研究的范围了，金代就有窑址，这是第十处。（图2—19—12）

（11）北横口窑址

北横口当时没有宣布是窑址，因为什么？北横口没有发现这样的状况。南横口对面就是北横口，地理条件也挺好，而且是向阳面，但是当时没有发现文化层，没有发现窑址堆积，这样我们没有宣布北横口是窑址。后来2005年我到那儿带队抢救发掘墓葬，北横口当时的书记李怀林对我说你找窑址，我说是，他说我们村有啊，我领你去找，书记带着我，我们队里胡强、胡秋明跟着去找了。

图2—19—12　南横口窑址外貌及窑炉

果然在非常隐蔽的叫作龙头脑的地方发现窑址的遗物。龙头脑那个地方不到一二平方米，紧邻着冶河的西岸，还有一个地点离它约五十米远，在一个高坡上边也有文化层堆积，也有几十平方米，这样就把北横口的窑址也找到了，这是第十一处。（图2—19—13）

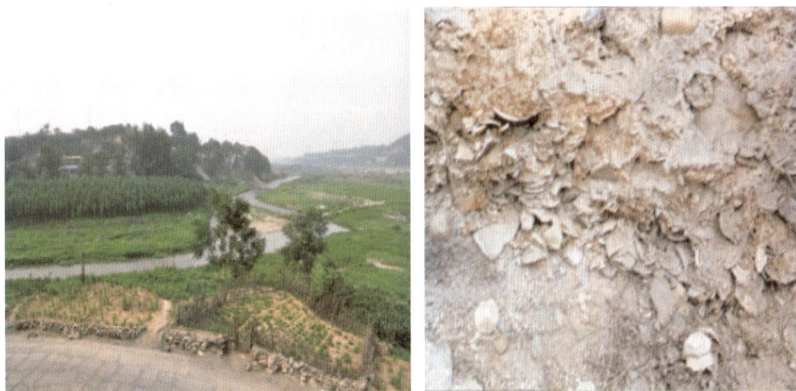

图2—19—13　北横口窑址外貌及瓷片堆积

现在我们不是说到一个地方就宣布为窑址，它是有条件组成的，至少有两三个条件都具备才行。首先应该有窑址的文化层，第二个有窑炉，第三个有作坊，这三个都有最好，起码有两个才宣布它是窑址。所以我们做的工作，比较细致，没有一处被推翻。

我们还有一些线索，但是没有宣布窑址，比方说井陉窑在矿区贾庄、南寨都有线索，但是我们没找到确凿的证据就没宣布，在井陉县北防口还有孙庄也都有线索，也没有宣布。

（12）北防口窑址

北防口是在南防口的北部，隔着小作河和南防口相对，条件非常好，为什么没宣布它是呢？因为当初我们就没有找到我说的三个条件，所以没宣布它是，只是怀疑它是。2015年终于发现它了，发现的原因是2015年的8月份村民在村子内修下水管道挖沟挖出了瓷片和窑具，正好这个时候县里组织搞千年古村落的资料汇报，这个村古村落调查员王平宇、薛桂林两人，发现了当时村民挖出来的东西，装了纸箱和编织袋，同他们的支书王占魁拿到县文物局，跟县文保所同志们说了这个情况，文保所就到现场调查，认为这是古窑址。

我当时已经回到石家庄市了，听到这一消息我马上就去了，直接到窑址，确认这处窑址。我们当初没有找到，现在确认第十二处窑址的发现。

图2—19—14中画黄圈就是窑址的范围。当初三次（最早1997年）到这个村调查都没有发现窑址。第一个由于过去实践认为这个窑址都是挨着水边近的，这个地方不符合这个情况，恰恰是离着水远，这是怎么回事儿呢？现在才知道，1956年农业合作化的时候，这个地方开始造地，把流经他们村旁边那个寺沟河，在上游三华里的地方，把河水全给引到小作河了。垒了个坝，这个坝垒上之后，临村的河道都改造成了地，一下造田五百多亩。后来又在地上建房子，我们再在河边调查、在村边调查那是不可能发现了。

第二个没有找到的原因就是这个村断烧的太早了，到宋代就断烧了，所以一千年以前就没有了，所以知道的人极少极少，加之没有文化层出露，地表的遗物细碎，不走到很难发现。所以难怪过去没有在村内发现它。第三个缺少可靠的关系人。过去调查或者说没有，或者说不知道，我们拿着的标本都说是南防口有，他们村没有，这是始终没有找到向我们反映可靠消息的有关的人。在这种情

图2—19—14　北防口窑址及瓷片、窑具

图2—19—15　北防口村民用窑炉子砖砌造的房子、石碾轮

况下，我们没有找到遗物，就漏掉了近在咫尺的窑址。这次是千年古村落评选，村子也需要提升自己的历史地位，正赶上村民挖下水管道挖出了实物，两个古村落的普查员和村书记收集好这些瓷片、作坊具、窑具赶到了县里，找到文物局文保所，那里有和我多年一起调查、发掘井陉窑的同志，看后当然知道非窑址莫属。为了保险起见，马上通知我过来验看，就这样第十二处窑址发现了。使县的北部由三处变为四处，且都是唐五代内容，细白瓷为主，竟达到60%左右。

（二）窑址发掘举例

井陉窑窑址的发掘，按实际情况可分两个阶段，三种类型。

1. 被动配合基本建设发掘（1993—1999年）

基本建设工程在窑址上开工了，挖出了文物，文物部门才知道，然后通知停工，建设方与文物部门达成协议，经省文物局批准考古部门配合进行发掘。这样的发掘有4次。

（1）1993年5月—8月，配合天长邮电支局（旧城内东街路南，旧县衙东南40米）新建工作楼基座（90平方米）的考古发掘。当时施工部门在周边挖出深达6—7米的柱洞，准备作为基础，结果出了不少瓷片、窑具，当时我们发现之后立即下发停止施工通知书。经谈判，决定整体揭露，结果挖到了地下6.7米的深度，虽然没有直接挖到窑炉子，但是挖到了金、宋、五代、唐、隋的窑址层，出土了大量的精美瓷片，特别是出土了相当多的大炉条、窑壁、匣钵、垫圈残件。其中值得注意的是宋代的天威军官瓶，发现有十多件。唐代的"官"字款细白瓷盒一片，我们确信这里是窑址的一部分，认识到在城内地下有窑址。

369

（2）1994年6月—7月，配合天长镇北关外黑瓷厂（显圣寺）新建家属楼基座的发掘（80平方米）。挖出石碑之后文物局张贵文副局长挺重视，他首先就叫停工，就跟人家谈判配合考古，结果挖不了了，没办法开始跟我联系，这样我就去了，还有我所的张守忠、冯林、郝建文。画图、照相的都有，在那儿做了一个多月就做完了，发现了两个瓦窑炉子，形制各异，一个是圆形的，带有炉条；另一个是长方形的，带有鼓风的设备遗迹和通风管道，保存也是十分完整。第三个发现的是三彩窑的釉烧窑，出土了三彩的建筑构件和三彩的雕塑器物，总之，这三座窑结构各不相同，我们把材料整理好，简报发表在《文物季刊》1997年第2期。

（3）1998年7月—8月，配合307国道翻修拓宽工程河东坡段的考古发掘（300平方米）。省陶瓷培训班及国家博物馆著名专家李知宴教授到场参观。发掘出金代的烧造金属釉的专用窑炉子，唐代的烟囱和窑炉子之间尚不封口，都装烧件的窑炉子。在作坊方面发现了连接在一起的两个澄浆池，还有成型、上釉的作坊。《中国文物报》1998年11月18日头版头条做了比较详细的报道。被评为当年的中国重要考古发现。

（4）1999年11月，河东坡村杜千贵房后的Y5考古发掘（62平方米），杜千贵是文物保护员，觉悟非常高，听说在他家房后有窑址，他家刚盖上房，有国家重要文物遗迹，按照上级要求十年都没有动他家房后的土，夏天屋内因潮湿长了绿毛。我看着太感动，无论如何要解决这个问题，到1999年采取发掘措施，Y5发掘照片成为刊登在《中国文物报》上的井陉窑的形象代表。杜千贵公而忘私的举动完全当得起井陉人民代表。2000年3月12日《中国文物报》头版做了详细的专题报道。

2. 在挖掘机下的考古抢救发掘，2000—2008年，均经省文物局批准

（5）苗姓窑场的抢救发掘

1998年还是在河东坡做公路配合时，知道河东村委会征集了2000平方米民房要修村道，地方就在河东小学北部，我们多次做村干部的工作，答应得挺好，实际我们走之后他就动工，窑炉子被破坏了三四座，作坊也被挖掉，特别是还出土了两瓮完整的元代瓷器，被一哄抢光。当最后还剩200平方米时我们赶到了现场，当场制止了施工。2000年9月—2001年3月，这里抢救发掘了180平方米，发现这个窑场布局十分科学和紧凑，它的中部是作坊区，还剩两间并排的窑洞式作坊，以及西部南北相连的一间地上平房。作坊的两侧相对是窑炉子，窑门都向

作坊开设。处在南边的两间窑洞式作坊，东边是作坊 F3，是拉坯和上釉的地方，西部相连 F4 是储存窑具和晾坯的场所，南部是晾坯和烘坯的烘坯房。这些场所发现时生产设施都在原地，例如东间的作坊里有两个高近 1 米的大釉料瓮，还在原地，里面有三四十厘米高的沉积的坯子片。西边的作坊一半都是晾坯架栏遗迹，另外一侧放置垫圈和匣钵，集中堆放。烘坯坑侧是地上建筑，前有双灶，但是一半已经被挖掉。东西两边的窑炉子，窑门都是相对作坊开放，使作坊里生产出来的坯件运送方便，合理的装窑、出窑，整个生产井井有条，纹丝不乱，我们在这里不仅首次发现了完整的点彩戳模具，这是以前未知的简单的旋子花点彩模具。还发现了窑具上刻有大字"苗"姓，带有系列编号，种种重要发现都突破了以往的认识。耿宝昌、陈华莎、杨志军、张文彬、翟泰丰等专家和国家局领导先后参观、指导。《中国文物报》2000 年 12 月 27 日头版重要报道。2001 年 1 月 7 日《中国文物报》《耿宝昌、陈华莎谈井陉窑的发现——河北三大窑变为四大窑》。2001 年 1 月 12 日《燕赵晚报》32 版报道《井陉窑遗址屡遭破坏——老专家呼吁保护遗址刻不容缓》等相继发表。

（6）2007 年 9 月—2008 年 8 月，原河东二运公司的抢救发掘与回填（720 平方米）。国家文物局专家组徐光冀、刘兰花、秦大树 7 月 9 日检查了工地。他们说"看后可知发掘是在迫不得已的情况下进行的，选择适当位置把发掘进行到底，""不得再进行破坏，发掘后要建博物馆。"

在这个中间有一次主动性发掘，申报国家文物局批准，两次拨经费共 30 万元。2004 年 3 月—2005 年 8 月天长镇中学、北关修造厂发掘（320 平方米），以及唐家垴、鳌盖垴墓地抢救发掘。

上述发掘地点均是在城关镇和河东坡二处窑址进行的，总计发掘面积 1742 平方米，共发掘唐、宋、金窑炉 19 座（内含 2 座瓦窑、2 座半三彩窑），作坊 4 处（隋、唐、宋、金），窑址区墓葬 22 座（唐五代墓 7 座、宋墓 2 座、金墓 9 座、元墓 3 座、明墓 1 座）。另有灰坑（H）、矸子井（J）、窖藏（JA）等遗迹一批。

3. 发掘举例

一个是天长镇联中发掘，这个发掘双方合作得非常好，校长为首积极、主动配合，到现在我仍然保持良好的记忆。

这个发掘从 2004 年 5 月开始到 2005 年 7 月才结束的。跨年度的发掘，2004 年是一年，2005 年是春夏两季。下面看看 2004 年发掘情况，这个在旧城之内做的发掘，南边就是东大街，再南就是民居了，北边就是学校的教学楼，东边就是皆山书院，西边隔着操场就是原县政府——元、明、清的县衙门。政府、县委到1958年才挪到现在的微水镇。这个发掘地点，是拆了民国时期的旧教室发掘的，有两间教室，先拆了一间腾出这个地方发掘，在正式发掘以前，先在北面做了一个小探方发掘，先看看是不是像志书里记载的那样有"天威军官瓶"发现。

为什么不做勘探就直接发掘呢？由于这个地方钻探不能见效，因为太深了，第二个地下全是障碍，打不进去所以没有办法探，只好先试做了一个小探方，如果挖下去没有窑址层，那就不在这儿做了，就放弃这个地方了。

这个探方做得很好，一直做到隋代窑址层，就在这个地方做吧，拆了东边教室腾出这个地方，做下去到4.5米深的地方做到窑址层，看到的情况大大超过我的估计，遗迹遗物原地保存。

这边好的情况是，一共三间房子，南边就是拉坯上釉的地方，这个地方完整保存着。第二间就是晾坯、烘坯的地方，炉子带着鼓风的设备，一个通到炕里，一个通到炕外，另起炉灶，两个炉子。这就不是生活的地方了，可能和晾、烘坯有关，实际上是生产的地方。北边一间房可能是成型的地方，大的研磨盆当时还在原地放着，只不过因为废了以后土压着就被压裂了，周围还有至少两盘辘轳车。这个地方看到炉子铁壶和铁铲。这个地方清理的过程就让我们明白是怎么变成废墟了，这个地方遭到了大水漫灌，人们都逃跑了，结果东西都扔下了，扔的满地都是，这是2004年发掘第四层的结果，发现的是金代窑址。

在这种情况下我们考虑应该暂时保存它，扩方以后再看情况，暂时先覆盖起来，扩方以后再一块发掘出来总体看，所以当时就请示，上边也同意，把这个地方先安全处理一下再扩方。

这就又把相连的第二间教室和车库拆了，开始扩方发掘，这个情况确是另外

图2—19—16 联中发掘位置、发掘现场

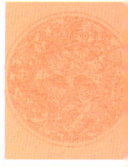

图 2—19—17　金代作坊 F24 大房子中制坯、制釉、晾坯、烘坯设施

一回事。

　　扩方发掘大家看在这个地方，空白的两个方指的金代的作坊，是扩方发掘的部分，这个地方就是元代的衙门，大家看元代衙门当时分前后两期，前边台阶是宽的，后边的成后宅了，就成窄的了，当时出来的器物当中，有一件在碗底上还写着"宅内公用"，如果是家里的话不用写这个字了，公用证明是衙门了，这是元代的情况，元代以上明清都是公家地方。

　　这个就是金代的情况，这边扩大发掘的部分，到这个地方就出现问题了。

　　大家看有三个大的坑，这个灰坑是在元明之间形成的，灰坑出现之后金代这部分就基本上光剩下底部了，底部也残缺不全了，这个情况是接着挖呢，还是向西再扩方？当然有发现了，那是肯定的，但是不敢保证没有被破坏，要知道地下

图 2—19—18　元代公宅衙门 F23 与遗物

373

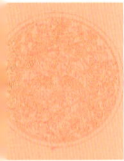

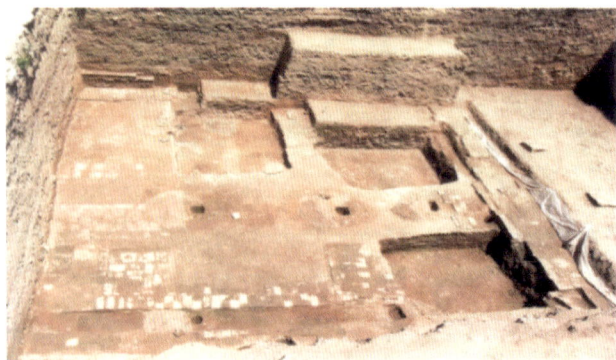

图 2—19—19　T2、T4 之④ CF24 大房子（右部分是暂时回填的 F24，中左部为扩方发掘金代状况）

4.5 米的情况怎么能断定呢？三天没有动，在琢磨这个问题到底何去何从，当时非常费脑子，我最后没办法只好采取缩方发掘，原来不是扩方发掘吗？现在缩方发掘就是在这个方里采取小范围面积发掘，经过请示上头也同意了。决定缩方发掘 60 平方米。

现在看缩方发掘，发掘下去 30 公分以下就是宋代窑址，大家看看，这间房子就是单砖垒的，在这个地方发现了这个形状的东西，经过研究我最后确定它就是窑址作坊的辘轳车底座遗迹，就是拉坯的车。这个里头出现了这堆东西，就是模具，当时是用胶泥做的叶子片模具，这是宋代的东西。

为什么是宋代的呢？有证据，大家看砖，这和金代的砖绝对不一样，这个砖是沟纹砖，也叫条纹砖，它比绳纹粗，我们把它叫作沟纹砖，这是宋代专门用的砖，证据是很充分的。窑址的性质继续向下延伸。

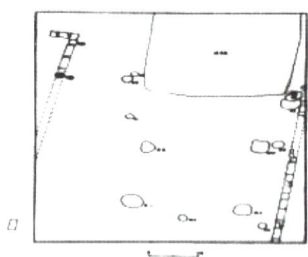

图 2—19—20　宋代作坊 F25 平面、辘轳坑、模具残件、纹砖

374

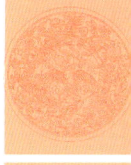

图 2—19—21　唐代作坊 F26 之石础与原料瓮

　　大家看这个就是唐代的，这个地方发现了唐代的作坊，唐代窑址发现了大料瓮，灰陶的大瓮半截了，这个瓮原来整个满的，就把它解剖了，从上到下还存留一半东西，都是什么东西。这就是釉子配料的东西，或者还没搅拌的釉料。这是唐代的灰坑，唐代有釉料的灰坑你想想这不是作坊吗？

　　最后我们就把方做到底吧，唐代下边就是隋代的文化层了，隋代的文化层出来隋代的器物，隋代的器物不是单纯出土。和隋代的窑具一块出来的。

　　大家可以看看这个就是隋代的东西，白瓷的高足盘，还有青黄釉钵，再有就是白瓷鹦鹉首，举了三件代表东西，还有其他。最下边在灰坑出的东西就是北朝的碗片，北朝的特点很清楚，一个它不是上宽下窄的碗，是一个弧腹的碗，第二个它的底足又高又大，一直到北朝，可惜未见北朝的支钉，故尚不能完全解决创烧问题。这次发掘是这个情况。

　　下面就讲原二运公司的抢救发掘，这是 2007 年到 2008 年的事情，这个发掘的动因 2004 年开始破坏。

图 2—19—22　T5 完成发掘后底部分情况及隋代地层

375

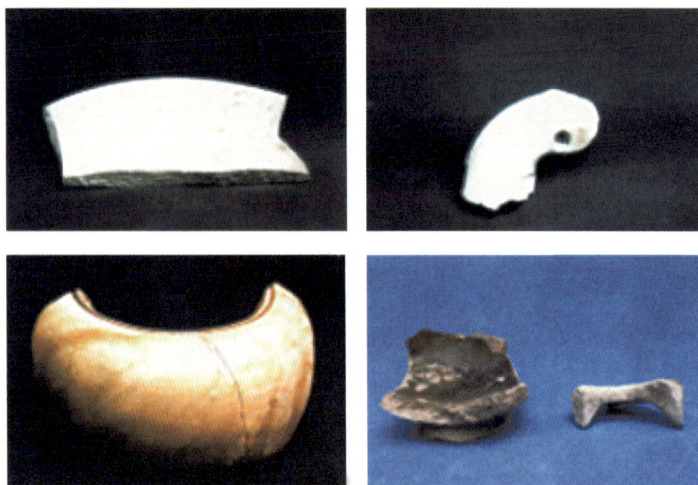

2004 年开始破坏，紧急之下我跟县委王星海副书记一块把它制止住，凡是有窑址的乡镇的领导都到县城和县委副书记当面签保护协议，各乡镇负责人回到乡镇都和村里签协议，这样 2004 年只是拆除了二运公司地上建筑，就被及时制止了。

二运公司就是这地方，这个地方是 2003 年的情况，2002 年年初的时候二运公司破产了，地方县法院就拍卖了，拍卖没有提全国重点文物保护单位有窑址，就是很简单卖土地了。

这个地方与小二楼东西画一条直线，小二楼的南边卖给一个人，北边卖给另外一个人，看看这个地方这都是窑址文化层，这个地方很清楚，2003 年还没有破坏的时候我们拍的照片。地下文化层都裸露着。

三层大礼堂会议室和小二楼建筑都拆了，这是 2004 年夏天破坏的，但是 2004 年没有动土，就没有造成地下文物的损失。2005 年 4 月买地的人就找到我了，通过关系他 3 月份过户的，然后 4 月份到发掘工地找到我问我怎么办。我说你把这地方买了，他说他买地了，我说你就替他们背了包袱，既然背上包袱你就好好背着，你不能动土，他们三年没敢动，你也不能动，就是有多大的事也不能动，你这样只能好好保护。这地方一动土下边就是文物，就要破坏文物，就要造成破坏文物的事件，就要受处理，总而言之给他做了好多工作，最后他明白他表示觉悟，他说："孟老师没你的同意我绝对不动一锹土。"

到 2005 年 5 月 7 日，我在河的西边发掘呢，我发掘的地方看不见这个地方的，突然接到电话："河东坡动土了，把窑都动了，你快来看吧，你不来就没东西了！"我说你是谁？人家不说。咱们去看看吧，我一看果然动了。

5 月 7 日开始动，动土一点一点动，这挖掘机、汽车挖多少运多少不留痕迹。

我开始去了，我说怎么你动了，咱们说得挺好有言在先，你不是说不动吗?！他说我得动，我请示了，你说的条件我都达到了，我请示了文物局。我说好呀，你

图 2—19—24　原二运公司窑址外貌

图 2—19—25　2004 年原二运窑址被破坏现场

图 2—19—26　2005 年原二运窑址被破坏现场

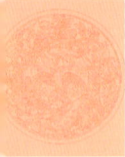

图 2—19—27 2007 年原二运窑址被破坏现场

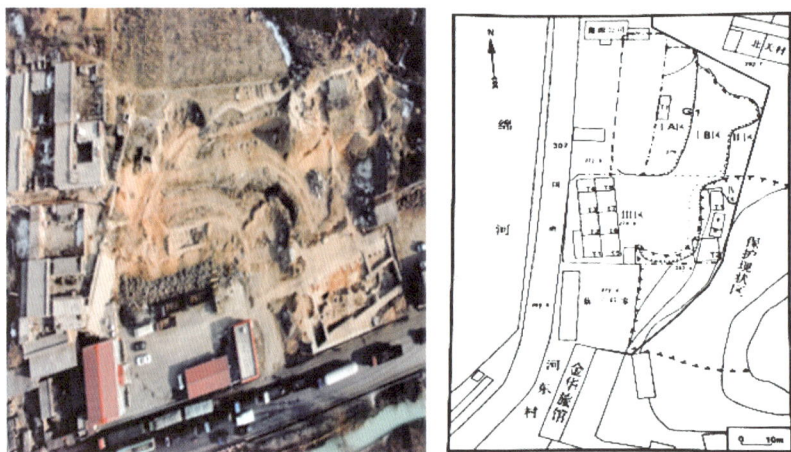

图 2—19—28 2007 年进点形状、分区发掘布方情况

请示了批准你动，那你把批准书拿出来我就让你动，不管是哪一级的，只要有一级能批准就行。他拿不出来，他没有，你说批准你动，谁信？不能动，赶紧停。

这时候根本就不停，一直到 5 月 25 日，怎么回事儿呢？ 5 月 7 日动工，5 月 24 日《燕赵晚报》第一篇报道《国宝在哭泣》报道出来了，这个时候 25 日《河北日报》《燕赵都市报》都跟上去，一下就轰开了。这时候才开始有人到现场，省文物局、市文物局才到现场。

这是被挖的作坊，一摞一摞的支圈放着都往下掉，这边是文物层已经挖到这程度，这是窑炉子出土的炉砖和窑具。挖到这种情况下，25 日省文物局领导在现场召集开会，业主这才开始承认动土了。现场决定不能再动了，不能再破坏了。

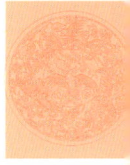

图2—19—29 2007年发掘探方中窑炉、作坊及烘坯房

图2—19—30 2008年三彩窑炉、专家指导、发掘结束

2007年5月份我退休，2007年6月又开始动工了，到7月份就动成这样了，整个院的北边全都动土了，南部大部分动土了，在县文物局制止下，他就给省文物局写了一个报告，说你们快来吧，我这儿遗址就剩下38平方米了，你不来都拿水冲光了，不来就没有了。省文物局把信转到省文物研究所，让文物研究所派人去清理，我正好还没有回家，我看到了这个情况，我就跟文研所说这个地方，我最熟悉我去，最后文研所派我去，我看到现场是这个情况，2007年破坏到这个程度，大部分都光了。

按照他说，就这一点了，实际上这一点也不是38平方米。我就采取了这样的办法。

这是航拍现场破坏成这样，我就把它分区处理，别的什么都不说，咱们先说还有多少东西，还有没有东西，有挖出来看看什么样，2005 年破坏 700 平方米，这是 2007 年破坏的，我就把它分成了三个区作业，首先第一区在这个地方开了一个探方，这地方还有挺丰富的瓷片。这个地方还没动土，在这个地方开八个探方，最高的地方开了两个探方，情况大概就这样。

在第三探区挖了 504 平方米整个发掘出来了，这个情况大家看看窑炉子成排的，一共六个窑炉子连在一块，每个窑炉子都是一个作坊，还有专门做釉的房间，这地方是挖出来完整的保存了，这 504 平方米是清清楚楚的。在最高的地方做了二个探方，这个地方是专门烘坯房，这是两个灶，整个屋子 28 平方米，24 平方米是炕，不是生活住的。

第三个地方是这个地方，挖的两个宋代三彩窑，宋代三彩窑这个是完整的，这个已经是不完整的了，仅仅剩了一点，都破坏掉了。中央检查组来看，给予很高的评价，最后的结论就是这个地方应该把它再接着做，在这个地方做到底，这个地方虽然破坏一半了，但是不要再破坏了，整个不要再破坏了，要建博物馆。这个地方有什么价值呢？可以说今后还可以研究，还可以参观，特别是还有唐代的或更早的东西没有发掘，要好好保护。都覆盖起来了，都没有动，都覆盖着很好，等着建博物馆，最好以后永远保留下去，成为井陉窑研究的基地。

（三）井陉窑的剔花装饰

我讲第三个问题井陉窑的剔花妆饰。井陉窑虽地处冀晋交界处的山区，然西控晋陕，东通冀鲁，实有便道可直上定、燕，下连磁、豫，前面已介绍更有水路可达渤澥，实在是一个交通四达的枢纽之区，操控冀晋的咽喉之地。不仅战时兵家必争，更具古代陶瓷生产、交流、吸纳与传播的必经之地。通过天长、河东坡窑址的发掘，故不难理解，在白瓷方面，隋代即与邢窑相仿，唐代亦可类银类雪，宋代亦能覆烧，金代亦即印花大盛，与定窑互争短长。

同时大家都知道的以戳印填彩为代表的自身特色，我曾总结了十种，大家有兴趣可以去查阅（详见《井陉窑：并耸七百载特色独煌煌》，河北日报 2012 年 11 月 30 日第 9 版专版）。今天我想就常见的剔花妆饰来谈一谈井陉窑的做法，以见其在常规装饰方面特点。剔花在河北以磁州窑最盛行，特别以白地黑剔花技术要求难度最大，达到的水平最高，可在以"白地黑花"四字来概括整个窑址的特点，成为代表性的窑口特征之一。我们发现，无独有偶，井陉窑的剔花作品与之

图 2—19—31　两色釉剔花牡丹纹敞口碗片　剔花花叶纹枕片

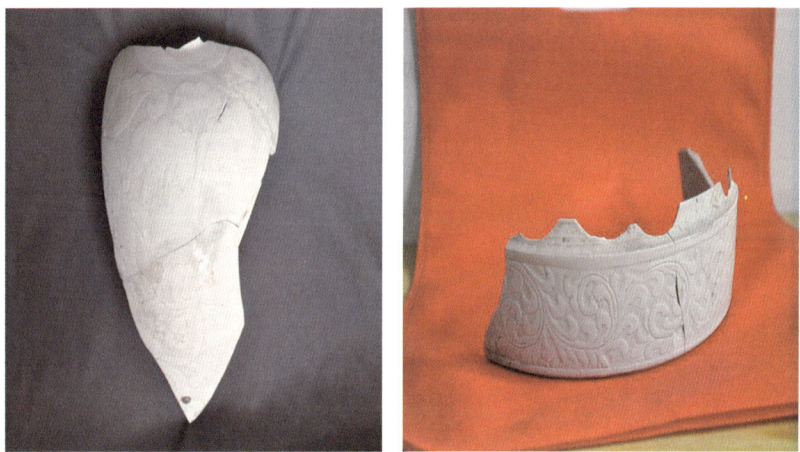

图 2—19—32　剔花牡丹纹瓶片　白釉剔花盒片

异曲同工，可为太行两陉的又一姊妹之花。同磁州窑一样我也将井陉窑剔花分为八种。

　　第一种白釉剔花。其一，白瓷的剔花做的最好的一种缠枝牡丹花敞口花纹碗片。其二，剔花叶纹枕。其三，剔花牡丹纹瓶片，这个效果最不好，没上化妆土直接上了釉子剔，结果釉和胎的色调不怎么分得开，剔花效果并不明显。其四，剔花盒，这个剔花还是可以的，我们觉得它不错。其五，剔花色彩反映比较明显了，灰胎和白釉剔花分的比较清楚。其六，就是井陉窑特有的剔花，叠地莲纹剔花枕片，什么叫叠地呢？它在剔花前先在胎上加一层胎，井陉窑的胎比磁州窑细，怎么办呢？把它胎变得颜色更深，他就想了一个办法，把它的胎上边再贴一

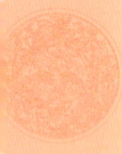

图 2—19—33　白瓷剔花椭圆形枕　叠地莲纹剔花枕片

层胎成了深灰，然后再上白色化妆土，上好以后再剔刻花纹，之后才入窑烧成，这样烧出来的等于胎是两种胎，这是跟磁州窑不一样的，这个很明显。

图 2—19—34　白釉黑剔花瓷片

　　第二种是白釉黑剔花，这个不讲了，就看这个照片。这个剔花出在 1993 年发掘当中，这是大瓶的片子，先上一层白色的化妆土，然后再上一层黑色的化妆土，把黑色化妆土上好以后再用尖锐的刻刀刻画出花纹来，花纹画好以后再用刻刀把花纹之外地剔出来，这个时候地就不是胎了，白色的整个就是第一层化妆土，莲花的花就出来，黑白反差非常明显，剔的效果非常好，这个还不是特别好的东西，大家可以看有些地方剔得并不太好，它应是废品。这是第二种。

　　第三种白釉剔褐黄花。我找了四种枕头片，大家可以看看，这种剔褐黄花，有浅剔褐黄花的，有深剔褐黄花的，总而言之剔褐黄花有四种情况，这四种情况在井陉窑最早在宋代就产生了，一直到金代晚期它仍然存在。

　　第四种白地淡青釉剔花，这是井陉窑的特点，在井陉窑以外别的窑很少见。大家看这个是缠枝牡丹纹的剔花，这是缠枝牡丹纹以外，在内圈三鹅嬉水

382

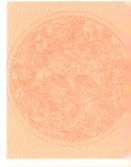

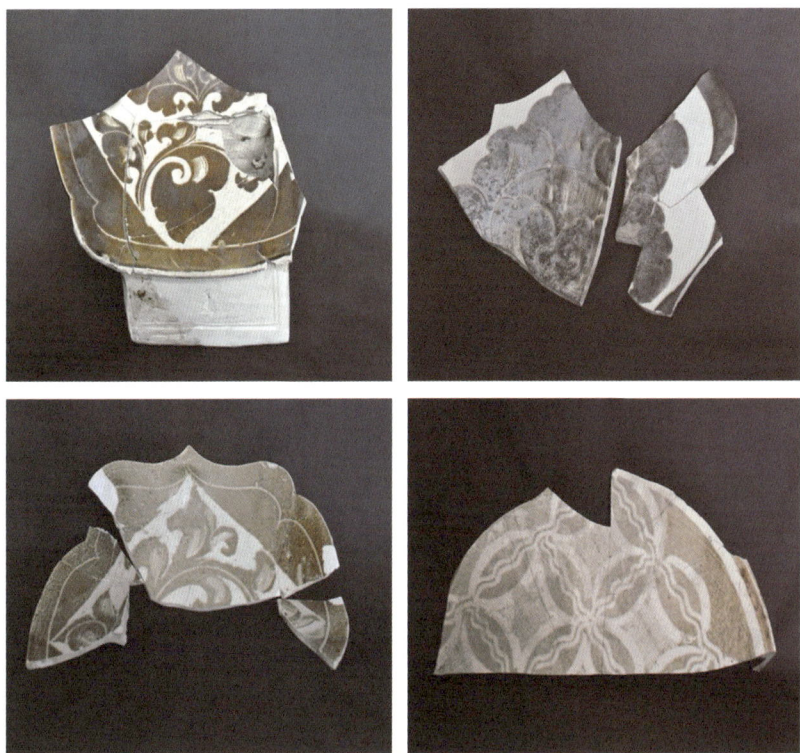

图2—19—35　四种白釉剔褐黄花枕

的莲花纹大枕头，这个小枕头是菱形的鸭戏水枕，这个是菱形的水波纹，这是井陉窑一般淡青釉剔花是这样的，这三件是属于金代，上边这一件是属于宋代的。

这个是井陉窑的精品，井陉窑独有的东西。这个是白地淡青剔花缠枝莲纹枕，剔刻非常好，第一个胎很细的，第二个上的这层淡青釉是别的窑没有的，大家看看这个东西非常漂亮，非常大方，而且有一种玉质感，让人爱不释手。

这件是正定县文保所收藏的淡青釉剔花鹿鹅纹大罐，出土的地点在藁城县杜家庄。这个淡青釉的剔花，四面的主图，一个是飞雁，一个是卧在莲叶上的鹅，一个是一朵大莲花，一个如上是站立在菱荚之中头上长着双长角、肩部披着彩带，顾盼生姿，十分生动传神的仙鹿。此件的口部、底部分别饰以菊瓣纹、莲瓣纹衬托，是一件绝妙无比的神品。

这个是淡青釉剔花梅瓶，这个也是菊瓣纹、莲瓣纹中间是缠枝莲花纹，这个是2008年井陉窑址发掘出土的。虽然烧制成废品，仍能看出做工的不凡，可以和正定所藏的一件相媲美。所以井陉窑淡青剔花这种装饰，是一种自己创作出来

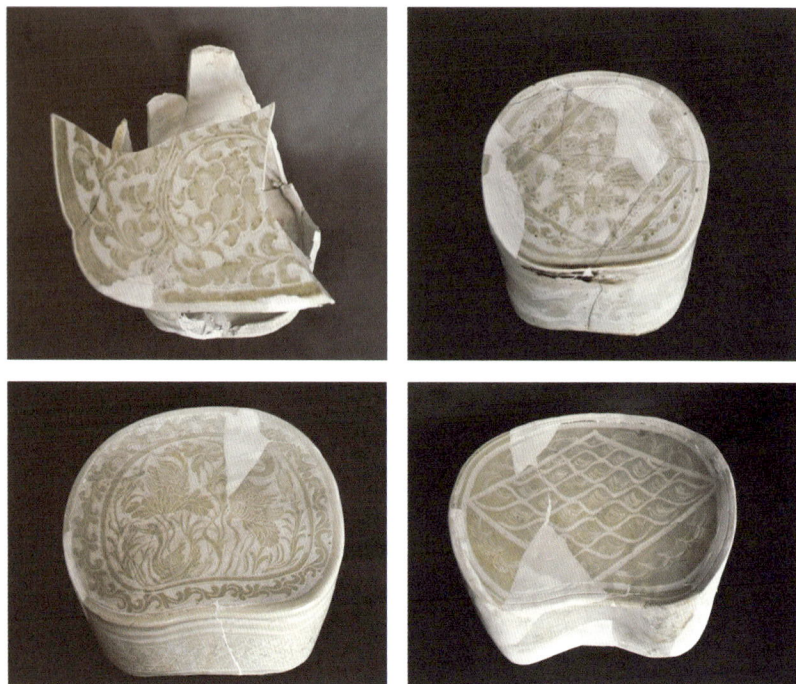

图 2—19—36　缠枝牡丹纹叶形枕　开光鸭泳纹枕三鹅戏莲纹枕　开光水波纹枕

的精品。

　　第五种是黑釉剔花，这件是在窑址出来的，1993 年发掘出土的，这是个瓷盒，就这一圈纹饰。这件我们管它叫缸，这个缸不是普通的缸，这个底边各有一个二分硬币大的圆孔，联通内外。这件是 1990 年井陉县文保所在天长镇征集的，认为把孔堵上把水装满，水泡上豆子生豆芽，所以可能是生豆芽用的。我觉得更可能是洗澡用的，水满了在洞里慢慢放出水来，给身上冲澡的，底部不是一般的底，是放出一圈来的底，以增加稳固，关键现在咱先不管他干什么用的，现在看他的剔花妆饰，非常漂亮大方，黑色的剔花，缠枝牡丹纹剔花，左右两上角

图 2—19—37　白地淡青剔花缠枝莲纹枕

384

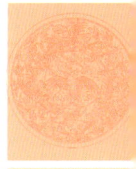

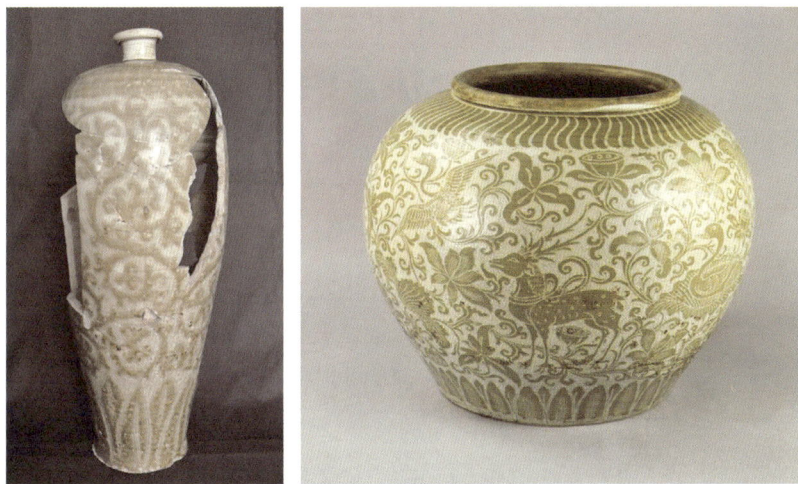

图 2—19—38　淡青剔花鹿鹅戏莲纹大罐　白釉淡青剔花缠枝莲纹梅瓶

两个大叶抱着花，周围缠绕着都是它的枝叶，非常漂亮，一共三朵。黑釉剔花只上一层黑釉，剔出的效果十分鲜明，简单洗练，明快生动，装饰效果有事半功倍之感。

第六种褐红釉剔花，这个也是别的窑口没有的。左上图光剩下上面这一点，剔花的效果照的比较真实地接近这个颜色。这两个都有点偏色，都是 2007 年、2008 年在窑址发掘出来的，胎质细白。瓶子口沿缺失，残高 45 厘米，先上了一层褐黄的底釉，然后再上绛红釉或者棕红釉的颜色，最后剔成褐红色的缠枝花纹，现在看这个是井陉窑独有的特点。

南宋陶瓷家蒋祈写了一部书叫作《陶记》，里边非常推崇真定红瓷，过去人

图 2—19—39　黑釉剔花小盒片　黑釉剔花缸

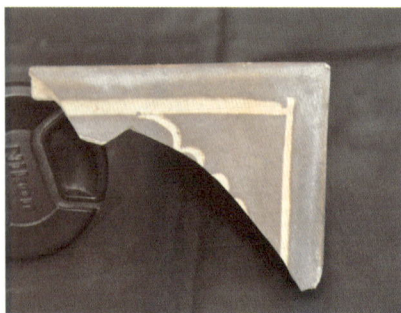

图 2—19—40　蟹壳青釉剔花

们认为真定红瓷说的是定窑红瓷，或者是别的窑红瓷，实际在这儿井陉窑红瓷才是真定红瓷，这个红瓷的发现就说明这个问题。定窑也有这类所谓的"红瓷"，但是定窑此时不属于真定管，第二定窑红瓷没有这类的剔花，因此真正红瓷只有井陉窑生产或正定生产才能叫真定红瓷。由蒋祈之说可以看出，真定红瓷和龙泉青瓷相提并论的，当时轰动大江以南的精品之作。

　　第七种三彩剔花，这是枕头，椭圆形的。这个枕头胎是很白的，枕面上上了一层褐红釉开始剔花了，剔的是绣球花，已经剔好了等着再上釉，上了以后再入窑烧成。经过素烧，还没有经过再次入窑。总而言之，井陉窑目前发现的，就是这八种剔花产品。

　　但仅就目前来看，井陉剔花和磁州剔花都达到了七种，但是并不是说它们都只有这七种，今后还都有可能有新的发现，现在初步显示井陉窑匠人的聪明才智，他们就是在传统技术方面，也没被周围窑口落下，还在传统技艺领域开创了自己的新发明。如淡青釉剔花作品、褐红釉剔花作品等，我们认为这是井陉古代

图 2—19—41　褐红釉剔花长方形瓷枕　褐红釉大瓶

图2—19—42　绣球纹素烧剔花枕

匠人智慧结晶的充分表现；而褐红釉剔花作品的发现，不仅使我们真正与"真定红瓷"对上了口径，终于可以明确判断，其指的是宋金的井陉窑作品，而不是其他窑口作品的传统认识。并且在传统的装饰艺术特色中，井陉窑也并不是与别的窑口亦步亦趋。而是充分地发挥想象力和创造力，在陶瓷史上作出了自己应有的贡献。

（原载河北博物院编：《河北博物院文博讲坛精粹——中国古代名窑名瓷系列（北）》，河北美术出版社2018年版）

二十、"历经劫波终归队，辛苦如饴伴春秋"

——序《河北临城馆藏墓志》

　　临城县文物保管所（文化馆）收藏志石始于 1975 年冬北齐三志的出土。中经 80 年代后期调查征集，共有十四件志石入选《新中国出土墓志·河北壹》。那时我们正在汇编河北出土的墓志，回忆和我的同事刘超英三次到临城地区和文管处的刘龙启、县所的李振奇等同志共同工作，曾到乔璧星墓地亲手传拓乔志的拓片 [1]。临城有北齐墓志，有明代名臣、烈士的墓志，给我留下了深刻的印象。不想二十多年过去了，临城以继任所长张志忠、王信忠为首的同志们不仅新征集到临城、隆尧、内邱三县的 39 件隋唐五代墓志，数量上竟超过了《新中国出土墓志·河北（壹）》同阶段最多的邯郸全地区的 38 件还多，更重要的还有征集到北宋重臣王皞及其家族墓志 9 件 [2]，又收入《东坡全集》中的《宋王适墓志》1 件，一地共 10 件王氏家族墓志。由墓志方面发现对北宋王朝政治、军事、文化等多方面提供了重要的第一手资料。明代，虽乔璧星、乔若雯墓志已发表过，但这次辑入了乔璧星之父乔辅世、孙乔已百等人有关资料，使之更加深入全面，对于明、清交替的历史是一个颇具意义的扩充。本书最后一件志石，民国三十四年十一月上旬的《田俊心墓志》，作为新的发现，特殊的是本人为其夫妇墓志的执笔者，在日伪统治下遭受汉奸迫害，子死、妻亡的悲痛遭遇。抗战胜利后"家仇得报万分之一"，但不问前途如何，明言给自己做好去世的准备。读来不觉心酸。

（一）诸志浏览

1. 北齐三志

《北齐李祖牧墓志》《李祖牧妻宋灵媛墓志》《北齐李君颖墓志》于本书得到较好的考证。这里需补充的是志主与其父主簿李希远，李希远兄弟与其父李宪各不在一墓地 [3]，实证此三代并非昭穆葬，可见即时的赵郡李氏祖地广阔，按支按辈分开排墓也是已有的实例。第二除士族婚姻交媾连叠外，赵郡李氏和东魏、北齐皇室婚姻也是连绵不断，李希宗女儿李祖娥，嫁给高洋，后成为北齐第一帝的皇后，家族炙手可热，到北齐末年希宗夫人太妃崔氏（希宗妻）仍住在戚里豪华的府第。李祖牧墓志提供：大女儿嫁了东魏颍川王（元）斌世子元世铎，四女儿嫁北齐文襄帝第五子太尉安德王延宗。东魏、北齐李祖牧一家即可见与帝室保持了长久的姻戚关系，生前居住在首都戚里的宣化里第，也看出其始终维持了自身贵戚的地位。

由墓志提供的具体情况分析，李祖牧、李君明、李君颖加上其先父李希远，官职都不高，以年岁最大的李祖牧活到 59 岁，最先"释褐开府参军事"，最高做到"太尉府咨议参军事"，闲职一生，享乐一生，"君雅怀高尚，志恬缨冕，进取之间，特非其好，每所迁历，久不移班，自我得之，亦无闷也"，"晚除太子洗马，寻迁彭城太守，方事推请，竟不述职。"他一靠自身门第，二靠女儿的婚姻。这在士族中是典型享乐的一例。

2. "进奉瓷窑院"的首次发现

唐代是中国墓志发展的第一个高峰期，表现在它的无与伦比的广阔度。上自皇帝（哀册）、皇室、贵族、官僚士人一般皆有墓志，佛、道、伊斯兰教等宗教界也不例外，就是社会底层的一般中小地主、平民等也出有墓志。墓志文化渗透了整个社会。索丽霞、王信忠、张倩《常公遂墓志》《常氏墓志》考证了唐代诗人常建的祖籍在内邱。王信忠《〈我府君万总玄堂记〉考释》《从几盒唐代墓志看有关临城县县志治等几个问题》等有不少的发现。

最重要的是张志忠、王信忠《进奉瓷窑院与唐朝邢窑的瓷器进奉制度》和王信忠《唐赵府君（希玩）夫人（刘氏）墓志铭》《〈唐故赵府君（公素）墓志〉考证》两篇。对于"进奉瓷窑院"这个专用名词的首次发现，前篇文章认为这是皇帝派员，或者地方节度使派官监管邢窑进奉的管理机构。它可能有御窑厂和榷税

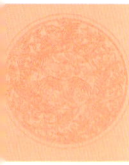

两种机能。编制如何，何种身份，由谁设置监领与土贡机构的关系，还有待于考证。后者受孟繁峰《唐后期的定窑是藩镇义武军官窑——也谈〈唐恒岳故禅师影堂纪德之碑〉所关定窑的题刻》等启发，进一步提出进奉瓷窑院也应由中央或者高级地方政府昭义节度使设置在主要产地昭义军(潞州)邢州或内邱、临城等地，督造官也应由节度使、刺史担任。黑石号的"进奉"款瓷器的发现，内邱出土一件带"进奉"款识的白瓷碗，临城县博物馆藏一件刻"进"字款的玉璧底白瓷碗，都与赵公素首先供职的"进奉瓷窑院"正好吻合。同样是进奉之瓷，为什么刻有不同的"新官""盈、翰林""翰林""进奉""盈""大盈"等不同的款识，认为表明是皇帝用途不同。也提出了"进奉瓷窑院是由谁（中央或地方）设置，具体设于何处，人员编制如何，何种官员身份监领，它具体功能有哪些(督造、征收、进奉等)，与土贡机构的关系等尚待于相关文献的发现和考古资料的证实"。

《新唐书·地理三》邢州钜鹿郡"土贡：丝布、磁器、刀、文石"。河北道有州二十九，仅记贡磁（瓷）器的只有邢州这一处。其他如李肇《国史补》陆羽《茶经》等同时代文献谈到邢州白瓷，用"天下无贵贱通用之"来概括它的影响之大、产品的覆盖面之广。当时它已取得了代表北方白瓷的地位。故"土贡"就是地方名牌贡品的意思，这和"进奉瓷窑院"完全吻合相对应，并非两回事。《新唐书·食货一》"故事，天下财赋归左藏而太府以时上其数，尚书比部覆其出入。是时，京师豪将假取不能禁，第五琦为度支盐铁使，请旨归大盈库，供天子给赐，主以中官。自是天下之财人君私藏，有司不得程其多少"。因此，并非一种是皇帝要的精品，由"进奉瓷窑院"掌管选送。一种是"土产"供给皇帝以外的官员人等。由另外的官式渠道运送。我认为"土贡"和"进奉"是无区别的一回事，因此，才有了"进奉""翰林""盈""大盈"等不同的刻款，实质"翰林"是皇帝的专职秘书班子，"盈""大盈"都是皇帝的内库。因为除皇帝及相关的机构以外，别人概无"进奉"瓷器而直接使用的资格和实例。第五琦是唐肃宗的盐铁转运使和宰相，这种"进奉"入大盈库的事实，最早开始于唐肃宗时。

前面提到"官"字和"新官"字款的问题，这是一个自 20 世纪 50 年代以来陶瓷界就开始争议的问题。先是"官"字款白瓷是哪里生产的？是一个窑口，还是不同的窑口烧造的，后来渐趋于一个窑口，定窑专门生产的。第二"官"字代表是谁？这到 20 世纪 90 年代渐趋于代表皇帝。什么时间生产的当时认为唐、五代、北宋皆有。早在 1993 年我们发掘井陉天长邮电支局工作楼基座，在 90 平方米的面积内首次发现了五代前期的细白瓷粉合底部上面刻有"官"字款。2005年又在城内的另一地点发掘出另一白瓷罐残片圈足底部亦刻有"官"字款。同

年又获得在南防口窑址的两片"官"字款白瓷片。以上为井陉窑发现的"官"字款。虽然发现的不多，且前者又分为两个不同的出土地点，但都发现于窑址地层中，特别是发掘都在地下5—5.5米深处出土。已完全肯定了井陉窑生产"官"字款白瓷。定窑有官字款白瓷，已从20世纪50年代以来且除发掘塔基、墓葬以及窑址中地层出土外，另有传世或收集的瓷器、瓷片标本最多，发现的最早，影响也最大。进入21世纪以来，邢窑遗址发掘中，在内邱步行街，也发现了"官"字款白瓷片。如此"官"字款的发现，在河北就确凿无疑的有三个窑口了。在"官"字款最热的故宫定窑学术讨论会上，我提出"官"字非指"皇帝""皇家"，而是出现在9世纪至10世纪的唐后期到五代时期"官"字、"新官"字款，也并非一地所出，井陉窑是成德军官窑，定窑是义武军官窑，邢窑是昭义军官窑的认定。后又在故宫院刊发表《唐后期的定窑是藩镇义武军的官窑——也谈〈唐恒岳故禅师影堂纪德之碑〉所关定窑的题刻》，充分论证唐后期的定窑是义武军节度总管及其判官、副将、驱使官等所掌握，是义武军官窑，同井陉窑一样有一套专业管制体制，它的"官"不代表皇帝，而是专指这里最高统帅节度使。同样对于邢窑来讲昭义军的邢窑也是如此。这是中国最早发现的冠以"官"字的窑口，这和宋代的官窑的"官"是指皇帝亲自掌控烧制有着完全不同的含义。

现在仍回到唐代中后期的邢窑，他"土贡"的瓷器和"官"字款瓷器据以上所说是不同的两回事，一个进贡给朝廷，一个烧给节度使使用，两者是有不同的去向的（当然也不排除井陉窑和定窑节度使有时以"官"字款、"新官"字款瓷器进贡皇室的可能，这在西安本地出土已经证实，究竟属于井陉窑还是定窑，有必要进行进一步的鉴定）。故在邢就有"盈"字款、有"翰林"款、有"进奉"款，这也正好说明当时和"官"字款使用的主人公不同，运送地点也不同。在节度使控制下，"进奉瓷窑院"的专运专供也正说明了邢窑不仅当时名声比后二者大，获得进奉地位要高于二者，质量也能代表二者，成为北方白瓷在当时的集中代表。这样就能正确理解井陉窑、定窑即使当时都能生产高档的细白瓷器，为什么《新唐书·地理志》中只记载邢州产"磁器"，为什么李肇、陆羽等人也理所当然地谈论"内邱白瓷瓯了"。

3. 宋代

新中国成立六十余年来的田野考古，实证着北宋在丧葬活动中严格执行非官不志的制度。如唐代那种不分贵贱均可随葬墓志的情况，一般不再出现。在我们汇编新中国出土墓志的过程中，北宋，河北就仅赞皇县《北宋授朝散郎守殿中丞致仕骑都尉赐绯银鱼袋孟良墓志》一件[4]。二十多年过去了，相距不远的内丘县发现了王礘及其家族墓志9件之多，出于同一墓地，加之《东坡文集》中收有的王适墓志，总共十件，这是临城、内丘，也是河北墓志资料的重大发现。现在这些墓志的征集者终于同他们已掌握的其他墓志一起汇编出版。此前关于这批墓志就每一件的研究已有发出[5]，特别是王信忠同志在前言中已有较全面的论述，就这10件墓志还有以下的话。

为简单方便特先列表加以必要的说明。

北宋王礘及其家族墓志一览表

编号	姓名	生年	卒年	葬(迁葬)年	最终官职	主要仕迹	葬地	写者姓名			收藏单位	备考
								撰	书	篆		
1	王璘	922	984	1033	未仕		迁葬两口原	丁度	孔令仪	孔令仪篆，邹义、王守清镌	2009.11.4，临城文保所	同王璘葬入一墓的还有他的两位夫人。同王璘一起迁葬的还有王杰、王盛共三世直系
2	王礘	978	1041	1041	参知政事、知枢密院事，最终出知河南府兼西京留守	知益州(1033—1037)，同知枢密院事(1037)，参知政事(1038.3)，宝元二年十一月知枢密院事(1039.11)，康定元年罢免(1040.2)，出知河南府兼西京留守，1041年2月卒	入葬两口原	王举正	周延让	宋选篆，彭宇庆镌	2006年临城文保所	子男二人，正思、正路
3	宋氏夫人	992	1047	1047		王礘妻，封安康郡太夫人	合葬两口原	宋迪	宋适	宋选篆盖随刻	私人	枢密副使宋湜女
	王正思				故将作监主簿，早亡		葬两口原					
	王正路				比部郎中知濮州	"三公之子，所乏非财，风雨散之，如振浮埃"，(苏轼)"家贫久未葬，身后独留名。"(苏辙)	入葬两口原	墓志不知下落				子男三人，蓬、通、适
4	王蓬	1033	1110	1111.9	夔州路转运副使	知无为军，夔州、夔州路转运副使，北京留守司御史台公事。有古诗342首，《施州开边录》十卷，皆佚	入葬两口原	蒋静	贾炎	梁子美篆、潘震镌	2008年1月盖人所。志底私人藏	子男8人，按王康为五男
5	向氏夫人	1038	1079	1111.9		王蓬妻，齐安郡君	合葬两口原	耿南仲	巴宜	王勇		向氏，向敏中之曾孙女，向绶之女
6	张氏夫人	1063	1104	1111.9		王蓬继妻，建安郡君	合葬两口原	孙鳌汴	巴宜	王勇		

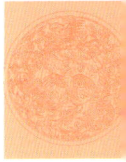

编号	姓名	生年	卒年	葬（迁葬）年	最终官职	主要仕迹	葬地	写者姓名 撰	书	篆	收藏单位	备考
	王适	1055	1089	1109.2.11	未仕	苏轼学生，苏辙女婿、学生，有文集十五卷（佚）	入葬两口原	苏东坡	为作墓志			一女嫁苏轼次孙苏符；一遗腹子，未见墓志
	苏氏夫人						失载					苏辙次女
7	王遁	1057	1104	1104	陵台令，兼知永安县事	三甲进士，起自信州司法参军，终至陵台令，兼永安县事	入葬两口原	江公望	沈济	贺铸	2008年临城文保所	子三人，均未见墓志
8	江氏夫人	1069	1105	1111.9		王遁妻，蓬莱县君	合葬口原	江公望	沈济	贺铸	2006年临城文保所	从兄钓台江公望
9	王康	1087	1110	1111.9	苏州昆山县尉	警捕不懈，民赖以安	入葬两口原	韩向	韩向		2008年临城文保所	王蓬第五子，卒于父前65日

（1）王璙在五代末期曾经幕职于赵，分派临城收取关市税赋，借此移家临城

进入宋朝，"其道塞软，退居衡庐。"连其祖上三代均属平民。大中祥符初，王贽以一甲进士高中，进入仕途，得真宗、仁宗赏识，才能得以施展，业绩突出，进入上层。以左司郎中枢密直学士知益州，果断处理兵变，以及种种善政，深得民心。任满，三年之内连升三级，于宝元二年（1039）超拜工部侍郎，知枢密院，达到任职的顶峰。恰逢西夏入侵，"公总冠枢近，机筹所寄"而无良策；议招募乡军，又无决断。因此，时仅四个月便被撤职。调降河南府兼西京留守，这一挫折，在其三十年的仕宦中未曾遇到，竟无法承受，一年后暴病而卒。墓志于此虽稍有回护，和本传所述相符。其子王正路，官至知濮州，无传，墓志也不知所踪，幸见苏东坡文集《祭王宜甫正路文》，悼其"三公之子，所乏非财。风雨散之，如振尘埃"。苏辙曾给未谋面的亲家悼词中亦有"家贫久未葬，身后独留名"者。他散尽家财，为仁、为义，以致死后竟长期无钱葬埋。长孙王蓬，科举未通，荐补入吏，经五十年官场，终做到知夔州，夔州路转运副使，有一定作为，但亦无传。次孙王适，两次科考失败，一生未仕，35岁早亡。季孙王遁，虽中丙科进士，但最终仅至陵台令，兼知永安县事，病亡，年仅48岁。王蓬兄弟后人，已到北宋末期，所知皆为县佐吏。其中，王康，大观四年卒，25岁，死在昆山县尉的任上。如此，若给王璙、王贽家族划一任职轨迹的话，起自贫民，通过科举，达到统治集团核心，很快跌落下来，中经两代，即落到一般吏职的平常境界，真的是"君子之泽，五世而斩"。

（2）除王贽外，王氏并非无人

王蓬长期处在低级官吏阶层，最后官任夔州知州，夔州路转运副使，已65岁

393

了，但均有不俗的表现。《施州开边录》今不传，约计其夔州转运副使，不用公帑，平灭部蛮向文强，拓地五百里。对地方官员有效的管理等等。当年因其二弟结识了二苏。苏东坡高度评价他"高才雅度"，并为其作《芙蓉城诗》。苏辙诗称之"矫矫公孙才不贫，白驹衡白喜新春"。苏门弟子们亦有诗赞誉："墨妙今初贵，诗名久已传。"也许如此，被视为苏门集团，受到排挤。他曾享誉诗坛有古体诗三百四十三首。《施州开边录》十卷，均失传。蘧之二兄弟王适、王通皆在青年时期从师于苏轼、苏辙。二苏对他们的评价和期望甚高。元丰二年七月，苏轼因诗被诬诽谤朝政而在湖州任上被逮，衙中大乱，亲戚、故旧无人敢于上前，唯二王大义送之出郊，返回又送家属安置在南京苏辙处。苏辙欲以己官换回东坡，不料反被牵连贬谪筠州，这时作为他女婿的王适一日不离，伴他度过六年的谪居生活，同时在苏辙的指导下，继续刻苦攻读，造诣很深，在东南的读书人中已有一定的影响。伴随着他的是，作为苏门女婿遭到政敌的无辜排挤。这之间他曾两度参加科考，但竟均名落孙山，怀才不遇的王适，年仅35岁，郁郁而终。其弟王通整理他的遗作，"得诗若干、赋若干、杂文若干，分为若干卷，以示予，余读之流涕，为文以冠之，庶几俟裔能立以界之"（《王子立秀才文集引》）。苏轼言："百世之后，其姓名与我皆隐显也。"正是，王适义高而学长，在二苏的指导下，刻苦攻读十几年，断送于黑暗的科场，实际是党争的牺牲品。

（3）夫人的墓志

在9种志石中，夫人墓志占有4种，她们分别为王靓妻宋氏墓志，王蘧妻向氏、继妻张氏墓志，王通妻江氏墓志。宋氏乃北宋名臣枢密副使宋湜之女，嫁王靓时，靓尚未赴科考，在参知政事王化基家中读书。"初皇上始有储嗣，夫人与内外命妇，皆进贺中禁，上乘喜以金钱、杂宝散掷殿陛，侪从其所取，谓之利市。由是多相夺攘，喧嚣不恭，夫人独避去，立东庑下，无一有。上数顾问，宦者对曰'某臣之妻'。上特叹美，赐于优异。"忠穆公居要位也，夫人以谨奇之风，多所翊助。公常语人曰："吾得是贵仕，不危厉、仁寿之助也。"她死于其夫卒后八年。

《宋齐安郡君向氏墓志铭》，向氏，中书门下平章事向敏中曾孙，国子博士向傅正之孙，左藏库副使向绶之女。为王蘧妇"逮事舅姑（王正路夫妇）恭顺慈祥。……后君舅捐馆舍，萧然垂橐。食指且重，家事悉抑给予于公，夫人贬损服御，贸鬻填象，佐公料理之。"其姑饭亦饭。其弟年幼，皆其抱携，至其有室家，宁籍其子。诸妹所归，尽当世华腴上族。神宗宪肃皇后于夫人为再从妹，岁时燕见，宫省眷礼优异。戚里歆艳，夫人退归于家，谦畏自律，曾不娇夸。

《宋建安郡君张氏墓志铭》，张氏为王蘧继妻，出身平民，家富有。归王氏，

394

勤俭率下，咸有节适。"它日谓公曰：娣姒有孀居者，可悉收至馆，而给其终身。公宦成名立当与此曹均饷。"此议正与王蓬相合。夫人日夜课子学，虽女子亦勤诵习翰墨。故其子有数予乡物者，虽女子翰墨亦可观。

《宋故蓬莱县君江氏墓志铭》，直论："子敏慷慨磊落，蓬莱君婉淑柔懿，实得其配。""子敏好士喜宾客；又轻于施予，饷饩周给，家无余货。子敏为政主严，而赞以慈良，为治主断而辅之审重。迄子敏世无愆德，亦内助力。教子有法度，在母家为淑女，适人为贤妇，毓子为令母。"死之日崇宁四年五月辛酉也。

她们有的死在夫后，如宋氏、江氏，有的死于夫前，如向氏、张氏，皆单独立志；题篆皆以单独个体为名；志文也是先叙述其出身，然后叙其如何帮助丈夫为人处事，教子立身的节行。实是不止三从四德之辈，使人可以概见有独立的身份，外有适当的地位，内有治家的本领。承得起单独为她们立传，非一律无才便是德辈。

4. 明代、清代、民国

明代是中国墓志使用后段高潮期。本卷收入的最后20件墓志，除1件民国志之外，3件进入清朝后书刻的志石，志主皆是明人，实际有19件明志之多，即充分反映了这一史实。明志中除《嘉靖七年国子生赵公（世相）墓志》、其妻《万历八年型母（赵型）墓志》原出土隆尧外，余皆出土临城。其中《明故奉议大夫南京户部郎中龙岗李君（世潘）墓志》《明诰封李宜人墓志铭》《明故中书舍人赵公（思学）墓志铭》等皆有可观。最有价值的是《明乔璧星墓志》《明乔若雯权厝记》《乔若雯妻张氏祔葬志》《乔若雯继妻李氏权厝记》，反映了明后期，西南土酋叛乱和清兵入侵屠城，明王朝风雨飘摇，眼见不保的情况。乔家出现了清正之臣和殉节之臣。这次补充进乔璧星的父亲乔辅世墓志及乔若雯子乔已百志，更加说明了忠臣、烈士、烈女产生的根基，不仅当时、对后世亦有强烈的教育意义。

乔璧星，万历八年（1580）进士，首任河南中牟县令。即考核"天下第一"，民建生祠。历山东道、山西、京畿道御史，顺天府丞，大理寺少卿，誉满所任。最后以佥都御史、四川巡抚，殚精竭虑，建章立制，解除民困。在事关西南稳定的水西问题上，他主张坚决惩办不法土司，以儆效尤。这主张与贵州同僚意见相左，朝廷息兵政策，使他的主张无法实施，对立面暗中攻讦，最后使之罢官回籍而终。其后，水西叛乱，终明亡，仍未能平定。

乔若雯，万历四十七年进士，历官中书舍人、御史等至兖州知府，因病于崇祯五年休致回籍。崇祯十一年十二月三日，清兵破临城，他忠实地执行了皇帝的严命，不幸壮烈殉难，同死的还有全家十六口及尉、丞、簿、绅人等数百人。乔已百兄弟二人及其母李氏幸于死人堆中复苏得活。《乔若雯暂厝记略》《乔若雯妻张氏祔葬志》以及其后《先妣李安人权厝志略》先后皆为乔已百撰书。其书父死之状："先是圣谕，乡御史同倡逃，俱与地方官同功罪，诏旨甚严……公又冠带而坐，厉刃叱贼，严冬不朴，累月不变……"其母李安人逝于丁亥年（1647）。"呜呼，吾一家之命，在戊寅业已俱死矣！吾母子三人幸而苏，以至于今日如安人者，虽不死于戊寅犹死于戊寅也……姑殂夫落，妇死子伤，城破而山居，家亡而旅寓，凤诰龙章，翟冠翟服尽失，而与田妪野媪共生活者，则数百年未之有之变，而此生此世创见之奇也。"但是，生活仍在继续，"拨煨烬，拾瓦砾，缉敝庐，瘗遗骨，纳新妇，抱幼孙；则又癸未甲申之间，重兴家道者也，而时年五十九矣。至于今，才三易岁尔，而遽然舍我而去，长往不返，弃子掷孙，抛家离业，将安往耶？忍乎哉！其称年则吾不知，其干则丁，其枝则亥，时年六十有二，而我母遂已矣"。悲伤愤懑，不忍卒读。

盖见今次补充之，申时行撰，璧星之父乔辅世墓志云："御史（乔璧星）报命，尝省公于家，公止之门外，视囊中装无他，而后命之入。御史按晋时，或馈公一扇及桑椹膏一罂，竟谢不受，其廉介如此。""族指甚繁，然矜寡孤独无失所者，比邻虽窭甚，无他徙者，亲故交游，无敢凭藉气势为暴于里中者，咸以公故。公又仿常平法，谷价贱则增价以籴，贵则减价以粜，邑人赖之。……里人之言曰：'乡绅若乔公，百家非多，千岁非久！'"有其父，必有其子，必有其孙。乔已百，邑诸生，明亡不仕。以文章书法见长。可见于乔氏四志。有《铁山小记》《天台诸山正名》《均社碑记》《乔氏家乘》。另在83岁（1692）时受知县杨宽礼聘共撰康熙《临城县志》传世。

作为本书封卷之笔的是《民国三十四年田俊心墓志》的选入。这是在中国墓志中少而特殊的一例。不仅形制特殊，且志主做志时尚健在人间，且撰主就是志主。通过他的叙述，其早年从军，壮年退伍，与其靠小生意维生，经过母求族长等过继外姓为子，并为之娶妻、生子。不幸日寇乱华，占领临城，大汉奸"血坏小"将其子杀害，他携全家逃到他乡。四五年春"血坏小"被杀死，他才回家，他的妻子因失子生气而病故，同年七月七日西游。很快得以解放，上峰号召民人"倒苦水"，"算血泪账"，才将"血坏小"的仇略报万分之一。冬闲，修墓停当，葬妻，将写好的夫妻患难历史葬入墓中……可以想见一个普通百姓沦为亡国奴的苦难经历。

（二）特殊装饰

1.卧兔的含义

北齐的盝顶式盖顶部四角装提环，环内以篆字题盖。志文前为序文，中为铭词，后做亲属介绍，叠合而成整件，已是墓志非常规格十分成熟之作。隋及唐代前期，仍有前朝的遗风。大约自唐高宗、武则天时期我们看到了一种装饰，突出的出现在本书中有四志，自长寿二年（693）至开元十二年（724）中，它们无文字解释，有的也无任何纹饰。以本书的发现下限到玄宗的盛唐之时，覆斗式志盖的中央，圆雕一只卧着的兔子，究竟什么含义均无文字说明，至今也未见到明确的解释。除此之外，无独有偶，《新中国出土墓志·河北壹》亦发现一件卧兔式志盖顶的墓志，不过它在卧兔的两侧各题有两字，做"李君墓志"。以本书的发现来看，首先出现的是《大周长寿二年（693）故制授冀州司马张君（信）墓志》，覆斗式志盖顶部雕一长 16.5 厘米、宽 12.3 厘米、高 1.5 厘米的平台。突出于盖顶。四刹及四侧面保留粗刻的原始状态，顶部打磨平整，台上就原石圆雕一只卧兔，兔长 13.5 厘米、最宽 8.5 厘米、高 3 厘米，整个盖面十分醒目地突出了这只卧兔。其另三件为《周修延载元年（694）隋故刘公（仲瑜）墓志》《唐开元二十四年（736）故处士吕君（信天）墓志铭》，以及《大唐光天元年（942）故睢君（怀）墓志》，顶部平台各圆雕一只兔子，作法相同，后者纪年模糊，凿毁不清，整理者认为"光天元年"，即 942 年，绝对出了唐纪年的范畴，是后晋"天福七年"，故时代肯定是错误的。笔者认为是"先天元年"之误，应是为"712 年"。如不误则 4 件皆为高宗至玄宗盛唐时物。志主生年与卒葬年代皆与之无干系。这种装饰究竟是什么含义？思之个人认为或以之代表了月相，寓意这件东西是专门陪伴墓主人进入西方世界的一件吉祥的信物。

这里正中部把兔的圆雕塑造其上，也和宋、金壁画墓中，在墓室顶部西侧专门画有月亮表示西方的意思大体相同。不过在唐代它还有实际用处，即扣合后以兔首表示墓志的方向。

2.八卦、天干、挽歌

在唐代墓志的装饰中本书第二十三志：《唐（大中三年）故赵府君（希玩）夫人（刘氏）墓志铭》、第三十三志：《唐咸通六年故府君前左武卫兵曹参军常公（遂）墓志铭》、第四十一志：《唐乾宁四年故赵府君（公素）墓志》，三志非同一般的装饰，分别在盝顶式志盖顶面盖题四周点缀八卦、天干和挽歌（后一件只有八卦符号），以往很少见到。大约以之表示墓志的方位、顺序和悼念之情。

赵希玩墓志、赵公素墓志，都是顺时针排列的，乾在东南，坤在东北，坎在正南，离在正北，艮在西南，巽在西北，震在西，兑在东，在艮震符号之间，加上甲，以下顺时针方向依次在八卦符号中间顺序各加乙、丙、丁、庚、辛、壬、癸另七个天干。而处于外侧的挽歌，亦按顺时针方向，自东北起："哀哀父母，本之是天（天落在东南的乾字下），生无常期，有多（长）有然（短），名记石上，万世千年。"最后的年字亦落在坤字的左上，正好一周（这与宋代确立的后天八卦布置相符，只是二者位置相反）。

常遂墓志，它的排列顺序是自东北始依次下行乾、壬、坎、癸、震、甲、离、乙、兑、丙、离、丁、坤、庚、乾、辛。这样坤就排在了西北。从位置看东北、正北两个乾位，正南、正西两个离位，这样就失去了坎和巽的位置。造成位置混乱重复和丢失的乱象。从正南离位看正北就应是坎（☵）位，但正东已有了坎（☵）位，似只好换作了乾（☰）位，这就和正南的离（☲）位不配套了。看来原石的作者并不真懂得八卦方位，才出了这种重复乱排的错误。而此志题篆亦不按寻常惯例，采用左起、左书和正常相反。处于外行的挽歌则逆行，无对应顺序：从东南起逆时针向上："昔时车马客，变作久泉期，墓晚哀声远，林疏百鸟悲。"处于内圈的八卦和天干与外圈的挽歌两圈的行文正是一顺一逆，这是和前者所不同的。

由这里的题刻来看唐朝后期，已有后天八卦，这是和后天八卦在宋朝出现说法是不同的。以李淳风、张仲贤为代表的唐朝术士，正应是后天八卦的使用者（或创造者）是无疑的，并非到北宋才出现，至于第2种排列的不同，也可能是写者对八卦知识的并不熟稔，才造成重复混乱现象。这或许是个别现象，或许在唐代八卦就非一家之说，非一种形式，是不统一的。

在志盖上面刻上挽歌，这种现象是稀见的，本来墓志使用的形式到唐代已非常普及了，早已正式固定了它的格式，志文有"序"有"铭"，就已足够了，这里多出了志盖挽歌，是亦加以追悼的意思，这在志铭以外重复了撰者的哀悼之意。

（三）书法、装饰

北齐三志书刻于同一时间，时当武平五年（574）同时之作。志盖先阳刻"井"字格，格内再以减地阳文题篆，祖牧志更趋于谨严，夫人志则着于宽博，似并非出自一人之手。志文可算八分，是典型的齐隶。字体已变长，十分的端整，亦以李祖牧志为优。

隋志虽只一方，却承续前期，楷字未脱隶意。末三行宽之地以同它志盖一样的方法剔刻，阳文题篆《冯君墓志铭》一行，意犹代替了志盖。这种混合一石的方式，虽是从简，寓示齐志经隋向唐志过渡。

唐代墓志，由本书看，可分作初唐、盛唐、中晚唐三个阶段。初唐，《贞观十七年眭君墓志》，恰与冯君一脉相承，可见直接由隋而来。到盛唐书风为之一变，脱去了隶意，完全成为楷书。田信墓志、贾长墓志还可细分成不同风格的两种书体，前者工整有致，后者疏朗开放。则天时的行楷潇洒舒畅，如《大周故制授冀州司马张君墓志》，则是不可多得的优秀作品，《天宝十三载万揔墓志》，则楷中间或兼有行书之作，行笔自然，有羲之遗意。大量的中晚唐作品是唐代民间书刻的实际状况，远不及前期的规范，亦不及盛唐的隽美。然而放开了束缚，信手而成，多见率真的意味。

九种宋代墓志，石制规格精细，已明显的感到与前志迥然有别，向我们展示了有宋一代精美的书法作品：

《王璘墓志》，由翰林书艺御书院祗侯孔令仪书丹、篆盖，中书省玉册官、御书院祗侯邹义、王守清刊刻。

《王瓛墓志》，由太子右赞善大夫周延让书丹，守殿中丞、通判天雄军府兼管内河堤劝农同群牧事宋选篆盖，彭余庆刻石。

《宋故安康郡太夫人宋氏墓志》，由太庙斋郎宋适书丹，尚书主客员外郎宋选篆盖。

《王蘧墓志》，由充京东西路安抚使，兼提举本路兵马巡检公事贾炎书丹；知大名府兼北京留守司事、大名府路安抚使兼马步军都总管梁子美篆；潘震并男允升刻。

《齐安郡君向氏墓志》《建安郡君张氏墓志》，均由守卫尉少卿巴宜书，河北路计度都转运使王勇篆。

《宋王遹墓志》《宋蓬莱县郡江氏墓志》，均由尚书司门员外郎沈济书，承议郎贺铸篆盖。

《王康墓志》，由直秘阁京东路计度都转运副使韩尚撰并书。

以上9种墓志，有志盖者8件，可以选出4件有代表性的加以说明：（王瓘）宋选篆书中规中矩；（王薳）梁子美的恣意开张；（王薳妻、王通）贺铸的华美锦绣，都可领一时之秀。有书丹者7人，仅1人孔令仪职衔为御制书篆，其余6人，职衔各不同，但均不在翰林书艺、御书院供职，然其书各有千秋：孔令仪的平稳，周延让的雄阔，宋适的端恭，贾炎的清丽，巴宜的舒张，沈济的正则，韩向的欹侧，使这组墓志在书法上各济于时代的上流。刊刻者亦不容忽视，王瓘志为中书省玉册官、御书祗侯邹义、王守清操刀，王瓘墓志由彭余庆刻石，王薳墓志则由潘震并男允升刻，余者未题职衔，不知刻者，但刻工并不逊色。可以说准确表达了原作的神髓。

本书明代墓志较宋代墓志整体逊色。像《明隆庆三年李厚菴配宜人刘氏合葬志》差强人意，《明隆庆六年故奉议大夫南京户部郎中李君墓志》柳叶篆盖，恭楷书志；临城《赵世相妻李氏墓志》与《乔璧星墓志》，盖正面无文字，只刻银锭式提梁，李氏志于四角刻独朵莲花配绚索边绶带，顶面满刻绣球纹；《明奉政大夫金事赵公及配李宜人合葬墓志铭》篆盖、书丹等皆有可观；《皇明敕葬赐进士吏部员外郎赠太常寺少卿恭肃乔公圹》及《钦命袝葬乔恭肃公□□敕葬安人张氏》墓志，特奉敕而行，盖面刻双龙戏珠边框，志文皆分上下两截的长卷式；《乔若雯继室李安人权厝志》是屠杀中唯与二子复活者，死于顺治三年（1647），无处请恤，只好刻成正常的志文，但不用清朝正朔，只用干支纪年。乔璧星志，成志过程则最为曲折，璧星本卒于万历四十一年（1613），葬入墓地时1615年。今相国高邑公之状，朱宗伯为之传，孔端尹表其墓。墓志开始求南星，十年不得而卒戍所，"转求姚太史（希孟）撰成，付之梨枣遍馈都人士"。希孟卒于崇祯九年（1636），估计距乔志撰成相隔时间不久。"而贞珉至今缺焉……勉强从事以结一局，尚不知何日纳之圹中也。壬戌冬日孙已百谨书，并跋。时中丞公葬后六十八年，而已百七十四矣。"时已康熙二十一年（1682）冬。

（四）再接再厉

翻阅交来的四大册原稿，不仅为张治忠、王信忠等同志的努力所感动，在文物犯罪猖獗的近年来，他们奋力收集到所涉及三个县的墓志资料达75件，汇集一书即将出版了，本来我是没有时间顾及这些费时费力的苦差事，但仅一遍看

过，就决定为他们、为本书写点什么，真一动笔自觉实在无法敷衍，只好推掉了一切事情写了下来。本书能够打破县域局限，在私人手中收集到唐代大量墓志，有些资料价值可以说是砂砾澄金前此未见，宋代墓志更是河北的重大发现，为宋史中有关政治军事的进一步研究提供不少补阙之作。明代墓志发惊天地之气，民国志虽只一件，有纾解大众的呻吟之感，这些资料在劫后有幸得到保护，首先就是一大功绩！更有他们并不满足于说明、录文的发表，而是合力进一步的研究工作，在本书第二部分的七篇论稿中有不少相关的正史、方志、文集、家乘有关人物的传记和文章、诗词。这些翔实的资料辑入，无疑增加了对墓志的了解。减少了寻查的费时费力，而且发表了不少给人以启发的观点和见解，这是十分难能可贵之处。如《"进奉瓷窑院"与唐朝邢窑的瓷器进奉制度》《唐故赵府君（希玩）夫人（刘氏）墓志》《唐故赵府君（公素）墓志考释》，涉及陶瓷考古的重要问题。作者能及时吸收最新的研究成果，并在这一问题上独抒己见。又如《乔璧星墓志考》对璧星事迹重新考证，并将其先人、友人、名人、重大事件等资料集中在一起，洋洋洒洒达 80 页（稿纸）之多，无疑为读者进一步了解提供了极大的方便。因此，可见，他们是下了深功夫，也展示了一定的水平。

同任何事物一样都有它的缺失，本书也存在着一些不足之处，谬以提及希望以后能进一步完善。如墓志在文物考古工作者看来，首先重视的是出土地点、出土时间，有不少墓志这两点都是不清楚，没有条件搞清楚，只有遗憾而已，有条件搞清楚，也动员了专业队伍专门做了工作，如宋代 9 志，既然找到了墓地，专门进行了钻探，但是根据钻探图和已获墓志所记，对照第一次王羲迁葬其曾祖父母、祖父母、父母先人起码实有三代，一十四棺，而仅探出 2 米 ×1 米的小墓一座。三人合葬，几乎随葬的墓志都不能容下。王蓬墓志述及作为三公之子知州的王正路卒后贫不能葬，20 年后才由王蓬一举将王正路夫妇葬之祖茔，同日"岁在丁卯（元祐二年，1087）公乃力办大事而疏戚之族合三十有四棺，一举而归之祖茔"。这是王正路夫妇卒后二十年，一次集中归葬祖茔。仅这次合葬就达 34 棺之多，元祐二年（1087）入葬，王蓬等三兄弟都还在世。结果仅探出 2 墓。其后，王蓬等三兄弟和其子辈 11 人，墓仅探出"2 座"和"3 座"，与记载入墓的数字和昭穆排列很不相符，在这种情况下至少在南部东则未尽包括在内。是谁的墓只能推测而已，不能遽下结论。处在王羲和王蓬之间的王正思、王正路辈，根据王蓬墓志所记，作为一个三公之子的知州，卒后贫不能下葬，达二十年之久。且墓志已无，造成了整个一代的缺失等等。总之，关于王氏家族墓的钻探工作还没有完全做到实处。再有，有些墓志缺乏进一步考证，例如宋代墓志，资料方方面面

401

堆上了不少，但是例如王畿墓志究竟有什么补缺之处？看后不得要领。这些都是今后应注意的地方。对于本书来讲这只不过是瑕不掩瑜。我盼望今后信忠等同志，在碑石墓志保护考证中再接再厉做出新的成绩。

本文誊录：康金喜、吴喆

2016 年 12 月 25 日于石家庄未知斋

注释：

[1] 乔璧星墓志调查发现时尚在城北乔家庄墓地地表，弃置于田埂边上。读后即为作者所动，亦为这么长时间无人扰之而感。虽亲手捶拓拓片，并嘱临城文保所同仁好好运回保护。虽中经溶洞展示，后运回本所内皮藏。

[2] 王氏家族墓志 9 件，包括了在私人手中的王蓬墓志志底。王畿妻宋氏墓志一盒，皆为私人收藏。但临城文保所同收藏者谈妥，拓制拓片收入本书，合得志石资料 9 种。

[3] 李希远墓地在赞皇县南邢郭村东约一华里，墓地除李希远墓之外，尚有李希宗、李希礼、李骞、李希仁弟兄五人的墓葬。《新中国出土墓志·河北（壹）》收有李希宗、李希礼的墓志。李宪墓志清朝同治年间出土于赵县封斯村西。赵万里《魏晋南北朝墓志集释》等书发表。现志石收藏于赵县文物保管所。

[4] 北宋孟良墓志志石一方，1963 年赞皇县邢郭乡北马村石秀海家出土，已碎为 5 块，1985 年调查征集。左上部残缺，志石长宽 51 厘米，厚 14 厘米，志文 17 行，行 6—19 字。现藏赞皇县文物保管所。又北宋墓志除此一方外，后在磁县观台镇、彭城镇、宋代后期的漏泽园，又发现贫无葬地的贫民葬志 17 方是为宋代。另外一种情况下的公共义冢的葬志，内容很简单。但姓名、籍贯、死亡时间等均具备。实为墓志，更多的是备后人凭吊和迁葬，是中国早期城市贫民和工人的一种政府主宰下的公益性质的活动，这种墓志都是极为简单的砖志。

[5] 河北省文物研究所、临城县文物保管所编，谢飞、张治忠、杨超：《北宋临城王氏家族墓志》，文物出版社 2009 年版。

（原载王信忠编著：《河北临城馆藏墓志》，

花山文艺出版社 2017 年版）

402

二十一、井陉窑宋、金黑釉瓷的窑变与褐斑彩

（一）井陉窑源远流长的黑陶、黑瓷生产

井陉窑有着悠久的黑陶、黑瓷生产历史。1989 年秋冬笔者主持井陉文物补查，一次就发现了先商、商代早、中期的遗址十余处。如金良河流域的微新庄遗址、南良都 1 号遗址、欢喜岭遗址、鹅毛泉遗址、冶河流域的威北岸遗址、威西街遗址、贾庄遗址、天护遗址、石疙瘩遗址、甘陶河流域的杨树岭遗址、绵河流域的城关遗址、石桥头遗址等，重要的证据之一就是磨光黑陶、印纹硬陶黑陶片，甚至磨光黑陶饕餮纹陶片的发现。

进入战国，又于威北岸等遗址发现了中山国磨光压划暗纹黑陶豆、壶的残片。这些发现反映出彼时的井陉绝非是一般居住遗址类的寻常之地，而是方国之域、王都近畿。这些磨光黑陶的连续发现亦证实着先商、商代直至战国中山国时代制陶技术之高超，形成了优良的传统，寓示着由陶到瓷的飞跃出现。隋代，首先在城关镇窑址和所附的许水滋墓群，发现了黑瓷和白瓷、青瓷共同存在。黑瓷的碗、杯、钵片、高足盘、罐片都有出土。唐代这里的窑址除碗、盏、钵、罐外，以往还被认为宋代才出现的梅瓶在唐代窑址层中出土。反映黑瓷的生产在继续发展，为宋代黑釉瓷的窑变、褐斑彩的产生，准备好了自身的物质条件。

（二）黑釉结晶与褐斑彩在另两大窑中的发现

二十世纪五六十年代以来，河北开始了磁州窑与定窑两大窑的考古发掘。

八十年代中期这两座窑又都进行了大规模的发掘与研究工作。

定窑的黑釉结晶与褐斑彩发现至今不多，韩立森、秦大树先生主编《中国定窑》中"黑釉酱斑碗""黑釉酱彩碗"所采用的碗片标本都是带有不同的鹧鸪斑纹[1]。陈文增先生主编的《中国定窑》所举同样为"定窑鹧鸪斑黑釉碗"[2]，但他仿制成功的当代兔毫釉、油滴斑甚至"红天目"都十分漂亮。总之，定窑的窑变、鹧鸪斑、油滴斑、兔毫釉等共同的特点是胎薄、质细白，认真修坯，高温烧成，施釉润洁莹亮，一时成为北方仿建的代表作，影响巨大。

磁州窑在二十世纪八十年代的发掘后，经过细致、科学的整理，秦大树与马忠理两先生发表了报告，其中"黑釉仿定兔毫盏""黑釉仿定玳瑁盏""黑釉仿定酱斑盏"被明确地指出"磁州窑北宋中后期仿制了定窑的作品特制而成，它们的特点是以碗盏为主，胎细白，或裹足刮釉，或外壁施半釉底足不施釉，足部经过修胎，挖足很浅，这是仿建又结合了定窑自己的生产特点。"[3]

此后磁州窑有自己的特点（或学习了其他窑的特点）生产了非上述细白又薄亮而胎色青灰、坚致，釉彩采用含铁量更高的斑花石为重要釉料的褐彩斑点、褐彩条纹为装饰的产品。

（三）仿定式建瓷在井陉窑的发现

2007—2008年井陉鑫源窑址的抢救发掘，在 IV 区的第五层发掘到北宋中、后期的窑址文化层，青灰色的⑤B—⑤D层。④B、④C、⑤A层为灰黄、黄灰色的金代早、中期层。在此阶地之下的第二层台地西部划分出 III 区，揭出了较大面积的作坊和窑炉群，时代为金代后期的④A层，以及部分存在的第③层元代层。本文所举的例子是出于这次发掘为主，其他另有1998年夏、2004年春抢救发掘城关窑址唐家垴墓区和个别1989年井陉调查所获，以及李怀林同志于河东坡窑址采集到的一片两色釉瓷片[4]为例。我们首先将细白胎仿定建器列出，以见北宋及金代井陉窑学习定窑的仿建瓷器的情况。

（1）仿定礼花纹斗笠碗08JX IV T2补⑤C：12

宋中期，口径19厘米、足径4.5厘米、高5.3厘米。

敞口，斜直壁，圈足，内凹小平底。足墙内外有较多的窑粘，是装入匣钵时垫上尚软的垫子粘结所致。通体施以黑釉，只圈足露胎，胎呈粉白色，质坚细硬，胎薄精修。足墙修整有致，足部浅挖平整，足圈内旋削一周。口部约有0.8

厘米宽浅褐色釉，向下黑釉微渐厚，漆黑光亮。背部有因胎面的杂质形成的气泡，破后成坑可观察到釉曾熔流的情况。褐斑是由下向上急速施成，由内凹的小底部积有较多的斑花约略可知，黑又亮的釉面配上散射的"礼花"纹，自然带有动感的美。

2008年鑫源窑址出土，河北省文物研究所藏（图2—21—1：a、b）。

图2—21—1：a、b　仿定礼花纹斗笠碗

（2）**仿定礼花纹斗笠碗**08JX Ⅳ T2 补⑤ B：107

北宋中后期，口径19.5厘米、足径4厘米、高5.6厘米。

敞口，斜腹，小平底微凸出。圈足修整，裹足刮釉，足内缘削棱。胎质细腻坚致，胎色灰白。釉色光润，足及下腹粘结一些砂粒。口沿有0.3厘米的一周浅釉呈浅黄渐转深黑。釉上，碗表饰粗线条褐彩礼花纹，约是旋转造成，背面饰玳瑁斑，制作精细。

2008年鑫源窑址出土，河北省文物研究所藏（图2—21—2：a、b）。

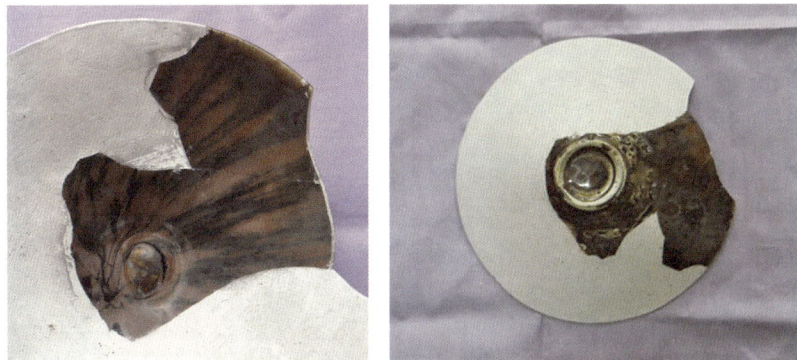

图2—21—2：a、b　仿定礼花纹斗笠碗

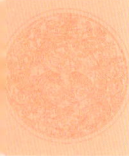

（3）**仿定鹧鸪斑斗笠碗** 08JX Ⅳ T2 补⑤ B：164

北宋中后期，口径 18.6 厘米、足径 4.4 厘米、高 5.5 厘米。

敞口，斜直壁，内小平底，外部裹足刮釉。碗施乌黑润亮的底釉，其上两面喷洒鹧鸪斑纹，在润而亮的黑色底釉的衬托下，正视为褐色，侧视成银灰色，变幻莫测。

2008 年鑫源窑址出土，河北省文物研究所藏（图 2—21—3：a、b）。

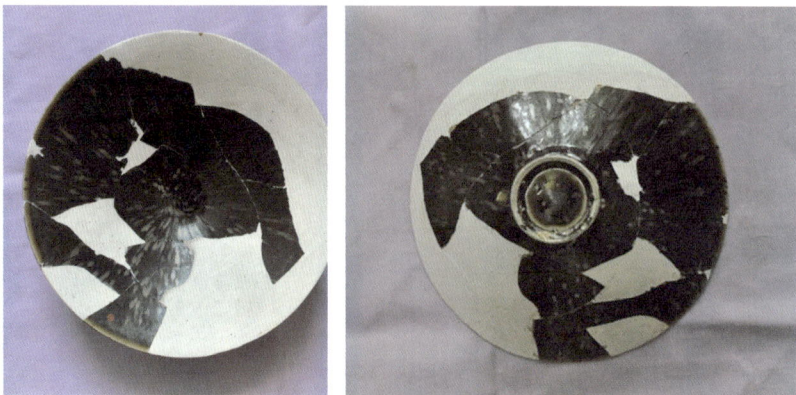

图 2—21—3：a、b 仿定鹧鸪斑斗笠碗

（4）**仿定鹧鸪斑侈口两色釉碗** 08JX Ⅳ T2 ⑤ B：45

北宋中晚期，口径 19.9 厘米、足径 5.1 厘米、高 6.6 厘米。

侈口，弧腹，矮圈足，足壁较宽。灰白色胎质，细密坚致。内底凹下稍平。外施酱色釉到底，裹足刮釉。正面碗口有一周褐黄色浅釉外，乌黑润亮的釉面上施有褐色较粗、银灰色较细鹧鸪斑纹，整体较为稀疏，褐色斑纹仅达 1—2 厘米长。银灰色斑纹细长到有 2—3 厘米，在亮晶晶的黑釉衬托下辗转变幻着颜色，十分引人注目，是井陉窑宋代制品中的精品。

2008 年鑫源窑址出土，河北省文物研究所藏（图 2—21—4：a、b）。

（5）**仿定鹧鸪斑敞花口两色釉折腹盘** 08JX Ⅳ T2 补⑤ C：2

北宋中期，口径 19.4 厘米、足径 6.3 厘米、高 3.3 厘米。

六阙敞花口，折腹，平底，圈足。盘背面施褐色釉，裹足刮釉，露出灰白色胎，盘正面一圈浅渐变深的褐色口沿，下为乌黑莹亮的黑釉，再洒鹧鸪斑，盘沿和盘底略有不同，且盘沿斑点略带细长尾翼，盘面则多为 1—5 毫米大小不同的圆点，疏密有致。

2008 年鑫源窑址出土，河北省文物研究所藏（图 2—21—5：a、b）。

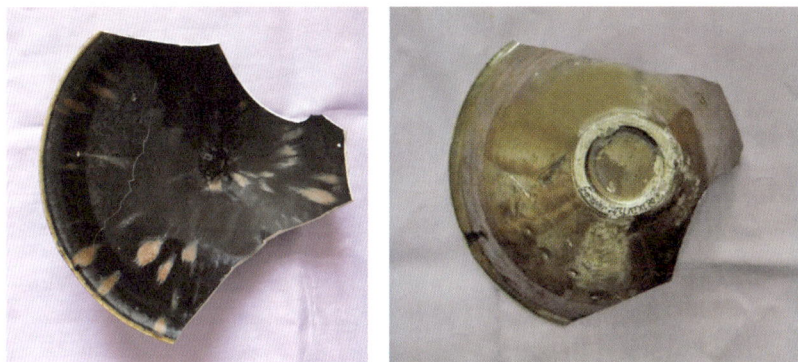

图 2—21—4：a、b　仿定鹧鸪斑侈口两色釉碗

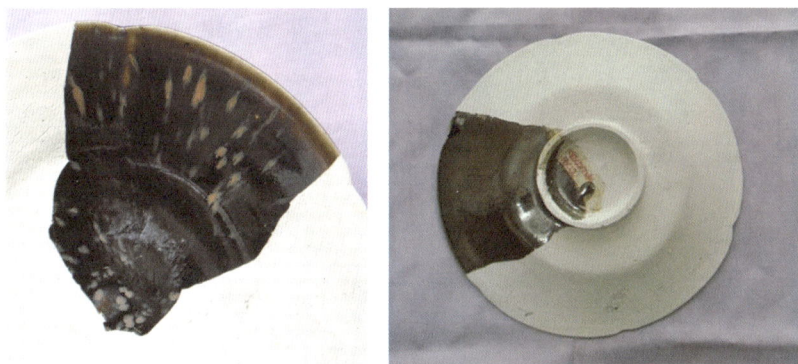

图 2—21—5：a、b　仿定鹧鸪斑敞花口两色釉折腹盘

（6）仿定油滴斑敞花口两色釉折腹盘 07JX IV T2 ⑤ B：14

北宋中后期，口径 19.7 厘米、足径 5.9 厘米、高 3.4 厘米。

敞花口，斜折沿，大平底，在底中部有一道涩圈，将底分为内外两区。背面施褐釉到底，裹足刮釉，圈足的旋削和足底的施釉均不太规整。胎色灰白、细密坚硬。盘面施黑亮的乌金釉，釉面洒落大到 1.5 厘米、小到 2—3 毫米的圆形油滴，疏密有间，而最大圆点就在内区似主次分明。油滴斑比较少见，可知技术上要求高出一筹。

2007 年鑫源窑址发掘出土，河北省文物研究所藏（图 2—21—6：a、b）。

（7）仿定油滴斑大敞口浅腹斗笠碗 08JX IV T2 补⑤ B：165

北宋中后期，口径 14.8 厘米、足径 3.4 厘米、高 3.6 厘米。

大敞口，尖圆唇，斜直壁微弧。内底凹下，以小圆窝收束。外仅圈足底裹足刮釉，足缘内外均经旋削，略带窑粘。胎致密，厚仅 1—5 毫米。由于正烧，口

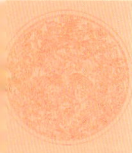

图 2—21—6：a、b　仿定油滴斑敞花口两色釉折腹盘

部有极细的一条浅褐线，通体则施乌黑润泽的亮釉，上面里外布满油滴，随倾侧角度不同颜色变化不定，是一件精美的作品。

2008 年鑫源窑址发掘出土，河北省文物研究所藏（图 2—21—7：a、b）。

图 2—21—7：a、b　仿定油滴斑大敞口浅腹斗笠碗

（8）仿定冻雨纹敞花口小碗 08JX Ⅳ T2 补⑤ B：113

北宋中后期，口径 13 厘米、足径 3.7 厘米、高 4.1 厘米。

六阙敞花口，尖圆唇，弧腹圈足。里外满釉，裹足刮釉到足根，出露薄而细的白胎，极坚致。口部因正烧微露浅黄色的细线一圈，独于花口处因厚胎而不变色。釉面极为细致光润，上面洒以极细的冻雨纹，里外浑然一体，颇为别致。

2008 年鑫源窑址发掘出土，河北省文物研究所藏（图 2—21—8：a、b）。

（9）仿定鹧鸪斑两色釉侈口深腹斗笠盏 08JX Ⅳ T2 补⑤ B：162

北宋中后期，口径 12.7 厘米、足径 3.4 厘米、高 4.7 厘米。

宽侈沿，尖圆唇，微弧腹，圈足。盏的两面各施不同的釉色。盏外通体施褐

图 2—21—8：a、b　仿定冻雨纹敞花口小碗

红釉，裹足刮釉，里缘斜削。盏正面施黑釉，上面布满大小不等的褐红斑，大者约 1 厘米，小者约 1.2 毫米，杂致错落，在强弱光泽下满壁生辉，属此窑精品。

2008 年鑫源窑址抢救发掘出土，河北省文物研究所藏（图 2—21—9：a、b）。

图 2—21—9：a、b　仿定鹧鸪斑两色釉侈口深腹斗笠盏

（10）仿定油滴斑暗花两色釉侈口盏 08JX Ⅳ T2 补⑤ B：166

北宋中后期，口径 13.1 厘米、足径 3.7 厘米、高 4.9 厘米。

尖圆唇，侈口，斜弧腹，腹下急内收，尖圆底，盏背面口部窄窄一周黑釉，似是补上浅釉的"弱点"，余通体皆施褐釉，足部修整规范，足内侧整体旋削成斜面，足底亦削去边缘，仅留足心及足缘的釉色。足外墙亦削去釉色，这样整个底足全部露出胎面，十分用心。

盏正面自口部到底心以墨黑的釉色做的，施以灰色的鹧鸪斑，或呈暗灰色，只在反光下显出花纹，十分奇妙。以此做工精细，斑纹隐暗，隐现其间，幽光暗彩，别有巧思，或火候及窑炉中特殊位置造成？

图 2—21—10：a、b　仿定油滴斑暗花两色釉侈口盏

2008 年鑫源窑场抢救发掘出土，河北省文物研究所藏（图 2—21—10：a、b）。

（11）仿定反雨滴褐红斑黑釉侈口盏 07JX Ⅳ T2 ⑤ A：22

北宋后期或金代前期，口径 12.9 厘米、足径 3.7 厘米、高 4.8 厘米。

侈口，圆唇，斜直壁微弧，内底尖圆。口部伴随着拉长的雨滴有一周褐釉稀释带，背面在口沿下有一周凸线纹，在这批器物中仅此一例。可视作口沿和腹壁的分界线。腹下对足部的处理虽较⑤ C、⑤ B 层的同类足部明显弱化，但观此犹知裹足刮釉做的认真，虽不再削棱，但刮去足圈上及腹下部的釉仍十分认真，修足也刀刀送到，致使做出的活规范认真。釉面润而光亮，由于褐红斑色映照的釉色闪红，充满着活力，是一件珍贵的标本。

2007 年鑫源窑址抢救出土，河北省文物研究所藏（图 2—21—11：a、b）。

图 2—21—11：a、b　仿定反雨滴褐红斑黑釉侈口盏

（12）仿定冻雨纹黑釉侈口盏 08JX IV T2 补④ C：32

金代，口径 12.3 厘米、足径 3.6 厘米、高 4.6 厘米。

侈口，尖圆唇，斜腹微弧，环底。盏背修整粗糙，足内缘斜修并不整齐，足底只抹了两道釉，蘸釉流淌使盏底留下的指痕并未完全掩盖。两面乌黑墨亮，微光闪烁着银灰色的冻雨纹点点，约仅 1 毫米左右，布置的疏密得当，使得盏面闪烁着点点星光。

鑫源窑址抢救出土，河北省文物研究所藏（图 2—21—12：a、b）。

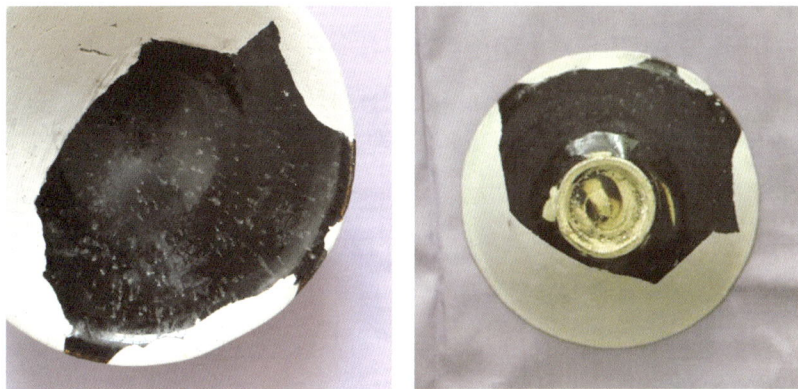

图 2—21—12：a、b 仿定冻雨纹黑釉侈口盏

（四）建盏及直接仿建

几乎仿定建瓷烧制成功的同时，我们发现聪明的井陉工匠就烧制出来建瓷的直接仿制品，他们不再受薄壁、细白胎色、修底细致、足心挖的平整等规格约束左右，而是大胆的以自己的风格运用到制作这受到皇家推崇的斗茶工具方面来，获得了不错的效果，取得了自己更大的突破。

这里要特别指出，通过 2007—2008 年鑫源窑址抢救发掘，我们有幸发掘到直接生产于福建建阳水吉的建窑高档茶盏标本 1 件。此盏 2007 年出土于鑫源窑址的 III 区 T1 ④ A 层，距现地表 1.3 米处，经过细致的拼对基本使其复原。

（1）细油滴釉建窑束口小盏 07JX III T1 ④ A：26

宋、金时期，口径 12.3 厘米、足径 3 厘米、高 5.3 厘米。

尖圆唇稍外撇，束口向内凸突，使外部口沿下形成一周凹痕，曲深腹外弧，因之又被称作"双曲线"，腹下曲收，呈小圈足，足底仅高出壁面 1 毫米，修足甚为讲究，十分的平整，足圈亦仅 2—3 毫米宽，挖足平整，仅仅做出足圈，深不及 0.5 毫米，仅供示意而已。足径 3 厘米，与所有北方仿建品相比，亦属最小。活路之细莫比。圈足的中心阴刻一"七"字底款。腹下及足部露胎处涂以紫褐色的护胎釉，使之与釉色相近。整体观察盏剖面为双曲线曲腹环底小圈足。其胎体深灰，烧结并不粗松。

此盏釉色乌黑闪亮，盏口内突隐线下直至底部呈密集的大小较为均匀的小珍珠一般的油滴银珠。背面颈凹部亦有一周银珠，宛若布满星空，闪烁光芒，灿烂不尽。

原产地的此盏正可用福建同行的话总结为 4 个特点：1、口大足小，腹深底圆，便于斗茶及倾渣。2、胎体厚重，重于它盏。注茶后不易烫手，且茶不速冷，便于对比观茶。3、斑斓的纹理，五彩纷呈，对于当时的斗茶者甚至平民百姓都产生了极大的魅力。4、如宋、辽、金壁画图中我们可以清晰地看到饮茶情形，当时将半发酵的茶饼经过碾、罗而制成极细的茶末，放入盏（碗）中，再沏以开水，这时茶汤呈白色，水面沸起一层汤花更是纯白色，恰恰乌黑的建盏和雪白的汤花形成鲜明对比。宋祝穆《方舆胜览》中说"斗试之法，以水痕先退者负，耐久者为胜。茶色白入黑盏，其痕易验"[5]，说的正是这个道理。因此，宋代先由南方很快遍及北方，豫、陕、晋、冀窑场莫不仿效。现在通过实物来看，在河北定州两个塔基地宫出土的二百余件精细无比的瓷器已说明，其时定窑已是白瓷诸窑的代表，它生产的黑釉细瓷仿建制品现在看已成为磁、井等窑的学习榜样而效法。但井陉窑不仅仿定制建，现在看还直接仿建，这件标本的获得自金晚期层，这只是它的废弃时间，其使用时间很可能源自北宋、金初，实物已经证明当时作为窑址的借鉴标本一直为井陉窑工匠所保存和传承。

2007 年井陉窑鑫源窑址出土，河北省文物研究所藏（图 2—21—13：a、b、c）。

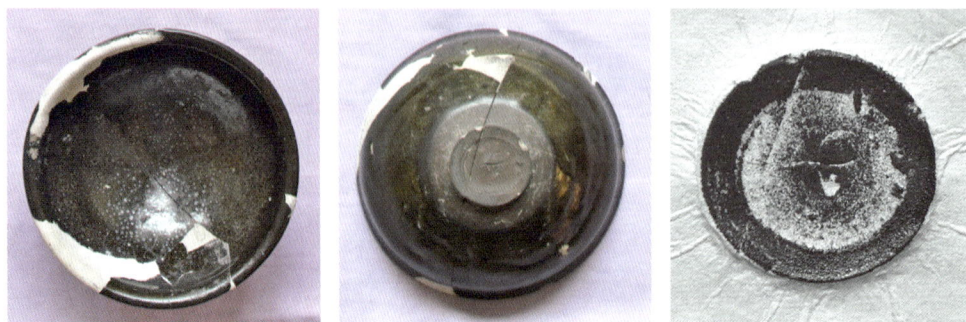

图 2—21—13：a、b、c　细油滴釉建窑束口小盏

（2）仿建玳瑁斑两色釉钵 08JX IV T2 补⑤ C：01

北宋中期，口径 21.9 厘米、足径 5.3 厘米、高 7.2 厘米。

敛口直唇弧腹，小平底，隐圈足。背面下腹以下露胎，胎色灰白坚致。约 3 毫米厚的足圈及足里心修整的极为平整。除口部釉因熔失有内外一周浅黄色的细边外，背面酱釉匀净，边部正烧整齐。正面黑釉，由于大量施加褐红色斑点，大有姹紫夺朱的意境，是玳瑁中不错的代表作之一。

2008 年鑫源窑址抢救发掘出土，河北省文物研究所藏（图 2—21—14：a、b）。

图 2—21—14：a、b　仿建玳瑁斑两色釉钵

（3）仿建鹧鸪斑两色釉钵 08JX IV T2 补⑤ B：156

北宋中晚期，口径 21.6 厘米、足径 5.4 厘米、高 6.7 厘米。

敛口，直唇，弧腹，小平底，隐圈足。下腹部以下露胎，足部旋修平整。灰白色胎厚仅 2—3 毫米，质坚密。由于正烧钵口两面各有约 1 毫米的淡褐色熔释圈，正面满施黑釉，再在釉上喷洒酱褐色鹧鸪斑纹，由于斑彩液体浓度的不同，一面连成了 2—3 厘米的线段，一面圆或椭圆斑点，似尚在试验之中，背面施褐红釉，匀净坚固。

鑫源窑址抢救出土，河北省文物研究所藏（图 2—21—15：a、b）。

（4）仿建鹧鸪斑两色釉器盖 08JX IV T2 补⑤ B：161

北宋中后期，直径 11.7 厘米、口径 9.3 厘米、残高 2.4 厘米。

折沿，弧顶，纽残失。盖里在盖沿的内侧，即盖的隆起处拉出高 1 厘米的内沿，成为里口，里口和内沿都不施釉，以增加口沿的摩擦系数，加强缸（碗）的咬合稳固作用。里口内隆起部施以透明的白釉，增加了光洁度，便于清洗除垢。

盖面施以光亮的黑釉，其上喷洒密集细碎的鹧鸪斑点，从不同角度呈现出褐

图 2—21—15：a、b　仿建鹧鸪斑两色釉钵

色和银光色的不同颜色。其边沿因缩釉有一周自然的褐色"金边"，镶嵌乌金银针，别有妙趣。

2008 年鑫源窑址抢救发掘出土，河北省文物研究所藏（图 2—21—16：a、b）。

图 2—21—16：a、b　仿建鹧鸪斑两色釉器盖

（5）仿建兔毫釉敞口小盏 89JWBM1：6

金，口径 11.9 厘米、足径 3.7 厘米、高 5.6 厘米。

敞口，平沿，深弧腹，内尖环底，外圈足。底心凸出。口沿一周因黑釉熔释变浅成褐红色，其下盏内乌黑漆亮，反光处可见小棕点，同时可观测到轻如丝缕的褐银色兔毫纹，深邃沉静，如墨如漆。盏背面口沿下隐有一道凸弦纹，可做斟茶为止的明显标记，其施釉到下腹为止，以下露胎，圈足变矮，足圈经修整规范，足内缘旋削。足心留有旋削的圈形痕迹，足底由平变的凸起，胎色灰白细密坚致。釉致下腹，由于沉积缓慢，或积釉不是太多，只在边部留下了较厚的边

缘，并未形成泪滴。兔毫纹较正面的结晶显得更加似有若无。

1989年文物补查北岸村陈黑狗捐赠，河北省文物研究所藏（图2—21—17:a、b）。

图2—21—17：a、b　仿建兔毫釉敞口小盏

（6）银兔毫纹仿建束口小盏片07JX III Y12H15：20

金后期，残口径10.5厘米、足径3.8厘米、高4.7厘米。

侈口，尖圆唇，束颈，弧腹，弧底。背面先施一层褐色护胎釉仅及下腹，在护胎釉上于颈部再施一层薄厚不等的黑釉、流釉不等，最多者覆盖上护胎釉为止，因此，双层釉显著。腹以下露胎，足内外边缘斜削，环底通过剖面显示的极为清楚。胎呈灰白色，质密坚细。器表流釉明显，素面无纹饰。盏口为深褐色，口沿下乌黑的釉面剖面显示愈到底部釉层愈厚，环底厚达1厘米。布满小棕眼及银色兔毫纹，转动二者更为清晰。这是和褐色兔毫丝缕垂下不同的特色。

鑫源窑址抢救发掘出土，河北省文物研究所藏（图2—21—18：a、b）。

图2—21—18：a、b　银兔毫纹仿建束口小盏片

（7）酱斑纹仿建曲腹小碗07JX III Y12：23

金代晚期，口径12.5厘米、足径4.3厘米、高4.8厘米。

415

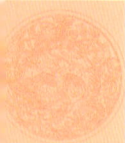

敛口，曲腹，环底，圈足，足有鸡心突。下腹及圈足露胎，胎质细密，胎色灰白。此时段用工稍显粗糙，足圈已不修饰，旋坯形成的乳突已不再处理，器壁上、口沿处落上的砂粒未清除干净，致施釉后形成残疵。釉色依然厚重光亮。因正烧高温熔释，口沿部一圈黄褐色釉，碗背下部熔流的釉浆形成不规则的釉浆巨滴，因显制作粗糙。

碗里自口沿下刷褐色斑块至下腹部，轻重浓淡不同，别有趣味。

鑫源窑址出土，河北省文物研究所藏（图2—21—19：a、b）。

图2—21—19：a、b 酱斑纹仿建曲腹小碗

（8）兔毫虎皮斑纹仿建梅瓶片 07JX IV T2H12：11

北宋后期，长15厘米、最大宽13厘米、厚0.15—1.1厘米。

小口，溜肩，鼓腹，斜下收。上部残留有小口的痕迹，因之知道器物名称。瓶里面无釉，可见旋坯的轮线。胎质密实坚致，胎色灰白。此瓶名贵在于黑亮的底釉和褐红色的虎皮斑彩之间又结晶成银褐色的兔毫纹处于其间，这就使得虎皮斑釉非同一般，处在黑釉托出兔毫纹、虎皮斑二种纹饰，你中有我，我中加你，还互不影响而争相斗艳，交相辉映，实在难得而无觅相同的作品同在，引人入胜。尽管现已破碎成片，应是十分难得的一件珍之又珍的标本。

鑫源窑址抢救发掘出土，河北省文物研究所藏（图2—21—20：a、b）。

（9）窑变圈点纹两色釉盘片 JHC 0001

金代，残长9.5厘米、宽5.5厘米、厚0.3厘米。

两色釉折腰盘底片。仅剩盘底约一半。正面施白釉，釉面匀净，有一涩圈。背面仅剩折腰以下的半边，裹足刮釉，釉色乌黑光亮。黑釉上满布密密麻麻的大小褐红色正圆形圈点，一直到足墙处。这些圈点一个紧挨着一个，大小不一，

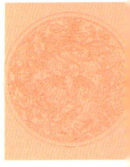

图2—21—20：a、b　兔毫虎皮斑纹仿建梅瓶片

大者若豌豆，每个有两三圈，小者若绿豆，有一圈一点，或若玠子，夹在大圈之间，几无黑地的空隙，且排列之间恰无重复，也无挤成半残之缺，不能不令人惊叹天工之巧妙！（经观察，这恐非单凭人工画成！）无独有偶（见《江西元代窖藏瓷器及其相关问题的研究》，吴水存、吴永芳），在江西永新窖藏中有一吉州窑窑变釉圈点纹小口梅瓶，见于照片与井陉窑不同的是该器地色为褐色，窑变圈点纹为黑色，自颈至底，分十排排列，其齐整划一与井陉窑的并不全同，虽然吉州窑器的时代为元代，井陉窑者为金代，但是作为圈点纹应还是一类，著文至此，恰恰看到会议开幕的当天磁州窑博物馆举办的"吉州窑特展"陈列，该展出示的最后一件展品《褐釉虎皮斑彩罐盖（960—1279）》和井陉窑圈点纹盘纹饰对比，尽管颜色不同，但证实吉州窑确有与井陉窑同类的妆饰元素。如何本质如此相同？虽然远距三四千里分处北南两地，但是时代相同，要说毫无关系，恐怕难以解释，这只能说井陉窑和吉州窑在妆饰上存在着某种相应的联系，这就提醒我们在研究中加以进一步探讨。

井陉李怀林私人采集于河东坡窑址，井陉窑瓷片博物馆收藏（图2—21—21、图2—21—22、图2—21—23）。

图2—21—21　窑变圈点纹两色釉盘片（井陉窑瓷片博物馆藏）

图2—21—22　吉州窑褐釉虎皮斑彩罐盖

417

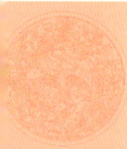

图 2—21—23　江西永新
县老城城墙下窖藏出土元代窑
变釉圈点纹小口梅瓶

（五）仿建之外

前面揭示了出自井陉窑工匠之手的仿定、仿建黑釉瓷之作，可见处于偏僻之地，万山之中的井陉窑窑工之巧莫不为之。似乎并不闭塞和外界交往很是便利。他们即善于学习诸家之长，汇集南北名窑于一炉，特别是建窑和吉州窑产品的长处为己用。通过发掘所获产品再见巧思迭出，还烧出了至今未见于河北其他三大窑，也不见于建窑、吉州窑或其他各窑的井陉窑之作。

（1）褐彩菱芰纹黑釉敛口小盏 98JTM Ⅰ∶11

金前期，口径12.2厘米、足径3.5厘米、高5.7厘米。

敛口，曲深腹，尖凹底。外下部施釉至下腹部以下露胎。胎色细白，致密坚实。足外缘旋削，足底平整。口沿有细圈紫色釉，其下釉色润泽，乌黑漆亮，约半干后以软笔蘸褐红彩绘以菱花芰实，具体画法：先以一圆点点于凹心中心点上，其上东、南、西、北各绘一朵三瓣菱花，点出花蕊，四朵花之间各有一芰实示意间隔，再上层相错绘出四朵菱花和四支芰实。最上层相间各绘出两朵菱花，菱花间各有芰实，再上若空缺处，再补以菱花或芰实。盏的背面因施釉不到底，黑釉上面仅两层菱花、芰实。整体看去花团锦簇，别有新意，又可简单名之为"菱芰花卉盏"，实不可多得。

1998 年井陉唐家垴墓地抢救发掘出土，河北省文物研究所藏（图 2—21—24∶a、b）。

图 2—21—24∶a、b　褐彩菱花黑釉敛口小盏

（2）褐彩云朵（花朵）纹黑釉罐片07JX Ⅳ T2 ⑤ B：157

北宋中后期，残剩口颈及肩部约一半。口径约9.5厘米、肩颈约15厘米、残高约6厘米。

残颈高仅剩3厘米，残肩最大残宽约4厘米，直颈溜肩，宽腹下收平底。内部无釉，胎色灰白细密坚致，厚约0.5厘米。表面施以光亮润泽的黑釉，釉上以褐彩在颈部间隔1.3—1.6厘米绘以宽约6—7毫米的直线条带纹。肩部及以下绘以半朵相间的云气（或花瓣）纹。虽似笨拙，但全器绘出云气缭绕，罐中天地之奥，加以釉色光亮闪烁，大有神秘莫测之意。

2007年鑫源窑址抢救发掘出土，河北省文物研究所藏（图2—21—25：a、b）。

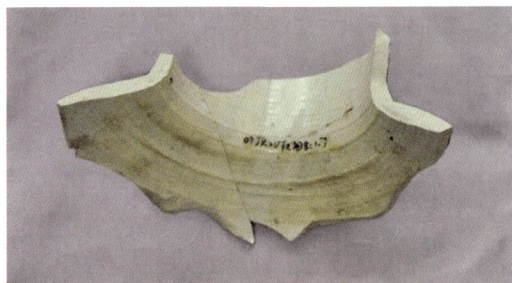

图2—21—25：a、b
褐彩云朵（花朵）纹黑釉罐片

（3）酱斑纹仿建鼓腹罐04JXM15：9

金代前期，口径16厘米、底径7.8厘米、中腹最大直径25厘米、高20.4厘米。

卷沿，束颈，溜肩，鼓腹，下腹急收，小平底。下腹及底部露胎，胎呈粉白，密致坚实，底部粘有匣钵内支垫砂痕，下腹多处流釉至底部，特别是有五处刷在黑釉上的酱斑顺着黑釉流淌的流滴二次流淌下底，可想二者相隔的时间不会多久，而这种酱斑是人工使用硬笔刷上去的，不是自然的结晶析出。

罐内施釉施到底，中部有接釉现象，可知罐内施釉办法不是浸、蘸而是涂，但是罐里黑釉乌黑而不明亮。

罐表面卷沿和溜肩部分因高温烧成流釉稀释成土褐色，其矮矮的束口部却是

图 2—21—26 酱斑纹仿建鼓腹罐

乌黑，上腹以下至流釉部则黑亮，光可鉴影。肩部至下腹部相间刷涂褐红色斑片，宽窄、长短各随所意，布满周壁。这种装饰在 2008 年鑫源发掘中亦有碎片出土，1996 年平山两岔宋墓亦有同样装饰的罐出土，[6] 而见于叶喆民主编的《中国磁州窑》第三章第二节国内外各大博物馆收藏的磁州窑精品第 316 页收录了日本东京富士美术馆收藏的"黑釉铁锈花斑片盖碗"与此如出一炉，而在磁州窑至今不见此种产品。可见日本东京收藏的此件，亦为井陉窑当年所烧制无疑。

2004 年天长镇唐家垴墓群 M15 发掘出土，河北省文物研究所藏（图 2—21—26）。

（4）褐斑彩黑釉梅瓶

（1）褐红斑点纹黑釉梅瓶 07JX Ⅳ T2 ⑤ A：8

北宋后期，多件均已不完整，仅剩瓶下腹及足底部。腹部斜下收，足部与腹对接处相接以胎泥抹平，由断裂处可见相接痕。圈足稍外撇。瓶里不施釉，可见拉坯留下的旋纹。胎色灰白，坚实、厚重。此瓶下部黑釉施的过薄，且窑的火候和处的窑位等原因使黑釉变成了棕褐色，但光亮如新。在底色釉上点满椭圆形褐红色斑点，釉至底部，褐红斑点至底部，斑点的大小稍有区别，大者长 3—4 厘米、宽 1.5—1.7 厘米，小者长 1—2 厘米、宽 0.8—1.3 厘米，但自上而下，鱼贯相接，别有情趣。

鑫源窑场 Ⅳ T2 抢救发掘出土，河北省文物研究所藏（图 2—21—27：a、b）。

图 2—21—27：a、b 褐红斑点纹黑釉梅瓶

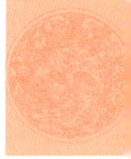

（2）褐斑彩黑釉梅瓶片 07JXI III Y13 火膛：27

金代后期，口径 6.7 厘米、最大腹径 16.3 厘米、足径 8.6 厘米、高 30.5 厘米。

小口卷沿斜直颈，溜肩鼓腹，下部内收。瓶内口沿以下露胎，胎有细密的旋纹，较（1）壁薄胎细质地坚实，胎色粉白。自口沿至圈足施以漆黑乌亮的黑釉，其上以软笔蘸点褐色的斑点，不似前者密集重点，此瓶疏密有致，且无一定顺序和方向，似不着意的散点，挥洒自如。

2008 鑫源窑址抢救发掘出土，河北省文物研究所藏（图 2—21—28：a、b）。

图 2—21—28：a、b 褐斑彩黑釉梅瓶片

（3）褐斑彩黑釉梅瓶 07JX III Y13 火膛：28

金代后期，口径 6.8 厘米、最大腹径 17 厘米、足径 8.5 厘米、高 30.5 厘米。

小口卷沿，直径，溜肩，鼓腹，斜下收，足部稍外撇，圈足。足下部至内颈下部至底露胎，胎色粉白，质地坚致。补以石膏，为之复原。（瓶自口沿至足上部施漆黑乌亮的釉）再以软笔蘸点褐色的斑点，和（2）相同，无一致顺序和方向，手法自由。斑点的大小与前者相同，疏散随意，亦与（2）相同，已与（1）有一定方向，一致顺序有了较大的落差，似可看出已处于没世之中。虽是没世之作，唯有黑釉光泽，闪亮依然可以鉴人。

鑫源窑场抢救出土，河北省文物研究所藏（图 2—21—29：a、b、c）。

（六）整理感言

建盏是北宋前期随着"斗茶"活动的开展，形成于福建建阳，由于官僚士大

图2—21—29：a、b、c 褐斑彩黑釉梅瓶

夫以及他们的代表皇帝，下至平民百姓的广泛参与，茶具也就成为这一文化的主要表现实物之一。文人雅士、禅道九流、诗、词、文、论留下了不少传颂至今的佳话。作为茶文化之一的茶具也在南北窑场盛产，茶碗、盏、杯、托、壶、瓶、斗、罐、碾、炉，至若"茶圣""茶神"等都留下了自己的踪影，南青北白的格局被冲破，黑釉由建瓷首先在我国东南兴起，一时成为茶文化中的翘楚，"建盏"名扬天下，南方的福建、浙江、江西、江苏、湖南、四川、广东，北方的陕西、河南、山西、山东、河北等等无不紧随其后。黑釉建瓷和茶饼、茶文化一体并有天下。河北先是定窑仿造烧成仿定建盏。磁州窑亦不落后，仿定续烧有成。现在发现了大量的井陉窑仿定建盏、仿建建盏的烧造例证。一是证明定窑在北宋确实主领一方，影响巨大，但也实证并非定窑就涵盖了一切，同时井陉窑直接利用和学习建盏实物的取得和非仿定，而是直接学习建盏，和吉州交互仿烧，甚至不断创新而烧造的情况同时存在，且一直坚持了一二百年，直到金朝末期。又可见黑釉艺术瓷这一品类在井陉窑的长盛不衰，影响巨大。

在25种此类产品中，本文所述井陉仿定建盏12种，直接仿建产品9种，达21种之多。在装饰技法上，"点绘"成为来自于井陉窑自身传统技艺唐三彩"滴点"法的继续发展，这是值得注意的，说明在学习南方的建窑技艺的同时，井陉窑还能将其方法与自身形成的传统技法结合起来，出现了"点绘"，如"点绘酱斑"法就是承继有自的继承发展。

《五代史·王镕传》记载了天祐十八年（921）镇州内部叛乱，大将张文礼灭绝了成德节度使王镕一族，而王镕的亲信部下秘密藏匿了王镕少子王诏诲，托湖

422

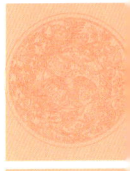

图2—21—30 韩国国立中央博物馆馆藏北宋后到金前期井陉窑黑釉酱斑瓶

南茶纲李震密带到湖南脱险，到后唐时诏诲北回任职的故事[7]。这里我们注意到即在晚唐五代南北混乱之时，镇州和长沙的商贸关系依然畅通，无怪长沙窑的产品注子出现在正定镇将的墓葬中[8]，可见南北交往其实不是偶然事件。如此，众多的仿建、仿吉产品提醒我们，井陉窑学习的对象，应该是遍及全国的，而它的"黑釉酱斑瓶"在韩国国立中央博物馆的发现[9]，则提示我们，井陉窑的产品亦在不经意间其实早已走出了我们的国门（图2—21—30）。至于菱芰纹黑釉盏、彩云纹黑釉罐、褐彩板片纹缸、碗等等的创造，更彰显了井陉窑，匠人的大胆出新的创造精神。

注释：

[1] 见《中国定窑》第129器"黑釉酱斑碗""内外黑釉散布有大小不同的铁斑纹"。又见同书秦大树：《定窑的历史地位及考古工作》，北宋中晚期地层出土的"黑釉酱彩碗"就属于不同的鹧鸪斑纹（北京艺术博物馆编：《中国定窑》，中国华侨出版社2012年版）。

[2] 陈文增：《中国定窑》（河北美术出版社2014年版）：定窑黑釉油滴碗、定窑黑釉酱彩碗（P379）、定窑鹧鸪斑黑釉碗（051）。

[3] 北京大学考古学系、河北省文物研究所、邯郸地区文物保管所：《观台磁州窑址》（文物出版社1997年版）彩版廿九，Ⅰ型Ⅰ式黑釉仿定碗T10⑦：5；Ⅰ型Ⅱ式黑釉仿定碗T1②：34；Ⅰ型Ⅰ式黑釉仿定碗T5⑨：15。彩版廿二，Ⅶ型2式碗，T9③：11（北宋后）；Ⅺ型2式碗，鹧鸪斑黑釉碗（元代）；Ⅸ型2式碗（元前）。

[4] 李怀林同志，井陉县北横口村原党支部书记，现为筹建中的井陉瓷片博物馆馆长。

[5] （南宋）祝穆：《方舆胜览》卷之十《建宁府·土产·兔毫盏》，中华书局2003年版。

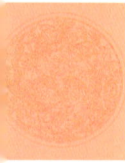

[6] 河北省文物研究所:《河北平山两岔宋墓》,《考古》2000 年第 9 期。

[7] (宋) 薛居正等:《旧五代史·唐书·王镕》, 中华书局 1976 年版。

[8] 张杏缓:《青釉褐彩贴花执壶》,《中国出土瓷器全集·河北卷》, 科学出版社 2008 年版。

[9] 刘涛:《宋、辽、金纪年瓷器》(文物出版社 2004 年版) 彩色图版, 第 226 页彩图 18, 北宋中晚期, "黑釉酱斑瓶"。韩国国立中央博物馆藏。

叁　考古简报、报告

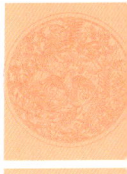

一、1989—1990 年文物补查中
井陉窑址的开始发现

  自 1986 年河北省开展第三次文物普查以来，各地市报省文物局数量质量距预估出现较大差距。遂于 1989 年 10 月招集省文物研究所骨干力量为主，以各地市县业务骨干共同进行了全省文物补查。井陉县当时地下文物报上来 3 处（韩信背水阵遗址、翟家庄汉代遗址、柿庄壁画墓群），是补查的重点县。局里派我负责，大名县文保所李伦、青龙县文保所傅奇参加，于 10 月 22 日到井陉县，受到县苍岩山文管处处长刘成文同志的热情接待。我们共同决定先从最丰富的地区城关镇查起。他派青年摄影学员杜鲜明参加。我们 4 人于 22 日下午到达城关镇，住东关影院，与镇上接头。熟悉环境，做好第二天开始工作的准备。

  由于地形复杂。我们基本是徒步查起，到 11 月 22 日别的县有已完成任务的调来 2 个分队助战，岳庆森、白午分队，陈佩林、曹连彬分队，各配井陉县文保所的高二顺、康金喜分别负责割髭河川、甘陶河中上游。到 12 月 2 日共同完成全县的调查任务。12 月 9 日在井陉县招待所召开总结大会，省、市、县有关领导，兄弟调查队都来观摩。除原来调查的单位外，我们共发现文物 56 个单位。比较圆满地完成了任务。

  其中就有我们发现的 4 处井陉窑址，还有岳庆林分队发现的南秀林窑址共 5 处。这是原来没有想到的。1990 年 4 月 2 日，我再次带杜鲜明到井陉矿区补查，又发现冯家沟—天护窑址，这样在这次补查过程中我们共发现了井陉窑的 6 处遗址。

  此前，我们并不知道有井陉窑址之说。叶麟趾先生 1934 年所著《古今中外陶瓷大全》提出"井陉窑"，并将它列入清代窑系民窑，质地粗劣。因此，虽然登记在册，就是在窑行也不被重视。1973 年冯先铭先生《志书中有待寻找的一批窑址》，在 61 个待找窑址中第一个提到井陉窑，举出雍正《井陉县志》、乾隆《正定府志》记载，也是说明时充贡出井陉，也没有超出明、清的范围。虽如此，

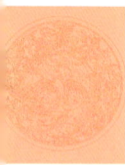

也没有受到陶瓷界的重视，从 1973 年到 1989 年 16 年间无人提及。

本县南横口当时还在用废弃的窑炉子制作陶管。1986 年县政协委员马忙喜写了回忆录《马家陶瓷发展史》以油印活页在小范围印发，其中提到历史上宋代在北陉烧陶瓷，后到清代马家在彭城段家、谢家帮助下发展陶瓷业。这是唯一由村民提到宋时北陉有陶瓷生产。当时没有引起重视，事后也无人去查证、追寻。零散的活页纸发过以后就湮没无闻了。

这次我们发现的窑址，一个是城关地带无任何记载，也无人知道。二是当时我们提出了发现的时代是宋、金时代。这就更无人知晓了。

下面就把不期而遇的"幸运"，也就是——井陉窑再次出土的时间发表出来，以期纪念它重新面世三十周年。

这里公布的 6 份调查资料，为井陉窑开始发现时最早的原始记录。这次调查之前并不知道有个"井陉窑"需要寻找窑址，而是将重点放在新石器、夏、商、周三代的遗址、墓葬方面（故这次调查仅地下遗址、墓葬部分从原来的二三处变为十余处。新石器、先商、商代为主）。不想调查开始即碰到了"井陉窑"，还多亏了配合 1985—1987 年的定窑的布点发掘。以至在这处窑址发现后，还不知井陉窑的上限应该是在隋代以前去找，也不知井陉窑的窑场数量达 12 处之多。虽然期间知道了冯先铭先生早在 1973 年就发表文章，提出寻找井陉窑，但是文章说据志书记载的窑址，志书中关于井陉窑的时代，不过说是明清以后。这并不足以引起多大的重视。故这次调查井陉窑，不只明、清和其之后，而且宋金亦有大量发现，是一突破。到 1993 年首次发掘，竟然在旧城内亦见窑址，且最早可到隋代，就再也不是小事了，而且也开始怀疑它绝不是仅只井陉中部的 6 处了，这才逐渐展开深入的调查。从此井陉窑的发现在艰难中展开。这次照原材料发表，为保持原貌，原有的个别错别字只在后面用（ ）改正，一见当年与井陉窑不期而遇的最初认识，以供研究者了解井陉窑的实际情况。

（一）井陉考古补查队井陉窑遗址调查记录

井陉窑——历史湮没的遗迹。除偶在清代地方志书中稍有提及外，就是从事陶瓷考古的专家，也仅仅是从志书中知道"明代真定贡瓷出自井陉"而已，我们更没有想到会亲自揭去覆盖在它上面 700 年的建筑与尘沙。

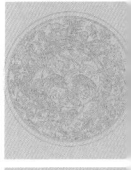

1.发现经过

1989年10月22日，我们夜宿天长镇影剧院放映大厅后楼宿舍，这是我们到井陉开展文物补查的第一天。打前站的杜鲜明说起，听影院高方清讲，盖影院大楼时，从地下挖出瓷罐，当时并没有引起多大注意。次日晨，我果然在影院放映厅周边发现有碎瓷片、垫圈、匣钵片，细看绝非明清之物。当即决定通知高方清，当晚见面谈话。是日晚外查回来，见到高。他是影院放映组长，爱好古物，不用启发，提出如下情况。

1987年10—11月影院剧场地基工程施工：于现在的后楼地下2米多深处，发现一层很厚的瓷片堆积层，中有碗、盘、盆、罐、匣钵、垫圈等残片。当时只挖了约12米长，1米厚，就没有再下挖。（打地基不需要过深）底下还很厚。另在此楼现西南角处（前厅一部），在地表以下2.7—3米深处，发现了瓷窑炉，炉腔口向西，其下有炉灰很厚，炉壁是圆的。具体构造他说虽一直在场，也看不明白。但在炉壁之外，埋有4只瓷罐，每只内装有白土，土中有铜钱3枚，罐口覆盖1个瓷碗。另在窑炉正东10余米，同样深浅发现1只陶香炉。瓷罐和铜钱他有意保存在仓库，后搬库，完整的不知下落，仅余1只打碎的和原盖在罐上的瓷碗（也打碎剩一半）（见图3—1—1、图3—1—2）

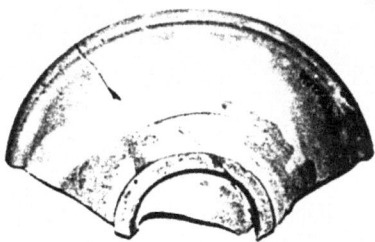

图3—1—1　东关区Y1瓷碗

图3—1—2　东关区Y1瓷罐

铜钱还剩2枚，（一枚开元通宝、一枚宣和通宝，皆是小平钱）。在以后的两天内，我们又从天长镇退休教师李发祥处得到了河东村、东窑岭村也有"瓦片"堆的线索。并在他的带领下，做了实地调查，三处古窑址（图3—1—3）就这样被发现了。经查，我们初步认识是，这三处窑址的上下限相差并不悬殊，至少在金代有共同繁荣的阶段，这时期所出产品特征、风格也基本一致，因而将它们并做一个大的瓷窑窑址，每一个地点是一个窑区，各以当地地名命名。总的名称，由于认为它有自己的地方特色，我将它命名为井陉窑。

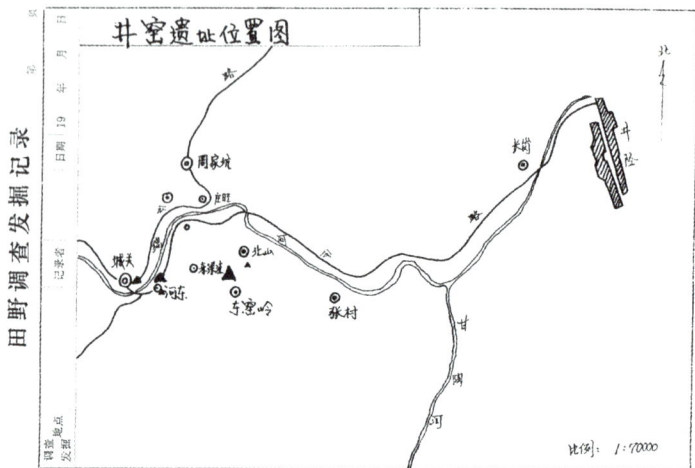

图 3—1—3 1989 年井陉窑三处窑区位置示意图

2. 遗迹

(1) 1号窑址（东关区）Y1

据高方清的介绍，我们又在影院内外做了细致的调查，除采集到了零星瓷片、匣钵外，因早盖好了房，别无遗迹可寻。但影院西隔壁，医药公司刚刚盖起，同样大办公楼。查得那里也挖出不少瓷片，附近其他地方近年无大动土，地下情况不明。据此，我们将以影院、医药公司为中心，旧城东门外 80—180 米，南北 200 米的范围暂定为控制区，名之为井陉窑——（东关区）1号遗址，影院发现的窑炉为 Y1。专派李伦帮助高方清反复回忆，画出了 Y1 的示意图和影院窑点平面示意图（图 3—1—4）。因仅为回忆复原，结构不叙。

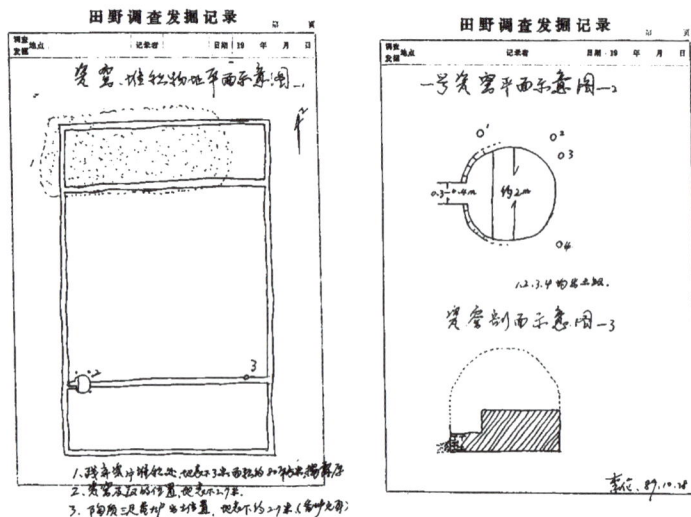

图 3—1—4 Y1 位置与形状示意图

（2）2号遗迹（河东坡区）Y2、Y3、1#作坊、2#作坊

在河东坡，杜千贵家新房后墙外，发现了盖房时切开的断层暴露出整段文化层。由北向南依次为：两个基本破坏掉的窑炉，一个被切掉三分之一以上的窑炉（Y2）（图3—1—5），窑壁砖石杂砌，直径约2米（不准确），残高2.3米（不准确）。下层为灰烬层，上层填满残窑具和瓷片，结构因暂未清理尚不明。Y2南约5米，发现砖地面，残长约12米，北段平整，其上堆积有40厘米的废弃窑具。南段由南向北倾斜，砖面上有3—10厘米厚的瓷土层，再上亦有废弃窑具。我们暂定为1#作坊（图3—1—6）。

Y3，位于城关大石桥北约200米处的公路东侧断崖上，窑壁结构、用材同Y2，基本保存完整，因未清理，内部结构不明。Y3南侧3米断崖顶端，有瓷片堆积层（图3—1—7）。堆积层再南5米发现废弃的矸子洞（井），直径0.7米，现地面以上残留6米长的井筒半壁（图3—1—8），这是制坯就地取瓷土的原迹。

图3—1—5 河东坡区Y2

图3—1—6 1#作坊

图3—1—7 河东坡区Y3瓷片堆积

矸子井
①

图3—1—8 河东坡区矸子井

2#作坊，位于Y3北80米之二运公司院内东壁，调查前不久，该单位为扩院盖房，将东土台放炮崩塌在运土过程中于断面上暴露出文化层，并随之挖出不少瓷片。现断崖残壁上，仍留有完整瓷瓮以及窑具的大量堆积，也出有完整的瓷碗、盘等。由剖面看现象，我们确认此处为所发现的2#作坊。

（3）3号遗址（东窑岭区）

3号遗址，位于东窑岭村东100米的丘陵地带（图3—1—9）。经地表调查，其中心为山北中学附近，至今山北中学南边的山坡，当地仍称为"瓦子坡"（图3—1—10），暴露有很厚的瓷片堆积层。山北中学前麦田的断层上仍有被毁后留下的瓷窑炉

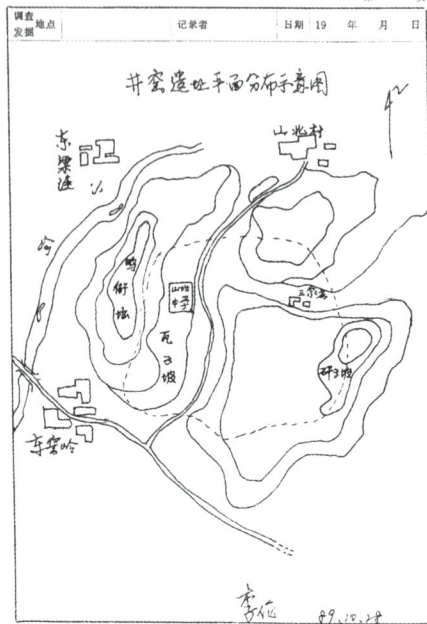

图 3—1—9　东窑岭平面示意图

图 3—1—10　东窑岭瓦子坡瓷片堆积

残迹。据当年在该校教书的李发祥老师讲，当年平整土地于这片 2000 平方米的麦田内，推掉了十余座古窑炉。另在瓦子坡北，山北中学操场，平操场时也毁掉了十几座窑炉。此外，瓦子坡东南 400 米有一丘陵，当地称它为矸子坡，那里不用打井，矸子石裸露，随手而得，制坯用料，开采十分便利。

3. 遗物

（1）窑具

①炉条：在河东坡、东窑岭都有发现，尤以 2# 作坊发现最为完整。三处地点此物形状相同。外形为柱状，一面平整。

②石碓，发现于 2# 作坊，外形极似特大的石锤，有敲击面。这次调查未能发现如定窑使用的碾槽，唯有此物用来大面积粉碎矸子石（图 3—1—11）。

③垫圈，发现多种，因制盘、碗等不同器物而大小不同形状有别，它们的存在，证明那时井陉窑也采用覆烧法，生产高档瓷器（图 3—1—12）。

④匣钵，亦有多种，大小不同以分装大小不同的器皿，高、矮不同视器而需（图 3—1—13、图 3—1—14）。

此外，还发现支钉、垫子、料罐、瓮等多种窑具。

432

图 3—1—11 河东坡区石碓 图 3—1—12 河东坡垫圈

图 3—1—13 2#作坊的匣钵 图 3—1—14 2#作坊碗钵

（2）井陉瓷

日用瓷，常见品为碗、盘、盆、罐、坛等。

①碗，一般多数为素白瓷碗，敞口重唇，背面施半釉。其次背面二色釉，上为白釉，下为酱釉，形制略同白瓷碗。Y3则多发现白釉略泛青灰的细瓷碗，似为单独一种类型。

②盘，素面白瓷。有浅、深之分，也有釉色极白的折腹盘。

③坛、罐、瓮类，多见黑褐釉色，色极明亮。

④宽砂圈碗、盆，这类产品多见于东窑岭，釉色青白、黄白、两色釉碗，特别是酱釉器最为常见。后者当是这个窑区晚期的作品。

（3）高档瓷

印花：印花碟、碗最多，河东坡一地可见。其品种有凤、雁、鱼、荷花、菊花等。印花器胎质细腻、釉色纯正，以白瓷最多，也有青白瓷。从图案看完全同于定瓷的印花器（图3—1—15）。

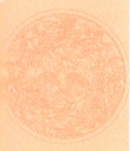

刻花，见于2#作坊最多，图案以花卉为主（图3—1—16）。

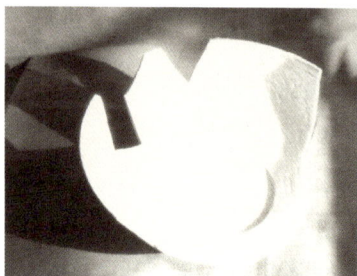

图3—1—15　2#作坊印花大碗　　　　图3—1—16　2#作坊刻花菊花大碗

划花，亦见于2#作坊，施于细深腹碗（或罐），线条流畅、生动、简练。

绘花，不多见，于2#作坊出，绘花大盘最为精美（图3—1—17）。

点彩，3个窑区都见此类产品（图3—1—18）。

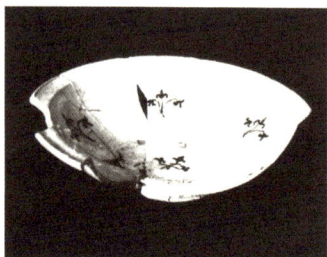

图3—1—17　2#作坊出绘花大盘　　　图3—1—18　2#作坊点彩碗

总之，井陉瓷中艺术手法具有上述五种。从初步统计看，白瓷占多数，黑褐釉占30%以上。这是在釉色上它自身的特点。在它的繁荣期生产的印花、刻花产品已达极高的水平，实为一般民窑所罕见而不及。

另外，还见琢器一种，乃扁圆壶黑釉小口肩部有双耳，方形扁方足大器出于2#作坊（图3—1—19）。

图3—1—19　金代小口双耳瓷扁壶

4. 年代、性质

高方清同志献交的钱币1枚为开元通宝、1枚为宣和通宝。后者据他说是瓷罐中所见最晚的

一种。再有，我们这次调查中，发现了几处仿木结构砖室墓，随葬品中的瓷器，由于发现了瓷窑已——和井陉瓷对上了号。凡这一阶段的墓葬，随葬瓷器都用井陉瓷，这样它给我们判断井陉瓷的时代提供了旁证。由砂圈器的出现和墓中的发现，我们可以认定它们是金代产品，印花中的作品都同曲阳发现的金代印花模子相同或相似。因此，它们在井陉窑的繁荣，亦应该为金代。因此，井陉窑的极盛期，我们初定为金代。其上限由东关 Y1 推测，可能为宋末。南秀林宋代窑址的发现已说明，至少宋代井陉已在发展瓷器业。下限根据初步的调查，我们认为应以东窑岭为据，它生产的大砂圈器为元代梅庄瓷窑直接承袭（或金代已同时开始生产）。

因此，经初步调查，我们把井陉窑的年代定为宋末、金。金代是其极为繁荣的时期，可能在此时这一带的民窑有些开始生产贡瓷。

井陉窑所在地理位置，其北有定，其南有磁，它基本应属定瓷系。但有很多方面反映出受磁州窑的影响。研究它本来的历史渊源和它对南北两大名窑的兼收并蓄。这就是进一步探讨井陉瓷特征的问题了。

孟繁峰

1989.12.12

凌晨于井陉招待所草成

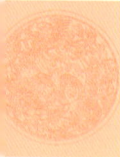

附：东关区（图3—1—20）、河东坡区（图3—1—21）、东窑岭区（图3—1—22）遗址调查登记表

遗 址 调 查 登 记 表

编号：	名称： 井室遗址—东关区（1号区）		
地点：石家左	地区（市）井陉 县（市）天长镇 乡 东关 村		
位置：在 东关 村 （方向） 米 海拔高度：			
地理形势： 位于绵河西岸台地。西、北均为坡地，东、南近河。			
附近水流： 绵河。			
土质和农作物： 现为村住区。			
近代建筑、道路等： 阳泉铁矿。东关于			
面积：按现面积2万M² 南北长 200 东北 宽100米			
文化层深度：2.7—3米以下。 土堆高度：			
现存情况： 全部为建筑覆盖。			
暴露遗迹： 无			
暴露遗物： 曾出土的瓷片、窑具、等。			
采集遗物： 瓷叉、钢钱、匣钵、垫圈、碗等。			
文化性质和年代： 古瓷窑址。宋末、金代。			
历史传说： 无。			
参考文献： 《真定礼陉作志》、《雍正井陉县志》。载"井陉明代出茶盏"。			
关系单位（人） 天长镇、影院 高方选。			
绘图号： 绘图者 李佗 照相号：			
建议： 东关一带再加工。多搜遗物阶知道。重量保存。			
备注： 1989.10.23日省考古参考认发地。已临时报告省方论为文保护状况。			
调查日期： 1989 年10月25日 记录者 李佗			

图3—1—20 东关遗址调查登记表

436

遗址调查登记表

编号:		名称: 井窑遗址 — 河东坡区(2号区)
地点: 磨家岔	地区(市) 井陉 县(市) 天长镇 乡 河东	村
位置: 在 河东 村 北部 (方向) 米 海拔高度:		

地理形势: 西邻绵河, 北、南为台地, 东为田段区。

附近水流: 绵河

土质和农作物: 黄土, 大部为庄民区。

近代建筑、道路等: 河东村, 城关至微水公路。

面积: 6万M² 南北 长400 东西 宽150 米

文化层深度: 1—3米以下。 土堆高度:

现存情况: 部分耕地遗留存, 西沿等严重破坏。

暴露遗迹: 瓷片堆、窑炉、作坊、轩子井等。

暴露遗物: 瓷片、室具、原料 等。

采集遗物: 多种瓷片、匣钵、垫圈、石碓、炉等; 粗笔到细笔小刀刃等黑褐釉瓷扁壶。

文化性质和年代: 宋末—金

历史传说:

参考文献: 同前。

关系单位(人) 天长镇退休教师 李长祥

绘图号:	绘图者: 李信	照相号:

建议: 公布为重点保护单位。 亟应采取有效的保护措施。

备注► 河北文物春秋89年11月为此呈现。

调查日期: 1989年 10 月 25 日	记录者: 孟繁峰

图 3—1—21 河东坡遗址调查登记表

437

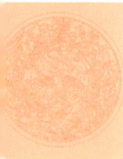

遗 址 调 查 登 记 表

编号：	名称： 井窑遗址·一东窑岭区（3号区）	
地点： 石家庄 地区（市） 井陉 县（市） 天长镇 乡 东窑岭 村		
位置：在 东窑岭 村 东 （方向）100 米 海拔高度：		
地理形势： 遗址位于丘陵地带。西邻：鸡街隔山，东邻：矸子坡丘陵。北为：山北丘陵，南为：丘陵向治河。		
附近水流： 泄洪沟。		
土质和农作物： 黄土；写事，小麦、玉米。		
近代建筑、道路等： 山北中学、东窑岭、深窑村；东窑岭至山北大路。		
面积：10万M² 东西 长 400 南北宽 250 米		
文化层深度：地表以上，及地表下1米。 土堆高度：		
现存情况： 相当部份被：果树场、修路、平坟掉地 破坏。		
暴露遗迹： 瓷片堆、窑炉、等。		
暴露遗物： 多种瓷片、匣钵、垫圈、等。		
采集遗物： 上述 样品。		
文化性质和年代： 宋末—金。		
历史传说：		
参考文献： 旧志		
关系单位（人） 天长镇退休教师 李发祥		
绘图号： 绘图者： 李记。 照相号：		
建议：一分布乡点 保护争地，深究 保护开挖。		
备注： 河北省 文物复查队 89年 10月26日登记。		
调查日期： 1989 年 10 月 26 日 记录者： 孟繁峰		

图 3—1—22 东窑岭遗址调查登记表

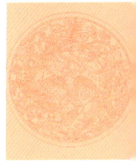

（二）南秀林瓷窑遗址调查记录

南秀林瓷窑遗址位于井陉县秀林镇南秀林村东约 500 米处，由省文物普查队白午、乐庆森二位同志于 1989 年 12 月 1 日调查发现。

遗址处在割髭河与甘陶河交汇口东北侧，甘陶河从遗址西侧北流。遗址距河床高约七八米，由下往上的第二层、第三层台上均有瓷片或烧瓷渣堆积暴露。在断崖上可见被烧成红色的土，当为被破坏的窑址所在。

这次调查采集的标本以白釉矮圈足的碗残片为主，也有少量罐残片。据省文物研究所孟繁峰老师鉴定，该窑址是一处宋代瓷窑遗址。

应列为文物保护单位。

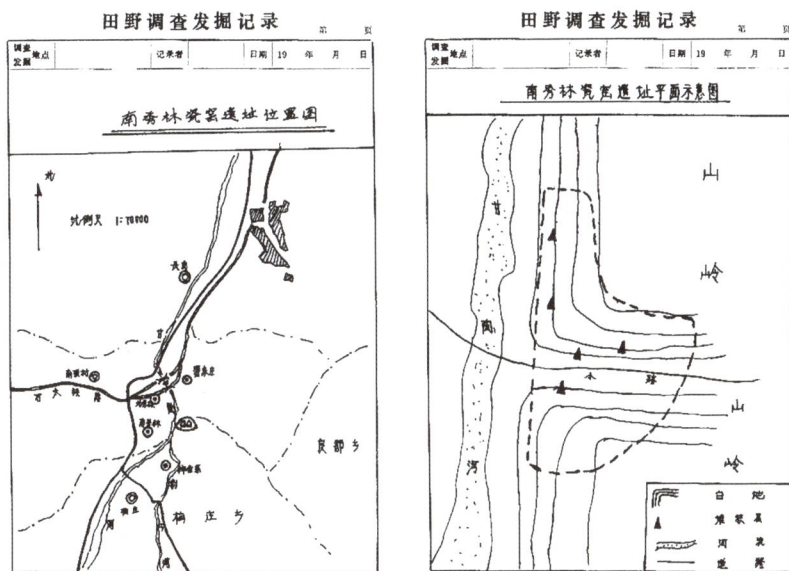

图 3—1—23　南秀林瓷窑遗址田野调查发掘记录

记录者：白午、乐庆森

1989 年 12 月 1 日

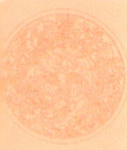

附：南秀林瓷窑遗址调查登记表

遗址调查登记表

编号：	名称：南秀林瓷窑遗址
地点：	石家庄 地区(市) 井陉 县(市) 秀林 乡(镇) 南秀林 村
位置：	在南秀林村 东 (方向) 500 米 海拔高度：

地理形势：遗址处在南北走向的甘陶河东岸、半山坡的高台地上。

附近水流：西南侧为割髭河与甘陶河交汇处，甘陶河从遗址西侧流过。

土质和农作物：黄土。

近代建筑、道路等：西500米处为南秀林村，西北方向600多米为五四二厂。

面积：5000平方米 南北长100米 东西宽50米

文化层深度：1米 土堆高度：

现存情况：在台地的断崖上可见瓷片堆积。

暴露遗迹：瓷片堆积层。

暴露遗物：瓷器残片、窑具等。

采集遗物：碗、罐残片等。

文化性质和年代：宋代瓷窑遗址

历史传说： ✓

参考文献： ✓

关系单位(人) 南秀林村民委员会

绘图号： 绘图者：曰午 照相号：

建议：

备注：

调查日期：1989年12月1日 记录者：朱庆森、曰午

图3—1—24 南秀林瓷窑遗址调查登记表

440

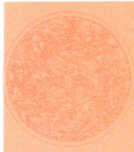

（三）梅庄瓷窑址调查记录

梅庄瓷窑遗址位于甘陶河西北岸台地。1989年11月28日，省考古复查队孟繁峰、李伦、杜鲜明调查发现。

1. 地表

沿着宜沙公路南下，过梅庄大桥南约200米，路西侧坡地断面上即可见暴露有3座窑炉（编号Y1、Y2、Y4）。再往南走300米，又发现路西断崖上暴露有半壁瓷窑（编号Y3）。当地群众将这两处瓷窑分别称为东碗窑、西碗窑（图3—1—25、图3—1—26）。接着，在每座窑炉的附近都发现散布的瓷片，Y3内还堆积大量的窑具和瓷片。此外在公路东侧，紧临河岸的土岗上，凡有窑炉的地方，都有瓷片堆积层。约覆盖在地表以下1米深。观察层位，它们都向河倾斜，当是向河里倾倒废瓷片的缘故。进一步推知，修筑公路时，这里破坏的瓷窑不在少数（图3—1—27）。

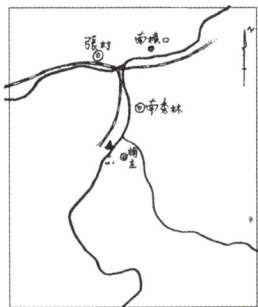

图3—1—25 梅庄窑区位置图　　图3—1—26 梅庄区平面图　　图3—1—27 梅庄区全景

Y1、Y2形制相同，为小土窑。造窑时就红粘土层掘出窑坑，再修窑床、火膛、火门。因仅残存烧的透红的窑壁，窑底与顶均不存在，其结构不明（图3—1—28），但可由断壁观察到壁上抹有厚约2厘米的泥皮。量得这两座小土窑直径1.3米，残壁高0.80米。

Y3、Y4为砖石混筑窑。Y4尚掩在土中，暴露部分外壁（图3—1—29、图3—1—30）。因未能清理，内部结构不明。Y3悬挂在断崖上，量的内径1.53米、火膛口宽0.90米，窑门以上残高1.60米。从断面看，Y4与河东坡Y2、Y3结构无

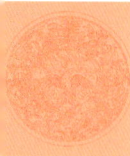

图 3—1—28
梅庄区 Y1、Y2、Y4

图 3—1—29 梅庄区 Y3

图 3—1—30 梅庄区 Y4

明显区别。

2.遗物

在窑炉附近、炉膛堆积层以及瓷片堆积层中采集的标本，经相互比较，看不出它们之间有明显的差异，两处产品、品种、釉质、釉色、器形都相互一致。因而，在它们之间不存在早晚关系。

（1）窑具：加厚、变粗。垫圈、碗钵等窑具都不见河东坡一带制作的细致、标准。即使小顶钵也变得十分厚重，且中间无孔（图3—1—31）。这说明宋、金时代那种高档的产品这里不再生产。生产中的工艺也变得粗糙起来。

（2）瓷器：不见井陉窑那种繁多的品种和技法。印花、刻花、绘花、划花器一件未见。虽还存在白瓷，但胎质、釉色已大不如前。两色釉碗仍有发现，形制上略有变化；褐釉在器腹下部，及至碗底（图3—1—32）。数量上也较前大少。最突出的变化为黑釉、酱釉成了大宗，占60%—70%，釉色已非柔润光亮，而

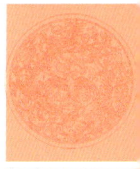

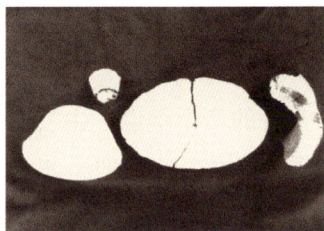

图 3—1—31　梅庄区窑具　　　　图 3—1—32　梅庄区瓷片　　　图 3—1—33　梅庄区器底题字

是变的瓦亮，显得极为生硬。碗形也有变化，趋向敞口斜直壁、底部折平。再是出现了器底以行草题字的做法，内容为"花""福"之类（图3—1—33）。

总之，这已失去了井陉窑所达到的完美而可比拟名窑的水平。从时代上看已明显有了早晚关系。

3. 年代与性质

这里窑址 Y1、Y2、Y4 与 Y3 相隔不远，被称为东碗窑、西碗窑，虽是现在的称谓，但公路修筑的时间并不太长，可两处窑群规模不大，是单纯的小民窑。

从器形特征看，砂圈器的存在，黑釉、褐釉的流行，都可视为接受井陉窑的遗风和影响。新的做法为增加了题写书字，应视为一种时代风尚的演变。而明清时代，陶瓷工艺的发展在这里还没有反映。即使元代青花器也不见。因此，我们认为梅庄瓷窑址的年代确定为元代较宜。

孟繁峰

1989.12.12 晨

附：梅庄遗址调查登记表（图3—1—34）

注：2015年复查，东碗窑之Y1、Y2，系一个东向窑址的两个烟囱，由公路沟内可见其整齐的断茬，其窑室、火膛、灰沟等都被公路压在地下，或也不存在。故Y1、Y2实为东向的一个窑改为Y1，观察其同河东坡窑址所有者金代窑炉相近。这里的Y4则完全是另外一窑，尚在土中埋着，暴露者已破坏，故不能详述，只是把它改编号为Y2。西碗窑则编号不变——笔者。

遗 址 调 查 登 记 表

编号：		名称：	梅庄瓷窑遗址	
地点： 石家庄	地区（市） 井陉	县（市） 矿林镇	乡 梅庄	村
位置：在 梅庄 村 西		（方向） 400	米 海拔高度：	
地理形势： 梅庄古瓷窑址，位于甘陶河南岸二级台地上。其北为丘涧的黄土台地；其南与东均为甘陶河川；西北陡峭山地。				
附近水流： 甘陶河。				
土质和农作物： 黄土；小麦、玉米、棉花。				
近代建筑、道路等： 微水至矿城公路由窑址中部穿过。				
面积： 2.4万M²	南北 长 350	东西宽 70米		
文化层深度： 土层暴露，堆积层厚1-1.5米土堆高度。				
现存情况： 为公路破坏严重。				
暴露遗迹： 窑炉、堆积层、墓。				
暴露遗物： 窑具、瓷器残片。				
采集遗物： 碗、盆、叔等瓷片；垫圈、垫子、支钉、碗坯等。				
文化性质和年代： 古瓷窑址；元代				
历史传说：				
参考文献：				
关系单位（人）				
绘图号：	绘图者： 李记	照相号：		
建议： 公布保护单位。				
备注： 1989年.11.28日.省考古调查队人发现。				
调查日期： 1989 年 11 月29 日		记录者： 孟凡峰 李记		

图3—1—34 梅庄遗址调查登记表

444

（四）天护窑神阁基址调查记录

天护窑神阁位于天护村东北侧边缘，其东、南临东沟和南沟（即"瓷窑沟"），当地传称之为"老君爷庙"（图3—1—35）。

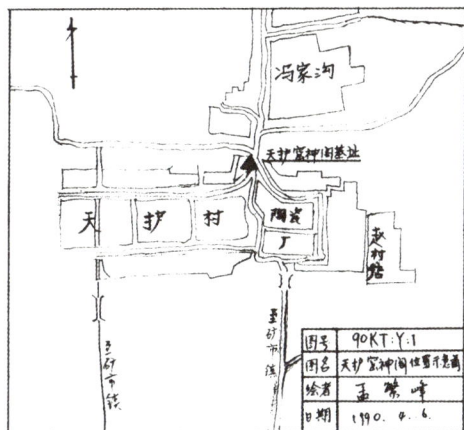

图 3—1—35　老君爷庙

1990年4月2日，省考古队孟繁峰、杜鲜明调查发现，现原建筑仅余阁之台基，配房、门楼已被改造，台基门道亦改修为房舍，均为居民占用。

台基下层及券由青条石砌筑，余用青砖。（图3—1—36、图3—1—37）：

测得其宽约10米、长12米、高约4米。

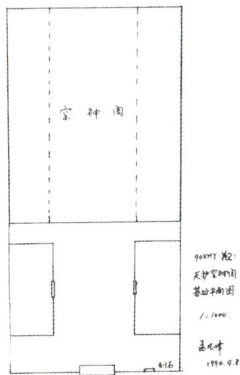

图 3—1—36　窑 神 阁　图 3—1—37　窑神阁剖面图
基址平面图

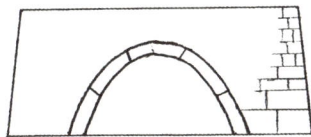

石券门洞底阔 5 米，矢高 2.60 米（当时地面之上）。

在院内东南墙壁间衔有刻石一方（尺寸为 62 厘米 ×42 厘米），由其内容可知该建筑原名"窑神阁"，据载，清朝之初这里的东沟及南沟即已被称作"瓮窑沟"，可知那时此阁为瓷窑业的神庙（图 3—1—38）。

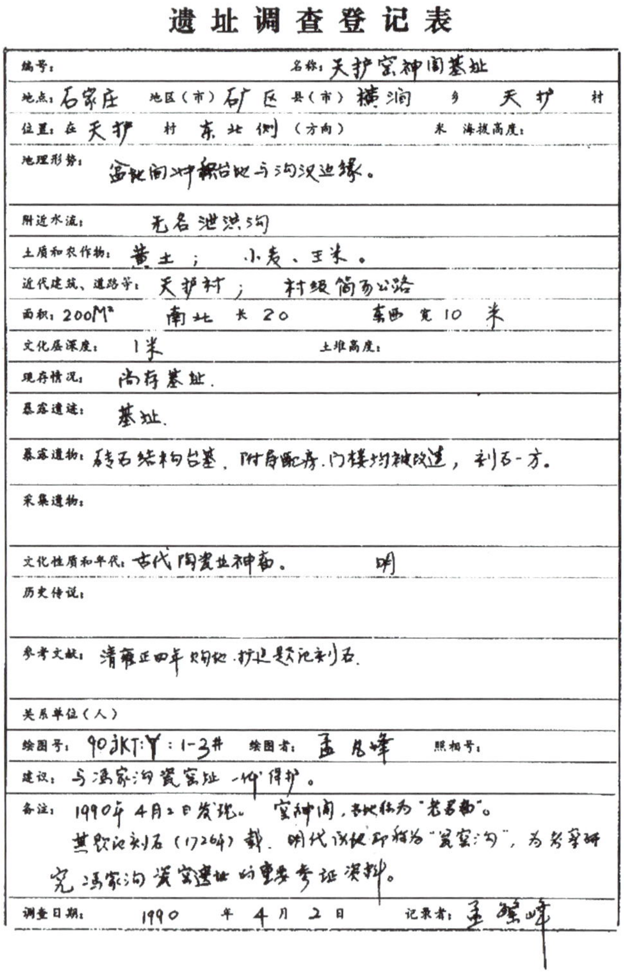

遗址调查登记表

图 3—1—38 天护窑神阁遗址调查登记表

乾隆《正定府志》载，明时正定贡瓷出自井陉，为缸、坛之属。刻石及瓷窑址的发现，证实了明清这一带有着相当规模的缸、坛生产，很有可能明时所交御用的部分缸、坛即出产在这里的瓷窑。

因此，窑神阁以及刻石成为发掘这处瓷窑遗址的重要参考资料。

窑神阁的修建时代，刻石《雍正四年》称"瓮窑沟旧有窑神阁一座"由清初称其"旧有"来看，至迟应不晚于建自明代，故暂定为明朝。

446

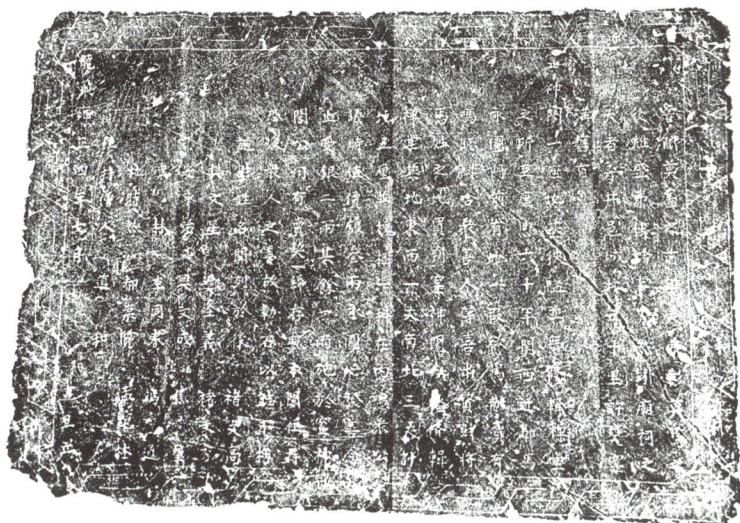

图 3—1—39　窑神阁碑记拓片

兹将刻石内容抄录于下：

常闻莫为之前，虽美弗彰；莫为之后，虽盛弗传，诸事皆然，矧庙祠之大者乎？井邑城北二十里许瓮窑沟旧有窑神阁一座，地基狭隘，并无修辑禅堂之所。至康熙六十年，阁西近邻冯永图门前有地一段，欲为办卖，有冯聪纠合众善人等，喜出资财，将冯姓之地买到窑神阁，以备修辑禅堂。其地东西一丈，南北三丈，计地五厘并槐树一（科）〔棵〕在内，凭众公议，时值价银叁两。永图心发善念，止受银二两，其余壹两施于窑神阁公用，有卖契一纸存照。本阁住持恐没众人之善，故勒石以志不朽。

施财姓名开列于后　褚文高

樊文星　郑全义　诸文秀

安永治　樊文成　焦　玺

袁　林　李同春　冯　通

杜时然　郝崇质　孟范林

住持僧人　道和

龙飞雍正四年七月　吉旦　立

1990 年 4 月 8 日整理

447

（五）冯家沟瓷窑遗址调查记录

冯家沟瓷窑遗址位于井陉矿区横涧乡冯家沟村南。其东南距井陉县城 10 公里。井陉古道的北路自威州西渡冶水过固底、青石岭经赵村铺后，从东北向西南穿过窑区。窑群即错落于沟畔、台顶。遗迹遍及东沟、老东沟和南沟，三沟见于雍正四年"窑神阁题记"而称之为"瓮窑沟"，分布面积达 15 万平方米。现窑遗址地表依然散落着 16 座废弃尚完整的旧式馒头窑，经查为冯家沟陶瓷厂 1979 年转用隧道窑后闲置，说明这里的瓷窑业从创始至今基本没有间断过烧造。1990年 4 月 2 日省补查队孟繁峰、杜鲜明、韩连柱调查发现。这是继 1989 年冬季发现井陉窑后又一新的重要发现。

1. 遗迹分布

瓷窑遗址文化层东达赵村铺村西、西南，西至冯家沟村西南和天护村东北角，长达 600 米，最北由冯家沟村东南达建陶厂东墙外，宽约 250 米。走访冯家沟陶瓷厂有关多人，谈及在这一范围内开煤井挖至地下两丈深仍见瓷片层，可以想见，该窑址曾较长而连贯地生产不息。

2. 遗物

（1）在天护村东北角发现有瓷垫圈，同于在天长镇和河东坡等地窑址同类遗物。并发现有菊花瓣白瓷瓯和覆烧白瓷小碗。

在冯家沟村南偏西文化层中发现黑釉三棱饰瓷碗，特征相同，与 1989 年冬天在北岸金代墓葬中出土之物。另出土酱釉平底碗，砂圈极为宽肥，此件时代大体与之相当或为元代之物。

在老东沟（冯家沟村东 200 米）发现并采集到黑白两釉碗片和匣钵。

上述器物特征，都说明这里在金代已经烧造瓷碗。

（2）遗址地表遍布瓮、盆残片排除近代产物，具更为古朴特征的遗物有：

在冯家沟村南偏西，文化层中出土了酱釉高领瓷罎。在天护村东北角采集到酱釉高领折肩罎及酱釉梅瓶。在冯家沟村南偏西文化层中采集到多种瓷盆。

在天护村东北角所采集到的大瓮片最具特征明显不同于清后期以来流行至今的卷沿大瓮，形制为平口直沿、薄胎、质细，施釉均匀、釉色光亮，口沿内外通施白色护胎釉。外观大方而不显笨重。这种形制的口沿当地俗称"板沿"。

集中出瓷缸、盆片的文化层不见或极少见碗片。可见这一层的窑炉只用来生产瓮、盆之类，瓷片特征为胎薄，加之精细，火候透，釉色油亮，并且形式多样。乾隆《正定府志》记载，真定产瓷器，缸罈之属，明时充贡出井陉。冯家沟遗址反映出的生产规模之大，瓮、罈制作之精细多样，笔者初步认为上述器物应为明代及清代前期之物。虽尚不能确认其中何当贡品，但明代以缸罈充贡，由井陉烧制，则出自冯家沟古窑址的可能性极大。

3. 长期连贯的生产条件

冯家沟一带产煤（现遗址范围内仍有一些小煤窑），又出产矸子，据冯晓文提供，这些煤层之上有三层较硬和颜色不同的矸子（瓷土），最上层距地表10—15米。而加工原料之法，传统上采用的是以有齿碌碡碾轧粉碎法，这样加工出的原料较粗，但极适宜缸罈之类的大器高消耗的生产需要。因而这里长期以来独擅缸罈，就连地名也呼之为"瓮窑沟"了。

金代以前这里是否已有生产，因既无记载，也没有发现更早的遗迹遗物，这一点仅据目前的调查尚不能断定。

在整体完成井陉考古野外调查后，初步形成印象：首先，井陉确是陶瓷之乡，河北陶瓷考古应将这一地域作为重点加以开拓，以便揭示北定、南邢、磁州以及西部平定、盂县窑址和它的关系，进一步完整的搞清，唐宋之后，特别是元、明、清以来，我国手工制瓷业后期的基本情况。

（又据冯家沟当地人冯谦正提供，该村村中及村北也有窑炉的发现。如是这一窑址，当面积更大，待日后加以补充调查）

孟繁峰

1990.4.13 整理

附：冯家沟遗址调查登记表（图3—1—40）

遗址调查登记表

编号：	名称：冯家沟瓷窑遗址
地点：石家庄 地区（市）矿区 县（市）获鹿乡 冯家沟村	
位置：在冯家沟村 南郊 （方向） 距 海拔高度：	
地理形势：矿区尖地尖底与东郊台地的结合地带	
附近水流：东西两道、南北一道泄洪沟纵横整个遗址	
土质和农作物：黄土；小麦、玉米。	
近代建筑、道路等：冯家沟、天护、型材店村；村级简易公路	
面积：15万M² 东西长600 南北宽250米	
文化层深度：1—6M 土堆高度：	
现存情况：保存基本完好	
暴露遗迹：文化层、窑炉、作坊等。	
暴露遗物：瓷片、窑具、加工具	
采集遗物：瓷碗、瓶、叙、瓶、盂、缸（瓷）等。	
文化性质和年代：古瓷窑遗址。金、元、明、清。	
历史传说：	
参考文献：《乾隆正定府志》、《雍正井陉县志》、《窑神陶复记》	
关系单位（人）：石家庄市冯家沟陶瓷厂 贾千拉、冯晓文	
绘图号：903KF:A:1—4 绘图者：孟繁峰 照相号：	
建议：重点保护、确查保残。	
备注：1990年4月2日，省补查队，调查发现。	
调查日期：1990年4月2日 记录者：孟繁峰	

图 3—1—40 冯家沟遗址调查登记表

450

二、井陉南良都战国、汉代遗址及元明墓葬发掘报告*

河北省文物研究所石太考古队

1992 年 8 月 25 日，石太高速公路井陉南良都段先期施工的金良河大桥南台基坑发现汉代钱币 1 罐。闻讯后，省文物研究所石太考古队在当地文物管理部门的配合下，于 9 月 3 日进驻工地，根据工程的先后缓急，对施工区进行了全面的钻探和重点发掘（图 3—2—1）。计钻探面积 5.6 万平方米；发现遗址 1 处，墓葬 10 座；发掘 350 平方米，揭露出战国、汉代房址 3 座，道路 1 段，清理出东汉窖藏 1 处；发掘出金、元、明、清时代墓葬 7 座。全部工作至当年 12 月 12 日结束。获得铜、铁、瓷、陶、蚌、石类完整器物 59 件组。东汉窖藏钱币 2 罐计 120 公斤。此外，对所发现的元代德安府知府王端家族墓地处在施工区以外的部分，划定了保护范围。现将勘探、发掘情况报告如下。

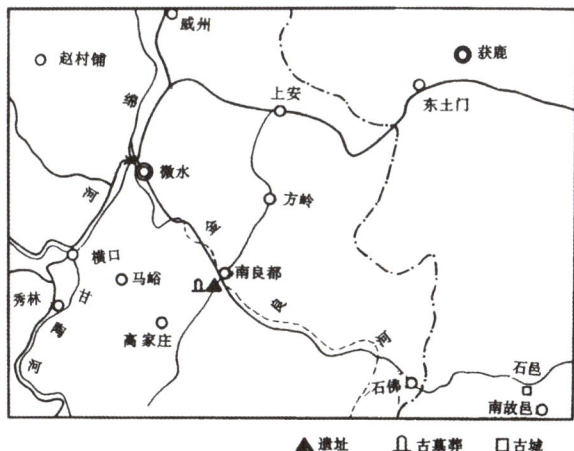

图 3—2—1
南良都战国及汉代遗址、元明墓葬位置示意图

---

* 这一发掘虽不是窑址发掘，且在井陉窑址发掘之前进行，但也接触到井陉窑遗物，当是窑址发掘的序幕。

（一）墓葬

通过钻探发现的 10 座墓葬，有 6 座各组成 2 个单元。其中 M8—10 相聚排列在坡地西北微石公路南侧，为砖、石室墓。M5—7 呈品字形排列，位于坡地西部上腰，为土洞墓。此外，M1、M2 在坡地西部，为土洞墓，M3、M4 在接近坡顶处，为土坑墓。这 4 座墓各自相距较远，无组合关系，与其他两个单元也无联系（见图 3—2—2）。5 座土洞墓发掘了 4 座，M6、M7 开口在耕土层下，均为夫妇合葬的清代平民墓，遗物甚少，故开口于同层位（耕土层下）的 M5、M3、M4 未再做发掘。开口在③层下的 M1，形制与 M2 相同，规模甚小，随葬品仅 1 只铁质油灯碗，因此，M7、M6 等不再赘述。现着重对 M8、M9、M10、M2 四墓的情况，介绍如下。

1.M8、M9、M10

（1）M10 砖石混筑单室墓，由墓道、墓门、墓室组成，全长 6 米，方向 196°。开口于第②层扰土层下。无破扰，保存完整。

墓道位于墓室之南，长方形斜坡式，长 2.20 米、北端宽 0.90 米、南端宽 0.70 米；深距开口 2.60 米。墓门位于墓室南端，砖砌门框，渐向内弧，至顶部以整片石板做过梁，再以砖石找平后，用石块起脊。通高 1.83 米、宽 0.87 米。门道高 0.82 米、上宽 0.42 米、下宽 0.71 米、进深 0.40 米。封门先平砌砖 6 层，再以横人字形叠砌三层，所剩空隙以石填塞（图 3—2—3）。

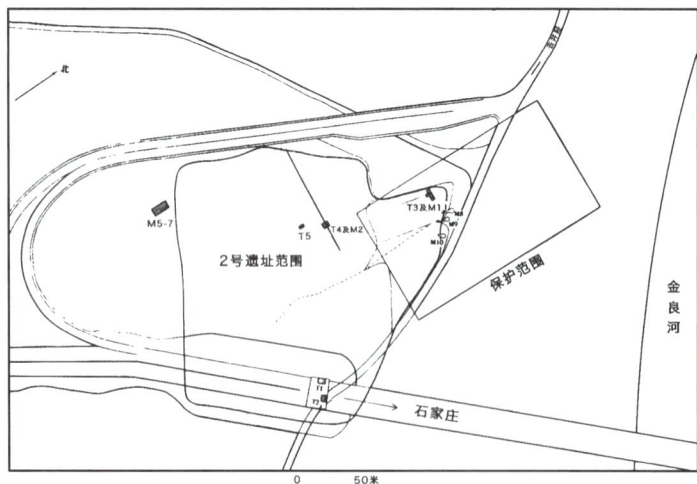

图 3—2—2 战国及汉代遗址发掘探方方位及王顺墓地保护范围平面图

墓室为圆形草帽顶。底内径东西 2.25 米、南北 2.40 米。做法同于 M9，即于圆形土圹内，用大小相近的自然石块砌筑周壁。高至 0.95 米处，纵向平铺砖 3 层，并层层内收。三层之上，在砖面的下半部继续用砖横排平铺，逐层内收至结顶。墓顶外形颇似草帽状，这种做法，大大减少了顶部跨径，坚固性得以增强（图 3—2—4）。

墓底用单层砖在墓室北半部铺出棺床。铺排草率，仅沿室壁纵向平铺砖半周，其内横铺砖 4 排而已，以致外沿内弧，且不整齐。棺床东西长 2.25 米、南北宽 1.25 米（图 3—2—5）。

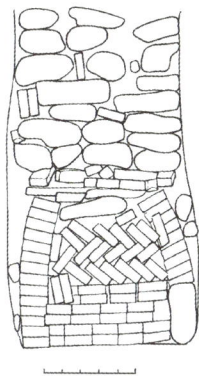

图 3—2—3　M10 封门正视图

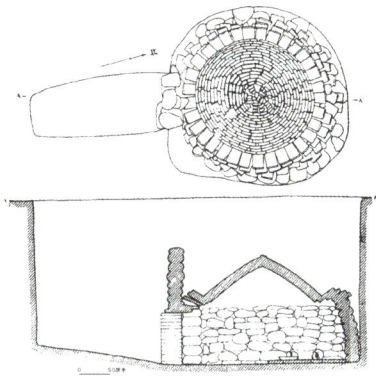

图 3—2—4　M10 平、剖面图

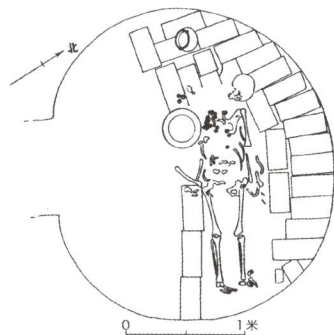

图 3—2—5　M10 墓底平面图

葬具为木棺，已朽，仅残余零星棺钉及棺灰痕迹。棺内有人骨架 1 具，仰身直肢，头向西，面向上，头骨，下颌骨、上肢骨等多处离位。

随葬品除钱币外，仅有 2 件瓷器。

罐　1 件。M10：1，直颈方唇弧腹圈足，铅灰釉，外足露胎，双系对称附于肩部，系呈倒长三角形，上有数道竖向凸棱并上压"×"形凸棱。口径 14.6 厘米、最大腹径 18.6 厘米，足径 8.3 厘米，通高 17.5 厘米（图 3—2—6：1）。置于头前棺外。

盘　1 件。M10：2，敞口方折唇，壁略外弧，圈足。釉色白中泛青黄，芒口。口径 30 厘米、足径 18 厘米、通高 5.5 厘米（图 3—2—6：2），置于人架右臂棺外。

钱币　15 种 31 枚。其中有 1 枚骨质义钱；30 枚铜钱，皆平钱，计有开元通宝、太平通宝、至道元宝、咸平元宝、祥符元宝、至和通宝、熙宁元宝、元丰通宝、元祐通宝、绍圣元宝、圣宋元宝、皇宋通宝、大观通宝、大定通宝。以上除 2 枚出自墓道填土内，3 枚放置于瓷盘西侧，余皆置于骨架背后，已大部破碎

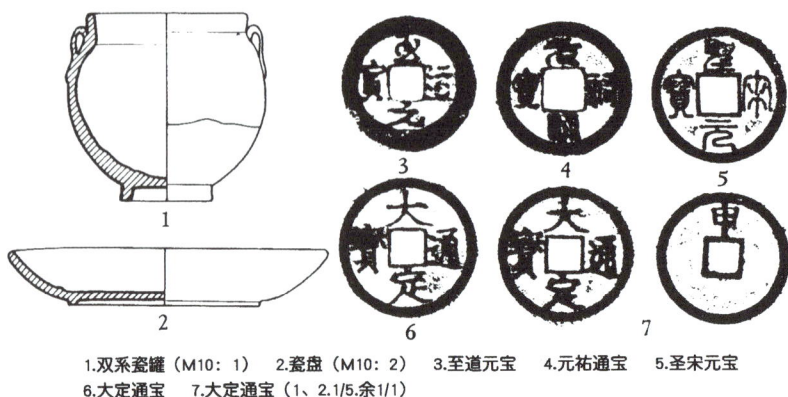

1.双系瓷罐（M10：1）　2.瓷盘（M10：2）　3.至道元宝　4.元祐通宝　5.圣宋元宝
6.大定通宝　7.大定通宝（1、2.1/5.余1/1）

图 3—2—6　M10 出土器物

或钱文不清（图 3—2—6：3—7）。

（2）M9 位于 M10 西偏北 9 米。砖石混筑单室。由墓道、墓门、墓室三部分组成，全长 7.5 米，方向 195°。开口层位与形制同于 M8，只是较 M8 简陋，无仿木结构雕作，规模亦相差明显（图 3—2—7）。

墓道位于墓室之南。长方形斜坡式，南端宽 0.80 米、北端宽 1.12 米、长 3.50 米，底距开口 2.96 米。填土内出铜钱 11 枚。

墓门位于墓室南端，砖石混砌，石过梁门洞上以砖起脊，以石盖顶。通高 1.58 米、宽 1.02 米、门道高 0.90 米、上宽 0.65 米、下宽 0.86 米、进深 0.44 米。

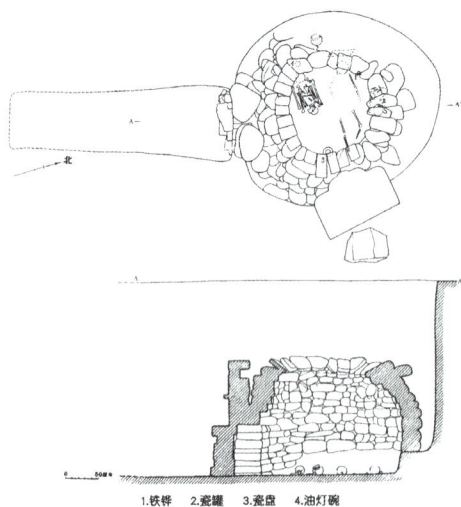

1.铁铧　2.瓷罐　3.瓷盘　4.油灯碗

图 3—2—7　M9 平、剖面图

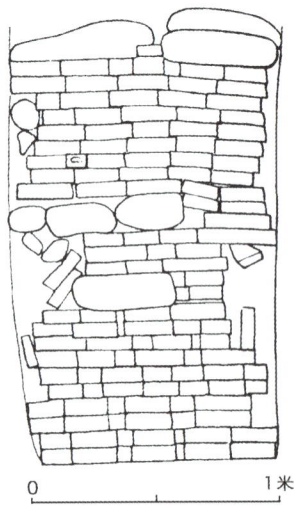

图 3—2—8　M9 封门砖正视图

454

封门以砖，间有石块，保存完好（图3—2—8）。

墓室为圆形，顶上部已被拆毁。内径南北长2.16米、东西长2.40米、残高1.60米。墓室底部仅以细沙铺地，而无砖石。周壁以大小相近的天然河光石垒砌，高1.50米、厚0.30—0.45米。顶部砖石混筑，从残留部分看，做法应同于M10。

葬具为木棺，已朽，仅在中间人架附近存有不完整的灰迹。

人架3具，头向不一，中间及南侧人架头向西，北侧人架头向东。中间人架仰身直肢，左小腿内屈，男性，两侧人架肢骨交叠，为迁葬，女性，均朽烂较重。

随葬品除铜钱外，仅有4件，按质地亦可分为瓷、铜、铁三类。

| 瓷罐 1件。M9:2，置于中间人架的头前，棺外右上侧。直颈圆唇，鼓腹，圈足，酱釉，内外下腹及足均露胎。双系对称附于颈肩部位，系呈倒长三角形，饰数道竖向凸棱并上压"×"形凸棱。口径13.8厘米，最大腹径18厘米、足径8厘米、通高15厘米（图3—2—9：1）。

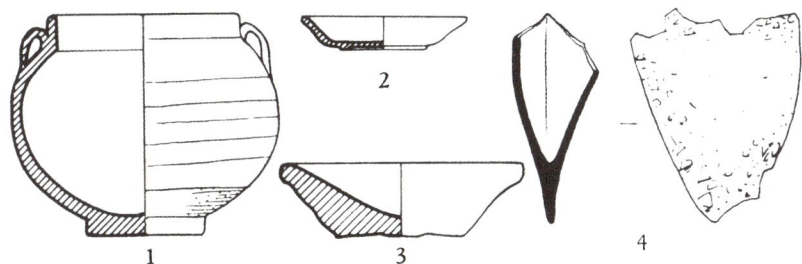

1.双系罐（M9:2） 2.瓷碟（M9:3） 3.瓷灯碗（M9:4） 4.铁铧（M9:1） (1.1/4,2、4.1/5,3.1/2)

图3—2—9 M9出土器物

| 瓷碟 1件。M9:3，置于中间人架右腿骨旁棺外处。敞口，斜腹稍外弧，平底矮圈足，碟内腹底交界处有一道凸弦纹。釉色白中泛青黄。口沿及足底刮釉，圈足内刻"×"形符号，口径14.9厘米、足径7.9厘米、通高2厘米（图3—2—9：2）。

| 瓷灯碗 1件。M9:3，置于南侧人架头前棺外处。口沿残缺，方唇，小平底，口沿及内外上腹部施酱釉，余露胎，胎质粗厚。碗心油渍尚存，口径8.4厘米、底径4.4厘米、高2.4厘米（图3—2—9：3）。

| 铁铧 1件。M9:4，插于墓室西北壁石缝间。残缺，锈蚀严重，呈三角形，尖至肩17.5厘米，尖至銎口19厘米，残宽17厘米，銎口呈椭圆形，短径7.5厘米，长径不明（图3—2—9：4）。

455

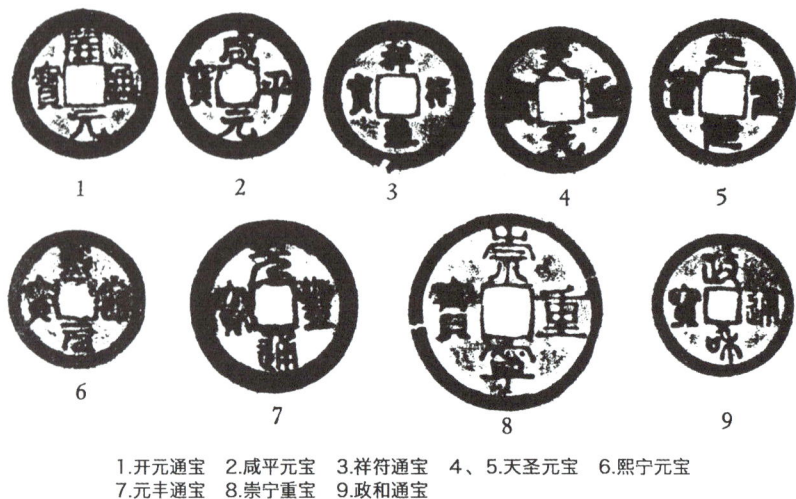

1.开元通宝　2.咸平元宝　3.祥符通宝　4、5.天圣元宝　6.熙宁元宝
7.元丰通宝　8.崇宁重宝　9.政和通宝

图3—2—10　M9出土铜钱拓片

铜钱　M9：5，8种12枚，除折三元丰通宝1枚，折十崇宁重宝1枚外，余为小平钱，计有开元通宝、咸平元宝、祥符通宝、天圣元宝、熙宁元宝、政和通宝。除1枚熙宁元宝出于中间人架颏下外，余皆出于墓道口（图3—2—10）。

（3）M8位于M9西北3米。圆形仿木结构砖砌单室墓，墓向192°。开口于第②层扰土层下，由墓道、墓门、墓室三部分组成，总长8.90米，墓底深距地表4.50米（图3—2—11）。

墓道为斜坡式，位于墓室之南，平面略呈长方形，底距墓门1米处起坡。长4.80米，北端宽1.40米，南端宽0.80米，深距开口3.90米。墓道填土内出土墓门前檐上断失的砖雕筒瓦1块及铜钱4枚。

墓门位于墓室之南，为仿木结构砖雕券洞门楼，门框卧砖平砌，券脸下正面立贴三砖，间以卧砖2层，隔作两段。门框外各侧立4砖构成门颊。门洞上部立砖起券1道，券上卧出一道券檐，檐面雕饰连弧花牙。橑券与抱框之间用白灰泥涂抹修饰。门额用4层平砖错缝砌成，其间左右出有菱形门簪各一。门额上横铺3层砖以示栏额及普柏枋，枋上两端各座单抄四铺作砖雕斗栱一组，栱眼壁亦用白灰泥抹饰。斗栱上承两层卧砖橑檐枋，枋上前出砖雕瓦檐，瓦檐上后部起卧砖门脊6层。门楼高2.57米，檐宽1.30米，颊宽1.10米，门道高1.05米、宽0.74米、进深0.56米，用青砖错缝纵向平垒封门一道，保存完好（图3—2—12）。

墓室位于门洞之北，建于事先挖成的圆形土圹内，为圆形穹窿顶仿木结构单室。室内径3.00米，高2.10米。底部丁字式平砌铺地砖1层。在南距墓门0.90

456

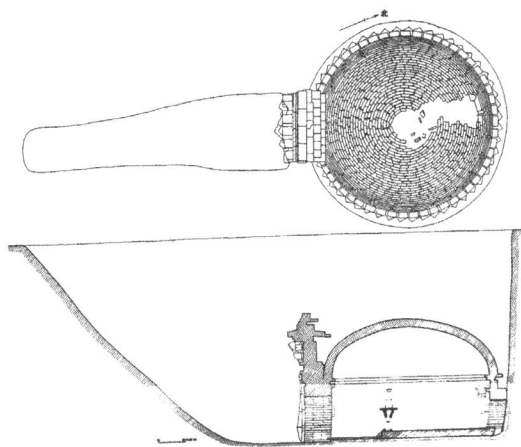

图 3—2—11 M8 平、剖面图

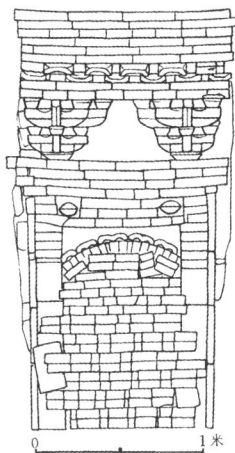

图 3—2—12 M8 墓门正视图

米处起砌半圆形棺床。棺床两竖一横接一竖两横交错平铺砖 3 层，高 0.15 米，南北最宽达 2.10 米。墓室周壁以单砖平摆错缝修砌，厚 0.33 米、高 1.20—1.25 米。在北壁正中于棺床上开一门式壁龛。栱形券与券檐做法同墓门，只是檐面不加雕饰。龛高 0.58 米、阔 0.40 米，深与墓壁同（0.33 米），无封堵，与圹壁（生土）通（图 3—2—13）。

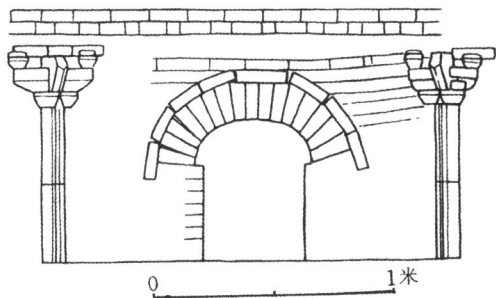

图 3—2—13 墓室北壁正视图

在门及龛两侧，即象征四角处，除西南角外，立砖砌出壁柱 3 根，柱头砖雕斗栱为单栱，当心出耍头的把头绞项作。墓壁西南角不设立柱斗栱，而在棺床西南端壁上以砖雕砌灯檠一架。灯檠以立砖砌出檠柱，中部有以一砖平出雕成勺形的灯盘。灯盘下与柱根旁各有砖雕环头形支架。柱头以小砖块雕成方斗形。在灯盘及柱头上原各置有粗瓷灯碗 1 盏，清理时发现 1 只出落于灯盘旁的淤土中，1 只落于灯架下南侧淤土中。

墓室周壁斗栱上再砌三层砖，即斜出菱角牙子一层，以承出檐。檐砖以上即

457

是逐层内收的墓顶。墓顶中央悬以铁丝穿纽的"家常贵富"铭铜镜1枚。墓顶与周壁抹白灰泥一层，厚约1—1.5厘米，粉壁无彩绘。仔细观察，于门东侧及西壁，发现灰泥面有叠压修补现象。雕砖用材及砌筑墓室、铺地用砖皆为同等尺寸的素面长方形青砖，长0.33米、宽0.15—0.17米、厚0.05米。

墓顶中央至北侧有被拆开宽0.30—1.00米的豁口一道，墓室内已被淤土充塞。但铜镜仍摆在淤土上墓室顶心原位（已无砖），表明墓顶中央的砖是墓室内淤土填满后才被折毁的。在清除淤土接近骨架时，于北壁下清理出一些塌进墓室内的砖块和灰皮，这表明墓顶北部先已形成过盗洞。

葬具木棺已朽，棺床上仅局部有棺灰残痕。

骨架3具置于棺床上，头向东，中间及南侧两架仰身直肢，因腐烂严重，面向不明，仅能清理出大致形状；北侧人架上下肢体交叠，腐烂程度较轻，显为迁葬。中间为男性，两侧为女性（图3—2—14）。

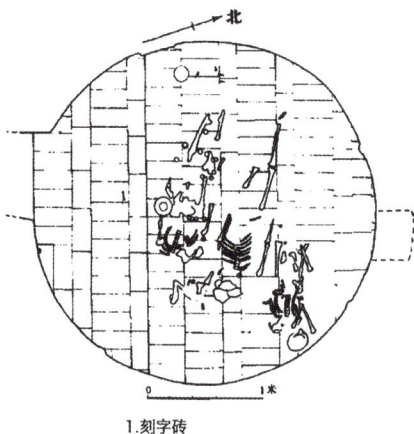

1.刻字砖

图3—2—14　M墓底平面图

| 题记砖　此砖与平常砖无别，长33厘米，宽15厘米，厚5厘米，竖向平砌在棺床前北数第3排，自西向东第八块处。自右竖刻楷书一行"大德九年四月十五日"。

随葬品有罐1件位于头前，碟2件位于南边人架腰、腿左侧，个别的（碟1件）置于棺床前，其他大部分置于骨架上的淤土中（如壶、瓶、罐、碗等），已失去原位。推测除灯盏外，罐立置于棺前，其他原应置于人架左侧或棺床前。随葬品质有铜、铁、瓷、陶等。

| 瓷壶　1件。M8：5。小口外撇，圆唇，束颈，球形腹，平底，酱釉，底露胎，素面无纹饰。口径5.3厘米、腹径23.3厘米、底径12.5厘米、通高22.6

458

图 3—2—15 M8 铺地砖刻记

厘米（图 3—2—16：11）。

| **瓷瓶** 1 件。M8：6，口沿残缺，下腹有裂纹。口外撇，圆唇，束颈，弧腹下部较大，圈足。双系对称附于颈肩部，系呈倒长三角形，上有数道竖向凸棱并上压"×"形凸棱。酱釉，下腹及足露胎，口径 4.6 厘米、腹径 14.2 厘米、足径 8.3 厘米、通高 28 厘米（图 3—2—16：9）。

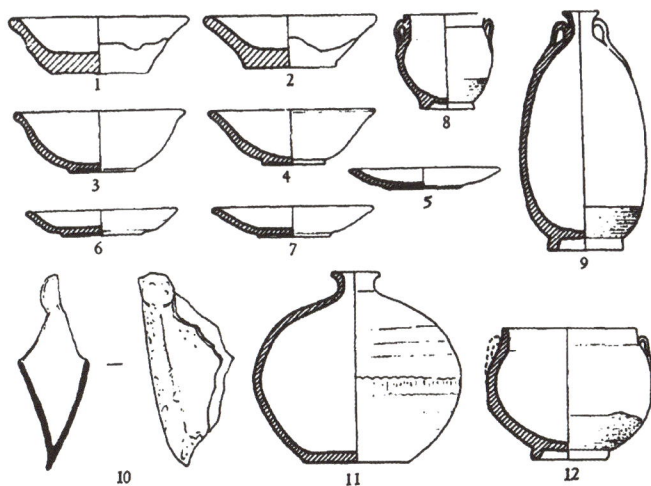

1、2.瓷灯碗（M8：2、M8：3） 3、4.瓷碗（M8：8、9） 5、6、7.瓷碟（M8：12、13、10）
8.双系瓷罐（M8：7） 9.双系瓷瓶（M8：6） 10.铁铧（M8：11） 11.小口壶（M8：5）
12.双系瓷罐（M8：4）（1、2.1/2.3、4、8—12.1/5.5—7.1/4）

图 3—2—16 M8 随葬器物

459

瓷罐 2件。M8：4，一系残缺，直领口略内敛，圆唇微尖，鼓腹，圈足。双系对称附于肩领部，系呈倒长三角形，上有数道竖向凸棱并上压"×"形凸棱，茶叶末釉，内外均施釉到下腹部，不及底。口径 15 厘米、腹径 19.5 厘米、足径 8.5 厘米、通高 16 厘米（图 3—2—16：12）。M8：7，器型略同于 M8：4，尺寸较小，直领稍外侈，罐体略显瘦高，施酱釉。口径 9 厘米、腹径 10.8 厘米、足径 6 厘米、通高 11.2 厘米（图 3—2—16：8）

瓷碗 2件。M8：9，口略外撇，斜方唇，斜腹稍外弧，圈足，满釉，釉色白中泛青，口径 19 厘米、足径 7.1 厘米、通高 6.5 厘米（图 3—2—16：4）。M8：8，形制与 M8：9 略同，差别仅有重唇之形，圈足较宽（图 3—2—16：3）。

瓷碟 3件。形制略同。M8：10，敞口方唇，腹斜直，内腹壁与底部交界处有一周凸弦纹，矮圈足，釉色白中泛青，芒口。口径 14.7 厘米、足径 6 厘米、高 2.8 厘米（图 3—2—16：7）。M8：12，口微敛。口部较腹壁稍厚，斜腹略外弧，圈足极矮，露灰白色胎。口径 13.9 厘米、足径 7.2 厘米、高 1.9 厘米（图 3—2—16：5），M8：13，腹外弧，碟内没有凸弦纹（前二者有）。口径 14.1 厘米、足径 7.6 厘米、高 2.4 厘米（图 3—2—16：6）。

瓷灯盏 2件。形制基本相同。M8：2，制作不规整，敞口圆唇，斜直腹，小平底，只在口沿施酱釉。口径 8 厘米、底径 4.3 厘米、高 2.4 厘米（图 3—2—16：1）。M8：3，腹壁外撇（图 3—2—16：2）。

铜镜 1件。M8：1，圆形，直径 16.9 厘米，缘厚 0.4 厘米。圆台形纽，穿内留有残断铁丝，已锈蚀。镜背纹饰以突起的内向十六连弧纹两周，分别为外缘和内外区的分界。内区在连弧纹内侧一周凸弦纹内以十二花瓣分绕镜纽，共成一朵大花，花之上下左右四方伸出条带，附绕弦纹内侧，外区在连弧外缘内侧突起弦纹一周为界，界内，在正对内区四向处铸出隶体"家常贵富"四字镜铭。字间等距铸饰八瓣同形花四朵，并各伸出条带附于弦纹内侧和内连弧外侧，使字与花成为相互串联的整体（图 3—2—17）。

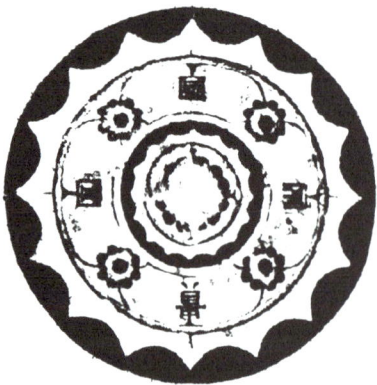

图 3—2—17 M8墓室顶悬之铜镜拓片（1/2）

铜钱 M8：14，22 枚 13 种。其中折三钱 3 种 4 枚均出土于墓室，分别为熙宁重宝、元丰通宝、圣宋元宝。小平钱 10 种 18 枚，计有开元通宝、至道元宝、咸平元宝、

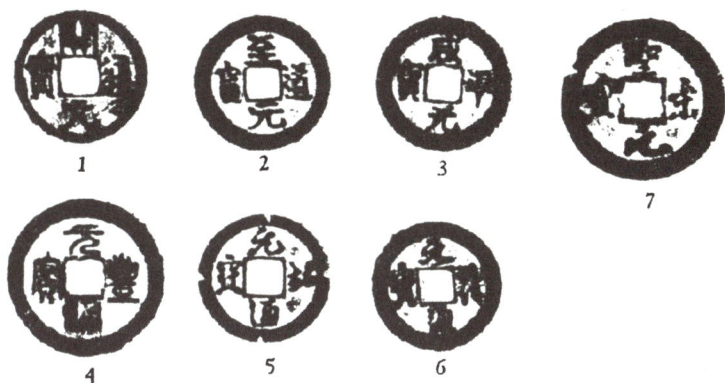

1.开元通宝　2.至道元宝　3.咸平元宝　4.元丰通宝　5.元祐通宝　6.元符通宝　7.圣宋元宝

图 3—2—18　M8 随葬钱币拓片

祥符通宝、祥符元宝、天圣元宝、熙宁元宝、元丰通宝、元祐通宝、元符通宝。其中墓室出土 14 枚，墓道出土 4 枚（图 3—2—18）。

　　铁铧　1 件。M8：11，残缺，锈蚀严重，三角形，高 22 厘米、残宽 10.2 厘米。銎口大致呈菱形，弧边，横径 7.5 厘米（图 3—2—16：10）。

　　（4）残碑及神道石像生基座。发掘 3 墓时，依卡出的圹边扩出一定范围，各按探方法揭去墓顶覆土。在 M8 方东北部表土下 0.30 米露出 1 件长方形石碑座，压在墓顶东北角上方，显然是被遗弃所致。又在 M9 方的北部表土下 0.20 米露出 1 件完整的碑首和碑身残石 1 块。碑首压在 M9 "帽圈" 顶北侧，亦是被毁弃于此。

　　碑帽宽 1.17 米、高 0.83 米、厚 0.33 米。浮雕盘龙 6 条，正、背面各有两龙相对伸爪持额、昂首争向顶心宝珠，中间两龙垂首于帽侧。当心笏形碑额阳面篆书双钩勒刻 "王公神道碑铭" 6 字；阴面以同法刻隶书 "神道碑铭" 四字。

　　残碑块长 0.45 米、宽 0.55 米、厚 0.33 米。在仅余 0.30×0.40 米的碑面上存

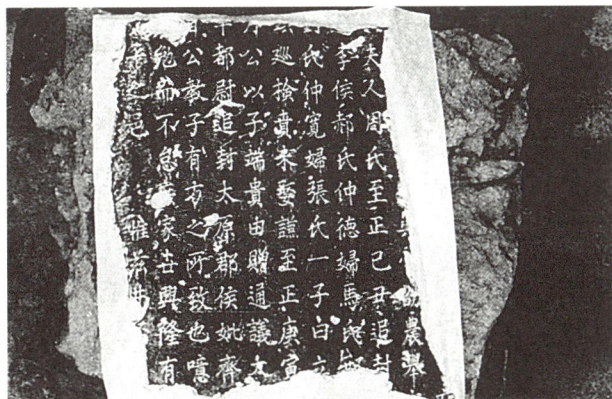

图 3—2—19　王顺神道碑残碑

有残断楷书碑文 11 行 90 字，每字大小在长 3 厘米、宽 2 厘米左右。碑阴无字。书刻双佳。

碑座高 0.40 米、宽 0.90 米、厚 0.44 米，中开榫口，0.20×0.30 米。素面无纹饰。以碑帽宽度与碑座宽度比较，既知二者并非一套，碑座当是另一碑下之物，并可知这里原有墓碑不止一通。碑身残块厚度与碑帽厚度相同，二者应为一体，残余碑文应是神道碑铭文辞。

（5）石像生基座的发现及石像生。钻探过程中，在 M8 西南 17 米，东南 10 米处各发现砖、砖石砌筑物，作为重要遗迹，各开探方 T3、T7 进行揭露。

T3 位于 M8 西南，在距地表 0.50 米深的②层下，清出砖砌基座 1 个。基座用 36×18×5 厘米、30×14.5×5 厘米两种规格的素面青砖砌成。现存 4 层砖高（最上一层砖框已不全），从底往上略有内收。底部南北长 1.65 米，东西宽 1.07 米，上部长 1.42 米，宽 0.98 米。一、二层砖平铺压缝，三、四层只在外缘平铺一砖为框，框内填有三合土，已被压实。框内尺寸为 1.01×0.62 米，方向 8°（图 3—2—20）。

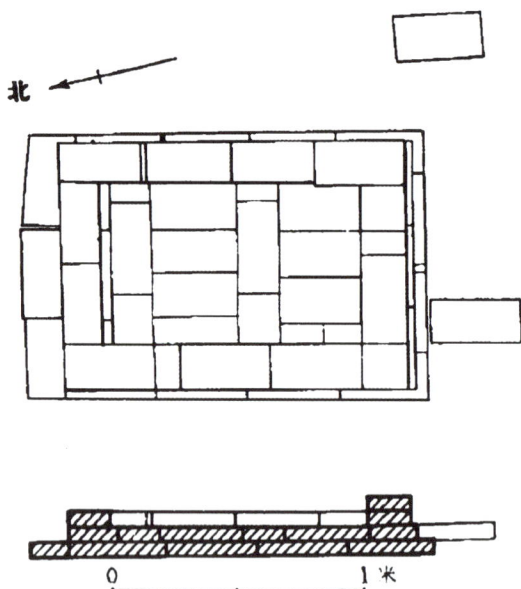

图 3—2—20 T3 砖基座平、剖面图

T7 位于 M8 东南。在距现地表 0.60 米的②层下，清出砖基座残存的东北角，高亦 4 层砖。在残砖基之南，又清出完整案式石基板 1 件，长 0.97 米、宽 0.66 米、高 0.23 米，素面无花饰，已不在原位。由残基座测得其方向与 T3 砖基座相同。

T3、T7 发现的砖基座开口层位及方向相同。二者东西相对，间距 19.70 米。

从其所处地点与 M8 接近，并处于其墓道之南，且与之有同层位关系可以推断，它们是以 M8 为代表的墓葬附属物。由其具有对应关系看，似是原置石像生的基座。据雍正《井陉县志·丘墓》记载："元赠通议大夫河间路总管太原郡侯王顺墓，在县（旧城关镇）东四十里南良都村，学士揭傒斯书神道碑铭。有石人四、石虎二，前有石牌坊。"而当地故老承传，"王丞相"墓有石人、石虎、石羊各 4 个。村民反映，墓地残存石人近年被村里挖出卖给了白王庄。经查，白王庄村办"东天门古驿道旅游区"已将之作为景点置于上安乡白石岭古驿道两旁，计有石人 3，石虎 3，共 6 件。

舍人戴交角幞头，着圆领长袍，腰束錾花钑宽带，铊尾斜露腰后，足蹬薄底靴。面庞丰腴，蓄八字短须，双手持笏于胸前。通高 2.14 米、连体底板长 0.80 米、宽 0.43 米、厚 0.06 米。

| 护卫　2 件。1 件戴幞头，绝抹额。全装"山"字形甲，内衬长袍。肩着云头披肩，护腰束以兽头带，左悬剑鞘，足蹬云头战靴。浓眉瞋目，长须戟叉。双手交于腹前，按剑而立。通高 2.32 米、连体板长 0.95 米、宽 0.54 米、厚 0.12 米。另 1 件戴幞头，施绣抹额，短装"山"字形及鱼鳞形甲。肩着云头披肩，护腰束以兽头带，足蹬云头战靴。剑眉怒目，双手拱于胸前，左腋夹一长鞭。通高 2.26 米、连体底板长 0.81 米、宽 0.50 米、厚 0.19 米。

| 石虎　3 件。2 件为雄性，1 件（S4）蹲踞，昂首瞋目，长尾曲竖于背。

图 3—2—21　石舍人　　图 3—2—22　石护卫甲　　图 3—2—23　石护卫乙

通高 1.25 米、连体底座长 0.74 米、宽 0.49 米、高 0.21 米。(S5)，1 件，头向右倾，造型与 S4 略同。头部左侧及左前肢残缺。通高 1.24 米、连体座宽 0.48 米、长 0.55 米、高 0.30 米。另 1 件为雌性 (S6)，蹲踞，头向左侧，蹙眉斜视，左爪抚一小虎嬉于腹下，长尾曲盘于连体座右侧。通高 1.30 米、座长 0.67 米、宽 0.57 米、高 0.30 米。

图 3—2—24　石雄虎　　　　图 3—2—25　石雌虎

　　上述 6 件底座尺寸，可知护卫的底板与 T3 砖基内框恰好配套，舍人的连体底板仅厚 6 厘米，T7 所出几案式石板，则可能原置于砖框内，为石舍人做基衬。由此，可定所发现的砖基座，正是承托石人用的。以 M8 南距两基座连线仅 8 米看，它们应处于左右两列石像生最北端。选取同样的方向，左右各向南延伸钻探，再无其他基础或基座发现。这或许是已被破除，或许是有的石像生如石虎连体座较高，通高又不过一米二三，本身不易倒伏，而不需另砌基座。但这两个相对的砖基座的发现，已足以确认神道的位置和宽度，并对墓主人身份的确定提供了参考佐证。

2. M2

　　M2 位于 T3 以南 80 米处 T4 内。单室土洞墓，由墓道、门道、墓室及龛镇四部

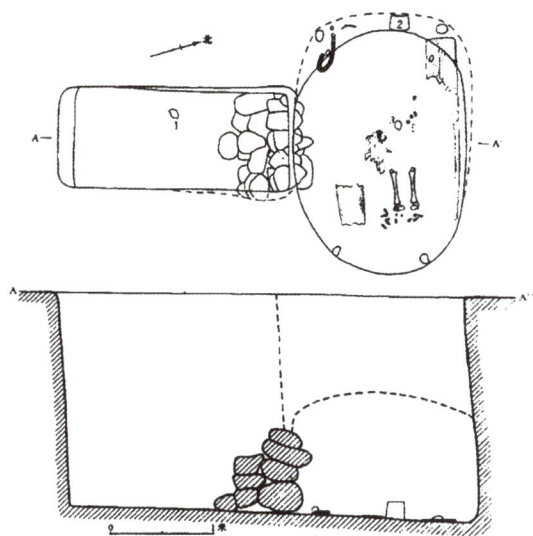

1.瓷碗　2.朱书板瓦　3.星位石　4.冥钱　5.铜钱

图 3—2—26　M2 平、剖面图

分组成，方向 198°，开口于第②A 层下，深距地表 0.30 米，全长 4.10 米（图 3—2—26）。

墓道位于墓室之南，长方竖穴式。上口长 2.23 米，南端宽 1 米，北端宽 0.95 米；下口长 2.07 米，南端宽 1 米，北端宽 1.32 米，近门处由上向下外弧。深距地表 2.40—2.50 米。

门道在墓道北端正面挖门，高 0.80 米、宽 1.10 米、进深 0.15 米，顶部略弧，以不规则石块封堵完好。

墓室平面呈椭圆形，南北长 1.7 米、东西宽 2.6 米。墓壁略外弧，墓顶被一方形扰坑破坏，墓室高度不明，据高 1 米的墓壁推测，原室内高度不超过 1.50 米。墓底深距地表 2.50 米。墓室为杂有石块的填土充塞。

葬具为木棺，棺灰仅余残迹，没有发现棺钉。

人架　1 具。只有两髋骨及数块零碎头骨，朽烂严重，据腿骨推断头向西。

随葬品　5 件（组）。按质地可分为瓷、陶、铜、石、泥等。

瓷碗　1 件。M2：1（图 3—2—27：4），墓道填土内发现，残缺，撇口方折唇，斜腹略外弧，圈足，粗胎，酱釉，多砂眼，内底有涩圈，中腹以下露胎。口径 15.5 厘米、足径 5.5 厘米、通高 6 厘米。

朱书板瓦　1 件。M2：2（图 3—2—26：2），立于墓室西壁下人架头前处。泥质灰陶，内面布文，长 26 厘米、大头宽 19 厘米、小头宽 16.5 厘米，瓦背面上有朱书符咒文三行，左、右行为小字，中行为大字。

465

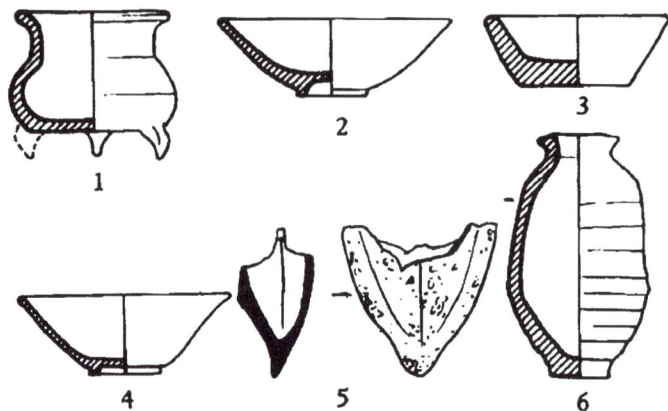

1.陶香炉（GZ:2）　2.粗瓷碗（GZ:7）　3.瓷灯碗（GZ: 8）　4.瓷碗（M2:！）
5.铁铧（GZ: 3）　6.瓷车油瓶（GZ: 1）（1、2、4、5、6.1/5,3.1/2）

图3—2—27　M2及龟镇出土器物

| 星位石　5件。M2：3，各置于墓室四角及中央。直径5—10厘米大小的砾石，每块石上朱书一星名，西南角为"太白"，西北角为"辰星"，东北角为"岁星"，东南角为"荧惑"，中央石上字迹已漫漶。

| 冥钱　1串。M2：4（图3—2—26：4），置于墓室西南角，呈横"9"字形置放。60枚泥钱中夹杂有11枚铜钱。为省陌一串。泥钱用红胶泥土做成，穿绳已朽，直径2.5—3.5厘米、厚0.5—1.3厘米。

| 铜钱　M2:5,13枚8种，皆为小平钱。墓道填土内出元丰通宝1枚，略残。墓室中部骨架下出祥符通宝1枚。泥钱中所夹者，有开元通宝、景德元宝、祥符通宝、天圣通宝、元丰通宝、绍圣元宝、大定通宝等7种11枚。

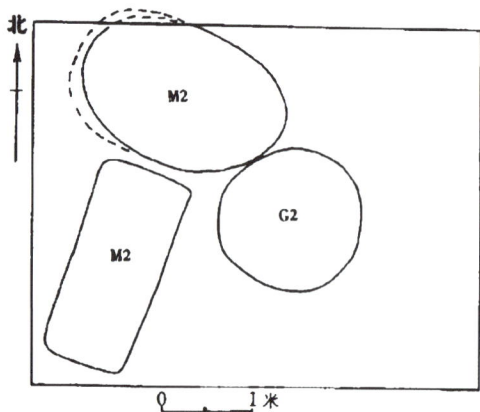

图3—2—28　T4 ②层下M2与龟镇位置图

466

龟镇坑墓室东侧有一口径 1.6 米、深 1.1 米，不规整圆形平底土坑（图 3—2—28），其开口层位同于 M2，坑内置龟镇 1 座。龟镇头北尾南，方向 18°。

龟镇用 63 块素面青砖垒成。具体结构为底部以 18 块砖分 3 排对缝平铺成方形底座，座上侧立 6 砖，摆成六角形的龟腹，每角间夹立并合伸出的两砖为龟之四肢和头尾。头部两砖夹一扁腹小口粗瓷瓶作为龟嘴，两侧各置 1 陶球表示龟眼。尾端置 1 三足陶香炉以示龟尾。龟腹左外侧置有铁铧 2 只，铧尖一指向墓室，另一铧尖正穿前一铧身。龟腹上用 7 层砖转角平垒渐内收封顶成龟背。自底层头、足、腹、尾之侧，以至其上每层转角处均对置铜钱 1 枚，龟背盖顶一砖四角及当心共置铜钱 5 枚（图 3—2—29）。

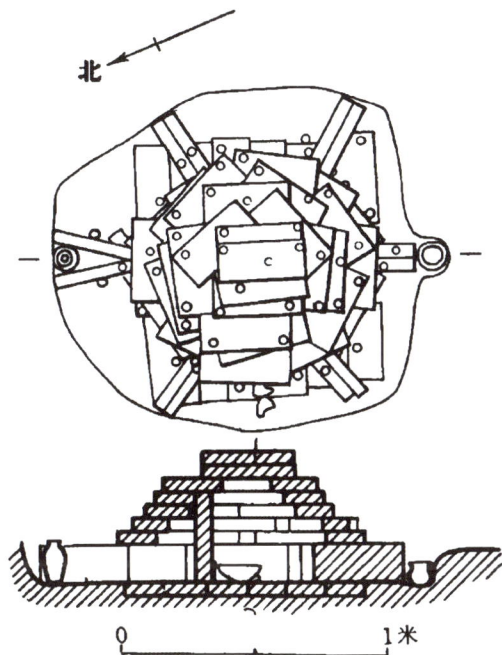

图 3—2—29 M2 龟镇平、剖面图

龟腹内立置朱书方砖 1 块，方砖内侧中部紧贴铜镜 1 面，紧倚铜镜又置内盛泥钱的瓷碗 1 只。碗后两侧各置鸡蛋 1 枚（已成空壳）。近尾处置瓷灯盏 1 件。这些部件象征龟之心腑（图 3—2—30）。上述计用器物 68 件。

| 瓷车油瓶 1 件。GZ：1（图 3—2—27：6），宽平沿，束颈，扁椭圆腹，小平底，灰胎酱釉。

| 碗及泥钱 1 件。GZ：7（图 3—2—27：2），碗敞口圆唇，斜腹略外弧，圈足，茶叶末釉，下腹及足露胎，内底有涩圈，口径 18.1 厘米、足径 6 厘米、通高 6.2 厘米。泥质冥钱 1 串，盘在碗内，可辨清者 24 枚，形制同于墓内出者。

467

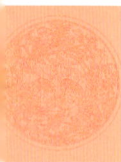

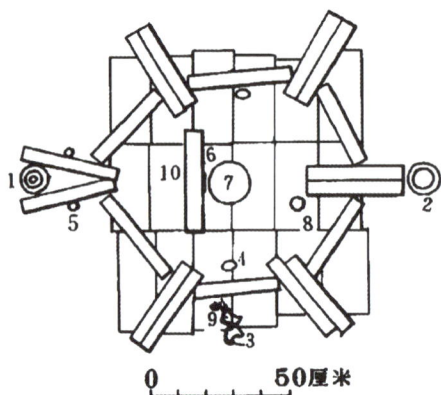

1.车油瓶　2.香炉　3.铁铧　4.蛋壳　5.陶球　6.铜镜
7.瓷碗及泥钱　8.灯盏　9.铜钱　10.朱书方砖

图 3—2—30　龟镇腹内上视图

瓷灯碗　1件。GZ：8（图 3—2—27：3），敞口方折唇，斜直腹，平底，灰褐色粗胎，只在内底施酱釉。口径 5.8 厘米、底径 3.7 厘米、通高 2 厘米。

陶香炉　1件。GZ：2（图 3—2—27：1），泥质灰陶，侈口方折唇，束颈、弧腹、平底、3 个锥形足。内满盛香灰。口径 11.9 厘米、底径 9 厘米、通高 11 厘米。

砖雕陶球　2件。形制相同，GZ：5，灰色，不规整，直径 3.5 厘米。

朱书方砖　1件。GZ：10，边长 35 厘米、厚 6 厘米，正面磨平，刻划出细线界栏，栏线 23 道，分作 22 行。行宽 1.5 厘米，界内上方留出一行宽为天头。有朱书文字 17 行，前 8 行为满行，余或空或仅半行。朱书字砖与买地券、墓志形制上相同，但它与铜镜并立在一起置于龟腹，是了解"龟镇"含义的重要文字，因出土时字多已脱落，残痕除首行"……井陉县……刘府君……"外，皆不可识，以致无法了解其内容。

铁铧　2件。形制相同。GZ：3（图 3—2—27：5），锈蚀严重，体呈三角形，銎口为菱形，径 6×4 厘米；通高 13 厘米、厚 6 厘米。

铜镜　1件。GZ：6（图 3—2—31），仿汉规矩镜，圆形，直径 10.3 厘米，折缘厚 0.5 厘米。银锭钮，柿蒂形钮座，座外有双线大方框及四乳规矩纹。在方框四边"T"形符号与"L"形符号相对；方框四角又与"V"形符号相对，将铜镜

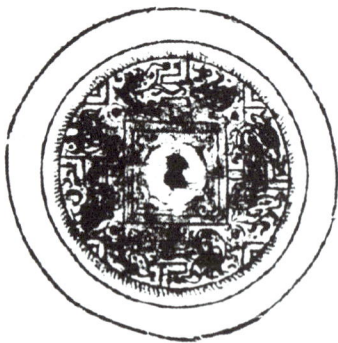

图 3—2—31　仿汉规矩镜（GZ：6）

468

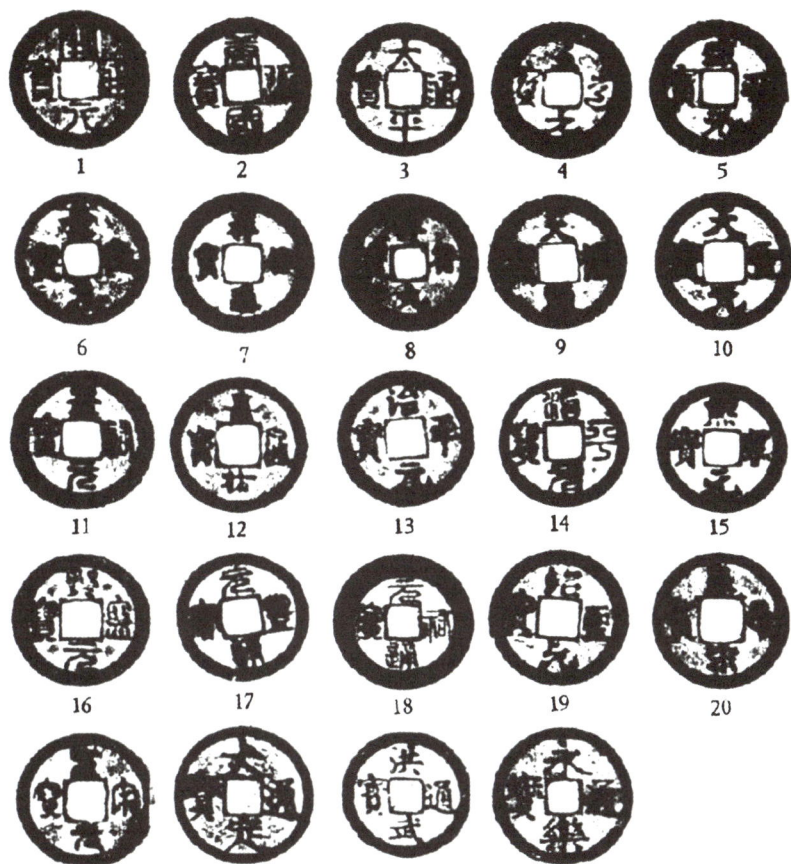

1.开元通宝　2.唐国通宝　3.太平通宝　4.至道元宝　5.咸平元宝　6.景德元宝　7.祥符通宝　8.祥符元宝　9.天禧通宝　10.天圣元宝　11.景祐元宝　12.嘉祐通宝　13、14.治平元宝　15、16.熙宁元宝　17.元丰通宝　18.元祐通宝　19.绍圣元宝　20.皇宋通宝　22.大定通宝　23.洪武通宝　24.永乐通宝

图 3—2—32　龟镇铜钱

内区分为八相，相内有四神、四曜各占一方。外区环绕一高一低两周凸弦纹，其间填以密排的斜行短线。

　　| 铜钱　GZ：9（图3—2—32），58 枚 22 种，皆为小平钱。计有开元通宝、唐国通宝、太平通宝、至道元宝、咸平元宝、景德元宝、祥符通宝、祥符元宝、天禧通宝、天圣元宝、景祐元宝、嘉祐通宝、治平元宝、熙宁元宝、元丰通宝、元祐通宝、绍圣元宝、皇宋通宝、圣宋元宝、大定通宝、洪武通宝、永乐通宝。

（二）结论

1992 年配合石太高速公路南良都工程所做的勘探发掘，及时抢救了一批文物，并发现了一些难得的遗迹。现从以下几个方面加以探讨。

1. 遗址的时代

经钻探发掘确知，这处遗址的文化内涵虽比较单纯，但早、晚两期遗物表现了不同的时代特征。

早期：以第⑤层及其叠压的 F3，H5—8 为代表。所出 A 型 I 式碗、B 型碗、A 型豆以及折沿盆、夹砂粗绳纹罐等均不见于晚期。其中的假圈足碗、平盘豆等与石家庄市市庄战国遗址[1]、邯郸市区古遗址[2] 所出者相同，因此，应同属于战国后期的遗物。从地域上看，这一时期井陉已入赵国版图，所出器物与以邯郸为中心的赵器为一系，说明这处遗址的上限，是在赵属郡县管辖期间开始移居的一处聚落点。

晚期：以第④层及其叠压的 F1，F2 灰坑为代表。所出细高柄碗式豆（即 B 型），A 型 II 式、A 型 III 式碗、平折沿盆、夹砂红陶折腹釜等均为汉代流行的常见器物。尤以 J2 钱币的完整起取，为遗址的下限提供了较为直接的依据。在 J2 的 70 公斤钱币中，几占 98% 的为五铢钱，其中 VI、VII 式可视为典型的东汉五铢，其他仅有极少量的半两、货泉、大泉五十、布泉等 4 种。总括这批钱币最晚的即属东汉五铢。东汉，除后期的社会大动荡外，以五铢钱为主要流通货币的经济生活一直较为平稳，例如东汉中期的安帝元初初年，常山（即今石家庄）地方曾出现饥荒，四年（117）为灾后丰年，当时粮价仅仅"谷斗三钱"。[3] 通观这批藏钱，五种钱币中各式都存在一些磨廓、绽环、凿边钱，在边心尚连的一些钱币上，由凿痕可发现当时有专门用以凿边的圆刃钱凿。这种以一当二、损劣滥充的现象，反映出流通领域已出现了明显的紊乱状况，再从钱币入藏情况看，罐内之钱系零散的钱与用细麻绳串起的钱（大小串都有）混装在一起，口部再以散钱塞满，无置放规律，从现象看，即使是钱主人也不大可能确计其中的钱数。J1 则与 J2 情况相同。由此推测，入藏很可能是因遇到较大的突发性灾难而紧急进行的。窖藏为房子形成的废墟所掩盖，成了永久性的遗存。可以推断，藏钱被弃置的时间，即是这处遗址的下限，其年代可当东汉后期。

2. 汉代井陉驿道的支路

在遗址西部发现的道路，根据地层关系，可知其不晚于遗址的废弃，即其通行时限应定在东汉。这是目前所发现的井陉古道最早的遗迹实体。它的宽度相当于汉代的一丈二尺，即两轨之距。[4]较之当时平原地带一般驿路宽度 6 米，[5]以及同是山岭地带的秦直道实际宽度 4.5 米，要窄不少，但容一车通行是绰绰有余的。[6]揭露部分虽只是很短的一段，但结构保存甚是完整，路面平整，路基坚实，路段处于坡道，两侧均挖有一定宽度的路沟，排水通畅，对路基起了有效的保护作用。其设计，几同近代道路，体现了汉代道路设计与修筑的科学水平。从其规整性和延伸方向两方面来看，它不会仅仅只是当时一般村落间的便道。

以九塞之一驰名的井陉，是横贯太行的主要通道之一。其间路之险仄，自非寻常可比，秦汉之际有"车不得方轨，骑不能成列"之说，当时的驿道线路，经考察，自西口故关中经井陉故城（今天护故城），再东出土门口，大体和今石太、平涉公路相沿。[7]南良都所发现的汉代道路，依其走向，向西南延伸，沿岗坡经今高庄、马峪不过 10 公里即达甘、绵两河交汇的横口，与驿路相接；向北延伸，过金良河，循方岭谷地亦不过 10 公里即达接近井陉东口的下安驿道；如沿金良河左岸向东延伸，越金柱岭南侧，计约 15 公里，直达太行山东麓的战汉石邑城（今获鹿故邑村）。如由上艾（今山西平定城东南）至石邑，走南良都则比走驿道近了两舍之路。由线路关系结合遗迹来看，南良都发现的古道，应是汉代井陉驿道的一条支路。

3. M8—10 的墓主人——元代王顺、王进、王智墓的推断

M8—10 排列有序，形制基本相同，随葬品又具有共同的时代特征，加之 M8 题刻的确切记时，因此，它们为有着相互连带关系的元代墓葬，毋庸置疑。但是，3 墓不见墓志，又无记名遗物可以对墓主人加以确指，因而，3 墓孰早孰晚，各自的墓主人是谁，只有依据相关的线索加以探讨。

业已探明，3 墓以南及其两侧再无元代墓葬。3 墓的关系，以 M10 位最南，其西偏北 9 米为 M9，M9 西北 3 米为 M8，这种布列，与唐张忠贤《葬录·茔地图》[8]布置祖坟在最南，父坟在祖坟西偏北，长孙坟在父母西北侧的造穴定位恰恰完全相符（图 3—2—33）。这并非是偶然的巧合。笔者曾整理新中国成立以后河北出土的大量隋唐五代墓志，证实当时河北堪舆之风即已甚盛[9]，流行当时，并影响到了宋元。"泰定二年（1325）山东道廉访使许叔敬请颁族葬制，禁用阴阳相地邪说"[10]。即可知，为害愈广，以致引起了元统治者的禁断。《葬

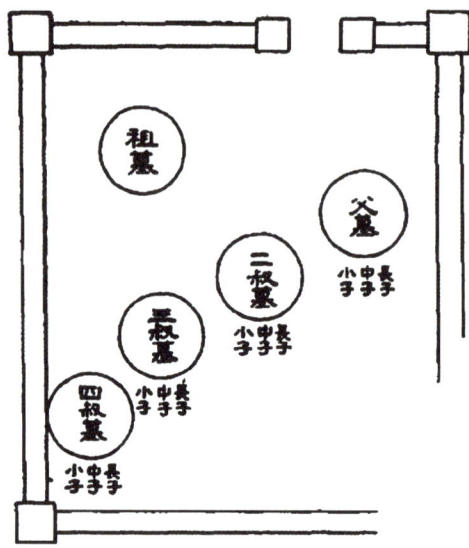

图 3—2—33　唐张忠贤《葬录》茔地图（指北针系据《葬录》所记墓田山门方向绘）

录》以南为尊，向西北推列的茔地布置规划，南良都 3 墓应是极其典型的一例。如此，M10 应是辈分最高的祖墓，M9、M8 与 M10 则是祖、父、孙三代直系相承。以埋葬时间来说，M10 最早，M9 次之，M8 最晚。

对 3 墓关系的这种推断，可结合发掘材料做进一步的分析验证。压在 M9 墓室上的碑帽额题"王公神道碑铭"，确定该碑原是立在地表的王氏墓碑，与之一同出土的碑身残块所保留的 11 行断文，经与志书中存录的《大元赠通议大夫河间路总管上轻车都尉太原郡侯王公神道碑铭》（简称"王顺神道碑"）校核相符（见附录）[11]，碑帽与碑身又相配合，可以充分断定，它们就是王顺墓神道碑，被砸毁后就近弃埋在 M9 处的。前述，在 3 墓两侧及以南，除神道石像生基座外，再无其他元墓发现，因而可以进一步判定，王顺神道碑及神道两侧石像生，就是从属于以 3 墓为首的这一元代墓群的地上设施。此 3 墓即是王顺的家族墓葬，当无问题。

为进一步推定各自的墓主，有必要将碑文中提供的王顺七代世系列出如下（见下页）：谨按碑文，王家世居井陉下良里（即南良都），自王顺以上四世业农未仕。至王进"产益完阜"，家道约至小康，至王顺，"德誉隆基，乡友咸敬畏焉"，这一方面因顺子王端身籍官府，一方面也反映出王家经济上已进入地主阶层行列。王端由吏入仕，四十年间历经六迁，至正五年（1345）以德安知府致仕。元大德以后定制，职官年及七十致仕，并得"于应得资品，加散官，遥授职事"的荣誉优待。因而本职正四品的王端，得以从优加叙"通议大夫，济南路总管"正三品阶职休致。"济南路总管"即属退休后依制"遥授"，并非实任。与此相

对应的封赠之制："正从三品封赠二代，爵郡侯，勋正上轻车都尉，从轻车都尉，母妻并郡夫人"，以及"封赠曾祖，降祖一等，祖降父一等，父母妻并予夫、子同"等规定。[12] 碑文所谓："后至正己丑（1349）之秋八月，公（顺）以子端贵，由赠通议大夫河间路总管上轻车都尉，追封太原郡侯。夫人杨氏追封太原郡夫人（按：即正三品）。公之考，进赠亚中大夫，东平路总管，轻车都尉，追封太原郡侯。妣齐氏，追封太原郡夫人（按即从三品）。"王端父祖两代所授封赠，即正与上引元统治者为"激劝忠孝"而定的封赠之典相合。王顺神道碑立于至正十一年（1351），读其碑文，"东平路总管"王进，"河间路总管王顺"虽都爵为"太原郡侯"，实则他们是从未任过职事的汉人平民。不过据碑文可以确切推知，封赠、立碑、造像均属 1349—1351 年间之事，其时距王顺（1231—1320）的死葬已有 30 年之久。

M8 砖刻"大德九年（1305）"，王端时为甘肃行省宣使，尚未由吏转官。至正癸未（1343）秋，他右迁移德安知府，至正五年（1345），任期未满即致仕。但碑文说他在任"政治宽平，爱民重士，兴学劝农，举有成效"，似不应提前罢退。从其休致后，两代俱受封赠来看，反映出其在任时也无甚"过举"。[13] 这种提前谢任的情况，当是王端时（1345）届七十之故。如是，1305 年端时尚不过三十，顺则已 75 岁。按年龄、辈分分析，王顺尚且在世，故 M8 不是顺子王端之墓，亦非端同辈之墓。王端伯仲 5 人，下辈直系 2 人，旁系亲支 7 人，M8 非端辈墓，M9、M10 自可以排除为端辈或晚于端者之墓。因此，3 墓的墓主按其世系，应在王顺以上 4 代人中加以推求。

M9、M10 均为小型墓，M8 为全砖筑，且加仿木结构的中型墓。随葬品 M10 最少，M9 稍多，M8 最多。以财力衡之。M10、M9 虽非贫民，但当不富。M8 则显为生活优裕的地主之墓。这与碑文所云王家世代业农，至王顺才具有相当社会地位相符。

碑文记王进有妻马氏、齐氏二人。王顺有妻杨氏、陈氏二人。杨氏先顺七年而死（1313），但到顺死才随迁入祔；陈氏，碑文未提合祔之事，可能死在顺后，启坟祔入之故。再看 M10，为单人葬，M9 两妻均为迁祔的三人合葬墓。M8 为一妻迁葬，另一妻同夫或后于夫祔葬的 3 人合葬墓。因而，M8 为王顺墓则合于碑文记载。以《茔地图》验之墓地，在 M8 之东，至于 M10 之北，经探无墓，即 M9 之后只有"长子"墓，无"中子""小子"之墓。这与碑文记载王进单传一子相合。此亦佐证 M8 应是王顺墓。

上举三说推测 M8 为王顺墓，但 M8 纪年为"大德九年（1305）"，此时王顺尚在，那么 M8 是否顺父王进墓？虽然进亦二妻，合葬人数与 M8 并不矛盾，但他如死葬在大德年，王顺时已 75 岁，王进则至少得同样活到 90 岁以上才有可能。同时，王进之妻必得同王顺一样，有一后于进死，才与 M8 相合。除此，王进之父王智，亦得单传同子王进。四是王进较其父王智辈经济地位上须有跨阶级的超越方可，而不仅仅只是一个"能世其业，产益完阜"的继承人，墓即愈等。有此四点，我们认为 M8 为王进之墓的可能性不大。

M8 的纪年与墓主人王顺尚且在世，其实并不矛盾。大德九年王顺已是年逾古稀之人，预先造墓，并非例外。井陉（甚至范围更广）一带，长辈未死，即营寿堂的习俗，甚至保留到了近代。[14] 王顺死于"延祐庚申春正月二十九日"，M8 记时"大德九年四月十五日"，当是顺墓营造完工之时，不是墓主下葬之日。以顺家当时所具财力及顺之年高，其子为之预先修墓，是很合于情理的事。

见于《王顺神道碑铭》，记顺"享寿九十，葬下良原之先茔"。"先茔"者，即是顺之父祖辈的兆域。M8 为王顺墓，参照《茔地图》，按其世次，则可推定 M9 为王进墓，这与碑文云王进亦二妻相符。M10 当是顺之祖父，即这一墓群的祖坟王智墓。

作出这一判断，虽与《葬录·茔地图》的布置完全相合，尚有两个问题应加以说明。

其一，王智墓，保存完整，作为祖墓，为何单人入葬？因无进一步的线索和材料加以佐证，实难遽断。不过，分析 3 墓的时间差，则可略为揣度。M8 造毕于 1305 年，这时 M9 已掩闭有时。以王进享寿 70—80 岁，又长于王顺 20—30 年计，M9 约营葬于 1280—1290 年间。以同样的计算方法，推出 M10 约营葬于 1260—1270 年间。王智约当生活在新旧王朝交替的 1190—1270 年间。1213—1230 年，井陉地当以史天泽部蒙古军与金恒山公武仙军拉锯交替的战区。十余年间兵连祸结，百姓颠沛流离，十室九空。[15] 智于此时失落其妻，后再未娶，故而单身入墓，亦有可能。

其二，经测，王顺墓西距神道中轴线 3 米，即 M8 并不踞中。王顺墓有神道碑。如此，M8 是否王顺墓？以神道中轴线而论，M8 确非这一墓群的主墓。前言，神道石像设置及王顺神道碑的刻立，已距王顺之死 30 年之久。此时王端亦年逾古稀。王家实际出仕的是王端，王顺、王进不过是因子而贵的推赠，以品官丧礼规定，真正可配享石人、石兽的是王端，而非王顺、王进。1351 年，是中原爆发红巾军大起义的一年，此前，腐朽的元王朝即已处于危机四伏之中，社会已动荡不安。王端此时不惜巨资大动茔工，并非只为竭尽孝思，实意绸缪自己的

后事、并借宣赫朝廷的恩宠，企图长久维持王家的官绅地位而已。

正当中轴线的应是王端之墓。M8 距中轴线最近，恰恰佐证了它确乎应是王端之父王顺墓。该墓北临油面公路，公路及其以北的农田，皆为非施工区。条件所限，对 M8 以北未做钻探。估计到尚有元墓存在的可能，故现场做了如下处置，三墓清理完毕，并不拆除墓室，当即回填。按"四有"标准确定永久性的基点，划出保护范围（图3—2—2）。"王顺墓"原县级保护单位暂不撤销，经有关部门报县政府，办理落实保护范围的手续。

综上分析而得出的元代 3 墓自身早晚关系，以及对各墓墓主人的推断，虽一合于《葬录》，二合于世系，三合于发掘实况，但由于对墓地公路及其以北占地部分未能钻探，王氏墓群全部情况还不清楚，所以作为结论，还有望于今后工作的印证。

4. 王氏墓群石刻及 3 墓所出瓷器的窑口

（1）南良都王氏墓群石刻及 3 墓所出瓷器，或有准确纪年，或具地方特色，皆有一定的断代参考作用。其中，部分石刻完整地保存至今，仅就艺术价值而论，亦不当加以忽略。

王顺神道碑出土石碑，除碑帽完整外，碑身仅见一残块，碑座阙如。以碑厚及碑帽尺寸参考《营造法式》，大略可推知通高当在 3.40—3.80 米之间 [16]。

该碑除县志、通志著录外，新版《揭傒斯全集》亦收入碑文。文后按语指出："此碑记末题至正十一年撰，记中又多涉至正间事。然揭傒斯至正四年已卒，则此碑恐非其作。姑录以备考。"[17] 此是编校者未见民国《井陉县志》之故。民国志已据实物驳正为："德安府推官杨惠□撰，翰林侍读学士揭傒斯书，广东道廉访副使张玮篆额。"碑文故非揭撰。在杨、揭、张 3 人中，仅揭氏两元史有传，记揭至正四年卒。[18] 按《揭公墓志铭》，傒斯"卒于至正四年七月戊戌日"详确可信，不会有误 [19]。王顺神道碑中却出现至正五年王端致仕及其后一家荣受封赠等事。因此，碑文是否为揭所书，仍存在着问题。

傒斯人品、文章与书法，在世时已有颇大影响："国家大典册及元勋茂德当得铭者，必以命公。人子欲显其亲者，莫不假公文以为重。仙翁释子殊邦绝域慕公名而得其片言只字者，皆宝而传之。"书史评论他的楷书，师学晋唐，"如刀划玉"，"精健娴雅"，[20] 自非圆熟甜美一派。传世真迹只有上海博物馆藏《临智永真草千字文》，故宫博物院藏《自书诗草》卷（已毁为残片）外，仅余零星书画题跋 [21]。书刻于碑版而存世者，一时难以得见，故"揭书王顺神道碑"的真伪，必须专门加以考证。

今见残碑余字，结构谨严，形体瘦长，笔画间融褚、柳风韵，即使不是出自揭手，功力亦非一般可及。见于揭氏墓志及神道碑记咸云："暮年求文者众，寝食为废，殊不为惮"，[22] 即知僚斯晚年，求书者甚多。王端是至正三年秋调任德安（即今湖北安陆市）的，撰写碑文的杨氏为德安府推官，为王端同寅。得无原碑文撰书于 1343—1344 年间，其后立碑时，内容又有重要补充，补充部分，只得摹集揭字凑成？如是，王顺神道碑，虽不尽为揭僚斯原作，但能残存至今，亦可视为其逝前绝笔。

（2）石舍人、护卫与石虎，两元史礼志，无诸臣坟茔石刻之制。见于《宋史》："诸臣之丧，坟所有石羊、虎、望柱各二，三品以上加石人二人。"[23] 参之满城岗头村西元张柔、张宏略墓地，可知元一、二品官神道同设石人、羊、虎各4；又雍正《井陉县志·丘墓》记该县北障城村元福建行省参知政事焦德裕墓"有石人、石羊、石虎、石牌坊"（今已皆无）。今以王顺墓地石刻观之，或许元代取仿于宋，汉人、南人一至三品官皆可于坟所设置石人、羊、虎各4？王顺墓地所见6件，是河北现存寥寥的元代诸墓石刻中最为完整者。

石人为一文，二武，皆戴交角幞头，按《元史·舆服志》，并参照《秘葬经》之石刻布置，应是舍人与护卫。舍人所着圆领右衽宽袖长袍，内服窄袖袄，则与宋金方领长袍、高领内衫不同。护卫亦与宋金梁冠"武臣"，胄甲"武士"有别，为冠幞头而全装甲式[24]。其铠甲亦不同于唐宋之明光铠，衬甲、裲裆、衬袍、覆膊、扦股、汗胯、云头靴等与《元史·舆服志》仪卫服色的有关记载相合，同舍人冠服一样，皆是研究元代服饰的典型材料。

石人与石虎，当是将石料凿出体形轮廓、再施以深雕细刻。平钑、圆雕随需而施，线刻突起因地制宜，袍褶、甲绦、文绣、鬃发等无微不至，以致舍人的温良，护卫的威严，牝虎的拙朴，牡虎抚子警视而不失活泛，皆能各尽其态。它们虽出自元代晚期，但雕造有所图本，技艺可算上乘，因而可视之为代表了一个时代风格的作品。

（3）三墓随葬瓷器的窑口 M8—10，随葬品不多，除个别铜铁器外，就仅有瓷器。M10，罐、盘各1；M9，罐、碟灯碗各1；M8，罐2、壶1、碟3、灯碗2，总计16件实用器。其中，可比器物仅罐1种，但还是可以发现器形略有变化。M10：1，耳较细长，直颈、腹较瘦，高度略大于宽度。M9：2，M8：4，耳均宽短，口微内敛，颈稍矮，鼓腹，高度明显小于宽度。这种器型方面的变化，与前文推断 M10 处于元代前期，M9、M8 为元代中期，时间上的差别，正可相互佐证。除这一差别外，16件瓷器相互类比，则有着更多的共性。如，白瓷、盘、

碟、碗，胎质灰白，夹杂有细小的铁锈斑点，器之里表满釉，碗亦无涩圈，釉色皆闪豆青。又因覆烧而成，均为芒口。瓶、罐无论是酱釉、灰釉，双系均饰"×"压竖线纹，十分一致。显然它们应有着共同的窑口。将这批器物同1989年冬我们在文物复查中于井陉县河东坡、东窑岭两地点发现的古瓷窑场部分白瓷、酱釉器相比，完全相同，可以确定它们即是出自当地的井陉窑。关于井陉窑，调查试掘报告虽尚未发出，但现已初步了解它们分布在井陉绵河与甘陶河沿岸的8处（旧城关、河东坡、东窑岭、梅庄、神堂寨、南横口、天护、北陉等）地点，至少自隋代已有烧造，历经唐、宋、金，至元代虽处衰落期，但南良都3墓所出瓷器，乃是该窑的中低档产品，它们既同磁州窑系有着明显的区别，也同定窑同期产品有较大差异。如白瓷，磁州窑器此期釉色"一般明显地泛黄色，发木光或半木光……开始采用砂堆叠烧。碗，盘的底部都有五六处石英砂堆痕"[25]；"釉面灰涩"，"敞口、浅腹、圈足、内底均有沙圈"[26]；亦采用叠烧。井陉窑器白瓷则仍是匣钵覆烧，高档者洁白，中低档者则闪豆青。酱釉器，见于公布材料，瓶、罐系面纹饰定窑与磁州窑只饰竖线纹，未见有同井陉窑者。橄榄式瓶，白地绘黑花为磁州窑系的典型风格，或四系，或三系，[27]，井陉窑所出，则一如其宋、金时代传统，仅挂单色酱釉，又多双系。因此，南良都3墓发掘收获，不仅为井陉窑元瓷的断代分期，也为北方元代白瓷窑口的进一步准确界定，都提供了可靠的佐证。

5. 南良都古墓的葬俗特征

此次发掘7座墓葬，除3座元代砖、石室墓外，余皆为小型土洞墓。其中M1开口于③层下，墓室上又压有元代石像生基座，故其时代不晚于金。M2所出铜钱最晚为"永乐通宝"，因而应为明墓。M6、M7随葬有康熙、乾隆制钱，可定为清墓。因时代有别，在葬俗方面表现的特征，亦应加以比较。

关于墓葬形制 穹窿顶砖石室墓，可以M8为代表，虽然门楼仿木结构仍保持了宋金以来的传统模式，但墓室内已非昔比，不仅无仿木隔扇门窗，而且柱头上直接承设简单的把头绞项作，在斗栱上下亦无替木、栏枋，特别为砌灯檠，而减一柱，这些都表明仅是示意而已。反映出这种仿木结构的圆形（或多角形）墓室，已至晚期阶段。

土洞墓，虽跨宋金、明清两大阶段，除因地势而方向相反外，形制结构则无显著区别，均是于墓道终端下部开挖圆栱式墓门。稍有区别的是，宋金与明墓南向，墓室平面呈横椭圆形，人架横置。清墓，北向，墓室平面纵椭圆形，人架顺

置（头南脚北）。这可能与前者地处平缓的坡底地带，后者处于较陡的坡腰有关。这种结构的墓葬自秦汉以来广泛流行，因其较为省便，在山区、丘陵地带，到近代仍有使用。

对随葬灯与镜的演绎 M1、M9、M8都随葬有灯碗，特别是M1铁灯碗是唯一的随葬品。M8则在墓室顶心悬挂铜镜1面。这种葬俗，并不为井陉一地所有，也不仅见于宋元阶段。邯郸地区大名县所出《唐王公妻韩氏墓志铭》云："灯做夜台之晨，镜为泉下之月"[28]来看，随葬的铜镜，可能唐代已有被衔置墓室顶部的情况。然而，这种悬镜于墓顶为月，置灯于墓室备晨的取意，还是出之于对死者的照应。宋以后葬书中所谓："凡墓堂内安长生灯者，主子孙聪明安定，主子孙不患也"[29]，乃是阴阳先生因俗演绎成对生者的护惠，使之成为宋元墓葬中常见的现象。

墓内安金石 宋元间葬书又谓："墓内安金石者，子孙无风痰之患。"[30]徐苹芳先生根据考古资料认为："安金，大约是有金属器皿即可代替，如铁剪、铁刀或铁牛、铁猪之类。"[31]南良都除M1置有铁灯碗外，M9、M8墓室内均置有铁犁头，M2墓室已被扰，但在其旁龟镇腹侧仍置有铁铧2件。另据调查，石家庄一带元代墓葬多有铁犁随葬。看来，此即应是为使丧者子孙免除疾患灾害而特置。此习俗由M2看，也影响到了明代。

镇符瓦与五方五星石 M2、M6、M7无一例外地在骨架头前立置朱书或墨书"奉敕令尸煞鬼定"之镇煞符瓦；墓室四角及中央均又分置朱书星名的五方五星石。这种情况为M1、M8—10所不见。见于民国《井陉县志·丧礼》："柩入墓时，由阴阳先生将画有符箓之瓦石置于墓中"[32]，说明此是葬师所为。由M2等所见，可知这种葬仪，明代以降，为井陉一带所通行，反映出封建社会后期民间丧葬中，堪舆行事的片段环节。按其由来，《阳宅十书·四》记："若犯五鬼之年，主人家破财，口舌不绝，镇用市铺土、十字街中土、又用破墓土各三升和泥，泥在门上，泥处贴符吉。"[33]所贴之符"尸〇—〇—〇煞鬼"，符形即与瓦符相近。推测瓦符镇煞，大约出自阴宅之书，意使死者安息，生者无患。五方五星石用之于墓内，可见于葬书。《秘葬经·盟器神煞篇》天子陵墓所用"岁星长三尺，安东方；太白星长四尺，安置西界，荧惑长三尺二寸，安南方；辰星长三尺二寸，安北方；镇星长三尺五寸，安墓心"。公侯卿相则以"五精石镇五方，折五星"，大夫下至庶人亦用"镇墓五才五精石镇五方"[34]，即除天子以外，皆用五方石镇五方。天子另用"五方五帝长五尺五寸镇五方界"，其墓所用五星石似仅表五星之位而不为镇。井陉明清平民墓所用五方五星石，质料皆以自然砾

石为之，大小无特别的讲究，每石上皆朱书星名，见于墓室四角的星石、星名全同于《秘葬经》所言，中央石上漫失之星名，现据《秘葬经》，当是"镇星"，如此，就五方五星石的使用，在井陉一带，平民与天子并无等级界限的区别，这可能是葬师出自不同于《秘葬经》的支派，也反映出随着时代的变迁，阴阳之说也发生了一定的演化。

龟镇 紧靠 M2 东侧发现的龟形砖砌物，之所以判定它是 M2 的附属部分，一是二者有着相同的开口层位，相同的方向；二是在器物方面也表现出一致的特征。如龟腹内粗质瓷碗与 M2 墓道所出瓷碗形制相同，碗内所存泥质冥钱与 M2 墓室冥钱完全相同；M2 咒符瓦朱书，龟腹方砖亦朱书等，此外，见于报道，1976 年在涿州市东鹿头村发掘的明两京司礼太监牛玉墓天井中亦有"象征性龟形砖座"1 个 [35]，可资参照。两墓时代相同，所置砖龟主要不同之处在于，牛玉墓置于墓道后、墓门前的天井中，M2 置于墓东侧：前者仅用 12 块砖组成龟形，后者叠成完整的龟体，且表面饰以铜钱；前者龟腹内仅有朱书方砖 1 块，后者龟腹内除置朱书方砖外，还摆有象征龟脏的器物。

对于这种极其少见的现象，牛玉墓发掘者认为："墓门外设立天井院，并于天井中央建一丘形砖包，内立象征性的龟形砖座，并绘制了'镇怪总符'（据简报称"砖正面朱书痕迹因受水侵蚀已难辨认"），表现了它仍保留和继承了古代墓葬中常用的镇墓兽的传统手法。"现由 M2 来看，方砖朱书，不同于朱书瓦符的形式，无符咒形象，虽属镇物，似乎与镇墓兽之类的用意不尽相同。因这种墓仪既不见于《大明集礼·丧礼》，又于所见葬书无征，故其特定的用意，一时尚难加以确切的解释。

综上，92 南良都遗址的发掘，虽面积有限，墓葬数量不多，但可以使人充分认识到秦汉时代，即使在崎岖难行的井陉，道路的修筑亦已十分规范，可以想见，秦汉社会经济的繁荣，与其交通高度发达是分不开的。此外，这处面积不大的遗址，竟有两处窖藏钱币发现，也反映出汉代货币经济的高度发展。元明墓葬的发掘，使我们对这一阶段丧制、葬俗的变化有了一定的具体了解，并在看到一般墓葬罐、盘、碗、瓶的器物组合的同时，取得了研究井陉窑后期产品断代的资料佐证。

这次工作期间，得到了河北道路开发中心、中铁十二局四处二段、井陉县政府、审计局、文物旅游局等部门的大力配合与支持，现借报告的发表，谨示谢意。

参加此次勘探发掘者有韩立森、张启贤、郝建文、石磊、郑立新、陈伟、杜

桃洛、刘和平、杜鲜明、康金喜、徐海、张春长、孟繁峰，由郝建文、赵分明绘图，冀艳坤、康金喜拓片，孟繁峰摄影。

执笔者：孟繁峰　徐　海　张春长

注释：

[1] 河北省文物管理委员会：《河北石家庄市市庄村战国遗址的发掘》，《考古学报》1957年第7期。

[2] 邯郸市文物保管所：《河北邯郸市区古遗址调查简报》，《考古》1980年第2期；邯郸市文物管理处：《邯郸市宾馆地下古遗址的调查》，《文物春秋》1990年第4期。

[3] 王昶：《金石萃编·祀三公山碑》卷六。又，此碑现仍存于元氏县封龙山之汉碑亭。

[4] 按轮距6汉尺计算，每汉尺约合今23厘米。

[5] 孟浩、陈慧、刘来成：《河北武安午汲古城发掘记》，《考古通讯》1957年第4期。

[6] 史念海：《秦始皇直道遗迹的探索》，《文物》1975年第10期。

[7] 孟凡峰：《曼葭及井陉的开通》，《文物春秋特刊》1992年第S1期。

[8] 宿白：《白沙宋墓》，文物出版社1957年版（本文绘图即转引于此书）。

[9] 河北省文物研究所墓志编辑组：《隋唐五代墓志·河北卷》之前言，天津古籍出版社1991年版。

[10] 《元史·泰定帝纪一》《新元史·礼十》。

[11] 王顺神道碑文，雍正《井陉县志·艺文》、光绪《畿辅通志·古迹》以及民国《井陉县志料·金石》均有录文。《揭傒斯全集》辑入此碑碑文，编者注原据光绪《畿辅通志》。

[12] 《元史》卷八四《选举四》。

[13] 见于上书《选举四》规定："诸职官曾受赃，不许申请，封赠之后，但犯取受之赃，并行追夺。"等可知，元代对受赃官员封赠有明文限制。

[14] 预先造墓之风习，见于民国《井陉县志料·礼俗》，丧礼云："俗重堪舆，迷信风水之说，目茔地为阴宅。亲年即老，为人子者，每遇农隙时，以石或砖砌墓，墓成，以土封闭。一旦遭丧，开启墓门，不致有临渴掘井之叹。"即可知之。

[15] 参见《金史·武仙传》卷一一八、《元史·史天倪传》卷一四七、《元史·史天泽传》卷一五五等。

[16] 梁思成：《营造法式注释·五》卷上，赑屃鳌坐碑云："造赑屃鳌坐碑之制：其首为赑屃盘龙，下施鳌座，于土衬之外，自坐至首，共高一丈八尺。其各件广厚，皆以碑身每尺之长积而为法。碑身，每长一尺，则广四寸，厚一寸五分。"按宋制，碑身之尺码比例为

1∶0.4∶0.15。"碑首，方四寸四分，厚一寸八分。"即碑首与碑身比例1∶0.44。依此比例，王顺碑之尺寸与之并不完全相合。现仅作为参考数据推算出它的大致高度。

[17] 李梦生标校：《揭傒斯全集》之《辑遗·王顺神道碑记》，上海古籍出版社1985年版。

[18] 见两元史《揭傒斯传》。

[19] 据《揭傒斯全集·附录一》，欧阳玄：《元翰林侍讲学士中奉大夫知制诰同修国史同知经筵事豫章揭公墓志铭》，简称《揭公墓志铭》。

[20] 参见《书林藻鉴》卷十及《揭公墓志铭》等。

[21] 杨仁恺：《中国书画·元代书法家及其作品》，上海古籍出版社1990年版。

[22] 同注［19］。

[23]《宋史》卷一二四，《凶礼》。

[24] 参见《元史·舆服志一、二》；《完颜希尹家族墓群石雕艺术初探》，《文物》1982年第3期；郭湖生等：《河南巩县宋陵调查》，《考古》1964年第11期。

[25] 北京大学考古系、河北省文物研究所：《河北省磁县观台磁州窑遗址发掘简报》，《文物》1990年第4期。

[26] 河北省文化局文物工作队：《河北曲阳县涧磁村定窑遗址调查与试掘》，《考古》1965年第8期。

[27] 北京市文物研究所：《元铁可父子和张弘纲墓》，《考古学报》1986年第1期；河北省文物研究所、河北大学历史系、三河县文物保管所：《河北三河县辽金元时代墓葬出土遗物》，《考古》1993年第12期。

[28] 同注［9］。

[29]［30］见《大汉原陵秘葬经·辨掩闭骨殖》，《永乐大典》卷八一九九。

[31] 徐苹芳：《唐宋墓葬中的"明器神煞"与"墓仪"制度》，《考古》1963年第2期。

[32]《民国井陉县志料·礼俗·丧礼》。

[33] 见《古今图书集成》之《博物汇编·艺术典》卷六七八；《中国方术全书》下册之《堪舆部汇考二十八》，上海文艺出版社1993年版。

[34]《大汉原陵秘葬经·盟器神煞篇》，《永乐大典》卷八一九九。

[35]［36］保定地区博物馆：《明两京司礼监太监牛玉墓发掘简报》，《文物》1983年第2期。

附　录　王顺神道碑碑文 [1]

大元赠通议大夫河间路总管上轻车都尉追封太原郡侯王公神道碑铭并序／赐同进士儒林郎德安府推官杨惠□撰／翰林侍读中奉大夫知制诰同修国史揭傒斯书／

481

正议大夫广东道廉访副使张玙篆／

盖闻人生两间，圣愚贤不肖，类万不齐。间有孝弟忠信之士，则天必厚其祐，衍其庆，昌大其子孙，富贵而荣显之。所谓"积善降祥"，是乃天道者，谅有徵矣。尝即井陉王氏河涧公实行观之，为益信。

谨按公讳顺，世居井陉下良里，曾大考琪、祖考智皆业农，晦彩弗耀。东平公讳进，能世其业，产益完皁。娶马氏、齐氏。一子，即公也。公性惇谨宽厚，光绍祖基。正身齐家，言动有则，教子有方，德誉隆甚，乡友成敬畏焉。或有忿斗争讼而质之者，则以礼辨析，皆服其平。部使者行县，率过门访劳，欲表硕德上闻以旌之，公力辞焉。延祐庚申春正月二十九日，卒于正寝，享寿九十。葬下良原之先茔。夫人杨氏，乡之望族。贞静勤俭，相内睦族，动辄循礼，宗姻交誉。生四子三女。长曰天祐，次天祥、天禄，次端。女适侯氏、赵氏、甄氏。次室陈氏。一子，天庆。天祐娶赵氏，一女，适魏氏。天祥娶赵氏、陈氏。四子一女，长曰玘，次曰仲德、仲寿、仲和。女适张氏。天禄娶张氏。生男二女三。长曰仲宽，次曰仲实。女适魏氏、赵氏。端字章甫，幼颖悟聪慧，公教之严甚。通经史，习吏牍，弱冠，俾观光京国，从省部大人游。大德庚子冬，用荐充奏差中书断事府、大德癸卯，转甘肃行省宣使。至大辛亥夏，敕授忠翊校尉，使札浑也可迭列孙仓。延祐戊午，升昭信，判晋宁路河中府。泰定乙丑秋，制加奉议大夫，秦州知州。至元丙子，进秩朝散，知凤翔府。至正癸未秋，擢中宪，知德安府，政治宽平，爱民重士，兴学劝农，举有成效。至正五年，致仕通政大夫济南路总管。娶周氏、蒙古秃忽鲁氏、杨氏。二男一女。长曰海，次曰谦。女适杨氏。夫人周氏，至正己丑追封太原郡夫人。天庆娶赵氏、崔氏。一男二女。长曰贲。女适贾氏。孙玘妇李氏，四子二女、长曰崇德，次从善、从智、从义。女适李侯、郝氏。仲德妇马氏、邢氏。女二人，适李氏、侯氏。仲寿妇杜氏，子三女一。长曰懿，次曰徽逊。仲和妇马氏，四子三女。长曰勤，次曰俭、恭、恕。女适刘氏。仲宽妇张氏，一子，曰立。仲实妇吴氏，子一人，曰达。海妇马氏，子一，曰从正，娶李氏，至正乙酉入粟补官，祇授敕牒顺德路邢台县王村镇巡检。贲未娶。谦，至正庚寅告荫，未授。娶蒙古氏。子一，曰权。夫人杨氏，以皇庆癸酉[2]夏五月九日卒，寿年八十有五。祔公葬。后至正己丑秋八月，公以子端贵，由赠通政大夫河涧路总管上轻车都尉，追封太原郡侯。夫人杨氏追封太原郡夫人。公之考，进赠亚中大夫东平路总管轻车都尉，追封太原郡侯。妣齐氏，追封太原郡夫人。恩宠优渥，皆公教子有方之所致也。噫！王氏一门，祖孙奕世荣艳封荫，非上世积德之深，阴骘之隆，得如是乎？为子若孙者，维继维述，克绳祖武，

以忠以孝，勉而不怠，庶家世兴隆，有加而未艾，可不勖哉！是宜铭。辞曰：

广平之邑，惟兹井陉。先哲之里，水秀山明。至河间公，见曰豪英。乡加崇敬，官惟贤能。教子令德，朝□有声。赫辅宠命，光贵幽扃。下良之原，爰即先茔。昭穆以序，魄安魂宁。惟公之兆，□陇夏平。阡陌坦直，松柏森荣。子孙昌炽，曳紫纡青。福祉绵延，百世光享。

至正十一年岁次辛卯三月吉日，男通议大夫济南路总管致仕王端立。

注释：

[1] 王顺神道碑，雍正《井陉县志·艺文》、光绪《畿辅通志·古迹》以及民国《井陉县志料·金石》等均有录文，但皆不分行，亦不记碑之额题及形制尺寸。雍正志在碑目下署"学士揭傒斯"名，且删去铭词不录。通志系据雍正志过录碑文，并误定揭傒斯撰文，民国志据所收拓片，全文载录，并订正为揭傒斯书。今以残碑核之，民国志录文亦有脱误四处：1.录文"兴学劝农"，残碑"兴学劭农"；2.录文"（玘）女适李氏、郝氏"，残碑"女适李侯、郝氏"；3.录文"公以子端贵，赠通议大夫……"，残碑"公以子端费，由赠通议大夫……"；4.录文"辞曰：广平之路，惟兹井陉"，残碑"广平之邑，惟兹井陉"。今以残碑参考雍正、民国二志录文，附录于此。凡残碑余字，在文中加点标出，凡原录文错讹处，现据残碑予以订正。

[2] "夫人杨氏以皇庆癸酉夏五月九日卒"，县志录文订正："皇庆癸酉系癸丑误"。

（原载河北省《考古文集》，河北省文物研究所编，

东方出版社 1987 年版）

三、河北井陉显圣寺瓦窑、琉璃窑清理简报

河北省文物研究所　井陉县文物保管所

1994 年 7 月，井陉县黑瓷厂新建家属楼开槽挖出清代庙碑六通，县文保所随后对该楼基坑做了钻探，于地表 2 米以下发现窑体。因地处井陉老城北关外显圣寺旧址，且邻近省级文物保护单位井陉瓷窑址城关窑区，经河北省文物局批准，由省文物研究所派员指导进行抢救发掘。结果，清理瓦窑 2 座（Y1、Y3）、琉璃窑 1 座（Y2）。三窑窑身虽均已残，但结构各有不同，尤以瓦窑与琉璃窑并出，Y1 鼓风、通风遗迹的幸存等，均为难得的发现，为进一步了解我国古代建材的具体烧制状况提供了可靠的实物资料。现将收获简报如下。

（一）地理位置

窑址东距今县城微水镇 15 公里，南 0.5 公里即为唐天长军、宋天威军、明清之井陉县城（图 3—3—1）。由于地处西至娘子关，西南至旧关两路入晋所必经的交汇点，这里早在金元以前就已成为太行腹地的一处区域性经济、文化中心。窑址所在的显圣寺，据载始建于隋，宋大中祥符七年敕改寺名庆成院[1]。至今 Y1 之北 44 米尚存该庙殿宇一座，Y1 东南约 50 米原耸立有陉邑八景之一的"临河倒影"下寺塔——宋代花塔[2]。绵河北去，窑址所处的河西岸台地，为天长岭东坡坡缘。在全境皆山的井陉，这处由黄土层覆盖的临河台地及其周边地带，地下埋藏着优质煤炭，伴生有多种品质的瓷土，为陶、瓷生产蕴积了丰厚的原料。

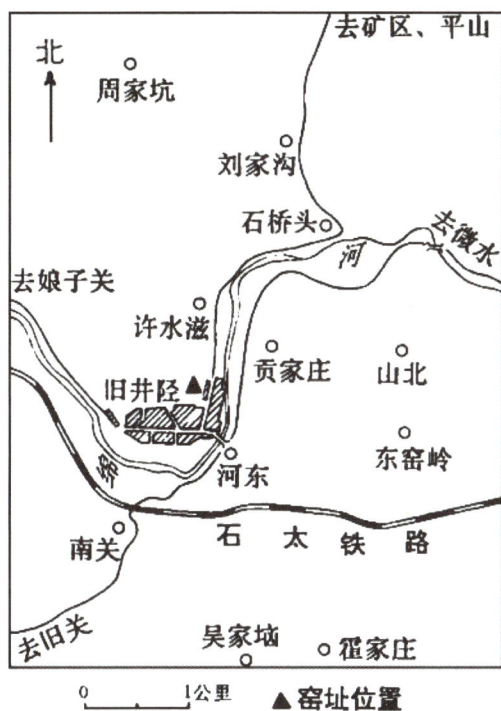

図3—3—1　显圣寺窑址位置图

（二）地层堆积

窑址地层较为复杂，生土层以上多层建筑堆积厚达2—3米。经对坑壁剖面及基坑钻探情况整体观察，将堆积划分为四层，并根据使用面的差异，又各分出若干亚层。下以Y3南壁窑门处坑壁剖面为例，说明堆积情况（图3—3—2）。

第①层，近现代层，厚45—60厘米。依据使用面分作三亚层。①A，表层，在厚约5—10厘米的灰土上平铺青地砖一层。H1开口在①A层下，包含物仅见青灰色砖瓦；①B，厚15—25厘米，垫土如同①A，其上有1—2厘米厚，坚硬的灰渣地面；①C，厚10—15厘米，为纯净的黄色淤土，质较松软，其上所覆地面同于①B。H2开口在①C层下，包含物同于H1。

第②层，浅灰层，厚10—80厘米，此层下压残高60—70厘米、厚40—50厘米的卵石墙基两道（F1）。两墙基间距4.20米，基坑剖面显示其为三间屋宇的隔墙墙基。此层含有较多的砖、瓦、卵石块，显示为房屋塌毁后的堆积，据施工队提供的情况，六通清碑即出在此层。如同①B①C，此层上亦有一层灰渣地面，根据③A层的时限推断，此层时代的下限或至近代。

第③层，元代及其以后层。依据土色、包含物的区别，又分作二亚层。

485

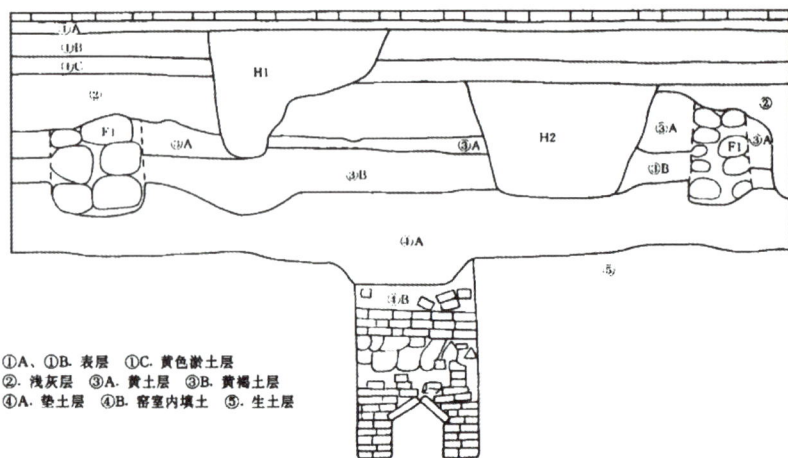

图 3—3—2 Y3 南壁剖面图 (1/40)

③ A，黄土层，厚 10—40 厘米，含有青花细白瓷盘、杯残片及黑釉粗瓷碗片，亦见泛豆青色当地产元白瓷片；③ B，黄褐土层，厚 15—30 厘米。所含瓷片，既有豆青色元白瓷，亦见少量④ A 层所见金代卵白釉、酱釉印花瓷片。在③ A 与③ B 层之间以及③ A 层上均有黑褐色薄层地面土，可知③层当与 F1 同期，其上限为元代，下限为清或更晚。

第④层，金代层。土呈灰褐，质较疏松，厚 30—160 厘米。此层下压窑室，将窑上垫土与窑室中的填土分为二亚层。④ A，垫土层，厚 30—70 厘米，被 F1 墙基打破。包含物除少量砖瓦外，还含有常见的金代双色釉碗片以及白釉、褐釉印花瓷片，夹杂有火烧土、炭块、残琉璃构件。④ A 与③ B 之间亦有一层深褐色地面土；④ B，窑室内填土，可见窑顶及周壁塌落的灰、褐、红色烧土块、煤炭、炉渣、砖瓦、耐火砖及残琉璃构件。所含瓷片以白釉居多，其次为双色釉、黑釉、酱釉，装饰方法除印花外，还有点彩与刻划花者。可辨器形有大碗、盘、盆、罐、枕等。此外，还出有少量宋代的敞口斜直腹以及重唇弧腹白瓷碗片。在此层下部，Y1 火膛炉渣上出有烧结在一起的残板瓦，Y2 火膛底部出有已素烧过的琉璃滴水及大量垫饼、垫条等窑具。④ B 层以下即为生土层。

（三）窑体结构

三窑顶部及窑门均已塌毁，窑壁残存程度不一，Y2 窑壁上清晰地留有宽 4

厘米的镢印。其修建方式，推测应是就土坡的斜面开挖窑门，再掏挖窑室而成。三窑虽均由窑门、火膛、窑室、烟道等部位构成，但形状及结构上还各有不同，以下分而述之。

　　Y1平面呈马蹄形，方向98°（图3—3—3）。结构除上述四部分外，还有鼓风、送风装置以及烟室、烟囱。

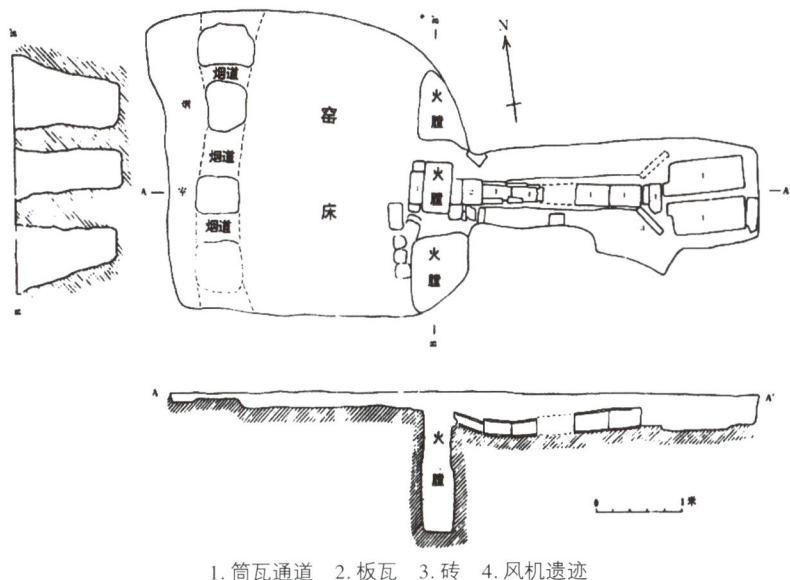

1.筒瓦通道　2.板瓦　3.砖　4.风机遗迹

图3—3—3　Y1平、剖面图

　　风箱池　Y1东端并存两个大小相同的长方形泥边框池。其一，长84厘米、宽35—38厘米、深6—15厘米。两池相间5厘米，西端各有长8厘米、宽15厘米的嘴部相并伸出。由形状和大小推断，泥池处原放置一对形制相同的活塞式风箱，泥池处即是其存留的遗迹。

　　风管全长2.45米，一端连接风箱，一端伸入火膛。做法是先在火膛与风箱之间挖一宽45厘米、深25厘米的地槽，再将8节由陶瓦扣合对接而成的陶管置入，缝隙与接口以细瓷泥抹严，再覆以土，上铺以砖。发现时除东端第1节及中间第4节瓦管缺失，余均粘结坚固。原东端第1节风管下遗有铺垫的残板瓦两块，其两侧至风箱前端，呈"八"字形立有青砖两块，其一已失。风管的第2、3节系四片琉璃筒瓦，其中三片仅经素烧。第5、6两节系四片青灰筒瓦。第7、8节压在窑门之下，伸入火膛，系用四片灰陶板瓦扣合而成。琉璃筒瓦颈内缩，内边经削整，长39—40厘米、径20—22厘米、厚2.5厘米；灰筒瓦长35—36厘米、径16.5厘米、厚2厘米，灰板瓦长26厘米(另一对仅长14厘米)、宽22—24厘米、厚1.5厘米。

窑门仅残存铺地砖一层，宽约70厘米、进深约40厘米。

| 窑室　除南壁因与Y3烟室相邻较直外，余皆外弧，平面略呈马蹄形，周壁仅残高10—20厘米。窑壁、烟室、窑床表面均为一层3—10厘米厚青灰色，渐变为10—20厘米厚的褐红色烧土层。窑床的高度同窑门处在同一平面上，前端尚残留有横置的砖一行，推测原来可能砌有架炉条的砖台。窑床纵长1.85米、前宽2.70米、后宽3.10米。

火膛在窑室前端下挖成深1.25米，底小口大的半圆形土坑，中间用砖砌成两道隔墙，使之分成互不相通的三个炉渣坑。中间之坑因周边砌砖，上口纵长仅30厘米、横62厘米，两边者大小相近，上口最大纵宽75—80厘米。坑内充满烧透的煤渣。因通风管仅通中膛，并参考Y3，Y1火膛原应有炉条装置。

| 烟室　残迹显示，Y1原有烟道五孔，除中间者宽45厘米外，余四孔均宽18—20厘米，高度不明。参照Y2推测，其做法是，在窑室后壁正中挖一宽45厘米、进深约100厘米的立槽，再向南北扩挖成宽30—60厘米的烟室。因其北端最宽，估计Y1的烟囱设在窑的西北角上。由烟道进深可知，Y1窑室与烟室间的生土隔墙厚约50—60厘米，在烟室挖成后，立槽下部留出烟道，其上以砖(或坯)封堵。两侧之烟道，系各掏挖两洞以通烟室而成。

因火膛煤渣上留有烧结在一起的板瓦，可知Y1为瓦窑。该窑窑室宽大，自风箱至烟室全长7.40米。

Y3为圆形(图3—3—4)，位于Y1窑室南侧，方向187°。其主要结构及外表颜色同于Y1，窑壁残高75—90厘米。火膛炉条及炉门(即出灰口)尚完整。整体保存状况好于Y1。由于窑门以外部分压在上堆4米厚积土的坑槽南壁以外，未能清理。现将结构上异于Y1之处介绍于下。

| 火膛与炉门　火膛壁直底平，半圆形，最大宽度100厘米、深80厘米。南壁正中窑门下的出灰口，即炉门，以砖砌成"人"字顶小门(见图3—3—2)，高45厘米、宽37厘米。门上两侧及窑床前端向下30厘米处均有出沿，以间隔10厘米的宽度搭置以草拌泥制成的炉条14根，并以泥固定，由于高温，炉条已烧透成陶，其上间或留有烧结的残渣。中间部位的两根炉条以砖代替放置在煤渣上，估计是最后一次出窑时为便于踩踏，拆去炉条后摆放的。炉条长40—93厘米，扁圆形，直径11厘米，清理时炉条下积满煤渣。与Y1不同，Y3火膛并不分隔，且建有炉门，可知窑门以外的地下应挖有出灰道。

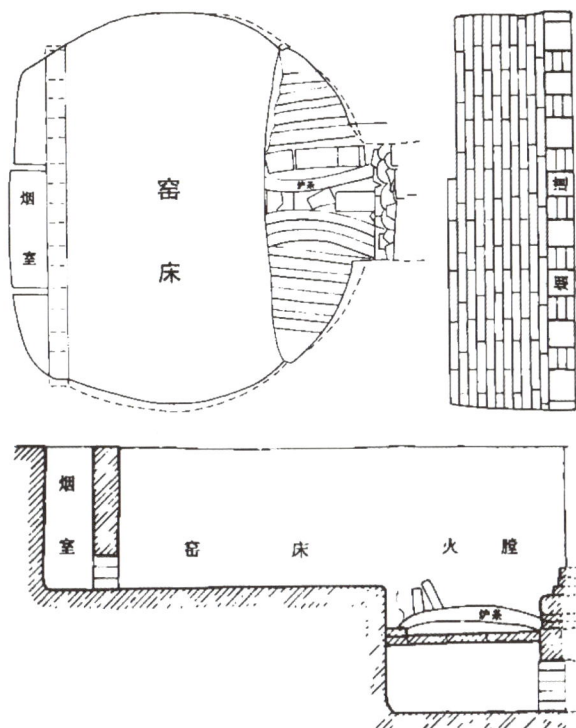

图3—3—4 Y3平、剖面及烟道立面图

烟室 与Y1掏挖烟室的做法不同，是一次挖成窑室后，于后部用单砖横砌一道隔墙而成。隔墙下留有等距的八个烟道孔，孔宽16—20厘米、高20厘米。其残壁上部存有纵卡的两砖，以增强砖墙的坚固程度。烟室最大宽度在中间（30厘米），估计Y3的烟囱建在中部。

Y3窑室直径3.10米，窑床最大宽度3.10米、纵长1.60米。由于基本构造与体表颜色同于Y1，推知其亦为砖瓦窑。

Y2为方形（图3—3—5）位于Y1以西7米，方向87°。由窑门前保存的宽0.60—0.70米、长2米的灰道可知，Y2同于Y3，原亦应有炉门。由灰道西端宽度推测窑门的宽度亦不窄于70厘米。

窑室 长2米、前宽1.80米、后宽2.04米，残存有1.10米高的直壁。窑床床面平整，纵长1.20米、宽1.95—2.04米。

火膛窑床前端下挖平底直壁深1米的火膛，纵0.80米，宽窄依窑室两壁。火膛后壁贴有砖、卵石、土坯混砌的护层，上与窑床平，表面再抹厚约1厘米的草拌泥皮，其上部已塌落。火膛内已无灰烬或炉渣，清去填土，底部存有塌落的砖石，伴有较多的泥质垫条、垫饼以及待烧的琉璃残件。

烟囱与Y1、Y3有别的是，Y2没有烟室，而是在窑室后壁两角及中间分别开

489

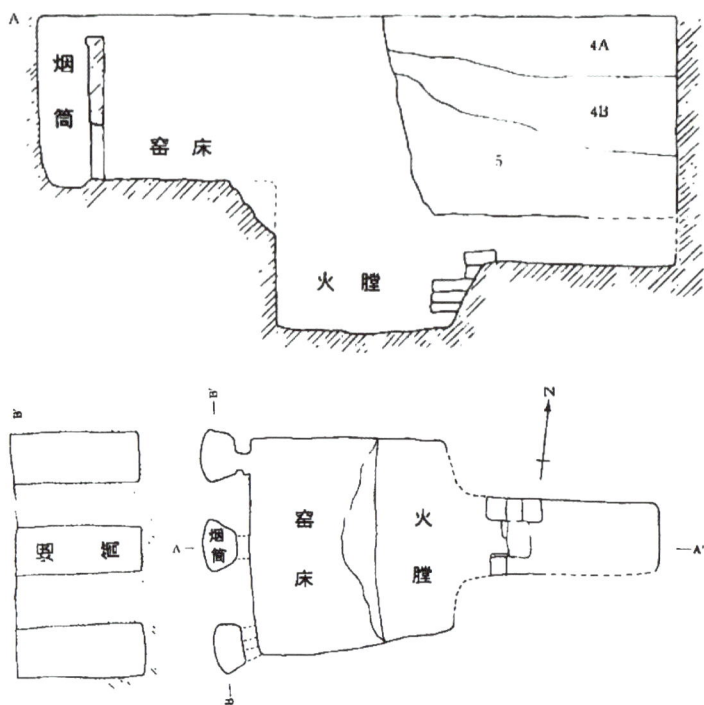

图3—3—5　Y2平、剖面图

挖宽30—40厘米、进深40—50厘米，上通地表的立槽，再用坯封堵成筒状，随之抹以草拌泥以塞缝隙并保持窑壁的平整。下部留出高25—40厘米的烟孔（南孔由于较宽，中立一砖使之分成二孔）。这样Y2便有三只互不相通的平底直壁式烟囱。

同Y1、Y3另一区别是，Y2周壁、烟囱与窑床表面为厚5—20厘米的红色火烧土层。窑床床面平光坚硬，呈橙黄与深红条带状相间色。深红条带宽约10厘米，橙黄条带宽约8厘米，各为九道，纵向，后者融结有绿色釉渣，显证Y2是专门烧制琉璃件用窑。窑床橙黄色条带是因放置坯件不直接过火之故。

（四）出土遗物

窑内出土遗物可分为建筑构件、窑具及陶瓷器三类。建筑构件仅Y1及Y2火膛内有极少的残余，当为该窑的产品，分别为青灰板瓦、待烧的瓷胎滴水及贴饰。窑具仅Y2出有泥垫。陶瓷器数量亦不多且较零碎，均出于各窑的窑室与烟室的填土中，当为窑室塌毁后所填入，种类有碗、盘、盆、罐、枕、砚等，此外还有少量的残破琉璃建筑构件。

1. 建筑构件

板瓦出于 Y1 的右侧火膛炉渣上，计 11 件，且二、三片烧结在一起，已变形。Y1:1，素面磨光，布纹里。长约 36 厘米、宽边径 25 厘米、窄边径 21 厘米、厚 2 厘米。

| 滴水　1 件，已残。Y2：1，白色瓷质，已经素烧。云头形，模制，主图为一展翅飞翔的凤鸟，底衬流云。残长 10 厘米、宽 6.5 厘米、厚 2.5 厘米（图 3—3—6:1）。

| 贴饰　1 件，已残。Y2：2，白色瓷质，已经素烧。在双线界栏内刻划有卷草纹。残长 7 厘米、宽 5 厘米、厚 0.6 厘米（图 3—3—6：2）。

2. 窑具

泥垫数量较多，均已经烧成陶质，呈赭色，且为使用后的残件。可分三式。

I 式垫饼，较多，一面较平整，一面有弧形的压印凹槽。因在出窑时受到敲击，绝大多数成为碎块。较完整者，有单片和双片之分，双片重叠者已烧结在一起。Y2：3，双片上下相叠，长 10 厘米、宽 5 厘米、厚 3.5 厘米，凹槽宽 1.2 厘米、深 1 厘米，依其弧度求得所垫之物的直径为 7.5 厘米，这正与 Y2 床面黄色条带的宽度相符，印证这种垫饼正是该窑所使用，推测当是置于窑床上承垫坯件（图 3—3—6：3）。

II 式垫条，均为单片，无凹槽，两面均有较平的压痕，推测或是夹置在各摞烧件之间，以防相邻者烧结在一起。Y2:4，长 15 厘米、宽 2—3 厘米、厚 1 厘米。

III 式垫瓦，只出 1 件。Y2：5，下为泥质垫饼，上与灰陶残板瓦头之瓦面烧结在一起。垫饼的底面显压平状，瓦头及两侧有滴落的绿琉璃釉。泥饼长 11.5 厘米，宽及厚同瓦头，瓦头长 10 厘米、宽 3—6 厘米、厚 1.5 厘米（图 3—3—6：4）。推测垫瓦为平置在窑床上支垫烧件，起平衡、稳固作用。总体观察泥饼、泥条无固定形状，为工匠使用时随意捏制，有的上面还带有指痕。

3. 陶瓷器

碗所见品类较为丰富，按釉色可分为白釉、两色釉（黑白或褐白）、黑釉、酱釉四种。装饰上除素面外，还有点彩与印花器，器形有卷沿浅腹、尖唇斜直腹及圆唇弧腹的区别。已复原者 2 件。Y④B：1，白瓷敞口大碗。圆唇、芒口，弧腹，宽圈足。口径 25 厘米、足径 9 厘米、高 9 厘米（图 3—3—6：5）；Y④B：2，两色釉点彩大碗。敞口，斜腹微弧，圈足，碗内壁饰三角形点彩三组，底有涩圈，碗背自腹上部以下挂黑釉，余为白釉。口径 22 厘米、足径 7.5 厘米、高 6 厘米（图 3—3—6：6）。印花碗片白瓷与酱釉瓷皆有，但所见不多，且过小；

491

Y④B:1，白瓷深腹印花小碗片，胎质纯细，厚仅1毫米，印有变形莲花(图3—3—6：9)。此外，还见有饰白釉宽边的黑釉碗碎片。

碗盖仅见一残片，翘沿，穹顶式，子口，为白瓷深腹碗附件。

盘所出皆为白瓷，以划花折腹者最具时代特色，惜乎残片过小，图案样式不明。

盆可分两型，一为平折沿弧腹平底；一为圆唇，束颈，弧腹，圈足，腹部饰有条带纹。前者为黑釉，后者为白瓷。

| **枕片**　2件。Y④B:2，白瓷剔花（图3—3—6:7)；Y④B:3，白瓷绘花（图3—3—6：8)。

| **陶砚**　1件，出于Y3烟室。Y④B：3，砚体及墨池均作长方形。砚长13.5厘米、宽9厘米、厚3.5厘米，墨池长9厘米、宽6厘米、向一头倾深1厘米（图3—3—6：10)。

| **琉璃残构件**　Y2、Y3填土内均有出土，为脊饰、贴壁，均残毁Y2④B:4，绿琉璃贴面，厚1.5厘米，平板上贴附以流动的条带纹（图3—3—6：11)。

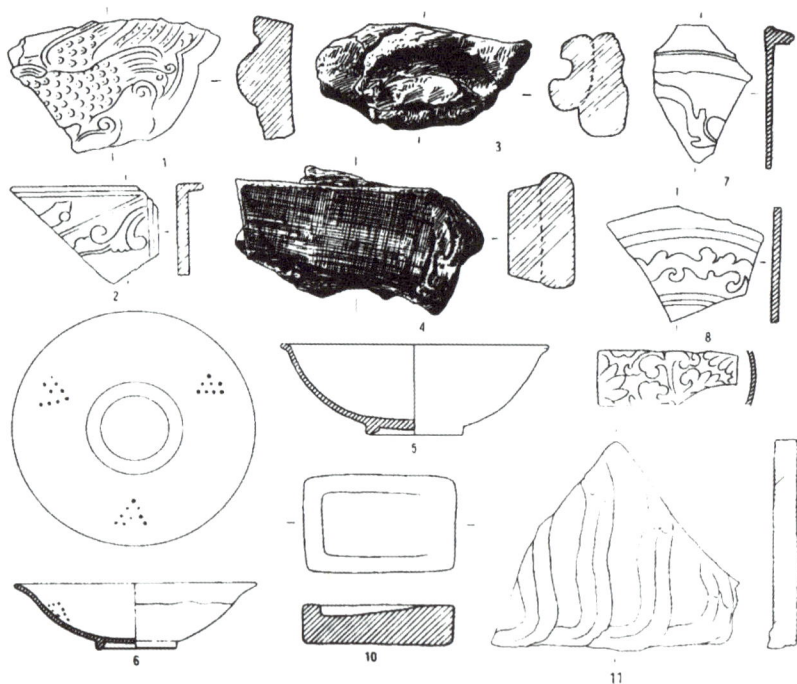

1.滴水(Y2:1)　2.贴饰(Y2:2)　3.垫饼(Y2:3)　4.垫瓦(Y2:5)　5.白瓷碗(Y3④B:1)
6.两色釉点彩碗（Y3④B：2)　7、8.剔花白瓷枕片（Y2④B：2、3)　9.白瓷印花碗残片（Y2④B：1)　10.陶砚（Y3④B：3)　11.琉璃残片（Y3④B：4)（5、6、10为1/5，11为1/3，余皆为2/5)

图3—3—6　出土遗物

（五）小结

1. 三窑的时代

三窑均无确切的纪年，其时代的确定只能依据地层关系、遗迹现象、遗物特征及窑体结构状况等综合分析推断。

首先，就 Y1、Y3 窑体结构来看，与隋唐时代的洛阳、西安两京砖瓦窑[3]相比，就地（生土）穿掘为窑的修筑方式、窑体的基本构造、窑室（主要是窑床）的面积大小均无不同，说明二者的时代相距不会太远。但就个别部位的构造或设置却有明显的相异之处，应予以说明。其一，作为砖瓦窑，Y3 的烟室并非采取在窑室后壁挖出立槽，再行扩掘的传统做法，而是以砖砌夹墙与窑室相隔，再是 Y3 采用了粗大的草拌泥制炉条。这与瓷窑的烟道夹壁及炉栅做法相似，应看作是对瓷窑做法的借鉴；其二，Y1 鼓风设施的发现。这种遗迹不仅不见于隋唐时期的砖瓦窑，据笔者所知，也为此前发现的历代陶瓷窑所未见。就文献而言，《天工开物》中有"鼓鞲熔化"冶铸金属器物的记载[4]，于插图可见明代的"鞲"即是活塞式长方形风箱，画面一炉，一鞲，鞲大于炉，与 Y1 不同之处只在鞲之风嘴均在风箱的侧面，形制与近代风箱无异。考之实迹，洛阳唐代砖瓦窑，有的在火门下挖有长不足 1 米的"通风孔"[5]，尚不适于配装固定形式的鞲箱。宋代耀州窑与定窑均发现过窑门外地下挖有三四米长的"通风道"的窑炉[6]，只是均未发现用鞲的遗迹。据报告者称，耀州 85THY5 通风道的"进风口外还有一方形土坑，长 1.06 米、宽 0.98 米、深 0.34 米，挖得很整齐，底部有踩踏面，为人经常活动的地方"[7]，一个 1 米见方的小土坑即为人经常活动的地方，就不可能保存得很整齐，今以 Y1 鼓风池相对照，耀州 85THY5 进风口外整齐的小土坑很可能原为鼓风设施的摆放处。Y1 鼓风设施遗迹是我国古代陶瓷窑应用"鞲"器的首次发现，无疑它对于加强火力、提高窑温、缩短烧成用时产生明显的效果。这一改进，就此遗迹来看，应当和使用煤作燃料，并且 Y1 不挖出灰道有直接关系。分析上述，Y1、Y3 均应晚于唐而早于明。

其次，由地层关系来看，三窑废弃后均为④A 层，即金代层覆压，划定为④B 层的窑内填土亦是在窑室塌毁后填入的。三窑填土内包含的遗物相互间并无时代的差异，除一些宋代瓷片外，有如点彩两色釉大碗，印花小碗片等为井陉窑常见的金代产品。再以 Y2 烧制的凤鸟纹滴水来说，并非一般民居用材，凤鸟的刻印堪称精美，较唐代典型的凤鸟纹方砖所饰凤鸟[8]，身躯明显加肥，风格

493

趋于写实，是流行于宋金的典型式样。据此，三窑的下限可推定在金代。

第三，从发掘迹象观察，Y1窑床紧贴Y3烟室残存的后壁上部，即Y3烟室后壁上部间作Y1窑室的右壁。清理时发现，残存的Y3烟室上部填土约有20厘米厚已被烤红变硬，其下灰色的填土却仍很疏松。这一现象有力地说明了Y1是在Y3废弃后才使用的，加之二者的形状、窑室后壁的做法、火膛灰门的有无以致鼓风设施的采用与否均不相同，反映出它们的修建使用期似应有着一定的时间间隔。上面我们把金代层覆盖的三窑下限推定为金，有鉴于此，三窑的上限则可推定为宋。

2. 三窑的归属

三窑处于显圣寺旧址范围以内。本文开头提及1963年被洪水冲毁的寺塔，曾被罗哲文先生判定为中国早期的花塔，其时代不晚于宋，以之与此次发现的砖瓦窑、琉璃窑相联系，可知三窑烧制期间，该寺已然存在。若以Y2专门烧制精细的小型琉璃构件、Y1风管所用大型素烧琉璃筒瓦来说，均非民居所宜或所能承用的材料。因此，将三窑作为显圣寺在宋金阶段大修工程的产物，归属于显圣寺当不成问题。见于碑志记载，显圣寺所在的井陉旧城，唐、宋、金间历为军、县治所[9]，近年考古调查发现，该阶段当地制瓷业正处于鼎盛期，经济上保持了较长时间的繁荣。三窑的发现不仅反映出当年显圣寺曾有过金碧辉煌的装修，也为我国古代寺庙自产所需砖瓦、琉璃材料的情况提供了例证。

3. 关于琉璃窑

此次琉璃窑窑炉的发现，不仅为了解古代琉璃件的烧制情况获取了资料，也为古代砖瓦窑与琉璃窑实体的直接对比提供了难得的标本。

由熔结在Y2窑床上的绿色釉渣可知Y2为釉烧窑，瓷胎的素烧滴水、饰件的发现，实证琉璃器包括建筑构件均经二次烧制的程序。如此，除Y2外，附近应有相关的琉璃素烧窑。再据Y2床面堆摞器物遗迹宽度及窑垫凹痕弧度反映，Y2专门烧制小件琉璃器，则Y1风管采用的大型素烧琉璃筒瓦，按其直径与厚度并非在Y2釉烧。因而，除Y2及相关的素烧窑外，考虑附近还有烧制大型琉璃件的釉烧窑。如这一推测是实，则可知琉璃器除按工艺需两次分烧外，依制品的大小不同，还有分窑专烧的情况。

根据层位关系、制品的时代特征推断Y2与Y3及Y1同期。如前所述，Y2与Y3、Y1虽均"穿掘"而成，相比之下，琉璃窑与砖瓦窑的区别是十分明显

的。一是 Y2 直径仅 2 米，Y3、Y1 则均超过了 3 米；二是 Y2 窑体表面呈深红色，Y3、Y1 则为青灰色；三是 Y2 床面光亮，Y3、Y1 则均附着薄薄的一层细粉砂；四是 Y3、Y1 以煤作燃料，不仅火膛下部积满煤渣，流质的渣块还坚固地同火膛口部周壁烧结在一起。Y2 则炉渣无存，其火口周壁除烧结呈褐红色外，毫无流质挂渣，所用燃料不明；五则最明显的是 Y2 不设烟室，只在窑室后壁直接开立槽挖成三个独立竖直的烟囱。

分析这些差别，可以推知琉璃与普通砖瓦的烧成条件不同：属于低温的釉烧窑，对于火候控制的要求严于砖瓦窑，窑室愈大愈难以掌握，在当时的技术条件下，琉璃窑自然要小于砖瓦窑。烧制琉璃无须"浇水转釉"[10]——即烧制青砖灰瓦的渗水工序，因此含铁的土质窑壁经火氧化为三氧化二铁后，不再经水还原为青灰色的氧化亚铁，故呈红色。于此需要说明的是，为验证烧结程度与呈色的关系，发掘时对 Y1 专门做了解剖，结果以烧结程度高的近火膛床面同烧结程度低的烟室相比，表面呈色并无差别。故可证琉璃窑与砖瓦窑体表呈色的不同实与火候、烧结程度的高低无关。Y3、Y1 床面附着的粉砂应是烧制过程中由砖瓦表面脱落所致。Y2 的烧制品均已经过素烧上釉，无粉砂脱落，床面再经烧结故显光亮。《天工开物》"凡柴薪窑巅上偏侧凿三孔以出烟"[11] 的记载与 Y2 烟囱的结构相符，若如此，Y2 即为柴窑。此虽似与 Y2 火膛情况相合，但见于隋唐时期的砖瓦柴窑，烟室与烟囱结构却多同于 Y3、Y1[12]，故 Y2 是否为柴窑以及烟囱的这种处置究与烧制琉璃有何关系，尚需进一步调查研究。

最后，顺便提及的是，鉴于此次琉璃窑及其瓷胎素烧件的发现，还给予我们这样的启示：以井陉当地瓷土与釉料的丰富蕴藏及自唐发展起来的制瓷业看，当时已完全具备烧制三彩器的物质与技术条件，因为烧制三彩器所用原料及工艺与琉璃器基本相同，有的三彩窑亦烧制琉璃建筑构件[13]。此前井陉及其周边地带，诸如石家庄市赵陵铺晚唐墓出土的那种独具特色的三彩器有可能即是井陉窑的产品。

发掘指导：孟繁峰

调查发掘：杜桃洛、康金喜、杜鲜明、高金锁

张保卫、杜振华、胡秋明、郭俊平

摄影：冯林、李辉、杜鲜明

绘图：张守中、郝建文

执笔：孟繁峰、康金喜、杜鲜明

注释：

[1] 傅汝凤：《井陉县志料》第二编《古迹》第十四编《金石·敕赐庆成院额牒石刻并敕赐庆成院记》。

[2] 下寺塔 1963 年被洪水冲毁。罗哲文《井陉花塔》作了专门介绍并附有照片。见《中国古塔》，中国青年出版社 1985 年版，第 103 页。

[3] [5] 唐金裕：《西安市西郊唐代砖瓦窑址》，《考古》1961 年第 9 期；考古所洛阳唐城队：《隋唐洛阳城东城内唐代砖瓦窑址发掘简报》，《考古》1992 年第 12 期。

[4]《天工开物》卷中《冶铸第八》。

[6] [7] 杜葆仁：《耀州窑的窑炉和烧成技术》，《文物》1987 年第 3 期。又，定窑带有通风道的宋代窑炉承蒙发掘者刘世枢先生见告。

[8] 洛阳博物馆：《隋唐东都洛阳城发现的几处砖瓦窑群》，《文物资料丛刊》第 2 辑，文物出版社 1978 年版。

[9]《井陉县志料·金石》收录之《唐天长镇军使衙院长董献墓石》《大宋成德军天威军石桥记》等，并参见该书《疆域·沿革》。

[10] [11]《天工开物》卷中《陶埏第七》。

[12] 洛阳博物馆：《洛阳隋唐宫城内的烧瓦窑》，《考古》1974 年第 4 期；并参见注 [3]、[8] 所列文章。

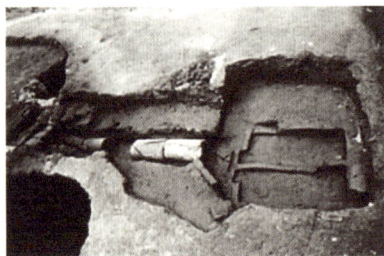

1. Y1 风箱池及通风管道

2. Y2 烟囱与窑床

3. Y3 炉条设置

4. Y3 下部之炉门（拆去炉条后）

图 3—3—7　井陉显圣寺瓦窑、琉璃窑遗址

[13] 傅永魁：《河南巩县大、小黄冶村唐三彩窑址的调查简报》，《考古与文物》1984年第1期。

[14] 郑绍宗：《河北考古工作概述》，载《河北省出土文物选集》，第61页；参见该书图版185（第324—327页）之三彩器照片。

（原载山西省文物局《文物季刊》1997年第2期）

三、河北井陉显圣寺瓦窑、琉璃窑清理简报

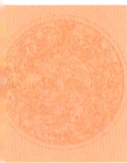

四、井陉窑窑址出土金代印花模子

1996年麦收期间，笔者到井陉县苍岩山整理该县天长镇北关显圣寺瓦窑、琉璃窑资料，承苍岩山文物保管所副所长杜桃洛告知，河东坡村文物保护员杜千贵交来4件印花模子。审之，个个完整、精美，尤以开光双鹅游水园景图碟模为前所未见。遂当即写出详细的调查提纲和注意事项，嘱托桃洛和业务骨干康金喜二人即刻前往40公里之外的现场（图3—4—1）彻查。结果，在事主高二孩、许瑞科两家又先后收回8件模子，另有完整的金代白瓷直壁深腹碗1件，碗盖3件。碗和碗盖将在井陉窑调查报告中另予报道，现将这批模子的资料公布如下。

（一）印花模子

12件模子均属覆碗（盘）式无柄内模，表面绘刻的图案主题无一雷同。按其品类，分别为碗模4件，盘模4件，碟模3件，盌模1件。其中，除鸳鸯戏水盘模（96HM：5）呈青灰色，仰莲式盌模（96HM：11）呈青黄色外，余均作灰白色。瓷土胎体厚重，质地细密，经烧成后十分坚实耐用。现按其品类分述之。

碗模。依形制可分为两式。

I式，两件：敞口、斜唇（另一件斜唇削边）、深腹、小平底。

四季花卉纹碗模（96HM：1）。小平底略外凸。底面博古式鼎炉插花。同向飘拂的四条扎花彩带四等分周壁，分别填刻牡丹、莲、菊、梅等四季花卉。口沿以下刻回纹一周。口径20.5厘米、底径6.8厘米、高8.6厘米（图3—4—2：1；

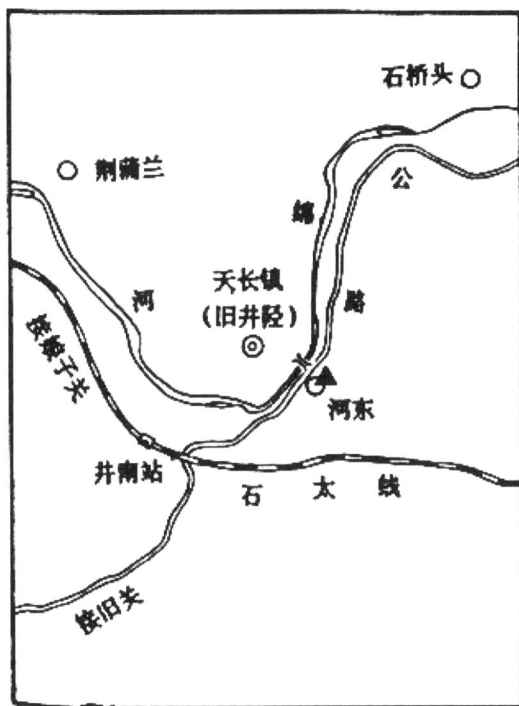

图 3—4—1 印花
模子出土地点示意图

图 3—4—5：1）。

缠枝莲花纹碗模（96HM：2）。底面下刻一柄宽展的莲叶，一莲蕾与一初绽
的荷花相对伸出其上。三柄俯仰的大莲叶及其相间的三朵初放的大仰莲等距分布
周壁，构成纹饰的主题，空白处填刻菱芰、茨菇。花、叶均经迴绕的茎蔓相连，
使底面与周壁的纹饰直接连为一体。口下边饰同于 96HM：1。口径 19.6 厘米、
底径 6.4 厘米、高 8.2 厘米（图 3—4—2：2；图 3—4—5：2）。

Ⅱ式，两件：平唇、弧壁、圜底，口外缘削边，整体呈半球状。

菊心莲芰纹小碗模（96HM：3）。主题刻以三层叠错外伸的叶纹，当心托一
朵盛开的菊花。周壁辅以缠枝荷芰，其间三组并带莲蕾与三柄莲叶交错分布。边
饰一周流云纹。口径 10.6 厘米、高 5.2 厘米（图 3—4—2：3；图 3—4—5：3）。

菊心重瓣纹小碗模（96HM：4）。模壁弧度略缓于 96HM：3，口沿内侈。外
底心为 20 瓣旋展菊花，花瓣间各有一条深刻的阴线贯通口缘。阴线两侧稍做刮
削，使阴线间的条带突出了凸瓣的效果。口径 13.4 厘米、高 5 厘米（图 3—4—2：
4；图 3—4—5：4）。

盘模。圜底、浅腹，唯口部形式略有差异。

鸳鸯戏水纹盘模（96HM：5）。直口内敛，斜唇，底部略平。底面刻一对鸳

图二:1 96HM:1 1/3

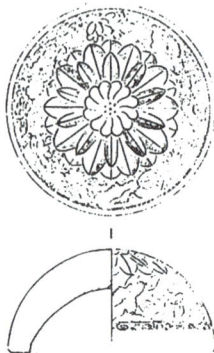

图二:3 96HM:3 1/2

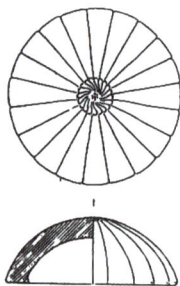

图二:4 96HM:4 1/3

图二:2 96HM:2 1/3

图3—4—2 印花碗模

鸳戏水于莲池，边以一周凸弦纹将其与壁饰分开。周壁所刻六组对莲以菱茨茎蔓串联。口沿下刻流云纹一周。盘模内壁右起竖刻年款三行，行草书体，信手刻划，计11字，字径1.5—3厘米，最后一行两字正当盘里中线部位："大定二十九年┘五月日┘赵（押）"。口径19.2厘米、底径8.2厘米、高5.2厘米（图3—4—3：1、2；图3—4—5：5）。

鹭凤穿花纹盘模（96HM：6）。敞口、斜唇削边。底面刻垂翼疾降的鹭鹚，衬以折枝莲叶和荷花，底缘亦有一周凸棱为界。盘壁刻饰同向等距展翅飞翔于石榴花间的凤凰三只，每只凤前各有一颗绽开的硕大石榴，长长的凤尾抵于石榴，前两只回首顾盼，后者伸颈振羽相随。不仅凤凰刻绘得较鹭鹚更大，且石榴花枝较荷花底纹亦显富丽，故此件纹饰的主题放在了盘壁。口径21.4厘米、底径9厘米、高6厘米（图3—4—3：3；图3—4—5：6）。

龟鹤图盘模（97HM：1）。平唇削边，圜底削面，底缘凸出边棱。口沿下回纹边框六等分内收，与底缘以深刻的六出阴线相连，形成六瓣式盘壁。其间，除一瓣内刻绘"一把莲"外，余五瓣内分刻折枝牡丹、葵花等时花图案。底面绘刻

500

图三:1 96HM:5 1/3

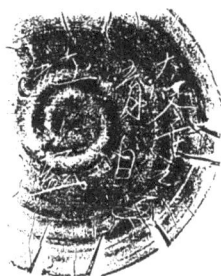

图三:2 96HM:5（背面）

图三:3 96HM:6 1/3

图三:4 97HM:1 1/4

图 3—4—3 印花盘模

出同向行走于湖石、修竹间的鹤龟各一只，鹤颈回弯，长喙向龟，龟首仰视向鹤，二者前后呼应，极致传神。口径 24.2 厘米、底径 10.2 厘米、高 5.7 厘米（图 3—4—3：4；图 3—4—6：7）。

把莲纹时花盘模（96HM：7）。敞口、斜唇。盘壁与盘底之间刻卷草纹条带一周为界。界内底面所刻"一把莲"图案，当心为一宽大的翻卷荷叶，上托一朵内吐蓬实的莲花；其下左右各有彩束和莲蕾对称填充。周壁刻饰牡丹、葵花两两相对，间以缠枝梗叶攀绕。边饰刻回纹一周。口径 19.8 厘米、底径 10 厘米、高 4.7 厘米（图 3—4—4：1；图 3—4—6：8）。

碟模。平底略外弧，浅腹，口部稍有差异。

开光双鹅游水园景图碟模（96HM：8）。直口微敛，斜唇，厚胎。底面菱形的双线开光内当腰刻以装饰流云与回纹的曲槛为界，槛外为芭蕉和湖石，槛内双鹅游水于莲池。框外四边填刻卷草纹地，周壁刻饰菊瓣纹。口沿下有较轻的单线弦纹一周。口径 14.3 厘米、底径 10.4 厘米、高 3.8 厘米（图 3—4—4：2；图 3—4—6：9）。

501

图四:1 96HM:7 1/3

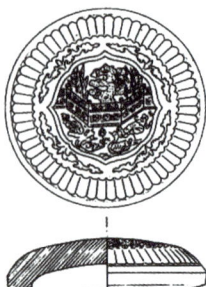

图四:2 96HM:8 1/3

图四:3 96HM:9 1/3

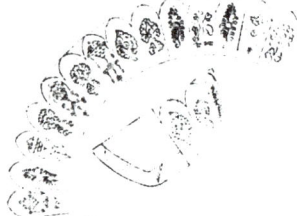

图四:4 96HM:10 1/3

图四:5 96HM:11 1/5

图3—4—4 印花碟模

荔枝纹碟模（96HM：9）。敞口，平唇削边，底部削面使壁底凸出棱线。底面中部刻回纹一周使图案分为内外两区。内心刻折枝荔枝，枝叶间一对荔枝的果实十分突出。外区刻双层仰莲瓣。碟壁刻双层仰莲瓣及回纹各一周。莲瓣当心刻有竖曲线瓣脉一条，莲瓣之间的空白填刻三角形回纹。口径15.8厘米、底径11.8厘米、高3.6厘米（图3—4—4：3；图3—4—6：10）。

蜀锦心仰莲纹碟模（96HM：10）。敞口、斜唇削边。外壁底亦有出棱。底面构图形式及外区仰莲纹式样同96HM：9，中部同心圆两周构成的区带，其间等距刻有19枚圆圈纹。内区的碟心刻蜀锦花一朵，碟壁则刻卷草和回纹各一周。口径14.2厘米、底径10.8厘米、高3厘米（图3—4—4：4；图3—4—6：11）。

仰莲盌模（96HM：11）。直口平唇，深腹斜收，平底。胎体厚重，内壁的一侧及相邻的底部铲去部分胎泥，形成凹槽，便于提捉。另在口部内侧粘附有5厘米长的黑釉一条。外底面光素无纹饰，周壁深刻14瓣仰莲，圆弧状莲尖抵至口缘。每一莲瓣上都刻饰有一种不同的图案，自刻有牡丹花头的那一瓣起，顺时

502

1.四季花卉纹碗模   2.缠枝莲花纹碗模

3.菊枝莲芰纹小碗模   4.菊心重瓣纹小碗模

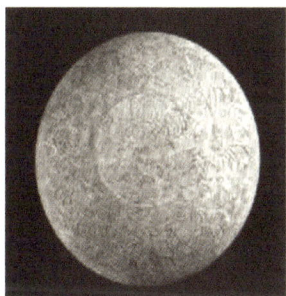

5.鸳鸯戏水纹盘模   6.鹭凤穿花纹盘模

图3—4—5　印花模子

针向左，隔瓣刻以不同编组形式的状似璎珞的珠璧挂饰五组。其间及其后四个莲瓣上除一瓣草刻出水荷花一幅外，余均为样式有别的一条折枝花饰。口径 18.3厘米、底径 9.7 厘米、高 8.5 厘米（图 3—4—4：5；图 3—4—6：12）。

（二）关于这批印花模子的年代

12 件模子中，鸳鸯戏水纹盘模（简称纪年模，其他类简）"大定二十九年五月日赵（押）"的题刻，以刀痕可以明确认定刻在入窑烧成之前，这就使我们确知这件模子的制作时间在公元 1189 年的夏历 5 月。赵姓即可能是刻模艺人 [1]。

503

7. 龟鹤图盘模　　　　　　8. 把莲纹时花盘模

9. 开光双鹅游水园景图碟模　　　10. 荔枝纹碟模

11. 蜀锦心仰莲纹碟模　　　　12. 仰莲盘模

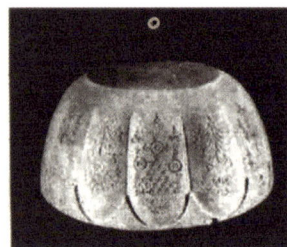

图 3—4—6　印花模子

另 11 件则均无纪年，它们的制作时间只有就其出土情况和比照相互的风格特征来推定。

经查，模子是河东坡村村民高、许两家 1995 年 10 月间共同扩挖相邻的院基时出土的，起因是当年夏秋间淫雨造成的滑坡侵入了院内。当杜、康二人赶到模子出土现场时，护坡院墙早已垒筑完工，挖出的土回填墙后坡上筑路，路面也已硬化。现场遗迹、遗物无存。仅据事主提供，是在相当于现院墙基部的约 2×1.5 米范围内、上距地表约 2 米深处，发现这些模子的，无盛放物，亦非集中摆放在一起，而是混在含有瓷片（器）、支圈、匣钵、砖瓦的杂土中，有的扣着，有的仰置，散乱无序。据此，似可认定它们属于处在同层位上、同一埋藏单位的遗存。如是，应具有共同的时代特征。

从形制上看，12 件模子按照所分类别，各自的形式基本相同。

从纹饰题材方面看，除菊心重瓣纹小碗模外，另 11 件，即占总数 90% 以上的模子，无论盘、碗、碟、盎，共同选择了莲花或莲瓣纹为其装饰内容。其中，

504

两件盘模、两件碟模、一件盌模、一件小碗模，计占总数 1/2 的模子将莲花、莲瓣纹作为装饰的基本或主题选材，此外，另一只莲花纹碗模（96HM∶2）从底到壁，整个图案则为清一色的莲纹。不难发现，莲纹在这批模子的装饰题材中占据了第一的位置。

再从花、叶的刻画风格来看，无论表现手法如何多样，莲蕾无一例外使用偏刀，使瓣的中部凸出，以突出立体感的效果。再如一种刻画的近似桃叶、叶尖出筋的变形叶子，亦多被作为莲花的辅叶使用。

应该说它们共同的时代特征和地方特色是十分突出的。尽管有类别或个体大小的差异，但它们所表现出的格调是非常的统一和协调的。因此，从后三点来看，可以认为事主反映的出土情况是可信的。综合几方面的情况，确认无纪年的这 11 件模子亦为金代之物，当为不误。

同时，12 件模子本身存在的一些相异之处也不应忽略。

第一，见于前述，它们的胎色不一。不仅纪年模子独呈青灰色，另 10 件灰白色的模子色调的强弱也不尽一致。

第二，形制上个别部位存在着差异。最明显的区别在于诸模口部，对这个可以互相比较的部位，本文前已将其划分为直口斜唇、斜唇（或平唇）削边、斜唇（或平唇）不削边三种不同的形式。其中直口的纪年模盘底略平，与盘壁不成一条弧线，底缘有凸出的棱折线。同类的鹭凤纹盘模、龟鹤图盘模斜（平）唇削边，圜底与盘壁成一条弧线，但底缘仍保留了凸棱。斜唇不削边的把莲纹盘模，圜底与盘壁成一条弧线，底缘则以条带纹代替了凸棱。

第三，斜（平）唇不削边的模子刻工均较粗糙。细心比较，纪年模、鹭凤盘、龟鹤图盘以及菊心莲纹小碗模等刻工刀法的娴熟，表现在对最繁复的缠枝、交茎每根线条的关系都交代得清楚明白，越细微处愈显精确、流畅，确为极高水平的精工之作。与之反差较为明显的是莲花纹碗模（96HM∶2），缠枝梗蔓不仅线条较为软弱，甚至个别的地方因改刻、重刻造成线条重复紊乱、关系不清的毛病，可显见此件刻工技艺尚不十分成熟。更值得寻味的是，三件斜（平）唇不削边器：96HM∶1、96HM∶7、96HM∶11，刀法刻技均见纯熟，但叶脉疏密不一，花筋随意，花叶勾边均较粗放。

从刻工技艺的差别、制模子口边处理手法不同等方面来看，可知这 12 件模子断非一、二人所刻。胎色的不同则显示了 12 件模子亦非一时所制。形制细微的演变以及做工较粗的模子刻工亦较草率的情况，则反映出在制模这种关键性的生产方面，主人的两种不同经营思想——刻意求工与马虎从事的矛盾现象。因

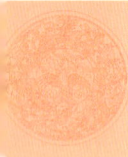

而，推测后 3 件模子同最精美的模子制作的时间应有一定的差距。联系诸模的埋藏情况，显见它们是在所属窑场因突然的变故遭到废毁、并无从恢复，以致终被遗弃的。这种情况的出现，最大的可能是金末战乱所造成。井陉地处晋赵通衢，历为兵家必争之地，自 1213 年至 1230 年间，此地陷入蒙金双方拉锯争夺的战区 [2]，井陉的岩峰以及与这处窑址隔河相对的北关等即曾多处发现金末窖藏即是明证 [3]。如是，这批模子的使用下限当在金贞祐间。鉴于上述分析，推测做工略粗的模子晚出的可能性较大 [4]。总计这 12 件模子的制作时间，当在金大定到大安的三四十年间的范围之内。

附识：本文绘图张守中先生；摄影冯林同志。参加绘图工作的还有任涛同志。

注释：

[1] 中国古代的手工业向有"物勒工名"的传统。此件模子刻款，制作时间与名记相贯连刻，与定窑菊花纹碗模"甲辰蕤宾十四日刘六郎"的刻款以及英国博物馆藏缠枝牡丹纹盘模"大定己酉岁戊子月末旬五日张造"的刻款格式相同，故认为"赵"某可能即为刻模匠人。

[2] 参见《金史·武仙传》《元史·史天倪传》《元史·焦德裕传》《元史·史天泽传》等。

[3] 1986 年、1990 年连续在沿井陉古驿道的岩峰、北关等地发现金末窖藏钱币，有的多达 700 余公斤，均已被文物部门收藏。

[4] 观察定窑所出四件印花模子的拓片，亦可见泰和六年（1206）模子较甲辰（1184）模子制作较粗。这与金朝晚期社会经济的凋敝有关。见妙济浩、薛增福：《河北曲阳县定窑遗址出土印花模子》，《考古》1985 年第 7 期。

五、石家庄市井陉矿区北宅砖室墓

石家庄市文物保管所

1989 年 3 月 16 日，石家庄市井陉矿区贾庄乡北宅村村民谷风廷在挖掘墙基时发现了这座砖室墓，3 月 21 日至 25 日市文物保管所和矿区文化馆对该墓进行了发掘清理。现将墓葬结构及出土文物简介于下。

（一）墓葬结构

该墓为一座单室圆形穹窿顶砖室墓，墓门在正南方；墓道长 1 米、高 1.5 米、宽 1.2 米，上部券顶用长 0.36 米、宽 0.18 米、厚 0.06 米的绳纹砖纵砌而成，下部用青砖砌筑。墓门外用青砖封堵。墓室通高 3.5 米、直径 3.4 米，地面南半部分为夯土面，北半部分为青砖砌筑的尸床，尸床高 0.43、长 3.3 米。尸床上遗存有一男一女的骨架，男子身长 1.7 米、女子身长 1.6 米，因年代久远，尸骨已朽，该墓无疑是一座夫妇合葬墓。（图 3—5—1）

墓室 2 米以下全部用砖雕砌筑而成。北壁正中为砖雕的板门，板门两侧为砖雕的直棂窗（图 3—5—2）、直棂窗两侧西面为用十二块雕砖组成的桌子；东面为人字形顶的雕砖祠堂及椅子（图 3—5—3）。南面墓门两侧西面为砖雕的手杖、烟袋、荷包；东面为雁足灯。这些雕砖均涂以灰褐、黑褐、红褐色彩绘。墓室以南面墓门北面板门为中轴线，东西两面各用立柱三根，墓门两边立柱高 1.34 米，宽 0.2 米。六根立柱下面全用青砖为柱础。每个立柱上部均为一斗三升（图 3—5—4），拱眼之间绘以淡褐色的牡丹。全部立柱斗拱均用硃砂矿物质颜料涂成朱红色，色彩鲜艳。墓室高 2 米处用青砖横向砌出十二个灯檠，灯檠

507

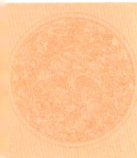

图 3—5—1 尸床及尸骨

图 3—5—2 北壁砖雕窗棂

图 3—5—3 东壁砖雕祠堂

图 3—5—4 主柱上部所绘斗拱

分矩形、凸形两种，交替对称分布。2 米以上为用青砖叠涩砌筑的穹隆顶，穹隆顶矢高 1.5 米。顶部呈一直径约 0.4 米的圆孔，用青砖竖砌封堵。穹隆顶四面残存有用白色圆点组成的星象图，大部残缺不可辨，仅北部残存的北斗星座保存较好尚依稀可见。未发现有墓志。

（二）出土器物

该墓未被盗掘破坏，出土器物均放置于原来位置，计有瓷器 7 件、陶器 3 件、陶奏乐俑 1 组、铜铁器 5 件、铜币 23 枚、残朽漆盒 1 件。现分别介绍于下：

瓷器：

白釉执壶：1 件，高 13 厘米、最大直径 9 厘米、口径 5.2 厘米、底径 4.8 厘米、

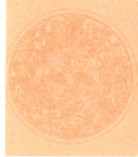

实足高 0.5 厘米。喇叭口外敞、细颈、短流、双条錾提。形体匀称规整、胎质坚实细密、釉色洁白。（图 3—5—5）

白釉碗：共 3 件，敞口、碗壁斜直、玉璧底、釉色灰白、瓷质细密、器型规整。最大的口径 13.8 厘米、高 4 厘米、底径 5.5 厘米；最小的口径 10.7 厘米、高 2.6 厘米、底径 3.7 厘米。（图 3—5—6）

白釉瓷盂：1 件，口微外侈、腹微鼓、口径 10 厘米、高 6.7 厘米、底径 5.6 厘米、圈足高 0.4 厘米。上腹部有暗纹二周。釉色银白纯正、造型匀称规整。（图 3—5—7）

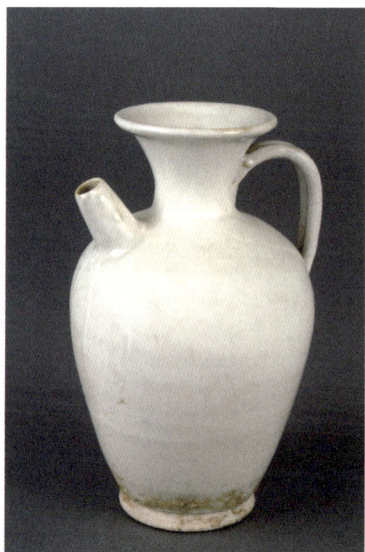

图 3—5—6　白釉碗

图 3—5—7　白釉瓷盂

图 3—5—5　白釉执壶

白釉带托瓷盒：为 1 组瓷器。通高 4.5 厘米。瓷托直径 5.8 厘米、底径 3.7 厘米、内径 5.5 厘米；瓷盒高 3.5 厘米、最大直径 5.8 厘米，底径 2.6 厘米。釉色银白莹润、胎质坚实纯正、形体玲珑可爱。（图 3—5—8）

绿釉荷叶形盏托：1 件。口沿向外斜展，有五处向内翻卷，使形体呈荷叶形。最大直径 13.6 厘米、内口径 7.3 厘米、高 4.4 厘米、圈足底径 5.8 厘米、圈足高 1.3 厘米。宽口沿与下腹接合部折收明显。斜宽的口沿施不均匀的绿釉。通体造型别致奇特、匀称规整，色泽淡雅。（图 3—5—9）

陶器：

陶仓罐：1 件，泥质灰陶，上腹部破损可复原。通高 35 厘米、口径 13 厘米、陶盖口径 14 厘米、高 7 厘米。放置于尸床东面。

敞口平底灰陶碗：共 2 件。器型相同，1 件反扣放置于陶仓罐下面；1 件反扣

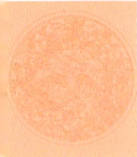

图 3—5—8　白釉带托瓷盒

图 3—5—9　绿釉荷叶形盏托

置于雁足灯下方地面。口径 17 厘米、高 6.5 厘米。

　　陶奏乐俑一组：粗褐陶，共塑人物 5 人、马 2 匹，均立于 15 厘米见方的粗褐陶质的平台上，平台下面用四个矮足支撑。五个奏乐俑形态各异、生动逼真，左边第一个俑手持拍板，左第二俑人应在演奏答腊鼓，左第三俑人乐器看不清，左第四俑人手握横笛，左第五俑正在吹奏笙箫。二匹陶塑马一高一矮，高的配有鞍座、低的驮粮袋，形态生动（图 3—5—10）。这组陶塑俑像放置于墓门正上方 20 厘米处用青砖砌出的凸形灯檠上，灯檠长 39 厘米、宽 14 厘米。

图 3—5—10　陶舞乐俑

　　铜铁器 5 件：

　　菱花莺鸟铜镜：1 件，有裂缝，圆形纽，严重锈蚀，直径 14 厘米。

　　铁剪：1 件，已残断锈蚀。

　　铁腰带：1 件，严重残缺锈蚀不完整，发现于男性墓主人腰椎骨下面。在腰椎骨上面保存有嵌铜铁带扣，已残破，长 10 厘米、宽 4.5 厘米。

　　铜发钗：2 件，已严重残缺锈蚀，发现于女性墓主人头发处。

铜币：23 枚，其中"开元通宝"22 枚、"乾元重宝"1 枚，均发现于男女墓主人腰部。铜币铸造粗糙，大都锈蚀。

另外，在墓室东面砖雕祠堂门前，有残存的木质圆漆盒 1 个，已严重朽坏难已复原。

（三）小结

这座砖室穹隆顶夫妇合葬墓，除墓道券顶因挖墙基遭破坏外，保存完整。随葬器物放置位置没有被扰乱，砖雕有特点，有一定的历史价值。

出土的"开元通宝""乾元重宝"铜币、铸制不规整、典型的邢窑白瓷，如执壶、盏托、玉璧底敞口碗、带托瓷盒等瓷器特征明显；墓道极短。墓室呈圆形，顶为穹隆顶。从这些特点综合分析，这座砖室墓的年代在唐代晚期，其下限不会晚于五代。

出土的一组陶俑是这次发掘的重要收获，为我们研究晚唐五代时期流行于民间的散乐情况提供了新的实物资料。

墓室保存完好的砖雕立柱斗拱门窗等建筑形象，用青砖砌出的灯檠，布局对称，为探讨当时这一地区的建筑风格及葬俗，提供了有价值的实物参考资料。

本文所用照片均由吴良玉同志拍摄，特以致谢。

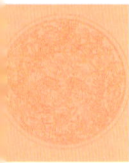

六、石家庄井陉矿区白彪村唐墓发掘简报

（一）概况

　　井陉矿区位于石家庄市西约40公里处的井陉县北中部，被井陉县包围，是石家庄市的一个辖区。2005年3月中旬，矿区凤山镇白彪村利用外资在村西约500米的山前黄土台地上新建一座洗煤厂，动土过程中发现古墓葬及随葬品。适值河北省文物研究所井陉大唐电厂选址考古调查队调查到此，确认为晚唐——五代时期墓葬，当即进行了现场保护，并报请文物研究所派人对已破坏的墓葬进行清理。

　　2005年3月23日至30日，河北省文物研究所会同石家庄市文物研究所在矿区文化旅游局的配合下，对已破坏的两座古墓进行了抢救性发掘清理，编号为

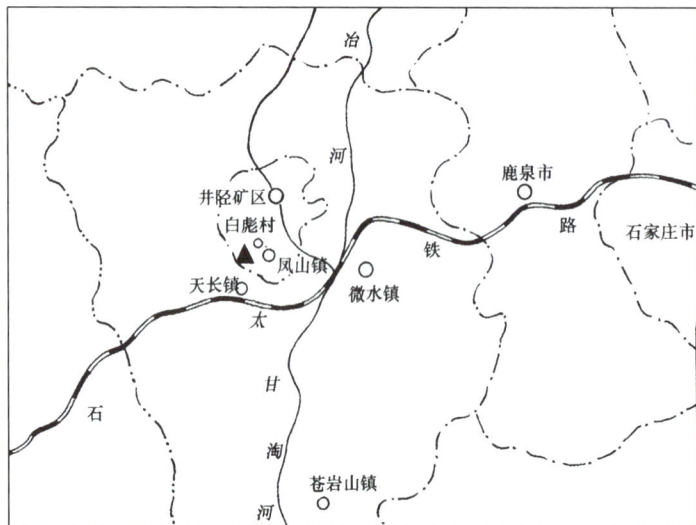

图3—6—1　白彪墓葬位置示意图

05 白彪 M1、M2（图 3—6—1）。墓葬所在地村民称之为"高岸张口"，为黄土台地的东部边缘，往东至白彪村为平坦的土地，台地约高于东部地面 3 米。

（二）墓葬形制

两座墓皆为圆形仿木结构砖墓，坐北朝南，上部已被破坏，只存墓壁最下部。M1 在 M2 的东北方向，两墓相距约 5 米。M1 方向 10°，M2 方向 11°（图 3—6—2）。墓葬由墓道、甬道、墓室和棺床四部分组成。

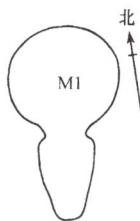

图 3—6—2 白彪 M1、M2 相对位置示意图

1.M1

残存部分全长 7.15 米、最宽处 4.2 米、最高处墓壁 1.42 米（图 3—6—3）。

墓道，长 2.8 米，北宽南窄，北最宽处 2.1 米、南端窄处 0.8 米。残剩两个低缓的台阶。

甬道，砖砌，短。南北长 0.7 米、内壁宽 1.06 米，没有白灰抹面。门两边立砌 5 条砖柱象征门框和立颊，砖上抹白灰，再涂红彩。南口有纵向分层交错平铺成外弧的封门砖，残高 0.84 米。砖的一面有沟纹，砖长 0.335—0.35 米、宽 0.175 米、厚 0.05 米。

墓室，近似圆形，内径南北 3.4 米、东西 3.7 米。墓壁用立砌的砖柱不等分墓室为八边或八间，每个砖柱由 2 至 3 条砖立砌而成。棺床周边的墓壁从棺床以上砌起。方便起见，由甬道顺时针依次编号为第一至第八间（图 3—6—4）。

第一间在墓室南，是甬道部分，东边墓壁上嵌一半圆形的雕砖，可能是灯台。西边墓壁上砖雕一立人，头部雕成平面，五官不清。上身着过膝长袍，束腰，足登靴。上身胸前凸出一两面削尖的雕砖，似两手拱于胸前。砖雕人物上未见红彩，线条简练，比例不匀称。

第二间主体是一两扇假门，门额上有两个马蹄形的门簪，上涂红彩。门框内比较特殊，两扇门只占下半部，上半部有宽敞的镶板。门框两边是墙体，墙外紧邻的一根砖立柱上分别涂红彩。

第三间为一桌一椅，桌有一横撑。桌面和左右第一砖立柱上涂红彩。

513

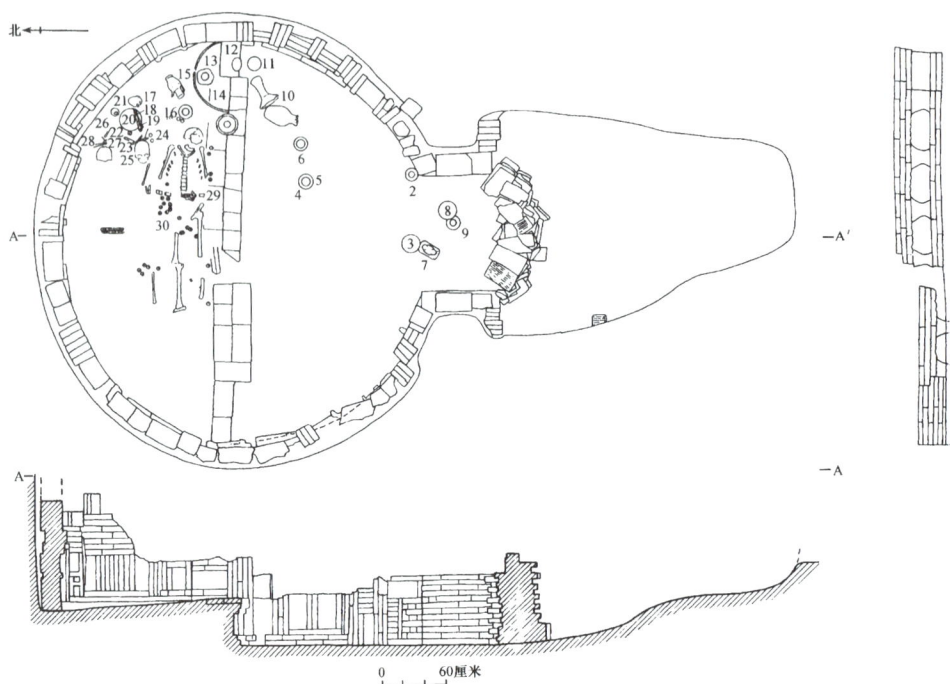

1. 陶塔式罐　2. 白瓷碗　3. 漆盘　4. 白瓷盏　5、6、13. 盏托　7. 陶杯及托盘　8. 漆盘　9. 绿釉陶盏　10. 陶塔式罐　11、12. 绿釉陶碗　14. 漆器　15. 白瓷执壶　16. 绿釉陶盏　17. 绿釉执壶　18. 铁削　19. 铁剪　20. 铜镜　21. 白瓷盒　22. 黑瓷器盖　23～28. 铜钗　29. 铁带扣　30. 铜钱

图 3—6—3　白彪 M1 平剖面及棺床立面图

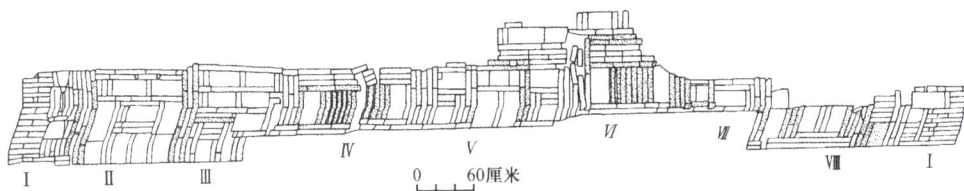

图 3—6—4　白彪 M1 墓室展开图

　　第四间主体是有 9 根直棱的假窗，两边分别一立面砖象征窗板。窗框和直棱上涂红彩。

　　第五间正对甬道是一门两边各一椅子，椅子腿上各一横撑。门额上有两长方形门簪。门框、立颊及门额上横木涂红彩。

　　第六间也是直棱窗和立面砖砌成的窗板。直棱和窗框上涂红彩。

　　第七间似为一柜子，另一侧立面砖不知代表何物，也似箱子一类的东西。柜子周边和立柱上涂红彩。

第八间为两扇门，门两边的立面砖象征墙体，上皆涂有红彩。

棺床，位于墓室北部，近似半圆形，南北宽1.75米。棺床南面用两行平砖镶边，里面为生土。从墓室北壁和西南壁的裂开的错缝看，早年由于地震等原因整个西半块墓室下沉，下沉约0.20米，棺床面也因此留下一道裂缝。棺床正立面也是砖砌而成，白灰抹面。上下各有三层和两层平砖，中间5组亚腰形雕砖，雕砖之间形成壶门，壶门上沿的一层平砖雕成连弧花边。棺床高0.45米。

人骨，棺床上南北并列三具，头东脚西，朽烂严重。其中南侧的一具保存稍好，为身高约1.80米左右的老年男性。另两具为成年女性，可能是迁葬。未见棺木及腐朽的痕迹，只在中间骨架下发现有苇席包裹的痕迹。

2. M2

残存部分全长5.34米、最宽处3.42米、墓壁最高处0.62米。

墓道，残存部分形同横长方形，宽1.84米、长1.35米，有一个低缓的台阶。

甬道，砖砌，南北长0.92米、内径宽0.92米、残高0.60米。门立面两边是5条立砖砌成的门框和立颊，先施白灰，再涂红彩。最外是一道横向分层平铺成外弧的封门砖。甬道两壁上有一东西对应的上下凹槽，从发现的几十个铁钉看，原来甬道约中部应装有木质门板，已朽不存。

墓室，近似圆形，内径南北2.88米、东西2.98米。墓壁用立砌的砖柱不等分墓室为八边或八间，因墓壁保存很少，仿木砖雕内容多无从知晓。北面正对甬道的一间应是一两扇假门，其两边各是一小间。甬道西邻的两间可能是架子和柜子。甬道右边的一间又是一两扇假门，上有两长方形门簪。门框和柱子上多涂有红彩。

棺床，在墓室北部正中，长方形，只有北边和墓壁连成一体。其余三边为直边，分别用一行平砖镶边。棺床正面做法同M1，不同的是M2的下面两层平砖稍往前凸出一些。棺床面东西长2.00米、南北最宽处1.38米、高0.48米。

人骨，棺床上南北并列三具，头东脚西，残损较重，未发现棺木痕迹。中间的一具为中老年男性，北面的为成年女性，南侧的一具为女性，其第三后白齿刚长出不久，年龄应该在20岁左右，推测为早死者，后来迁此的可能性较大（图3—6—5）。

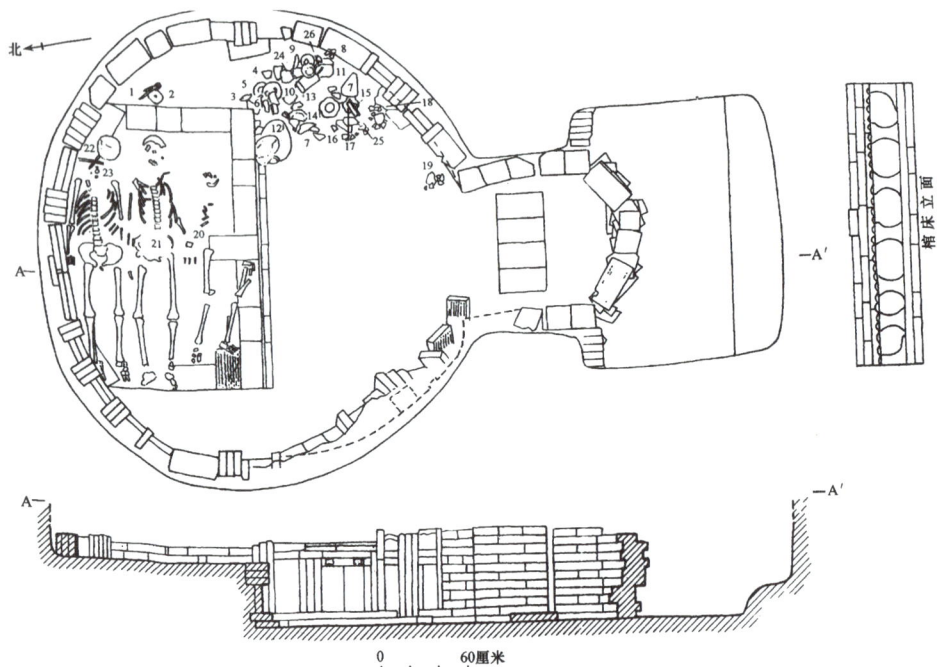

1. 铁剪　2. 铜镜　3. 白瓷器盖　4、19.白瓷碗　5、13.白瓷盏托　6. 陶瓷盖　7. 白瓷罐　8. 陶塔式罐　9. 白瓷执壶　10. 陶三足鹿　11. 白瓷碗　12. 黑瓷罐　14. 漆器　15. 陶碾　16. 白瓷碟　17. 白瓷杯　18. 陶碟　20. 铁带扣　21. 铜钱　22、23. 铜钗　24、25. 陶勺　26. 白瓷盘

图 3—6—5　白彪 M2 平剖面及棺床立面图

（三）随葬品

1. M1

共发现随葬品 30 件，主要放置在棺床东半部、墓底东边和甬道内，其中陶器 8 件、瓷器 8 件、漆器 3 件、铜器 8 件、铁器 3 件，分述如下。

绿釉白陶碗　2 件，形制相同。M1：12，粉红胎，口微外撇，圆唇，弧腹，圈足，内底有三支钉痕，足上无釉。高 4.8、口径 13.8 厘米（图 3—6—11：1，彩版 1：1）。

绿釉白陶杯及托盘　1 件。M1：7，分两部分：上面为一模制海棠式四出花口杯，椭圆形圈足上无釉，内底平，模印有边线，线内印一条鱼及水波纹。高4.8 厘米、口径长 15.0 厘米、宽处 8.2 厘米（图 3—6—11：4，彩版 1：2）；下面是一模制四出花口托盘，盘口略作弧边削角的长方形，浅盘，盘内壁模印对称的草叶纹。盘中心一圆角弧边长方形的凹槽，槽内底中心模印一菱形方格纹，里外

516

为草叶纹。其下圈足与凹槽对应而稍内收，亦呈圆角弧边长方形。高 3.1—3.5 厘米、托盘长径 18.5 厘米、宽 11.3—11.7 厘米、凹槽长 10 厘米、宽 6.5 厘米、圈足长 8.2 厘米、宽 5.6 厘米（图 3—6—11：5、6，彩版 1：3）。

| 绿釉白陶盏　2 件，形制相同。M1：9，圆唇，折腹不甚明显，有轮旋痕一周，假圈足，足外削棱一周。内底有三支钉痕，对应圈足有一周旋纹。内满釉，外施半釉。高 3.3 厘米、口径 12.1 厘米（图 3—6—11：2，彩版 1：4）。

| 绿釉白陶执壶　1 件。M1：17，圆唇，领较高，双泥条柄，短流，最大腹径偏上，假圈足。釉面多沙粒，不光滑。高 12.6 厘米、口径 6.2 厘米、最大腹径 9.7 厘米（图 3—6—11：3，彩版 1：5）。

| 绿釉白陶塔式罐　2 件，形制相同。胎色粉红或发白，胎土颗粒较粗。其

1.绿釉白陶碗（M1：12）

2.绿釉白陶杯（M1：7）

3.绿釉托盘（M1：7）

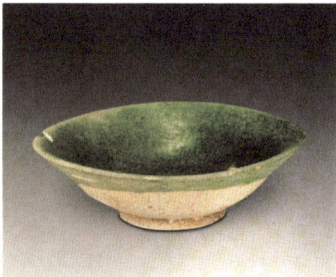

4.绿釉白陶盏（M1：9）

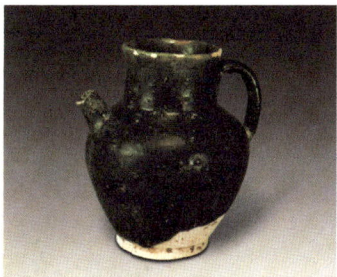

5.绿釉白陶执壶（M1：17）

6.绿釉白陶塔式罐（M1：10）

彩版 1　白彪唐墓 M1 出土器物

中一件座上多了几道凹旋纹。M1∶10，整器可分三部分：上为宝瓶式高子口盖；中间是一罐，圆唇、高直领、卵形腹、圈足；罐置于一周边六处内卷的荷叶形盘上，该盘与其下的喇叭形座连为一体，构成塔式罐的下部。通高69.0厘米、宝顶盖高14.5厘米、罐高33.0厘米、座高28.6厘米（图3—6—12∶1，彩版1∶6）。

| 白瓷碗　1件。M1∶2，敞口，口部5处削边，削边下腹壁5处相应内凹呈五瓣花式。圈足，内底对应圈足处一周凹旋纹。白釉至足，施化妆土。高4.2厘米、口径11.6厘米（图3—6—12∶2，彩版2∶1）。

| 白瓷盏　1件。M1∶4，出土时放于5号盏托上。圆唇，弧壁，上口稍内收，圈足，干釉，外底有墨书已不清。高3.9厘米、口径11.2厘米（图3—6—12∶3，彩版2∶2）。

| 白瓷盒　1件。M1∶21，子口，折腹，假圈足。白釉泛青，无化妆土，白胎。未见相配的盖。高3.5厘米、口径5.6厘米（图3—6—12∶4，彩版2∶3）。

| 白瓷盏托　3件。微敞口，圆唇。托盘壁斜直，圈足外撇，外底皆有墨书。器形略有区别。M1∶6，托杯较大而高，墨书字迹不清。器高7.6厘米、杯口径9.8厘米、托盘口径15.6厘米（图3—6—12∶5，彩版2∶4）。M1∶5、6，两件形制、大小相同。托盘呈五瓣花口，前者墨书已不清，后者墨书一"宗"字。高7.4厘米、杯口径9.6厘米、盘口径15.2厘米（图3—6—7∶1，彩版2∶5）。

| 白瓷执壶　1件。M1∶15，白釉微泛黄，釉面有细小开片，无化妆土，胎色黄白。圆唇，高领，口外撇。卵形腹，最大腹径偏上。肩上一侧粘有七棱形流，粘接处压印一周细条纹。另一侧粘一扁泥条"耳"形柄，柄面模印有花瓣纹，柄上下两端粘接处皆饰有压印条纹和短线纹。为粘接牢固，下端粘接处加长，粘接面加大，并饰一乳钉纹。之上还横粘一泥条，泥条上亦饰压印条纹，泥条两端各饰一圆形乳钉，和下面的乳钉一样，似把泥条钉在腹壁上一样。原应有圈足，不知何因，圈足在埋葬前已被打掉，成假圈足一般。高19.0厘米、口径5.9厘米、最大腹径10.5厘米（图3—6—7∶5，彩版2∶6）。

| 黑瓷器盖　1件。M1∶22，伞形顶，锥状钮，白胎。高3.5厘米、顶直径3.3厘米。

| 漆器　3件，其中2件为盘。M1∶3，包铜口，浅盘，弧壁，平底，外深褐色，里红。口径16.8厘米、高2.4厘米、铜口厚0.3厘米。M1∶8，包铁口，残片痕迹看木胎中夹有织物。

另有一件漆器可能是案，圆形，直径超过60厘米，朽未采。

| 铁削　1件。M1∶18，锈蚀，残断。一端有尖，偏锋。残长20.3厘米、

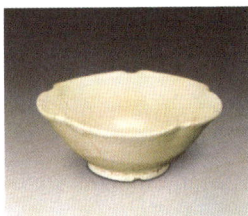

1. 白瓷碗（M1：2）

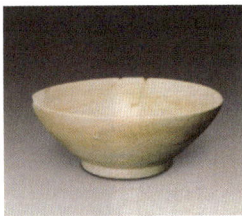

2. 白瓷盏（M1：4）

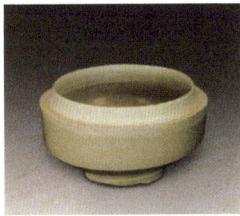

3. 白瓷盒（M1：21）

4. 白瓷盏托（M1：6）

5. 白瓷盏托（M1：5）

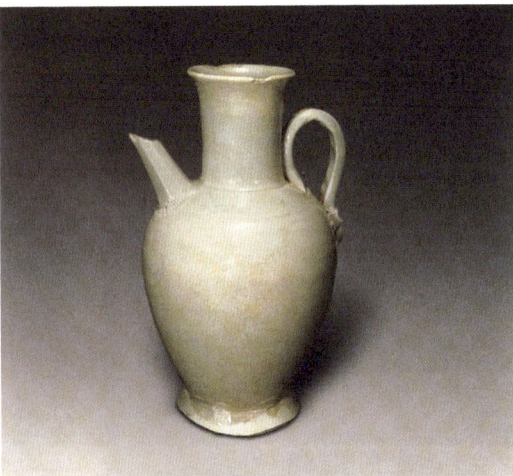

6. 白瓷执壶（M1：15）

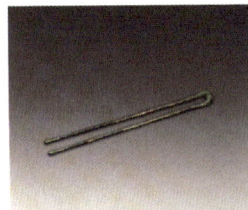

7. 铜钗（M1：24）

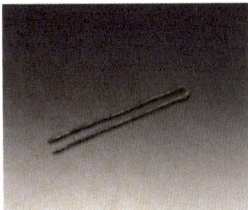

8. 铜钗（M1：27）

9. 铜镜（M1：20）

彩版 2　白彪唐墓 M1 出土器物

宽 1.2—1.4 厘米（图 3—6—6：1）。

　　铁剪　1 件。M1：19，锈蚀严重。长 24.8 厘米、尾部环径 3.8—4.1 厘米、剪最宽处 2.1 厘米（图 3—6—6：2）。

　　铁带扣　1 件。M1：29，见有方形、半圆形銙和长短铊尾，单体銙和铊尾皆上下两片由铆钉连接而成，上片为铜，下片为铁。其中半圆形銙和短铊尾上有铆钉三个，方形銙上有铆钉四个，长铊尾上有铆钉五个，銙上皆有窄长穿孔一条，长铊尾铁片上有凹槽（图 3—6—6：3）。

　　铜钗　6 件，3 件完整。钗头加粗并多饰有阴线纹。钗身每股多呈圆锥状，

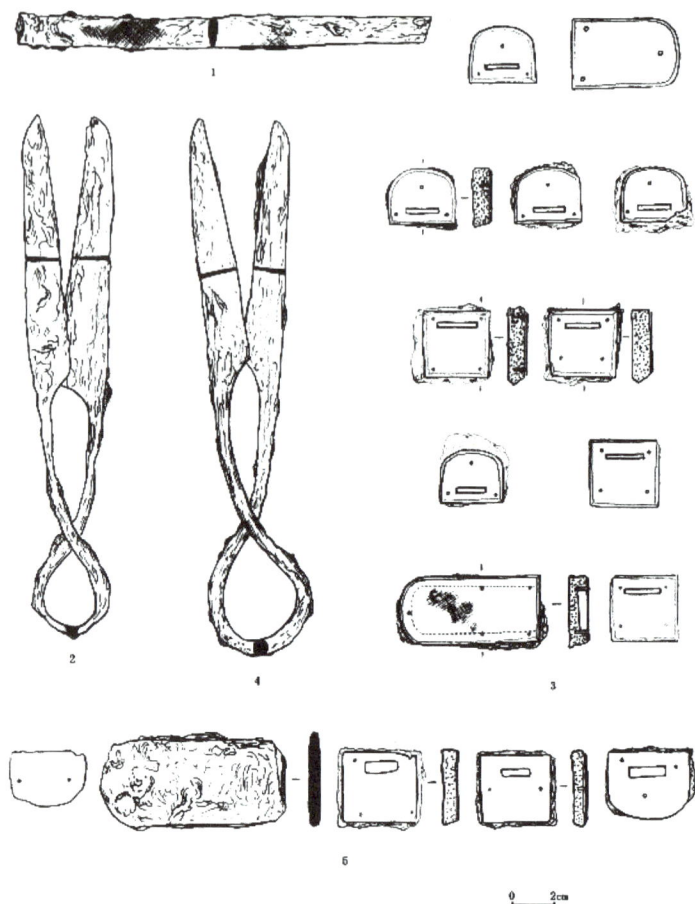

图 3—6—6　白彪 M1、M2 出土铁、铜器

个别的为圆柱状。M1：24，柱状。长 16.8 厘米（图 3—6—7：4，彩版 2：7）；M1：27，锥状。长 12.3 厘米（图 3—6—7：2，彩版 2：8）。M1：26，锥状。长 11.5 厘米（图 3—6—7：3）。

铜镜　1 件。M1：20，圆形，银白色，有少量绿锈，但仍光彩照人。背面有凸起的边沿一周，中心一半圆形钮，之间饰以浅浅的菱形方格纹。直径 19.8 厘米、边沿宽 0.8 厘米、厚 0.3 厘米（图 3—6—7：6，彩版 2：9）。

钱币共发现 644 枚：其中"半两"1 枚，径 2.3 厘米；"货泉"1 枚，径 1.9 厘米；"五铢"13 枚，直径 2.0—2.5 厘米；"永安五铢"1 枚，径 2.3 厘米；"乾元重宝"30 枚，径 2.2—2.5 厘米，其中 11 枚背面有"⌣"等记号；10 枚锈蚀字迹不清，直径 1.9—2.5 厘米；"开元通宝"588 枚，其中约有 60 枚以上背面有星月"⌣"等记号，5 枚分别有背文"昌""蓝""润""洛"字。

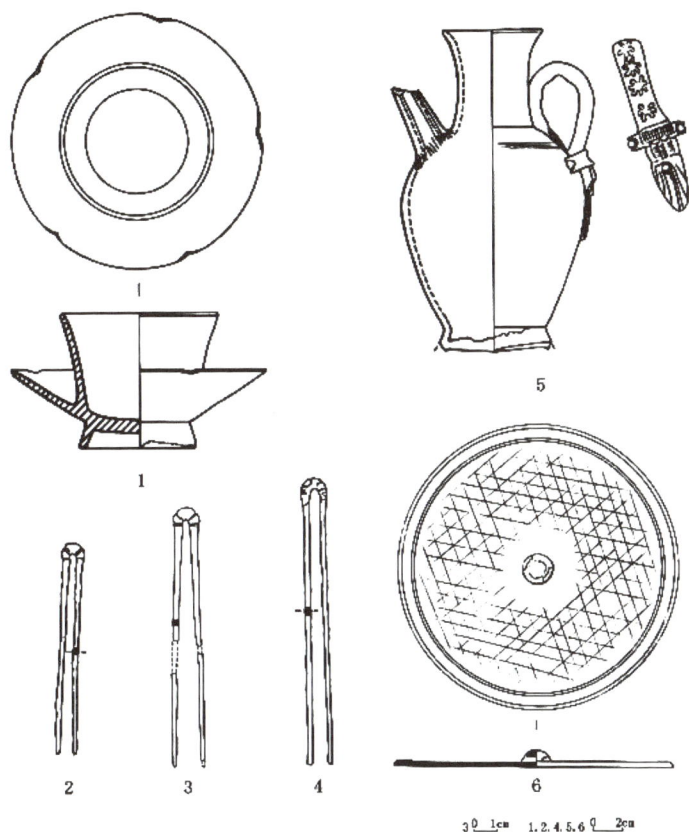

图 3—6—7　白彪 M1 出土瓷、铜器

2. M2

共发现随葬品 26 件，其中陶器 8 件，瓷器 11 件，漆器 1 件，铁器 2 件，铜器 4 件。分述如下。

白陶三足炉　1 件。M2：10，盘口，直壁，圜底，三扁凿形足，器壁上有很多细小的轮旋纹。高 10.8 厘米、口径 13.0 厘米（图 3—6—8：1）。

白陶勺　2 件。盘口，扁凿形柄，柄端圭首形，小平底，器身布满细小的轮旋纹。M2：25，口上有流，弧腹。高 4.8 厘米、口径 11.3 厘米、通柄长 18.3 厘米（图 8：4）。M2：24，无流，腹稍浅而弧折，高 3.9 厘米、口径 12.2 厘米、通柄长 19.6 厘米（图 3—6—8：2）。

白陶器盖　1 件。M2：6，母口，穹隆顶，顶上有凹旋纹两道，扁体钮。高 4.8 厘米、口径 6.9 厘米（图 3—6—8：5，彩版 3：1）。

绿釉白陶碟　1 件。M2：18，口作四瓣花式，每瓣内壁模制出四出筋和一道内凹的槽。内外底皆平，其中内底有双边线形状同口沿，边线内一周连珠

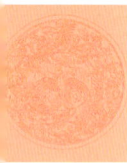

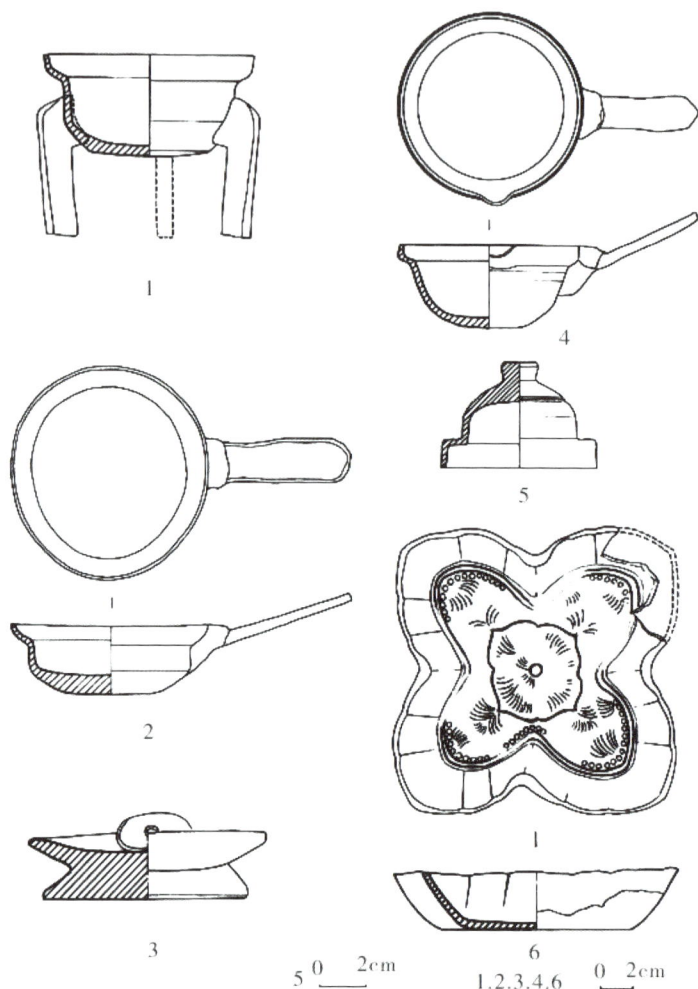

图 3—6—8　白彪 M2 出土白陶器

纹，中心一四瓣大花朵和花蕊，花朵内和连珠纹内皆模印有草叶纹，因土锈较重而不甚清晰。高 3.2—3.7 厘米、口对角长 22.0 厘米（图 3—6—8：6，彩版 3：2）。

　　| **浅绿釉白陶碾**　1 件，明器。M2：15，由碾槽、碾座和碾轮组成，碾槽和碾轮施绿釉，座无釉。舟形碾槽，槽内放碾轮。座与槽连体，稍小于碾槽。高 3.5 厘米、碾槽长 14.7 厘米、最宽处 4.0 厘米、碾轮直径 3.9 厘米（图 3—6—8：3，彩版 3：3）。

　　| **绿釉白陶印花盘**　1 件。M2：26，模制，浅盘，盘边为相连的莲花瓣，内壁莲瓣上模印有连弧纹和放射状条纹。中心是一圆形平底的浅槽，槽内均匀的分布模印的小圆圈和圆圈内的乳钉纹。下为喇叭形圈足，圈足上无釉。该盘可能

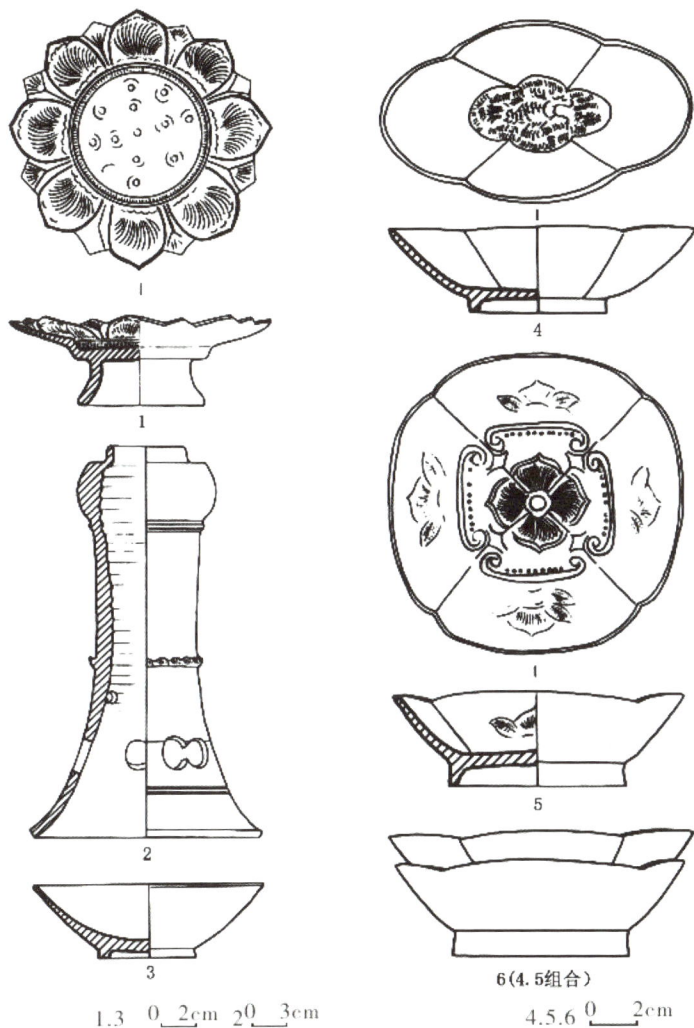

图 3—6—9　白彪 M2 出土白陶、瓷器

为器物底座或塔式罐中间的间隔盘。高 5.0 厘米、口径 15.5 厘米、圆槽径 8.0 厘米、圈足径 7.8 厘米（图 3—6—9：1，彩版 3：4）。

　　| 绿釉白陶塔式罐　1 件。M2：8，轮制，内壁布满旋纹。座由下部喇叭形圈足和上面仰覆莲盘组成。仰覆莲盘为束腰式，上下周边分别有 8 处内翻。喇叭形足较高，上面似一小罐，子口。其下的喇叭形足约中部粘接一花边上翻的荷叶形泥条装饰，之下有一周三组两两相连的圆形镂空，在镂空和泥条装饰之间还有三个小的圆形镂空。通高 39.0 厘米、座高 35.0 厘米、盘口径 22.0 厘米、子口径 7.3 厘米、喇叭形足径 20.8 厘米（图 3—6—9：2）。该座可能与 M2：7 号白瓷罐

和 M2：3 号宝瓶形盖组装成一件器物。

| 白瓷碗　3 件。M2：4、11，白釉泛青灰，无化妆土。圆唇，腹壁斜直几呈 45℃，圈足上无釉，足外削棱一周。高 4—4.2 厘米、口径 13.8 厘米（图 3—6—9：3，彩版 3：5）。M2：11，与 M2：4 形制大小相同。M2：19，唇口，弧腹，宽圈足，白胎，干釉，外施半釉。高 4.3 厘米、口径 13.1 厘米。

| 白瓷海棠花式杯　1 件。M2：17，模制，四出花口。釉白中泛灰，无化妆土。尖圆唇，椭圆形圈足。内底平，形状同口，并模印有边线，线内模印鱼纹和波浪纹。高 4 厘米、口长 13.8 厘米、宽 8 厘米（图 3—6—9：4，彩版 3：6）。

| 白瓷碟　1 件。M2：16，模制，四出花式口。尖圆唇，斜直壁，大圈足，

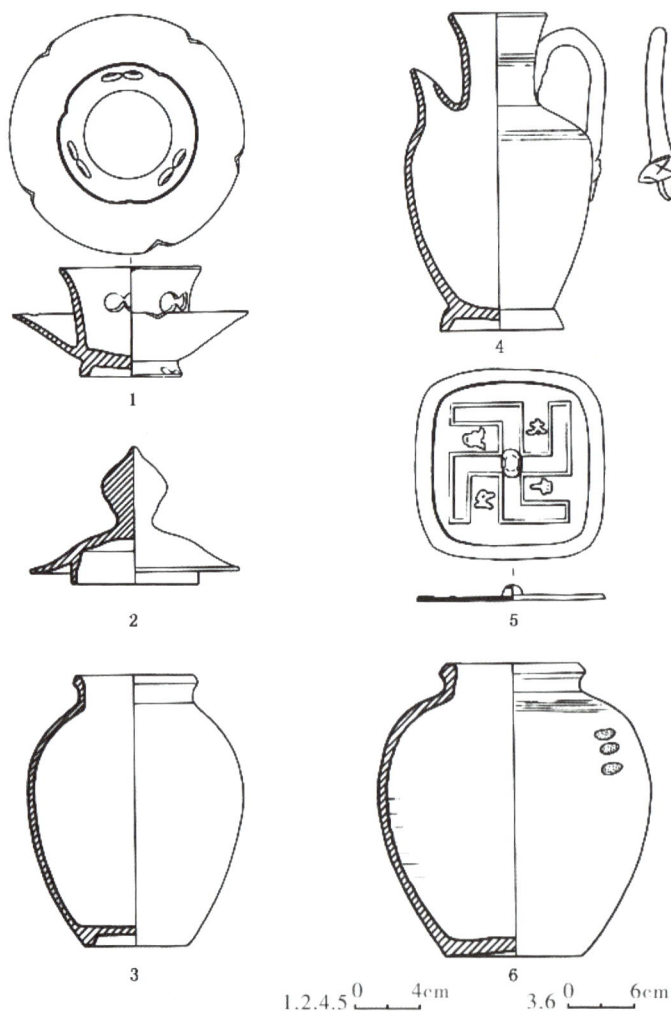

图 3—6—10　白彪 M2 出土瓷、铜器

524

外底施釉。内壁有不均匀化妆土，外壁无化妆土处釉呈灰白色。内底较平，有双边线一周，对应盘壁四出处分别印一组卷云纹，线内饰一周连珠纹，中心为一四瓣形大花朵。高3.9—4.2厘米、口径13.1厘米、圈足径8厘米、足高1.1厘米(图3—6—9：5、6，彩版4：3)。

| 白瓷盏托　2件。与M1相比器稍矮，托杯亦低，托盘为五瓣花式，杯壁有三组两两相连的圆形镂空。M2：5，高6.6厘米、杯口径9厘米、盘口径15.2厘米（图3—6—10：1，彩版4：1）。M2：13，高6.6厘米、杯口径8.7厘米、盘口径14.7厘米（彩版4：2）。4

| 白瓷执壶　1件。M2：9，白瓷泛青灰，釉面布满开片，无化妆土，灰白胎。圆唇，高领，喇叭形口。丰肩，最大腹径偏上，圈足外撇，圈足上粘有烧制时留

1.白陶器盖（M2：6）

2.绿釉白陶碟（M2：18）

3.浅绿釉白陶碾（M2：15）

4.绿釉白陶印花盘（M2：26）

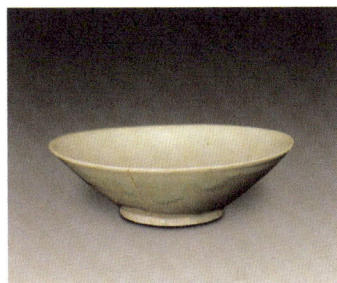

5.白瓷碗（M2：4）

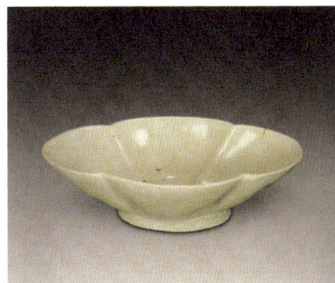

6.白瓷海棠花式杯（M2：17）

彩版3　白彪唐墓M2出土器物

下的沙粒。肩上一侧置八棱形短锥状流，另一侧粘圆泥条"耳"形柄，柄上端粘于领，下端粘于腹壁，下端也横压一扁泥条。高 19.5 厘米、口径 6.1 厘米、最大腹径 11.5 厘米（图 3—6—10：4，彩版 4：4）。

| 白瓷罐　1件。M2:7，卷圆唇，矮领，卵形腹，内藏式圈足，白釉较光滑，近底部粘有沙粒、瓷渣等。高 25 厘米、口径 11.5 厘米、底径 9.5 厘米（图 3—6—10：3，彩版 4：5）。

| 白瓷器盖　1件。M2:3，白瓷泛青，子口宽沿，弧顶，顶中心一宝瓶形钮。高 8.4 厘米、子口径 7.7 厘米、盖顶径 13.1 厘米（图 3—6—10：2）。

| 黑瓷罐　1件。M2:12，厚唇沿，矮领，鼓腹，平底。外底上和沿上无釉，器表有粘疤和流釉，釉不光滑。高 27 厘米、口径 13.5 厘米、底径 12.5 厘米（图 3—6—10：6）。

| 漆器　1件，腐朽未取。

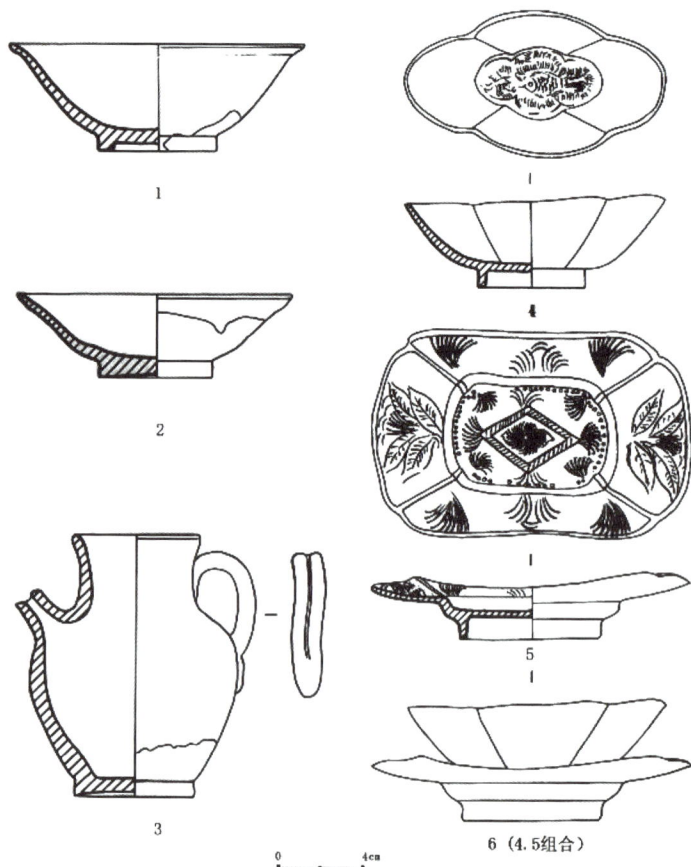

图 3—6—11　白彪 M1 出土白陶器

铁门钉发现于 M2 封门处，有两种：一种是两股有环式，可能是上锁用；一种是单股，钉门板用，使用后成"L"形。

　　|铁剪　1 件。M2：1，锈蚀严重，其中一半从中间折起。长 25.1 厘米、环径 5.0—5.5 厘米（图 3—6—6：4）。

　　|铁带扣　1 件。M2：20，形同 M1：29，只见少量方形、半圆形銙和铊尾一个，皆上下两片由铆钉连接而成，上片为铜，下片为铁。铜片上窄长穿孔稍宽，铁片多锈碎（图 3—6—6：5）。

　　|铜钗　2 件。钗身柱状，皆残断。M2：22，长 22 厘米；M2：23，两股结合部呈扁体，长 15.1 厘米。

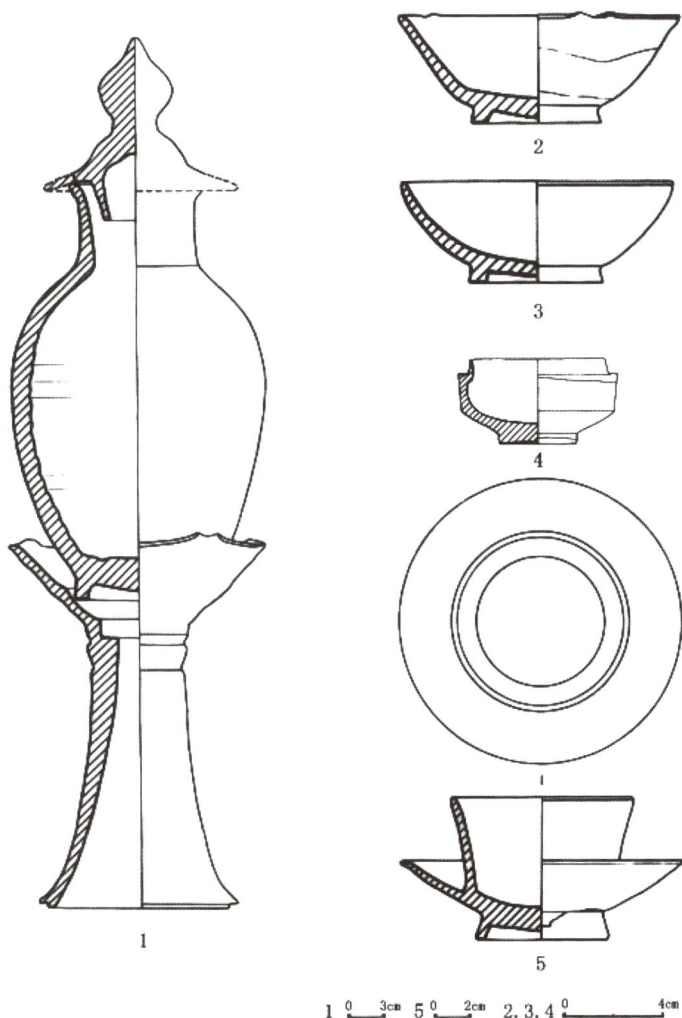

図 3—6—12　白彪 M1 出土白陶、瓷器

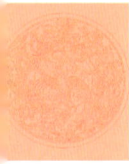
　　┃ **铜镜**　1件。M2：2，圆角方形，一层绿锈。边沿稍弧，背面有凸起的边沿一周，中心一半圆形钮，围绕中心铸有"卍"字纹，"卍"字中间铸有顺读"太平万岁"四字，其中岁为繁体。直径 11.6 厘米、边厚 0.25 厘米（图 3—6—10:5，彩版 4：6）。

　　铜钱共 87 枚，其中"五铢"钱 2 枚，两面有窄的外郭，字迹不清。径 2.5 厘米、孔 1.0 厘米；"乾元重宝" 3 枚，其中 2 枚直径为 2.3 厘米；1 枚直径为 2.5 厘米；"开元通宝" 82 枚，大小不一。其中 10 枚背面有星月记号；一枚背面有"越"字；少数薄而小无外郭，钱文亦不清，径 2 厘米左右，厚度约 0.05 厘米；大多数两面有外郭，郭宽窄不一，锈蚀重，铜质差。直径 2.2—2.5 厘米；另还有一枚字迹不清的花边近似圆孔钱，无内外郭，质量亦次。

1.白瓷盏托（M2：5）

2.白瓷盏托（M2：13）

3.白瓷碟（M2：16）

4.白瓷执壶（M2：9）

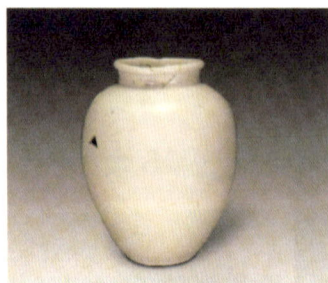

5.白瓷罐（M2：7）

6.铜镜（M2：2）

彩版 4　白彪唐墓 M2 出土器物

（四）小结

（1）墓葬年代

两墓形制相似，仿木砖雕结构、内容差别不大，而且相距较近，从位置排列上看两墓可能是平辈，或者 M1 是 M2 的长辈，埋葬时间相隔应不会太远。

圆形或多边形单墓道仿木结构砖雕单室墓是中唐以后河北一带较为流行的一种形制，在井陉天长镇就曾发掘过晚唐时期的八角八边形仿木砖雕墓葬（资料未发表），张家口蔚县、宣化近年也发掘过晚唐时期的多边形仿木砖雕墓葬。其中以立砖砌成柱子把墓室分为六或八间，每间分置不同的砖雕内容如假门、假窗、桌、椅等都是这类墓葬中常见的内容。位于北面的较小棺床和棺床立面的亚腰形雕砖、壶门包括单面沟纹砖等也都在同类墓葬中普遍存在。M1 墓壁门道一侧拱手肃立一砖雕人物，这种做法在 2004 年井陉天长镇发掘出的一座晚唐时期墓葬（资料未发表）中有类似的例子。但总的说中晚唐时期的墓葬砖雕比较简单，也没有形成较为一致的结构和内容，稍早一些的甚至还没有棺床。

随葬品方面一改中唐以前河北中南部地区大量随葬陶俑、镇墓兽和动物明器的做法，但延续了唐代以来随葬陶塔式罐和瓷器等的习俗。塔式罐整体高耸，座呈倒置的喇叭形，座上有双圆形镂空和莲瓣纹装饰，这在河北蔚县发现的唐代墓葬中比较常见。陶瓷碗、杯、碟类器物中的仿金银印花和花瓣口、海棠式花口等都是晚唐、五代时期所流行的式样。河南偃师杏园村唐墓 M54（会昌五年，845）出土的仿金银滑石杯和白彪 M1 的绿釉白陶杯相似，井陉一座会昌三年（843）纪年墓中还出土了一件绿釉海棠式花口杯（资料未发表）与 M1 出土的绿釉海棠式花口杯非常类同。高托杯盏托和托杯上镂空的器物在井陉一带唐墓中也不少见。单环两股铁剪在唐代墓葬壁画和出土实物中常见。

另 M2 出土的圆角（委角）方形"卍"字纹配以四字吉祥语的铜镜也在晚唐时期常见，河南陕县刘家渠唐墓 M5（开成三年，838）出土有"永寿之镜"，江苏扬州出土有唐代的"千秋万岁"铜镜等，这与白彪 M2 的"卍"纹"太平万岁"铜镜如出一辙。M2 出土的白陶炉在保定涞水晚唐墓中也有类似的器物。

两墓中出土的钱币都以晚唐时期的"会昌开元"为最晚，说明其墓葬上限不早于会昌年间，下限可能晚到五代初，亦即公元 9 世纪中叶至 10 世纪初之间。

（2）墓主身份

两座墓被破坏严重，随葬品破碎不少，但从出土物位置和组合看早年似未被

盗过。随葬品中以陶、瓷器为主。墓葬所在地属井陉窑的烧造区域，据城关窑场只有十公里左右，出土的三十余件陶瓷器大部分也应是井陉当地的产品。陶器大多胎质粗松，火候不高，干釉无光。瓷器有的变形，器表有粘疤或有较多的砂粒、瓷渣粘连。而且复式器物中有的明显是拼凑的残次品。只有少数瓷器如海棠式花口印花杯，四瓣花口碟等档次稍高。故推测这些随葬品多是为下葬而临时购买的明器而非日常的实用物品。两枚铜镜中一枚模制有"太平万岁"，反映出普通劳动者对和平的渴望和对美好生活的向往。墓葬虽有一定规模，但无壁画，墓壁也未白灰抹面，整体建造不精致。同时两墓中又出土了700多枚铜钱，有一定的经济实力，故推测墓主应是农村中比较富裕的平民或小地主。

（原载河北省文物研究所编：《河北省考古文集》（四），

科学出版社2011年版）

七、井陉柿庄宋墓群发现唐代纪年墓

井陉县文物保护管理所

2003 年 1 月，井陉县柿庄村尹姓村民在柿庄宋壁画墓群内建墓时发现一座唐墓（编号 SM11），将墓内随葬品取出，回填墓室，并在唐墓上建成了自家的石砌新墓。井陉县文物保护管理所得知此讯，到达现场，将出土随葬品收回，并做了现场调查。

该墓位于井陉县城微水镇西南 32 公里处的柿庄村东南。其东、南被甘陶河环抱，西隔柿庄——苍岩山公路与凤凰山相依，北 250 米为柿庄村。唐墓即在河北省文物保护单位——井陉宋代柿庄壁画墓的第二区内的中南部（柿庄壁画墓共有三个区，第一区在柿庄村西，第二区在柿庄村南，第三区在北孤台村西北）(图3—7—1)。据村民讲，唐墓坐南朝北，墓顶距地表约 1 米，墓室为单室圆形穹隆

图 3—7—1　墓葬位置示意图

顶，用当地的紫色片麻岩石砌筑，墓室大小及内部有无彩绘不明；墓室内已有淤土，棺木呈东西向放置，但棺木与尸骨已腐朽。随葬品均放置在墓主人的头部，有白瓷碗、黑釉小碗、陶罐、鸭形铁鐎斗和砖墓志各一件。

白瓷碗（SM11：1），1件。敞口，尖圆唇，斜壁微曲，内底有三个支钉痕，饼形实足。灰白胎，胎体厚重，胎质较粗，外施半釉，内施满釉，白釉泛灰黄，釉下施化妆土。口径17厘米，足径9厘米，高7厘米（图3—7—2：1，图3—7—3）。

黑釉小碗（SM11：2），1件。敞口，尖圆唇，斜壁微曲，小平底。灰白胎，胎体厚重，胎质较粗，外施半釉，内施满釉，釉色黑亮，口部部分脱釉。口径11厘米，底径5.5厘米，高4厘米（图3—7—2：2，图3—7—4）。

陶罐（SM11:3），1件。泥质灰陶。敞口，侈口，圆唇，束颈，广肩，弧腹，小平底。口径17.5厘米，底径14厘米，腹径27厘米，高28厘米（图3—7—2：3，图3—7—5）。

鸭形铁鐎斗（SM11：4），1件。铁质。鐎斗形似鸭形，腹为圆形，腹的一端为鐎斗斗柄，斗柄曲颈上扬，末端为鸭头嘴部微残。腹口沿与斗柄相对的另一端突出椭圆形錾手，做鸭尾状，三足残缺。通长26厘米，口径16厘米，腹径14厘米，残高8厘米（图3—7—2：4，图3—7—6）。

墓志（SM11：5），一盒。砖质。方形，盖底尺寸相同，边长34厘米，厚5厘米。志盖左上角残缺，正面从左至中部墨笔篆书"尹君之」墓至（志）名（铭）"，

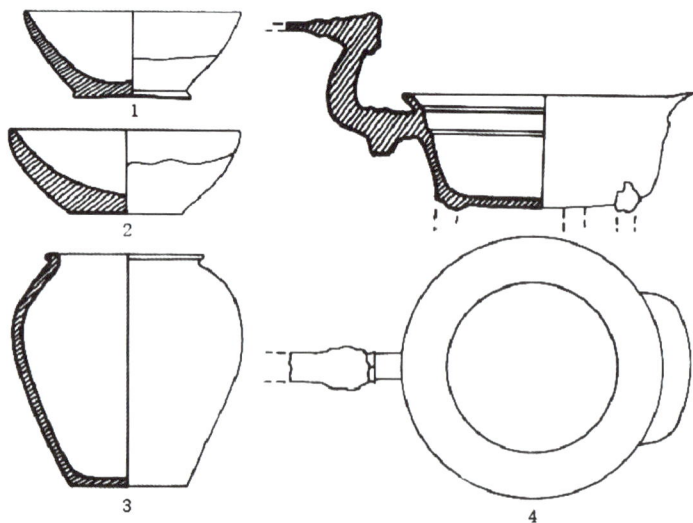

1. 白瓷碗（SM 11:1）　2.墨釉小碗（SM 11:2）　3.陶罐（SM 11:3）
4.鸭形铁鐎斗（SM 11:4）（1为1/5，2为1/3，3为1/8，4为1/4）

图3—7—2　出土器物

图3—7—3 白瓷碗

图3—7—4 黑釉小碗

图3—7—5 陶罐

图3—7—6 鸭形铁镳斗

2行6字；背面右部是小字楷书"贞元七年（791）岁次辛未十二月廿三日己酉"，1行16字。志底墨划界栏，从右至左在框栏内墨书志文，凡12行，满行27字，共计220字。（图3—7—7）记述了上柱国尹怀璨为其父尹钦惠及母齐氏下葬立志和墓地同府、县以及相关四至村、里、关口的距离位置。录文如下：

图3—7—7 墓志

　　大唐国　恒州大都督府井陉县大化乡甘桃里」障城村游击将军守左羽林军大将军员外置同正员」上柱国尹怀璨亡考妣墓志。县去府九十里，村去县六十里，」西去故关卅里，东去苇箔岭卅里，南去侧鱼廿里，」北去村十里礼葬，择良时卜

吉辰。望河间，」曾祖随（隋）任秦州司法参军；」祖□□唐朝兵部常选；」父钦惠不士（仕），母河间齐氏。」怀璨家传钟鼎，代袭珠缨，中（忠）孝克修，芳声千古。志铭：」光荣亲族，龙天潜护，百灵扶助，遂乃露生五色，地勇（涌）七珍，子姪」都荣，□超士禄，气冲霄汉，意逸□□，天曹为之有名，地得回」之有录，□考于内，流化于外，天长地久，此名不朽，山坏海竭，此石不灭。

该墓的发现，不仅丰富了井陉县唐代纪年墓的资料，可使井陉宋代柿庄壁画墓群的上限提前到唐代，为井陉窑的分期断代提供了佐证，也为研究井陉县古时大化乡的辖区和行政设立以及井陉古驿道提供了新资料，从而证实了在唐代测鱼、障城已经建村，也为柿庄尹氏谱书研究增添了新内容。

本文的整理得到了河北省文物研究所孟繁峰老师的指导，成文后又仔细予以修改，特此感谢。

执笔：康金喜　胡秋明　杜鲜明

摄影：杜鲜明

绘图：谢会斌

参考资料：

[1] 井陉县志编纂委员会：《井陉县志》，河北人民出版社 1986 年版。

[2] 河北省文化局文物工作队：《河北井陉柿庄宋墓发掘报告》，《考古学报》1962 年第 2 期。

八、北防口窑址调查简报

康金喜

2015 年 8 月 14 日，北防口村民何方清家水管维修，在自家门口，龙王庙北侧街挖长 15 米、宽 0.6 米、深 1 米的水管沟时，挖出了部分窑具、瓷片。该村古村落普查员王平宇、薛贵林闻讯后，立即赶到现场，将所有瓷片及窑具收回，同时报告了村委会。为鉴定出土瓷片的年代，是否为文物，8 月 17 日，北防口村王占国书记、周福生会计、王平宇、薛贵林等带着瓷片来到原井陉县文物局，找到李笑梅局长，李局长立即叫杜鲜明副所长、胡秋明做了鉴定。并于 8 月 19 日组织相关人员对现场做了初步调查，并将余下出土的所有遗物全部带回文物局。

8 月 26 日，河北省文研所教授、井陉窑考古队队长孟繁峰被邀赶赴现场，做进一步的调查，并对瓷片做了鉴定。认定为井陉唐代一处重要的瓷窑遗址，同时对北防口窑区下一步的调查工作进行了安排。

10 月 13 日—16 日，井陉县文保所的康金喜、胡秋明、高润成等对该村窑址进行了全面、翔实的调查。现将调查情况简报如下。

北防口窑址南距井陉县城 17 千米，南距南防口窑址 1 千多米，西北 5 千米为南、北陉窑址。地理坐标：东经 114°06′39.4″—114°06′47.3″，北纬 38°10′19.4″—38°10′31.0″，海拔高度 186 米。

（一）北防口窑址的自然环境

北防口（村）窑址地处陉里河北岸台地。原在北防口村南由西向东流淌的是陉里河。现在的北防口村在原旧村的基础上向南扩大 50—80 米。究其原因，

535

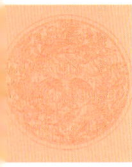

1956 年在大规模的改河造地的农田改造中，在其上游 1.5 千米的土岸村将陉里河的水向南引入小作河，这样就使下游的北防口村南的陉里河滩变成了良田，更是变成了现在的宅基地，旧村依然如故。窑址北依陉山山脉之尾端凤凰山，西临陉山山系之尾端的孤山，南隔小作河与大台山尾端虎头山相望，东濒冶河与挂云山山系的寨垴望眺。窑区得天独厚的自然优势，也造就了优越的自然资源：其一燃料，凤凰山的山岭、沟谷和冶西河的河谷地带草木遍野，为制瓷业提供了取之不尽、用之不竭的燃料资源。其二水源，因陉里河、冶河环绕，二河在过去常年水流不枯，是用之随取，取之不涸。其三原料，制瓷的主要原料是瓷土，当地称之为矸子，矸子的颜色分多种。北防口窑区主要为黄白两种，分布在窑区北部的凤凰山尾端的沿河地带，黄色矸子裸露在地表和断崖上，细白色的矸子分布在距窑区 300 米西部的石佛岭上，距地表 1—2 米，一窝一窝地埋藏在地下，较大的一窝高 3 米、宽 1.5 米；较小的一窝高、宽在 1 米左右。另在陉里河的上游有长石、石英石的矿源，随处可以采集。充分的制瓷资源，为北防口窑区准备了得天独厚的客观条件。其四便捷的水运条件，北防口窑区的东距冶河台地，虽不是太远，因有近在咫尺的陉里河，因此不用冶河之水，陉里河交汇冶河北下 16 千米入滹沱河，东流不足 40 千米即达河北巨镇真定（即今正定）。

（二）北防口窑址的人文环境

北防口窑址保存状态与井陉窑的其他窑区基本一样，窑址区为北防口村的旧村，明、清代民居、现代民房、水泥街道及淤积土覆压之下，形成了双重覆盖类窑区。

北防口村因位于陉里河与冶河汇合口，是西南入横州城（今石家庄市矿区天户村，是秦至唐代的井陉旧县城）之要道，也是安兵防守之地，故称"防口"。因此该村历史悠久，古迹较多。

据 1986 年版《井陉县志》记载：传说该村建于汉代。清雍正八年版《井陉县志》记载：汉高帝在此置县，名乐阳城，属恒山郡。此村距乐阳城 1000 米。据王氏墓碑记载，明洪武年间（1368—1396）王氏从外地迁此居住。

村北的凤凰山前的石壁上有唐广德二年（764）三世佛造像（如来佛、阿弥陀佛、药师佛）。凤凰山山后桃花洞内刻有"时大顺二年春"和金（真）〔贞〕祐二年三月二十日（1214）的周公造像。村东冶河河岸悬崖上有明嘉靖十四年（1535）的观世音骑吼、文殊骑狮、普贤骑象和力士造像。村北凤凰山东麓的半山腰上有

"万历四十八年正月二十三日（1620），冶里村仲善人□□法龙师到此"的题记。

村内东端玉皇阁与西端的关帝阁及村南端的龙王阁、戏楼由小巷与大街连接组成了北防口旧村。

（三）遗址范围

经查北防口窑址介于东、西、南三阁之间的旧村子地下。在旧村的东西大街上，因更换电线杆时挖坑回填而暴露在外河卵石与黄土的混合物中夹杂有细碎瓷片和匣钵。小巷的地表也偶见零星的瓷片。在大街的东部北侧放置一个大碾轮。据村民讲，在过去靠近山根地带建房和挖储存红薯窖时曾挖出红烧土和瓷片、匣钵、支钉等，厚达2—4米。村民在龙王阁前挖水管沟时的地层为距地表0.5米的黄土层以下，为瓷片、窑具等的窑址堆积层。

根据上述调查，初步确定了北防口窑址的范围如下：以东西向的大街为中轴，西关帝庙向东20米处的王氏祠堂大门口开始向东南至龙王庙，龙王庙向东到王宝柱房东南角一线（为南边），长353米。王宝柱房东南角向北经玉皇阁向东延20米向北至村边老槐树（为东边），长170米。村边老槐树沿凤凰山坡边向西至王云山画室外东北墙角（为北边）。王云山画室外东北墙角向西南至王氏祠堂大门口（为西边），长80米。总面积为39960平方米。

（四）遗物

在龙王阁前9平方米的水管沟中，出土瓷片、窑具和陶器，其中瓷器残片有201片，窑具115片，陶器2片。窑具有115片，其中漏斗形居多，另有筒形、盆形匣钵，三叶形支钉、匣钵盖、支架、支垫等，另在北防口的旧大街放置一大碾轮。

1. 瓷器
由出土的瓷片来看，釉色以白瓷为主，也有青黄釉、黑釉、两色釉瓷。
（1）白瓷器类
瓷质可分为粗瓷、细瓷和精细瓷。粗瓷类为灰白胎，胎质粗厚，含有黑色小颗粒；内施满釉，外施半釉及沿下，釉色白中泛灰黄，有流釉痕迹。细瓷类白

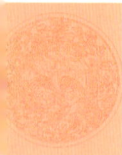

胎且致细，外壁有削坯痕；内外施满釉，足底无釉；釉色白中泛青且光亮。精细瓷类胎细白，坚致致密；釉色洁白莹润，光亮。可分器形有碗、钵、盆、罐、器盖、注子、盏托、炉等，其中以碗为主。

①碗

形状有大小之分，腹壁有曲腹、弧腹、浅弧腹、斜直壁四种，碗足多见饼形实足、玉璧足，圈足少；有敞口、唇口、侈口、撇口等。

白釉敞口碗片，共 79 片：其中粗瓷有 74 片，细瓷有 3 片、精细瓷 2 片。

1）白釉敞口斜直壁盏，圆唇，敞口，斜直壁，壁近碗底处微弧，饼形实足微凹。灰白胎，胎质较粗厚，内有气泡。内施满釉，外施半釉及沿下，釉色白中泛黄，釉下施化妆土，碗内底部有三个支钉痕。口径：13.1 厘米，足径 6.1 厘米，高 3.8 厘米。

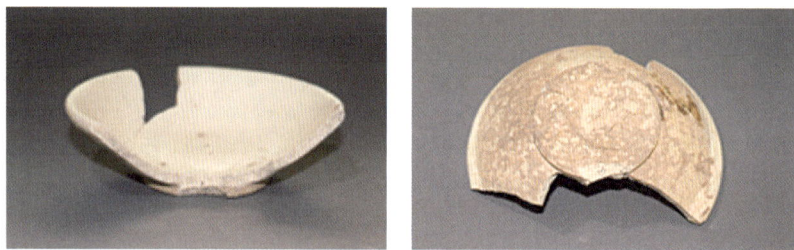

图 3—8—1　白釉敞口斜直壁盏

2）精细白瓷敞口斜直壁碗残片，圆唇，敞口，斜直壁。胎质洁白，坚致，细腻。内外施白色釉，釉色均匀、洁白、莹润。

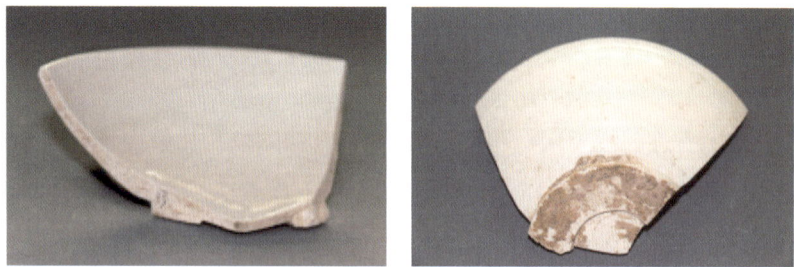

图 3—8—2　细白瓷敞口弧腹碗

3）白釉弧腹碗残片，体型较大。圆唇，敞口，弧腹。灰白胎，厚重较粗，内有气泡。釉色白中泛黄，釉下施化妆土，内施满釉、釉面有裂纹，外施半釉及沿下 2 厘米左右。外壁有拉坯痕。口径 25 厘米。

4）细白瓷敞口弧腹碗残片。尖圆唇，敞口，弧腹，玉璧底。细白胎且致细，外壁有削坯痕。内外施满釉，足底无釉。釉色白中泛青，且光亮。高4.6厘米。

5）精细白瓷敞口弧腹碗片，残片，尖圆唇，弧腹，胎细白，致密。釉洁白莹润，光亮。

图3—8—3　精细白瓷敞口弧腹碗片

6）白釉"闫"字款敞口曲腹盏，仅见一件。圆唇，敞口，曲腹，饼形实足，足斜削。灰白胎，胎质较粗厚，内有气泡，外壁有拉坯痕，碗内底部有支钉痕。内施满釉，外施半釉及沿下，釉下施化妆土。内腹下部楷书刻有"闫"字款。口径11.8厘米，足径6.4厘米，高4.1厘米。

图3—8—4　白釉"闫"字款敞口曲腹盏

7）白釉敞口浅腹盏，一件。圆唇，敞口，浅弧腹，饼形实足。灰白胎，胎质较粗厚，有气泡，外壁有拉坯痕，碗内底部有支钉痕。内施满釉，外施半釉及沿下，釉色白中泛黄，釉下施化妆土，碗内底部遗有三个支钉痕。口径13厘米，足径6.4厘米，高3.9厘米。

白釉唇口碗，计61片：粗瓷仅2片，细瓷片53片，精细瓷6片。均为玉璧底，唇口，釉色洁白，莹润光亮，胎质白洁，坚致细密，内外满釉，足底刮釉，刮釉技法不甚规整。唇口中有实心和空心的有两种器物，空心的仅见3块瓷片，唇口为小唇口。6片精细白瓷唇口片皆釉色洁白，莹润光亮。胎质细白，坚致。

图 3—8—5　白釉敞口浅腹盏

多为弧腹，仅有一片为斜直壁。

1）细白瓷斜直壁唇口碗：残片。实心小唇口，口沿外侧与碗壁结合处有明显的压痕。斜直壁，玉璧底。胎质细白，坚致。内外施满釉，足无釉。釉色白中泛青，光亮。足径 6.6 厘米，高 4.5 厘米。

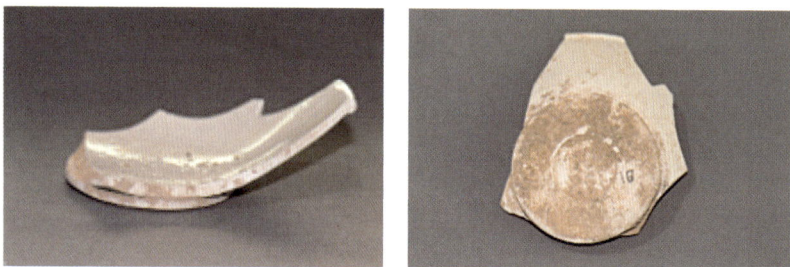

图 3—8—6　细白瓷斜直壁碗

2）白釉唇口斜直壁碗片：残片，斜直壁，灰白胎。内施满釉，外施半釉。釉色白中泛黄，捏沿时留有方形小孔。碗口为翻卷成圆形，中间留有长条形孔，贯通整个口沿内的空心小唇口，口沿外侧与碗壁结合处有明显的压痕。

3）细白瓷唇口弧腹玉璧底碗：残缺，实心小唇口，口沿外侧与碗壁结合处

图 3—8—7　白釉唇口碗片

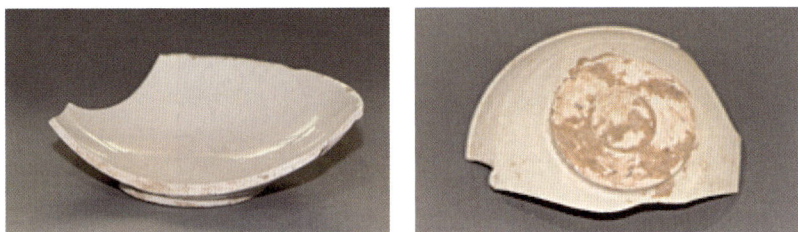

图3—8—8　细白瓷唇口弧腹玉璧底碗

有明显的压痕。弧腹，玉璧底。白釉略泛青，莹润光亮。内外施满釉，足底无釉。胎质细白，坚致细密。外壁有削坯痕。足径6.7厘米，高4厘米。

白瓷侈口碗片，共4片：精细白瓷2片，白釉2片。瓷片仅见口沿和部分腹壁。白瓷片为圆唇，侈口，灰白胎，致密，内外施满釉，白釉泛淡青。精细瓷胎细白，致密。内外施满釉，釉色洁白，莹润光亮。

精细白瓷斜直壁侈口碗片：残片，侈芒口，尖圆唇，斜直壁；胎细白，致密；内外施满釉，釉色洁白，莹润光亮。

白瓷撇口碗片共2片，细白瓷1片，精细白瓷1片。瓷片较小，仅辨口沿。

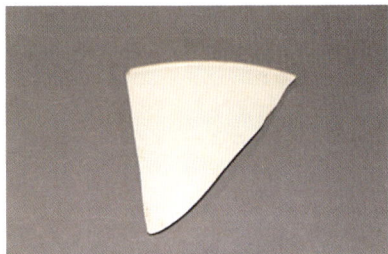

图3—8—9　精细白瓷斜直壁侈口碗片

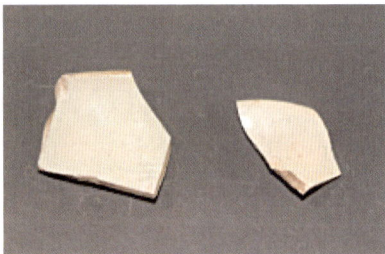

图3—8—10　白瓷撇口碗片

白釉敛口钵式碗片共3片：细瓷1片，粗瓷1片，精细白瓷1片，均为残片。从残片看，均为敛口弧腹。粗瓷碗敛口碗片，尖唇，斜出沿，灰白胎，白釉泛灰青。①精细钵片，尖唇，平出沿，细白胎，胎质坚致，细白釉，光亮泛青。②细瓷钵（15BF∶17），平折沿，弧腹微曲，外腹有凹弦纹三条，白釉泛青，胎质细白坚致。

白釉圈足碗片，为细瓷片，共2片。因仅留足部。

白瓷圈足碗片（15BF∶16），残片，圈足，足规整，足外壁斜削，挖足过肩，内有小平底。胎质细白且致密。内外施满釉，足无釉。白釉泛淡青，光亮。另一仅剩矮圈足，内底有拉坯痕。胎细白且致密。内施满釉，足无釉。白釉泛淡青。足径5.5厘米。

图 3—8—11　白釉碗片

图 3—8—12　白釉圈足碗片

②白釉盆

仅有 2 片，一为粗瓷，一为细瓷，均留存为口沿部分。粗瓷盆片为圆唇，平折沿，沿斜起，直壁微斜；白灰胎，胎质较粗，内含有黑色颗粒杂质，外壁施釉，内壁无釉，釉色白中泛黄。细瓷盆片圆唇，平折沿，弧腹。白胎，坚致。内外施白釉，光亮。

③白釉罐

白釉罐均为残片，共计 11 片：其中粗瓷 4 片，细瓷 7 片，仅为罐的腹部和底部。粗瓷为灰白胎，釉色泛黄；有的外施釉，内无釉；有的内外施釉。细瓷罐片中：内外施满釉，洁白胎，坚致，釉色洁白莹润光亮；弧腹，平底，底内为拉坯痕。

④器盖

3 片，皆为残片，其中一为粗瓷片，且白釉泛黄；另两片为细瓷片，胎质细白致密，釉色洁白莹润。其中两片较小。

图 3—8—13　白釉盆片

图 3—8—14　白釉罐片

图 3—8—15　白釉器盖

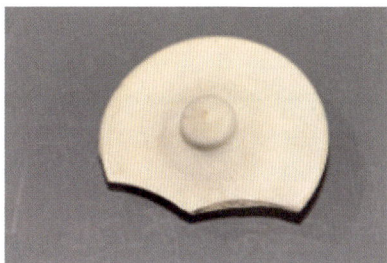

图 3—8—16　白瓷桃形钮器盖

白瓷桃形钮器盖：残缺，圆形，盖面为桃形小钮，钮下斜弧出平沿，上沿微翘，盖下中心做矮柱状子口。细白胎，坚致细密，盖面施满釉，白釉泛黄，盖内无釉。盖直径 4.8 厘米、高 3.2 厘米。

⑤白瓷注子

白瓷注子，均为残片，计 3 片：其中精细白瓷 1 片、细白瓷 2 片。应为撇口、弧腹型。

1）精细白瓷注子片：撇口，圆唇，坚致的细白胎，釉色洁白光亮，莹润。

2）细白瓷注子：仅存腹部，腹上有柄残迹，柄下部有压捏痕，腹部有拉坯痕。

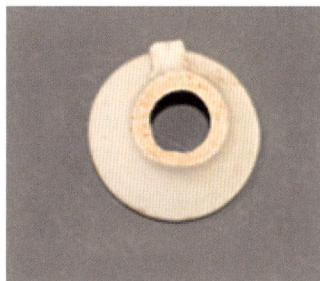

图 3—8—17　白瓷注子片（右下精细白瓷注子片、右上细白瓷注子片、左细白瓷注子）

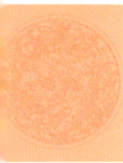

内外施满釉，白釉泛青，光亮，白胎坚致，细密。③细白瓷注子片：仅存口部，撇口，圆唇。口下有柄残迹，白釉莹润光亮，白胎坚致，细密。口径2.5厘米。

⑥白瓷盏托

2残片，一片较小，另一可复原，皆为精细白瓷。细白瓷圈足盏托：敞口，斜边上翘，内部有凸圈，以放茶盏，矮圈足，制作规整，细白胎，坚致，釉色洁白稍泛青，内外施满釉，足底刮釉。

⑦白瓷炉

2片，残片，一为粗瓷，一为细瓷。①白釉炉残片，侈芒口，直腹，灰白胎，较粗厚，胎上施化妆土，再罩透明釉，釉下透出散布的点点铁锈斑。白釉泛青灰，含有黑点。②细白瓷炉片：仅剩矮足和底部，为黏贴式乳钉足，无釉；内外施釉，白釉泛黄，白胎泛灰，致密。

图3—8—18　白瓷圈足盏托

图3—8—19　白瓷炉（左粗瓷炉、右细瓷炉）

（2）青黄釉器类

出土青黄釉瓷器26片，器形有碗和注子等，其中碗有17片，注子9片。

①碗片

分有敞口和唇口两种。

青黄釉敞口弧腹碗片：共有16片，皆为残片，残留有足、壁、口部，有大小碗之分，大者足径9.5厘米。敞口，灰白胎，胎内有气泡，饼形实足，微凹。内施满釉，外施半釉及沿下1—3厘米，釉色皆为青黄，部分有流釉痕，碗内底部有支钉痕。选2个标本。

1）青黄釉敞口弧腹碗残片：敞口，圆唇，弧腹，饼形实足，微凹。灰白胎，胎质粗厚，有小气泡。内施满釉，外施半釉及沿下2.5厘米，釉色为青黄，釉面有细碎裂纹，碗内底部有支钉痕。足径8.5厘米、高6.5厘米。

2）青黄釉敞口弧腹碗片：敞口，尖圆唇，弧腹，饼形实足，微凹。灰白胎，胎质粗厚，胎内有气泡。内施满釉，外施半釉及沿下1—3厘米，釉色为深青黄，

积釉处色泛黑，有流釉痕，碗底内部有支钉痕。足径 8.2 厘米、高 5.9 厘米。

青黄釉唇口碗片：仅见 1 片。实心唇口，弧腹。片较小其他部位不清。灰白

图 3—8—20　青黄釉敞口碗片

图 3—8—21　青黄釉敞口弧腹碗

图 3—8—22　青黄釉敞口弧腹碗片

图 3—8—23　青黄釉唇口碗片

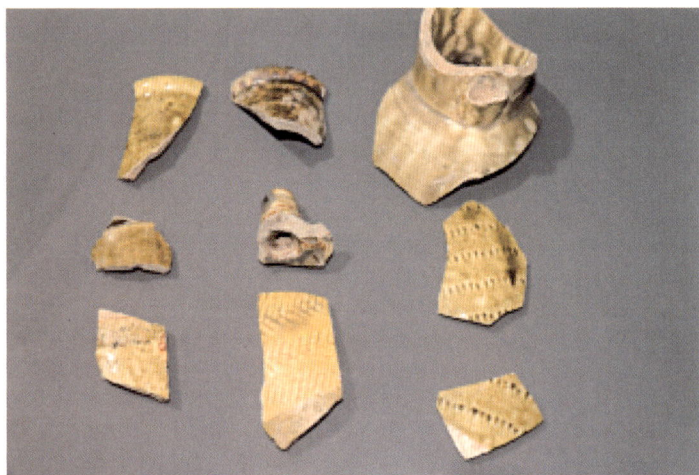

图 3—8—24　青釉注子片

胎，青黄釉。

②青釉注子片

有9片，片较小。综合9片看，为唇口，高直颈，颈部与肩部有柄迹，溜肩，短流。灰白胎，胎质较粗，内有气泡，内施满釉，外施半釉不及底，釉色为青黄或泛黑。纹饰为席纹和跳刀纹两种。

（3）黑釉，仅见盆、瓶残 两片

盆片为斜折沿，芒口，直壁。灰白胎，胎质较粗，有气泡，内外施黑釉。

瓶片，仅为底，圈足，不规整，外斜削。胎灰白，胎质较粗。内施满釉，外施半釉不及底。有拉坯痕。

（4）双色釉瓷片

仅见一碗底。灰白胎，较粗厚。内施满釉，釉色白中泛青，外施黑釉不及底，饼形实足，无釉。

图 3—8—25　黑釉瓶

图 3—8—26　双色釉瓷片

2. 陶器

仅见两片，一为盆片，一为罐片，皆仅存口沿。

盆片，平折沿，斜方唇，斜直腹，粉红色胎，外施黑灰色陶衣。

灰陶罐片，圆唇，矮颈，灰胎。

3. 窑具

在出土的115片窑具中，有漏斗形匣钵90片、筒形匣钵12个、匣钵盖3个、盆形匣钵6个、三角支钉2个、支架1个、支垫1个。

（1）漏斗形匣钵

90个漏斗形匣钵，皆为残块，分为大小两种，炻质胎，较粗；斜方唇，直口，上腹直立且较矮，下腹斜曲与小平底连接。壁较厚，在上下腹见留有不规则圆形排气孔，沿上残留有泥条，有的下腹外壁粘有唇口碗片。

图 3—8—27　漏斗形大匣钵　　　　图 3—8—28　漏斗形小匣钵

①漏斗形大匣钵：残缺，平方唇，直口，上腹直且矮，下腹斜曲，小平底不存。在上下腹交接处，上腹有凹弦纹一周、并在弦纹上留有不规则圆形排气孔（因残缺不知留有几个），下腹出凸弦纹一周；炻质胎，色黄灰，上腹较厚，下腹较薄。上腹有脱落的酱釉迹。直径 19 厘米，残高 7 厘米，上腹壁厚 1 厘米，高 4 厘米，下腹壁厚 0.5 厘米。

②漏斗形小匣钵（15BF：27）残缺。平方唇，直口，上腹直矮，下腹斜直，小平底，上腹下部留有小排气孔。炻质胎，色灰黑。高 5.2 厘米。

（2）筒形匣钵

筒形匣钵共有 12 个，皆为残块，分为大小两种，炻质胎，胎质较粗。平沿，直径，平底。

①筒形小钵：残片，平折沿，直壁，炻质胎、色灰黑，胎质较粗，外施酱釉，似有盖，胎壁厚 0.6 厘米。

②筒型大钵：残片，平折沿，直壁，外无釉，炻质胎、色灰黄，胎质较粗，器型较大。壁厚 0.8 厘米。

（3）盆型匣钵

共采集 6 片。皆为残片，仅存底部，有大小两种。皆为平底，弧腹壁，底部

图 3—8—29　筒形小钵　　　　　图 3—8—30　筒型大钵

547

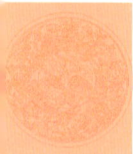

有的施酱釉，有的无釉；内均无釉；钵的底部留有三个圆形孔。底径 9—11.5 厘米，孔直径 1.5 厘米，壁厚 0.6—1 厘米。

图 3—8—31　盆形匣钵

图 3—8—32　三叶小支钉

（4）匣钵盖

共采集 3 个。皆为残片，炻质胎，色灰黄，皆为圆形。一个正面施酱釉，另一个无釉，厚 0.9 厘米。

（5）三叶形支钉

有一大一小两个，大者残，大者已残去一叶，直径 7.5 厘米，高 1.2 厘米。小者好。三叶小支钉（15BF：36），平面形似三桃瓣组合，将叶顶端捏圆后，并使叶尖在背面起三个矮钉，直径 5.8 厘米，高 1.1 厘米。

（6）支架

一个，残缺。炻质胎，色灰，致密。底座为圆形，内凹，座边残缺。柄为圆柱形，外施酱釉，上部残缺。底座直径 4 厘米，柄直径 2.5 厘米，残高 7.5 厘米。

（7）支垫（15BF：38）

一个，残缺，方形。炻质，质粗，色灰黄。残长 11.5 厘米，宽 7.7 厘米，厚 4.9 厘米。

图 3—8—33　支架

图 3—8—34　支垫

4.作坊具

大碾轮现放置在该旧村的大街东部，紫色砂石质，圆形，中间为六角形孔，截面中间高，两侧低，外侧边光滑，略有残缺。直径91厘米、厚18厘米、中心六角孔最大直径20厘米。

图3—8—35　大碾轮

（五）结语

1.器物特征

在北防口窑址采集的标本中，器形有碗、盏、注子、钵、罐、盆、盏托、炉及器盖等，其中以碗为主，以粗瓷饼形实足敞口碗和细瓷玉璧足唇口碗居多，仅见两片圈足碗。

釉色有白釉、青黄釉、黑釉及两色釉等，其中以白釉为主，白釉瓷分粗瓷、细瓷和精细瓷，而且粗瓷与细瓷的数量等同；细白瓷产品，胎质细腻，釉色莹润，毫不逊色于邢窑、定窑的精品；精细瓷胎薄细，釉质白洁，色润亮，令人爱不释手；粗白瓷质量也较优秀。

装饰仅有弦纹、席纹、跳刀纹及堆贴等，弦纹仅在钵的腹部，席纹、跳刀纹在青黄釉注子上，堆贴则在白瓷注子和炉足处，其中白釉注子的柄下端是压贴在腹上。另有白釉实足碗内刻"阎"字款。

施釉方法为浸釉、溺釉两种，浸釉主要表现在粗瓷器物上，即内施满釉外施半釉或不及底；溺釉主要表现在细瓷器上，即器物通体溺釉后，擦去足底的釉而足底的釉子线不规整。

在窑具中，以漏斗形匣钵为多，其他为筒形。可见在制作上为轮制，采用一钵一器仰烧和使用三叶支钉仰烧。

可见北防口窑区是一处产品品类多样、釉色丰富的以烧制白瓷为主的窑口之一。井陉窑较早烧制细白瓷的重要窑场。

2. 年代分析

北防口窑址采集的白釉饼形实足敞口碗与井陉柿庄壁画墓群中唐代贞元七年（791）尹钦惠墓出土的白瓷碗造型相似。采集细白瓷玉璧足唇口碗与2008年元氏唐墓出土的井陉窑细白瓷玉璧足碗造型相似。采集的圈足碗片的圈足与井陉北陉村尹家湾五代（后唐天祐十五年，即918年）李氏墓出土的白瓷碗及北陉窑址采集的碗片相似。经比较可见北防口窑址时代为唐中期到五代。此时代仅能从采集的标本分析，还待今后的进一步的考古工作，更深地揭示北防口窑址的内涵和时代分期。

九、北横口窑址调查简报

胡秋明

　　井陉窑遗址，是中国北方隋、唐、宋、金、元、明、清时期的一处分布面积广，烧造时间长，文化内涵丰富的古窑址群，地处流经太行山腹地井陉县甘陶河、绵河二水系的盆地地带，河北四大名窑之一。目前、经调查发现 12 处窑区，分布在井陉县 4 个乡镇 11 个村及矿区天户村、冯家沟村（属冯家沟窑区），且大部被居民区覆盖，面积达 110 余万平方米。从 1989 年发现至今，文物部门对其进行了相关调查发掘取得了巨大的成就，具有较高的历史、科学、艺术价值，2001 年国务院公布为全国重点文物保护单位。

　　2004—2005 年，井陉窑考古队在井陉天长镇城内联中、北关修造站、唐家垴组织实施，井陉窑遗址及其相关墓葬的考古发掘，此次发掘属国家科研项目的主动发掘。2005 年 6 月，时任井陉县秀林镇北横口村书记的李怀林同志向考古队汇报，在该村西北砖厂取土发现砖室墓。随后考古队队长，孟繁峰老师安排我与队员郄旦旦前往北横口村与李怀林联系进行调查并实施勘探，在对墓葬的调查与勘探工作中，李怀林得知考古队在天长实施瓷窑遗址考古发掘，提出北横口村也很可能遗存有瓷窑遗址，提供在村东一个叫龙头的地方有瓷片，随后我们对该地进行详细勘察，最后在龙头顶部、下部发现裸露地表瓷片及文化层，面积 100 平方米，但仅此不能说明遗存有瓷窑遗址，此地东临冶河，西临绵河，是绵河与冶河汇合处。后在距此西北约 30 米南部，许秋良家南厢房房顶后墙顶部剖面发现文化层，文化层随地形由西向东倾斜，厚度 0.5—1 米，长度 10—15 米，距地表 1—1.5 米。

　　采集遗物：

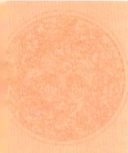

（一）白釉碗

侈口碗片。1.白釉侈口弧腹碗片，釉色白净。2.白釉侈口弧腹碗片、釉色米黄（图3—9—1）。

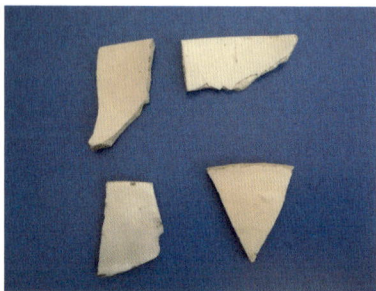

图3—9—1　白釉碗

（二）两色、双色釉碗

敞口弧腹两色釉碗片。1.内白釉，外上部白釉，下部黑褐釉（图3—9—2）。2.内白釉，外部上半部白釉，下部褐釉，碗底内部凸起一道突棱，内有宽涩圈（图3—9—3）。3.内为白釉，外大部分为白釉，仅底部有蘸釉多次而施的黑釉，上部流下白色的釉滴，内底有宽涩圈（图3—9—4）。

敞口弧腹双色釉碗片，外黑釉、内白釉。

两色釉碗底，宽涩圈，碗的上部不存，碗的底部和部分下沿见有三种形式：

图3—9—2　两色釉碗

图3—9—3　碗底内部凸起一道突棱，内有宽涩圈

552

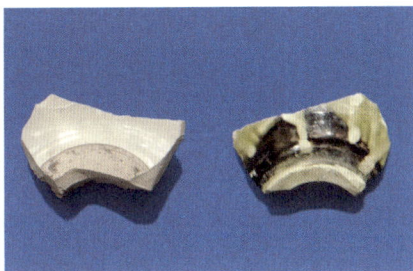

图3—9—4 碗底多次粘黑釉，有　图3—9—5 碗底挖足过肩
流釉现象压住黑釉

1.碗底挖足过肩，宽涩圈里心仅1厘米宽，宽涩圈占有整个碗底部，碗腹上折明显（图3—9—5）。

2.碗底部缓起，内白外黑，上双色釉，圈足宽大，碗心1厘米，碗的下部有一圈隐起的单凸线，外部弧起圆缓，底部下底有平折线（图3—9—6）。

3.碗心约1厘米，宽涩圈占满碗底，外底仅下部有一薄层褐釉，碗外底有褐色底心，下底弧起自然，外底平削（图3—9—7）。

图3—9—6 双色釉碗　　　图3—9—7 双色釉碗

（三）黑釉碗

黑釉侈口碗片，胎薄釉润，下见凸起的底部边线一周（图3—9—8）。

黑釉唇口碗片，唇口釉润，釉色内外稍有区别，釉色除口部外，里外基本为

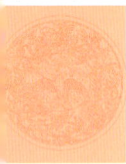

图3—9—8 黑釉碗　　　　　图3—9—9 黑釉碗　　　　　图3—9—10 黑釉宽圈足，碗外足粘满垫

褐色，里面在褐釉中透出黑色的斑纹，胎薄，釉润亮（图3—9—9）。

　　黑釉碗底，宽涩圈，里心釉不足1厘米，黑色底心，外底有隔垫间隔，由于泥状几乎粘满圈足（图3—9—10）。

（四）黑釉罐

　　1.黑釉双耳直领罐片，存上部，平折沿，口部无釉，直领弧腹，领部残有1

图3—9—11 黑釉双耳罐　　　　　图3—9—12 黑釉罐

图3—9—13 黑釉直口罐　　　　　图3—9—14 黑釉直口直壁罐

小耳的上半部，下半部仅残留有些许小残底在上部。内部口沿下亦涂黑釉（图3—9—11）。

2. 唇口直颈罐片，片口擦釉，颈部外有三棱线直壁（图3—9—12）。

3. 平口无釉、小直颈弧腹，内外施黑釉（图3—9—13）。

4. 直口直壁罐，仅外壁上黑釉，内无釉（图3—9—14）。

（五）窑具

1. 筒形匣钵，耐火土质，直壁平底，中间有孔。厚2厘米，高、宽不明（图3—9—15）。

2. 窑砖，残块，长方形，尺寸不明（图3—9—16）。

3. 顶钵，底径5.5厘米，口经11.5厘米，高5厘米，细坩子泥质，灰白，底心平整。顶钵块，残。细泥质，仅厚1厘米。

4. 垫块残件，长方形，细耐火土质，长残，宽5厘米，厚6厘米（图3—9—17）。

图3—9—15 筒形匣钵

图3—9—16 窑砖

图3—9—17 垫块残件

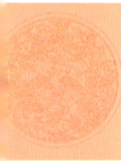

　　另在许秋良家西南约 50 米马英科家大门口南侧土岸剖面发现烧窑红烧土、
窑砖碎块、碗渣碎块文化层，厚度在 0.5—1.5 米，由西向东成 45° 倾斜，顶部有
姜石伴有瓷片匣钵残片，距地表 1 米（图 3—9—18）。

　　在发现文化层、瓷片层后对居住在此地许秋良、马英科、李昌路三户民居进
行调查，三户民居居住成品字形，马英科在后，李昌路在左，许秋良在右。李昌
路男现年 90 岁（曾在井陉县秀林陶瓷厂工作 20 多年），住房四合院，坐西向东，
有上房南北配房，东房大门口。据李昌路讲：他盖房时此地为空闲格兰，地名叫
瓦（碗）窑坡，到处都是碗片，有黑碗有白碗，有黑盆也有白盆，黑碗盆居多，
还有其他东西。他现在院中的南配房原是窑炉后改建成现在的房屋，在他南配房
的南边是马英科的旧院，（坐西向东）旧院西上房五眼窑洞全是烧窑作坊，每个
窑洞有一盘笼（笼即拉坯转动的轮盘），现已改造成居民住房。通过现场勘察与
调查此地确实是一处瓷窑遗址。从出土遗物瓷片器形、器物、釉色看烧造时代应
是元至明清，器物品种多为碗、盆、罐类，它的上限部分与井陉窑遗址梅庄窑区
基本相同。

　　在确定是窑区遗址后扩大勘察范围，在李昌路南 150 米观音阁北村民许素
宝、李生月、高喜连房前屋后地表发现瓷片，经调查许素宝北上房后三眼炉灰渣
窑洞与李生月北上房炉灰渣窑洞均为遗址作坊，后改造成民居住宅。通过勘察窑
区主要分布甘陶河与绵河交汇处的西北临河台地上，沿绵河北岸、冶河西岸分
布。具体范围：窑址东至冶河西岸一线，南至村最南部水泥路一线，北至"龙头"
北侧断崖许秋良南房向西约 100 米范围以内。此窑与南横口窑均分布在甘陶河与

绵河交汇西岸。

在对此地进行勘察的同时，据村民讲在村西有一地名叫西头（西岭、西碗窑、现地名西岭区）西碗窑的地方，是否有碗窑不太清楚，随后到村西实施勘察。在村西307国道北部张丑娃家西侧发现窑炉（图3—9—19）。张丑娃男现年86岁（曾在井陉县秀林陶瓷厂工作至退休），据张丑娃讲：此地原是一处北高南低的斜土坡，1952年开始切土建窑，共建两个窑，此窑西还有一个窑，窑前都有作坊，（现许贵宝住房地，前几年建房时将窑与作坊一并拆除），1953年建成并开始烧窑，后归公私合营，前后烧窑时间十余年，主要烧制碗、瓷管，原料来源于南秀林村东庙岩垴（南秀林窑区山顶），因原料质量欠佳烧碗较少，主要是烧制瓷管，于1962年、1963年停烧。此窑与南横口Y14、Y15号窑隔绵河相望。

图3—9—19 1952年窑炉

窑坐北朝南，整体东西6.3米，南北7米，顶部缺失，残存下半部分，高3米，窑门口东西宽2.4米，墙高1.3米，券高1.1米，用石灰糕、耐火砖券口3层，上平铺1层，窑门口两侧墙体用青石整形砌筑，上部用筒形匣钵平放底朝外砌筑，匣钵底孔用碗足朝外封堵。窑室呈长方形东西5米，南北3.7米，砌筑方式，东西南用耐火砖砌筑，北部东西两侧耐火砖砌筑，中部筒形匣钵平放底朝窑室砌筑。窑床，东西5米，南北2.7米。火堂东西5米，南北1米。烟道位于窑床北壁下部两侧，宽0.4米，高0.6米，烟道口东西壁距窑室东西窑壁0.3米。窑前工作室进深2.3米。应未做清理其他结构不明。窑前下部有南北向石灰渣券窑洞两眼是为作坊，面积66平方米，西侧作坊底部通向窑床下部。窑具：筒形匣钵高0.4米，口径0.25米，壁厚0.015米。

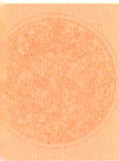

通过对北横口瓷窑遗址的调查，确认北横口村东龙头的地方是一处元—明代瓷窑遗址，村西头窑炉是 20 世纪五六十年代烧窑遗址，时间跨度元、明，到新中国成立以后仍在续烧。窑炉编号：李昌路南配房窑炉编号 1 号窑 Y1，张丑娃西侧窑炉编号 2 号窑 Y2，许贵宝住地窑炉编号 3 号窑 Y3。

以上窑址发现后，待井陉窑考古队队长孟繁峰老师到达后对窑址又进行考察，经考察确凿无疑，定名北横口窑址。

十、井陉窑遗址考古调查勘探报告（上）

河北省文物研究所　井陉县文物保护管理所

　　井陉窑遗址位于河北省井陉县与井陉矿区，目前共发现窑址 12 处，其中井陉县 11 处，井陉矿区 1 处，分布总面积约 102 万平方米（图 3—10—1）。12 处窑址集中分布于太行山东麓自北向南的陉里盆地、天护盆地、天长盆地及绵河、甘陶河、冶河及其支流上，丰富的瓷土资源，充足的燃料柴与煤，加上便利的水路交通，孕育了精彩的河北第四大窑——井陉窑。叶麟趾先生早在 1934 年出版的《古今中外陶瓷汇编》中就指出，河北省井陉县南横口村有清代窑址，但胎釉粗劣，呈黄褐色、黑色或带灰色 [1]，后未有人再对该窑址做过考古工作。冯先铭先生在《记志书中一批有待调查的瓷窑》[2] 中，将井陉窑列为中国 61 个待调查瓷窑址的首位。1989 年 10 月，河北省文物复查队在井陉县的天长镇、河东坡、东窑岭发现了宋金瓷窑址，标志着井陉窑窑址的发现。到目前为止，已对井陉窑进行过多次考古调查与勘探，并进行过 8 次考古发掘，分别是 1993 年的城关窑址发掘，1994 年的城关窑址显圣寺发掘，1998 年的河东坡窑址发掘，1999 年的河东坡窑址发掘，2000—2001 年的河东坡窑址发掘，2004—2005 年的城关窑址发掘，2007—2008 年的河东坡窑址发掘，2017 年的北防口窑址发掘，发掘总面积 1784 平方米，但窑址资料因各种原因未公布。为进一步明确井陉窑各窑址的分布范围与时代，为正在编制的《井陉窑保护规划》提供翔实依据，河北省文物研究所与井陉县文物保护管理所组成联合考古队，于 2016 年 4—6 月，对井陉窑 12 处窑址进行了全面调查与勘探。现将各窑址情况简报如下。

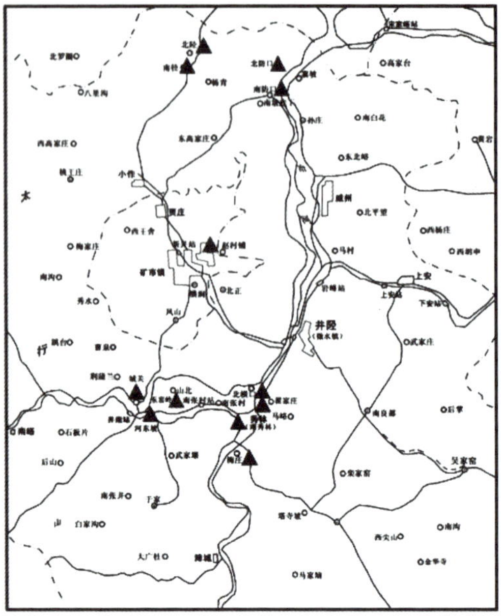

图 3—10—1　井 陉
窑窑址分布图

（一）北陉窑址

北陉窑址位于井陉县南陉乡北陉村，窑址范围为不规则形，总面积约 12.39 万平方米。窑址核心区位于北陉村村委会北约 150 米处，以民国时期刘知府宅院处地表遗物最丰富，可见大量漏斗形匣钵、垫饼、泥条及细白釉薄胎碗盘残片。通过钻探可知核心区地层堆积情况：第①层现代垫土，厚 0.5—1 米；第②层黄褐土，厚 0.3—0.5 米，土质较硬，含少量红烧土、白釉瓷片等；第③层灰褐土，厚 0.8—1.5 米，土质疏松，含大量红烧土、漏斗形匣钵、筒形匣钵、白釉残片等，为文化层；第③层以下为红褐色生土。因窑址整体被民房叠压，采集遗物不多，种类有细白釉碗、盘、钵、罐，化妆白瓷碗，黑釉碗、罐，素烧执壶及部分窑具残片，其中细白釉器所占比例小，但白胎细腻坚致，釉色微泛青，光亮，体现出较高的制瓷水平。化妆白瓷与黑釉器数量较多，多为黄砂厚胎，器类有碗、盘、执壶等，比例较大。现择要简介如下。

白釉碗　4 件。16JBX：19，尖唇，敞口，上腹斜直。白胎细腻坚致，白釉泛青光亮，内外施满釉。残长 2 厘米，宽 3 厘米（图 3—10—2：1）。16JBX：10，圆唇，敞口，花口微侈，斜腹。胎釉同上，残长 1.4 厘米，宽 2.8 厘米（图3—10—2：2）。16JBX：11，圆唇，敞口，花口微敛，深腹斜曲。胎釉同上，内

壁对应花口处有纵向凸线纹。残长 2.6 厘米，宽 2.6 厘米（图 3—10—2：3）。16JBX：15，唇口卷沿，敞口，上腹斜直微曲。胎釉同上，残长 2.6 厘米，宽 3.8 厘米（图 3—10—2：4）。

  | **白釉碗底** 1 件。16JBX：4，下腹斜曲，宽圈足，足端斜削。白胎，白釉发木光，内满釉，外施釉及下腹。底径 5 厘米，残高 1.8 厘米（图 3—10—2：5）。

  | **白釉钵** 2 件。16JBX：24，尖唇，敛口。白胎泛灰坚致，白釉泛青光亮。残长 2 厘米，宽 2 厘米（图 3—10—2：6）。16JBX：25，尖圆唇，敛口，沿外缘压印花边。白胎坚致，白釉泛青光亮。残长 1.4 厘米，宽 2.7 厘米（图 3—10—2：7）。

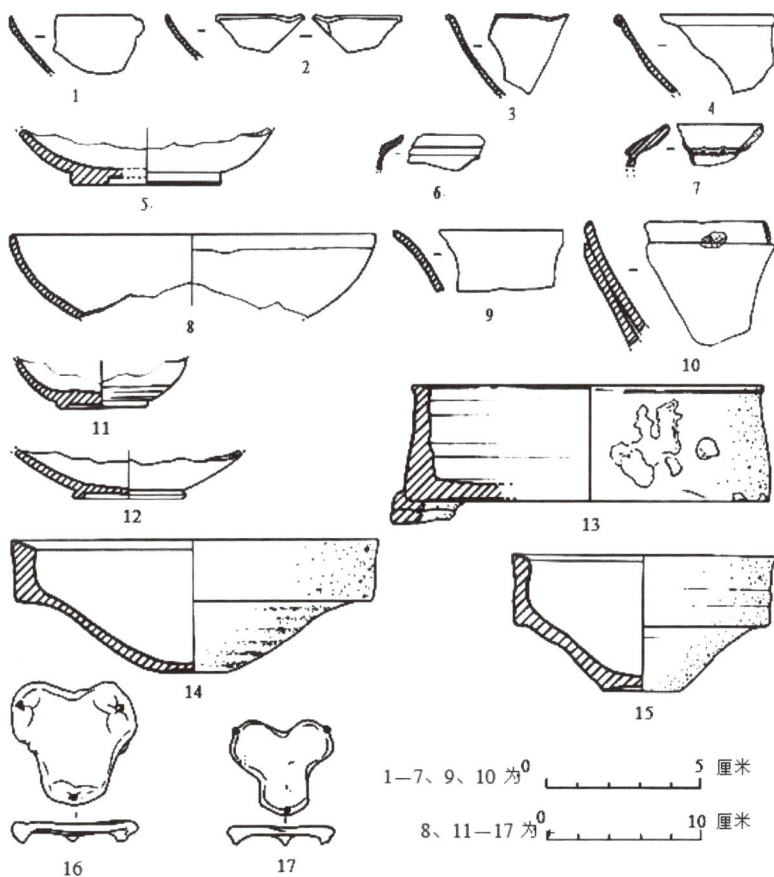

1、2、3、4. 白釉碗（16JBX：19、16JBX：10、16JBX：11、16JBX：15）　5. 白釉碗底（16JBX：4）　6、7. 白釉钵（16JBX：24、16JBX：25）　8、9. 化妆白瓷碗（16JBX：1、16JBX：3）　10、11、12. 黑釉碗（16JBX：8、16JBX：6、16JBX：7）　13. 筒形匣钵（16JBX：26）　14、15. 漏斗形匣钵（16JBX：27、16JBX：28）　16、17. 三叶形支钉（16JBX：31、16JBX：32）

图 3—10—2　北陉窑址遗物

化妆白瓷碗 2件。16JBX：1，圆唇，口微敛，上腹内曲。细黄砂胎坚致，器内及口沿上化妆土后施透明釉，器外施透明釉至口沿下部，釉泛黄，发木光。口径24厘米，残高5.5厘米（图3—10—2：8）。16JBX：3，尖唇，侈口，上腹斜直。细黄砂胎坚致，釉泛灰色，较光亮。残长2.1厘米，宽4厘米（图3—10—2：9）。

黑釉碗 3件。16JBX：8，2件粘连残片，圆唇，敞口，上腹斜直。黄灰胎坚致，内外施黑釉，较光亮。残长4厘米，宽4.3厘米（图3—10—2：10）。16JBX：6，下腹内曲，圈足，足端斜削。灰白胎泛黄，较坚致，黑釉较光亮，内满釉，外施黑釉至下腹。底径6厘米，残高3.2厘米（图3—10—2：11）。16JBX：7，下腹斜直，圈足，足端斜削。黄砂胎，黑釉泛酱色，内满釉，外下腹无釉。底径7.6厘米，残高3.2厘米（图3—10—2：12）。

筒形匣钵 1件。16JBX：26，可复原，斜方唇，矮直壁，平底。灰褐耐火土胎，粗而坚致，外壁施酱釉。内底粘有耐火砂，外底粘有两层环形封填料。口径23.2厘米，底径24厘米，高7.6厘米（图3—10—2：13）。

漏斗形匣钵 2件。16JBX：28，可复原，斜方唇，上腹高直，下腹斜直微内曲，小平底内凹。灰黄色耐火土胎，粗而坚致，内底粘砂。口径17.2厘米，底径5.2厘米，高8.8厘米（图3—10—2：15）。16JBX：27，可复原，形制基本同上，仅上腹矮直。黄褐耐火土胎，粗而坚致，内底粘砂。口径24厘米，底径5厘米，高8.6厘米（图3—10—2：14）。

三叶形支钉 2件。16JBX：31，完整，平顶，三叶端部捏出矮支钉，叶瓣间内凹较浅，黄砂胎坚致。长8厘米，宽8.2厘米（图3—10—2：16）。16JBX：32，完整，基本同上，仅叶瓣间内凹较深，个体稍小。长6.2厘米，宽7厘米（图3—10—2：17）。

（二）南陉窑址

位于井陉县南陉乡南陉村，窑址范围基本为西北—东南向的菱形，总面积约12.3万平方米。窑址核心区位于南陉幼儿园东至村中南北向主街道之间的区域，村民王法兵家盖房时曾在西院墙断面上发现厚2.5米的窑业堆积层，地表遗物与北陉窑址基本相同。地层堆积情况：第①层现代垫土，厚0.2—0.5米；第②层灰褐土，厚0.5—0.8米，土质疏松，含少量红烧土、炭粒等，为文化层；第③层灰黑土，厚0.8—1.2米，土质较硬，含草木灰、烧土及窑具残片等，为文化层；第③层以下为黄沙生土。窑址整体位于民居下，核心区被民居、猪圈、厕所等占压，地表

遗物较少。遗物胎釉特征、器类和北陉窑址基本相同，但器类更丰富，细白釉瓷器的比例较高，新出现黄釉碗、钵等黄釉类器物。现择要简介如下。

| 白釉碗　3 件。16JNX：30，尖唇，敞口，上腹斜直。白胎细腻坚致，白釉泛黄光亮。口径 14.8 厘米，残高 2.2 厘米（图 3—10—3：1）。16JNX：28，圆唇，侈口，上腹斜直。胎釉同上，残长 3.2 厘米，宽 2.8 厘米（图 3—10—3：2）。16JNX：25，圆唇，花口微敛，上腹斜曲，白胎较厚，泛黄，坚致，釉泛黄，较光亮。口径 20 厘米，残高 4.8 厘米（图 3—10—3：3）。

| 白釉碗底　2 件。16JNX：33，浅斜曲腹，矮圈足，足端斜削，内底一周

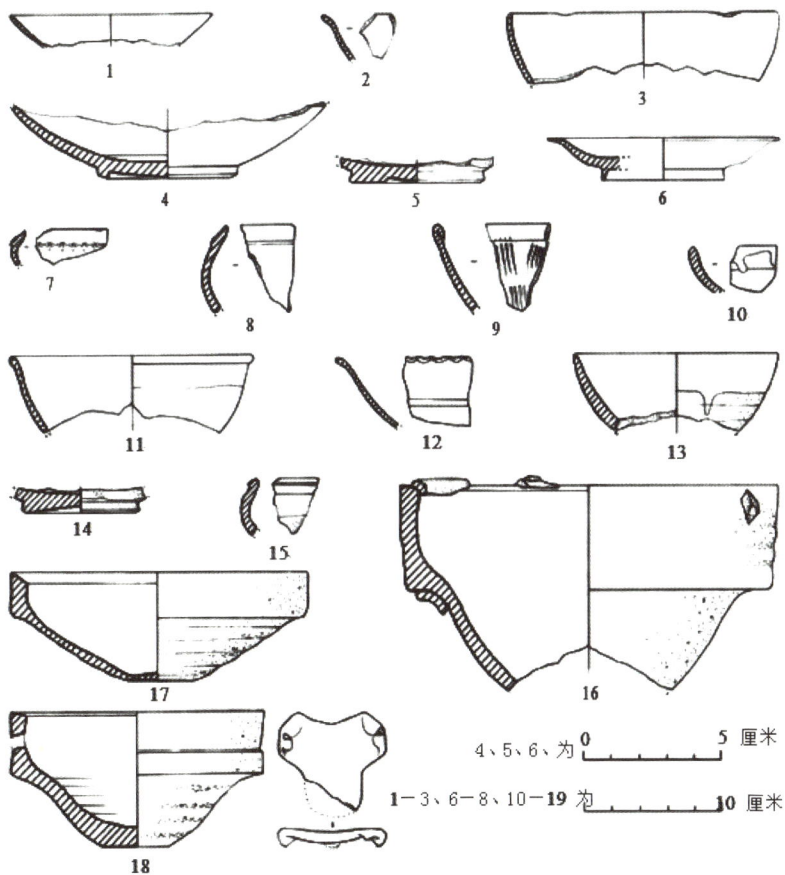

1、2、3.白釉碗（16JNX：30、16JNX：28、16JNX：25）　4、5.白釉碗底（16JNX：33、16JNX：39）6.白釉盘（16JNX：38）7、8.白釉钵（16JNX：41、16JNX：18）9.白釉研磨盏（16JNX：29）10、11.化妆白瓷碗（16JNX：1、16JNX：7）12.化妆白瓷盘（16JNX：11）13、14.黄釉碗（16JNX：20、16JNX：19）15.黄釉钵（16JNX：21）16、17、18.漏斗形匣钵（16JNX：44、16JNX：43、16JNX：42）19.三叶形支钉（16JNX：48）

图 3—10—3　南陉窑址遗物

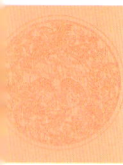

凹弦纹。胎釉同上，内满釉，外施釉及下腹，外下腹与圈足有粘砂。底径 5.2 厘米，残高 2.6 厘米（图 3—10—3：4）。16JNX：39，胎釉、器型与北陉白釉碗底 16JBX：4 相同，底径 5 厘米（图 3—10—3：5）。

白釉盘 1 件。16JNX：38，可复原，尖唇，侈口，浅斜曲腹，高圈足外撇。白胎细腻坚致，白釉泛青光亮。口径 17.2 厘米，底径 9 厘米，残高 3 厘米（图 3—10—3：6）。

白釉钵 2 件。16JNX：41，胎釉、器型与北陉细白釉钵 16JBX：25，相同，残长 2.5 厘米，宽 5.4 厘米（图 3—10—3：7）。16JNX：18，圆唇，敛口，宽沿，圆曲腹。白胎泛灰坚致，釉泛黄光亮。残长 6 厘米，宽 3.8 厘米（图 3—10—3：8）。

白釉研磨盏 1 件。16JNX：29，圆唇内卷中空，上腹斜直。白胎细腻坚致，釉泛青光亮，外满釉，内无釉，用四道平行线为一组的划纹装饰。残长 3 厘米，宽 2.4 厘米（图 3—10—3：9）。

化妆白瓷碗 2 件。16JNX：1，厚圆唇微敛，敞口，浅曲腹。细黄砂胎，内满釉，外施釉至上腹，釉泛黄，较光亮，有开片。残长 3.2 厘米，宽 3.5 厘米（图 3—10—3：10）。16JNX：7，唇口，上腹斜曲，胎釉同上。口径 18 厘米，残高 5.5 厘米（图 3—10—3：11）。

化妆白瓷盘 1 件。16JNX：11，尖唇，花口微侈，上腹斜曲。灰胎坚致，釉泛青，较光亮，内满釉，外施釉及上腹。残长 4.8 厘米，宽 5 厘米（图 3—10—3：12）。

黄釉碗 2 件。16JNX：20，厚圆唇，斜曲腹。黄砂胎坚致，内满釉，外施釉及上腹，较光亮，有开片，釉下有白化妆土。口径 15.2 厘米，残高 5.6 厘米（图 3—10—3：13）。16JNX：19，饼足，足心内凹，足端斜削。黄砂胎较坚致，内底黄釉，下有白化妆土，饼足无釉。底径 8.8 厘米（图 3—10—3：14）。

黄釉钵 1 件。16JNX：21，方唇，敛口，上腹圆曲。灰褐砂胎，较坚致，内满釉，外施釉及上腹，光亮，有开片，釉下有白化妆土。残长 4 厘米，宽 3.4 厘米（图 3—10—3：15）。

漏斗形匣钵 3 件。16JNX：44，斜方唇，上腹高直壁微收，下腹斜直微曲。上腹外壁施酱釉，灰褐耐火土胎，粗而坚致，折腹处、沿面均粘有环形封填料。口径 28 厘米，残高 14.5 厘米，上腹高 7.3 厘米（图 3—10—3：16）。16JNX：43，可复原。斜方唇，上腹直壁，下腹斜直微曲，小平底微内凹。胎同上，无釉。口径 22 厘米，底径 5 厘米，高 7.6 厘米，上腹高 3.3 厘米（图 3—10—3：17）。16JNX：42，完整，斜方唇，上腹直，下腹斜直微曲，小平底，上腹中部有镂孔。胎同上，上腹施酱釉。口径 18.8 厘米，底径 5 厘米，高 9.5 厘米，上腹

564

高 4.6 厘米（图 3—10—3：18）。

| 三叶形支钉　1 件。16JNX：48，器形与胎同于北陉窑址三叶形支钉 16JBX：31。长 7 厘米，宽 4 厘米，高 0.6 厘米（图 3—10—3：19）。

（三）北防口窑址

位于井陉县孙庄乡北防口村北半部，东侧紧临冶河，窑址范围基本为北宽南窄的梯形，总面积约为 6 万平方米。窑址核心区位于旧村西北部，东西向主街的南北两侧。窑址核心区的地层堆积情况：第①层现代垫土，厚约 0.2—0.3 米；第②层灰褐土，厚 0.7—2.2 米，土质较硬，含大量红烧土、炭粒、化妆白釉碗片，为文化层；第②层以下为黄褐色生土。该窑址为 2015 年 7 月所新发现的窑址，未在 2001 年公布的井陉窑全国重点文物保护单位范围内。2017 年 1 月，河北省文物研究所等单位对该窑址试掘 42 平方米，发现一批晚唐五代时期的瓷器与窑具，其中包括细白釉"官"字款碗 3 件。窑址整体叠压在北防口旧村下，因地表垫土层下即为文化层，采集遗物较多，器类与窑具特征和北陉窑址遗物基本相同。

| 白釉碗　3 件。16JBK：10，可复原，圆唇，敞口，斜腹微曲，宽圈足，

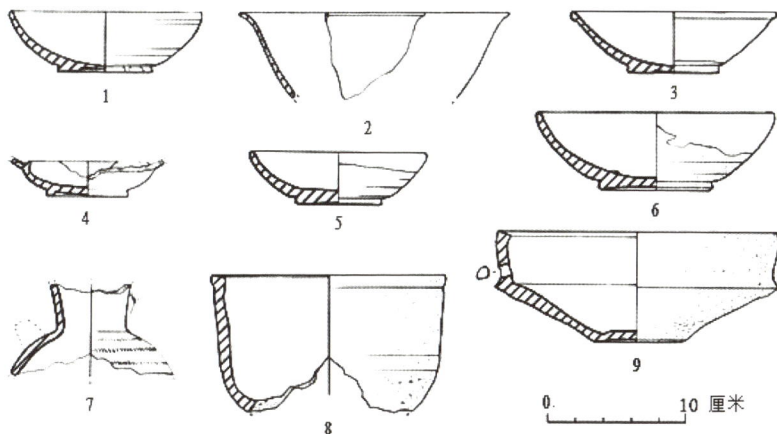

1、2、3. 白釉碗（16JBK：10、16JBK：13、16JBK：8）4. 白釉盏托（16JBK：19）5. 化妆白瓷碗（16JBK：3）6. 黄釉碗（16JBK：22）7. 黄釉执壶（16JBK：24）8. 筒形匣钵（16JBK：33）9. 漏斗形匣钵（16JBK：29）

图 3—10—4　北防口窑址遗物

足端斜削。白胎细腻坚致，内满釉，外施釉至腹底，釉泛青光亮。口径 14.4 厘米，底径 7.2 厘米，高 4.4 厘米（图 3—10—4：1）。16JBK：13，圆唇，侈口，斜深腹微曲。胎釉同上，口沿无釉。口径 20 厘米，残高 6.2 厘米（图 3—10—4：2）。16JBK：8，可复原，唇口，斜直腹，宽圈足，足端斜削，胎釉同上。口径 15.2 厘米，底径 6.8 厘米，高 4.4 厘米（图 3—10—4：3）。

　　| 白釉盏托　1 件。16JBK：19，折沿上斜，托口尖唇内敛，浅曲腹，圈足。白胎细腻坚致，釉泛青光亮。内外施满釉，足端无釉，底径 6 厘米，残高 2.8 厘米（图 3—10—4：4）。

　　| 化妆白瓷碗　1 件。16JBK：3，可复原。厚圆唇，敞口，浅斜腹微曲，饼足，足端斜削。细黄砂胎坚致，釉泛黄，较光亮，有开片。内满釉，底有 3 枚支钉痕，外施釉及上腹。口径 13.2 厘米，底径 6.4 厘米，高 3.8 厘米（图 3—10—4：5）。

　　| 黄釉碗　1 件。16JBK：22，可复原。圆唇，敞口微敛，斜曲腹，饼足，足端斜削。细黄褐胎，粗而坚致，黄釉泛褐色，较光亮，内满釉，底有支钉痕，外施釉及腹部，釉下有化妆土。口径 17.6 厘米，底径 8.4 厘米，高 5.7 厘米（图 3—10—4：6）。

　　| 黄釉执壶　1 件。16JBK：24，残存壶颈下部及肩部，高领溜肩。黄砂胎，质粗坚致，黄釉光亮有开片，下有化妆土。内外满釉，肩部刻三周纵向戳刺纹。残高 6.6 厘米（图 3—10—4：7）。

　　| 筒形匣钵　1 件。16JBK：33，残存上半部，方唇，上腹直，下腹内收。灰色耐火土胎，粗而坚致，外壁施酱釉。口径 17.2 厘米，残高 9.8 厘米（图 3—10—4：8）。

　　| 漏斗形匣钵　1 件。16JBK：29，可复原。斜方唇，上腹直，下部内曲，有圆形穿孔，下腹斜直，较浅，小平底内凹。黄褐色耐火土胎，粗而坚致，上腹施酱釉。口径 20.8 厘米，底径 6 厘米，高 8 厘米，上腹高 4.5 厘米（图 3—10—4：9）。

（四）南防口窑址

　　南防口窑址位于井陉县孙庄乡南防口村东，东侧紧临冶河，窑址范围呈南北长条形，总面积约 1.8 万平方米。窑址核心区位于南防口村东至冶河西岸之间区域，现多已被 205 省道破坏与占压，仅在省道西侧部分断面上残存少量窑业堆积。窑址核心区地层堆积情况：第①层现代垫土，厚约 0.3—0.4 米；第②层黄褐

土，厚0.2—0.3米，土质较硬，含少量红烧土、炭粒等；第③层石渣层，厚0.7—0.8米，土质硬、纯净；第④层灰褐土，厚0.7—0.9米，土质较硬，内含炭粒、烧土块、漏斗形匣钵、白釉瓷片等，为文化层；第④层以下为基岩。2005年，当地村民在该窑址采集到细白釉"官"字款瓷片2件，并上交井陉窑考古队。该窑址采集遗物胎釉与器类和北防口窑址基本相同，但薄胎细白釉类器物所占比例更大，体现出更精细的制瓷水平。

| **白釉碗** 3件。16JNF：16，可复原。圆唇，敞口微敛，深曲腹，圈足较

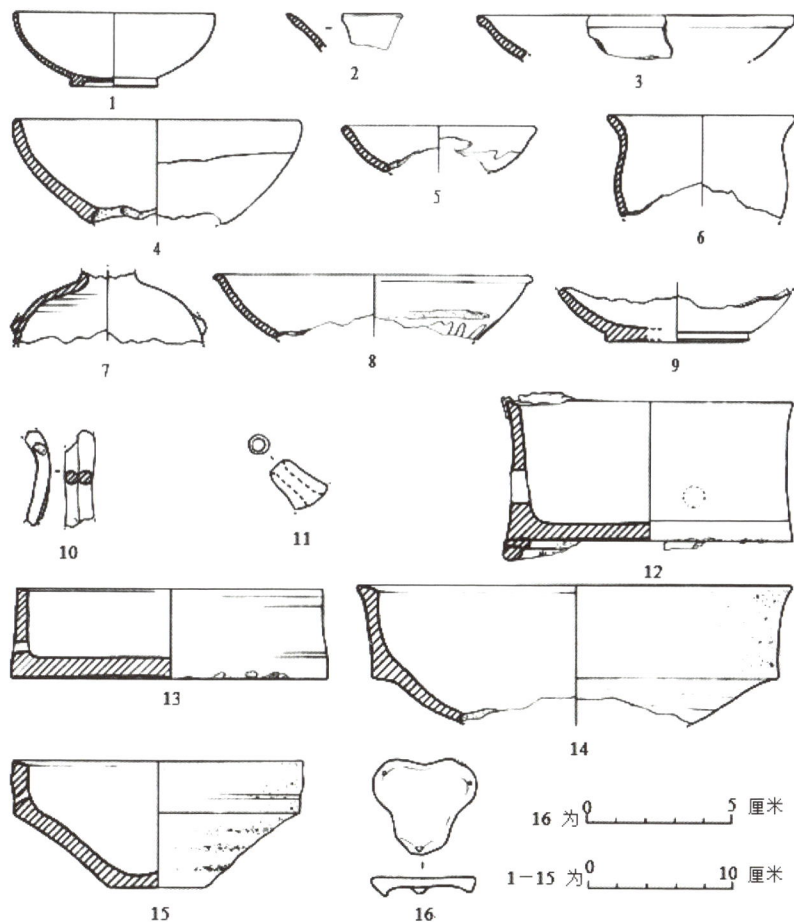

1、2、3.白釉碗（16JNF：16、16JNF：19、16JNF：18） 4、5.化妆白瓷碗（16JNF：1、16JNF：3） 6.化妆白瓷钵（16JNF：12） 7.化妆白瓷瓶（16JNF：13） 8、9.黄釉碗（16JNF：6、16JNF：5） 10、11.黄釉执壶（16JNF：25、16JNF：26） 12、13.筒形匣钵（16JNF：27、16JNF：28） 14、15.漏斗形匣钵（16JNF：29、16JNF：30） 16.三叶形支钉（16JNF：42）

图3—10—5 南防口窑址遗物

高。白胎泛黄，生烧，较坚致。内满釉，外施釉至下腹，釉泛黄，发木光。口径14厘米，底径6厘米，高5.1厘米（图3—10—5：1）。16JNF：19，尖唇，敞口微侈，上腹斜直。白胎细腻坚致，釉泛青光亮。残长2.6厘米，宽4.2厘米（图3—10—5：2）。16JNF：18，唇口宽扁，上腹斜曲。白胎泛黄，生烧，较坚致。釉泛黄，发木光。口径22厘米，残高3厘米（图3—10—5：3）。

化妆白瓷碗 2件。16JNF：1，厚圆唇，敞口微敛，斜曲腹。黄砂胎坚致，内满釉，外施釉及上腹，釉泛黄，有较多棕眼。口径20厘米，残高7.2厘米（图3—10—5：4）。16JNF：3，圆唇，敞口微侈，浅腹斜曲，胎釉同上。口径13.2厘米，残高3.2厘米（图3—10—5：5）。

化妆白瓷钵 1件。16JNF：12，圆唇，侈口，束颈，圆曲腹。浅灰胎坚致，白釉泛青灰，光亮，内外施满釉。口径13厘米，残高7厘米（图3—10—5：6）。

化妆白瓷瓶 1件。16JNF：13，存肩部，溜肩，一侧残存有系。浅灰胎坚致，白釉泛青灰，较光亮，有开片，内外施满釉。残高5厘米（图3—10—5：7）。

黄釉碗 2件。16JNF：6，圆唇微侈，敞口，斜曲腹，微变形。浅灰胎，较坚致，黄釉泛褐色，发木光，内满釉，外施釉及上腹。口径22厘米，残高4.5厘米（图3—10—5：8）。16JNF：5，斜曲腹，饼足微内凹，胎釉同上。底径10厘米，残高3.8厘米（图3—10—5：9）。

黄釉执壶 2件。16JNF：25，双泥条柄，黄褐胎，质粗坚致，黄釉较光亮，满釉，下有化妆土。残长6.6厘米，宽2厘米（图3—10—5：10）。16JNF：26，执壶流，上细下粗，中空，胎釉同上，长约1.8厘米（图3—10—5：11）。

筒形匣钵 2件。16JNF：27，可复原。器形与胎和北陉窑址筒形匣钵16JBX：26相似，但壁更高，近底部有两个圆形镂孔，外壁施酱釉，口径20厘米，底径同口径，高9.6厘米（图3—10—5：12）。16JNF：28，可复原。器形与胎同上，但壁较矮，近底部有镂孔，外壁施酱釉。口径21.2厘米，底径22厘米，高6.2厘米（图3—10—5：13）。

漏斗形匣钵 2件。16JNF：29，形制与胎和南陉窑址漏斗形匣钵16JNX：44基本相同，仅上腹无釉，中部有镂孔。口径30厘米，残高9.6厘米，上腹高6.5厘米（图3—10—5：14）。16JNF：30，可复原。形制与胎和北陉窑址漏斗形匣钵16JBX：28基本相同，仅上腹近折腹处有一镂孔。口径20厘米，底径6.4厘米，高8.8厘米，上腹高3.5厘米（图3—10—5：15）。

三叶形支钉 1件。16JNF：42，完整。器形与胎同于北陉窑址三叶形支钉16JBX：31，但个体较小。长3.3厘米，宽约3.7厘米，高1.2厘米（图3—10—5：16）。

（五）天护—冯家沟窑址

天护—冯家沟窑址位于井陉矿区天护村村北、村东和冯家沟村南的瓮窑沟两岸，大部分叠压于村落、厂房、公路之下。窑址范围为不规则形，总面积约17.4万平方米。窑址核心区位于天护村北与冯家沟村南瓮窑沟沟南，其中天护村北一座废弃煤场西门口断面可见厚1.5米的环形支圈与白釉碗盘残片堆积层。核心区窑址的地层堆积情况：第①层现代垫土，厚0.2—0.5米；第②层黄褐土，厚1.5—1.9米，土质疏松，含大量白釉碗盘残片、炉灰等，为文化层；第②层以下为黄沙生土。该窑址仅在天护村北采集到少量遗物，釉色有白釉、化妆白瓷、黑釉、双色釉4类，器形有碗、盘、钵、盆等，另有部分窑具残片。现简介如下。

白釉碗 3件。16JTF：18，薄唇，敞口深曲腹。白胎泛灰坚致，白釉泛青光亮。内外施满釉，芒口。残长2厘米，宽3.7厘米（图3—10—6：1）。16JTF：4，圆唇，敞口，斜直腹微曲。白胎泛黄，较坚致，白釉泛黄，发木光，内外施满釉，芒口。残长3.8厘米，宽4.8厘米（图3—10—6：2）。16JTF：9，下腹斜直微曲，高圈足。黄砂胎坚致，白釉泛青，较光亮。内满釉，内底涩圈，

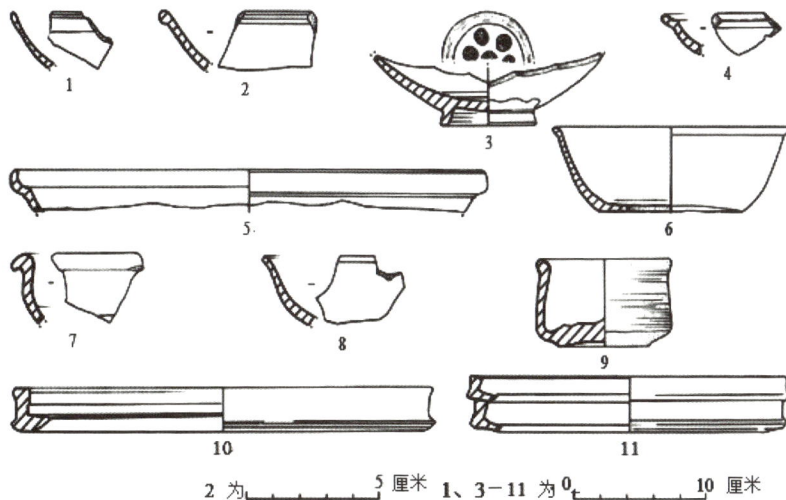

1、2、3. 白釉碗（16JTF：18、16JTF：4、16JTF：9） 4. 白釉盘（16JTF：5） 5. 白釉钵（16JT—F：12） 6. 化妆白瓷钵（16JTF：1） 7. 黑釉盆（16JTF：22） 8. 双色釉碗（16JTF：2） 9. 筒形匣钵（16JTF：21） 10、11. 环形支圈（16JTF：14、16JTF：15）

图3—10—6 天护—冯家沟窑址遗物

涩圈内点彩，外施釉及下腹。底径 7.2 厘米，残高 5 厘米（图 3—10—6：3）。

| 白釉盘　1 件。16JTF：5，方唇，折沿上斜，斜腹微曲。白胎泛灰，较坚致，白釉泛黄，发木光。内外施满釉，芒口。残长 2.8 厘米，宽 5.2 厘米（图 3—10—6：4）。

| 白釉钵　1 件。16JTF：12，尖唇，内折沿，上腹斜直。白胎泛黄，坚致，白釉泛青灰，较光亮，内外施满釉，口沿刮釉。口径 36 厘米，残高 3 厘米（图 3—10—6：5）。

| 化妆白瓷钵　1 件。16JTF：1，可复原。尖唇，侈口，深斜腹微曲，平底。黄砂胎坚致，白釉泛黄，较光亮。内满釉，内底涩圈，外施釉及下腹。口径 17.2 厘米，底径 8.6 厘米，高 6.1 厘米（图 3—10—6：6）。

| 黑釉盆　1 件。16JTF：22，圆唇，折沿下斜，上腹圆曲。黄砂粗胎，坚致，黑釉较光亮，内外均施釉至上腹。残长 4.8 厘米，宽 7 厘米（图 3—10—6：7）。

| 双色釉碗　1 件。16JTF：2，斜方唇，侈口，斜曲腹。白胎泛黄坚致，外施黑釉，内施透明釉泛灰白，较光亮。内外施满釉，芒口。残长 4.6 厘米，宽 6.6 厘米（图 3—10—6：8）。

| 筒形匣钵　1 件。16JTF：21，可复原，个体较小。圆唇微侈，上腹直，下腹内折微曲，平底内凹。黄褐耐火土胎，坚致，口沿粘有黑釉痕。口径 10 厘米，底径 7 厘米，高 6 厘米（图 3—10—6：9）。

| 环形支圈　2 件。16JTF：14，可复原。厚方唇，"L"形腹，上腹直壁，下腹平内折，折腹处外凸棱。白胎泛灰，坚致。直径 32 厘米，高 3.1 厘米（图 3—10—6：10）。16JTF：15，可复原。斜方唇，上腹直壁外斜，下腹斜内折，折腹处外凸棱。胎同上，上下两个叠放。直径 24 厘米，通高 3.8 厘米（图 3—10—6：11）。

（六）北横口窑址

北横口窑址位于井陉县秀林镇北横口村东、村南冶河西岸与绵河北岸的临河台地上，主要分布在平涉公路的路东一带，平涉公路西仅发现 2 座已被破坏的晚期窑炉。窑址范围为不规则形，面积约为 3.85 万平方米。因窑址整体位于北横口村民居下，窑业堆积所在区域无法进行钻探，窑址堆积核心区无法确定。通过对当地村民走访得知，在北横口村一处叫"龙头垴"的地点附近，村民盖房时

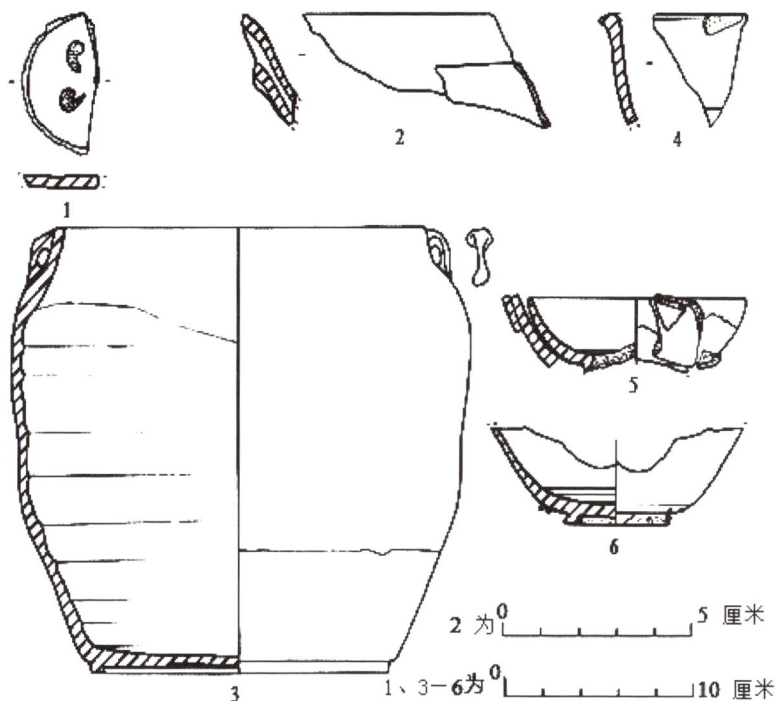

1.白釉碗（16JBH：1） 2.黑釉碗（16JNH：5） 3.黑釉罐（16JBH：11） 4.黑釉盆（16JBH：7） 5、6.双色釉碗（16JBH：3、16JBH：4）

图3—10—7 北横口窑址遗物

曾发现厚达1.5米的窑业堆积，我们在此调查亦采集到部分瓷片，但现断面处未发现文化层。从龙头垴断崖处可知该区域的地层堆积情况：第①层现代垫土，厚0.3—0.5米；第②层黄土，厚1.8—2.2米，纯净，无包含物；第②层以下为基岩。采集遗物主要为黑釉、双色釉的碗、盘、罐、盆等，器类单一，胎釉质量较差。现择要简介如下。

　 白釉碗 1件。16JBH：1，碗底残片。灰胎泛黄，较坚致，白釉光亮。内满釉，内底涩圈，涩圈内点褐彩，外底无釉。残长6.4厘米，宽3.6厘米（图3—10—7：1）。

　 黑釉碗 1件。16JNH：5，圆唇，侈口，上腹斜直。灰胎坚致，黑釉光亮，内外满釉。为2件黑釉碗粘接残片。残长2.7厘米，宽6.3厘米（图3—10—7：2）。

　 黑釉罐 1件。16JBH：11，可复原，方唇，敛口，矮领，溜肩，上腹微鼓，下腹斜直，矮圈足，颈肩部附单泥条双系。灰胎坚致，黑釉光亮。内满釉，外施釉及下腹。口径20厘米，腹径24厘米，底径16厘米，高21.8厘米

（图 3—10—7：3）。

　　| 黑釉盆　1 件。16JBH：7，尖唇外突，敞口，上腹斜直。浅灰胎坚致，黑釉较光亮，内满釉，外施黑釉至上腹，口沿刮釉。残长 5.6 厘米，宽 5.2 厘米（图 3—10—7：4）。

　　| 双色釉碗　2 件。16JBH：3，圆唇，敞口，斜曲腹。细黄砂胎坚致，内与外上腹施白釉，外下腹施酱釉，均光亮，内底涩圈。口径 12 厘米，残高 4 厘米（图 3—10—7：5）。16JBH：4，下腹斜直微曲，圈足。器形与胎釉基本同上，圈足粘砂严重。底径 5.6 厘米，残高 4.8 厘米（图 3—10—7：6）。

（未完待续）

执笔：黄　信

注释：

　　[1] 叶麟趾：《古今中外陶瓷汇编》，出版单位不详，1934 年。

　　[2] 冯先铭：《记志书中一批有待调查的瓷窑》，《文物》1973 年第 5 期。

（原文载《文物春秋》2017 年第 4 期）

十一、井陉窑遗址考古调查勘探报告（下）

河北省文物研究所　井陉县文物保护管理所

（七）南横口窑址

南横口窑址位于井陉县秀林镇南横口村东、村北，甘陶河西岸与绵河南岸的临河台地上，与北横口窑址隔绵河相望，平涉公路从窑址中部穿过，现地表存有保存完好、规模宏大的晚期窑炉、作坊遗迹。窑址范围为不规则形，总面积约为4.9万平方米。因窑址上均为现代民居与道路，无法钻探，窑址核心区无法确认。在平涉公路西侧一民房院内发现一处高5米的断面，从断面上可知该窑址的地层堆积情况：第①层现代垫土层，厚0.5—1米；第②层灰褐土，厚1.5—2米，土质疏松，含大量白釉瓷片、青花瓷片等，为晚期文化层；第③层黄褐土，厚0.3—0.5米，土质较硬，含少量白釉碗残片、环形支圈等，为早期文化层；第③层下为红褐生土。烧造器物可分为两类：早期文化层中主要有白釉碗、盘、器盖，化妆白瓷碗及环形支圈等；晚期文化层中主要为黑釉碗、盘、罐，双色釉碗等。现简介如下。

　白釉碗　1件。16JNH 东:1，下腹圆曲，高圈足。白胎泛灰，坚致。白釉泛黄，较光亮。内满釉，内底涩圈，外施釉及下腹。底径3.8厘米，残高5.6厘米（图3—11—8：1）。

　化妆白瓷碗　3件。16JNH 西:1，可复原，圆唇，敞口，上腹斜直，下腹曲收，圈足较高。白胎泛灰坚致，白釉泛青，较光亮。内满釉，内底残有砂堆支烧痕，外施釉及下腹，圈足底粘砂。口径12.4厘米，底径5.6厘米，高5厘米（图3—11—8：2）。16JNH 东:2，圆唇，侈口，深曲腹。浅灰胎坚致，白釉泛青

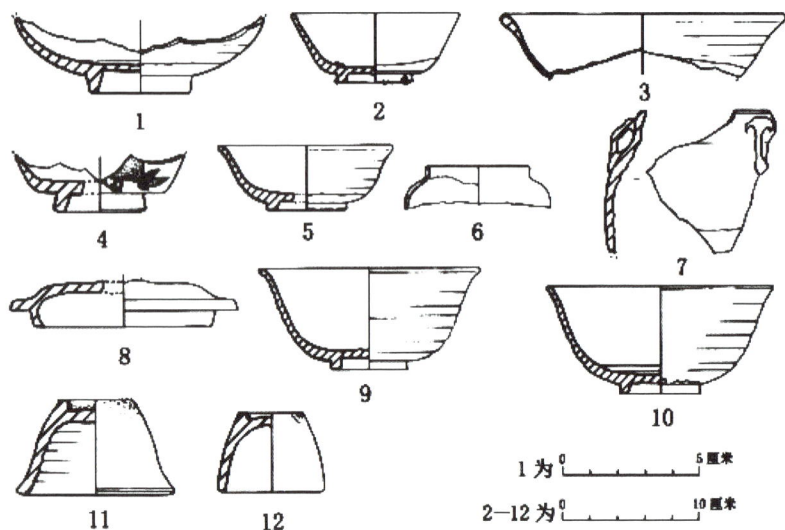

1. 白釉碗（16JNH 东：1） 2、3、4. 化妆白瓷碗（16JNH 西：1、16JNH 东：2、16JNH 东：5） 5. 黑釉碗（16JNH 西：4） 6、7. 黑釉罐（16JNH 西：9、16JNH 东：20） 8. 黑釉器盖（16JNH 东：23） 9、10. 双色釉碗（16JNH 西：2、16JNH 西：3） 11、12. 支顶钵（16JNH 东：29、16JNH 东：30）

图 3—11—8 南横口窑址遗物

灰，光亮。内满釉，外施釉及下腹。口径 21.2 厘米，残高 4.6 厘米（图 3—11—8：3）。16JNH 东：5，上腹斜直，下腹平内折，高圈足，底部有粘砂。灰胎泛黄坚致，白釉泛青，较光亮。内满釉，内底涩圈；外满釉，腹部施黑彩花果纹。底径 7 厘米，残高 4.2 厘米（图 3—11—8：4）。

黑釉碗 1 件。16JNH 西：4，可复原。圆唇，侈口，浅腹斜曲，圈足。浅灰胎，较坚致，黑釉泛酱色，较光亮。内满釉，内底涩圈，外施釉及下腹。口径 12.8 厘米，底径 6 厘米，高 4.7 厘米（图 3—11—8：5）。

黑釉罐 2 件。16JNH 西：9，方唇，直领，圆肩。灰黄胎，坚致，黑釉光亮，内施釉及上腹，外上腹满釉，口沿刮釉。口径 7.9 厘米，残高 6 厘米（图 3—11—8：6）。16JNH 东：20，方唇，敛口，直领，溜肩，腹微鼓，肩颈部附单泥条系。灰黄胎坚致，黑釉光亮。内满釉，外施釉及腹部。残长 10.5 厘米，宽 9.6 厘米（图 3—11—8：7）。

黑釉器盖 1 件。16JNH 东：23，可复原。方唇，敛口，平沿，矮拱顶。灰黄胎，较坚致，黑釉光亮。盖内无釉，外满釉。沿径 17.2 厘米，残高 3.5 厘米（图 3—11—8：8）。

　　| 双色釉碗　2件。16JNH 西:2，可复原。尖圆唇，侈口，深曲腹，圈足。细黄砂胎坚致，器内与外腹施白釉，内底涩圈，外下腹及圈足外部施黑釉，均光亮，釉下有化妆土。口径16.4厘米，底径5.6厘米，高7.4厘米（图3—11—8:9）。16JNH 西:3，可复原。器形与胎釉同上，仅内施白釉，外施酱黄釉。口径16.8厘米，底径6厘米，高7.8厘米（图3—11—8:10）。

　　| 支顶钵　2件。16JNH 东:29，可复原。隐圈足状顶，斜曲腹外侈，喇叭足。灰胎泛黄，坚致，内外素面，顶部有砂堆支烧痕。顶径5.2厘米，底径12厘米，高7厘米（图3—11—8:11）。16JNH 东:30，可复原。隐圈足状顶，腹微鼓，底略内收。胎同上，顶部有粘砂。顶径5厘米，底径8厘米，高5.8厘米（图3—11—8:12）。

（八）南秀林窑址

　　南秀林窑址位于井陉县秀林镇南秀林村东的甘陶河东岸与篱笆沟两侧台地上，与南秀林村隔河相望。近年由于公路、煤场的施工而破坏严重。窑址范围为不规则形，总面积约为2.59万平方米。窑址核心区位于甘陶河与篱笆沟交接的沟口一带，通过钻探可知该窑址的地层堆积情况：第①层耕土，厚0.2—0.3米；第②层细黄土，厚0.8—1.4米，土质较硬，含大量白釉碗残片、筒形匣钵、红烧土颗粒等，为文化层；第②层以下黄褐生土或基岩。通过钻探，在篱笆沟北侧台地上发现结构完整的窑炉4座，均于耕土层下开口。烧造器物品种丰富，但主要以各类粗胎的化妆白瓷碗、盘、钵、罐等为主，有少量的细白釉瓷器，现将采集标本简介如下。

　　| 化妆白瓷碗　4件。16JXL:4，可复原。厚圆唇，敞口，斜腹微曲，矮圈足。白胎泛青，较坚致，白釉泛青灰，发木光，内满釉，外施釉及腹部。内底有一圈凹弦纹，残有2颗支钉痕。口径20.6厘米，底径7.7厘米，高6.6厘米（图3—11—9:1）。16JXL:9，尖圆唇，花口侈口，深斜曲腹。胎釉同上。口径19.2厘米，残高6厘米（图3—11—9:2）。16JXL:5，可复原。唇口，斜曲腹，圈足。胎同上，釉泛黄，发木光。口径14厘米，底径6厘米，高4.9厘米（图3—11—9:3）。16JXL:18，圆唇，敞口，上腹斜直。细黄砂胎坚致，白釉泛青灰，较光亮，外壁阴刻宽竖凹弦纹。残长2.8厘米，宽4.2厘米（图3—11—9:4）。

　　| 化妆白瓷盘　1件。16JXL:1，可复原。圆唇，敞口，斜曲腹，圈足。浅

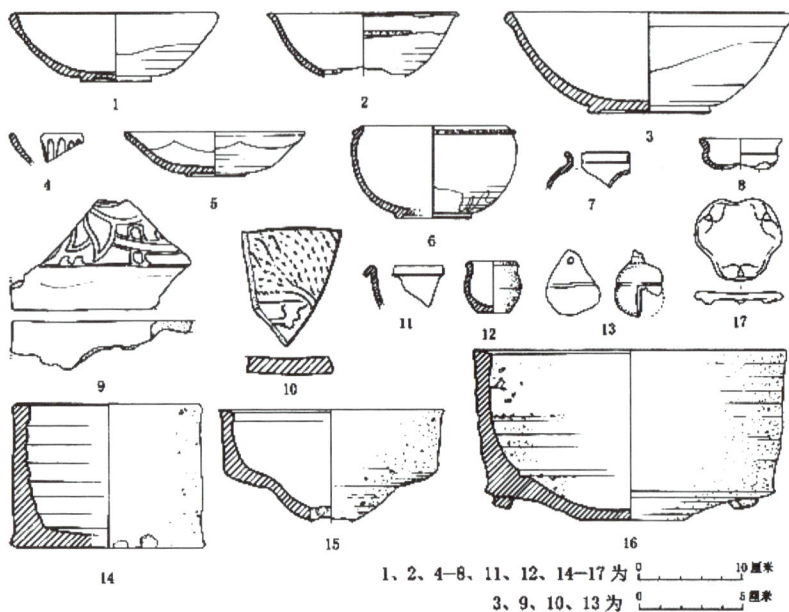

1—4.化妆白瓷碗（16JXL：4、16JXL：9、16JXL：5、16JXL：18） 5.化妆白瓷盘（16JXL：1） 6.化妆白瓷钵（16JXL：61） 7、8.化妆白瓷罐（16JXL：27、16JXL：32） 9、10.化妆白瓷枕（16JXL：62、16JXL：63） 11.黑釉盆（16JXL：35） 12.酱釉小罐（16JXL：38） 13.素烧铃铛（16JXL：41） 14.筒形匣钵（16JXL：59） 15、16.漏斗形匣钵（16JXL：52、16JXL：57） 17.三叶形支钉（16JXL：47）

图 3—11—9 南秀林窑址遗物

灰胎坚致，白釉泛青灰，发木光。内壁施釉呈五边形，外壁施釉及上腹。口径18厘米，底径6厘米，高4.4厘米（图3—11—9：5）。

化妆白瓷钵 1件。16JXL：61，可复原。尖唇，敛口，宽沿花边，上腹圆曲，下腹斜曲，圈足，足端斜削。生烧，白胎泛灰，较疏松，白釉泛黄，发木光，内满釉，外施釉及下腹。口径14厘米，腹径16.5厘米，底径7.6厘米，高9厘米（图3—11—9：6）。

化妆白瓷罐 2件。16JXL：27，圆唇，直口，低领，圆肩。生烧，白胎泛青，较疏松，白釉泛黄，发木光，内外满釉。残长3.5厘米，宽4.6厘米（图3—11—9：7）。16JXL：32，圆唇，侈口，束颈，圆曲腹。胎釉同上，内满釉，外施釉至腹部。口径8厘米，残高3厘米（图3—11—9：8）。

化妆白瓷枕 2件。16JXL：62，长方形枕残片，枕面素面，一侧枕墙印花卉纹。白胎泛浅红，疏松，白釉泛黄，发木光。外满釉，内无釉。残长5.3厘米，宽9厘米（图3—11—9：9）。16JXL：63，枕面残片，刻划鹿纹后填褐彩。白胎

576

泛灰坚致，白釉泛青光亮。残长5.9厘米，宽4.7厘米（图3—11—9：10）。

| 黑釉盆　1件。16JXL:35，方唇，折沿下斜，斜腹微曲。浅灰胎坚致，黑釉发酱色，较光亮。内外满釉，沿面刮釉。残长4厘米，宽5厘米（图3—11—9：11）。

| 酱釉小罐　1件。16JXL:38，可复原。斜方唇，束颈，圆曲腹，平底。黄砂胎坚致，外无釉，内壁施酱釉，较光亮。口径5.2厘米，腹径5.6厘米，底径3.2厘米，高5厘米（图3—11—9：12）。

| 素烧铃铛　1件。16JXL:41，可复原。上部环形钮，下球形铃体，下腹正中开缝，器腹有一圈细凹弦纹。泥质红陶胎，较坚致。径2.3—2.6厘米，通高3.2厘米（图3—11—9：13）。

| 筒形匣钵　1件。16JXL:59，可复原。直腹，平底。耐火土胎，粗而坚致。口径18.8厘米，底径19.2厘米，高14厘米（图3—11—9：14）。

| 漏斗形匣钵　2件。16JXL:52，高直壁，上腹直，下腹斜内收。耐火土胎，粗而坚致，外壁上腹施青灰釉。口径22厘米，残高10.6厘米（图3—11—9：15）。16JXL:57，可复原。上部筒形，底部作浅漏斗状，斜方唇，直壁内收，折腹处凸棱，下腹斜直，小平底。胎同上，折腹平台粘有环形封填料。口径30厘米，腹径28厘米，底径10厘米，高16.4厘米（图3—11—9：16）。

| 三叶形支钉　1件。16JXL:47，完整。平顶，三叶端部捏出支钉，较矮。黄褐耐火土胎，坚致。长8厘米，宽8.4厘米（图3—11—9：17）。

（九）梅庄窑址

　　梅庄窑址位于井陉县秀林镇梅庄村西的甘陶河西岸，与梅庄村隔河相望，沿平涉公路分为南北两区，两区相距约200米，窑址总面积约1.05万平方米。北区平涉公路西侧残存窑炉1座，仅存火膛与烟室部分。对窑炉附近区域钻探后，没有发现其他相关遗迹与窑业堆积。通过对当地村民的走访可知，在平涉公路的施工中曾发现大量的白釉碗盘、环形支圈、筒形匣钵残片等，现地表未采集到遗物。南区平涉公路西侧断崖上可见1—1.5米厚的窑址文化层及1座残窑炉的窑壁，从断面上可知该区的地层堆积情况：第①层现代垫土，厚0.2—0.3米；第②层黄褐土，厚1—1.5米，土质疏松，含大量白釉瓷片、黑釉瓷片及红烧土等，为文化层；第②层以下为红褐色生土。该窑址南区采集到部分遗物，器类有化妆白瓷碗，黑釉碗、盘、瓶，双色釉碗及筒形匣钵等，现简介如下。

| 化妆白瓷碗　1件。16JMZ:1，可复原。圆唇，侈口，深斜曲腹，圈足。浅褐胎坚致，白釉泛黄，较光亮。内满釉，内底残有砂堆支烧痕，外施釉及上腹，足底有砂堆支烧痕。口径17.2厘米，底径6.5厘米，高5.8厘米（图3—11—10：1）。

| 黑釉碗　2件。16JMZ:4，可复原。圆唇，敞口，斜直腹，腹底曲收，宽圈足，足内有乳突。白胎泛黄，较坚致，黑釉较光亮。内满釉，内底涩圈，外施釉及腹部。口径13.6厘米，底径6厘米，高5厘米（图3—11—10：2）。16JMZ:2，可复原。圆唇，侈口，深腹斜曲，圈足。白胎泛灰，坚致，黑釉光亮。内满釉，内底涩圈，外施釉及下腹。此碗外腹粘有一同形制碗的上腹部残片，圈足底部有粘砂。口径16厘米，底径6.3厘米，高6.6厘米（图3—11—10：3）。

| 黑釉盘　1件。16JMZ:7，方唇，侈口，圆折腹。浅灰胎坚致，黑釉光亮。内满釉，外施釉及腹部。此盘下粘有一同形制盘残片。口径20厘米，残高2.8

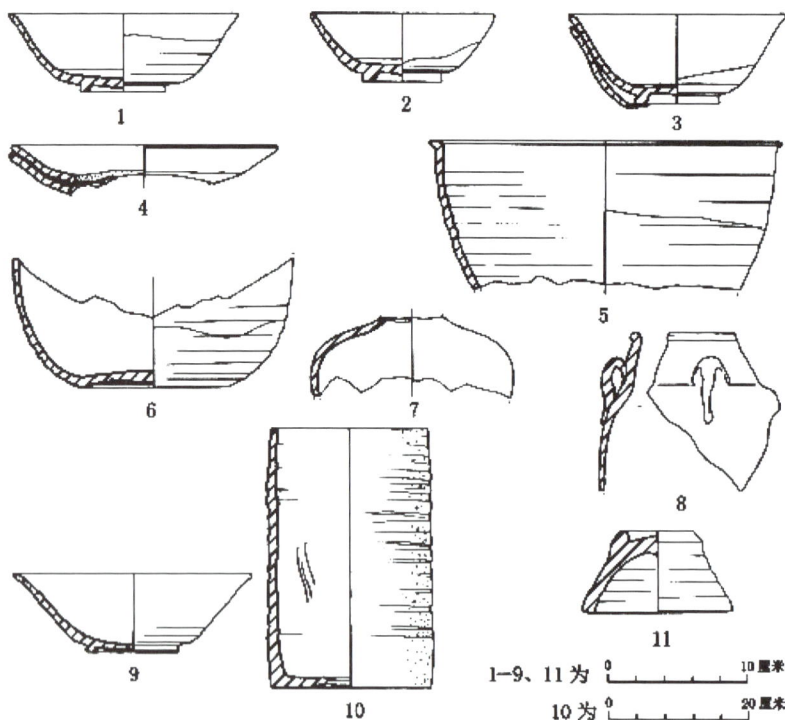

1.化妆白瓷碗（16JMZ:1）2、3.黑釉碗（16JMZ:4、16JMZ:2）4.黑釉盘（16JMZ: 7）5、6.黑釉盆（16JMZ:12、16JMZ:13）7.黑釉瓶（16JMZ:18）8.黑釉罐（16JMZ: 17）9.双色釉碗（16JMZ:9）10.筒形匣钵（16JMZ:21）11.支顶钵（16JMZ:20）

图3—11—10　梅庄窑址遗物

厘米（图3—11—10：4）。

　　| 黑釉盆　　2件。16JMZ：12，尖唇，窄折沿，深直腹微曲。白胎泛灰坚致，黑釉较光亮。内满釉，外施釉及上腹，釉泛酱色。口径26厘米，残高10.8厘米（图3—11—10：5）。16JMZ：13，存底部，直腹微曲，隐圈足，圈足内三层台，外下腹沟状轮旋痕明显。浅灰胎坚致，黑釉光亮。内满釉，外施釉及腹部。底径11厘米，残高9.4厘米（图3—11—10：6）。

　　| 黑釉瓶　　1件。16JMZ：18，存肩部，圆肩，腹斜收。浅灰厚胎，坚致，黑釉光亮。内外满釉，腹径15.2厘米，残高5.8厘米（图3—11—10：7）。

　　| 黑釉罐　　1件。16JMZ：17，圆突唇，微敛口，高领，斜肩，腹微鼓，肩附单泥条系耳。灰胎坚致，黑釉泛褐色，较光亮。内外满釉，口沿刮釉。残长11.6厘米，宽9.6厘米（图3—11—10：8）。

　　| 双色釉碗　　1件。16JMZ：9，可复原。圆唇，侈口，斜直腹微曲，圈足。细黄砂胎坚致，内白釉泛青，外黄釉泛褐色，均光亮。内外满釉，内底与圈足底部有砂堆支烧痕。口径18厘米，底径7.2厘米，高5.8厘米（图3—11—10：9）。

　　| 筒形匣钵　　1件。16JMZ：21，可复原。方唇，直口，高直壁，平底，底部中心挖大孔，外壁旋痕明显。黄褐耐火土胎，粗而坚致。口径24厘米，底孔径7.2厘米，高37.6厘米（图3—11—10：10）。

　　| 支顶钵　　1件。16JMZ：20，可复原。隐圈足形顶，斜直壁外侈，喇叭足。浅灰胎泛黄，坚致，内外素面，顶部有砂堆支烧痕。顶径5.6厘米，底径11.2厘米（图3—11—10：11）。

（十）城关窑址

　　城关窑址位于井陉县天长镇城内村东部、北关村南部、东关村全部，绵河西、南、东三面环绕。窑址不仅范围大、延续时间长，且产品质量高，种类丰富，是井陉窑最核心的窑区。分布范围呈东西向长条形，总面积约21.56万平方米，是目前已发现的井陉窑分布范围最大的窑址。以现存天长镇东城墙分为城内、东关两小区。窑址的核心区西至天长镇城内村南北向主街，东至绵河西岸，北至北关修造厂一线，南至天长镇南墙东半部。核心区的地层堆积情况：第①层现代垫土，厚约0.8—1.5米；第②层窑业堆积层，厚0.5—1.5米，疏松，含大量白釉碗盘残片、筒形匣钵、环形支圈、炉渣等，为文化层；第②层以下为黄褐色

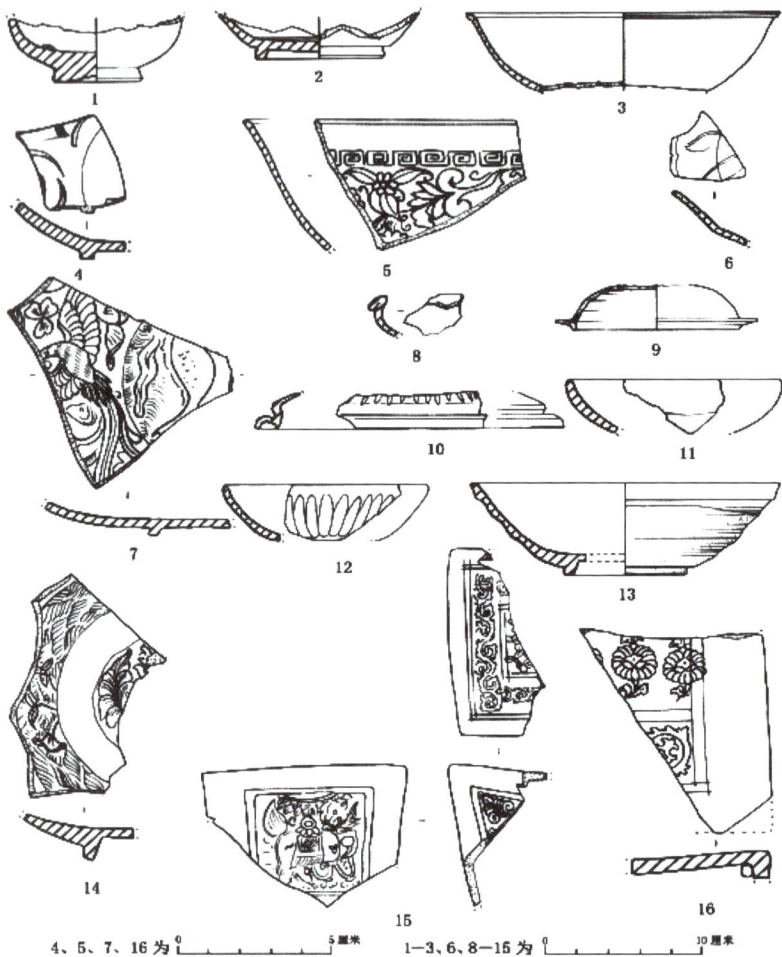

1. 青瓷碗（16JCG 内：1）2、3、4、5. 白釉碗（16JCG 门：1、16JCG 门：8、16JCG 东：5、16JCG 门：13）6、7. 白釉盘（16JCG 门：4、16JCG 门：17）8. 白釉钵（16JCG 内：3）9、10. 白釉器盖（16JCG 门：22、16JCG 门：24）11、12、13. 化妆白瓷碗（16JCG 内：2、16JCG 门：6、16JCG 门：10）14. 化妆白瓷盘（16JCG 门：20）15、16. 化妆白瓷褐彩枕（16JCG 门：27、16JCG 门：28）

图 3—11—11　城关窑址遗物（一）

生土。城关窑址已于 1993 年、1994 年、2004—2005 年进行过 3 次考古发掘，发掘总面积 480 平方米，对窑址的烧瓷历史与遗物特征已基本清楚。现将此次调查采集遗物简介如下。

　│ 青釉碗　1 件。16JCG 内：1，深腹圆曲，饼足，平底内凹，足端斜削。白胎泛灰，较疏松，青釉泛黄，生烧，内满釉，外施釉至下腹。残高 4.6 厘米，足径 6 厘米（图 3—11—11：1）。

　　白釉碗　4件。16JCG门:1，下腹斜直，高圈足，腹足结合处削棱，裹足刮釉。残高3.2厘米，底径8.4厘米（图3—11—11:2）。16JCG门:8，薄唇微侈，深曲腹。白胎泛灰，较坚致，白釉泛黄光亮，内满釉，芒口。口径20厘米，残高5.6厘米（图3—11—11:3）。16JCG东:5，下腹斜曲，矮圈足。胎釉同上，内腹、底刻花卉纹。残高2厘米，长3.4厘米，宽3.5厘米（图3—11—11:4）。16JCG门:13，方唇，深腹斜曲。胎釉同上，内壁模印花卉，边饰回纹，芒口。残长4.6厘米，宽6.8厘米（图3—11—11:5）。

　　白釉盘　2件。16JCG门:4，尖唇，侈口，折腹。白胎泛灰坚致，白釉泛黄光亮，内外满釉，芒口，内壁刻莲纹。残长4.8厘米，宽4.9厘米（图3—11—11:6）。16JCG门:17，浅曲腹，矮圈足。胎釉同上，内底印水波鱼纹，内腹印凤穿花纹。残长7.5厘米，宽7.2厘米（图3—11—11:7）。

　　白釉钵　1件。16JCG内:3，尖唇，敛口，宽沿外花边，上腹圆曲。白胎泛灰坚致，白釉泛青，内外满釉。残长2.8厘米，宽3.8厘米（图3—11—11:8）。

　　白釉器盖　2件。16JCG门:22，尖唇，子口内敛，平沿，弧顶。白胎细腻坚致，白釉泛黄光亮，外满釉，口与沿下无釉。沿径12.8厘米，残高3.2厘米（图3—11—11:9）。16JCG门:24，尖唇，直口内敛，下折沿，弧顶下部有折棱。白胎泛灰坚致，白釉泛黄，发木光。顶部刻竖凹弦纹。沿径20厘米，残高2.6厘米（图3—11—11:10）。

　　化妆白瓷碗　3件。16JCG内:2，厚圆唇，浅曲腹。黄砂胎，较疏松，白釉泛青，内满釉，外施釉及上腹。口径14厘米，残高3.8厘米（图3—11—11:11）。16JCG门:6，圆唇，敞口，上腹斜直，下腹内折。浅灰胎坚致，白釉泛青，内外满釉，外壁阴刻细莲瓣纹。口径13厘米，残高4.5厘米（图3—11—11:12）。16JCG门:10，可复原。宽唇口，敞口斜腹，圈足。胎同上，釉泛黄，内底涩圈。口径20厘米，足径8厘米，高6.6厘米（图3—11—11:13）。

　　化妆白瓷盘　1件。16JCG门:20，厚胎，斜曲腹，高圈足。灰胎坚致，白釉泛青，内满釉，底涩圈，外下腹与圈足无釉。内底印花卉，内壁印水波纹。残长15.8厘米，宽10.2厘米（图3—11—11:14）。

　　化妆白瓷褐彩枕　3件。16JCG门:27，长方形，浅灰胎坚致，白釉泛青，发木光。枕面戳印后填褐彩卷草、钱纹，侧面印狮纹、花卉纹。残长10厘米，宽13.5厘米（图3—11—11:15）。16JCG门:28，长方形，胎釉同上，枕面戳印填褐彩卷草、花卉纹。残长7.3厘米，宽6厘米（图3—11—11:16）。16JCG门:29，枕面为椭圆形，胎釉同上，枕面戳印填褐彩折枝蔓草纹。残长7厘米，宽

6.2厘米（图3—11—12：1）。

　　| 黑釉碗　2件。16JCG门:36，方唇，上腹直，下腹内曲。细黄砂胎坚致，黑釉较光亮，内施釉至腹部，外施釉及下腹部。残长4.2厘米，宽4.6厘米(图3—11—12：2)。16JCG门:35，可复原，方唇，浅曲腹，平底，外腹有一道折棱。胎同上，釉泛酱色，口径12.8厘米，底径4.1厘米，高3.2厘米（图3—11—12:3）。

　　| 黑釉炉　1件。16JCG门:38，口残，平沿，直腹微内曲，足部残。灰胎坚致，黑釉光亮，内外满釉。残高6.6厘米（图3—11—12：4）。

　　| 黑釉枕　1件。16JCG:26，可复原。枕面椭圆形，前低后高，中部下凹，平底，后墙中部有一大孔，枕底部有5枚圆形支烧痕。细黄砂胎坚致，内外及底部满釉，较光亮。长径32厘米，短径24.5厘米，前高10厘米，后高13.6厘米(图

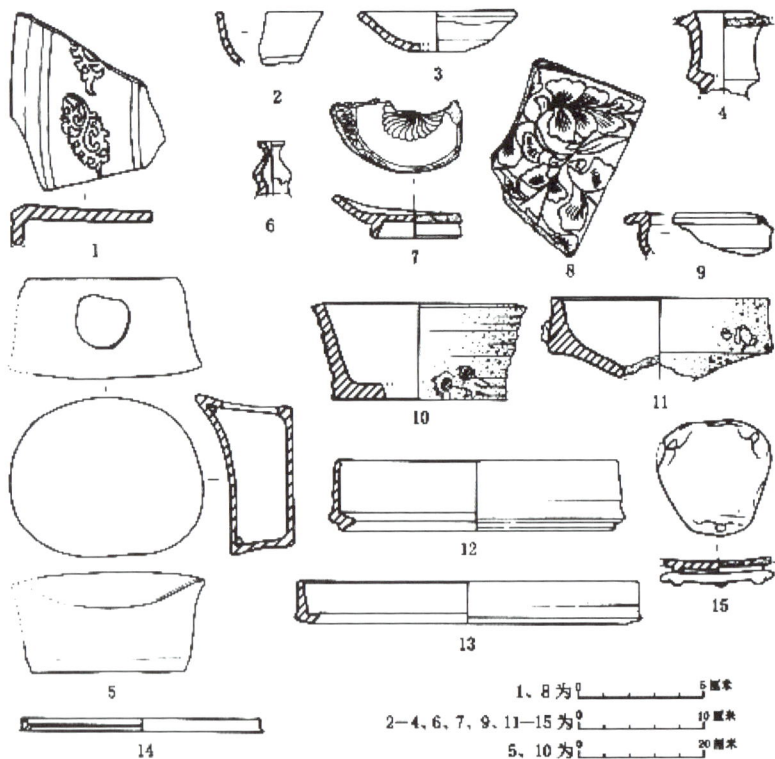

1.化妆白瓷褐彩枕（16JCG门:29）2、3.黑釉碗（16JCG门:36、16JCG门:35）4.黑釉炉（16JCG门:38）5.黑釉枕（16JCG:26）6.酱釉小瓶（16JCG门:40）7、8.黄釉印花碗（16JCG门:33、16JCG门:34）9.双色釉盆（16JCG东:11）10.筒形匣钵（16JCG内:18）11.漏斗形匣钵（16JCG内:15）12、13、14.环形支圈（16JCG内:12、16JCG内:11、16JCG内:8）15.三角支钉（16JCG门:42）

图3—11—12　城关窑址遗物（二）

3—11—12：5）。

| 酱釉小瓶　1件。16JCG门:40，可复原。唇口，束颈，上腹斜直，下腹外鼓，平底稍残。黄砂胎坚致，酱釉光亮，内口沿部施釉，外施釉至下腹。口径2.2厘米，腹径3厘米，残高4.2厘米（图3—11—12：6）。

| 黄釉印花碗　2件。16JCG门:33，下腹斜曲，高圈足外撇。黄砂厚胎较坚致，黄釉泛木光。内满釉，底涩圈，外施釉及下腹。内底印菊瓣纹，内腹印分格花卉纹。残长6厘米，宽10.4厘米，高3.5厘米（图3—11—12:7）。16JCG门:34，腹片，厚灰胎坚致，釉泛褐色，光亮，内外满釉，内壁印缠枝花叶纹。残长7.9厘米，宽6.2厘米（图3—11—12：8）。

| 双色釉盆　1件。16JCG东:11，圆唇，折沿，上腹圆曲。细黄砂胎坚致，内施青灰釉，外折沿下施酱釉。残长3.4厘米，宽8.2厘米（图3—11—12：9）。

| 筒形匣钵　1件。16JCG内:18，可复原。筒形，厚方唇，直壁外斜，平底。黄褐耐火土胎，粗而坚致，外壁有沟状轮旋痕。口径34.5厘米，底径28厘米，高15.2厘米（图3—11—12：10）。

| 漏斗形匣钵　1件。16JCG内：15，漏斗形，上腹直，下腹斜内折，上腹部有二圆形穿孔。黄褐耐火土胎，粗而坚致。口径17.2厘米，腹径18厘米，残高6.4厘米（图3—11—12：11）。

| 环形支圈　3件。16JCG内:12，可复原。方唇，上腹高直，下腹斜内折，折腹处外凸棱。浅灰胎坚致。口径23厘米，折腹外径24厘米，高5.6厘米（图3—11—12：12）。16JCG内:11，可复原。形制与胎同上，仅直壁较矮。口径27厘米，折腹外径28厘米，高3.4厘米（图3—11—12：13）。16JCG内:8，可复原。形制与胎同上，仅直壁很矮。口径19.6厘米，折腹外径20厘米，高1厘米（图3—11—12：14）。

| 三角支钉　1件。16JCG门:42，完整。平顶，弧边三角形，三角端部捏出矮支钉。黄褐耐火土胎，坚致。该支钉上粘有一白釉圈足碗底部。长9厘米，宽9厘米，高1.2厘米（图3—11—12：15）。

（十一）河东坡窑址

　　河东坡窑址位于井陉县天长镇河东坡村中北部，与城关窑址隔绵河相望，分布范围主要为绵河东岸及绵河东侧的河东沟两侧，呈南北长条形，总面积约13.3

583

万平方米。窑址核心区集中在绵河东岸，地层堆积情况：第①层现代垫土，厚0.3—0.5米；第②层黄褐土，厚0.5—0.8米，土质较硬，含少量白釉瓷片、环形支圈等；第③层灰褐土，厚1.1—1.6米，土质疏松，内含大量白釉碗盘残片、白釉刻花器残片、筒形匣钵、红烧土块等，为文化层；第③层以下为黄褐生土。河东坡窑址是井陉窑已发掘面积最大的窑址，1998年、1999年、2000年、2008—2009年，共4次对该窑址进行抢救性发掘，发掘总面积1262平方米，清理了一批重要的窑炉、作坊、烘坯坑、灰坑等遗迹，另有数以吨计的各时期瓷器与窑具出土。现将此次采集遗物简介如下。

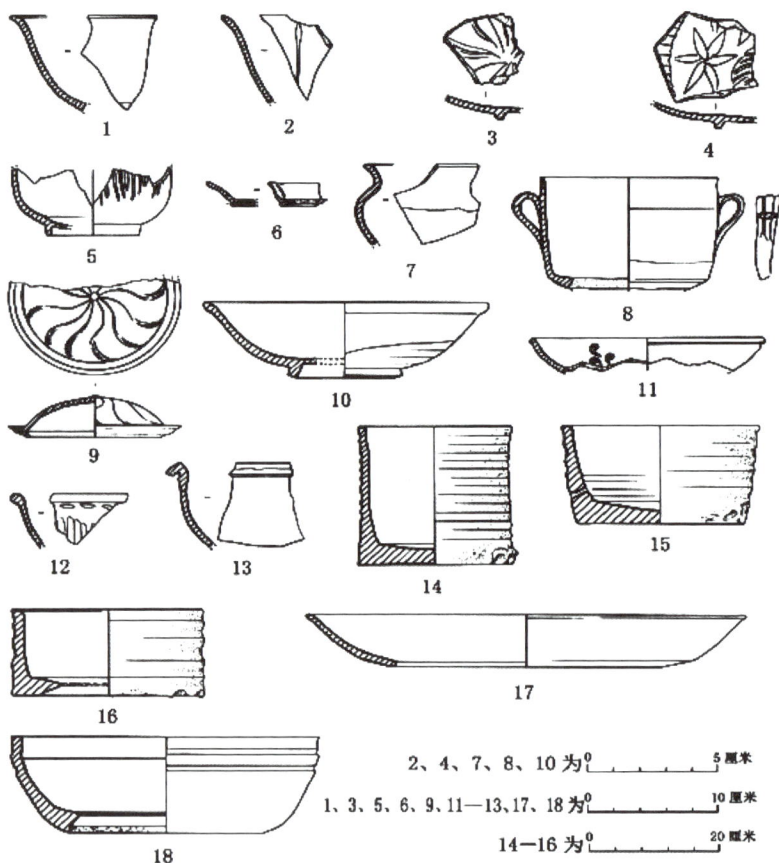

1、2.白釉碗（16JHD：10、16JHD：32）3、4.白釉盘（16JHD：11、16JHD：41）5.白釉钵（16JHD：2）6.白釉碟（16JHD：37）7、8.白釉罐（16JHD：40、16JHD：63）9.白釉器盖（16JHD：65）10、11.化妆白瓷碗（16JHD：31、16JHD：33）12.化妆白瓷盆（16JHD：6）13.黑釉盆（16JHD：51）14、15、16.筒形匣钵（16JHD：57、16JHD：24、16JHD：56）17.盘形支圈（16JHD：39）18.支圈座（16JHD：20）

图3—11—13　河东坡窑址遗物

白釉碗　2件。16JHD:10，圆唇，侈口，深曲腹。白胎细腻坚致，白釉泛黄光亮，有开片，内满釉，外施釉及下腹。残长8厘米，宽6厘米（图3—11—13：1）。16JHD:32，尖唇，侈口，斜腹微曲。白胎泛灰坚致，白釉泛青灰光亮，内外满釉，芒口。内壁饰纵向凸线纹。残长3.6厘米，宽2.8厘米（图3—11—13：2）。

白釉盘　2件。16JHD:11，浅曲腹，矮圈足。白胎泛灰坚致，白釉泛黄光亮，内外满釉，内刻莲纹。残长6.2厘米，宽6.2厘米（图3—11—13：3）。16JHD:41，浅曲腹，矮圈足。胎釉同上，内底印水草纹，内壁印凹菊瓣纹。残长3.9厘米，宽4厘米（图3—11—13：4）。

白釉钵　1件。16JHD:2，直口，下腹圆曲，高圈足。白胎坚致，釉泛黄，较光亮，外壁刻细仰莲纹。底径7.2厘米，残高5.8厘米（图3—11—13：5）。

白釉碟　1件。16JHD:37，可复原。圆唇，花口侈口，斜腹微曲，平底。白胎细腻坚致，白釉光亮，芒口。花口对应处内壁饰纵向凸线纹，底部粘有摞烧残盘。高2厘米，残宽4.6厘米（图3—11—13：6）。

白釉罐　2件。16JHD:40，方唇，侈口，束颈，溜肩，上腹圆曲。白胎泛黄坚致，白釉泛黄，较光亮。内满釉，外施釉及上腹部，口沿内侧刮釉。残长3.4厘米，宽3.2厘米（图3—11—13：7）。16JHD:63，尖唇，直口微敛，上腹直，下腹内折。胎釉同上，一侧残有饰2道凹弦纹的扁泥条耳。口径6.8厘米，残高4.7厘米（图3—11—13：8）。

白釉器盖　1件。16JHD:65，可复原。尖唇，子口内敛，平沿上斜，拱顶，矮圆钮。白胎泛灰坚致，白釉泛黄，较光亮。内无釉，外满釉，盖上部饰以钮为中心的凹涡旋纹。沿径13.6厘米，高3.6厘米（图3—11—13：9）。

化妆白瓷碗　2件。16JHD:31，可复原。唇口，斜曲腹，圈足。白胎泛黄坚致，白釉泛青，发木光。内满釉，外施釉及下腹。口径11厘米，底径4.4厘米，高3.2厘米（图3—11—13：10）。16JHD:33，唇口，浅斜曲腹。灰胎坚致，白釉泛青，较光亮。内满釉，内壁褐彩绘花叶纹。口径18厘米，残高2.8厘米（图3—11—13：11）。

化妆白瓷盆　1件。16JHD:6，圆唇外突，上腹斜直。黄砂厚胎坚致，白釉泛黄，较光亮。内满釉，外施釉及上腹，外壁饰宽凹弦纹。残长4.4厘米，宽6厘米（图3—11—13：12）。

黑釉盆　1件。16JHD:51，尖唇，口微敛，折沿下斜，深腹斜曲。白胎泛青坚致，黑釉光亮，内外满釉，口沿刮釉。残长7.2厘米，宽6.8厘米（图3—

11—13：13）。

| **筒形匣钵**　3件。16JHD：57，可复原。高直壁，平底。黄褐耐火土胎，粗而坚致，外壁有沟状轮旋痕。口径24厘米，底径24厘米，高23.6厘米（图3—11—13：14）。16JHD：24，可复原。壁较高，口大底小，近底部有圆形小镂孔。胎同上，口径31厘米，底径26厘米，高17厘米（图3—11—13：15）。16JHD：56，可复原。直壁较矮，平底中空。胎同上，口径30.5厘米，底径同口径，高14.8厘米（图3—11—13：16）。

| **盘形支圈**　1件。16JHD：39，可复原。圆唇，斜腹微曲，底部大孔。白胎泛灰坚致。口径34厘米，底径21厘米，高4.4厘米（图3—11—13：17）。

| **支圈座**　1件。16JHD：20，可复原。厚方唇，敞口微敛，斜腹，底部大孔。白胎坚致，口径24厘米，孔径13.6厘米（图3—11—13：18）。

另河东坡窑址出土有与城关窑址相同的白釉印花碗腹片、酱釉小瓶、漏斗形匣钵、高中低壁环形支圈等，在此不再罗列。

（十二）东窑岭窑址

东窑岭窑址位于井陉县天长镇东窑岭村东一带，西距河东坡窑址约1.5公里，窑址大部分位于农田中，西部、北部叠压在东窑岭、三家店村落之下，整体范围为不规则形，总面积约5.3万平方米。窑业堆积核心区位于东窑岭村南水泥路两侧的坡地上，路北侧断面上可见大量黑釉盆、白釉碗、黑釉罐、环形支圈等残片。核心区地层堆积情况：第①层现代垫土，厚0.2—0.5米；第②层灰黑土，厚0.5—1.5米，土质疏松，含大量白釉瓷片、环形支圈等，为文化层；第③层黄褐土，厚0.6—1米，土质较硬，较纯净，含少量红烧土与炭粒等；第③层以下为红褐生土。2015年9月，山北小学教学楼改造项目中发现10余眼采挖瓷土的坩子井，从井内清理出大量白釉碗、盘、罐残片和黑釉碗、盆残片等，后井陉县文物保管所对项目涉及区域进行了考古发掘。通过发掘确认，山北小学教学楼区域为金代东窑岭窑址采挖瓷土的场地，废弃后用当时的窑业堆积进行回填。2016年5月，东窑岭村对原村东土路进行拓宽与硬化，在施工中发现灰坑4座，后井陉窑调查队对该4座灰坑进行了抢救性清理，出土了一批金代的瓷器与窑具，尤以各类黑釉瓷器数量最多。通过两次清理可知，东窑岭窑址在金代以生产黑釉、酱釉、双色釉等颜色釉类器物为主。此次调查采集遗物亦以黑釉类的碗、盏、盆等数量最

多，另有白釉碗、盘、罐，化妆白瓷碗、盆及双色釉碗、盘、盆等，现简介如下。

　　| **白釉碗**　2件。16JDY:5，圆唇，敞口，上腹斜直微曲。白胎细腻坚致，白釉泛黄，内外满釉，芒口。内壁印花叶纹，边饰回纹。残长4.1厘米，宽3.1厘米（图3—11—14:1）。16JDY:30，器形与胎釉同上，内部印卷草纹。残长2.6厘米，宽4厘米（图3—11—14:2）。

　　| **白釉盘**　1件。16JDY:27，尖唇，侈口，折腹。白胎泛灰坚致，白釉泛青灰。内外满釉，芒口，折腹处内壁一周凹弦纹。残长2.8厘米，宽5.8厘米（图

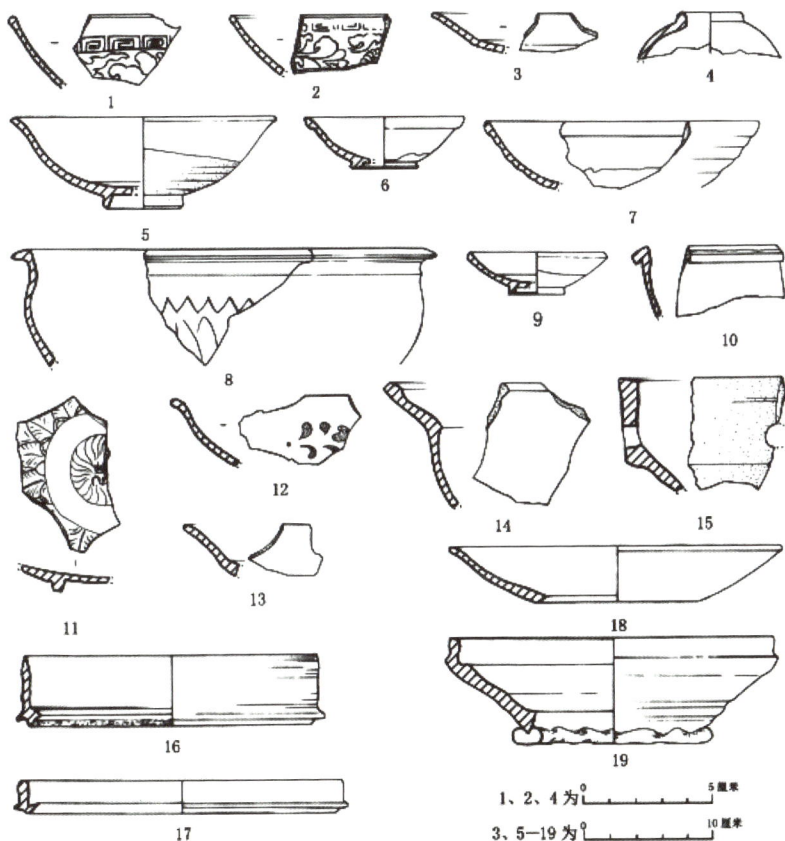

1、2.白釉碗（16JDY:5、16JDY:30）　3.白釉盘（16JDY:27）　4.白釉小罐（16JDY:45）　5、6、7.化妆白瓷碗（16JDY:1、16JDY:4、16JDY:8）　8.化妆白瓷盆（16JDY:34）　9.黑釉盏（16JDY:13）　10.黑釉盆（16JDY:17）　11.黄釉印花碗（16JDY:33）　12.双色釉碗（16JDY:2）　13.双色釉盘（16JDY:28）　14.双色釉盆（16JDY:18）　15.漏斗形匣钵（16JDY:50）　16、17.环形支圈（16JDY:39、16JDY:22）　18.盘形支圈（16JDY:40）　19.支圈座（16JDY:38）

图3—11—14　东窑岭窑址遗物

3—11—14：3）。

　　| 白釉小罐　1件。16JDY:45，圆唇，直口，矮颈，圆肩。细黄砂胎坚致，白釉泛灰，发木光，内外满釉。口径2.5厘米，残高1.7厘米（图3—11—14:4）。

　　| 化妆白瓷碗　3件。16JDY:1，可复原。圆唇，侈口，深斜曲腹，高圈足。白胎泛灰坚致，白釉泛青灰，较光亮。内满釉，内底涩圈，圈内点褐彩，外施釉及上腹。口径20厘米，底径6厘米，高7.2厘米（图3—11—14：5）。16JDY:4，可复原。唇口，斜腹微曲，宽圈足，足端斜削。胎釉同上，内满釉，外施釉及下腹。口径12厘米，底径5.2厘米，高3.8厘米（图3—11—14:6）。16JDY:8，宽唇口，浅斜曲腹，胎釉同上，但个体大。口径22厘米，残高5.2厘米（图3—11—14：7）。

　　| 化妆白瓷盆　1件。16JDY:34，圆唇，折沿，上腹圆曲。黄砂胎，厚而坚致，白釉泛黄，发木光。内外满釉，口沿刮釉，外壁刻仰莲纹。口径32厘米，残高8.6厘米（图3—11—14：8）。

　　| 黑釉盏　1件。16JDY:13，可复原。方唇，敞口，斜腹，圈足。白胎泛灰，坚致，黑釉光亮。内满釉，底涩圈，外施釉及下腹。口径10厘米，底径4厘米，高3厘米（图3—11—14：9）。

　　| 黑釉盆　1件。16JDY:17，方唇，折沿下斜，斜直腹。浅灰胎坚致，黑釉泛酱色，光亮。内外满釉，口沿刮釉。残长5厘米，宽8厘米（图3—11—14：10）。

　　| 黄釉印花碗　1件。16JDY:33，存底部，浅曲腹，高圈足。白胎泛灰坚致，黄釉发褐色，较光亮，釉下有白色化妆土。内满釉，内底涩圈，圈内印菊瓣纹，瓣中心有一"张"字，内腹印仰莲纹。底径7.3厘米，残长11厘米，宽7.4厘米（图3—11—14：11）。

　　| 双色釉碗　1件。16JDY:2，圆唇，侈口，深曲腹。浅灰胎坚致，内及外上腹施白釉，釉色光亮，内壁有褐彩叶纹装饰，外下腹施浅酱釉。残长5厘米，宽9厘米（图3—11—14：12）。

　　| 双色釉盘　1件。16JDY:28，圆唇，侈口，折腹。细黄砂胎坚致，内白釉，外酱釉，釉色较光亮。残长3.6厘米，宽5.4厘米（图3—11—14：13）。

　　| 双色釉盆　1件。16JDY:18，方唇突起，折沿上斜，深曲腹。内白外酱釉，均光亮。残长8.6厘米，宽4.3厘米（图3—11—14：14）。

　　| 漏斗形匣钵　1件。16JDY:50，厚方唇，上腹高直，下腹斜内折。黄褐耐火土胎，粗而坚致，上腹偏下部有一圆形小镂孔。残长8厘米，宽7厘米（图3—11—14：15）。

　　环形支圈　2件。16JDY:39，可复原。尖唇，上腹高直壁，下腹斜内折，折腹处外凸棱尖锐。白胎泛青坚致。口径21.2厘米，高5厘米（图3—11—14：16）。16JDY:22，可复原。形制与胎同上，上腹较矮。直径23.2厘米，高2.5厘米（图3—11—14：17）。

　　盘形支圈　1件。16JDY:40，可复原。圆唇，斜直壁微曲，底平削大孔。白胎泛青坚致。口径24厘米，底孔径10厘米，高4厘米（图3—11—14：18）。

　　支圈座　1件。16JDY:38，可复原。方唇，敛口，上腹矮直，下腹斜内折，底部大孔。白胎泛青坚致，底部粘有环形支垫料。口径厘米，底孔径11.2厘米，高7.6厘米（图3—11—14：19）。

（十三）结语

1. 窑址时代

　　井陉窑考古调查勘探未发现有明确纪年的遗物，但从各窑址采集遗物的器类与特征可以对窑址年代进行推测。根据采集遗物的器类、胎釉特征与装烧方法等，我们将12处窑址的时代分为4组进行讨论。

（1）北陉、南陉、北防口、南防口窑址

　　北陉、北防口、南防口窑址白釉碗（16JBX:19、16JBK:10、16JNF:16）与安徽巢湖伍钧墓（842）白釉碗M2:12 [3]、河南偃师徐府君墓（845）白釉碗M6:1 [4] 器形基本相同。北陉、北防口窑址白釉碗（16JBX:15、16JBK:8）与内蒙古巴彦淖尔盟王逆修墓（824）白釉碗 [5]、安徽巢湖伍钧墓（842）白釉碗 M2:7 [3]、河北临城刘府君墓（856）白釉碗 [6] 形制相似。北陉窑址白釉碗16JBX:11与河北井陉李氏墓（918）白釉碗 ZLM1:3 [7] 器形基本相同。南陉窑址白釉碗16JNX:25与福建闽王王审知墓（932）瓷碗 [8]、安徽合肥西郊南唐墓（946）瓷碗 [9] 器形相似。北防口窑址白釉碗 16JBK:13与江苏连云港五代墓（933）葵瓣口大瓷碗 [10] 器形相同。北防口窑址黄釉碗16JBK:22与河南巩义北窑湾晚唐墓黄釉碗 M2:6 [11] 器形与釉色基本相同。南陉、南防口窑址漏斗形匣钵（16JNX:44、16JNF:29）与河北曲阳定窑遗址涧磁岭 A 区第一组地层漏斗形匣钵 JCAT2H3:131 [12] 基本相同，北陉、南陉窑址三叶形支钉（16JBX:31、16JNX:48）与定窑遗址涧磁岭 A 区第一组地层三叶形支钉 JCAT2H3:24 [12] 相似。

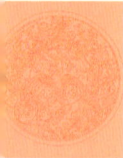

从以上纪年材料的比对可以推测，井陉窑北部 4 个窑址的时代为晚唐五代。

（2）城关、河东坡窑址

城关窑址青釉碗 16JCG 内:1 与河南安阳隋墓 M103（603）青釉碗 M103:12 [13]、河南安阳卜仁墓（603）青釉碗 [14] 器形相似，白釉碗 16JCG 门:8 与北京通县石宗璧墓（1177）定窑碗 [15] 器形相同，白釉印花碗、盘（16JCG 门:13、16JCG 门:17）与江苏江浦张同之夫妇墓（1199）定窑白瓷碗、盘 [16] 器形与纹饰基本相同，白釉盘 16JCG 门:4 与河南安阳韩治墓（1125）定窑白釉葵口盘 M6:9 [17] 器形相同，仅上腹稍短。化妆白瓷碗 16JCG 门:6 与河北观台磁州窑白釉碗Ⅷ型 2 式标本 T8⑥:36 [18]（第一期后段，998—1048）器形相似，白釉戳印褐彩枕 16JCG 门:27、28、29 与河北井陉柿庄墓群（推测为北宋晚期至金代前期）白釉枕 M9:2、M7:1、M3:8 [19] 在胎釉、器形及装饰方法上相同。河东坡窑址白釉碗 16JHD:32 与山西大同南郊陈庆夫妇墓（1157—1159）注碗 M2:9 [20]、山西大同西环路金墓（1164）M6:8 花口碗 [21] 器形相似。从以上比对材料来看，城关窑址的时代为隋、北宋、金三个时期，河东坡窑址的时代为金代。因该二处窑址已进行过 7 次考古发掘，从已发表的资料可知，城关窑址在 2004 年的天长镇联中地点曾清理出隋、晚唐五代、宋、金连续的窑业堆积 [22]，河东坡窑址在 1998 年的发掘中曾清理出晚唐五代窑炉、金代作坊与窑炉，并出土一批晚唐五代、宋、金时期的遗物 [23]，另在河东坡窑址的调查中曾采集到隋代的青釉碗残片。

由以上比对材料与历次发掘资料可以推测，城关与河东坡窑址的时代为隋、晚唐五代、宋、金时期。

（3）东窑岭、南秀林窑址

东窑岭窑址细白釉印花碗 16JDY:5、30 与江苏江浦县黄悦岭张同之夫妇墓（1199）定窑白瓷碗 [16] 器形与纹饰相似，化妆白瓷碗 16JDY:8 与石家庄南海山墓群 M3（推测为北宋末年）白釉碗 M3:9 [24] 器形基本相同，黑釉盏 16JDY:13 与山西稷山金墓（推测为金后期）M5 出土黑釉碗 [25] 器形与釉色相同。南秀林窑址化妆白瓷碗 16JXL:4 与河南偃师晚唐穆墓（847）M1025:4 [26] 器形相似，化妆白瓷花口碗 16JXL:9 与河北井陉李氏墓（918）白釉碗 ZLM1:1 [7] 器形相同，化妆白瓷唇口碗 16JXL:5 与河南巩义北窑湾五代墓瓷碗 M24:4 [11] 器形相似，化妆白瓷碗 16JXL:18 与河北观台磁州窑白釉碗Ⅷ型 2 式标本 T8⑥:36 [18]（第一期后段，998—1048）器形基本相同，白釉褐彩枕 16JXL:63 与河北井陉柿庄墓群 M4 出土的白釉枕 M4:1（推测为北宋晚期至金代前期）[19] 胎

釉与装饰方法相同。另此次调查时在东窑岭窑区三家店村东南断面上发现晚唐五代的白釉饼足碗残片，但因遗物位于断崖上未采集到。

由以上对比材料可以推测，东窑岭与南秀林窑址的时代为晚唐五代、宋、金时期。

(4) 天护—冯家沟、北横口、南横口、梅庄窑址

天护—冯家沟窑址白釉碗 16JTF∶18 与山西离石马茂庄金墓（1159）白瓷碗 I 式[27]、吉林农安窖藏白釉碗 J31[28] 器形基本相同，化妆白瓷钵 16JTF∶1 与北京磁器口金墓（1161—1167）白瓷碗 M1∶4[29] 器形相似，环形支圈 16JTF∶15 与定窑遗址涧磁岭 A 区第六组地层（推测为金中后期）环形支圈 JCAT2 西④∶159[12] 相同。北横口白釉碗底 16JBH∶1 与河北曲阳南平罗北宋墓（1117）出土的白釉碗[30] 胎釉与装饰方法相同。南横口、梅庄黑釉罐（16JNH∶20 东、16JMZ∶17）与河北磁县南开河元代沉船（推测为 1352 年之后）出土的黑釉双耳罐 4∶13[31] 器形相似。梅庄黑釉瓶 16JMZ∶18 与河北观台磁州窑黑釉瓶Ⅷ型 2 式 Y8 火②∶316[18]（1308—14 世纪末以前）器形基本相同。北横口双色釉碗 16JBH∶4 与河北滦平行家坟瓷碗 M1∶1（1810）[32] 器形相似。南横口、梅庄支钉钵（16JNH∶29 东、16JMZ∶20）与河北观台磁州窑支顶钵Ⅱ型 3 式 Y8 火③∶378[18]（1308—14 世纪末以前）器形相似，但个体更小，壁更斜直，时代较其更晚。

另据清雍正《井陉县志》载：（雍正时期）磁（瓷）器为井陉县的物产之一[33]；清乾隆《正定府志》载：金史地理志正定府产瓷器缸坛之属也，明时充贡出井陉[34]；民国《井陉县志料》载：境内南横口、冯家沟、天护等村，经营瓷器者共计 18 家[35]。根据井陉县文保所历年的调查资料，在天护—冯家沟窑址的矿区看守所施工中曾发现大量元代的厚胎白地黑花碗、盘及窑具残片，北横口、南横口、梅庄均曾采集到金代的薄胎碗、盘及环形支圈残片等。

根据此次采集遗物、文献记载及以前调查资料可以推测，天护—冯家沟、北横口、南横口窑址的时代为金、元、明、清、民国，北横口窑址时代可早至北宋末，梅庄窑址的时代为金、元、明。

2. 窑业发展历程

从目前已发现井陉窑窑址的地形情况分析，12 处窑址中，陉里盆地 2 处（北陉窑址、南陉窑址），天护盆地 1 处（天护—冯家沟窑址），天长盆地 2 处（城关窑址、河东坡窑址），其余 7 处位于河流两岸的临河台地上。从窑址所处的水系

情况分析，12 处窑址中，冶河及其支流 4 处（北陉窑址、南陉窑址、北防口窑址、南防口窑址），绵河及其支流 4 处（天护—冯家沟窑址、城关窑址、河东坡窑址、东窑岭窑址），甘陶河流域 4 处（北横口窑址、南横口窑址、南秀林窑址、梅庄窑址），地形与水系条件是井陉窑窑业发展的基础，直接决定了井陉窑的原料质量、燃料情况、瓷器生产工艺、行销路线等，对井陉窑的窑业发展研究有重要意义。

通过对 12 处窑址地理位置、烧瓷历史与产品特征的分析，我们可以对井陉窑窑址的窑业发展情况作出推测。

（1）隋代后期创烧。从目前已进行的考古工作分析，井陉窑创烧于隋代后期（约 600 年以后），创烧地点为绵河流域的城关、河东坡窑址，早期产品主要为青釉碗、杯类瓷器，产品质量较差，器类单一，数量较少，烧瓷范围小。

（2）初唐至中唐空白期。井陉窑目前已进行过多次考古调查、勘探与发掘工作，但该阶段的遗存一直未发现，故暂定为窑址发展空白期。

（3）晚唐五代高峰期。晚唐五代时期是井陉窑窑业发展的第一个高峰，首先表现在烧瓷规模的扩张，共有北陉、南陉、北防口、南防口、城关、河东坡、东窑岭、南秀林 8 处窑址在该阶段进行瓷器生产；其次是大量高端细瓷器的出现，目前已在城关、北防口、南防口窑址出土"官"字款器，另有各类胎薄釉润的碗、盘、罐、钵、盏托等高档细白瓷产品。

（4）北宋平稳发展期。目前在城关、河东坡、东窑岭、北横口、南秀林 5 处窑址中发现有北宋时期的遗物，但生产规模较小，产品以白釉、黑釉生活类器物为主，另有大量粗胎类器物。

（5）金代高峰期。金代是井陉窑窑业发展的第二个高峰，烧瓷规模再次扩大，在除北部 4 处窑址外的其余 8 处窑址中均发现有金代遗存，且窑业堆积很厚。该阶段井陉窑的主要产品仍为白釉碗、盘、罐等生活类器物，产品特征与定窑相比，胎质粗，釉泛黄，但精细类产品与定窑不相上下。井陉窑的黑釉、酱釉等颜色釉瓷器在质量、种类与数量上比例很大，且制作精美，其中剔花填彩、戳印填彩、刻划花填彩等装饰工艺更为同期井陉窑窑址所独有，形成了自身的风格。

（6）金代以后逐步衰落。自创烧以来一直作为中心窑场的城关、河东坡窑址停止了瓷器生产，原 8 处窑址中仅余天护—冯家沟、北横口、南横口、梅庄 4 处窑址（表一）继续烧造瓷器，但产品均变为磁州窑风格的民窑产品，有自身风格的井陉窑瓷器生产宣告结束，后天护—冯家沟、北横口、南横口窑址的窑业生产一直延续至民国时期。

3. 研究现状与下一步工作

井陉窑窑址发现于 1989 年，到目前为止共进行过 8 次考古发掘，其中城关窑址 3 次（发掘面积 480 平方米），河东坡窑址 4 次（发掘面积 1262 平方米），北防口窑址 1 次（发掘面积 42 平方米），8 次考古发掘仅 1994 年的显圣寺遗址已发表简报[36]，其余 7 次均未有正式简报或报告，窑址资料的匮乏严重阻碍了井陉窑这一河北第四大窑研究工作的开展。从已进行的窑址发掘工作看，8 次中的 7 次都是在城关与河东坡窑址，这对全面了解井陉窑各窑址的烧瓷情况显然不足。目前井陉窑研究的首要任务是建立一个以窑址发掘为基础的科学分期标准，这就需要对井陉窑的 12 处窑址在分区、分期后进行选择性发掘，在最小的发掘面积内解决产品分期标准问题，还原一个全面、真实、精彩的井陉窑还需要对窑址的进一步考古发掘来完成。

通过此次调查勘探可知，井陉窑 12 处窑址可分为冶河流域的北区、绵河流域的西区、甘陶河流域的东区共 3 个区域，其中绵河流域的核心区已进行过 7 次考古发掘，仅需对天护—冯家沟窑址进行小面积试掘，即可搞清绵河流域窑业发展情况。北区的 4 座窑址烧瓷时代相同，产品相似，可选择 1 处进行考古发掘，从现窑址上的民居及晚期堆积覆盖情况看，只能选择南陉窑址。东区 4 座窑址北横口、南横口、梅庄窑址均位于现村落下，无法进行发掘，南秀林窑址现地表为山坡与耕地，且烧瓷时间长，对其发掘可解决该区的窑业发展情况。故井陉窑窑址的进一步工作需要在天护—冯家沟、南陉、南秀林 3 座窑址来开展。

表 3—11—1　井陉窑窑址统计表

名称	位置	面积（m²）	时代
北陉窑址	井陉县南陉乡	12.39 万	晚唐五代
南陉窑址	井陉县南陉乡	12.3 万	晚唐五代
北防口窑址	井陉县孙庄乡	6 万	晚唐五代
南防口窑址	井陉县孙庄乡	1.8 万	晚唐五代
天护—冯家沟窑址	井陉矿区横涧乡	17.4 万	金、元、明、清、民国
城关窑址	井陉县天长镇	21.56 万	隋、晚唐五代、宋、金
河东坡窑址	井陉县天长镇	13.3 万	隋、晚唐五代、宋、金
东窑岭窑址	井陉县天长镇	5.3 万	晚唐五代、宋、金
北横口窑址	井陉县秀林镇	3.85 万	宋、金、元、明、清、民国
南横口窑址	井陉县秀林镇	4.9 万	金、元、明、清、民国
南秀林窑址	井陉县秀林镇	2.59 万	晚唐五代、宋、金
梅庄窑址	井陉县秀林镇	1.05 万	金、元、明

2016 年的考古工作是对井陉窑 12 处窑址的首次全面调查与勘探，基本明确了各窑址地表遗存现状与地下窑业堆积情况，通过采集遗物，基本确定了各窑址烧瓷品类、内涵、特征与时代延续情况等，对井陉窑的研究有重大推进作用。另外，通过此次考古工作，对原划定的井陉窑各窑址的保护范围与建设控制地带进行了重新增加或核减，为井陉窑保护规划的制定提供了翔实资料，为井陉窑各窑址保护范围的划定、保护工作的实施等提供了明确依据。

附记：井陉窑考古调查勘探领队为河北省文物研究所黄信，参加人员有河北省文物研究所胡强、雷金纪、刘军龙、毛小强、马春普、原璐璐、郭录成，井陉县文物保护管理所杜鲜明、胡秋明、高润成，井陉矿区文物保护管理所高建中、高甜甜。南陉窑址部分标本由南陉村民王法兵提供，北防口窑址部分标本由井陉县文物保护管理所提供，本文写作中得到孟繁峰先生的指导在此特别致谢。文内插图由胡强、毛小强绘制，照片由河北博物院郝建文拍摄。

执笔：黄　信

注释：

[3] 巢湖地区文物管理所：《安徽巢湖市唐代砖室墓》，《考古》1988 年第 6 期。

[4] 偃师商城博物馆：《河南偃师唐墓发掘报告》，《华夏考古》1995 年第 1 期。

[5] 张郁：《唐王逆修墓发掘纪要》内蒙古文物考古研究所：《内蒙古文物考古文集·第 2 辑》，中国大百科全书出版社 1997 年版，第 502—518 页。

[6] 李振奇、史云征、李兰珂：《河北临城七座唐墓》，《文物》1990 年第 5 期。

[7] 刘成文、孟繁峰：《一组五代井陉窑陶瓷器的释读：盘龙冶押官妻李氏墓的瓷器、三彩器及墓志》，中国考古学会：《中国考古学会第十五次年会论文集》，文物出版社 2013 年版，第 539—559 页。

[8] 福建省博物馆、福州市文物管理委员会：《唐末五代闽王王审知夫妇墓清理简报》，《文物》1991 年第 5 期。

[9] 石谷风、马人权：《合肥西郊南唐墓清理简报》，《文物参考资料》1958 年第 3 期。

[10] 江苏省文物管理委员会：《五代—吴大和五年墓清理记》，《文物参考资料》1957 年第 3 期。

[11] 河南省文物考古研究所、巩义市文物保管所：《巩义市北窑湾汉晋唐五代墓葬》，《考古学报》1996 年第 3 期。

[12] 河北省文物研究所、北京大学考古文博学院、曲阳县定窑遗址文保所：《河北曲阳

县涧磁岭定窑遗址 A 区发掘简报》，《考古》2014 年第 2 期。

[13] 中国社会科学院考古研究所安阳工作队：《安阳隋墓发掘报告》，《考古学报》1981 年第 3 期。

[14] 宋伯胤：《卜仁墓中的隋代青瓷器》，《文物参考资料》1958 年第 8 期。

[15] 北京市文物管理处：《北京市通县金代墓葬发掘简报》，《文物》1977 年第 11 期。

[16] 南京市博物馆：《江浦黄悦岭南宋张同之夫妇墓》，《文物》1973 年第 4 期。

[17] 河南省文物局：《安阳韩琦家族墓地》，科学出版社 2012 年版，第 45—46 页。

[18] 北京大学考古学系、河北省文物研究所、邯郸地区文物保管所：《观台磁州窑址》，文物出版社 1997 年版，第 57—58 页。

[19] 河北省文物局文物工作队：《河北井陉县柿庄宋墓发掘报告》，《考古学报》1962 年第 2 期。

[20] 大同市博物馆：《大同市南郊金代壁画墓》，《考古学报》1992 年第 4 期。

[21] 大同市考古研究所：《山西大同西环路辽金墓发掘简报》，《文物》2015 年第 12 期。

[22] 孟繁峰、王会民、樊书海：《井陉窑和唐家垴墓地》，中国考古学会：《中国考古学年鉴·2004》，文物出版社 2005 年版，第 130—132 页。

[23] 孟繁峰、郭济桥、齐瑞普：《井陉县河东坡井陉窑址》，中国考古学会：《中国考古学年鉴·1998》，文物出版社 1999 年版，第 114—115 页。

[24] 河北省文物研究所石太考古队：《石太高速公路北新城南海山墓区发掘报告》，河北省文物研究所：《河北省考古文集》，东方出版社 1998 年版，第 285—309 页。

[25] 山西省考古研究所：《山西稷山金墓发掘简报》，《文物》1983 年第 1 期。

[26] 中国社会科学院考古研究所：《偃师杏园唐墓》，科学出版社 2001 年版，第 200—201 页。

[27] 商彤流、王金元：《离石马茂庄发现一座金墓》，《文物季刊》1994 年第 1 期。

[28] 吉林省博物馆、农安县文管所：《吉林农安金代窖藏文物》，《文物》1988 年第 7 期。

[29] 王清林、王策：《磁器口出土的金代石椁墓》，北京市文物研究所：《北京文物与考古·第五辑》，北京燕山出版社 2002 年版，第 88—91 页。

[30] 保定地区文物管理所、曲阳县文物保管所：《河北曲阳南平罗北宋政和七年墓清理简报》，《文物》1988 年第 11 期。

[31] 磁县文化馆：《河北磁县南开河村元代木船发掘简报》，《考古》1978 年第 6 期。

[32] 河北省文物研究所、承德市文物局、滦平县文物保管所：《滦平行家坟墓地发掘简报》，河北省文物研究所：《河北省考古文集 4》，科学出版社 2007 年版，第 322—332 页。

[33] 钟文英：《井陉县志》卷之三《物产》，清雍正八年（1730）影印本，成文出版社有

限公司 1977 年版。

[34] 郑大进:《正定府志》卷一二《风物下·物产》,清乾隆二十七年（1762）影印本,台湾学生书局 1969 年版。

[35] 王用舟:《井陉县志料》第六编《实业》,民国二十三年（1934）本,成文出版社 1977 年版,第 419—420 页。

[36] 河北省文物研究所、井陉县文物保管所:《河北井陉显圣寺瓦窑、琉璃窑清理简报》,《文物季刊》1997 年第 2 期。

（原载《文物春秋》2017 年第 4 期）

肆　通讯和报导

一、井陉窑发掘获重大成果

　　1998 年 7—10 月间，为配合 307 国道拓宽工程，河北省文物研究所会同当地市县文物部门，对井陉窑河东坡窑区进行了抢救性勘探、发掘。勘探面积 5000 平方米，发掘面积 300 平方米。发掘窑炉 7 座，澄浆池一组，作坊 1 处，灰坑 14 个以及金代仿木结构砖室墓 1 座。获得完整或基本完整的瓷器（含窑具）400 余件，以及一批典型的井陉窑瓷片标本，极大地充实了井陉窑的研究内容，也为我国北方古代诸窑窑口的关系及陶瓷发展史研究增添了重要实物资料。

　　西南距今井陉县县城 15 公里的河东坡窑区，位于绵河东岸，隔河为井陉窑的另一重要窑址天长镇城关窑区。金代墓发现于城关窑区西北部。

　　澄浆池由两个南北相连的以匣钵和石块砌壁、以砖石铺底的方坑组成，口径分别为 2.1 米和 2.3 米，各深 1.1 米和 1.35 米。底部略小于口部。池子的下部分别存留 0.2 米和 0.5 米厚的深灰色矸子泥。从口、底部均低于北池来看，泥浆原来从北向南流动。在南距澄浆池 30 米外，距今地表 4 米以下发现的作坊残迹，作坊为东西相并的两间房子。西间仅在探方内暴露南北长 3.5 米，东西宽 0.5 米的石砌墙体，靠东壁堆放褐黄色釉土。东面一间皆暴露在探方内，南北长 7.5 米，宽 3.5 米，墙体残高 0.8 米左右，作坊四周墙体用石块不规则垒砌，作坊内用匣钵砌成隔墙将作坊分成南北两间。北间较小，用于存放矸子泥；南间较大，地面平铺方砖，室内隔墙的西端及南间靠南分别放置带石板盖的黑釉缸。西南一间靠东壁处堆放褐黄色釉土。由此表明作坊原为窑场成型上釉的工作间，作坊及作坊北的澄浆池同为金代遗迹。

　　发掘的窑炉形制、规模大小与保存程度均不相同。其中 3 座窑炉保存比较完整，有代表性。Y3 为金代窑，由灰室、窑床组成，东西向；窑床在西，外为圆形，内近正八边形，内径仅 1.5 米，周壁用匣钵、石块垒成，存高 0.3—0.4 米，厚0.3米；窑床上留存0.05—0.1米厚的草木灰和煤渣混合灰烬；正圆形灰室与窑床相切（相接），相切处开有窑门，灰室开口与窑床相平，灰室口径1.7米，底径2.1米，深1.3米。灰室的灰渣中混杂了大量的瓷片、完整瓷器、琉璃瓦件和匣钵，底部出土了砂质炮弹形坩埚。与常见的马蹄形或馒头形窑炉相比较，此窑形制极为特殊：其一，没有单独的火膛，从窑床上和灰室的灰烬完全相同看，应是直接将燃料投放到窑床上燃烧的窑，因此它的火膛和窑床合二为一；其二，从窑床后部及周壁无烟囱的痕迹分析，它是直烟窑，即烟囱开在窑室的顶部；其三，此窑规模较小，且出土砂质坩埚，分析其是叠置的坩埚与燃料一起堆放在窑床上烧炼。因此，此窑是专门用来熔炼矿物质釉料而设，可称之为制釉窑，使用木材及煤的混合燃料。

Y2为晚唐五代时期的瓷窑。由火膛、窑床、烟囱组成，南北向（坐南向北）。窑床在南，为长方形，长2.3米，宽1.7米，上铺耐火沙；火膛在窑床北端，呈半圆形，其壁用耐火砖、匣钵、石块不规则垒成，已烧结；火膛最大径1.7米，残深0.7米；与窑床共同构成窑室；火膛底部残留有厚0.2—0.3米的草木灰。此窑的特殊结构之处为椭圆形的烟囱设在窑床后部两侧，而不设在窑床后端；Y2的燃料为木材，其结构的特殊作用有待进一步的研究。

Y7为晚唐瓷窑，由窑床、火膛、烟囱三部分组成，南北向（坐北向南），火膛窑床在南，烟囱在窑床北，窑床呈长方形，长2米，宽1.7米，略向内倾，上铺耐火沙；火膛为半圆形，直径1.7米，深0.9米，火膛内有草木灰，火膛南端为出灰口，宽0.8米，与窑床共同构成窑室；窑壁残高1米，以匣钵、石块、耐火砖不规则垒砌，窑壁上抹有厚1.5—3厘米的耐火泥，已烧结。窑室后端两侧对置两个烟囱，烟囱与窑室通过烟道相连，烟囱呈方形，边长0.7米；窑室后部近北壁处，及烟道里侧残留有摞在一起的已烧结的筒形匣钵，但均被打破，匣钵里面的瓷器已取走。Y7的燃料为木柴。

金墓（98JTM1），保存完整，由墓道、墓门、甬道、墓室四部分组成，全长11.6米。墓门门楼及墓室内仿木砖雕斗拱为三跳六铺作、二跳五铺作、一跳四铺作，全依宋制；斗拱及拱眼壁彩绘为几何形图案及花卉、舞蝶，线条流畅，色彩绚丽，方形墓室的穹窿顶绘有星象图，墓室四壁分别砖雕有门楼、灯架、桌椅、车轿，并配以彩绘侍女、男仆、牛马、骆驼、鸡狗、屏风及饮食器皿；墓主人端坐墓室北壁正中门楼下，门楼两侧各有一执幡接引女神。表现了墓主人生前富足、死后安荣的景象。此外，墓室四角还绘有镇墓四神。木棺侧帮分幅彩绘二十四孝图。此墓发掘前数天曾被盗扰，仍清理出土器物23件，另还追回21件。

图 4—1　井陉窑作坊发掘现场

除滑石执壶、药砂锅、砖砚、漆器、铁门锁等外，另有瓷器 38 件，绝大多数已判明为井陉窑产品，为井陉窑瓷器断代分期提供了直接的参证依据。

出土器物初步分为晚唐五代、宋、金三个时期。晚唐五代遗物众多，瓷器中90％以上为白瓷，器类以碗为多，形式丰富多样，还有杯、钵、盘、注子、瓶、壶、枕等。高档瓷除洁白莹润的细白瓷外，少量的黑釉瓷中，亦有胎体洁白坚致，釉色黑亮如漆的佳作。充分体现了晚唐井陉窑的繁荣。此阶段的窑具，匣钵除筒形外，多矮壁漏斗形，垫烧工具以三角支钉最为普遍。

宋代出土器物相对较少，其中敞口碗最为普遍，此外有外模印饰的莲瓣纹碗、折腰碗、梅瓶、枕等。匣钵的形制变化不大，但垫支工具变化显著，支珠普遍取代了支钉。

金代瓷器、瓷片、窑具，在此次发掘中收获最多，器类、器形、釉色及装饰手法较前大大增多。器类有各式碗、盏、盘、碟、盂、尊、壶、瓶、罐、盆、盒、灯、香炉、釜、枕；小瓷塑有人物、动物；工具以及建筑构件等。釉色以白瓷为主，但黑、酱、黄、青、绿釉在数量上占四分之一强，大有后来居上的趋势。装饰方面，除印花、划花为大宗外，剔花、点彩也是常用技法尤为其他窑口不见或少见的戳印划花、白地黑绘划花、白地褐绘划花、白釉白地剔划花等争奇斗艳，充分显示井陉窑所独具的特色。此类瓷片，即为邢、定窑所不见，也与磁州窑器灰胎、巧绘有明显的区别。印花瓷片中的彩带分区，池上仙人图等为前所未见。戳印划花枕片的再次出土，又一次证实了此类花枕的产地。低温釉器类亦有一定的发现；其中素烧平底深腹为白胎无釉的半成品，尚欠二次烧成。建筑构件中与黄、绿琉璃瓦件伴出的还有相同规格的纯白釉瓷瓦，亦是同期罕见的发现。

出土两件珍贵的瓷器残片：黑釉仿建梅花盏，斑斓的花朵，开遍器里器外；金花细白瓷平底盘，在洁白的釉色衬托下，花色金光熠熠。这两种珍贵器物的同类残片，均在窑址中被发现。

金代井陉窑窑具种类极其丰富，匣钵除筒形、漏斗形外，盆形、钵形、盘形、釜形也多见。垫烧工具普遍为支圈。此期的发现，无论从器物方面，还是装烧工具都充分显示出井陉窑后段的盛烧期制瓷工艺超过了同期的定窑。

此次抢救发掘，使井陉窑的澄泥、陈腐、制坯、上釉、熔釉、装烧等主要工序得以再现；井陉窑比较充分揭露了晚唐与金代两个盛烧期的内容，尤其是熔釉窑、异形窑的发现等，不仅对井陉窑本身的研究，也将有力地推动整个北方古瓷窑史研究的深入开展。

（原载《中国文物报》1998年11月18日第90期头版头条，
孟繁峰、郭济桥、齐瑞普）

二、井陉窑调查发掘又有新进展

　　1998 年对井陉窑河东坡 5 号窑址采掘后，去年 11—12 月间河北省文物研究所又对该窑群近年出土的流散瓷器和新的窑地点作了补充调查，取得了突破性进展。

　　五号窑址位于河东坡窑址东缘民房间的空隙地带，地表散布有金代瓷片及窑具残片。南部因建房挖出的断面上原出露与之相连的作坊遗迹，发掘前已被破毁。其西南约 40 米，1995 年夏末曾一次出土完整精美的金代印花模子 12 件。限于房舍障碍，这次发掘仅开探方 1 个，面积 62 平方米，完整地揭露了炉体。五号窑址南向，是迄今发现体量最大的井陉窑窑炉，纵长 8.6 米，宽 6.6 米，平面呈马蹄形。除火膛、窑床、烟道、烟囱等常规构造外，在火膛南端下部还完整地保留着高 1.07 米、宽 0.9 米的方整石砌灰门及门外长 1.6 米、宽 0.7 米、深 1.7 米的灰道。灰门以上相隔 0.6 米原砌火门仅残存下部。火门与灰门之间，周壁内出沿以搭置炉条。火膛内完整遗存有支撑炉栅的耐火砖砌与匣钵叠置的并体双柱 3 组（根），柱间横搭直梁式炉条，两侧再搭置弓形炉条组成的炉栅尚存 28 根，这些由耐火土烧制的粗大炉条搭置成的炉栅曾多次连续使用，未经拆动，每次清灰只需由灰沟通过灰门进行，简化了操作工序。窑床横宽 5.5 米、纵长 2.5 米，前端与火膛相接处用耐火砖砌筑的挡火墙尚有部分残余；后端对置有直径 1.5 米的烟囱 2 个。窑床上平铺一层厚 0.2 米的米黄色耐火砂，表面烧结有匣钵留下的圆形痕迹，纵横成行，清楚地显示了在装窑环节上其时匣钵的摆放形式。

　　弃置在火膛、灰道内的残次瓷器，瓷片有些还与匣钵、支圈烧结在一起，可以判定都是该窑最后的产品。覆盖窑体的地层所出瓷片与之造型、釉色、装饰特征完全相同，表明皆与前者同期同属。经清理，五号窑址出土完整或基本完整的瓷器 55 件，可复原的典型标本 144 件，另获瓷片 1160 件，其中以白瓷占大多数。

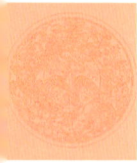

瓷器的装饰品类主要为印花，其次有点彩、划花、刻花、镂雕等。印花类器物多属高档产品，品种丰富，即有与定窑印花相似的以莲花、牡丹为主的花卉纹，以及花卉衬托游鱼、禽鸟、婴戏等寓意富贵的图案，也有定窑所不见的开光湖石园景和池上仙人图等反映士大夫情趣、有着浓厚写实意味的新见稀有品种。初步统计，这一窑的印花图案已逾20种，且无一与此前发现的印花模子图案完全相同。这不仅丰富了井陉窑印花瓷的花色品种，也为研究当时制瓷业作坊间的行规行情提供了珍贵的信息。

根据炉体结构、所获遗物等方面的分析，以及与相关墓葬出土瓷器对比，可明确断定五号窑址的时代为金代后期。如此，所收获的这批标本就成为井陉窑分期断代的可靠标型器。从这座大型窑炉的上述构造特点来看，也直接展示了我国古代北方瓷窑窑炉的构造发展到金代已成熟到定型水平。在烧成技法方面也有新收获，通过对标本的初步观察，比如碗类，还发现在支圈覆烧、涩圈叠烧的同一窑，还同时存在着支珠（也作支钉）叠烧的做法，且根据圈足的大小不同，支珠的数量也有三粒、五粒之别，从而修正了以支钉多少区别窑口的认识。在火膛与灰道内还出土了一批炮弹形砂质坩埚，多有使用痕迹。1998年同一窑址发掘的"熔釉窑"曾发现装烧此类器物，当时推测这些坩埚用做熔炼矿物釉料。由五号窑址的这一发现看，烧制瓷器的大窑当时也带烧坩埚熔物，熔炼的实属何物、作何用，此次终于取得了可资化验、鉴定的实物标本。

调查在东距河东坡8公里、绵河与甘陶河交汇的南横口村临河断崖上寻找到长达百米以上的文化层分布带，发现了窑炉残迹、断续的瓷片、窑具堆积。采集到的标本除金元时期的白釉、两色釉碗片外，还首次发现了青花碗片，有的叠置烧结在一起，可以确信产自当地。由采集标本看，青花碗胎体较厚，釉泛青灰，纹饰绘在碗的外壁，主要为写意花卉，还见有蓝色的叶配褐色的果，朴拙粗放，极富地方特色，由碗里心和圈足上粘结的五堆砂粒痕，可见其系采用砂堆叠烧法烧制，这种装烧方式在井陉窑只有元代及其以后才使用，所出层位又叠压在金元层上，且碗底心的凸突已不十分明显，因此其时代初步推定为明清。这处新发现的窑场是井陉窑的第10处窑址，由于地表被近现代建筑覆盖，未发现明显的遗物分布，故其面积尚不清楚。

由于此前发现的窑场虽个别延烧至明清，但由于只见黑釉粗碗，或如乾隆《正定府志·物产》所记"正定府产瓷器，缸坛之属也，明时充贡出井陉"那样，盛烧黑釉系缸坛，因此将这一以烧制白瓷为主的窑口下限定在元代。今以南横口窑址的情况来看，它不仅是目前发现的河北最早烧制青花瓷器的窑场，还将井陉

窑的下限延续至明清。

这次调查还探访到近年在窑场窑藏和周边墓地出土流散在民间的瓷器邮件，其中如隋代的白瓷碗、黑釉高足盘，唐前期的两色釉碗，五代的凤头壶，宋代的水波纹腰圆白瓷枕，金代的戳印立鹿蝶花纹叶式枕，元代的小高足碗等均是井陉窑的代表性器物，在一定程度上填补了井陉窑的个别缺环，丰富了井陉窑器的品种，并初步展示了这一窑口长达 1300 多年的制瓷历史。

（原载《中国文物报》2000 年 3 月 12 日头版第二条，
孟繁峰、郭济桥、杜鲜明）

图 4—2—1　河东坡 5 号窑址

图 4—2—2　金代戳印立鹿蝶花纹叶式枕

图 4—2—3　五代凤头壶

三、井陉窑发现独特戳印点彩戳模

2000 年 9 月初，河北省文物部门会同井陉县有关部门制止了一起在省级文物保护单位井陉窑河东坡窑场违法施工工程。9—12 月间，河北省文物研究所、石家庄市文管所、井陉县文保所联合组成考古队，对该遗址进行了抢救性发掘。发掘面积 180 平方米，清理残窑炉 3 座，作坊 1 处，灰坑 9 个。基本搞清了这处金代苗姓窑场的主体布局，清理出作坊内遗存的各类生产设施、工具、原料和半成品。出土瓷片 15319 片，选取标本 600 余件，其中完整或基本完整的珍贵品 189 件。此次发掘不仅进一步丰富了井窑金代产品的花色品种，更可喜的是戳印点彩戳模的首次出土，为井陉窑特有的戳印装饰技法——"戳印点彩"的存在获取了典型的实物佐证。出自元代地层和元以后灰坑中的印花、划花、绘花及各种题款的元代井器瓷片的首次发现，也充分展示了井陉窑后期生产的面貌。

这次抢救发掘的地点，西北距同一窑址 1998 年夏发掘地点 300 米（见本报 1998 年 11 月 18 日报道）；东北距 1999 年冬发掘地点 200 米（见本报 2000 年 3 月 12 日报道），处在河东坡窑址中部、东西向河东沟的南坡中段。

据 3 号作坊内遗留的耐火土质圆形大垫盘上刻"苗"姓楷体大字推知，窑场当年的主人姓苗。揭示表明，这一金代苗姓窑场的布局十分紧凑：中部为作坊区，在 10 米宽的作坊区的东西两侧为窑炉区，窑炉隔作坊区东西相对，窑门均向作坊区，对称有序。这种布列规整的建筑组合，显示出 800 年前民间陶瓷手工业作坊的实际生产格局。

8 号窑炉位于作坊东侧，在去年的基建中即被纵向挖掉一半，由当时露出的灰门、灰沟观测，知其西向。经清理，8 号窑炉仅残剩东南部长 1 米的窑床、窑壁和长 3 米的保护墙。10 号窑炉位于 8 号窑炉南侧，部分为其叠压，绝大部分窑体被基建施工挖掉，仅余 3 米长的窑床南侧残边，同样是西向。

607

9号窑炉位于作坊西侧，东向，紧邻5号作坊。此次仅发掘出它的灰门、灰沟及部分火膛。揭露部分纵3.8米、宽4.8米。火膛底部深距地表4.9米。9号窑炉燃料用煤。

依据层位和伴出的遗物判明，三窑的年代均为金代。8号窑炉叠压10号窑炉，说明二者还有早晚之别。联系所属作坊亦有前后两个阶段的使用期来看，这里的叠压现象可能是10号窑炉倒塌后重建8号窑炉连续使用而造成。虽然三窑有两窑破毁，一窑尚未全部揭露，但它们之间及其与作坊相向对应的位属关系，仍具有重要意义。迹象表明，它们的体量与去年发掘的5号窑炉相近，结构上也属于马蹄形的馒头窑。

作坊区北部亦遭基建破坏，但仍包含堆料、拉坯、上釉、晾坯、烘坯、储存窑具等丰富内容，十分难得。

3号作坊与4号作坊同为窑洞式，且东西并列，门均北向，前部原有过洞相通。3号作坊位于4号作坊以东，底面南北长8.7米、宽3.6米、最大残高1.58米。4号作坊底面长7.7米、宽3.1米、最大残高1.9米。二者东西壁原有相对的壁柱支固顶部，3号作坊内有5对，4号作坊内有4对。后期可能因为塌顶，紧贴3号作坊西壁加砌出一道匣钵墙，取代土墙和壁柱，并将连通3号、4号作坊的过洞口各用匣钵墙封死，将二者分开独立使用。5号作坊位于4号作坊北部，为平地起砌匣钵墙建成的长方形房屋。其北半部为基建挖除，仅存南半部，南北残长3.7米、宽3.2米。5号作坊南墙中部开有宽0.8米门道与4号作坊前后相通。

在3号作坊内西北角、前部及中部西壁前的地面上留有未上釉的青灰色坯件残堆。西北角堆长0.8米、宽0.4米，清理出成摞的重唇敞口小盏坯件，时代特色鲜明。3号作坊后部连接西壁保留有长2.5米、宽2米、高0.6米的匣钵片砌起的圈子，圈子内依西壁堆有高0.5—0.7米的白色长石、石英粉和粘土混合的釉料料堆。在匣钵圈子的东侧，靠东壁自北向南依次遗留有灰陶大盆，黑釉大瓷盆，方形耐火土质工作台面，铁质刮刀，耐火土质圆形大垫盘，黑釉盛釉浆大瓮。瓮内壁均有釉浆残迹，瓮底积存有沉落的坯件残片。这些遗留的原料、器具和坯件，说明3号作坊拉坯、上釉的功用。瓮、盆在窑洞最后废弃时被压碎，但均能复原。

在4号作坊前部和中部东侧分三堆堆积了大量的各式支圈和匣钵。在4号作坊中后部地面距西壁约1.5米，南北间隔1.4—1.6米处，清出三个直径0.25米、深0.5米的柱洞，其中北洞西北1.7米、距西壁0.2米处又有一个直径相似、深0.2米的柱洞。与4柱洞相对的西壁壁面上又各清出一排上下间距相等的3个横式柱洞，计4排。将二者联系在一起，正是原搭架栏的立柱和横柱留下的遗迹。依洞

数可知，架栏三层，层隔 0.4 米，前部为抹角式，总长 5.2 米、宽约 1.5 米、高约 1.6 米以上。在架栏两侧的地面上遗留有大面积已上过釉的坯件残片，表明架栏原来是晾坯件所用。可知 4 号作坊是晾坯和存放窑具的场所。

在 5 号作坊内西部，保留残长 2.5 米、宽 1.6 米的匣钵砌沟台状建筑。沟宽约 0.3 米、深 0.4 米，隔台有两条。台宽约 0.4 米，间沟有三道，沟上原搭置有青灰条砖。沟内填满煤粉块，沟壁、沟底存有斑驳的火烧土痕，煤粉上散落有坯件残块。沟台状建筑的南头还有作为燃料的粉煤堆，但没有发现灶坑。由此分析，沟台可能是特殊需要时使用的烘坯房。

作坊内保留下来的器具和半成品的特征与窑炉伴出器物的可比特征完全吻合。因此，可以确认作坊的时代为金代，还为二者的同期同属留下了可靠的依据。

还需提及的是，在元代层和元代以后灰坑中出土的元代瓷片标本，充分反映出器形有直接延承同一窑口的金瓷式样，且装饰手法也与之一脉相接。此次出土的元代印花盘、划花盘均是以往所未见的珍品。此外，元代的褐彩绘花朴拙，与磁州窑同类产品的风格迥异。题款方面亦有丰富的发现，如"××元年"行书大字年款；"××先生""张""陈""苏""郑"等姓氏款，"元义馆""官"等名号款均极大丰富了井陉窑元代瓷业的内容，也是对我国北方制瓷史资料的重要补充。

（原载《中国文物报》2000 年 12 月 27 日头版重要文章，孟繁峰）

图4—3—1 发掘现场

图4—3—2 坯子

图4—3—3 戳印点彩戳模的首次出土,为井陉窑特有的戳印装饰技法——"戳印点彩"的存在提供了实物佐证

图4—3—4 3号作坊

四、河北井陉窑河东坡窑区

　　1998 年 7 至 10 月间，为配合 307 国道拓宽工程，河北省文物研究所会同当地市县文物部门，对井陉治域以西 15 公里的井陉窑河东坡窑区进行了抢救性勘探、发掘。勘探面积 5000 平方米，发掘面积 300 平方米。发掘窑炉 7 座，澄浆池 1 组，作坊 1 处，灰坑 14 个以及金代仿木结构砖室壁画墓 1 座。获得完整或基本完整的瓷器（含窑具）400 余件，以及一批典型的井陉窑瓷片标本。

　　澄浆池由南北相连的两个以匣钵和石块砌壁、以砖石铺底的方坑组成，口径分别为 2.1 米和 2.3 米，深 1.1 米和 1.35 米。底部略小。池子的下部分别存留 0.2 米和 0.5 米厚的深灰色矸子泥。从南池口、底部均低于北池来看，泥浆原来从北向南流动。在澄浆池北 30 米处发现的作坊残迹为两间房子，东面一间南北长 7.5 米，宽 3.5 米，残留壁高 0.8 米左右，用石块垒成，地面平铺方砖。房间被匣钵垒成隔墙隔成南北两间，北间较小，堆放矸子泥；南间较大，室内放置 2 个黑釉带盖缸。西面一间堆放褐黄色釉土。遗迹表明，作坊原为窑场成型上釉的工作

图 4—4—1　窑址 II 区金代作坊遗址

图 4—4—3　Y3 金代熔制釉料的小型窑炉

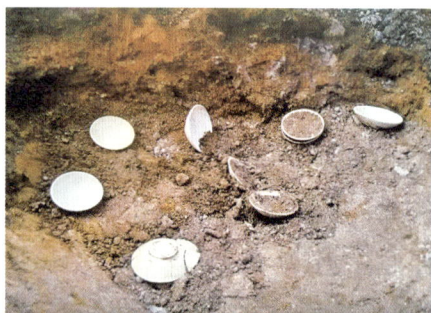

图 4—4—2　Y7 清理情况

图 4—4—4　H13 晚唐灰坑内瓷器

间。作坊及澄浆池同为金代遗存。

发掘的窑炉形制、规模与保存程度均不相同，其中 3 座保存比较完整，有代表性。

Y3 为金代窑，由灰室和窑床组成，东西向，窑床在西，外为圆形，内近正八边形，内径仅 1.5 米，周壁用匣钵、石块垒成，存高 0.3—0.4 米，厚约 0.3 米。窑床上存有草木灰和煤渣混合灰烬。灰室圆形，平底，开口与窑床相平，口径 1.7 米，底径 2.1 米，深 1.3 米。充填的灰渣中混杂了大量的瓷片、完整瓷器、琉璃瓦件及匣钵，底部出有砂质炮弹形坩埚。与常见的马蹄形或馒头形窑炉相比，此窑形制极为特殊：其一，没有单独的火膛，从窑床上和灰室的灰烬完全相同看，应是直接将燃料投放到窑床上燃烧的窑，因此，它的火膛和窑床合二为一；其二，从窑室后端及周侧无烟囱痕迹分析，它是直烟窑，即烟囱开设在窑室的顶部；其三，此窑规模较小，且出有砂质坩埚，可知叠置的坩埚与燃料一起堆放在窑床上烧炼的，因此此窑应是专门用来熔炼矿物质釉料，可称之为制釉窑，使用木材及煤的混合燃料。

Y2 为晚唐五代时期的瓷窑，由火膛、窑床和烟囱组成。窑床长方形，长 2.3

米，宽1.7米，上铺耐火沙。火膛呈半圆形，其壁以匣钵、石块、耐火砖砌成。火膛最大径1.7米，深0.7米，此窑结构的特殊之处为椭圆形烟囱设在窑床后部两侧，而不设在床后端。Y2燃料为木材。

Y7为晚唐的瓷窑，由窑床、火膛、烟囱三部分组成。窑床呈长方形，长2米、宽1.7米，略向内倾，上铺耐火沙。火膛呈半圆形，直径1.7米，深0.9米。窑壁残存1米高，以匣钵、石块、窑砖修砌，表面抹有厚1.5—3厘米的耐火泥。窑室后端对置的两个烟囱呈长方形，右烟囱里侧残留有摞在一起、已烧结的筒状匣钵，均被打破，里面的瓷器已被取走。这种超窑床装填烧件的情况，显示了我国北方早期瓷窑烟囱与窑床无烟道阻隔，直接相连的较原始形态。Y7同Y2一样，火膛内有草木灰，其燃料为木柴。

金墓（98TM1）保存完整，由墓道、墓门、甬道、墓室四部分构成，全长11.6米。墓门门楼及墓室内仿木砖雕三跳六铺作、二跳五铺作、一跳四铺作斗拱全依宋制。斗拱及栱眼壁彩绘几何形图案及花卉、舞蝶，线条流畅，色彩绚丽。方形墓室的穹窿顶绘有星象图，墓室四壁分别砖雕有门楼、灯架、桌椅、车轿，并各配以彩绘侍女、男仆、牛马、骆驼、鸡狗、屏风及饮食器皿，墓主人端坐墓室北壁正中门楼下，门楼两侧各有一执幡接引女神像，表现了墓主人生前富足、死

图4—4—5 窑区内发现的金墓（98JTM1）壁画

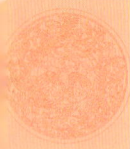

图4—4—6 窑区内发现的金墓（98JTM1）壁画

图4—4—7 Y5出土印花白瓷盘残片

图4—4—8 Y2出土褐釉双系葫芦瓶

后安乐的景象。此外，墓室四角还绘有镇墓四神。木棺侧帮分幅彩绘二十四孝图。此墓发掘前曾被盗扰，清理出土器物23件，另外追回被盗器物21件。除滑石执壶、药砂锅、砖砚、漆器、铁门锁等，另有瓷器38件，绝大多数为井陉窑产品。

出土器物初步分为晚唐五代、宋、金三个时期。晚唐五代的遗物众多，瓷器中90％以上为白瓷，以碗为多，形式丰富多样，还有杯、钵、盘、注子、瓶、壶、枕等。高档瓷除洁白莹润的细白瓷外，少量黑釉瓷中亦有胎体洁白坚致、釉色黑亮如漆的佳作。此阶段的窑具、匣钵除筒形外，多为矮壁漏斗状，垫烧工具以三角支钉最为普遍。

614

图4—4—9 墨、褐釉绘划花瓷片

宋代出土器物相对较少，其中敞口碗最为普遍，此外有模印装饰的莲瓣纹碗、折腰盘、梅瓶、枕等。匣钵的形制变化不大，但垫支工具中支珠普遍取代了支钉。

金代瓷器、瓷片、窑具在此次发掘中收获最多，器种、器形、釉色及装饰手法较前大大增多。有各式碗、盏、盘、碟、盂、尊、壶、瓶、罐、盆、盒、灯、香炉、釜、枕，小瓷塑人物、动物、工具以及建筑构件等。釉色虽仍以白色为主，但黑、酱、黄、青、绿釉在数量上已占四分之一强，大有后来居上的趋势。装饰方面，除印花、划花为大宗外，剔花、点彩也是常用技法，其他窑口不见或少见的戳印划花、白地黑绘划花、白地褐绘划花、白釉白地剔划花等争奇斗艳，充分显示出井陉窑所独具的特色。此类瓷片为邢、定窑系所不见，也与磁州器灰胎、彩绘有明显的区别。印花瓷片中的彩带分区，池上仙人图等为前所未见。戳印划花枕片的再次出土，又一次证实了此类花枕的产地。低温釉器亦有一定的发现。其中素烧平底深腹碗为白胎无釉的半成品。建筑构件中与黄、绿琉璃瓦伴出的还有相同规格的纯白釉瓷瓦，亦是同期罕见的发现。

出土两种珍贵的瓷器残片：黑釉仿建梅花盏，斑斓的花朵，开遍器里器外；金花细白瓷平底盘，在洁白的釉色衬托下，花色金光熠熠。这两种珍贵器物的同类残片，均在窑址中被发现。

图4—4—10 98JTM1 出土
金花白瓷盘

图4—4—11 98JTM1 出土仿建窑梅花盏

金代井陉窑窑具种类极其丰富，匣钵除筒状、漏斗状外，盆形、钵形、盘形、釜形等也多见。垫烧工具普遍为支圈。此期的发现，无论从器物还是装烧工具都充分显示出井陉窑后段的盛烧期，制瓷工艺超过了同期的定窑。

此次抢救发掘，使井陉窑的澄泥、陈腐、制坯、上釉、熔釉、装烧等主要工序得以再现；比较充分揭露了井陉窑晚唐与金代两个盛烧期的状况，尤其是异形窑、熔釉窑等的发现，不仅有利于井陉窑的研究，也将推动整个北方古陶瓷史研究的深入开展。

（原载国家文物局主编：《1998中国重要考古发现》，

孟繁峰，文物出版社2000年版）

五、马家陶瓷发展史

县政协委员马忙喜口述　冀锁录整理

说起我们马家的陶瓷来，由于文献缺载，缘起无从考究，仅据我家父老传讲，在宋朝时井陉就有了陶瓷业，期初在北陉村，明朝时移至梅庄村河西。清初又迁至我们南横口，我们马家陶瓷业的最早发起年代就是清朝了，南横口在20世纪30年代以前叫马家寨，因为村里大都是姓马的，故南横口陶瓷也叫马家陶瓷。起初，马家仅建有原始的小土窑一两座，产品只供当地需用，由于销路不畅，无人重视，未曾发展。到清咸丰年间，华北发生地震，尤其是陶瓷业比较发达的彭城镇损失很大，陶瓷窑大部分倒塌，生产量很小，因此，市场上陶瓷奇缺，供不应求，各地小商小贩踊跃采购。这一变化的市场形势，为马家陶瓷的发展提供了极好的机会，但当时马家生产陶瓷的人才非常缺乏，生产工艺也不大稳定，于是马家就从彭城请来了谢、段两位陶瓷艺人。谢、段二人由于受旧的传统习惯的影响，技术不外传，故他们又将全家户口迁到马家寨，并在此长期定居（谢家现已发展百余人，段家仅剩一户）。谢、段两家的迁来，使马家陶瓷如虎添翼，得到了迅速发展。此间，陶瓷窑增加了10座，从业人员达七八十人。数年后，彭城陶瓷业陆续恢复生产，马家陶瓷由于技术、经营、管理等各种原因销路下降，所有产品由窑户自行到平定、平山、获鹿等地推销，生产受到极大影响，发展十分缓慢。

清光绪三十年（1904），正太铁路开通后，为马家陶瓷的发展创造了一个非常有利的条件。当时，我的曾祖父马趋庭中了朝廷"五品奖达""六品兰林"（也就是掌管礼宾司的官员）。他利用自己的威望和人缘多方面宣传马家产品，并邀请一些达官名人为马家陶瓷题词留言，借以扩大影响，提高声誉。一位做过同治、光绪、宣统三朝皇帝御老师的齐君朝，祁隽藻有一次奉光绪皇帝的圣旨回老家平定接母亲进京。齐君朝的母亲是个旗人，在光绪皇帝生下后不久，由慈禧太后做主，光绪认了齐君朝的母亲为干娘。当时，光绪虽然认了干娘，但由于平定离北京遥远，光绪一直未见过干娘的面。光绪即位当了皇帝后，十分想念干娘，于是，他就命齐君朝回老家平定接干娘进京。光绪的干娘是个有名的大脚板，在去北京的路上，她坐着轿，经常身不由己地将脚伸到轿外，随着轿的上下颠簸，光绪干娘的脚像个拨浪鼓似的来回晃动，这使随行的王公大臣们感到很不文雅。为此，一路上齐君朝不断和母亲生气。当行到北横口村（当时北横口叫广阳镇，镇内设有馆驿，来往的客人大都在此歇脚）时，齐君朝的母亲和儿子生气不走了，齐君朝无奈就安排母亲到馆驿歇息。我曾祖父马趋庭听到这个消息后立即到广阳镇馆驿拜见了光绪皇帝的干娘及齐君朝一行，并邀请他们到马家陶瓷窑参观。马家瓷窑紧靠石太铁路和石太公路，两边有绵河和甘陶河在此流过。当时还蕴藏有丰富的坩子和陶土等制瓷原料，井陉煤矿又距此处不过15公里，这些得天独厚的自然条件，使齐君朝深为羡慕，他触景生情，挥笔题了两句九字词，由于失传，原诗记不清了，但大意是对马家陶瓷称赞，并寄予殷切希望。

　　我曾祖父有四个儿子，长子马清华、次子马清右、三子马清彦，四子马清源，弟兄四个都是生产陶瓷的好把式。特别是我大爷马清华，四爷马清源制瓷技术更为突出，在附近很有名气，为尽快把马家陶瓷发展起来，我老老（曾祖父）对全家作了分工，二爷、三爷、四爷在家生产，大爷则专门跑外，推销产品。正太铁路通车之前，主要靠驴驮，人担外出销售，正太铁路建成通车后，马家利用交通上的便利，先后在获鹿、正定、石家庄开设了"庆和成""红升"等三个陶瓷店，专门销售自己的产品，还同石家庄的贸易商行建立了业务联系，各类产品开始由附近农村逐步销往北京、天津、保定、德州等大城市。

　　在产品工艺上，起初，马家只能生产一些黑色的碗、盆、缸等日用粗陶，品种单一，造型粗笨，盈利很少。正太铁路开通后，马家利用交通上的便利，从邯郸购进了白药（白药是一种生产白瓷的陶瓷原料）。由于有了白药，马家的陶瓷产品才由黑色变为白色。而且质量也越来越高。记得有一次在烧制弹瓶时，窑内发生了化学反应，开出的弹瓶五光十色，艳丽夺目，具有相当高的艺术欣赏价值。马家特意将该产品作为贡品敬献给光绪皇帝，得到皇帝的赞赏。

　　多年以来，当地使用的电料全部是从外国进口的，为了抵制外货，国家号召"实业救国"。井陉县的于县长也极力提倡改良产品，因此，马家先后研制出了痰盂、痰桶、便盆、陶瓦、盘子、电料等一批新产品。主要产品碗也由过去的黑粗碗发展为楼台碗、三花碗、大面碗、二面碗、大公碗、二公碗、三公碗等数十个

品种。在颜色上，马家发明创造了利用当地原料制作的"黄土釉"，即黑药。马家的这些产品曾先后四五次荣获"巴拿马"奖（巴拿马是由国家举办的国际交易会的一种名称，相当于现在的广州交易会）。马家陶瓷因对国家有过一定贡献，曾受到当时朝廷的表彰。光绪帝亲笔御题"实业救国"四个字赐予马家。当时的一种奖品叫银盾（就像现在的工艺品，样子类似表罩）。银盾长40厘米，高30厘米，宽约10厘米，里边装有光绪皇帝亲笔御题"实业救国"四个字。"文革"前，我家还保存有"巴拿马"奖的奖状、银盾奖品等等。"文革"期间，我家被斗，这些奖状也都散失了。

到我父亲头上，马家陶瓷又向前发展，我父亲叫马沛林，他弟兄三个，二叔马望林、三叔马吉林。父亲及三叔马吉林自幼受老老爷爷的传授，制瓷技艺十分过硬。从他们这一代开始，马家又创制出了专门用于古庙宇装饰的各种兽头、玻璃瓦，并上了耐火砖。陶管等品种。民国二十五年（1936）左右，我县著名风景区苍岩山整修，桥楼殿以及三皇姑大殿等建筑物，特意用了马家生产的兽头、各色玻璃瓦等。这些产品样式独特，色彩新颜，很受国内外游人称颂。可惜，由于种种原因，马家的这手制瓷技术已经失传，现在再搞兽头、玻璃瓦这样的产品是不行了。

马家在陶瓷生产的工艺上也经历了一个曲折的历程。由于历史条件的限制。起初，马家的生产工艺还是相当原始落后的，生产一件产品，不仅要经过揉泥、捣制、旋削、刻划、上釉等。复杂的工序，而且工人劳动强度大，技术要求高，操作相当困难复杂。比如：原料开采全部是由工人爬到山上打洞，用筐子从外运输，劳动强度相当大而且很不安全，经常发生死亡事故，磨料时用木头做成耙齿，由牲口拉着耙磨，凉泥主要靠天然干燥，多则几个月，最快也得20多天，生产周期极长。从清光绪年间开始，马家就不断探索和寻求先进的生产方式。窑炉由过去的大窑逐步改为小窑，缩短了生产周期，提高了劳动效率，并增加了托货和烤画。到1926年，马家生产陶瓷的窑户增至14家。有窑20座，从业人员约计130人，1940年前后，在马家的帮助下，谢家、贾家以及吕家也先后上了4个陶瓷窑。

1947年2月26日，井陉解放后，马家生产陶瓷的窑户除6户外，其余全部定为富农，并受到批斗，后经政府号召，村里还发生产设备，并拨给200元左右的原料。县推进社还贷给小米3800斤，扶持生产。以后又组织起了同业工会、基层工会。并调整了工人工资，销售上由县生产公司、信托公司订货采购。使生产得到更进一步的发展。1956年2月全行业实行公私合营。马家陶瓷才更名为

井陉县陶瓷厂。生产性质发生了根本性变化。合营时，全行业共有窑户39个，从业人员达到203人，其中马家占了35户。

（选自井陉县政协文史资料研究委员会内部资料《文史活页》
1986年4月22日编印，稍有刊正）

六、耿宝昌先生谈井陉窑

——与河北省文物研究所孟繁峰先生等座谈纪要

2000 年 12 月 4 日至 5 日，我国著名的陶瓷专家耿宝昌（以下简称"耿"）先生和中国文物流通协调中心研究员陈华莎女士（以下简称"陈"）来河北文物研究所，参观了井陉窑瓷器，提出了对井陉窑的保护建议，并与我所孟凡峰先生（以下简称"孟"）和河北省文物鉴定组穆青先生（以下简称"穆"）就井陉窑的一些问题进行了交谈。现经整理，予以发表。

孟：特别是在最近几年，随着越来越多井陉窑窑址被发现，我们对其窑址分布、烧造方式、瓷器种类、瓷器装饰特点有了比以前更清楚的认识。

耿：井陉窑很早就有记载。考古重新发现只是近几年的事。河北三大窑——定窑、邢窑、磁州窑从此要添一个新的窑口。

孟：井陉窑烧造时间跨度大，上至隋代，下至明清。地理位置特殊。其北为定窑，南为邢窑，西去山西不过一驿路程即是柏井平定窑，均有陆路相通。且自然条件适宜制瓷，瓷土、釉土、水源、燃料当地均有丰富的出产。

陈：平定窑，最早可至唐中后期，中心在平定柏井镇，水既生先生发现。水先生属轻工业部，年轻时调查过平定窑，现已 70 多岁，住在太原市，为人热情。水先生有许多瓷器标本，大多是瓷片，有山西临汾龙瓷枕（板截窑多瓷枕）和辽代大同青瓷。水先生自己会烧窑。前几天冯先铭先生的女儿曾去水先生处拜访。

孟：井陉窑窑址出土瓷器标本，80%系白瓷，也有部分黑瓷，黑瓷釉色闪亮。另外还出产三彩器。出产瓷器分精粗两种，从精致瓷看，井陉窑有官窑的可能。

耿：或者定窑和井陉窑互相分配来自官方的任务，应考虑金代地域范围内是否有同类器，可以在金国腹地找寻。辽宁、吉林等地有黑釉器和带梅花彩器物。邢、定、井、平定窑范围地区再向西可延伸至山西太原、临汾；往北是北京磁窑

务、龙泉务、承德隆化安州窑以及内蒙古赤峰的缸瓦窑，经山西大同，然后向东北发展了。以前认为井陉窑只是出产粗黑瓷，像"天威军官瓶"，在青岛博物馆和故宫都有保存。此次发现出土于井陉窑窑址的黑瓷，非常精致。胎白坚致，釉色好。此件仿建窑黑釉菱花碗很少见，外结晶釉。定窑也有同类瓷片。马英豪先生曾捐赠，但不完整。马英豪先生将其收集之黑釉瓷器，悉数捐献给广州南越王博物馆，被加号广州荣誉市民、南越王博物馆名誉馆长。

陈：当时一起去了一位河南省的专家。马英豪先生前段集中收藏齐白石的画。

耿：仿建窑天目釉茨菰碗，九江博物馆有一件，值得化验一下，当时没有定为一级。德国有一个爱好者仿烧此物，烧了一件，捐给了中国。鉴定黑釉瓷，是个有待发展的领域，鉴定好了，绝对是一流专家。

孟：此次发掘出一件带油滴斑的黑釉器盖片，器类应为罐，还发现了戳印点彩戳模，是首次出土，是井陉窑的特色。

耿：此前发现许多白釉点黑彩器，点的比例位置都很准确，不清楚是怎么做的。从此次出土的戳模看，应该是先用戳模印，再点颜色。与有些元明青花瓷相似，先画轮廓，再填颜色。内蒙古缸瓦窑、东北江关屯窑、河北安州窑，以及许多山西、山东的白釉黑彩瓷，应该均为此手法装饰，井陉窑有穗状点彩碗，江西省博物馆有两个定窑点彩大梅瓶。

孟：戳印点彩是将印花和绘花结合在一起的一种工艺。这里关于井陉印花1996年曾出土过12件完整的印花模子，图案各异，为碗模、盘模。从后面的指甲印看，应为工匠雕刻模子时，不断转动所致。雕刻模子时，模坯尚未干透。印花时，碗坯与模子嵌在一起，不知怎样拿下来。

耿：印花模子怎样往下拿，吸在一起，是个问题，需要多做实验。

穆：印花装饰的碗，因坯子与模子充分结合，碗内没有旋纹痕。

孟：井陉窑有大瓶，点褐彩并四层莲花座，为天祐年间器物。有点彩瓶，直口高领，施化妆土，呈干白釉。另外出筋和镂空也是井陉窑装饰特点。井陉窑窑址出土有带盖瓜棱罐、内出筋花口碗。内出筋花口碗为晚唐五代，外见浅弦纹，瓜陵罐应为在上茶叶末釉之前，上化妆土似挤牙豪一样起棱，出筋露骨。这是否是井陉窑的独特之处，以前我和王会民、刘世枢先生讨论过。另有小足斜壁碗、斗笠碗，划花装饰。白釉，釉润。

穆：釉润为时代特色。

耿：润，一定要有硬度，感觉上的硬度。定窑产品，白中泛青、白中闪青为宋早期，釉色洁润。关于瓜棱罐，应该说，罐多见，盖少见。起棱，起脊，为堆

塑一类，像现在做蛋糕的样子。其釉色青黑均系窑温变化所致。像井陉窑出土的水盂，上化妆土，各窑均有，可以称为白釉宋瓷。我和华莎去定县粮食局，见一杯，薄如纸，6厘米见方，刻"官"字，墓葬出土。另有葫芦形，刻花有镂空器。

陈：在苏富比见到一镂空熏炉，是定窑风格。

孟：我们曾出土金花装饰的白釉瓷盘，初步定名为金装井器。此件为盘内心金粉绘莲花图案。另有小碗，碗口沿涂金。此种金粉装饰保护起来有一定难度，发掘时器物在烂泥里，泥将部分金粉沾下来。

耿：金装盘子故宫有3件，均比此件稍大。从重庆收来，北方文物商店收购，此前均定为定窑产品。金莲花装饰，水草纹，鹧鸪叶，太阳下光可鉴人。定窑带金器和带彩器。在台湾辜振甫处曾见，为画红彩龙凤纹，另见金彩双龙盘。从迹象看，流失时间不会超过3年，应该来源于河北的某处墓葬。另一件为龙首净瓶，10月份在台湾某古董店内曾见，釉润泛黄，内有白膏泥，为精品。

陈：胡继高先生可以将沾在泥上的金粉恢复到瓷器上，恢复后不露痕迹。胡先生就职中国文物研究所。

孟：有次在查没品种见一大白釉瓷马，带类似于白膏泥块的茬口，后经审问文物贩子，是为河南仿制。井陉窑也出产三彩器。产品与河南、陕西三彩风格迥异。用彩不同，以绿、棕、黄三色为主，绿单彩亦多见，不见红蓝白三色；施釉方式不同，淡绿底色，上饰棕、黄重彩。三彩罐，腹出莲瓣，天祐年间窑官墓出土，伴出有墓志。

陈：从井陉窑出产三彩器，不排除井陉窑为官府烧造专用瓷的可能。

孟：此件带盖葫芦瓶，底画押，月白釉，开片。为墓内出土，可否定为耀州窑产品？

耿：此件葫芦瓶定为一级。月白釉俗称白龙泉，窑口为耀州窑，窑址在陕西陈卢镇，其青瓷胎成分与风格与南方不同。关于开片，并非均为烧时形成。低温釉，过一二百年也开片。有时进瓷器库房，库内瓷器吱吱响着开裂。开片平静没有皴，是邢而非定。看瓷器两个字，坚、致。瓷器定级除了精美还要看数量。霍州窑县里只有一件小碗，所以是一级品。以前有人拿一件精美且数量又少的霍州窑小碗来卖，要三十元钱。买主找到我，问我值不值，我讲太值了，他出门十元钱就买下了。

孟：耀州窑有窑址博物馆，与我们有什么不同？

耿：大同小异。

孟：此次发掘，发现遗址、拉坯上釉、晾坯子，甚至有烘坯子的地方，关于这些，您怎么看？

耿：别的窑址我也看过一些，但我对窑址没有太多考证，大体都是一些作坊、拉坯上釉的内容。基本上大同小异。耀州窑也有这些内容，他们建了博物馆，耀州窑和井陉窑位于同一纬度，与定窑接近，不知有没有路相通，他们都生产白釉器。

孟：我们尊重您的意见，设法保护。

耿：发掘是一项，宣传是一项，保持是一项。

孟：你们亲到现场，我们很高兴，我们搞发掘的和你们研究会没有多少联系，希望您能将研究会的信息多反馈一下。把我们在发掘过程中碰到的问题和想法沟通一下。我和小穆也说过这件事，和研究会多联系。我们也作了个计划，在最近井陉一次调查，和谢局长已经说过了，井陉窑发掘资料我们计划是不是分阶段发表。

耿：我们是本着学习的态度来的，本来打算当天就回去，但留一天有留一天的好处，知道了不少关于窑址的事情。以后的工作，应该将社会流传品和窑址出土瓷器结合起来。上次初步印象，远没有这次收获大、清楚。窑里头高档东西都见着了，大开眼界。这种互相印证，有助于鉴定的科学化，补了陶瓷发展史的缺。

（郭济桥整理）

图4—6　耿宝昌先生和陈华莎女士在孟繁峰的办公室鉴定井陉窑出土文物

七、耿宝昌、陈华莎谈井陉窑新发现

——河北三大窑变为四大窑

本报记者 朱 威

　　曾经不被重视的民窑，瞬间就吸引了陶瓷专家的目光，这就是河北井陉窑。2000 年 9—12 月间，河北省井陉窑河东坡窑场遗址的抢救性发掘成果，极大地丰富了中国陶瓷史。那么，井陉窑究竟有何重要的意义呢？本报记者采访了专程赴发掘现场考察的著名陶瓷鉴定专家耿宝昌、陈华莎先生。

　　耿宝昌先生说，井陉窑不是什么新发现的窑址，但以前仅知道井陉窑烧制黑釉粗瓷。从这次发掘结果看，河北的三大窑定窑、磁州窑、邢窑，要添上一个重要的窑口了。从地理位置上看，井陉窑比邢窑离定窑更近，四大窑与北京门头沟的龙泉务窑呈南北一条线衔接。在这次发掘之前，类似井陉窑发现的白瓷，多认定是定窑器，对此也有不同意见，比如有人说不是定窑器，马上又有人说是定窑器，往往为此互不相让，争执不休。从各窑之间的关系看，邢窑早期影响定窑，定窑发展到一定时间，再影响邢窑。目前，邢窑、定窑之间又有了井陉窑。定窑往南是井陉窑，往西是平定，就是娘子关里了；往西，延至山西太原、临汾；往北就是北京附近磁窑务、龙泉务及内蒙古赤峰的缸瓦窑、山西大同，然后再往东北地区发展了。这些窑口的产品基本上都是仿定窑。井陉窑烧制黑瓷，有种炮弹似的黑釉大汲水瓶，辽代、金代都有署年款和地名的，如天威军款。这种大瓶过去也不少，1971 年我在青岛博物馆里就有，北京故宫也有几件。对"天威军"款瓷器，我查阅了《宋史》《元史》，根据实物考虑可能是在河北井陉烧制的，现在这一点则是确定无疑了。

　　这次井陉窑址首次出土的戳印点彩戳模，为井陉窑特有的戳印装饰技法——"戳印点彩"的存在提供了佐证。对此，耿宝昌先生说，以前有些白釉点黑彩器，

图4—7　耿宝昌
（右一）、陈华莎（右
二）先生在井陉窑

点的比例、位置很准确，却并不太清楚是怎么做的。从出土的戳印点彩戳模看，是用戳子印按后再点颜色，如同今天用圆规划圈再往里填色，与有些元、明青花瓷器先划出再描一样。内蒙古赤峰的缸瓦窑、东北的江关屯窑、河北隆化的安州窑及山西、山东的很多白釉黑彩器，也许都是用这种工艺制作生产的。陈华莎先生补充说，从遗址发现烧唐三彩的情况看，不排除井陉窑为官府烧制专用瓷的可能。

　　鉴于井陉窑在中国陶瓷史上占有的重要地位，耿宝昌、陈华莎先生特别强调遗址保护的重要性和迫切性，指出无论是从窑址所在地的学校开展爱国主义教育，还是为将来河北四大窑连成一线进行旅游开发也好，对邢、定窑系的研究，保护好遗址都是极有价值的。

八、井陉窑城关窑址及窑区墓葬

  此次对井陉窑绵河环绕的中心窑场——天长镇城关窑址之联中校院、北关修造场院两个地点进行发掘，发掘总面积310平方米，深度达7.8米。在元代古城址层下获得了隋、唐、五代、宋、金连续叠压的窑址文化堆积层，揭露处于同一位置连续叠压的唐、宋、金代作坊1处，灰坑75个，房址28座，灶31个，残窑炉1座。同时还在天长窑区和北横口窑区抢救清理发掘遭到盗扰的唐、宋、金墓葬17座。计出土瓷、陶类完整器物228件，瓷片5万余片及一批窑具。

  发掘的金代作坊，经清理发现其毁于金末的一次水灾，其东侧的釉料间、制作间仍大体保持了水毁前的生产状态。在制作间除保留着完整的陶、瓷、铁质工具外，还遗有完整精细的广口瓶，出筋花口碟，独具特色带有"郅"姓款的人鱼戏水印花折腹青釉大碗，[1] 堪与"紫定"媲美的细瓷酱红釉碟、盏等日用器皿。制作间西侧为面积150平方米以上完全砖铺地面的棚场，可惜因入元时被改造为公廨而遭到严重破坏。为保留金代作坊的重要遗存，继续下掘的44平方米选择在棚场的位置进行，结果在金代作坊下连续揭出宋、唐作坊，十分难得的是在唐代作坊内遗存的大陶瓮中还保留着积满多种混合物质的釉料。

  此次发掘，在隋代层下开口的灰坑中发现了具有北朝特征的瓷片、为探寻井陉窑的烧制时间提供了重要线索。获得的隋代层、唐中期层、宋代层遗物，在弥补井瓷烧制期的缺环的同时，井陉窑的烧制史也出现了可见的完整序列。大量标本的获得进一步丰富了井瓷的装饰特征，仅其金代印花产品，如前面提到的戏水人鱼外，诸如童子放牧图、蝶戏图、海舰捕鱼图、戳印乐人击钹图等等也具有其他窑口所不见、新的珍稀发现。

  在窑址勘探、发掘期间，还及时制止并发掘清理窑址区周边被盗扰的古墓葬，发现了金墓成组潜葬在唐墓之下，从而成功避免了遭盗扰劫难的奇特现象，

也为唐至金仿木结构砖雕墓在同一地点的出现和演化提供了难得的实例。更为重要的是，所获得的一批随葬的井陉窑完整的瓷器，无不与窑址的瓷片相互印证，其中唐代的实足底、玉璧底细白瓷碗、茶铛、鸭形水注、仿生双鱼穿带大瓶、白瓷塔式罐、宋代细白瓷执壶、点彩罐、金代细白瓷带盖长颈瓶、刻划花大温碗、三彩戳印花大方枕等一批罕见精致的完整井器的面世，成为井陉窑的重要研究对象，也充分反映出井陉窑在中国陶瓷史上的重要地位。

（原载《中国考古学年鉴 2005》，文物出版社 2006 年版，孟繁峰）

注释：

[1] "带有'郅'姓款的人鱼戏水印花折腹青釉大碗"，实系四层纹饰：底面圈足内系牡丹图案，涩圈以外至底缘为鱼及人鱼游水纹图案系为主图。人鱼，又名鲛鱼，不同于娃娃鱼，是中国古文献专有记载的一种美女神鱼，人首。人的上体包括两肢和手臂，在南海中游泳，眼泪变为珍珠，能织鲛绡纱，穿之入水不溺。人鱼化为美女与人恋爱的故事，在民间亦有传说。见《古今事物考》《中国文化辞典·神话传说篇·人鱼》。

九、记一件陶塑伎乐人马俑

张杏缓

　　这件陶塑吹奏伎乐人马俑出土于河北省石家庄市矿区北宅村晚唐砖室墓，组俑为炻质，含沙，这种胎质俗称缸瓦胎，烧制结实，敲击声音清脆，施不规则黄绿釉。四足底座长18.5厘米，宽16.5厘米，最高18.5厘米，底座上共捏塑五个吹奏人物俑和大小两匹马，吹奏俑或坐或站，各持排箫、羯鼓、拍鼓、笛子和筚篥。俑的眉目刻画清晰，生动传神，他们才情飞扬，演奏也似乎渐入佳境。两匹马似乎也被美妙的音乐所感染，呈凝神静听状，整个场面和谐欢快，悦人心目（见前照片和线描图）。

　　这组伎乐人马俑表现的应该是唐代民间马戏的一个小小场景，中国马戏可谓历史悠久，我们在古代的画像石、绘画作品、壁画以及捏塑作品中常见马戏场面。历代文献中对驯马及马戏也多有记载。《周礼》中记载：周代宫廷设有专门掌管马匹的机关，如"校人"为夏官司马的属官，负责马的配种、繁育、治蹄和保养；"趣马"则掌管各种操作马匹的技巧，专门负责教习马匹。按照行止、进退、驰骤等六种基本动作来调教马匹，使他们服从指挥受驾驭，这些均说明西周时的驯马技术已相当高超。到汉代，桓宽在《盐铁论》中提道："五色绣衣，戏弄蒲人，杂戏百兽，马戏斗虎……"这是马戏第一次在文献中首次提到，但从行文中，我们可以推测出马戏在当时已经非常多见。另外，东汉张衡的《西京赋》中对宫廷宴乐百戏也有一段精彩描述，其中提到的"百马同辔，骋足并驰"即是对马戏表演恢宏场面的描述。汉代的画像石、画像砖上对马戏表演也多有刻画，在河南郾城出土的一块画像砖上，我们可以清楚地看到一匹骏马昂首竖耳，一人双手上举，左足向后抬起，右足立于马背，正在专注的表演马戏。

　　山东沂南出土的汉画像石上对惊险而娴熟的马戏场景也有所刻画。另外，江

图4—9　陶塑吹奏伎乐人马俑

苏、四川当地的画像石、画像砖上也多见马戏场面。

　　所有这些，均能补正马戏在汉代已经非常普遍。历史发展到唐代，进入中国古代史上的极盛时期，国家统一，政局稳定，经济繁荣，中西文化交流频繁。唐朝沿用前制，设有太仆寺，专司厩牧、辇舆之政。从帝王到百姓无不喜好驰马、骑射、马球、舞马等活动，这些均为马戏的发展提供了有利条件，所以马戏在当时达到极盛，从杂技艺术的角度看，当时的马戏分为"马技"和"舞马"两种形式。马技是人在马背上表演技艺，主角是人，但要讲究人与马的配合：而舞马是唐代非常盛行的杂技项目，它不是人在马背上表演，而是训练马自己表演舞蹈，经过训练的马随着音乐节拍翩之起舞，击踏旋转都与乐曲相符。唐代诗人张说的一首《舞马千秋万岁乐府词》中写道："圣皇至德与天齐，天马来仪白海西。腕足徐行拜两膝，繁骄不进踏千蹄。更有衔杯终宴曲，垂头掉尾醉如泥。"陆龟蒙的《舞马》中也写道："月窟龙孙四百蹄，骄骧轻步应金鞞。曲终似要君王宠，回望红楼不敢嘶。"这些诗活现了舞马的训练有素以及为了邀宠主人而卖力表演的场景，让我们真切感受到翩翩舞马带给人们的无比满足和愉悦。

　　至于我们这件伎乐人马俑意欲表现的是马技还是舞马，我与同行和同事们亦是偶有争论，争论中自是公说公有理，婆说婆有理，皆引经据典，自圆其说。但每次争论皆是不了了之，故今赧颜发表此文，即有就问于方家之意，希望能与前辈同行有交流的机会。不过，我与同事虽争论不休，但有一点是统一的，那就是我们均无一例外地折服于这件文物的魅力，它的朴拙灵动以及它所展现的唐代民间捏塑和唐代乐舞的魅力感染了看到它的每个人。从这件生动的作品中，我们读

到了乐师的投入，感受到了马的灵性，也似乎听到了优美的乐曲，浮想联翩时，大唐热闹非凡的马戏盛景似在眼前。

尤其值得一提的是，表现唐代乐舞的俑类我们见过不少，比如昭陵博物馆的三彩陶骑马击鼓俑，河南博物院的三彩陶骑马吹排箫俑，山西省博物馆的三彩陶骆驼载乐舞俑等等（均收录在《中国文物精华大辞典·陶瓷卷》），这些俑均为陶质，而我们这组俑为非常少见的缸瓦胎，更加朴素硬朗，而且五个手持不同乐器的伎乐俑两匹马一起捏塑，形象之多，世所罕见，堪为反映唐代民间马戏的杰作。

（摘自《中国文物报》2004年9月1日星期三第八版）

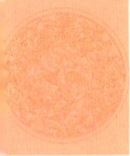

十、古籍与我的考古实践

（一）中华古籍——世界第一的古文献积藏

如果用一句话给中华古籍下一定义，我以为中华古籍就是中国古代遗存下来的一切文献（当然包括它的传印本）。

中国是世界上四大文明古国中唯一的源流一体、文脉不断的国家文物积藏，非常富厚。她的古代文籍在世界上独成体系，首屈一指，并且随着考古工作的进展，至今仍在不断地丰盈和增长，实在称得上是世界无与伦比的"万有文库"！

狭义上一般多以"线装书"为古籍，揆于其实，按其构成的要素：一是文字，二是载体来说，西晋咸宁五年（279），数十车汲冢战国竹书的出土并隶定、传承于世，印证着竹木、缣帛类古老的典籍存在。当宋代形成金石研究专门之学，又为中国古籍增添了一个更为古老的品类——金石之书。清末开始发现，随着出土的日多和研究的深入，早在 20 世纪前半叶即形成专门的甲骨之学，为中国古籍开辟了第四个专学的门类。原本附在金石门类中的"秦砖汉瓦"文字、纹饰经考古学的不断开拓，20 世纪 50 年代以来，由商周一直上溯到新石器时代，陶文符号的发现渐多，作为文字的初始，一直将五千年的文明史上推到距今六七千年的仰韶文化时期，出现了方国、古国的研究和学说。现在学者已公认，甲骨文初备六书之义，不是中国最早的文字，比甲骨更早的象形文字，在陶器上发现日多，仰韶、大汶口、龙山、夏、商，终使我国文字有了令人信服的千年以上的发展史，也使中国古籍有了第五个门类，亦即最早的门类，陶瓷的书，实在可视为中国古籍的开端——中国古籍之源。总之，中国古籍若按载体质地论，确可分为陶瓷、甲骨、金石、竹木、缣帛、纸品等六大品类。由于纸质的书籍在使用中具

图 4—10—1　定县西汉简　　　　　图 4—10—2　战国中山大河光石

有其他品类所不具备的诸多优点，故 1700 年来成为中国古籍的主体，伴随着印刷术的发明，纸本书籍也由单页、卷子、经折、蝴蝶、包背而定型为线装（丰润辽藏）。甚至成为中国古籍的专有形象，但其他品类形式在使用中并未完全绝迹，特别是随着考古发现的层出不穷，使中国古籍体系中六大门类各个保持着无可取代的价值，由它们共同组成了中国古籍的整体体系，成为今天不少图书馆、博物馆中引以为豪的特藏。

（二）古籍伴我去从学

1. 莲池小试

　　我是 1978 年 3 月考入河北大学历史系的，时年已过 30，属于班上（1 届只 1 个班）年龄最大的同学之一。"文革"刚过，夺回被耽误的 12 年光阴，只有秉烛发奋。从我们这届起，系里在二年级开设考古课程，加上自少年时代我即喜好文史、古迹、古汉语，真觉如鱼得水。古城保定古迹较多，星期日不免偕同学一一游览。其中省保单位历史名园古莲花池位于市中心，属于保定市的地标。得知莲池还没有一本介绍它的专书，遂在 1980 年暑假来临之际，邀约周长富、梁建楼、王新、邢春民四位同窗，到莲池毛遂自荐为古园写史，得到了莲池管理处

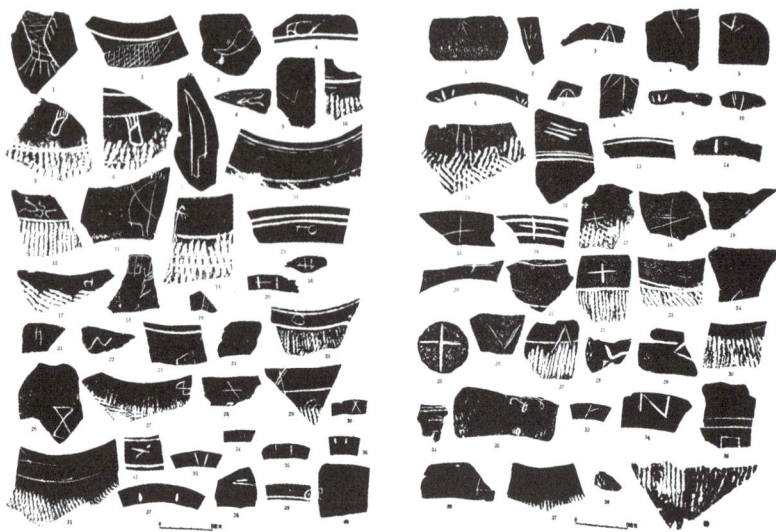

图 4—10—3、图 4—10—4　台西商代中期（前 15—前 14 世纪）的象形陶文

主任蒋保田等同志热情接纳和配合，查资料、读碑石、考建筑、找特点，分工合作，40 天拿出油印的《古莲花池》《古莲池史略》两本小册子的初稿（后经两次修改，合并为《古莲花池》，于 1984 年由河北人民出版社出版发行）。

回忆入园遇到的第一个难题就是古园的始建时间问题。入园迎门的大字说明牌简介它始建于唐高宗上元二年（675）。可是距之不远的东碑廊列列而立的明、清、民国沿革碑，却是元始建，唐始建交叠纷错，查本校和市图相关搜藏结合园内资料，按时代顺序列出了 16 条各种始建说，竟至唐建说还有高宗上元、肃宗上元，甚至唐开元等不同记载莫衷一是，不能认定。为此，蒋主任请假陪我到北图和北大图书馆继续查核，除又翻到一些中外相关古莲池资料外，始建问题竟无要领。

于是我开始运用刚学过的考古调查方法，利用星期天的时间开始对保定古城内外的水道、遗址、城垣、水门、陂塘、碑石等展开实地调查，约历半年，这之间最大的收获就是得出了保定古城内外没有五代以前的遗存的认识。也就是说基本上否定了古园唐建说。

那么唐建说何来呢？我仔细地将到手的所有相关材料排队分析，终于确认元好问写于 1250 年前后的《顺天府营建记》为最早，直至明嘉靖三十六年版《大明一统志》为止，所有记载均属元建说，到明隆庆元年，保府同知陈奇愚写的《临漪亭记》一文，将一直相沿的"临漪亭临鸡水上，元时建"，断句提前一字，并

在"上"前。武断地加上"唐"字，变成了"临漪亭临鸡水，唐上元时建"。其后，高宗上元，肃宗上元，甚至唐开元，均是由此衍生而来，愈如此，愈暴露出，唐上元是本无实据的误断、谬说。据此，写出《临漪亭与古莲花池始建年代考》一文，论述了唐建说的不能成立，订正了元建说，提出古园始建于1227年至1234年金末的明确结论。我将文章誊清作为毕业论文交给副系主任张景贤老师审阅，并请他当我的指导教师，不想很快退了回来，认为这是考据加考古的文章，且有争议。他指导我的毕业论文一定要写史学文章。原来我们的考察除写了两个油印小册子外，还在《保定日报》上连载了十数篇相关文章。否唐立元，引起了市文化局、市委宣传部、文史办等单位找到学校，认为压低了古园价值，代表市委向系里施加压力，要求恢复唐建说我明确拒绝。

2. 从古籍到古籍

还有半年多就要毕业了！幸亏平时学习注意问题的搜集和读书札记，其中我对新版《辞海》为客卿所下的定义"古指在异国为官的外国人"有不同看法，虽决心另起炉灶，我将毕业论文的题目定为《论客卿》。为此，通检了《左传》《国语》《墨子》《国策》以及《史记》《七国考》等文献中春秋战国部分中官名、官职、官制的内容。爬梳搜剔，以"在异国为官的人与客卿""客卿与客卿制""客卿制与家臣制"三个方面具体论述，得出与《辞海》完全不同的结论：客卿与客卿制原本只存在于战国中后期，当时是诸侯国引进试用异国人才的特殊选举制度：异国之客—客卿—各种正式高级官员。因此，客卿非客、非官，是诸侯国君加给异国人才的试官，即高级准官员。否定了郭老等的定义和范文澜先生的"家臣制—客卿制—秦汉官僚制度"的三段演变论。秦的统一使"异国"消失，客卿与客卿制失去了存在的条件。《辞海》的定义，不过是依据引申的一种泛称。文章当年选入《河北大学1977、1978届毕业生优秀毕业论文选》，1984年以手抄本报送省社科联"庆祝建国卅五周年的社科成果"评比，获河北社科优秀论文奖（这是新中国成立以来河北首次社科评奖，不分等级，只设"优秀论文奖"）。再后正式发表于1987年第3期的《史学集刊》上。

改写后的《古莲花池》于1984年12月由河北人民出版社正式出版。《临漪亭与莲花池始建年代考》一文收入其中。依此文，书中关于古莲花池的始建年代作出明确的表述，即古莲花池始建于1227—1234年，张柔在此开帅府重建保州引水入城时，修建的四座以水为主的名园中的一座，原名"雪香园"。尽管存在不同意见，此后这一结论经受了各种检验逐渐得到国内外学界的一致公认。特别是 2001 年莲池升级为全国重点文物保护单位后，省市文物部门报请国家文物局批准，拆除莲池周围的所有公私建筑，绕湖复建乾隆时期的十二景，保定市文物管理处主持复建前的地基部分的考古发掘工作。将沿湖四周文化层一直挖到生土为止，验证的结果没有五代、唐代及其以前的文化层。20 多年前我的考证和考古调查结论完全符合实际！《论客卿》被学界的公认，为我从古文献到古迹解决史学问题奠定了扎实的基础。古莲池始建时间 400 多年争讼不已的公案最终尘埃落定，也为我学历史而从事考古的"半转行"起到了有力的助推作用。

（三）我与古籍共考古

1982 年 3 月毕业，唯我 1 人自选来到了班上没人来的河北省文物研究所。我的目标很明确：从事历史考古学的研究，很快就融入考古队员中，从此，30 多年来一直坚持在野外第一线的工作岗位上。考古的流程简单而言就是调查、勘探、发掘、整理资料、撰写报告和文章，实行的是领队负责制。对于非考古科班出身的我，"补短"就是必须取得考古领队的资质，实践使我的发掘得到了公认。"扬长"，即发挥文献学的优势。我的工作往往取得了事半功倍的效果，新的发现伴随着我的手铲源源不断，直到现在。简单列举数例：1986 年老所长郑绍宗先生领队的卢龙范庄西汉早期肥如侯蔡文墓发掘，在资料整理中，我发现一束竹简，这是河北汉简的第二次发现。1988 年我出任省唐河考古调查培训班的领队，我们在唐县西部山区发现了战国中山西界的长城和鸿上关。这是中国最早的长城之一，也就是发现了中山国中后期的西部国界。1993—1995 年，我带队在石家庄市后太保村西北，调查、勘探发现了元汉人唯一右丞相史天泽及其诸子墓群，其间，我在岳村史氏后裔史永安处得见了一直秘藏其家的史氏残谱，这是一部始修于元大德年间历经明、清、民国传承有序的珍贵资料，尽管散佚不全，内中收存的《史丞相行状》《万户史天安神道碑》《山东东西道宣慰使史枢神道碑》碑文，皆为名笔逸作，不仅直接为被盗毁的 1 号大墓墓主人就是史天泽找到原始的确凿记载，最终彻底解决了史天泽墓在史氏原籍永清，还是在真定的悬疑，为史墓出土的重要文物提供了直接的认定依据，还为元代名人王博文、王磐、李冶的文集补充了久已佚失的重要史料。

1997—1998 年间，我主持了怀来鸡鸣驿城的考古调查，在众多的发现中，鸡鸣驿"邮政厅"碑刻题名的发现，对以往世界最早的邮政机构设置始于 19 世

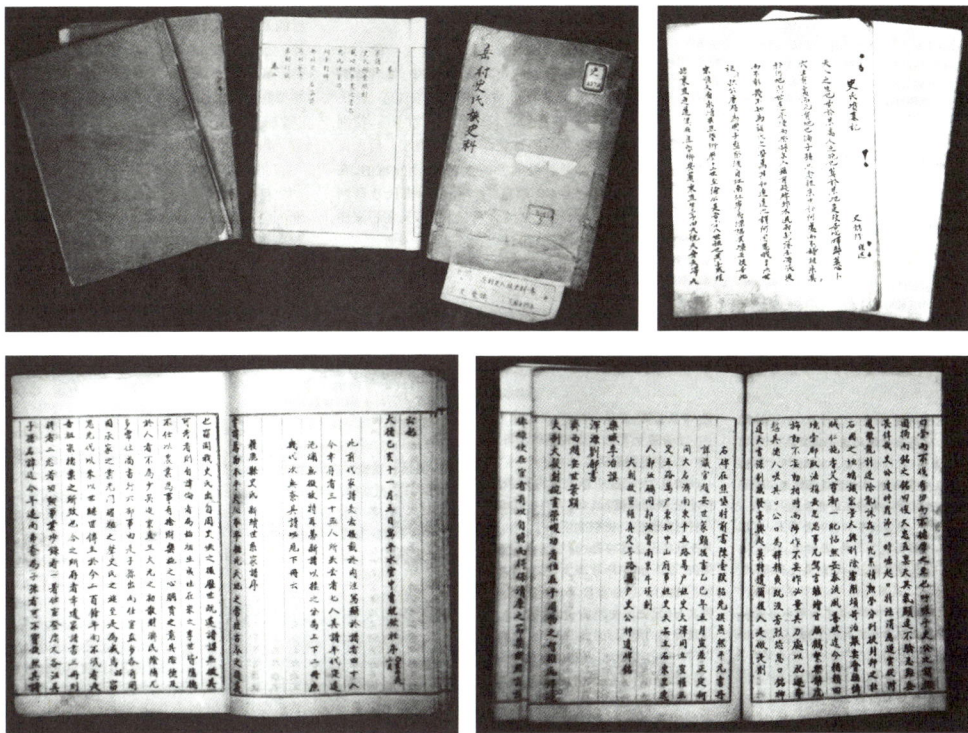

图4—10—5　古籍珍本

纪的英国的成说提出了挑战，并为鸡鸣驿城进入世界濒危文化遗产名录提供了基本的支撑性文物资料。古籍使我的考古不仅如虎添翼，还使我的发现形成了系列的重要课题：

(1) 发现新的古籍资料

1986—2004年作为领队，我承担了国家项目的河北出土墓志资料的调查征集工作，这项工作涉及河北每一个市、县、区。其时由于大部县区的文保所成立不久，或尚缺而由文化馆代管的情况下，仅就要求拿出达到出版水平的合格拓本就已相当困难，经调查统计及工作发现，我们此前30年的发掘工作我所当时收藏的墓志志石仅28种。全省文博文化单位共计收藏的志石也不过200种。为此，我们墓志小组，由我和刘超英同志亲自下到全省各地，同当地文保部门的同仁将经"文革"破坏弃置在田间、桥涵、民舍、牲口棚、猪圈等处的志石找到并亲手就地传拓，再一一征集到当地文物、文化部门收藏。由此，带动全省文博文化部门的相关人员通过实践学习掌握了传拓技法，重要的是恰恰抢在大规模盗贩田野文物之风刮起之前，保护了一大批散佚在民间的志石，最后统计当时经我们亲手

637

征集上来的志石达 280 种之多，超过了原来全省文化系统的总存量。其中不乏北朝、隋唐等十分重要的志石原件。工作的成果两次结集，先后出版了《隋唐五代墓志汇编·河北卷》（天津古籍出版 1991 年版）、《新中国出土墓志·河北（壹）》（文物出版社 2004 年版），后者将 1991 年前发现的河北省历代墓志 450 件全部收入，基本出齐（我们对 1991 年前于全省各地发现的志石资料蒐集在一起，结集出版）。此卷同陕西、河南等 7 省市卷作为新中国墓志的第一批成果，于 2009 年获得中国政府出版奖一等奖及中国古籍整理奖一等奖。其中，我们的河北卷完全是由我们自己独立完成的，里面的墓志精华体现了河北的独有特色，例如：由河北卷可见志的载体不仅是金石陶瓷，还有朱书题于墓壁这种形式，志铭最早不仅如秦代刑徒墓砖，起始只简单记死者名籍，而单独铭文的出现亦不晚于墓志的初创阶段。中世纪（北朝至隋唐）中国士族世家的系列重要志石在河北卷得到了最集中的体现；代表唐后期藩镇的全国数一数二的巨形志石在河北卷，成为研究唐代藩镇割据史必读的资料。种种不一而足。它们的价值可详见我写的一篇 6 万字的文章《论河北墓志的地方特色和史料价值》（《河北考古文集》三，科学出版社 2007 年版）。此不赘述。

(2) 古籍提示了重大的考古发现

河北四大名窑之一的井陉窑，原本未知。故宫陶瓷老专家冯先铭先生 1973 年发表在《文物》杂志上的《志书中一批尚待发现的古瓷窑址》虽然将井陉窑列在第一条，由于仅征引到《乾隆正定府志》《雍正井陉县志》的记载，并且所载井陉仅明、清有窑场，更缺乏明确的所在地点，故一直未能引起注意。直到 1989 年我率队在井陉调查中发现井陉窑为止，竟无 1 人 1 篇文章提到井陉窑。这次发现，在井陉（含矿区）境内共发现了 6 处窑址，当时认定的时代为宋、金。难道整个井陉窑就这 6 处窑址吗？由于该窑址隐居在深山，大多处在建筑与土层双重覆盖之下，地表很少暴露，多次寻找再无结果。在井陉县志中我最看重的是傅汝风编纂的民国二十三年《井陉县志料》，一次把读间，一段文字使我眼前一亮：

《古迹·杂物》最后一条"石槽碾"云："在县北五十里北陉乡中，碾，用石十四块砌成，周十余丈，未知为何代物，亦未知其有何作用。"

这不正是古窑场粉碎原料的大碾槽吗？以前我们在那里调查并未发现，也不知那里有窑址。兴奋之余，我带上井陉县文保所的康金喜、杜鲜明立即前往该村查实：槽碾以前确有，原在村中间供销社门前，1958 年拆除炼了石灰。我们并不气馁，在村中仔细搜索，终于在极不起眼的墙边、坡间发现唐代制瓷的窑具匣钵

碎块，更可喜的是搜得数十块唐五代碎瓷片，皆为细白瓷，井陉窑的北陉唐代细白瓷窑场发现了！随之扩大调查，又在其南不足1公里的南陉村内发现了另一处唐代细白瓷窑址，这一发现增加了井陉窑的分布区域和内涵。继续查找文献，想到1979年就已放置在苍岩山库房的《唐汝南郡周公故夫人陇西郡李氏墓志铭》志石。数年以来我正为这方志石所载志主之夫"身任盘龙冶炉前押官周公（承遂）"，所在的盘龙冶是何种性质，又在何处，长时间处在茫然之中。也曾依志所载"今取天祐十五年（918）十月十四日葬于井陉县阴泉乡盘龙冶北一十里"，在找到了李氏墓之后，在位于此墓之南开展的反复调查，却无盘龙冶的一丝踪迹。此时顿悟，古人所说"墓南十里"，不一定为正南，东南、西南均可谓墓南，应扩大调查。于是1997年5月，我又带康金喜去大约位于墓地东南十里冶河边上的南防口村细查。果然！在该村村内又找到了唐、五代时期的南防口细白瓷窑址，不仅采集到了窑具和瓷片，还发现了挂三彩釉的窑具，征集到该窑址窖藏所出的完整的唐代细白瓷器。到此，井陉窑址的分布地点增加到9处，时代也已由宋、金上延到隋、唐、五代，使井陉窑的分布地点达到9处。经抢救发掘获得了重要的窑址遗迹和遗物，不仅填补了千里太行地域窑址区所缺的真定府段（石家庄）空白，也使河北著名的三大窑（邢、定、磁）变为四大窑。陆续发表了20篇井陉窑的报告和研究文章，《井陉窑调查发掘报告》也成为中国陶瓷考古重点的课题。

（3）于补充古籍中，订正古籍

古籍伴我走过了30年的考古历程，如上所述，我的工作也为古籍补充了大量的遗缺。还有一点应该提到，就是我长期考古实践(古籍和古迹的融会贯通中)还随考古发现订正着传世古籍的讹误。除前面提到的古莲花池、史天泽墓等的误记外，所至多有。下面再引1例。

《史记·赵世家》载"（武灵王）二十年，王略地中山，至宁葭"《索引》注"宁葭一作曼葭"。曼葭一城的地望向为千古之谜。《读史方舆纪要》指明"宁葭城在（深）州东南"。清末，王先谦《鲜虞中山国事表疆域图说》提出异议，认为"宁葭即是西汉的绵蔓，在今获鹿县城北"。今人路洪昌《中山国早期地域和中人、中山其名》，先认为今获鹿城北7公里的南故城村即西汉绵蔓城故址，又提出以绵蔓作宁葭，这和赵玫中山的路径大不相符。从而认从顾氏之说，认定宁葭在深州东南。

见于《水经注》："绵蔓水上承桃水……经井陉关下，注入泽发水。水出董卓垒东，乱流东北，经常山蒲吾县西而桃水出焉，泽发水又北入滹沱。桃水南经蒲吾故城西，又东南流迳桑中县故城北……又东南流迳绵曼县故城北，自下通谓之绵曼水。"王氏之说显是依据了郦氏之注。其实《水经注》的这段文字大有问题。经过实地勘察及长时间大量考古调查发掘的实据，1991年我发表了《曼葭及井陉的开通》的长文，详细论述了井陉古道的沿革历史。明确指出桃水入井陉后，根本没有乱流的余地，而是在横口村东汇合南来的甘陶水北流（合流后又名冶河）出井陉而至蒲吾西的。"乱流"二字说明了郦氏并没到过井陉。实则绵曼水源出于山西寿阳，流经平定段称桃水，经合流泽发水入井陉关（即娘子关）又称作绵曼水，该河井陉段时至今日仍称绵曼河，既不乱流，也绝不是郦氏所说流经获鹿城东北的绵曼城后才称绵曼水。经详细考证将井陉县北部，绵曼水流经的金代威州（今仍称威州镇）定为战国的曼葭（即宁葭）城。从而纠正《水经注》《读史方舆纪要》等地志对此纸上得来之误（详见《曼葭及井陉的开通》，《环渤海考古国际学术讨论会论文集》，《文物春秋》1991年增刊）。

在治学的道路上中华古籍与我的不解之缘日益深长，不仅是我的成长之源，也是我学术研究的雄厚之基，它将继续伴我在考古研究的征途中攻城拔寨，破浪向前！

孟繁峰

二〇一四年六月

十一、河北井陉窑复查再获新发现

　　2015 年，河北省文物研究所与井陉县文物局联合组成井陉窑考古复查队，自 3 月 13 日开始，对分布在井陉县及井陉矿区的井陉窑址进行了全面的实地复查，收获颇丰。

　　对已知的 11 处窑址进行踏查。在位于县域中部的井陉矿区冯家沟窑址复查中，除 1990 年 4 月发现的冯家沟村南、村东瓮窑沟窑址遗迹外，又在瓮窑沟南段，原石家庄市园林艺术陶瓷厂拆平的超大面积厂区寻找到地下古窑场的线索。这里原是战国秦汉时期古井陉城的东城外地段，瓮窑沟在城东北角分支流经古城东侧，在东南角外与南城壕（白沙河）汇流南去，实际整个瓮窑沟东支是古城的东护城河。这样看来，城东门（天护村东阁）以北城壕两岸的古窑址实际延伸到东门以南的厂区地带，南北 200 多米。在天护古城内，又见到与天长城相似的情况：自东门东大街向西至唐东禅院附近以至整个城东北部地带有宋、金细碎瓷片的散布。在一院落东北角外墙基下，还发现厚约近 1 米的纯垫圈层出露。在其西北面的一长约 30 米、宽 15 米、深 1 米的方形取土坑中的周壁、坑底采集到宋、

图 4—11—1　左：天护城新发现的垫圈层　右：东窑岭窑址的采矸子井群

641

金瓷片和窑具遗物，个别甚至可见唐代的青瓷实足碗片。这些迹象，进一步显示了原认定的冯家沟窑址，不仅是志书中记载"明时充贡出井陉"的缸、坛、瓶、罐之属的晚期粗瓷窑场，也绝不是仅仅分布于冯家沟一村的二里沟地，至少应是宋金时期繁荣过的一处大型窑场。1999 年发现的金代南横口窑址，在这里除了复查到此前没有发现的宋、金窑址文化层外，还在绵河与甘淘河交汇口的村东北角、绵河北部、村中部以及村西侧等地发现了 5 组 8 处作坊、14 座尚存的窑炉。

Y1 及作坊　Y1 的作坊处于甘陶河河边平台之上，其与窑炉一字向东排开，远看犹如一排窑洞，由南向北依次为出灰洞，窑炉门，作坊 1 号洞、2 号洞、3 号洞。进入窑炉内门，可见近方形的窑室，平面由火膛和窑床构成，火膛被废弃物填满。其下内出灰门在南侧，连通出灰洞达外出灰门；窑室由耐火砖砌成，四壁抹角直立，上部内收为穹窿顶，顶部前后各有对称马眼一对，正顶部有稍大的天眼一孔与马眼同为散热孔；后壁下部左右两侧各有方形出烟孔一个，出烟孔与其背后的烟囱相通，将烟尘排出。外部烟囱置在穹窿顶外的后部，为两根直立的烟囱，现仅存下部。在其顶部的后面有庙宇一座，原为"窑神阁"。据查，1号窑炉由明清一直使用到公私合营，其后陶瓷厂迁走，又归集体或个体所有，用之烧瓷管，直到 20 世纪 80 年代。与其同排的作坊为窑洞式，拉坯、捏塑、凉坯、上釉都在其中进行。

Y3 及作坊　Y3 的作坊与窑炉是另一种三层阁楼式建筑群：一层，即为西向的临街大门，大门两侧为窑洞式工坊，各两间，最南端则是窑炉的出灰口，外表亦以窑洞门式并立。进门拾阶而上即为二层，也是这处作坊最精华的部分。其中部是一处向西敞开式天井，围绕天井的南部是向北的 Y3 窑炉，由较短的窑道进入窑门是如 Y1 的窑室，只是因长期弃用而顶部已显漏隙，中部外壁已部分剥落。二层的东部和北部分别是作坊的工房、库房、工具房和窑工的宿房等。外表建筑讲究，如东部向西的工房外有三卷连檐的洞；北面的二进门与工房之间还辟有此窑的窑神龛；由二进门的向北、向东、东北还各有进量不等的作坊间等，观者如入迷宫。由大门北的通道可达三层，三层建筑因塌坏，多已不存，只是东南的窑房和南部的穹窿顶及烟囱根部尚存。

Y4 及作坊　Y4 及作坊又是一种组合形式，它们北与 Y3 相连接，但结构完全与之不同。当地称为"拐角楼"，是内砌匣钵、外包砌青砖而建造的二层五间六角式的小楼。一层正中为券顶过洞式门道，门道内东、南开有两门，由于将

Y4 包砌在内，两室均不成规矩；由之可见窑壁的结构，推测这两间可能为储物所用；门道的另一侧为楼梯门，由此拐上二层。拐角楼的门道外北侧是 Y4 的灰道门，为券式门顶，仅高半层，由此进入灰道，在地下穿楼与火膛连接。穿过门道向东即是 Y4 的窑门，Y4 与 Y3 相似只是保存得更为完好。拐角楼外东南沿坡上到楼外二层处，又面东开一门，可进二层内，在二层内之拐角处建隔墙，将之分为两间，应是作坊工房部分。二层的门外正对 Y4 的穹窿顶外部及烟囱根部。Y4 位于拐角楼东部，倚楼而建，建筑结构基本与也 Y3 相同，只是保存状态稍好。出拐角楼向西，仅一院之地就是穿村而过的旧大道（今平涉公路）。

Y5 处在该村的中北部，向北不远既是由山西而来的绵蔓河，保存完整，至今遗留有一个独立的大院。

Y7、Y8、Y9 处于村中部，Y10、Y11、Y12 处在村西部，窑炉保存已均不完整，但作坊依然存在。

Y13、Y14 遗存在村子的最西边，号称"大西窑"。两窑各据东西，中间有 8 间作坊，一字相连，窑及作坊前有较大的场院，是南横口窑炉群中保存最好的窑场之一。

初步观察，这些窑场虽都是明、清、民国的遗存，但它们的结构并非完全一致，时代也非整齐划一。究竟那座窑是什么时代，计划将其中个体部分全部征为国有后，再进行清理、认定。[1]

东窑岭窑址是 1989 年 10 月发现的最初 6 处井陉窑址之一，位于中心窑址城关区东 3 千米处的东窑岭村东。在横亘村北的鸡鸹垴东端南侧发现了瓷片坡的"瓦子坡"，其东 200 余米有矸子坡，即原料采集地。由采集到大量的宋金时段的瓷片、窑具，可知是一处宋金阶段为主的窑址。经清理，在长 67.5 米、宽

图 4—11—2　左：南横口窑址 Y1 及作坊　中：Y3 及作坊　右：拐角楼北立面与 Y4

643

| Y5 | 南横口窑址大西窑 Y13 | "阁"字款碗 | 窑具 |

瓷片　　　细白瓷片

图4—11—3　东窑岭窑址

13.5 米、深 2—3.8 米的基槽内清理发现 43 口矸子井，灰坑 6 个。矸子井处在鸡鸹垴坡的裙边，保护范围边线外侧，开口在灰黑杂土层或④层黄矸子渣下，分圆形（19 个，口径 0.9—1.2 米）、长方形（24 个，口径约 0.7×1.2 米）两种，穿过⑤层红黏土即达灰白色的矸子层。

由于基槽并非整体揭开，因而所见的矸子井并非是这块面积内的全部，按密度依照约 0.2—2 米的间隔，估计还有 20—40 个井没有揭露。这样总面积为 900 平方米的地槽内，约有 60—80 个采矸子井。清出的瓷片粗、细皆有，分白、酱、黑三种；器形分别有碗、盏、杯、盘、瓶、盒、缸、罐、盆、枕、香炉等日用瓷；装饰见有划、刻、印、点彩诸种，内容以花卉为主。其中黑釉瓷占了较大的比例。再现了当年调查所获的情景。个别灰坑清出的瓷片见到白瓷敞口、侈口、弧腹宽圈足碗背不施化妆土的带有五代特征的瓷片外，矸子井为宋金产品。故可以认为这些矸子井的时代下限大多为金代。

北防口窑址，位于县城微水北 17 千米的小作河与冶河交汇口的西北岸。窑址全部叠压在北依凤凰山的村子中部，介于东、西、南三阁之间的旧村子地下。由出土的瓷片来看，以白瓷为主，也有青黄釉、黑釉、两色釉瓷。器形以碗、杯、盘、壶、瓶、盏、盏托、钵、注子、盆、罐等为主；碗则多见饼形实足、玉璧足者，圈足只见少量。细白瓷较多。最有特色的是细白瓷产品，胎质细腻，釉色莹润，毫不逊于邢、定窑的精品。其一碗内刻"阁"字款。由出土的瓷片来看，细白瓷占比达一半左右，其他中、粗白瓷质量也较优秀；发现的窑具有漏斗形、筒形、盆形匣钵和三叶形支钉，还有大碾轮一个。

从出土的青黄釉碗、注壶、饼形实足碗及窑具等来看，其时代上限不晚于唐代中期，由圈足、唇口碗等来看，其下限约在五代时期。

这次对井陉窑每处窑址的走访和盘点，对于窑址的现状有了更深的了解，为调查报告的撰写提供了大量重要的新鲜资料，如上述的重点介绍：冯家沟·天护窑址，不仅扩大了它的分布面积，还提前了这一窑址的时代上限，丰富了它的内涵，使之成为重要的窑址枢纽。东窑岭采矸子井群，十分难得，使人看到了我国古代制瓷原料密集的手工采掘区的生产原貌。北防口的新发现，使得井陉唐五代成德军官窑窑场在井北扩大为4个，并使井陉窑场可以明确划分为甘淘河水系和绵河水系各6个的布局。南横口的新发现，更是为井陉窑的下限延伸到民国，乃至新中国成立初，提供了一个超过了此前国保单位磁州窑富田、盐店窑区的实例。总之，这次复查是20多年来的第一次全面盘点，为完成井陉窑调查报告集增添了浓墨重彩的一笔，为井陉窑的研究与展示提供了翔实、丰富的生动实物资料。

注释：

[1] 将此文章发表后，又于 Y3 及作坊内发现暗藏的 Y5，在 Y3 对面的作坊里面二楼一间暗室内，烟囱在二楼上一间平台伸出，不烧窑，不知者，不能发现它的存在，实在巧妙。因此，Y3、Y4 处还应包括 Y5、Y6 均属一家也。

（原载《中国文物报》2016 年 8 月 12 日《文物考古周刊》，孟繁峰）

十二、专家考察井陉窑鑫源窑场抢救发掘工地谈话记录 *

时间：2008 年 7 月 9 日下午。

地点：井陉苍岩山第二宾馆会议室。

与会专家：

国家文物局考古专家组成员、中国社科院考古研究所前第一副所长徐光冀研究员；

中国文化遗产研究院刘兰华研究员；

北京大学中国考古学研究中心教授、博士生导师秦大树博士。

与会人员：

河北省文物局文物处毛保中；

河北省文物研究所所长韩立森、办公室主任魏振军、研究馆员井窑考古队领队孟繁峰；

石家庄市文物局局长刘正军、副局长张献中；

井陉县副县长林树新、县旅游局局长侯国庭、县文物局局长武和平。

孟繁峰：汇报了发掘与申报经过，初步的收获和停工后存在的疑难问题。

韩立森：感谢专家亲临现场指导，市县对工作的积极配合。个人意见：这块保护应与井陉窑整体保护结合起来统一考虑，纳入整体保护规划。井陉窑遗址是否建博物馆或建什么样的保护管理机构，整体保护规划中要有这方面内容。目前是不是先回填保护？都挖到底太可惜，作解剖，补全资料和图后回填。把它作为一个点保护起来。将来如展示，再挖出来。

---

* 转引自《井陉窑鑫源窑址抢救发掘报告》。

秦大树：在宋元时期来说，以定窑为中心，周边有一组窑场。包括井陉窑、平定窑、龙泉务大体可划为一个区域，井陉窑是非常重要的。过去只限于对定窑认识，一些东西归入了定窑，实际是井陉窑生产的。镶嵌，主要对朝鲜半岛产生过影响。听孟先生讲，井陉窑有此工艺，这很重要。看了现场，我想讲四点。

一、井陉窑有很大一片区域，是北方的一处古代烧造中心，自隋唐延烧到明清，说明有资源优势。过去认为是"土定"不重视，实际它在陶瓷史上是很重要的。这次发掘的遗迹保存下来是很必要的。我国许多地方都建了窑址博物馆（如福建、浙江、陕西等），这就使不少窑址保存下来，这是展示的前提。

二、窑炉。看了这次的发掘，有震撼感。我们在磁州窑挖了6座联窑，1座元代窑。元代窑火膛宽扁，但在烧成温度上没有井陉窑这么高。从这里窑炉火膛宽扁、深的情况看，有点磁州窑炉的元代特点。这里如确定是金代的，那的确带有当地的特点，对学术研究方面是很有意义的。

三、烘坯炕。此前，河北、山东、山西、河南等都没有保存下来，只有唐代耀州窑有所发现，但那只是附设在窑洞里，面积很有限，可能还是晒坯用的。这里看到的面积大，保存得相对要好，如果能保存下来，确有很重要的研究价值。

四、一个窑炉带一个作坊，这和磁州窑那样高度专项分工以及郇邑窑炉附向一个较大广场都不一样。迄今为止，这在北方还没有过发现。这个发现很新颖。这次发掘无论是对井陉窑还是对古陶瓷研究，可以说都是很有价值的。

刘兰华：看了发掘现场，可以说喜忧参半。忧的是井陉窑保护状况面临极为严重的挑战。喜的是各级党政领导部门的支持。这里的文物保护将有希望，井窑的前景应该乐观，也谈四点。

一、学术研究意义上讲，对井陉窑的认识在不断加深，特别是孟先生非常敬业，体现考古人的奋斗精神。现在看井陉窑在北方陶瓷研究史上有着非常重要的研究价值和历史地位。随着井陉窑的发现，提出不少新的课题，如镶嵌瓷的问题等，值得更深入的考察。

二、在工地转了一圈，对我很是震撼，发掘做得很到位，交代得很清楚，田野工作细致，这些保存当地特色的遗迹群在北方陶瓷史上是一个很重要的突破。烘坯炕无论是对井陉窑还是对北方陶瓷研究都是很重要的发现。这次发掘对北方窑炉结构研究做了很好的工作。窑炉保存状况基本完好，是宋元经济史上很好的实证材料，为我国陶瓷史提供了很重要的第一手资料。

三、前一段工作，我觉得是对中国的文物保护做了积极的工作，现在产生的难题，徐先生已有表态，你（孟）的发掘不违法！现场看到如不抢救，这里的井

647

陉窑就不存在了。不存在，还怎么研究？既然已经干了，我主张就把它干好。干明白。做了就要做到家，做到位，在一些可动之处做到底。徐先生会给这些难题想出很好的解决办法。

四、我同意韩所长把它纳入整体保护中去，制定保护规划的意见。在规划中，这里应是展示区。井陉窑可以根据不同时代、不同区域、不同主体，分片展示。这里是金代区，河那边是隋唐区。根据条件决定，这里当然以保全为主，但该清的地方还是要清。现在党政、专业和私人业主怎么协调好关系？这需要政府好好协调，不产生矛盾，保护是为了利用，需做大量工作。

秦大树：还有能挖的地方吗？（孟：有。）打一个探沟解决整个地层问题。

刘兰华：希望孟先生将它们都搞明白。建井陉窑博物馆让它们发挥作用。两个文明都要抓。

徐光冀：发掘的地层划分明确，各遗迹关系交代得清楚。学术上的价值和意见两位先生都说了。我都同意就不讲了，我要说的是以下几点：

一、它本身就是国保，是井陉县第一处国保（第五批），它本身就已经说明了它的重要。

二、不要再做新方了。现在的方有的地方要做解剖，做完了再填上，不影响完整。把下压的⑤⑥层做明白，在剖面上反映出来。这里当然是要保存下去的。已做出的绝大部分要留，有一部分要挖到底，要完成一张好的实测图，不是平面图，是地形图，全站仪可以解决。做完后可先回填，用沙子、细土，仔细填好，上面要立上标志，绝对不能在上面搞任何建筑。将来怎么展示，可以讨论，我不主张本体展示（如半坡，就不行了），可以在上面进行模拟展示。

三、政府要和规划单位合作，对这里来讲最重要的是将文物本体保护好，绝对不能回填完再盖房子，临时的也不行，已有的临时房子怎么办？等规划批下来，该怎么办就怎么办。县政府要出面，请一个单位做规划，向国家文物局申报立项。这其中最要紧的是对遗址的了解。该钻探的地方就钻探，该试掘的地方就试掘，当然是小面积的。如城关、河东这两处就50万平方米吗？（孟：目前知道这些。）对了，这仅是目前所知。还要进一步搞清，搞准。做规划国家都有经费，同意立项就会给拨钱。

四、我们看了现场，可以说发掘是被迫的，你（孟）的发掘不违法，你在此抢救发掘是可以的，特别是发掘的同时上报了发掘申请，所以说不违法。但抢救有自然灾害的情况下的抢救，有文物遭到损毁时候的抢救。但为搞基建"抢救"就有问题了，国保单位是不能批准搞基建的，所以说你们的申请存在着对文物法

理解的偏失。这里是全国重点，搞基建是不对的，怎么可以批准在这里（保护区内）搞基建呢！你们要承认对文物保护法的认识存在偏差，这是需要认识到的。事到如今，要我说就接着做（发掘），做完了就回填，同时写个东西附带这个（纪要）一同交给国家局，我先给他们打个招呼，就解决了，下一步重要的是保护好并做规划。

秦大树：回填也好，展示也好，当务之急是把已挖的那块地政府尽快征过来，同时也就给了业主出路。建馆要趁主要领导在位抓紧干，地该买就得买回来。

刘兰华：就这里看确实应先把这块地征过来，只有这样才能真正解决文物利用方面和个体企业主经营方面的根本矛盾。

徐光冀：那样自然更好。

林树新：感谢各位专家的关心和支持，再次看了现场感到非常的自豪和骄傲。我们县一定重视专家的意见，我要向主要领导汇报，按专家的意见将下步工作做到位。

刘正军：石家庄市文物局将严格按专家意见办事，坚决落实。

毛保中：完全同意专家意见，孟老师要按专家要求抓紧时间做好下一步的清理发掘，县文物局抓紧时间落实规划，按照专家的要求，一定要保护好遗址。

当晚井陉县县长李彦明在苍岩山宾馆设宴招待专家一行。县市领导和专家再次就发掘区的保护问题和井陉窑的规划立项，进行了深入磋商，达成了高度的一致。

（本记录已经专家审阅）

二〇〇八年七月九日

后　记

　　这部书在同志们的帮助下，终于送交出版社，感慨良多。我本和瓷窑无缘，1985 年协助老主任刘世枢君去发掘定窑，才初次相识。不想 1989 年和井陉窑不期而遇，从此结下不解之缘。现在有个问题需要首先解释，回答如下。

　　自 20 世纪 90 年代以来，为什么十一二处窑址总在城关镇、河东坡发掘？其他窑址似乎不顾？

　　自 1992 年抢救发掘以来，曾 3 次城关、4 次河东坡，7 次发掘没有离开城关片，一言以蔽之，概不得已。回顾 7 次发掘，6 次抢救，只第 6 次发掘属于学术探讨的需要，且由于客观原因而未达既定目标。那是不可能随意更改发掘地点的，我知道应向批准机关说明，但工作报告写好了，没有上报，就等着上级来追问了。其实我正受到沉重打击：河东鑫源窑址的破坏，不了了之。这是对我深深刺激的事情。好在工作报告写好之后，没有上报就又出发了，去参加南水北调发掘。这一去经年，回来再写都亭考古工作报告，事后，又去抢救鑫源公司窑址，发掘完成了，就已经退休一年了。

　　之前工作中就基本是这么紧张的状态，退休时我千方百计积累工作经费 20 万元，打算好好整理井陉窑。不想仅三个月，我将鑫源工作报告交上，并给了被配合者魏某某一份，嘱他按专家要求办事。这时，我手下的两个人，一个绘图员被调走为《文物春秋》专职绘图，一个被"借去"修定窑的器物。我的整理摊子就剩我一个人，东西分三处存放，其中两地库房我不能掌握钥匙，仅最后一次发掘的部分发掘品在我能及的局促整理室中，实际我也不能有效地进行整理。十余年来，只好就手上现有的部分资料，撰写井陉窑的论文——如今大家看到的大多井陉窑的研究成果，是这一时期撰写的。

　　其次为什么书名《初论井陉窑》而不称作"研究"或什么更为包罗万象更为

响亮的名字呢？其实不敢也，亦不能也。井陉窑发现了 30 年，发掘做了 7 次，难道还有什么不足么？是的，虽如上述但就发掘来说，只有一次是自主选择地点，自动进行的，但其宋代以前的发掘仅 44 平方米，加上最初的那次，也不过一百三四十平方米，还不如金代的苗窑和鑫源公司窑址，那么，充分的揭露，还有待于其他地点的选择，使能解决创烧时间问题。再就已发掘来看，没有条件整理完成发掘报告，这是始终欠着的一笔账，一日未完，一日未安，现就个人能做的事情，尽力而为，"初论"或可以理解我的心情，聊以塞责吧。我觉得或更符合实际情况。我还准备了二三十个论题，准备继续做下去，再论之。

当然，我非常希望同人能参与进来，或提出批评，或共同讨论，使我们的研究不断深入下去，这是我非常盼望的，也是事情发展的必然结果吧！

单位为我一直提供了放置标本的场所，特别是李耀光所长在职期间把不在一地的标本由库房集中到一起准备整理。张文瑞所长为解决整理场地和解决整理人员在想办法筹集经费，这使我感激不尽。

这次出版，除选出的 22 篇论文之外，就是赶写《井陉窑调查、勘探与发掘》这篇小结性的文章，幸好赶了出来。算是我 30 年井陉窑工作的一个总结，交代给读者一份没有完成发掘报告的报告吧，希望大家读后，对这 30 年来的工作会有一个初步的了解。

我所原老所长、著名研究员郑绍宗先生不顾年高、多病、天气炎热，亲自动笔为该书作序，给了不少鼓励之言，也中恳地提出了自己的意见，我来所就在郑先生带领之下，学习工作受益良多，今仍在关心我的工作，期盼我完成未竟事业，且自身仍在著述不止，这是一种强大的精神力量。

因为发掘，我错过了单位的电脑培训期。以后几次学习，终无恒心，不能坚持，时至今日出书遇到了极大的难题，出版社要电子文本，这正是我的短处，幸好井陉县井陉窑文化研究会成立经年，会长印海廷同志愿为家乡历史文化工作做点事，慷慨解囊大力支持，派秘书杜建刚组织井陉文保所退休的战友胡秋明和刘中南、王辉等同志配合我，又多次对井陉窑 12 处窑址进行实地复查收集资料及电脑绘图、编辑、打印等编务工作，完成了上报出版社的稿件。其中原存的打印稿是我的孩子吴喆与一度来省文物研究所协助我一起工作的井陉文保所康金喜同志完成的，大部分文稿电脑打印后，全部移交给井陉窑文化研究会工作人员。我的老友 3502 工厂退休教师、文物学者许力扬绘制了 4 幅美术作品，为本书最后一篇文稿点睛增色。因此，可以说最后送到人民出版社的稿件是在大家的共同努力下才得以完成的。每当想起这些及时雨露，我深深地感谢，写于此处以作永远

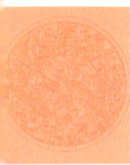

的铭记!

出版社编辑提出要把原放在最后部分的总结性内容《井陉窑的调查、勘探与发掘》提到前面，方便读者快速了解井陉窑发现、勘探和保护的曲折过程，起到了突出重点的作用。编辑翟金明同志，六到九月最热时期一个人扛起这六七十万字的稿件编辑，克服各种困难，全力完成任务。由此特表谢意！

读者为师，在考古操作和研究中的不足甚至错误是难以避免的，是个人的局限性所至。欢迎大家热心地批评指正，以使今后的研究更步康庄。

草此未尽，谢谢同志们，谢谢专家、朋友们，谢谢编辑和广大的读者！

孟繁峰

2019 年 6 月 3 日初稿

2019 年 10 月 31 日修订